Ardteistiméireacht Gaeilge Ard

Caitríona Ní Shúilleabháin & Triona Geraghty

GILL EDUCATION

Gill Education
Ascaill Hume
An Pháirc Thiar
Baile Átha Cliath 12
www.gilleducation.ie

Is inphrionta é Gill Education de chuid M.H. Gill & Co.

ISBN: 978-0-7171-55989

Eagathóir: Ciara McNee Editorial
Dearadh: Design Image
Léaráidí: Eoin Coveney

Gabhann na húdair agus an foilsitheoir buíochas leis na daoine a leanas a thug cead ábhar clóite dá gcuid a úsáid: An dán 'Géibheann' le Caitlín Maude, athchló le caoinchead Estát Caitlín Maude; An dán, 'Mo Ghrá-sa (idir lúibíní)' le Nuala Ní Dhomhnaill, athchló le caoinchead den údar Nuala Ní Dhomhnaill c/o The Gallery Press, Loughcrew, Oldcastle, Co. Meath, Ireland; An dán 'An tEarrach Thiar' le Mairtín Ó Direáin, foilisithe ag Cló Iar-Chonnachta Teo., athchló le caoinchead, Cló Iar-Chonnachta Teo., Indreabhán, Conamara, Co. na Gaillimhe; An dán 'Colscaradh' le Pádraig Mac Suibhne, foilisithe ag An Sagart, athchló le caoinchead den údar, Pádraig Mac Suibhne; *Hurlamabac* le Éilis Ní Dhuibhne, foilisithe ag Cois Life, athchló le caoinchead den údar Éilis Ní Dhuibhne agus Cois Life Teo., Páirc na Rós, Ascaill na Cille, Dun Laoghaire, Co. Bhaile Átha Cliath; *An Gnáthrud* le Deirdre Ní Ghrianna, athchló le caoinchead Deirdre Ní Ghrianna; *An Lasair Choille*, le Caitlín Maude agus Mícheál Ó hAirtnéide athchló le caoinchead Estát Caitlín Maude agus fresin, le caoinchead Estát Mícheál Ó hAirtnéide, c/o The Gallery Press, Loughcrew, Oldcastle, Co. Meath, Ireland; 'Oisín i dTír na nÓg', ó *Seanchas na Féinne*, Niall Ó Donaill (eargarthóir), athchló le caoinchead, An Gúm, Foras na Gaeilge, 27 Sráíd Fhreidric Thuaidh, Baile Átha Cliath 1; *Dís* le Siobhán Ní Shuilleabháin, foilisithe ag Cló Iar-Chonnachta Teo., athchló le caoinchead, Cló Iar-Chonnachta Teo., Indreabhán, Conamara, Co. na Gaillimhe; Sliocht as *Seal i Neipeal* le Cathal Ó Searcaigh, foilisithe ag Cló Iar-Chonnachta Teo., athchló le caoinchead, Cló Iar-Chonnachta, Indreabhán, Conamara, Co. na Gaillimhe; Sliocht as *The Test* le Brian O'Driscoll (Penguin Ireland, 2014). Cóipcheart © Brian O'Driscoll, 2014. Athchló le caoincead, Penguin/ Random House; An alt 'An sonas go donas in El Salvador', sliocht as *Favela* le Alex Hijmans (Cois Life 2009) Cóipcheart © Alex Hijmans 2009. Athchló le caoinchead Cois Life Teo., Páirc na Rós, Ascaill na Cille, Dun Laoghaire, Co. Bhaile Átha Cliath; An alt 'Yes, I'm different, but our differences make us unique' le Sinéad Burke, Irish Independent, 25ú June 2013, athchló le caoinchead den údar Sinéad Burke; An alt 'Tá greim fachta ag aicíd alpach an chearrbhachais ar shamhlaíocht imreoirí óga CLG' le Dara Ó Cinnéide, Tuarisc, De Mairt, 12ú Éanair, 2016; An alt 'An Tine Nár Múchadh Fós' le Ken Buckmaster, HYPERLINK "http://www.beo.ie" www.beo.ie. Eagrán 3, Iúil 2001; An alt 'Laoch Gael-Mheiricéanach ar Lár' le Póilín Ní Chiaráin, Foinse; An alt 'Sa Chrucible Sa Bhreogán' (Into the Crucible), le Máire Mhic Roibín, sliocht as *Everybody Matters* le Máire Mhic Roibín, Hodder, 2012; Socmhainní digiteach le haghaidh *An Triail*, athchló le caoinchead, Garry Bannister, irishstudysite.ie (suiomh saor a bheith úsáidte do mhic léinn) http://irishstudysite.com/an-triail-greannan-powerpoint/

Gabhann na húdair agus an foilsitheoir buíochas leis na daoine a leanas a thug cead grianghraif dá gcuid a úsáid: © Advertising Archive: 201; © Alamy: 1CT, 2, 9C, 22, 33, 31, 49T, 49CT, 51, 62, 68, 77, 95CB, 95B, 106, 108, 120, 134L, 139, 156, 173, 183CT, 183B, 185, 189, 191, 195, 196TL, 196, 218, 241B, 249B, 252BL, 268, 287B, 290B, 300, 304, 320, 370, 440T, 447; Courtesy of Alex Hijmans; photo © Nathan Fox: 460; © An Gúm: 331L; © CJ Fallon Ltd: 331R; © Collins: 249CT, 251; E! Entertainment: 200; © Education Photos: 133T, 133CT, 134R, 143B; © Facebook: 144B, 144B; © GAA: 381; © Getty Images: 13, 16, 17T, 52, 133CB, 146B, 187, 188, 241T, 249CB, 252C, 257T, 453; © Gill Education: 440B; © Igloo Films: 316, 317, 323, 325; © Independent Newspapers: 448; © Inpho: 249T, 252T, 252BR, 287T, 287CT, 290T; © Irish Times: 32, 280, 311; © iStock: 1T, 4L, 4C, 4R, 5, 6, 6, 6, 7, 9T, 9B, 10, 21, 49B, 50, 59, 95T, 95CT, 96, 97, 98B, 101, 102, 110, 113, 126, 130, 133B, 137, 142, 142, 143T, 143C, 144T, 146T, 152, 154, 154, 183T, 184, 186, 192, 196TC, 196TR, 197, 204, 241CT, 241CB, 243, 244, 244, 256, 257B, 287CB, 289, 290C, 291, 292, 293, 294, 296, 308, 326, 328, 367, 383, 441, 446, 456, 457, 464, 466, 473; © ITV/REX/Shutterstock: 147T; © Rolling News: 1CB, 1B, 12, 17B, 49CB, 53, 98T, 104, 105, 147C, 150, 183CB, 250C, 258, 313, 470; © TG4: 147B, 242, 249L, 250T, 250CT, 250CB, 250B; Wikimedia: 65.

Tháinig an páipéar a úsáideadh sa leabhar seo ó fhoraoisí rialaithe. In aghaidh gach crainn a leagtar, cuirtear ar a laghad ceann amháin eile, rud a chinntíonn athnuachan na hacmhainne nádúrtha seo.

Clár

Réamhrá

Scríobhadh an leabhar seo ***Samhlaíocht*** mar threoir do dhaltaí atá ag tabhairt faoin gcúrsa Ardteistiméireachta Gaeilge, Ardleibhéal. Úsáidtear cur chuige comhtháite téamach mar a mholann an Roinn Oideachais agus Scileanna sa leabhar seo. Tá nótaí cuimsitheacha ar gach gné den chúrsa Ardleibhéal sa leabhar, ina measc, ábhar cainte comhtháite don Scrúdú Cainte ag tús gach caibidle. Cuirtear míreanna físe a bhaineann leis na hábhair chainte ar fáil agus tugtar mórán deiseanna don obair bheirte sa rang. Tabhair faoi deara go bhfuil ***Leabhrán don Scrúdú Cainte agus Cluastuiscintí Breise*** ar fáil saor in aisce leis an téacsleabhar seo chomh maith le leabhrán ar leith ina bhfuil nótaí do Shraith Pictiúr na bliana.

Chomh maith leis sin, tá mórán aistí samplacha sa leabhar, mar aon le nótaí agus treoir don aiste, meabhairmhapaí, deiseanna don obair ghrúpa, taighde neamhspleách, piarmheasúnú agus féinmheasúnú. Sna rannóga léamhthuisceana, tá mórán téacsanna agus ceisteanna tráthúla, ar nós na gceann a bhíonn sna scrúduithe féin.

Tá cleachtaí cluastuisceana a thagann le leagan amach an scrúdaithe chomh maith le cluastuiscintí breise sa ***Leabhrán don Scrúdú Cainte agus Cluastuiscintí Breise***. Tá rannóg ar leith don Litríocht Bhreise ina bhfuil nótaí ar *An Triail* agus *A Thig Ná Tit Orm*. Tá nótaí ar na dánta roghnacha don chúrsa Ardleibhéil le fáil sa ***Leabhar Acmhainní do Mhúinteoirí***.

Tá nótaí mionsonraithe don fhilíocht agus don phrós i dteannta le meabhairmhapaí, achoimrí físiúla ar na scéalta, eagraithe grafacha agus iliomad freagraí samplacha cuimsitheacha sa leabhar. Tá caibidil faoi leith ann a chlúdaíonn gach mórghné den ghramadach. Pléann Aonad a 10 (Fócas ar an Scrúdú) le gach cuid den scrúdú agus tugtar comhairle, nótaí agus leideanna ann.

Tá acmhainní eile breise do dhaltaí ar fáil, ina measc script thrí bhréagscrúdú cainte lánfhada, 2 CD ar a bhfuil na trí bhréagscrúdú lánfhada agus an fhilíocht a bheas le haithris sa scrúdú cainte, agus an t-ábhar cluastuisceana ar fad ó na haonaid. Tá físeanna don Scrúdú Cainte agus acmhainní breise digiteacha (Sleamhnáin PowerPoint san áireamh) ar **www.gillexplore.ie**. Tá eLeabhar saor in aisce ag dul leis an leabhar seo freisin. Tá do chód uathúil ar fáil taobh istigh den chlúdach tosaigh.

Saor in aisce leis an téacleabhar seo, tá ***Leabhar Acmhainní do Mhúinteoirí*** ina bhfuil pleananna múinteoirí, treoirlínte don Scrúdú Cainte agus ceisteanna breise, léamhthuiscintí breise, scripteanna cluastuisceana, dlúthdhioscaí do mhúinteoirí (na scrúduithe cluastuisceana uile agus athsheinm) agus teimpléid phleanála do mhúinteoirí ar féidir a chur in eagar.

Clár an CD

CD 1

Rian	Aonad	Leathanach	Ainm
1	–	–	Cóipcheart
2–4	Aonad a 1	14	Cluastuiscint, Cuid A
5–9	Aonad a 1	14–15	Cluastuiscint, Cuid B
10–12	Aonad a 1	15	Cluastuiscint, Cuid C
13–15	Aonad a 2	56–57	Cluastuiscint, Cuid A
16–20	Aonad a 2	57–58	Cluastuiscint, Cuid B
21–23	Aonad a 2	58	Cluastuiscint, Cuid C
24–26	Aonad a 3	99–100	Cluastuiscint, Cuid A
27–31	Aonad a 3	100	Cluastuiscint, Cuid B
32–34	Aonad a 3	101	Cluastuiscint, Cuid C
35–37	Aonad a 4	148	Cluastuiscint, Cuid A
38–42	Aonad a 4	149	Cluastuiscint, Cuid B
43–45	Aonad a 4	150	Cluastuiscint, Cuid C
46–48	Aonad a 5	193	Cluastuiscint, Cuid A
49–53	Aonad a 5	193–194	Cluastuiscint, Cuid B
54–56	Aonad a 5	194–195	Cluastuiscint, Cuid C
57–59	Aonad a 6	245–246	Cluastuiscint, Cuid A
60–64	Aonad a 6	246–247	Cluastuiscint, Cuid B
65–67	Aonad a 6	247	Cluastuiscint, Cuid C

CD 2

Rian	Aonad	Leathanach	Ainm
1	–	–	Cóipcheart
2–4	Aonad a 7	298	Cluastuiscint, Cuid A
5–9	Aonad a 7	298–299	Cluastuiscint, Cuid B
10–12	Aonad a 7	299–300	Cluastuiscint, Cuid C
13	Aonad a 10	441 (Aonad a 3, lch 126)	Dán: 'Géibheann' le Caitlín Maude
14	Aonad a 10	442 (Aonad a 1, lch 41)	Dán: 'Colscaradh' le Pádraig Mac Suibhne
15	Aonad a 10	443 (Aonad a 6, lch 279)	Dán: 'An tEarrach Thiar' le Máirtín Ó Direáin
16	Aonad a 10	444 (Aonad a 5, lch 231)	Dán: 'Mo Ghrá-sa (idir lúibíní)' le Nuala Ní Dhomhnaill
17	Aonad a 10	445 (Aonad a 2, lch 86)	'An Spailpín Fánach'
18–19	Leabhrán	41–45	Scrúdú Cainte: Comhrá Samplach a 1
20–21	Leabhrán	46–50	Scrúdú Cainte: Comhrá Samplach a 2
22–23	Leabhrán	51–55	Scrúdú Cainte: Comhrá Samplach a 3

Mé Féin, an Teaghlach agus an Bochtanas

Céim a 1: Labhairt	Céim a 2: Cluastuiscint	Céim a 3: Ceapadóireacht	Céim a 4: Gramadach	Céim a 5: Léamhthuiscint	Céim a 6: Litríocht
Mé féin agus an teaghlach An bochtanas in Éirinn An bochtanas san Afraic agus mar fhadhb idirnáisiúnta	Mé féin agus an teaghlach An bochtanas in Éirinn An bochtanas ar domhan	Aiste: an bochtanas mar fhadhb idirnáisiúna	An aidiacht shealbhach An chopail **is** An aimsir chaite	Colscaradh in Éirinn	6a Prós: *Hurlamaboc* 6b Filíocht: 'Colscaradh' Athbhreithniú ar an litríocht: súil ar an scrúdú

Torthaí Foghlama

San aonad seo, foghlaimeoidh tú:

- **Léamh agus tuiscint:** conas focail agus nathanna a bhaineann leat féin agus le do theaghlach a aithint agus a thuiscint, conas focail agus nathanna a bhaineann le bochtanas a aithint agus a thuiscint
- **Labhairt:** conas cur síos a dhéanamh ort féin agus ar do theaghlach, conas cúrsaí a bhaineann le bochtanas ar domhan agus in Éirinn a phlé
- **Scríobh:** conas giotaí a chumadh mar gheall ort féin agus ar do theaghlach, conas giotaí a scríobh mar gheall ar thopaicí amhail an bochtanas mar fhadhb idirnáisiúnta agus an bochtanas in Éirinn
- **Litríocht:** na heochairfhocail a bhaineann leis an sliocht as an úrscéal *Hurlamaboc* agus leis an dán 'Colscaradh'. Beidh tú in ann freagraí scríofa a chumadh bunaithe ar théamaí, stíl, teicníocht, carachtair agus ábhair a eascraíonn ón litríocht, mar shampla cúrsaí eacnamaíochta, an teaghlach, srl.
- **Féachaint:** féachfaidh tú ar mhíreanna físe a bhaineann leis na topaicí 'Mé Féin agus Mo Theaghlach', 'An Bochtanas' agus ar shleamhnáin faoi sheánraí.

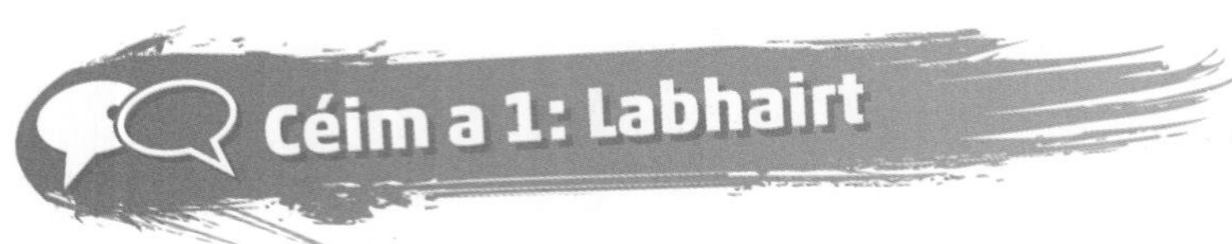

Is ionann an Scrúdú Cainte agus 240 marc as 600 marc san Ardteist. 'Sé sin 40% de na marcanna! Féach ar struchtúr an scrúdaithe thíos.

	An Scrúdú Cainte	Nóiméid	Marcanna
1.	Beannú agus fáiltiú	1	5
2.	Léamh dáin	2	35
3.	Cur síos ar shraith pictiúr	4	80
4.	Comhrá	6–8	120
		15	240

Le haghaidh níos mó eolais ar an Scrúdú Cainte, féach ar leathanach 440 in Aonad a 10.

Os rud é go bhfuil an Scrúdú Cainte chomh tábhachtach sin, tosaímid le roinn ar an Scrúdú Cainte ag tús gach caibidle i gCéim a 1. Tá an roinn seo dírithe ar an gcomhrá. Tá nótaí breise agus ceisteanna le freagairt bunaithe ar an gcomhrá sa Leabhrán. Tá nótaí ar na sraitheanna pictiúr ar líne ar **www.gillexplore.ie**.

Sa chéim seo, foghlaimeoidh tú:

- na heochairfhocail agus nathanna a bhaineann leis na topaicí 'Mé Féin' agus 'Mo Theaghlach'
- na heochairfhocail agus nathanna a bhaineann le topaic an bhochtanais in Éirinn
- conas 'Bochtanas mar fhadhb idirnáisiúnta' a phlé.

Mé Féin agus Mo Theaghlach

Beannú

An scrúdaitheoir: **Dia dhuit.**

An dalta: Dia is Muire dhuit.

An scrúdaitheoir: **Conas atá tú?/Cén chaoi a bhfuil tú?/Caidé mar atá tú?**

An dalta: Táim go maith/an-mhaith/ar fheabhas/neirbhíseach/go diail.

Fáiltiú

Ainm, Scrúduimhir, Aois, Seoladh Baile, Dáta Breithe

An scrúdaitheoir: **Cad is ainm duit?/Cén t-ainm atá ort?/Caidé an t-ainm atá ort?**

An dalta: Nóra Ní Shúilleabháin is ainm dom./Nóra Ní Shúilleabháin an t-ainm atá orm.

An scrúdaitheoir: **Cad í do scrúduimhir?**

An dalta: A náid, a náid, a haon, a seacht, a dó.

An scrúdaitheoir: **Cén aois thú?**

An dalta: Táim sé bliana/seacht mbliana/ocht mbliana déag d'aois.

An scrúdaitheoir: **Cén seoladh baile atá agat?**

An dalta: Is é 12 Ascaill Chnoc Mhuirfean, an Charraig Dhubh, Co. Bhaile Átha Cliath mo sheoladh baile./76 an Baile Ard, Trá Lí, Co. Chiarraí an seoladh baile atá agam.

Céide	*Drive*	Ard	*Height*
Ascaill	*Avenue*	Cúirt	*Court*
Cearnóg	*Square*	Faiche	*Green/Lawn*
Eastát	*Estate*	Garrán	*Grove*
Lána	*Lane*	Páirc	*Park*
Bóthar	*Road*	Sráid	*Street*
Árasán	*Flat/Apartment*	Garraí	*Gardens*

An scrúdaitheoir: **Cad é do dháta breithe?/Cathain a rugadh thú?**

An Dáta Breithe	
	gcéad lá d'Eanáir.
	ar an dara lá d'Fheabhra.
	ar an tríú lá de Mhárta.
	ar an gceathrú lá d'Aibreán.
	ar an gcúigiú lá de Bhealtaine.
	ar an séú lá de Mheitheamh.
	ar an seachtú lá d'Iúil.
	ar an ochtú lá de Lúnasa.
Rugadh mé ar an	ar an naoú lá de Mheán Fómhair.
	ar an deichiú lá de Dheireadh Fómhair.
	ar an aonú lá déag de Shamhain.
	ar an dara lá déag de Nollaig.
	ar an tríú lá déag d'Eanáir.
	ar an aonú lá is fiche de Mhárta.
	ar an dara la is fiche d'Aibreán.
	ar an tríochadú lá d'Iúil.

Míonna na Bliana	
Eanáir	Iúil
Feabhra	Lúnasa
Márta	Meán Fómhair
Aibreán	Deireadh Fómhair
mí na Bealtaine	Samhain/mí na Samhna
Meitheamh/mí an Mheithimh	Nollaig/mí na Nollag

Mo Mhuintir/Chlann/Theaghlach

páiste/leanbh	*child*	páistí/leanaí	*children*
tuismitheoir(í)	*parent(s)*	mam/daid	*mam (mum)/dad*
athair	*father*	leasathair	*stepfather*
máthair	*mother*	leasmháthair	*stepmother*
deartháir deartháir céile	*brother* *brother-in-law*	leasdeartháir	*stepbrother*
deirfiúr deirfiúr chéile	*sister* *sister-in-law*	leasdeirfiúr	*stepsister*
iníon	*daughter*	iníonacha	*daughters*
mac	*son*	mic	*sons*
seanathair/daideo	*grandfather/grandad*	neacht	*niece*
seanmháthair/mamó	*grandmother/granny*	nia	*nephew*
gariníon	*granddaughter*	gariníonacha	*granddaughters*
garmhac	*grandson*	garmhic	*grandsons*
col ceathrair	*cousin*	col ceathracha	*cousins*
uncail	*uncle*	uncailí	*uncles*
aintín	*aunt*	aintíní	*aunts*
leathchúpla	*a twin*	cúpla	*twins*

An scrúdaitheoir: **Cad as duit?**

An dalta: Is as Corcaigh mé/dom./Is as Baile Átha Cliath mé/dom.

An scrúdaitheoir: **Cé mhéad duine atá i do chlann?**

An dalta: Tá duine/beirt/triúr/ceathrar/cúigear/seisear/seachtar/ochtar/naonúr/deichniúr/aon duine dhéag/dháréag/trí dhuine dhéag i mo chlann.

Tá mo mhamó ina cónaí linn.
Tá mo dhaideo ina chonaí linn.

An scrúdaitheoir:	**Cén áit atá agat sa chlann?**
An dalta:	Is mise an duine is óige/is sine sa chlann.
	Táim sa lár.
	Is páiste aonair mé.
	Is leathchúpla mé.
	Is leathchúpla comhionann mé.
An scrúdaitheoir:	**Cé mhéad deartháir/deirfiúr atá agat?**
An dalta:	Tá deartháir/deirfiúr amháin agam.
	Tá beirt deartháireacha/deirfiúracha agam.
	Tá triúr deartháireacha/deirfiúracha agam.
	Tá ceathrar deartháireacha/deirfiúracha agam.
	Níl aon deartháir ná deirfiúr agam.
An scrúdaitheoir:	**Cad is ainm do do dheartháir?**
An dalta:	Seán is ainm do mo dheartháir.
An scrúdaitheoir:	**Cad is ainm do do dheirfiúr?**
An dalta:	Síle is ainm do mo dheirfiúr.
An scrúdaitheoir:	**Cad is ainm do do dheartháireacha?**
An dalta	Seán, Tomás agus Peadar is ainm dóibh.
An scrúdaitheoir:	**Cén aois thú?**
An dalta:	Táim sé bliana déag d'aois.
	Táim seacht mbliana déag d'aois.
	Táim ocht mbliana déag d'aois.
An scrúdaitheoir:	**Cén aois é do dheartháir?**
An dalta:	Tá mo dheartháir sé bliana d'aois.

Nóta Gramadaí

Úsáidimid na huimhreacha pearsanta nuair a bhímid ag comhaireamh daoine.

Féach ar leathanach 421 in Aonad a 9 le haghaidh nótaí ar an aidiacht shealbhach.

Nóta Gramadaí

Aois			
aon bhliain d'aois	*one year old*	aon bhliain déag d'aois	*eleven years old*
dhá bhliain d'aois	*two years old*	dhá bhliain déag d'aois	*twelve years old*
trí bliana d'aois	*three years old*	trí bliana déag d'aois	*thirteen years old*
ceithre bliana d'aois	*four years old*	ceithre bliana déag d'aois	*fourteen years old*
cúig bliana d'aois	*five years old*	cúig bliana déag d'aois	*fifteen years old*
sé bliana d'aois	*six years old*	sé bliana déag d'aois	*sixteen years old*
seacht mbliana d'aois	*seven years old*	seacht mbliana déag d'aois	*seventeen years old*
ocht mbliana d'aois	*eight years old*	ocht mbliana déag d'aois	*eighteen years old*
naoi mbliana d'aois	*nine years old*	naoi mbliana déag d'aois	*nineteen years old*
deich mbliana d'aois	*ten years old*	fiche bliain d'aois	*twenty years old*

Na Rialacha
aon + bhliain
dhá + bhliain
3–6 bliana
7–10 mbliana

fiche bliain	*20 years*	ochtó bliain	*80 years*
tríocha bliain	*30 years*	nócha bliain	*90 years*
daichead bliain	*40 years*	céad bliain	*100 years*
caoga bliain	*50 years*	míle bliain	*1000 years*
seasca bliain	*60 years*	céad míle bliain	*100,000 years*
seachtó bliain	*70 years*	milliún bliain	*1 million years*

Nuair atá uimhreacha ar nós 21–29, 31–39, 41–49, srl. á lua, is fearr 'aon bhliain is fiche' a rá in áit 'fiche haon bhliain d'aois'.

21 years old = aon bhliain is fiche, 22 = dhá bhliain is fiche, 23 = trí bliana is fiche, 24 = ceithre bliana is fiche, 28 = ocht mbliana is fiche

Ag Déanamh Cur Síos ar Chuma Fhisiceach an Duine

gruaig dhonn	*brown hair*	gruaig ghearr	*short hair*
gruaig dhubh	*black hair*	gruaig fhada	*long hair*
gruaig rua	*red hair*	gruaig spíceach	*spiky hair*
gruaig fhionn	*fair hair*	maol	*bald*
gruaig bhán	*very blonde or white hair*	súile glasa	*green eyes*
gruaig liath	*grey hair*	súile liatha	*grey eyes*
gruaig dhíreach	*straight hair*	súile donna	*brown eyes*
gruaig chatach	*curly hair*	súile gorma	*blue eyes*

Bí + ar: Gruaig

Úsáidtear 'bí + ar' le cur síos a dhéanamh ar ghruaig.

Tá gruaig dhonn orm.	*I have brown hair.*
Tá gruaig dhonn ort.	*You (singular) have brown hair.*
Tá gruaig dhonn air.	*He has brown hair.*
Tá gruaig dhonn uirthi.	*She has brown hair.*
Tá gruaig dhonn orainn.	*We have brown hair.*
Tá gruaig dhonn oraibh.	*You (plural) have brown hair.*
Tá gruaig dhonn orthu.	*They have brown hair.*

Bí + ag: Súile

Úsáidtear 'bí + ag' le cur síos a dhéanamh ar shúile. Ní mór 'ag' a chur in oiriúint don duine.

Mar shampla
ag + mé = agam

Tá súile gorma agam.	*I have blue eyes.*
Tá súile liatha agat.	*You (singular) have grey eyes.*
Tá súile donna aige.	*He has brown eyes.*
Tá súile glasa aici.	*She has green eyes.*
Tá súile gorma againn.	*We have blue eyes.*
Tá súile donna agaibh.	*You (plural) have brown eyes.*
Tá súile liatha acu.	*They have grey eyes.*

Tréithe Fisiceacha Eile

Tá mo mham beag/íseal.	*My mam is small.*
Tá mo dhaid ard.	*My dad is tall.*
Caithim spéaclaí.	*I wear glasses.*
Tá féasóg/croiméal ar mo dhaid.	*My dad has a beard/moustache.*
Tá bricíní orm.	*I have freckles.*

Airde

méadar	*metre*	ceintiméadar	*centimetre*
troigh/cúig troithe	*a foot/5 feet*	orlach	*inch*

Mar shampla

Tá mo dhearthair cuíosach ard. Tá sé sé troithe ar airde.	*My brother is fairly tall. He is 6 feet tall.*
Tá mé tuairim is cúig troithe, sé horlaí ar airde.	*I am approximately 5 foot, 6 inches tall.*
Tá mé méadar agus seacht gceintiméadar ar airde.	*I am 107 centimetres tall.*

Aidiachtaí Úsáideacha

álainn	*beautiful*	gránna	*ugly*
dathúil	*handsome*	gleoite	*cute/pretty*
ard	*tall*	íseal/beag	*small*
láidir	*strong*	lag	*weak*
tanaí	*thin*	ramhar	*fat*

Aidiachtaí chun Cur Síos a Dhéanamh ar Phearsantacht an Duine

Beidh na haidiachtaí úsáideach do cheist 6b sa léamhthuiscint chomh maith mar is minic a iarrtar ort cur síos a dhéanamh ar an duine sa sliocht.

cineálta/cneasta	*kind*
cairdiúil	*friendly*
flaithiúil	*generous*
goilliúnach	*sensitive*
cainteach	*chatty*
macánta	*honest*
mímhacánta	*dishonest*
cróga/misniúil	*brave*
teasaí	*hot-headed*
cliste	*clever*
éirimiúil	*intelligent*
glic	*sly/cute*
amaideach	*foolish*
gealgháireach	*cheerful/jolly*

greannmhar	*funny*
cúthail	*shy*
béasach	*polite*
drochbhéasach	*rude*
stuama/ciallmhar	*sensible*
tuisceanach	*understanding*
deas	*nice*
féinmhuiníneach	*confident*
dána	*bold*
ceanndána	*stubborn*
fiosrach	*inquisitive*
leisciúil	*lazy*
díograiseach	*hardworking*
réchúiseach	*easygoing*

Ag Déanamh Cur Síos ar Chineál an Duine

Is duine cairdiúil, cainteach mé.	*I am a friendly, talkative person.*
Is duine gealgháireach tú.	*You are a cheerful person.*
Is buachaill éirimiúil é mo dheartháir.	*My brother is an intelligent person.*
Is cailín cneasta í Máire.	*Máire is a kind girl.*
Is daoine díograiseacha sinn/muid.	*We are hard-working people.*
Is daltaí cliste sibh.	*You are clever pupils.*
Is tuismitheoirí réchúiseacha iad.	*They are easy-going parents.*

Cleachtaí Scríofa

1. Déan cur síos ar thréithe na ndaoine i do theaghlach.
2. Cén saghas duine é/í? Cuir Gaeilge ar na habairtí seo a leanas.

(a) My dad is an intelligent man.
(b) Your mam is a kind woman.
(c) My brother is a hardworking boy.
(d) Her sister is a stubborn girl.
(e) Our aunt is a friendly, talkative person.
(f) His cousin is an inquisitive person.
(g) My uncle is a cranky person.
(h) My father is a hot-tempered person.
(i) His granddad is a brave person.
(j) Their aunt is a foolish person.

Ag Déanamh Cur Síos ar Phost an Duine

Cén post/tslí bheatha/ghairm atá ag do dhaid/do mham/do dheartháir/dheirfiúr?
Is múinteoir é mo dhaid. Is meicneoir é mo dheartháir.
Is fiaclóir í mo mhaim. Is ailtire í mo dheirfiúr.
Is bean tí í m'aintín.
Is innealtóir é m'uncail.
Is dochtúirí muid.

Féach ar leathanach 418 le haghaidh níos mó nótaí ar an gcopail **is** sna haimsirí difriúla agus sa chlaoninsint in Aonad a 9.

Oibríonn mo dhaid in oifig.	*My dad works in an office.*
Oibríonn mo dheartháir i gcomhlacht.	*My brother works in a company*
Oibrím i mbialann go páirtaimseartha.	*I work part-time in a restaurant*
Oibríonn mo dheirfiúr mar mhúinteoir.	*My brother works as a teacher.*

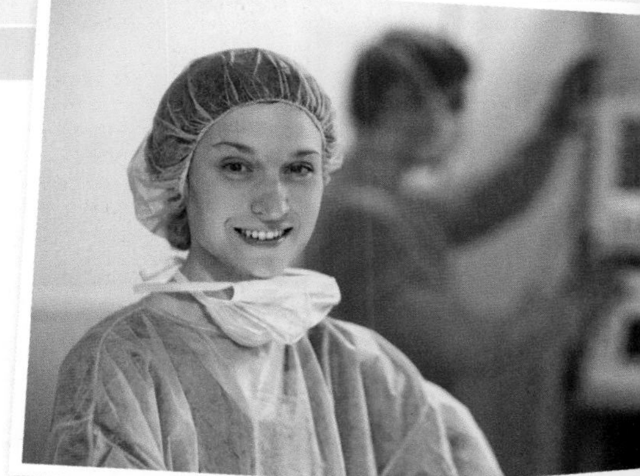

Poist/Gairmeacha/Slite Beatha Eile

amhránaí	*singer*	iascaire	*fisherman*
saighdiúir	*soldier*	rúnaí	*secretary*
fisiteiripeach	*physiotherapist*	feighlí linbh	*childminder*
fáilteoir	*receptionist*	máinlia	*surgeon*
leabharlannaí	*librarian*	seandálaí	*archaeologist*
freastalaí	*waiter*	siopadóir	*shopkeeper*
oifigeach bainc	*bank official*	tábhairneoir	*publican*
píolóta	*pilot*	gruagaire	*hairdresser*
altra	*nurse*	ceantálaí	*auctioneer*
dlíodóir	*solicitor*	fiaclóir	*dentist*
cuntasóir	*accountant*	síceolaí	*psychologist*
duine gnó	*businessperson*	leictreoir	*electrician*
bunmhúinteoir	*primary teacher*	tógálaí	*builder*
meicneoir	*mechanic*	siúinéir	*carpenter*
scríbhneoir	*writer*	tiománaí	*driver*
iriseoir	*journalist*	oibrí oifige	*office worker*
feirmeoir	*farmer*	cócaire	*chef*

Peata

An scrúdaitheoir: **An bhfuil peata agat sa bhaile?**

An dalta: Tá coinín/madra/coileán/cat/piscín/hamstar/luch/capall/iasc órga agam. Téim ag siúl leis/Téim ag marcaíocht go minic/Bím ag súgradh leis/léi go minic.

Cleachtadh Cainte

Léigh an comhrá seo os ard sa rang.

Comhrá Samplach

An scrúdaitheoir: **Inis dom beagáinín faoi do theaghlach. Cé mhéad duine atá sa chlann?**

An dalta: Tá seisear i mo chlann, mé féin, mo mham, mo dhaid, mo bheirt deirfiúracha agus deartháir amháin.

An scrúdaitheoir: **Cad is ainm do do dheartháir agus do do dheirfiúracha?**

An dalta: Bhuel, Séamas is ainm do mo dheartháir. Gráinne agus Aoife is ainm do mo dheirfiúracha.

An scrúdaitheoir: **Cé hé an duine is sine sa chlann?**

An dalta: Is í Aoife an duine is sine sa chlann. Tá sí aon bhliain is fiche d'aois. Tá sí ag déanamh staidéir ar an leigheas san ollscoil. Is duine dáiríre agus díograiseach[1] í. Bíonn sí ag staidéar go dian an t-am ar fad.

An scrúdaitheoir: **Cé hé an duine is óige sa chlann?**

An dalta: Is é Séamas an duine is óige sa chlann. Tá sé ceithre bliana d'aois agus tá sé fós ag freastal ar an naíonra. Is páiste fuinniúil[2], spleodrach[3] é.

An scrúdaitheoir: **Cad mar gheall ar Ghráinne?**

An dalta: Tá Gráinne bliain níos óige ná mé agus tá sí ag freastal ar an meánscoil. Tá sí sa chúigiú bliain. Réitímid go maith le chéile de ghnáth ach is duine míshlachtmhar í sa bhaile. Ní haon ionadh[4] go mbímid ag argóint faoin obair tí sa bhaile go minic!

An scrúdaitheoir: **Cén post atá ag do dhaid?**

An dalta: Is innealtóir é mo dhaid. Tá sé dífhostaithe faoi láthair, faraor[5].

[1] *diligent*
[2] *energetic*
[3] *exuberant*
[4] *it's no surprise*
[5] *unfortunately*

An scrúdaitheoir: **Cén post atá ag do mham?**

An dalta: Is altra í mo mham. Oibríonn sí san ospidéal áitiúil.

An scrúdaitheoir: **An réitíonn tú go maith le do theaghlach?**

An dalta: Bhuel, réitím go maith leo ar an iomlán[6] ach bímid ag argóint anois is arís. Uaireanta ní ligeann mo thuismitheoirí dom dul amach le mo chairde agus bíonn siad ag cur brú orm staidéar a dhéanamh. Cuireann sé sin isteach orm gan aon agó[7]! Tá mo dheirfiúr Gráinne níos óige ná mé agus goideann sí mo chuid éadaigh uaireanta gan ceist a chur orm! Caithfidh mé a rá go n-éirím an-fheargach léi nuair a thógann sí mo chuid stuif.

[6] *on the whole*
[7] *without a doubt*

An scrúdaitheoir: **Déan cur síos ar chuma fhisiceach agus pearsantacht do mham.**

An dalta: Tá mo mham íseal agus tanaí. Tá gruaig fhionn uirthi agus tá súile gorma aici. Is duine cineálta agus macánta í.

An scrúdaitheoir: **Inis dom faoi do dhaid.**

An dalta: Tá mo dhaid ard agus maol. Tá súile donna aige. Is duine éirimiúil agus díograiseach é.

An scrúdaitheoir: **An bhfuil peata agaibh sa bhaile?**

An dalta: Tá madra againn sa bhaile. Roxy is ainm di. Tá dath donn uirthi. Téim ag siúl léi gach tráthnóna agus bím ag súgradh léi sa bhaile go minic. Táim an-cheanúil uirthi! Is ball den teaghlach í um an dtaca seo[8]!

[8] *by now*

Cleachtadh Cainte

Cuir na ceisteanna seo a leanas ar an duine in aice leat:

1. Cad is ainm duit?
2. Cad í do scrúduimhir/uimhir scrúdaithe?
3. Cén aois thú?
4. Cad é do dháta breithe?
5. Cad é do sheoladh baile?
6. Cé mhéad duine atá i do chlann?
7. Déan cur síos ar chuma fhisiceach agus pearsantacht do dhaid.
8. Déan cur síos ar do mham.
9. Déan cur síos ar do dheartháireacha nó do dheirfiúracha.
10. Cad atá á dhéanamh acu? An bhfuil siad ag freastal ar an mbunscoil, ar an meánscoil, ar naíolann nó ar an ollscoil?
11. An bhfuil siad ag obair?
12. Conas a réitíonn tú le do mhuintir?
13. Déan cur síos ar do chuma fhisiceach.
14. Cén airde thú?
15. Déan cur síos ar phearsantacht do chara is fearr.
16. An bhfuil peata agat sa bhaile?

Obair Bhaile

Féach ar leathanach 4 sa Leabhrán agus freagair na ceisteanna.

Mír Físe

Féach ar an mír físe a bhaineann leis an nasc thíos agus comhlánaigh an bhileog oibre a ghabhann léi.

Téigh go dtí **www.ceacht.ie**. Tá acmhainní do mhúineadh na Gaeilge le fáil anseo. Téigh go dtí 'Acmhainní don Ardteist' agus roghnaigh 'Caidrimh'. Ansin, roghnaigh 'Mo Theaghlach'. Tar éis féachaint ar an bhfíseán, roghnaigh an cháipéis Word chun an bhileog oibre a íoslódáil.

An Bochtanas

An scrúdaitheoir: **Cad a cheapann tú faoi fhadhb an bhochtanais inár dtír?**

An dalta:

- Is cúis náire í[1] fadhb an bhochtanais agus easpa dídine[2] sa tír seo.
- Ní mór don rialtas rud éigin a dhéanamh faoi go práinneach[3].
- Tá na mílte duine ina gcónaí ar na sráideanna – go háirithe sna cathracha.
- Tá praghas na morgáistí agus na gcíosanna[4] áiféiseach[5] i bpríomhchathracha na tíre seo – go háirithe i mBaile Átha Cliath. Tá níos mó daoine gan dídean i gcathracha na tíre dá bharr.
- Nuair a tháinig deireadh le ré an Tíogair Cheiltigh, fágadh na mílte duine dífhostaithe[6] agus ag brath ar[7] an stát le haghaidh airgid agus dídine.
- Ní féidir le daoine maireachtáil ar[8] an liúntas leasa shóisialaigh[9] agus an liúntas leanaí go háirithe leis an gcostas maireachtála[10] ard atá sna cathracha.
- Tá easpa tithíochta sóisialta[11] á cur ar fáil ag an rialtas. Tá cúrsaí ag feabhsú diaidh ar ndiaidh de bharr brú ón bpobal ach níl an feabhas sa réimse[12] seo ag tarlú tapaidh go leor do na teaghlaigh bhochta atá ag fulaingt de bharr easpa dídine agus bochtanais.

Is féidir leat na nathanna thíos a úsáid mar bhunús d'aiste/alt nuachtáin ar an gcúlú eacnamaíochta agus ar an mbochtanas in Éirinn chomh maith.

An scrúdaitheoir: **Cad a cheapann tú faoi staid eacnamaíochta na hÉireann faoi láthair?**

An dalta:

- Tá cúrsaí ag feabhsú diaidh ar ndiaidh[13]. Tá an ráta dífhostaíochta ag titim. Ach ar an lámh eile, bhí 193,100 poist bhreise ar fáil sa tír sular thosaigh an cúlú eacnamaíochta in 2007 ná mar a bhí i Márta 2016.
- Tuartar[14] go mbeidh an leibhéal d'fhostaíocht chéanna is a bhí ann i rith ré[15] an Tíogair Cheiltigh i nDeireadh Fomhair 2019.

[1] *It's a disgrace*
[2] *a shortage of shelter*
[3] *urgently*
[4] *rents*
[5] *ridiculous*
[6] *unemployed*
[7] *depending on*
[8] *to survive on*
[9] *social welfare allowance*
[10] *cost of living*
[11] *social housing*
[12] *sector/area*
[13] *gradually*
[14] *it is predicted*
[15] *era*

- Ní mór do na polaiteoirí agus don lucht déanta polasaithe[16] níos mó oibre a dhéanamh chun an cuspóir sin a bhaint amach.
- Tá a lán daoine fós dífhostaithe faoi láthair.
- Thit an tóin[17] as an tionscal tógála[18] ag tús an chúlaithe ach tá cúrsaí ag feabhsú de réir a chéile anois agus tá ag éirí thar barr le comhlachtaí áirithe.
- Chaill a lán daoine a gcuid post sa tionscal tógála, sa tionscal airgeadais[19], sna bainc, i siopaí, i gcomhlachtaí agus i monarchana ag tús an chúlú eacnamaíochta.
- Dá bharr, bhí ar a lán daoine dul ar imirce[20] chun post a fháil.
- Bhí ar an rialtas na billiúin euro a thabhairt do na bainc.
- Tá a lán daoine fós ag maireachtáil ar an liúntas leasa shóisialaigh agus liúntas leanaí agus ní leor iad chun a gcuid billí a íoc.
- Bíonn sé an-deacair ar dhaoine le leanaí íoc as a mbillí agus a gcíos agus a morgáistí go háirithe leis an gcostas ard a bhaineann le cúram linbh[21], cíosanna agus morgáistí go háirithe sna cathracha.
- Tá roinnt daoine ag fulaingt i gceantair dhíothacha go háirithe le blianta beaga anuas.
- Uaireanta, eascraíonn fadhbanna eile ón[22] an mbochtanas, amhail[23] leadrán agus gadaíocht, foréigean, alcólachas, fadhb na ndrugaí agus an galar dubh[24] nuair a mhothaíonn daoine nach bhfuil aon dul as nó dara rogha acu.
- Is fáinne fí é an bochtanas.

[16] *policy makers*
[17] *bottom*
[18] *building industry*
[19] *finance industry*
[20] *emigrate*
[21] *childcare*
[22] eascraíonn ón = *derive from*
[23] *like*
[24] *depression*

An scrúdaitheoir: **Cad a cheapann tú faoi fhadhb an bhochtanais san Afraic agus sa Domhan Forbraíochta?**

An dalta:

- Tá fadhb thromchúiseach[25] le bochtanas ann i réigiúin áirithe san Afraic agus sa Domhan Forbraíochta.
- Cuireann gorta[26], triomach[27], cogaí sibhialta[28] agus aeráid[29] the agus thirim go mór le fadhb an bhochtanais san Afraic.
- Is fadhb thromchúiseach é an galar SEIF san Afraic le fada an lá – tá níos mó oideachais faoin ngalar seo ag teastáil go géar san Afraic.
- Uaireanta caitheann roinnt rialtas[30] san Afraic níos mó ar lón cogaidh ná mar a chaitheann siad ar infreastruchtúr agus ar an gcóras oideachais sa tír. Níl sé sin ag cabhrú le cúrsaí.
- Tá géarleanúint[31] fós ag tarlú do dhaoine i dtíortha áirithe san Afraic bunaithe ar chúrsaí reiligiúnda nó treibhe agus dá bhrí sin, tagann an-chuid daoine ag iarraidh tearmainn[32] san Eoraip ón ngéarleanúint seo.
- Cuireann na toscaí[33] sin uilig le fadhb an bhochtanais atá ann anois san Afraic.

[25] *grave/severe*
[26] *famine*
[27] *drought*
[28] *civil wars*
[29] *climate*
[30] *government*
[31] *persecution*
[32] *sanctuary*
[33] *circumstances*

Obair Bhaile

Féach ar leathanach 34 sa Leabhrán.
Freagair an cheist a bhaineann le topaic an bhochtanais.

Sa chéim seo, foghlaimeoidh tú foclóir agus nathanna cainte atá tráthúil agus ábhair a bhíonn ar fáil go coitianta sna giotaí tuisceana sa scrúdú.

(60 marc)

Cuid A

Cloisfidh tú ***dhá*** fhógra sa chuid seo. Cloisfidh tú gach fógra díobh **faoi dhó**. Beidh sos ann leis na freagraí a scríobh tar éis na chéad éisteachta ***agus*** tar éis an dara héisteacht.

Fógra a hAon

1. (a) Cathain a bheidh an seó faisin ar siúl? ______

   (b) Cá rachaidh an t-airgead a bhaileofar? ______

2. (a) Cá bhfuil an tSiria? ______

   (b) Cén fáth a bhfuil an tír sin ciaptha, dar leis an bhfógra seo? ______

3. Cad atá á rá ag na Náisiúin Aontaithe faoi na daoine sa tSiria? ______

Fógra a Dó

1. (a) Céard atá ar fáil do gach ball den teaghlach más spéis leo saoire a chaitheamh in Éirinn?

   ______

   (b) Luaigh **dhá** scil atá le foghlaim in uiscí na hÉireann. ______

2. (a) Cá mbeidh na radhairc dhochreidte le feiceáil, dar leis an bhfógra seo? ______

   (b) Luaigh rud amháin ar féidir taitneamh a bhaint as sa spá. ______

3. Cén fáth a molann an fógra seo dúinn saoire a chaitheamh in Éirinn i mbliana? ______

Cuid B

Cloisfidh tú ***dhá*** chomhrá sa chuid seo. Cloisfidh tú gach comhrá díobh **faoi dhó**. Cloisfidh tú an comhrá ó thosach deireadh an chéad uair. Ansin cloisfidh tú ina ***dhá*** mhír é. Beidh sos ann leis na freagraí a scríobh tar éis gach míre díobh.

Comhrá a hAon

An Chéad Mhír

1. Cén tinneas atá ar Cháit le cúpla lá anuas? ______
2. Cé acu a mbeidh cead cur isteach ar an turas? ______
3. Luaigh dhá rud a chaithfear a dhéanamh le háit a fháil ar an turas.

   (i) ______

   (ii) ______

An Dara Mír

1. Cé mhéad ama a chaith col ceathrair Cháit in Kolkata? ______
2. Luaigh dhá rud a dúirt col ceathrair Cháit faoi na daoine in Kolkata.
   (i) ______
   (ii) ______
3. Cad a mhol a col ceathrair do Cháit a dhéanamh? ______

Comhrá a Dó

An Chéad Mhír

1. Cad a deir Liam faoin gcomórtas? ______
2. Cé eile atá ag traenáil don chlár cheana féin le Ruairí?
   ______
3. Luaigh an dá rud atá an-tábhachtach don fhoireann, dar le Ruairí.
   (i) ______
   (ii) ______

An Dara Mír

1. Cathain a dhéantar an clár a thaifeadadh? ______
2. Luaigh dhá rud a deir Ruairí faoina dheirfiúr Siobhán.
   (i) ______
   (ii) ______
3. Cén fáth a bhfuil Daid go hiontach, dar le Ruairí? ______

Cuid C

CD1 Rian 10–12

Cloisfidh tú ***dhá*** phíosa nuachta sa chuid seo. Cloisfidh tú gach píosa díobh **faoi dhó**. Beidh sos ann leis na freagraí a scríobh tar éis na chéad éisteachta ***agus*** tar éis an dara héisteacht.

Píosa a hAon

1. Cén fáth a mbíonn Lá Cuimhneacháin an Ghorta Mhóir ar siúl gach bliain? ______
2. Cathain a cuireadh tús leis an lá cuimhneacháin? ______
3. Cá raibh an lá cuimhneacháin deiridh ar siúl? ______

Píosa a Dó

1. Cár bunaíodh an pháirtíocht a luaitear? ______
2. Cad ba mhaith le bunaitheoirí na páirtíochta a dhéanamh? ______
3. Cé mhéad airgid a cheaptar a caitheadh ar an ionad sláinte in Aror sa Chéinia ó Éirinn le seacht mbliana 's fiche anuas? ______

Sa chéim seo, foghlaimeoidh tú:

- an foclóir agus na heochairfhocail a bhaineann leis an mbochtanas
- conas feidhmiú mar bhall de ghrúpa trí mheán an obair ghrúpa
- conas aistí a leagan amach agus struchtúr a chur orthu.

Aiste Shamplach

Pléigh an bochtanas mar fhadhb idirnáisiúnta sa lá atá inniu ann.

Nóta Gramadaí

an bochtanas	fadhb an bhochtanais
an bhochtaineacht	fadhb na bochtaineachta

An Bochtanas

Tús

Is fadhb idirnáisiúnta é an bochtanas gan aon agó[1] sa lá atá inniu ann[2]. Ní roinntear acmhainní[3] an domhain go cothrom[4] sa lá atá inniu ann agus go stairiúil, níor roinneadh go féaráilte riamh iad. Tá nádúr an chine dhaonna santach[5] i mo thuairim – teastaíonn ó dhaoine níos mó airgid, saibhris, oideachais, tithíochta[6], cumhachta[7] agus pribhléidí a bheith acu ná daoine eile i gcónaí. Dá bharr, ní roinntear acmhainní an domhain go cothrom i measc mhuintir an domhain.

[1]without a doubt
[2]in today's world
[3]resources
[4]fairly
[5]greedy
[6]housing
[7]power

Alt a 1 Triomach, Gorta, Cogaí, Impiriúlachas sa Domhan Forbraíochta

Faoi mar is eol dúinn, tá fadhb thromchúiseach bochtanais le fáil san Afraic agus sa Domhan Forbraíochta le fada an lá. Tá a lán cúiseanna leis sin – an aeráid[8] a chruthaíonn triomach[9] agus gorta in áiteanna áirithe sa Domhan Forbraíochta, tubaistí nádúrtha[10] agus cogaí sibhialta[11]. Tá cúiseanna stairiúla nach iad chomh maith a bhaineann le nádúr santach an chine dhaonna amhail an t-impiriúlachas[12], coilíneachas[13] agus an tslí ar thóg a lán tíortha ón Domhan Forbraíochta acmhainní nádúrtha ó thíortha na hAfraice thar na céadta chun brabús[14] a dhéanamh dóibh féin. Is feiniméan[15] nua-aimseartha go leor é nóisean na Trádála Córa[16].

[8]the climate
[9]drought
[10]natural disasters
[11]civil wars
[12]imperialism
[13]colonisation
[14]profit
[15]phenomenon
[16]Fair Trade

Alt a 2 Fíricí Suimiúla Maidir leis an mBochtanas sa Domhan Forbraíochta

Cúpla fíric suimiúil maidir leis an mbochtanas – maireann[17] beagnach leath de dhaonra an domhain – sin níos mó ná trí bhilliún duine, ar níos lú ná $2.50 in aghaidh an lae. Maireann níos mó ná 1.3 billiún duine i ngéarbhochtanas – ag maireachtaint ar níos lú ná $1.25 in aghaidh an lae. Dar leis an eagraíocht UNICEF, faigheann níos mó ná 22,000 leanbh bás gach lá de bharr an bhochtanais.

Níl go leor le hithe ag 805 milliún duine ar fud an domhain. Níl teacht ar uisce glan reatha ag 750 milliún duine. Cruthaíonn sé sin fadhb thromchúiseach le buinneach[18] agus calar[19] agus maraítear 842,000 duine de bharr easpa uisce glan reatha, sláinteachais láimhe[20] agus sláintíochta gach bliain ar bhonn domhanda – sin tuairim is[21] 2,300 duine in aghaidh an lae.

In 2011, cuireadh srian ar fhás 165 milliún leanaí de bharr géareaspa cothaíochta[22]. Dar leis na staitisticí, tá leath de pháistí an domhain – sin billiúin – ag fulaingt faoi bhochtanas.

[17]to survive/exist
[18]diarrhoea
[19]cholera
[20]hand hygiene
[21]approximately
[22]severe malnutrition

Alt a 3 Cogaí san Afraic

Is minic go mbíonn cogadh nó coimhlint ar siúl i dtíortha na hAfraice. Is minic a chaitheann na rialtais sna tíortha na hAfraice a gcuid airgid ar lón cogaidh agus ar airm in ionad na n-áiseanna riachtanacha[23] maireachtála. Caithimid a admháil go mbíonn páirt ag rialtais[24] an iarthair go minic sna coimhlintí sin, áfach, mar gur minic a thugann rialtais an iarthair airgead do thaobh amháin nó don taobh eile de réir mar a oireann sé dóibh féin – go háirithe[25] má bhíonn suim acu in acmhainní na tíre sin, amhail ola nó mianraí. Is iad cosmhuintir na dtíortha, áfach, a fhulaingíonn de bharr na gcoimhlintí de ghnáth – cuir i gcás muintir an Chósta Eabhair[26], muintir Phoblacht[27] an Chongó agus muintir Ruanda. I 1994, tharla cinedhíothú[28] uafásach i Ruanda.

[23]necessary
[24]governments
[25]especially
[26]Ivory Coast
[27]republic
[28]genocide

Alt a 4 Daoine gan Dídean agus Bochtanas in Éirinn

Tá a lán daoine gan dídean[29] ar na sráideanna in Éirinn. Bíonn siad ag iarraidh déirce[30] uaireanta agus ag fulaingt leis an ocras agus leis an bhfuacht. Uaireanta bíonn daoine ina gcónaí ar na sráideanna mar nach mbíonn aon chlann acu nó b'fhéidir go bhfuair siad drochíde sa bhaile. Bíonn roinnt daoine eile gafa le[31] halcól agus drugaí agus dá bharr, cailleann siad a gcuid airgid agus a dtithe agus fágtar gan dídean

[29]homeless people
[30]begging
[31]addicted to

iad. Go minic, ní bhíonn aon ghaolta ná cairde ag daoine gan dídean chun cabhrú leo agus muna mbíonn aon seoladh baile buan[32] acu, bíonn sé fíordheacair post a fháil. De bharr an chúlú eacnamaíochta, tá a lán daoine ag cailliúint a gcuid post. Tá an-bhrú ar dhaoine a bhfuil morgáistí acu a mbillí agus a morgáistí a íoc. Tá an cúlú sin ag tarlú ar fud an domhain thiar agus tá sé ag cur go mór le fadhb an bhochtanais san iarthar. Chomh maith leis sin, bíonn a lán daoine i gceantair dhíothacha[33] ag fulaingt ón mbochtanas, easpa spáis, fadhbanna sóisialta agus easpa deiseanna chun dul chun cinn[34] a dhéanamh sa saol.

Uaireanta, cruthaíonn an bochtanas fadhbanna sóisialta eile amhail an t-alcólachas, andúil, coiriúlacht agus daoine atá in ísle brí. Is fáinne fí í an bochtanas. Is casta agus deacair an rud teacht ar réiteach fadtéarmach ar fhadhb an bhochtanais. De réir dealraimh tá daoine ann a thugann airgead agus a gcuid ama go flaithiúil d'eagraíochtaí carthanachta in Éirinn amhail Clann Shíomóin agus Cumann Naomh Uinseann de Pól agus d'eagraíochtaí a oibríonn sa Domhan Forbraíochta amhail Trócaire agus Gorta.

[32] permanent/secure
[33] deprived areas
[34] progress

Críoch

Is é nádúr santach an chine dhaonna agus easpa tola[35] na rialtas sa Domhan Forbartha na príomhchonstaicí[36] i mo thuairim nuair a smaoinímid ar réiteach ar fhadhb an bhochtanais. Is fadhb idirnáisiúnta í gan aon agó.

[35] a lack of will
[36] main obstacles

Cleachtaí Scríofa

1. Cuir Gaeilge ar na focail seo a leanas.
   (a) resources (b) imperialism (c) phenomenon (d) Fair Trade (e) abuse (f) homeless (g) malnutrition (h) republic (i) the Ivory Coast (j) genocide (k) begging
2. Freagair na ceisteanna seo a leanas.
   (a) Cad iad na cúiseanna le bochtanas san Afraic agus sa Domhan Forbraíochta dar leis an aiste seo?
   (b) Cén saghas galar a chruthaíonn easpa uisce glan reatha?
   (c) Cad a tharla i 1994 in Ruanda?
   (e) Cén saghas fadhbanna sóisialta a chruthaíonn an bochtanas?
   (f) Ainmnigh cuid de na heagraíochtaí carthanachta in Éirinn a bhíonn ag streachailt i gcoinne fhadhb an bhochtanais.
   (g) Ainmnigh cuid de na heagraíochtaí carthanachta a oibríonn sa Domhan Forbraíochta ag cabhrú le daoine bochta.
3. Cruthaigh meabhairmhapa bunaithe ar na príomhchúiseanna leis an mbochtanas san Afraic.
4. Cruthaigh meabhairmhapa bunaithe ar na príomhfhíricí a bhaineann leis an mbochtanas in Éirinn.

Ceist Scrúdaithe

Scríobh aiste den teideal 'An Bochtanas in Éirinn'.

Suígí i ngrúpaí de cheathrar. Bíodh mata boird agaibh – leathanach A3 roinnte i gceithre roinn.

Pléigí a ndéarfaidh sibh ag tús agus ag deireadh na haiste agus na príomhphointí a bheidh agaibh idir eatarthu. Is féidir le duine amháin tabhairt faoi phointe ar leith. Tiocfaidh an grúpa le chéile chun an tús agus an chríoch a chur leis an bhfreagra ag déanamh suimiú suas ar phríomhphointí na haiste ag tús agus i gcríoch na haiste.

Ná déanaigí dearmad struchtúr maith a chur ar an bhfreagra. Beidh oraibh taighde a dhéanamh ar an idirlíon agus i bhfoilseacháin faoin topaic.

- Tús: Luaigh na pointí a bheidh á bplé agat sa fhreagra.
- Croí na freagra: Príomhphointe amháin i ngach alt
- Críoch: Déan achoimre agus athrá ar na príomhphointí a phléigh tú san aiste.

Mata Boird

Nóta

Ní gá na topaicí thíos a úsáid; níl iontu ach treoir.

An Bochtanas in Éirinn

Tús, Alt a 1

An Cúlú Eacnamaíochta in Éirinn – staitisticí

Alt a 2, Alt a 3

Easpa tithíochta – daoine gan dídean, daoine ag iarraidh déirce

Obair na n-eagraíochtaí carthanachta Clann Shíomóin, Cumann Naomh Uinseann de Pól, na cistineacha anraith i mBaile Átha Cliath agus i gcathracha eile

Alt a 4, Alt a 5

Fíricí mar gheall ar cheantair dhíothacha

Easpa deiseanna maidir le fostaíocht, oideachas, fadhbanna sóisialta sna ceantair

An obair a dhéanann an tAthair Seán Healy ón eagraíocht Ceart Sóisialta Éireann (*Social Justice Ireland*)

Críoch

Piarmheasúnú

Piarmheasúnú ar an aiste dar teideal 'Bochtanas in Éirinn': Ceartúchán na bhfreagraí.

Seicliosta

Déan cinnte go bhfuil na pointí gramadaí seo a leanas scríofa i gceart:

- Úsáid na copaile **is**.
- Sa + séimhiú (ach ní bhíonn aon séimhiú ar **d**, **t**, **s**. Uaireanta bíonn **t** roimh **s** áfach, nuair a bhíonn ainmfhocal baininscneach i gceist, m.sh. sa tsochraid).
- I + urú (ach amháin ar **st**, **l**, **n**, **r**, **sm**, **sp**, **sc**, **m**, **s**).
- Ainmfhocail a thosaíonn le consain: ar an, leis an, ag an, as an, tríd an, roimh an, faoin, ón + urú (ach amháin roimh ghuta nó **d**, **n**, **t**, **l**, **s**, m.sh. ar an oileán, ar an ábhar sin, ar an traein).
- I gcanúint Uladh, cuirtear urú ar an gcéad chonsan den ainmfhocal a leanann ar an, leis an, srl.
- Más ainmfhocal baininscneach a thosaíonn le **s** a bhíonn i gceist, bíonn **t** roimh an **s**, m.sh. ar an tsráid, ag an tsochraid.
- Ag, as, go, le, chuig, seachas + faic. Eisceacht: Cuireann **go** agus **le** séimhiú roimh ainmfhocal a thosaíonn le guta.
- Ar, de, do, roimh, um, thar, trí, mar, ó, faoi + séimhiú. Eisceachtaí: Ní chuireann **ar** séimhiú ar ainmfhocal nuair is staid nó coinníoll a bhíonn i gceist, nuair is ionad ginearálta a bhíonn i gceist, nuair a bhíonn am i gceist, m.sh. ar saoire, ar mire, ar meisce, ar ceal, ar siúl, ar crith, ar crochadh, ar farraige, ar maidin, ar ball, srl.

Obair Bhaile

Scríobh aiste dar teideal 'An Bochtanas san Afraic.'

Céim a 4: Gramadach

2 An Aimsir Chaite

Féach ar leathanach 391 le haghaidh nótaí mar gheall ar ar an aimsir chaite in Aonad a 9.

8 An Chopail Is

Féach ar leathanach 418 in Aonad a 9 le haghaidh nótaí mar gheall ar an gcopail **is** sna haimsirí difriúla agus sa chlaoninsint.

9 An Aidiacht Shealbhach

Féach ar leathanach 421 le haghaidh nótaí mar gheall ar ar an aidiacht shealbhach in Aonad a 9.

Céim a 5: Léamhthuiscint

Sa chéim seo, foghlaimeoidh tú:

- eochairfhocail a bhaineann leis an gcolscaradh agus leis an bpósadh
- conas anailís a dhéanamh ar léamhthuiscint, conas míreanna gramadaí agus seánra a aithint.

Tá nótaí agus freagraí samplacha maidir le léamhthuiscintí ar leathanach 459 in Aonad a 10.

Colscaradh in Éirinn

Léigh an sliocht seo a leanas agus freagair na ceisteanna a ghabhann leis.

1. Cuireann colscaradh deireadh iomlán le pósadh. Bíonn na dlíthe maidir le colscaradh an-difriúil ar fud an domhain ach bíonn cead ag teastáil ó lánúin phósta ón gcúirt nó ó údarás eile chun deireadh a chur lena bpósadh i ngach tír. Nuair a bhíonn lánúin ag tabhairt faoi phróiseas an cholscartha, is minic a bhíonn ar an lánúin dul i ngleic le cúrsaí ar nós ailiúnais, choimeád an linbh , chothú an linbh, dháileadh saibhris agus tithe, shealúchais agus roinnt fiach uaireanta. I dtromlach na dtíortha, bíonn an monagamas i bhfeidhm de réir an dlí agus bíonn cosc ar an bpolagamas, mar atá, ní bhíonn cead ag daoine a bheith pósta le níos mó ná duine amháin ag an am céanna. Tugann colscaradh cead do dhaoine duine eile a phósadh de réir an dlí.

2. Níor ceadaíodh an colscaradh in Éirinn go dtí 1996. Bhí móran conspóide faoin reifreann ar an gcolscaradh ar chláir ar nós *The Late Late Show* ag an am agus i nuachtáin agus irisí. Bhí cosc iomlán ar an gcolscaradh i mBunreacht na hÉireann ó bunaíodh Poblacht na hÉireann i 1937. Bhí tionchar láidir ag an Eaglais Chaitliceach ar pholaiteoirí agus ar an rialtas ag an am ach bhí ceannairí sinsearacha na hEaglaise Anglacánaí in aghaidh an cholscartha chomh maith, agus thacaigh siad leis an gcosc ar cholscaradh i 1937.
3. Cuireadh ceist an cholscartha faoi bhráid an phobail i reifreann den chéad uair i 1986 nuair a bhí Fine Gael i réim faoi cheannaireacht Garret Fitzgerald. Níor glacadh leis an gcolscaradh an t-am sin, áfach. Nuair a bhí Fine Gael ar ais i réim faoi cheannaireacht John Bruton, cuireadh reifreann eile ar bun faoi cheist an cholscartha. Bhí a lán conspóide agus díospóireachtaí poiblí faoi ach sa deireadh athraíodh Acht 41.3 den Bhunreacht. Vótáil 818,842 duine i bhfabhar an cholscartha ach vótáil 809,728 duine ina choinne i 1994.
4. Ó na seachtóidí ar aghaidh, ceadaíodh an colscaradh san Iodáil i 1970, sa Spáinn i 1981

agus i Málta in 2011. Ní cheadaítear an colscaradh sna Filipíní ná sa Vatacáin. Tá méadú 150% tagtha ar an líon daoine colscartha in Éirinn le deich mbliana anuas. Dar leis an Oifig Lárnach Staitisticí, bhí 87,770 duine colscartha sa tír in 2011 agus ní raibh ach 35,059 duine colscartha in Éirinn dar leis an daonáireamh in 2002. I gcodarsnacht leis sin, níl méadú suntasach tagtha ar an líon daoine scartha mar bhí 116,194 daoine scartha in 2011 agus bhí 107,263 in 2006. Mar sin, bhí 9.7 % de lucht pósta na tíre colscartha nó scartha in 2011. Ní mór do dhaoine a bheith scartha ar feadh cúig bliana in Éirinn sula féidir leo colscaradh a fháil.

5. Nuair a rinneadh scrúdú ar an líon daoine pósta a bhí scartha nó colscartha in 2011, bhí an céadatán is airde de dhaoine colscartha nó scartha ina gcónaí i gcathracha. Bhí an ráta is airde de lánúineacha colscartha nó scartha i gcathair Luimnigh (13.5%) agus bhí 12.5% i bPort Láirge agus 12.4% ina gcónaí i mBaile Átha Cliath. Bhí an ráta is ísle de lánúineacha colscartha/scartha ina gcónaí i gContae na Gaillimhe (7.5%), Co. Luimnigh (7.9%) agus an Cabhán (8.2%). Tá méadú mór tagtha ar an líon daoine a athphósann i ndiaidh colscartha.

Fíric shuimiúil!

Bhí ceist an cholscartha conspóideach i gcónaí! Nuair a bhí an rí Anraí VIII i réim i Sasana, bhí comhairleoir aige darbh ainm Thomas More. Ba chaitliceach cráifeach é Thomas More. Bhí an rí Anraí ag iarraidh colscaradh a fháil óna chéad bhean chéile Catherine of Aragon. Mar sin, níor thaitin an Caitliceachas ná an Pápa leis ag an am sin. Mar go raibh Thomas More i gcoinne an cholscartha agus nach raibh sé sásta geallúint a thabhairt don rí mar cheann na heaglaise Sasanaí, caitheadh isteach sa phriosún i dTúr Londan é agus baineadh a chloigeann de in éineacht leis an easpag John Fisher i 1535.

Fíric shuimiúil eile!

Dhréachtaigh Éamon de Valera Bunreacht na hÉireann nuair a bhí rí Shasana ag iarraidh bean cholscartha a phósadh. Bhí ar rí Edward VIII éirí as a ról mar rí de bharr na conspóide i Sasana i 1936. Thapaigh de Valera an deis chun Bunreacht na hÉireann a chur i bhfeidhm! Thug sé Éire ar an tír. Ó thaobh an dlí de, bunaíodh an phoblacht le hAcht Phoblacht na hÉireann i 1948.

Ceisteanna Scrúdaithe

1. (a) Cén saghas rudaí a mbíonn ar lánúin dul i ngleic leo nuair a bhíonn siad ag tabhairt faoi phróiseas an cholscartha? (Alt 1)
   (b) Cad atá i gceist leis an bpolagamas? (Alt 1) (7 marc)
2. (a) Cathain a ceadaíodh an colscaradh in Éirinn? (Alt 2)
   (b) Cén dearcadh a bhí ag an Eaglais Anglacánach mar gheall ar an gcolscaradh i 1937? (Alt 2) (7 marc)
3. (a) Cathain a d'eagraigh rialtas na hÉireann reifreann mar gheall ar cholscaradh? (Alt 3)
   (b) Cén páirtí a bhí i réim an uair sin? (Alt 3) (7 marc)
4. (a) Cén méadú atá tagtha ar an líon daoine colscartha in Éirinn le deich mbliana anuas? (Alt 4)
   (b) Cá raibh an céadatán is airde de lánúineacha colscartha/scartha sa tír in 2011? (Alt 4) (7 marc)
5. (a) Cén fáth ar baineadh an cloigeann de Thomas More i 1535? (Alt 5)
   (b) Cad a bhunaigh Éamon de Valera i 1937? (Alt 5) (7 marc)
6. (a) Aimsigh samplaí díobh seo a leanas sa téacs thuas:
   - An tuiseal ginideach uatha (Alt a 3)
   - Aidiacht i ndiaidh ainmfhocail atá baininsneach (Alt a 1).

   (b) Cén cineál seánra scríbhneoireachta lena mbaineann an sliocht seo? Luaigh dhá thréith a bhaineann leis an gcineál seo scríbhneoireachta. Aimsigh sampla amháin de gach ceann den dá thréith sin sa sliocht. (Bíodh an freagra i d'fhocail féin. Is leor 60 focal.) (15 mharc)

Tá nótaí ar mhíreanna gramadaí ar leathanach 388 in Aonad a 9.

Mír Físe

Téigh go dtí **www.ceacht.ie**. Tá acmhainní do mhúineadh Gaeilge le fáil anseo.

Téigh go dtí 'Acmhainní don Ardteist' agus roghnaigh 'Seánraí Litríochta'. Tugann na sleamhnáin PowerPoint eolas duit faoi sheánraí litríochta agus ba chóir duit freisin na seánraí a phiocadh amach ó roinnt samplaí.

Céim a 6a: Prós

Sliocht as *Hurlamaboc* le hÉilís Ní Dhuibhne

Sa chéim seo, foghlaimeoidh tú:

- na heochairfhocail a bhaineann leis an sliocht as an úrscéal *Hurlamaboc*
- faoi phlota an úrscéil *Hurlamaboc*
- conas téamaí an tsleachta a phlé
- conas anailís a dhéanamh ar charachtair an tsleachta
- conas stíl scríbhneoireachta a phlé.

Cúinne na Litearthachta

Foghlaim conas na heochairfocail thíos san achoimre a litriú agus faigh amach cad is brí leo. Féach go grinn ar na focail seo, abair amach iad, clúdaigh na focail, agus ansin scríobh na focail amach chun an litriú a chleachtadh!

An Gaeilge	An Béarla	Clúdaigh na focail ar an lámh chlé agus scríobh amach na focail anseo leat féin.
Ascaill na Fuinseoige		
An Tíogar Ceilteach		
Ré an Tíogair Cheiltigh		
Caithréimeach		
Anabaí		
Uaillmhian		
Foirfe		
Lagmhisneach		
Díomhaoin		

Hurlamaboc

Caibidil a haon: Fiche bliain faoi bhláth

Ruán

Fiche bliain ó shin pósadh Lisín agus Pól.

Bheadh an ócáid iontach á ceiliúradh acu i gceann seachtaine. Bhí an teaghlach ar fad ag tnúth leis. Sin a dúirt siad, pé scéal é.

'Beidh an-lá go deo againn!' a dúirt Cú, an mac ab óige. Cuán a bhí air, i ndáiríre, ach Cú a thugadar air go hiondúil. Bhí trí bliana déag slánaithe aige.

'Beidh sé *cool*,' arsa Ruán, an mac ba shine. Ocht mbliana déag a bhí aige siúd. Níor chreid sé go mbeadh an chóisir cool, chreid sé go mbeadh sé *crap*. Ach bhí sé de nós aige an rud a bhí a mháthair ag iarraidh a chloisint a rá léi. Bhí an nós sin ag gach duine.

Agus bhí Lisín sásta. Bhí a fhios aici go mbeadh an ceiliúradh go haoibhinn, an fhéile caithréimeach[1], mar ba chóir di a bheith. Caithréim a bhí bainte amach aici, dar léi. Phós sí Pól nuair nach raibh ann ach ógánach anabaí[2], gan maoin ná uaillmhian[3]. Ag obair i siopa a bhí sé ag an am. Ise a d'aithin na féidearthachtaí[4] a bhí sa bhuachaill aineolach[5] seo. Agus anois fear saibhir, léannta a bhí ann, fear a raibh meas ag cách air, ardfhear. Teach breá aige, clann mhac, iad cliste agus dathúil.

Bhí a lán le ceiliúradh acu.

[1] *triumphant*
[2] *immature*
[3] *ambitious*
[4] *possibilities*
[5] *ignorant*

Maidir leis an gcóisir féin, bhí gach rud idir lámha aici – bhí sí tar éis gloiní agus fíon a chur ar ordú sa siopa fíona; bhí an reoiteoir lán le pióga agus ispíní agus bradán agus arán lámhdhéanta den uile shórt. Bhí an dara reoiteoir tógtha ar cíos aici – is féidir é seo a dhéanamh, ní thuigfeadh a lán daoine é ach thuig Lisín, b'in an saghas í – agus bhí an ceann sin líonta fresin, le rudaí deasa le hithe. Rudaí milse den chuid is mó de, agus rudaí nach raibh milis ach nach raibh i Reoiteoir a hAon. Dá mbeadh an lá go breá bheadh an chóisir acu amuigh sa ghairdín, agus bhí boird agus cathaoireacha le fáil ar iasacht aici ó na comharsana. Agus mura mbeadh an lá go breá bhí an teach mór go leor do na haíonna[6] ar fad. Bhí gach rud ann glan agus néata agus álainn: péint nua ar na ballaí, snas ar na hurláir, bláthanna sna prócaí[7].

[6] *guests*

[7] vásaí = vases

Mar a bhí i gconaí, sa teach seo. Teach Mhuintir Albright. Teach Lisín.

Bean tí den scoth a bhí i Lisín. Bhí an teach i gcónaí néata agus álainn, agus ag an am céanna bhí sí féin néata agus álainn. De ghnáth is rud amháin nó rud eile a bhíonn i gceist ach níorbh amhlaidh[8] a bhí i gcás Lisín.

[8] *it was not the case*

'Ní chreidfeá go raibh do mháthair pósta le fiche bliain,' a dúirt an tUasal Mac Gabhann, duine de na comharsana, le Ruán, nuair a tháinig sé go dtí an doras lá amháin chun glacadh leis an gcuireadh chuig an gcóisir. 'Agus go bhfuil stócach mór ar do nós féinig aici mar mhac! Tá an chuma uirthi gur cailín óg í.' '*Yeah*', arsa Ruán, gan mórán díograise[9]. Ach b'fhíor dó. Bhí an chuma ar Lisín go raibh sí ina hógbhean fós. Bhí sí tanaí agus bhí gruaig fhada fhionn uirthi. Bhuel, bhí an saghas sin gruaige ar na máithreacha go léir ar an mbóthar seo, Ascaill na Fuinseoige. Bóthar fionn a bhí ann, cé go raibh na fir dorcha: dubh nó donn, agus,

[9] *enthusiasm/zeal*

a bhformhór, liath. Ach ní raibh ach bean amháin dorcha ar an mbóthar – Eibhlín, máthair Emma Ní Loingsigh. Ach bhí sise aisteach[10] ar mhórán bealaí. Ní raibh a fhios ag aon duine conas a d'éirigh léi teach a fháil ar an mbóthar. Bhí na mná eile go léir fionn, agus dathúil agus faiseanta, b'in mar a bhí, bhí caighdeán[11] ard ar an mbóthar maidir leis na cúrsaí seo, ní bheadh sé de mhisneach ag bean ar bith dul amach gan smidiú ar a haghaidh, agus eadaí deasa uirthi. Fiú amháin agus iad ag rith amach leis an mbruscar bhíodh gúnaí oíche deasa orthu, agus an ghruaig cíortha go néata acu, ionas go dtuigfeadh na fir a bhailigh an bruscar gur daoine deasa iad, cé nár éirigh siad in am don bhailiúchán uaireanta. Ach bhí rud éigin sa bhreis ag Lisín orthu ar fad. Bhí sí níos faiseanta agus níos néata ná aon duine eile. I mbeagán focal, bhí sí foirfe[12].

[10]ait = *strange*

[11]*standard*

[12]gan locht = *perfect*

Lig Ruán osna ag smaoineamh uirthi. Bhí grá aige dá mháthair. Níor thuig sé cén fáth gur chuir sí lagmhisneach[13] air an t-am ar fad, nuair nár thug sí dó ach moladh. Moladh agus spreagadh.

[13]eadóchas = *despondence/ despair*

'Inseoidh mé di go mbeidh tú teacht. Beidh áthas uirthi é sin a chloisint.' Dhún sé an doras, cuibheasach tapa. Bhí rud éigin faoin Uasal Mac Gabhann a chuir isteach air. Bhí sé cairdiúil agus gealgháireach, agus ba mhinic grinnscéal de shaghas éigin aige. Ach bhí súile géara aige, ar nós na súl a bhíonn ag múinteoirí. Fiú amháin agus é ag caint ag an doras bhí na súile sin ag stánadh ar Ruán, agus an chuma orthu go raibh x-ghathú[14] á dheanamh acu ar a raibh laistigh dá intinn agus ina chroí.

[14]*X-ray*

Bean thanaí, dhathúil, ghealgháireach, bean tí iontach, agus ag an am céanna bhí a lán rudaí ar siúl ag Lisín. Ní raibh post aici. Cén fáth go mbeadh? Bhí ag éirí go sármhaith le Pól, bhí sé ina léachtóir san ollscoil, i gcúrsaí gnó, ach ní sa chomhthéacs sin a rinne sé a chuid airgid, ach ag ceannach stoc ar an Idirlíon. Bhí sé eolach agus cliste agus ciallmhar, agus bhí raidhse mór airgid aige um an dtaca seo, agus é go léir infheistithe sa chaoi is nach raibh air mórán cánach[15] a íoc. Bhí árasáin agus tithe aige fresin, anseo is ansiúd ar fud na hEorpa, agus cíos á bhailiú aige uathu.

[15]cáin = tax

Ní raibh gá ar bith go mbeadh Lisín ag dul amach ag obair. Mar sin, d'fhan sí sa bhaile, ach bhí sí gnóthach, ina ball de mhórán eagraíochtaí agus clubanna: clubanna a léigh leabhair, clubanna a rinne dea-obair ar son daoine bochta, clubanna a d'eagraigh léachtaí ar stair áitiúil agus geolaíocht áitiúil, agus faoi conas do ghairdín a leagan amach ionas go mbeadh sé níos deise ná gairdíní na gcomharsan nó do theach a mhaisiú ionas go mbeadh do chairde go léir ite le formad. Murar leor sin, d'fhreastail sí ar ranganna teanga – Spáinnis, Rúisis, Sínis, Seapáinis. Bhí suim aici i scannáin agus i ndrámaí. Ní raibh sí riamh díomhaoin[16] agus ba bhean spéisiúil í, a d'fhéadfadh labhairt ar aon ábhar ar bith faoin ngrian.

Dáiríre[17].

[16]*idle*

[17]*really/seriously*

Achoimre ar an Sliocht

- Is sliocht é seo ón úrscéal *Hurlamaboc*. Tá an sliocht suite ar Ascaill na Fuinseoige i ndeisceart Bhaile Átha Cliath i rith ré an Tíogair Cheiltigh.
- Bhí Lisín agus Pól pósta le 20 bliain agus bhí Lisín ag eagrú cóisire ina dteach chun an ócáid a cheiliúradh.
- Bhí beirt mhac acu, Cuán agus Ruán. Bhí Cuán trí bliana déag d'aois agus bhí Ruán ocht mbliana déag d'aois. Cheap Ruán go mbeadh an chóisir '*crap*' ach dúirt sé le Lisín go mbeadh sé '*cool*' mar bhí sé de nós ag Ruán an rud a bhí a mháthair ag iarraidh a chloisteáil a rá léi.
- Bhí Lisín an-sásta léi féin mar cheap sí go mbeadh an chóisir 'caithréimeach' agus bhí sí ag iarraidh éad a chur ar na comharsana go léir.
- Phós Lisín Pól nuair a bhí sé óg agus anabaí, gan airgead agus gan uaillmhian. Ba léachtóir é Pól anois san ollscoil agus bhí Pól saibhir, bhí a lán tithe aige ar fud na hEorpa agus bhí a lán airgid déanta aige de bharr na scaireanna a cheannaigh sé ar an idirlíon.
- Bhí gach rud ullmhaithe ag Lisín don chóisir. Bhí na gloiní agus fíon ordaithe aici sa siopa fíona, bhí an reoiteoir lán le pióga, ispíní, bradán agus arán lámhdhéanta. Bhí reoiteoir eile ar cíos aici chomh maith líonta le rudaí le hithe.
- Bhí teach álainn, glan agus néata ag Lisín le bláthanna sna vásaí, péint nua ar na ballaí agus snas ar na hurláir.
- Ba bhean tí iontach í Lisín agus bhí cuma álainn uirthi. Cheap an tUasal Mac Gabhann, duine de na comharsana go raibh cuma na hóige ar Lisín. Bhí Lisín tanaí agus bhí gruaig fhionn uirthi cosúil leis na mná eile ar Ascaill na Fuinseoige seachas máthair Eibhlín Ní Loingsigh. Ní raibh siad ábalta a thuiscint conas a fuair sí teach ar an mbóthar. Bhí gruaig dhonn ar an mbean sin agus cheap na mná go léir ar an mbóthar go raibh sí ait. Bhí na mná eile faiseanta, galánta agus dathúil. Ní dheachaigh siad amach gan smideadh riamh agus chaith siad gúnaí oíche deasa nuair a bhí siad ag cur amach boscaí bruscair fiú sa chaoi go mbeadh a fhios ag na fir a bhailigh an bruscar gur dhaoine deasa iad.
- Bhí Lisín chun tosaigh ar na mná, áfach; bhí sí ní b'fhaiseanta agus ní ba néata. Bhí sí foirfe.
- Bhí Ruán an-cheanúil ar a mham ach uaireanta chuir sí lagmhisneach agus éadóchas air. Ní raibh a fhios aige cén fáth.
- Tháinig an tUasal Mac Gabhann chuig teach Lisín. Bhuail Ruán leis ag an doras. Ghlac sé go fonnmhar leis an gcuireadh freastal ar an gcóisir. Cé go raibh an tUasal Mac Gabhann cairdiúil agus gealgháireach, bhí súile géara aige, dar le Ruán, agus bhí rud éigin faoin gcaoi ar stán sé ar dhaoine a chuir isteach ar Ruán.
- Cé nár ghá do Lisín a bheith ag obair, ba bhall í de mhórán clubanna agus eagraíochtaí. Ba bhall í de chlub a bhailigh airgead do dhaoine bochta, clubanna leabhar, clubanna a d'eagraigh léachtaí ar an stair áitiúil agus geolaíocht agus litríocht áitiúil, clubanna a chuir comhairle ort faoi conas do ghairdín agus do theach a eagrú sa chaoi go mbeadh do chomharsana ite le héad.
- Anuas air sin, d'fhreastail Lisín ar go leor ranganna teanga – Spáinnis, Rúisis, Sínis agus Seapáinis san áireamh. Bhí suim ag Lisín i scannáin agus drámaí chomh maith. Mar sin, bhí Lisín ábalta labhairt faoi ábhar ar bith agus ní raibh sí riamh díomhaoin.

Hurlamaboc *le hÉilís Ní Dhuibhne*

Achoimre ar an Scéal i bhFoirm Pictiúr

Anois, scríobh d'achoimre féin bunaithe ar na pictiúir thuas.

Obair Ealaíne

Cuir achoimre ar an scéal le chéile i bhfoirm pictiúr agus siombailí. Is féidir úsáid a bhaint as figiúirí agus roinnt eochairfhocal anseo is ansiúd más mian leat.

Scríobh na freagraí ar na ceisteanna seo a leanas nó iarrfar ar dhalta áirithe suí sa chathaoir the agus beidh air/uirthi an chéad cheist a fhreagairt ó bhéal. Nuair a bheidh an cheist freagartha aige/aici, is féidir leis/léi an chéad cheist eile a chur ar aon dalta eile is mian leis/léi.

1. Cá bhfuil an sliocht seo suite?
2. Cén ré (*era*) atá i gceist sa sliocht seo?
3. Cé mhéad páiste a bhí ag Lisín?
4. Ainmnigh an bheirt mhac.
5. Cén ócáid a bhí á heagrú ag Lisín?
6. Cén sórt duine a bhí i bPól nuair a phós Lisín é?
7. Déan cur síos ar theach Lisín.
8. Cén saghas bia a bhí aici don chóisir?
9. Cén sloinne a bhí ar an gclann?
10. An raibh post ag Lisín?

Scríobh na freagraí ar na ceisteanna seo a leanas *nó* iarrfar ar dhalta áirithe suí sa chathaoir the agus beidh air/uirthi an chéad cheist a fhreagairt ó bhéal. Nuair a bheidh an cheist freagartha aige/aici, is féidir leis/léi an chéad cheist eile a chur ar aon dalta eile is mian leis/léi.

1. Déan cur síos ar na hullmhúcháin a rinne Lisín don chóisir.
2. Déan cur síos ar chuma Lisín.
3. Cén sórt cuma a bhí ar na mná eile ar an tsráid?
4. Cén fáth a raibh Eibhlín Ní Loingsigh aisteach, dar leo?
5. Cén fáth nár thaitin an tUasal Mac Gabhann le Ruán?
6. Conas a mhothaigh Ruán i dtaobh a mháthar?
7. Conas a rinne Pól a chuid airgid?
8. Bhí Lisín ina ball de roinnt clubanna. Cén saghas clubanna?
9. Cé na teangacha a bhí ar eolas aici?
10. Cén saghas rudaí a bhí suim aici iontu?

An tÚdar, Cúlra an tSleachta agus Ábhar an Úrscéil

Is í Éilís Ní Dhuibhne údar an úrscéil *Hurlamaboc*. Rugadh Éilís i mBaile Átha Cliath sa bhliain 1954. Scríobhann sí scéalta i mBéarla agus i nGaeilge agus tá mórán gradam buaite aici mar scríbhneoir. Foilsíodh *Hurlamaboc* in 2005.Bhuaigh sí Duais Bisto don úrscéal *Hurlamaboc* agus bhuaigh sí gradam don úrscéal ag an Oireachtas in 2006. Tá an t-úrscéal *Hurlamaboc* suite i mbruachbhailte Bhaile Átha Cliath i rith ré an Tíogair Cheiltigh. Cé go ndíríonn an sliocht seo ar shaol Lisín agus a clann, tá formhór an úrscéil bunaithe ar shaol triúr déagóirí: Ruán, Colm agus Emma. Is é Ruán príomhcharachtar an scéil.

Tugann an t-údar léargas géar ar an tseoinínteacht, claontacht, an deighilt idir aicmí sóisialta difriúla agus ar an mbaothghalántacht a bhain le ré an Tíogair Cheiltigh i gceantar saibhir san úrscéal seo.

Téama an tSleachta

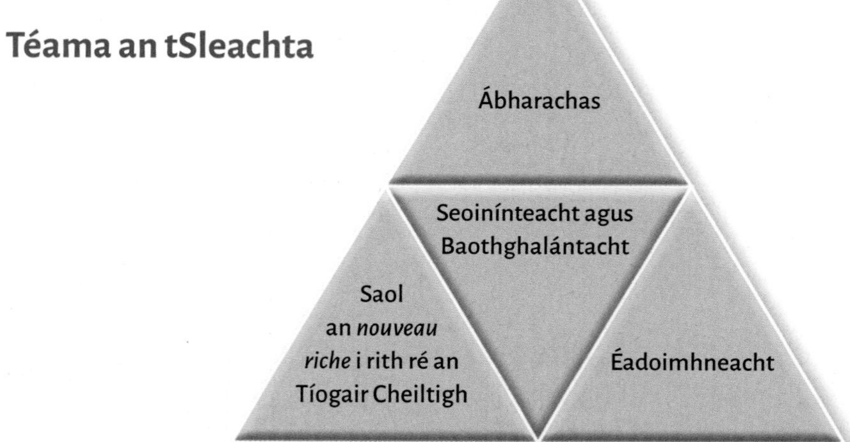

Freagra Samplach a 1

Cad é téama an tsleachta ón úrscéal *Hurlamaboc*? Conas a dhéantar forbairt ar an téama sin?

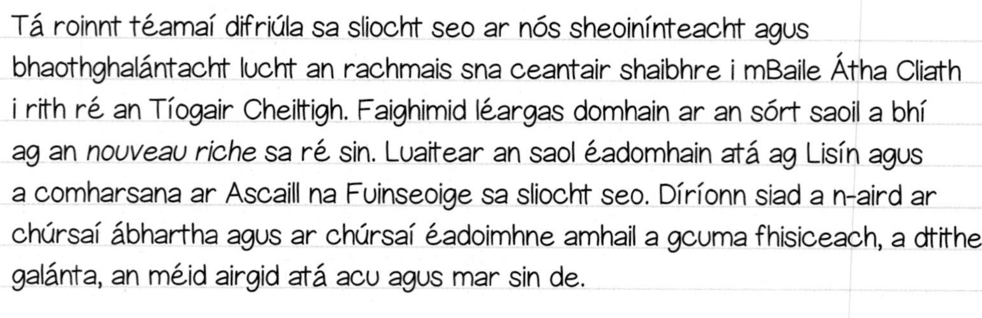

Tá roinnt téamaí difriúla sa sliocht seo ar nós sheoinínteacht agus bhaothghalántacht lucht an rachmais sna ceantair shaibhre i mBaile Átha Cliath i rith ré an Tíogair Cheiltigh. Faighimid léargas domhain ar an sórt saoil a bhí ag an *nouveau riche* sa ré sin. Luaitear an saol éadomhain atá ag Lisín agus a comharsana ar Ascaill na Fuinseoige sa sliocht seo. Díríonn siad a n-aird ar chúrsaí ábhartha agus ar chúrsaí éadoimhne amhail a gcuma fhisiceach, a dtithe galánta, an méid airgid atá acu agus mar sin de.

Díríonn an sliocht seo ar shaol carachtair darb ainm Lisín agus a clann, Muintir Albright, a chónaíonn ar Ascaill na Fuinseoige i ndeisceart Bhaile Átha Cliath. Is bean tí í Lisín agus ceapann sí go bhfuil saol foirfe aici. Is duine baothghalánta, éadomhain í. Déanann an t-údar forbairt ar théamaí na baothghalántachta agus na seoinínteachta trí léargas a thabhairt dúinn ar shaol Lisín agus na mban eile a chónaíonn ar Ascaill na Fuinseoige. Bhí Lisín pósta le Pól le 20 bliain agus bhí beirt mhac aici darbh ainm Cuán agus Ruán. Bhí Pól saibhir agus cuireann an t-údar ina luí orainn gurbh í Lisín a mhúnlaigh Pól. Deirtear go raibh Pól ag obair i siopa nuair a bhuail Lisín leis ach gur aithin Lisín 'na féidearthachtaí' agus 'anois fear saibhir, léannta a bhí ann'.

Bhí Lisín ag eagrú cóisire chun a bpósadh a cheiliúradh ach dealraíonn sé go bhfuil cuid mhaith seoinínteachta ag baint leis an gcóisir seo freisin. Deirtear go raibh Lisín an-sásta léi féin mar go raibh a fhios aici go mbeadh an fhéile 'caithréimeach'. Leis an bhfocal sin, tuigimid go raibh Lisín ag iarraidh an lámh in uachtar a fháil ar a comharsana ar an mbóthar. Bhí a lán rudaí le ceiliúradh acu agus le cur ar taispeáint aici do na comharsana cosúil le teach breá, galánta, gairdín breá, beirt mhac cliste agus dathúil agus fear céile saibhir.

Bhí Lisín an-ardnósach agus cheap sí go raibh sí níos fearr ná daoine eile de bharr an sórt saoil a bhí aici agus na nithe ábhartha a bhí aici. Deirtear go raibh 'an dara reoiteoir tógtha ar cíos aici' ní thuigfeadh a lán daoine eile ach thuig Lisín, b'in an saghas í'. Cheap Lisín go raibh sí ar leibhéal níos airde ná daoine eile agus d'fhéach sí anuas ar dhaoine eile toisc go raibh airgead ag a clann.

Feicimid seoinínteacht agus baothghalántacht maidir le cuma na mban a bhí ina gcónaí ar Ascaill na Fuinseoige, Lisín san áireamh. Deirtear go raibh an chuma chéanna ar na mná ar fad a chónaigh ar Ascaill na Fuinseoige seachas Eibhlín Ní Loingsigh. Bhí siad cosúil leis na clóin sa scannán *The Stepford Wives*. Bhí gruaig fhionn orthu go léir, ní dheachaigh siad amach gan smideadh agus chaith siad gúnaí oíche deasa nuair a bhí siad ag rith amach leis an mbruscar. Chuir sé áthas ar Lisín a bheith ag féachaint níos áille agus níos óige ná na mná eile, áfach. Deirtear go raibh 'rud éigin sa bhreis ag Lisín orthu ar fad' agus go raibh sí 'níos faiseanta agus níos néata ná aon duine eile'. Bhí luachanna an-éadomhain ag na mná sin agus is léir gur chuir siad an-bhéim ar fad ar chuma an duine agus íomhá an duine. Sa chaoi chéanna, chuaigh Lisín i bhfeidhm ar a comharsa, an tUasal Mac Gabhann mar bhí cuma álainn, óg uirthi.

De réir dealraimh, bhí na mná go léir in iomaíocht lena chéile agus ag iarraidh an lámh in uachtar a fháil ar a chéile. Deirtear go raibh Lisín ag freastal ar léachtaí a mhúin duit 'conas do ghairdín a leagan amach sa chaoi go mbeadh sé níos deise ná gairdíní na gcomharsan nó do theach a mhaisiú ionas go mbeadh do chairde ite le formad'.

Deir Ruán gur chuir a mháthair éadóchas air cé nár thug sí ach moladh dó. Is dócha gurbh é an tseoinínteacht, ardnós, cúngaigeantacht agus éadoimhneacht a mháthar a chuir lagmhisneach air. Bhí an saghas sin cur i gcéill agus seoinínteachta an-choitianta i measc lucht an rachmais i rith ré an Tíogair Cheiltigh. Léirítear an tseoinínteacht agus an bhaothghalántacht a bhain lena saol le linn na ré sin go soiléir sa sliocht seo.

Tréithe na gCarachtar

Lisín

- Is duine **baothghalánta**, **éadomhain** í Lisín mar a léirítear sa sliocht seo í. Cuireann sí an bhéim go léir ar nithe ábhartha, a cuma, a teach agus íomhá a clainne i measc na gcomharsan ar Ascaill na Fuinseoige, bruachbhaile saibhir i ndeisceart Bhaile Átha Cliath.
- Is bean tí í Lisín agus tá sí pósta le Pól ar feadh fiche bliain. Is bean **údarásach** agus **uaillmhianach** í. Mhúnlaigh sí Pól ó fhear óg anabaí, aineolach go fear léannta, saibhir. Tá beirt mhac ag Lisín, Ruán agus Cuán agus tugann sé sástacht do Lisín go bhfuil an bheirt dathúil agus cliste. Nochtar go mbíonn sé de nós ag Ruán 'an rud a bhí a mháthair ag iarraidh a chloisteáil a rá léi. Dealraíonn sé go mbíonn an nós sin ag gach duine.' Is léir go mbíonn eagla ar gach duine easaontú le Lisín.
- Tá Lisín ag iarraidh cóisir 'chaithréimeach' a eagrú chun a pósadh le Pól a cheiliúradh agus chun a stádas mar bhean chéile fir shaibhir a thaispeáint, is dócha! Is suachmán sásta í gan aon agó. Tá Lisín an-sásta lena teach mór, galánta, a gairdín mór, agus tá an bia agus na deochanna go léir eagraithe aici roimh ré. Is léir go mbaineann Lisín taitneamh as saibhreas a clainne a thaispeáint do dhaoine.
- Tá Lisín **ardnósach**. Ceapann Lisín go bhfuil sí **foirfe** agus níos fearr ná daoine eile. Deirtear linn go dtuigeann Lisín an gá le dara reoiteoir a fháil ar cíos don chóisir - ní thuigfeadh daoine eile an gá ach 'b'in an saghas í'. Tá rud éigin sa bhreis ag Lisín ar gach duine eile ina hintinn féin. B'fhéidir gur cheap na daoine

baothghalánta eile ar Ascaill na Fuinseoige go raibh sí foirfe chomh maith mar bhí na luachanna céanna acu is a bhí ag Lisín. Tá a fhios againn ón sliocht go bhfuil meas ag an Uasal Mac Gabhann uirthi mar tá cuma óg, álainn uirthi. Bíonn a teach i gcónaí néata agus glan. Is bean tí fhoirfe í.

- Tá Lisín **cliste** agus bíonn sí **gnóthach** an t-am ar fad. Freastalaíonn Lisín ar go leor léachtaí, ranganna teanga agus is ball í de mhórán eagraíochtaí sa chaoi go mbíonn ábhar cainte aici ag cóisirí agus gur féidir léi 'labhairt ar aon ábhar ar bith faoin ngrian'. Tá sí ina ball de chlubanna leabhar, clubanna scannán, tá sí ina ball d'eagraíocht a rinne obair charthanach agus mar sin de. Freasalaíonn sí ar rang Spáinnise, rang Sínise, rang Seapáinise agus rang Rúisise.
- Tá Lisín **claonta** agus tá na mná eile ar an mbóthar claonta chomh maith i gcoinne daoine atá difriúil in aon slí. Tá gruaig fhionn ar Lisín agus na mná eile ar Ascaill na Fuinseoige agus ceapann siad go bhfuil Eibhlín Ní Loingsigh an-ait mar go bhfuil gruaig dhorcha uirthi agus tá sí ait ar mhórán bealaí dar leo.
- Tá Lisín **grámhar** lena cuid leanaí. Ní thugann sí ach moladh agus spreagadh dá mac Ruán.

Achoimre ar Thréithe Lisín

- Is duine éadomhain í.
- Is duine uaillmhianach í.
- Is duine baothghalánta, féinspéiseach í.
- Is duine ardnósach, uaibhreach, bródúil í.
- Is duine álainn, néata, faiseanta í.
- Is duine údarásach í.
- Is bean tí iontach í.
- Is duine gnóthach í.

Pól

Tá Pól pósta le Lisín, príomhcharachtar an tsleachta seo. Is duine **géilliúil** é i slí amháin mar bhí sé múnlaithe ag Lisín ó **fhear anabaí**, **aineolach** a d'oibrigh i siopa **nuair a bhí sé óg** go **fear saibhir, léannta**. Is léachtóir gnó é agus rinne sé a chuid airgid trí scaireanna. Tá tithe ceannaithe aige ar fud na hEorpa agus tá ioncam mór aige ón gcíos a bhailigh sé ó na tithe seo. Tá a chuid airgid infheistithe aige sa chaoi nach mbeidh air mórán cánach a íoc. Tá Pól **cliste** de réir dealraimh mar tá go leor airgid déanta aige ach dealraíonn sé go bhfuil a phearsantacht agus a shaol múnlaithe ag Lisín. B'fhéidir gurbh fhéidir linn a rá gur fear géilliúil é mar sin nó b'fhéidir gur theastaigh uaidh na rudaí sin a dhéanamh ar aon nós agus gur chabhraigh spreagadh ó Lisín leis a chuid mianta a chur i gcrích.

Cleachtadh Scríofa

Scríobh achoimre ar thréithe Phóil ar mheabhairmhapa cosúil leis an gceann ar Lisín thuas.

Na Mioncharachtair

- **Ruán:** Tá Ruán ocht mbliana déag d'aois agus is mac le Lisín é. **Cuireann** a mháthair éadóchas air cé nach bhfuil a fhios aige cén fáth. Faigheann sé moladh óna mháthair. Bíonn sé de nós aige an rud a theastaigh óna Mham a chloisteáil a rá léi. Is duine **géilliúil** é sa tslí sin. Ceapann sé go mbeidh cóisir Lisín *crap* ach deir sé léi go mbeidh an chóisir *cool*. Dar leis, bíonn sé de nós ag gach duine aontú le Lisín. Is dócha go bhfuil Lisín an-údarásach agus tiarniúil. B'fhéidir go bhfuil eagla air roimh a Mham. Cuireann an tUasal Mac Gabhann míshuaimhneas air – tá súile géara ag an Uasal Mac Gabhann dar le Ruán cé gur dhealraigh sé gealgháireach agus cairdiúil. Is duine **géarchúiseach** é Ruán. Insítear an scéal trí shúile Ruán.

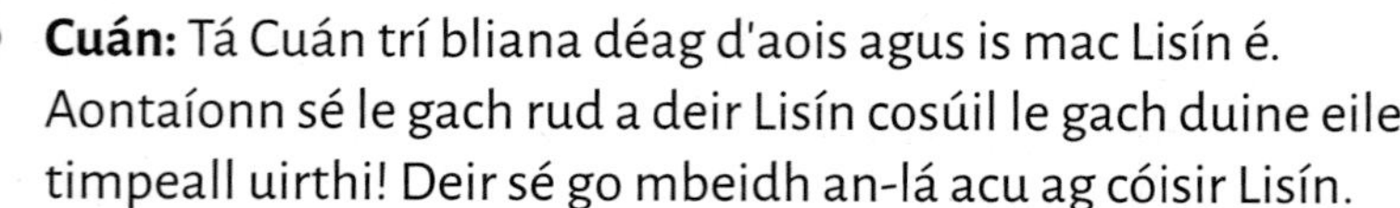

- **Cuán:** Tá Cuán trí bliana déag d'aois agus is mac Lisín é. Aontaíonn sé le gach rud a deir Lisín cosúil le gach duine eile timpeall uirthi! Deir sé go mbeidh an-lá acu ag cóisir Lisín.

- **An tUasal Mac Gabhann:** Is comharsa le Lisín é an tUasal Mac Gabhann. Tá sé **cairdiúil** agus **gealgháireach** nuair a bhíonn sé ag caint le Ruán. Ní thaitníonn sé le Ruán mar stánann sé ar dhaoine agus tá súile géara aige. B'fhéidir go bhfuil **taobh dorcha** ag baint lena phearsantacht. Níl Ruán ar a shuaimhneas nuair a bhíonn sé ag caint leis mar braitheann sé go mbíonn súile an fhir ag déanamh X-ghathú ar a smaointe agus ar a chroí. Tá an-mheas aige ar Lisín mar tá cuma álainn, óg uirthi. Is dócha go bhfuil íomhá an duine an-tábhachtach dó.

Ceisteanna Scrúdaithe

1. Déan plé gairid ar thréithe bheirt de na carachtair seo a leanas sa sliocht:
Lisín Albright, Pól Albright, Ruán Albright, an tUasal Mac Gabhann (30 marc)
2. Déan plé gairid ar an léargas a fhaighimid ar mheon Lisín sa sliocht seo as an úrscéal *Hurlamaboc* agus déan cur síos ar na tréithe a bhain léi. (30 marc)
3. Déan plé gairid ar an gcaidreamh idir Lisín agus a fear céile agus an caidreamh idir Lisín agus a mac Ruán. (15 mharc)

Mothúcháin: Bród, Sástacht, Éadóchas

Is í Lisín príomhcharachtar an tsleachta seo agus é an príomh-mhothúchán a bhaineann le Lisín ná bród agus uabhar. Is suachmán sásta í. Tá Lisín an-sásta léi féin agus an-bhródúil aisti féin agus as a clann. Tá sí brodúil as an rachmas atá ag a clann agus tá sí ag iarraidh a teach galánta agus gairdín álainn a

thaispeáint dóibh ag an gcóisir chaithréimeach atá á heagrú aici chun a pósadh le Pól a chomóradh. Tá sí bródúil as an gcuma álainn, néata, faiseanta atá uirthi mar cuireadh béim ollmhór ar chuma an duine ar Ascaill na Fuinseoige. Tá Lisín bródúil as a fear céile saibhir, rathúil agus as a mic mar tá siad éirimiúil agus dathúil. Tugann an léitheoir faoi deara gurb iad na nithe ábhartha agus nithe éadomhaine cosúil le cuma an duine, saibhreas agus nithe ábhartha a chuireann bród ar Lisín. Is duine sásta uaibhreach í Lisín a bhfuil sotal agus ardnós ag baint léi.

Is é Ruán an príomhcharachtar san úrscéal cé gur mioncharachtar é sa sliocht seo. Is é an príomh-mhothúchán a thugann an léitheoir faoi deara maidir le Ruán ná éadóchas. Cuireann a mháthair lagmhisneach air cé nach dtugann sí ach moladh agus spreagadh dó. Is dócha go bhfuil a fhios aige ar shlí éigin gur duine éadomhain, gan mórán substainte é a mháthair. Tá míshuaimhneas air agus níl sé ag tnúth leis an gcóisir ar chor ar bith.

Friotal agus Stíl Scríbhneoireachta

Baineann an t-údar úsáid as friotal simplí agus stíl scríbhneoireachta soléite atá oiriúnach do dhéagóirí sa sliocht seo. Baineann sí úsáid as béarlagair an aosa óig agus nathanna coitianta Béarla chun blas a thabhairt dúinn den fhriotal a d'úsáid déagóirí le linn ré an Tíogair Cheiltigh. Úsáideann an t-údar béarlagair an aosa óig. Mar shampla: *cool, crap, yeah*. Tá an friotal dírithe ar dhaoine óga. Cuireann an t-údar an leabhar in oiriúint do dhaoine óga.

Leid!
Má chuirtear ceist ort mar gheall ar conas a dhéantar forbairt ar théama an scéil, d'fhéadfá an t-alt seo a úsáid mar chuid den fhreagra.

Ar an iomlán, úsáideann an t-údar friotal agus Gaeilge shimplí. Is bua mór é sin sa scéal. Tá an scéal greannmhar, soléite, spreagúil. Tá greann éadrom le sonrú/le tabhairt faoi deara sa chur síos ar Lisín. Abairtí simplí, gearra atá ann. Níl an iomarca castachta i gceist.

Faighimid léargas ar smaointe charachtair dhifriúla sa sliocht seo – rud a chabhraíonn le forbairt an scéil. Cloisimid smaointe Lisín d'fhormhór an tsleachta – rud a chabhraíonn leis an údar léargas domhain a thabhairt dúinn ar dhearcadh Lisín ar an saol. Cloisimid glór Ruáin agus a smaointe i mír eile an tsleachta – rud a chabhraíonn leis an údar an pictiúr iomlán de chlann Albright a léiriú dúinn. Tuigimid go gcuireann Lisín éadóchas ar a mac de bharr a baothghalántachta is dócha. Cabhraíonn an teicníocht seo leis an údar an pictiúr iomlán a léiriú dúinn.

Ceisteanna Scrúdaithe

1. Maidir leis an sliocht seo as an úrscéal *Hurlamaboc*, déan trácht gairid ar dhá cheann díobh seo a leanas:
   friotal, críoch an tsleachta, greann, suíomh an tsleachta, cineál saothair, mothúcháin (15 mharc)
2. Sa sliocht as an úrscéal *Hurlamaboc*, déanann an t-údar scigmhagadh agus aoradh ar an meánaicme a chónaigh i mbruachbhailte saibhre Bhaile Átha Cliath i rith ré an Tíogair Cheiltigh. Do thuairim uait faoi sin. (30 marc)
3. Is aoir é an sliocht seo ar an sórt saoil agus dearcadh a bhí ag lucht an rachmais i ndeisceart Bhaile Átha Cliath i rith ré an Tíogair Cheiltigh. Do thuairim uait faoin ráiteas sin. (30 marc)

Greann

Seo na saghsanna grinn atá le feiscint sa sliocht seo ó *Hurlamaboc*.

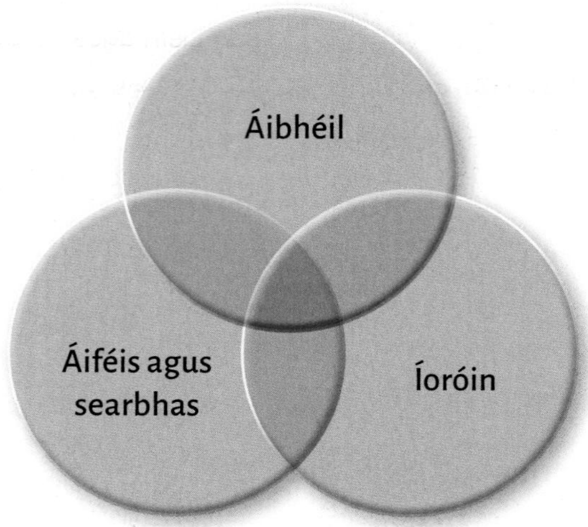

Freagra Samplach a 2

Déantar aoradh ar lucht an rachmais i nDeisceart Bhaile Átha Cliath i rith ré an Tíogair Cheiltigh sa sliocht seo. Do thuairim uait faoi sin.

Is aoir é an t-úrscéal *Hurlamaboc*. Tá macallaí an scannáin *The Stepford Wives* le sonrú go láidir sa scéal. Luann an t-údar na mná i ndeisceart Bhaile Átha Cliath i slí cosúil leis na mná tí foirfe, clóin sa scannán *The Stepford Wives*. 'Bóthar fionn a bhí ann, cé go raibh na fir dorcha: dubh nó donn agus a bhformhór liath... Bhí na mná eile go léir fionn agus dathúil agus faiseanta, b'in mar a bhí.' Aoir éadrom atá i gceist. Níl an aoir róghéar sa sliocht seo.

Déanann an t-údar scigmhagadh ar luachanna na ndaoine meánaicmeacha a chónaigh i gceantair shaibhre i ndeisceart Bhaile Átha Cliath le linn ré an Tíogair Cheiltigh. Is léir nach bhfuil meas ag an údar ar na luachanna a bhí ag na daoine saibhre sin agus bíonn sí ag caitheamh anuas orthu go héadrom sa sliocht seo. Ní theastaíonn ó aon bhean ar Ascaill na Fuinseoige a bheith difriúil lena chéile, seachas Eibhlín Ní Loingsigh. Feicimid cineálacha difriúla grinn: searbhas, íoróin agus áibhéil, a chabhraíonn leis an údar aoir a chruthú. Tá íoróin le feiceáil sa scéal. Feicimid íoróin i sloinne na clainne Albright. Tugann an sloinne sin le fios dúinn go bhfuil an chlann foirfe.

Tá na buachaillí Ruán agus Cuán dathúil agus cliste. Is bean tí fhoirfe í Lisín. Tá cuma fhoirfe ar Lisín. Tá a fear céile Pól saibhir agus rathúil. Tá Lisín an-sásta léi féin agus lena clann sa sliocht seo. Oireann an sloinne 'Albright' di agus tá an t-ainm sin an-íorónta.

Tá áibhéil le feiceáil sa scéal freisin. Úsáideann an t-údar an áibhéil chun cúngaigeantacht agus sotal na ndaoine ar Ascaill na Fuinseoige a léiriú. Deirtear go raibh na mná go léir ar Ascaill na Fuinseoige fionn agus dathúil – is sampla soiléir d'áibhéil é sin. Deirtear gur cheap Lisín agus na comharsana go raibh Eibhlín Ní Loingsigh aisteach mar go raibh gruaig dhorcha uirthi. Is léir go bhfuil áibhéil le feiceáil sa chur síos orthu siúd ach úsáideann an t-údar an áibhéil chun taispeáint dúinn go raibh na mná sin claonta maidir le daoine nó rudaí difriúla. Faighimid amach níos déanaí sa scéal gur máthair shingil í Eibhlín Ní Loingsigh.

Bíonn na mná tí gléasta i ngúnaí oíche deasa lena ngruaig nuachíortha chun taispeáint do na fir bhruscair gur daoine deasa iad. Is sampla soiléir d'áibhéil é sin ach tá an cur síos orthu an-ghreannmhar agus téann sé thar fóir.

Trí mheán an tsearbhais, léiríonn an t-údar chomh baothghalánta is atá Lisín agus na daoine eile ar Ascaill na Fuinseoige. Mar shampla deirtear go raibh teach níos deise agus cuma níos néata ar Lisín ná aon duine eile agus go raibh tithe áille agus cuma álainn ar na mná eile freisin. Tá ton an údair searbhasach ansin. Bhí Lisín ag ceiliúradh a pósta le Pól mar bhí siad pósta le fiche bliain. Cheap Lisín go mbeadh cóisir chaithréimeach aici. Sin an dearcadh ardnósach a bhí aici. Tá ton an údair an-searbhasach ar fad anseo. Leis sin deirtear go raibh dhá reoiteoir aici le haghaidh na cóisire agus nach dtuigfeadh daoine áirithe é sin ach 'b'in an saghas duine a bhí inti'.

Tá íoróin le feiceáil san alt deireanach den sliocht. Tugann an t-údar cur síos fada áibhéalach ar na heagraíochtaí, ranganna agus clubanna ar bhain Lisín leo. Tar éis don údar an liosta fada cuimsitheach sin a thabhairt dúinn, críochnaíonn sí an sliocht le focal amháin, mar atá 'dáiríre'. Feicimid an íoróin go soiléir anseo mar tugann an focal seo le fios go bhfuil an t-údar ag magadh faoi Lisín. Le húsáid an fhocail sin, tá sé soiléir gur duine éadomhain í Lisín. Tá sí ina ball de na heagraíochtaí agus de na clubanna sin mar teastaíonn uaithi a bheith in ann caint faoi ábhar ar bith ag ócáidí sóisialta agus cóisirí. Is cuid den tseoinínteacht í a ballraíocht sna clubanna agus sna heagraíochtaí sin.

Déanann an t-údar scigmhagadh greannmhar éadrom ar nósanna agus luachanna na mban saibhir i ndeisceart Bhaile Átha Cliath. Cabhraíonn íoróin, searbhas agus áibhéil leis an údar an aoir a chur in iúl.

Ceisteanna Scrúdaithe

1. Déan cur síos ar an léargas a fhaighimid ar shaol an *nouveau riche* i rith ré an Tíogair Cheiltigh in Éirinn sa sliocht seo ó *Hurlamaboc*. (30 marc)
2. Léiríonn an t-údar saol ábharach nua-aimseartha a bhain le ré an Tíogair Cheiltigh sa sliocht seo as an úrscéal *Hurlamaboc*. Do thuairim uait faoi sin. (30 marc)
3. Cad é téama an tsleachta ón úrscéal *Hurlamaboc*? Conas a dhéantar forbairt ar an téama sin? (30 marc)
4. Déan cur síos ar an sórt saoil a bhí ag Lisín mar a léirítear sa sliocht ón úrscéal *Hurlamaboc* é. (30 marc)
5. Déan cur síos ar an mbaothghalántacht a bhaineann leis an gcarachtar Lisín sa sliocht seo ón úrscéal *Hurlamaboc*. (30 marc)

Féinmheasúnú

Cé chomh sásta is atá tú anois go mbeidh tú in ann achoimre, téamaí agus carachtair an scéil thuas a phlé gan saothar gan stró? Cuir tic sa bhosca cuí.

Míshásta	Measartha sásta	An-sásta

Céim a 6b: Filíocht Ainmnithe

Sa chéim seo, foghlaimeoidh tú:

- na heochairfhocail a bhaineann leis an dán
- conas an dán a thuiscint
- conas téamaí an dáin a phlé
- conas anailís a dhéanamh ar theicnící fileata an dáin.

Colscaradh

le Pádraig Mac Suibhne

[1]*he wanted*	Shantaigh sé[1] bean
[2]*in the nest of his race*	I nead a chine[2]
[3]*relief, affection*	Faoiseamh is gean[3]
[4]*by the fireside*	Ar leac a thine[4].
[5]*happiness*	Aiteas[5] is greann
[6]*raising a family*	I dtógáil chlainne[6].
	Shantaigh sí fear
	Is taobh den bhríste
[7]*shelter, love*	Dídean is searc[7]
	Is leath den chíste.
	Saoire thar lear
[8]*respect*	Is meas[8] na mílte.
[9]*They arrived at a solution*	Thángthas ar réiteach[9].
[10]*They separated*	Scaradar[10].

Leagan Próis

Theastaigh bean chéile uaidh[1]
a shocródh síos[2] leis i measc a mhuintire[3]
Theastaigh sos[4] is cion[5] uaidh
cois tine
Theastaigh áthas agus sult[6] uaidh
Agus iad ag tógáil a bpáistí[7].

Theastaigh fear chéile go géar uaithi
is leath na cumhachta[8]
Foscadh[9] agus grá
is leath den saibhreas[10]
Theastaigh uaithi dul ar saoire thar sáile
Agus theastaigh stádas sa tsochaí uaithi.

Réitigh[11] siad an fhadhb.
Scar siad.

[1]theastaigh uaidh = *he wanted*
[2]*would settle down*
[3]*among his own people*
[4]*a break*
[5]*affection*
[6]*fun/humour*
[7]*raising their children*
[8]*half the power/ authority*
[9]*shelter*
[10]*wealth*
[11]*to solve*

Nóta Gramadaí

an pósadh	deireadh an phósta
an fear	mianta an fhir
an bhean	luachanna na mná
an dán	téama an dáin

An File

Rugadh Pádraig Mac Suibhne in Ard an Rátha i gCo. Dhún na nGall sa bhliain 1942 agus tá sé fós ina chónaí sa cheantar sin. Bhain sé céim amach sa Ghaeilge agus sa stair in Ollscoil Mhaigh Nuad. Ba mhúinteoir meánscoile é agus ba phríomhoide é chomh maith. Tá suim aige i gcúrsaí drámaíochta agus chaith sé seal ag aisteoireacht in Amharclann an Damer i mBaile Átha Cliath.

Ta trí chnuasach filíochta foilsithe aige agus tá roinnt gearrscéalta scríofa aige chomh maith. Tagann an dán 'Colscaradh' ón gcnuasach *Solas Uaigneach* (1992). D'fhoilsigh sé *Taibhsí an Chreagáin* (1976), agus *An Teach Glas agus Scéalta Eile* in 2008. In 2014, sheol sé trí ghearrscéal nua darbh ainm 'An Coinín Cliste', 'An Mhallacht' agus 'Ned faoi Bhinn'.

Meon an Fhile

Ní thaobhaíonn an file leis an bhfear ná leis an mbean sa dán seo. Mar sin tá meon oibiachtúil ag an bhfile agus ní chuireann sé an milleán ar aon duine mar gheall ar theip an phósta. Tugann sé na fíricí dúinn a bhain le pósadh na beirte ach ní thugann sé aon bhreithiúnas orthu. Luann sé mianta an fhir agus luachanna na mná agus luann sé an fhís dhifriúil a bhí ag an mbeirt acu den phósadh. Tugann sé le fios gurbh é an deighilt nó an bhearna sin a chruthaigh na constaicí ina gcaidreamh agus de bharr na bearna a bhí ann maidir le meon na beirte, scar siad óna chéile.

Cúinne na Litearthachta

Foghlaim conas na heochairfocail thíos san achoimre a litriú agus faigh amach cad is brí leo.

Féach go grinn ar na focail seo, abair amach iad, clúdaigh na focail, agus ansin scríobh na focail amach chun an litriú a chleachtadh!

An Gaeilge	An Béarla	Clúdaigh an focal as Gaeilge agus athscríobh an focal i gceart
Mianta		
Luachanna		
Codarsnacht		
Meafar		
Íomhánna		
An lánúin		
Pósadh		
Constaicí		
Dearcadh		
Difríochtaí doréitithe		
Teolaí		
Tíriúil		
Údarás		
Saibhreas		
Stádas		
Sochaí		
Nithe/rudaí ábhartha		
Teastaigh ó		
Léiriú		

Téama an Dáin

Is é téama an dáin seo ná an pósadh agus na constaicí a chuireann deireadh le póstaí uaireanta. Tugann an file le fios gur theastaigh grá, cion agus searc ón mbean agus ón bhfear sa dán seo. Faraor bhí dearcadh difriúil acu ar an saol agus ar a ról sa phósadh. Bhí mianta agus luachanna difriúla acu agus scar siad óna chéile ag deireadh an dáin. Mar sin, tugann an file léiriú gruama dúinn ar an bpósadh sa dán seo mar nár éirigh leis an lánúin teacht ar chomhréiteach de bharr difríochtaí doréitithe.

Na Mothúcháin sa Dán

- **Grá:** Is léir go raibh an fear agus an bhean ag iarraidh grá a aimsiú sa dán seo. Bhí an bheirt acu ag iarraidh a bheith pósta agus an grá, foscadh agus buaine a bhaineann le pósadh a bheith acu. Faraor, bhí an bheirt acu ag tnúth le rudaí difriúla ón gcaideamh. B'ionann an grá agus saol clainne, teolaí, traidisiúnta don fhear. B'ionann an grá agus saoirse, cumhacht, saibhreas agus údarás don bhean. Bhí an fhís a bhí ag an mbeirt den ghrá agus den phósadh an-éagsúil. Ba é an deighilt agus an bhearna sin idir an fhís a bhí ag an mbeirt acu den ghrá a chruthaigh na constaicí dá bpósadh agus dá gcaidreamh. Ar deireadh theip ar an ngrá agus ar an bpósadh mar ní raibh a mianta agus luachanna pléite i gceart acu is dócha roimh an bpósadh agus ní raibh siad ábalta teacht ar chomhréiteach.
- **Brón:** Ní léiríonn an file conas a mhothaigh an fear agus an bhean tar éis theip a bpósta ach is dócha go raibh brón orthu. Spreagann an dán trua agus brón sa léitheoir mar is léir gur theastaigh grá ón mbeirt acu ach theip ar an ngrá a bhí eatarthu sa deireadh. Beidh níos mó trua ag roinnt daoine don fhear má tá dearcadh traidisiúnta acu féin ar an saol. Beidh daoine eile ag ionannú leis an mbean má tá dearcadh nua-aimseartha acu ar an bpósadh agus ar ról na mban i gcaidrimh.

Mianta an Fhir: Na Rudaí a Theastaigh Uaidh ón bPósadh

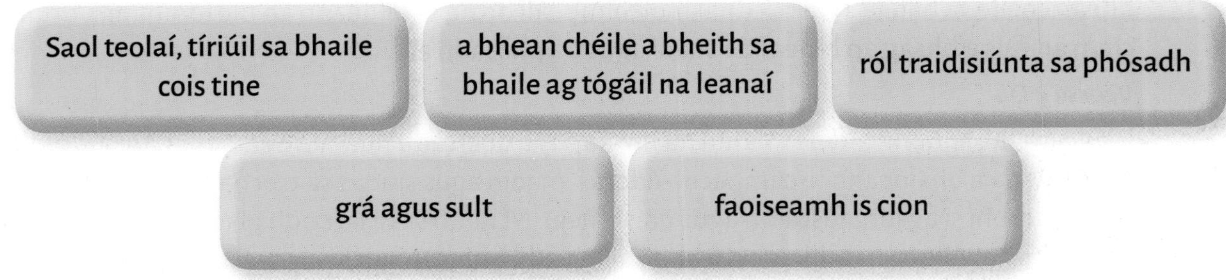

Mianta na Mná: Na Rudaí a Theastaigh Uaithi ón bPósadh

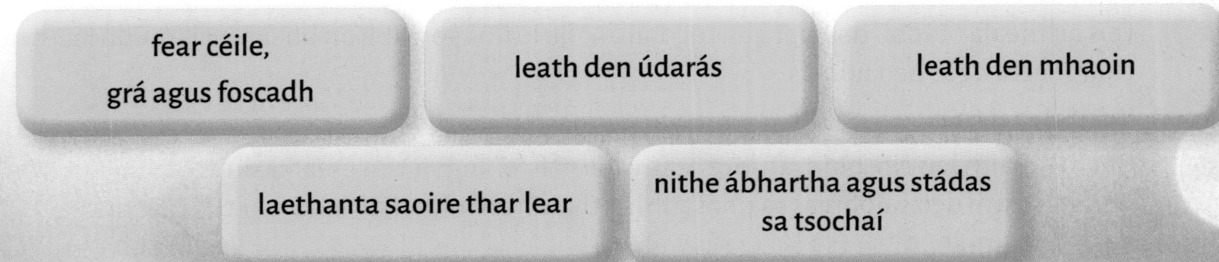

Teicnící Fileata

Codarsnacht

Tá codarsnacht ghéar idir mianta an fhir i véarsa a haon agus mianta na mná i véarsa a dó. Tá codarsnacht idir an dearcadh traidisiúnta a bhí ag an bhfear agus an dearcadh nua-aimseartha a bhí ag an mbean ar an bpósadh. Úsáideann an file íomhánna teolaí, tíriúla chun cur síos a dhéanamh ar mhianta agus luachanna an fhir i véarsa a haon. Úsáideann an file íomhánna a bhaineann le húdarás, saibhreas agus stádas sa tsochaí chun cur síos a dhéanamh ar mhianta agus luachanna na mná i véarsa a dó.

Íomhánna agus Meafair/Siombailí

Véarsa a hAon

Léiríonn na híomhánna agus na meafair dearcadh an fhir ar an bpósadh sa chéad véarsa. Is léir gur 'shantaigh sé bean' ach bhí sé ag tnúth le bean a bheadh sásta socrú síos 'i nead a chine'.

'I nead a chine'

Leis an meafar sin, tugann an file le fios gur theastaigh ón bhfear socrú síos i measc a mhuintire féin.

Theastaigh uaidh faoiseamh, sos agus cion 'ar leac a thine'.

'Ar leac a thine'

Sa mheafar 'ar leac a thine', tugann an file le fios go raibh saol traidisiúnta ag teastáil ón bhfear lena bhean chéile sa bhaile agus a leanaí mórthimpeall orthu. Úsáideann an file íomhánna tíriúla, teolaí chun an fhís a bhí ag an bhfear dá shaol agus dá phósadh a léiriú.

Véarsa a Dó

I véarsa a dó, léiríonn an file mianta na mná agus a dearcadh nua-aimseartha ar an bpósadh leis na híomhánna a bhaineann le cumhacht, údarás, maoin agus stádas sa tsochaí. Is léir gur shantaigh sí fear céile agus bhí sí ag lorg foscaidh agus grá ó fhear. Ní raibh sí ag iarraidh glacadh leis an ról traidisiúnta mar bhean chéile a shamhlaigh a fear di, áfach. Bhí nithe ábhartha ag teastáil uaithi ar nós laethanta saoire thar lear.

'Taobh den bhríste'

Leis an meafar 'taobh den bhríste', tugann an file le fios go raibh an bhean ag iarraidh leath den chumhacht agus den údarás.

'Leath den chíste'

Chomh maith leis sin, bhí sí ag lorg 'leath den chíste'. Tugann an meafar sin le fios go raibh an bhean ag iarraidh leath den saibhreas sa phósadh. Ar thaitin an mhian sin lena fear traidisiúnta?

'Meas na mílte'

Deir an file go raibh sí ag lorg 'meas na mílte'. Tugann an meafar sin le fios go raibh an bhean ag iarraidh stádais sa tsochaí agus meas ó dhaoine eile lasmuigh den teaghlach. Ní raibh an mhian sin ag teacht le mianta a fir is dócha a bhí dírithe ar an teaghlach amháin agus saol sona, teolaí sa bhaile.

Rím

Úsáideann an file rím agus friotal simplí chun cur le héifeacht an dáin. Feicimid comhardadh deiridh idir na corrlínte sna véarsaí: 'bean', 'gean', 'greann' i véarsa a haon, 'fear', 'searc', 'lear' i véarsa a dó.

Chomh maith leis sin, tá rím idir na focail deireanacha sna rélínte: 'chine', 'thine', 'chlainne' i véarsa a haon agus 'bhríste', 'chiste', 'mílte' i véarsa a dó.

Friotal Simplí, Lom, Gonta

Tá friotal lom, simplí, gonta an dáin oiriúnach do théama an dáin, mar atá, teipeadh ar phósadh.

Cabhraíonn gontacht na línte leis an bhfile brón an tsuímh a léiriú mar níor éirigh leis an lánúin teacht ar chomhréiteach chun a bpósadh a shábháil. Bhí mianta agus luachanna difriúla acu agus cé go raibh grá ag teastáil uathu, bhí siad ag tnúth le rudaí difriúla ón bpósadh nuair a phós siad.

Tá an dá líne dheiridh an-éifeachtach ar fad leis na línte gonta, loma 'Thángthas ar réiteach. Scaradar'. Cuireann giorracht agus gontacht na línte brón na hócáide in iúl.

Meadaracht an Dáin

Saorvéarsaíocht atá i gceist sa dán seo. Tá rím rialta i véarsa a haon agus i véarsa a dó mar atá pléite thuas. Tá sé líne i véarsa a haon agus a dó ach athraíonn an file líon na línte don véarsa deireanach chun geit a bhaint as an léitheoir nuair a nochtar gur scar an lánúin. Níl ach dhá líne ghearra, ghonta sa véarsa deireanach nuair a thugann an file le fios gur scar an lánúin óna chéile:

'Thángthas ar réiteach.
Scaradar.'

Achoimre ar Theicnící Fileata an Dáin

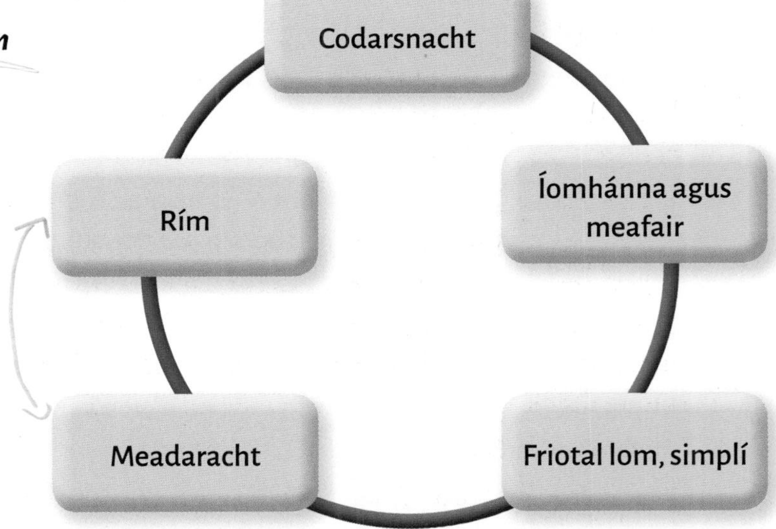

Atmaisféar an Dáin

Tá teannas le brath go láidir sa dán seo. Tá a fhios ag an léitheoir gur theastaigh ón bhfear agus ón mbean a bheith pósta ach nochtar dúinn go raibh deighilt ollmhór idir mianta na beirte. Mar sin, cruthaíonn an chodarsnacht idir mianta an fhir i véarsa a haon agus mianta na mná i rann a dó teannas mar tá a fhios ag an léitheoir go bhfuil bearna ollmhór idir na rudaí a bhfuil siad ag súil leo sa phósadh agus na róil atá ag teastáil uathu sa phósadh.

Tá atmaisféar lom, brónach ag deireadh an dáin i véarsa a trí nuair a fhaigheann an léitheoir amach gur scar an lánúin óna chéile.

Freagra Samplach a 1

Déan cur síos ar théama an dáin agus conas a dhéantar forbairt ar théama an dáin.

Déan cur síos ar an léargas a fhaighimid ar an bpósadh sa dán seo.

Déan cur síos ar an gcaidreamh a bhí idir an fear agus an bhean sa dán 'Colscaradh'.

Leid!
Is féidir leat na nótaí thíos a úsáid chun na ceisteanna seo a leanas a fhreagairt.

Is é téama an dáin seo ná pósadh agus na constaicí a chuireann deireadh le póstaí uaireanta. Tugann an file le fios gur theastaigh grá, cion agus searc ón bhfear agus ón mbean sa dán seo. Faraor bhí dearcadh difriúil acu ar an saol agus ar a ról sa phósadh. B'fhéidir gur theastaigh grá agus pósadh chomh géar sin uathu nár phléigh siad na rudaí tábhachtacha a bhí ag teastáil uathu ón saol agus ón bpósadh. Bhí mianta agus luachanna difriúla acu agus scar siad óna chéile ag deireadh an dáin. Mar sin, tugann an file léiriú gruama dúinn ar an bpósadh sa dán seo mar nár éirigh leis an lánúin teacht ar chomhréiteach. Déanann an file forbairt ar théama an dáin le híomhánna, meafair agus roinnt teicnící fileata eile a chuireann le héifeacht an dáin agus an léiriú ar théama an dáin.

De réir dealraimh, bhí an fear ag lorg pósadh traidisiúnta mar a fheictear sna híomhánna agus meafair i véarsa a haon. Tá mianta agus luachanna an-traidisiúnta ag an bhfear. Bhí sé ag iarraidh bean chéile a bheadh sásta socrú síos 'i nead a chine'. Is meafar é sin a thugann le fios go raibh an fear ag iarraidh socrú síos i measc a mhuintire lena bhean.
Bhí an fear ag iarraidh mná a bheadh sásta fanacht sa bhaile ag tógáil na leanaí cois tine mar a léirítear sa mheafar 'ar leac a thine'. Bhí sé ag tnúth le laethanta agus oícheanta lán le spraoi agus sult cois tine lena bhean chéile agus a bpáistí mórthimpeall orthu. Tá na híomhánna agus na meafair a bhaineann leis an bhfear tíriúil, teolaí agus traidisiúnta.

I gcodarsnacht leis sin, faighimid léargas ar mhianta na mná agus dearcadh na mná ar an bpósadh sa dara véarsa. Is léir go raibh sí ag lorg rudaí difriúla ón bhfear. Cé go raibh fear chéile, dídean agus grá ag teastáil uaithi, bhí dearcadh níos nua-aimseartha aici ar an saol agus ar an bpósadh. Bhí sí ag lorg leath den údarás mar a thugtar le fios leis an meafar 'taobh den bhríste'. Bhí sí ag iarraidh leath den saibhreas chomh maith agus tá sé sin soiléir sa mheafar 'leath den chíste'. Bhí an bhean ag iarraidh laethanta saoire thar lear agus stádas sa tsochaí. Deirtear go raibh 'meas na mílte' ag teastáil uaithi. Dealraíonn sé go

raibh nithe ábhartha níos tábhachtaí di ná mar a bhí siad don fhear. Léiríonn an file íomhánna a chuireann an bhéim ar chumhacht, údarás agus saibhreas nuair a dhéanann sé cur síos ar na rudaí a bhí ag teastáil ón mbean i gcodarsnacht leis na híomhánna teolaí, tíriúla a bhaineann le mianta an fhir sa chéad véarsa. Úsáideann an file rím agus friotal simplí chun cur le héifeacht an dáin. Feicimid comhardadh deiridh idir na corrlínte sna véarsaí: 'bean', 'gean', 'greann' i véarsa a haon, 'fear', 'searc', 'lear' i véarsa a dó.

Chomh maith leis sin, tá rím idir na focail dheireanacha sna rélínte: 'chine', 'thine', 'chlainne' i véarsa a haon agus 'bhríste', 'chíste', 'mílte' i véarsa a dó.

Baintear geit as an léitheoir ag deireadh an dáin mar úsáideann an file friotal an-ghonta agus b'fhéidir beagán searbhais leis na línte:

'Thángthas ar réiteach.
Scaradar.'

Dar liom, úsáideann sé focal amháin i líne dheireanach an dáin d'aon ghnó chun geit a bhaint as an léitheoir mar gheall ar réiteach na lánúine. Is tragóid agus is tubaiste é nach raibh an lánúin in ann teacht ar chomhréiteach chun an pósadh a shábháil. Ag an am céanna, léiríonn an file na constaicí go léir a bhí ann don phósadh i véarsa a haon agus i véarsa a dó nuair a léiríonn sé mianta an fhir agus mianta na mná. Tugann an file léiriú gruama dúinn ar an bpósadh sa dán seo.

Ceisteanna Scrúdaithe

Is féidir libh na ceisteanna seo a leanas a fhreagairt libh féin mar obair bhaile nó i ngrúpaí sa rang. Is féidir leis na grúpaí cóipeanna de na freagraí a mhalartú ar a chéile más mian leo.

1. Déan cur síos ar an gcodarsnacht idir mianta an fhir agus mianta na mná sa dán 'Colscaradh'. (30 marc)
2. Déan plé ar dhá cheann de na rudaí seo a leanas:
   (a) atmaisféar an dáin **(b)** an file **(c)** íomhánna an dáin **(d)** codarsnacht (30 marc)
3. Maidir leis an dán 'Colscaradh', déan cur síos ar théama an dáin agus conas a dhéanann an file forbairt ar théama an dáin. (30 marc)
4. Tá mórán constaicí ag cur isteach ar phósadh na beirte sa dán 'Colscaradh'. Déan plé ar na constaicí sin. (30 marc)
5. Déan cur síos ar an léargas a fhaighimid ar an bpósadh sa dán 'Colscaradh', dar leat. Déan plé ar an léargas a fhaighimid ar an bpósadh sa dán. Déan tagairt do theicnící fileata an dáin. (30 marc)

6. Cén saghas duine é an fear sa dán 'Colscaradh', dar leat? Cén saghas duine í an bhean? (15 mharc)
7. An bhfuil níos mó bá agat leis an bhfear nó leis an mbean sa dán 'Colscaradh'? Tabhair cúiseanna le do fhreagra. (15 mharc)
8. Cad é príomh-mhothúchán an dáin 'Colscaradh', dar leat? Déan plé ar an mothúchán sin agus conas a dhéantar forbairt ar an mothúchán sa dán. (30 marc)

Athbhreithniú ar an Litríocht: Súil ar an Scrúdú

Ceist 2 PRÓS (30 marc)

Prós Ainmnithe nó Prós Roghnach (30 marc)

Freagair Ceist 2A (Prós Ainmnithe) nó Ceist 2B (Prós Roghnach) thíos.

2A Prós Ainmnithe

Tugtar léargas domhain dúinn ar sheoinínteacht agus baothghalántacht lucht an rachmais i ndeisceart Bhaile Átha Cliath sa sliocht seo as an úrscéal *Hurlamaboc*. É sin a phlé. (30 marc)

2B Prós Roghnach

Níl cead aon ábhar a bhaineann le Prós Ainmnithe a úsáid i bhfreagra ar an bPrós Roghnach.
Maidir le húrscéal roghnach a ndearna tú staidéar air le linn do chúrsa, déan plé ar dhá ghné den úrscéal a chuaigh i bhfeidhm ort. (30 marc)

Ní mór teideal an ghearrscéil sin, mar aon le hainm an scríbhneora a scríobh síos go cruinn.

Ceist 3 FILÍOCHT (30 marc)

Filíocht Ainmnithe nó Filíocht Roghnach (30 marc)

Freagair Ceist 3A (Filíocht Ainmnithe) nó Ceist 3B (Filíocht Roghnach) thíos.

3A Filíocht Ainmnithe

(i) 'Faighimid léargas diúltach go leor ar an bpósadh sa dán "Colscaradh".' Déan plé ar an ráiteas sin. (14 mharc)

(ii) Déan cur síos ar na meafair a fheictear sa dán 'Colscaradh'. (10 marc)

(iii) Déan plé ar an meadaracht a úsáidtear sa dán 'Colscaradh'. (6 mharc)

3B Filíocht Roghnach

Níl cead aon ábhar a bhaineann le Filíocht Ainmnithe a úsáid i bhfreagra ar an bhFilíocht Roghnach.

(i) Maidir le dán seanaimseartha roghnach (dán a cumadh sa tréimhse roimh 1850) a ndearna tú staidéar air le linn do chúrsa, cad é príomhthéama an dáin? Déan plé gairid ar an gcaoi a ndéantar forbairt ar an bpríomhthéama sin.

Ní mór teideal an dáin sin, mar aon le hainm an fhile, a scríobh síos go cruinn.

Mo Cheantar, Coiriúlacht, Foréigean agus Cúrsaí an tSaoil

Aonad 2

Céim a 1: Labhairt	Céim a 2: Cluastuiscint	Céim a 3: Ceapadóireacht	Céim a 4: Gramadach	Céim a 5: Léamhthuiscint	Céim a 6: Litríocht
Mo Cheantar Fadhbanna sa cheantar Fadhbanna ginearálta – coiriúlacht, drugaí, foréigean, sceimhlitheoireacht Gnáthlá scoile, an deireadh seachtaine, srl.	Foréigean Coiriúlacht Cúrsaí an tsaoil Cúrsaí nuachta	Fadhb na Coiriúlachta Polaiteoirí an lae inniu	An aimsir láithreach	Bagairt na sceimhlitheoireachta Ted Kennedy – Polaiteoir	6a Prós: 'An Gnáthrud' 6b Filíocht: 'An Spailpín Fánach' Athbhreithniú ar an litríocht: Súil ar an scrúdú

Torthaí Foghlama

San aonad seo, foghlaimeoidh tú:

- **Léamh agus tuiscint:** conas foclóir agus nathanna a bhaineann le do cheantar, fadhbanna áitiúla agus domhanda a aithint agus a thuiscint
- **Labhairt:** conas fadhbanna i do cheantar agus fadhbanna domhanda a phlé, conas polaitíocht agus cúrsaí domhanda eile a phlé
- **Scríobh:** conas giotaí a scríobh mar gheall ar thopaicí a bhaineann le fadhbanna áitiúla agus domhanda, conas giotaí a scríobh ar thopaicí amhail polaiteoirí an lae inniu, fadhb na coiriúlachta agus fadhb an fhoréigin agus na sceimhlitheoireachta
- **Litríocht:** na heocharfhocail a bhaineann leis an scéal 'An Gnáthrud' agus leis an dán 'An Spailpín Fánach'. Beidh tú in ann freagraí scríofa a chumadh bunaithe ar théamaí, stíl, teicníocht, carachtair agus ábhair a esacraíonn ón litríocht, mar shampla coiriúlacht
- **Féachaint:** féachfaidh tú ar mhíreanna físe a bhaineann leis an bpolaitíocht, foréigean, cúrsaí an tsaoil, srl.

Sa chéim seo, foghlaimeoidh tú:

- conas réimse leathan nathanna cainte a bhaineann le do cheantar agus le fadhbanna sóisialta a úsáid
- ábhair ar nós gnáthlá scoile, an tráthnóna, an deireadh seachtaine, srl. a phlé
- ábhair cainte don rang agus don obair bheirte nó obair ghrúpa.

Mo Cheantar

An scrúdaitheoir: **Déan cur síos dom ar d'áit chónaithe.**

An dalta: Bhuel, mar is eol duit, táim i mo chónaí/cónaím/tá cónaí orm i ________________.
Tá mo theach suite:

ar imeall an bhaile	i lár na tuaithe
i lár an bhaile	i lár na cathrach
sa bhaile mór	ar imeall na cathrach
faoin tuath	i mbruachbhaile (*in a suburb*)
i sráidbhaile (*in a village*)	cúpla míle ón scoil seo

An scrúdaitheoir: **Agus cén saghas tí atá agaibh?**

An dalta:

- Is teach dhá stór/trí stór é mo theach.
- Is bungaló é mo theach.
- Is árasán é.

An scrúdaitheoir: **An dtaitníonn d'áit chónaithe leat?**

An dalta:

- Is maith liom/is aoibhinn liom/is breá liom mo cheantar mar:
  - tá sé an-síochánta agus ciúin
  - tá an radharc tíre go haoibhinn
  - tá na comharsana cairdiúil agus réitíonn gach duine go han-mhaith le chéile
  - tá na háiseanna don aos óg thar barr/réasúnta maith anseo
  - tá a lán siopaí ann agus tá go leor le déanamh ag gach aoisghrúpa
  - is áit álainn í agus tagann na mílte cuairteoir anseo gach bliain.
- Taitníonn an baile mór liom. Is áit dheas í, dar liom, agus tá mo chomharsana cairdiúil. Ar an lámh eile, áfach, níl na háiseanna do dhéagóirí thar mholadh beirte. Mar shampla, ní bhíonn mórán le déanamh ag daoine idir cúig bliana déag agus seacht mbliana déag d'aois.
- Ní thaitníonn mo cheantar go mór liom i ndáiríre.
- Tá sé róchiúin agus níl dóthain áiseanna anseo do dhaoine óga, i mo thuairim.

- Tá sé róghnóthach agus bíonn an trácht uafásach ar maidin agus um thráthnóna.
- Táim i mo chónaí i bhfad ón mbaile mór agus mar sin bíonn sé deacair uaireanta síob a fháil go dtí an baile mór.
- Bíonn an iomarca torainn ann san oíche, go háirithe ag an deireadh seachtaine nuair a bhíonn na clubanna oíche oscailte.

An scrúdaitheoir: **Céard iad na háiseanna atá i do cheantar don aos óg?**

An dalta: Bhuel, i ndáiríre, tá/níl a lán áiseanna anseo do dhaoine óga.

- Toisc go bhfuilim i mo chónaí faoin tuath, bíonn orm dul isteach sa bhaile mór/sa chathair chun na háiseanna a úsáid.
- Cé gur áit bheag í seo, tá cuid mhaith le déanamh ag daoine óga inti, mar shampla, tá club óige, cúpla ionad spóirt, trí linn snámha, bialanna deasa, páirc imeartha, dhá chúirt leadóige agus chomh maith leis sin, tá pictiúrlann sa chathair agus téim ann le mo chairde uaireanta.

Áiseanna i mo cheantar cónaithe			
pictiúrlann	*a cinema*	leabharlann	*a library*
amharclann	*a theatre*	séipéal	*a church*
club óige	*a youth club*	bialanna agus caiféanna	*restaurants and cafés*
club gan ainm	*no name club*	siopaí de gach saghas	*all kinds of shops*
linn snámha	*a swimming pool*	páirc spraoi	*playground*
cúirteanna leadóige	*tennis courts*	páirc scátála	*a skate park*
cúirt chispheile	*a basketball court*	óstáin	*hotels*
club scuaise	*a squash club*	raon reatha	*a running track*
club dornálaíochta	*a boxing club*	clubanna oíche	*nightclubs*
páirceanna imeartha	*playing pitches*	tithe tábhairne	*pubs*

Fadhbanna i Mo Cheantar

An scrúdaitheoir: **An bhfuil mórán fadhbanna i do cheantar faoi láthair?**

An dalta: Buíochas le Dia, níl a lán fadhbanna againn anseo./Tá cuid mhaith fadhbanna sa chathair, ach níl sé ródhona i mo bhruachbhaile féin./ Is mór an trua é go mbíonn go leor fadhbanna againn anseo.

- Den chuid is mó tá muintir na háite go han-deas agus réitíonn gach duine go maith le chéile.
- Ó am go ham, bíonn fadhbanna ann, go mórmhór[1] ag an deireadh seachtaine nuair a bhíonn daoine ar meisce nó ard ar dhrugaí. Tagann

[1] *mostly*

fonn troda ar dhaoine go minic sna cásanna seo agus éiríonn siad foréigneach uaireanta.

[2]*majority*
[3]*sense and reason*

- Sílim féin go n-eascraíonn tromlach[2] ár gcuid fadhbanna ó fhadhb na ndrugaí. Imíonn an chiall is an réasún[3] nuair a ghlacann daoine drugaí crua agus is í sin an chúis is mó leis an bhforéigean agus an marú a tharlaíonn mórthimpeall na tíre.
- Tá fadhb na gadaíochta méadaithe i mo cheantar freisin agus cuireann sé seo scanradh ar gach duine, go háirithe ar sheandaoine nó daoine a chónaíonn leo féin. Ní mhothaíonn a lán daoine sábháilte ina dtithe go minic na laethanta seo agus níl sé sin sásúil dar liomsa.

[4]*unemployment*
[5]*emigration*

- Tá fadhbanna againn le dífhostaíocht[4] agus imirce[5] ar ndóigh. Le blianta beaga anuas, tá go leor daoine óga imithe ar imirce agus fágann sé sin go bhfuil an áit an-chiúin agus brónach. Tá caint ar phoist nua sa cheantar agus tá súil agam go dtarlóidh sé sin go luath.

An scrúdaitheoir: **An dóigh leatsa go bhfuil réiteach ar chuid de na fadhbanna seo?**

An dalta: Níl aon réiteach simplí ná iomlán ar na fadhbanna seo, i mo bharúil, ach d'fhéadfaí cúrsaí a fheabhsú.

- Maidir le fadhb na ndrugaí, ba cheart go mbeadh níos mó Gardaí ar na sráideanna chun an fhadhb a laghdú.

[6]*serious crime*

- Chomh maith leis sin, sílim go mbíonn an dlí róbhog ar thromchoireanna[6] agus bheadh sé éasca go leor dar liom é sin a athrú.

[7]*fairness*
[8]*investment*

- Ag caint faoi fhadhb na dífhostaíochta, caithfidh an rialtas a chinntiú go bhfuil cothromaíocht[7] i gceist timpeall na tíre maidir leis an infheistíocht[8] san fhostaíocht.

Cúrsaí an tSaoil

An scrúdaitheoir: **Cad é an scéal is mó atá sa nuacht faoi láthair?**

[9]*terrorism*

An dalta:

- Gan amhras ar bith, is é scéal na sceimhlitheoireachta[9] an scéal idirnáisiúnta is mó a thagann aníos arís agus arís eile. Ní féidir a rá le cinnteacht go bhfuil áit ar bith ar domhan slán ón bhfadhb ollmhór seo, dar liom. Leis na hionsaithe[10] móra a tharla i Nua-Eabhrac, i Londain, i Maidrid, i bPáras agus i Nice, mar shampla, tuigeann gach duine go bhfuil an domhain thiar i mbaol.

[10]*attacks*

[11]*suffering the same*
[12]*mass murder*

- Bíonn an domhan thoir thíos leis seo[11] freisin ar ndóigh agus cloisimid scéalta an t-am ar fad faoi bhuamaí, faoi dhúnmharú agus faoi shladmharú[12] in áiteanna amhail an Iaráin, an Tuirc, an tSiria, an Afraic agus go leor eile.

An scrúdaitheoir: **An dtuigeann tú féin cúis an chogaidh seo?**

An dalta: Ní thuigim é i gceart i ndáiríre. Tá a fhios agam, áfach, gur antoiscigh[13] is cúis leis na hionsaithe seo agus ba mhaith leo an lámh in uachtar a fháil ar an daonlathas[14]. Is fadhb chasta í gan dabht.

[13] *extremists*

[14] *democracy*

An scrúdaitheoir: **An bhfuil mórán suime agat féin sa pholaitíocht?**

An dalta:

- Le bheith fírinneach faoi, níl suim dá laghad agam sa pholaitíocht agus is fíorbheag atá ar eolas agam fúithi!
- Tá an-suim agam san ábhar sin agus bheadh spéis agam i bpost sa pholaitíocht amach anseo!
- Ceapaim go bhfuil post an-deacair ag polaiteoirí an lae inniu.
- Is iomaí fadhb atá le sárú in Éirinn agus is ar ár gceannairí atá sé iad a leigheas.

Féach ar aiste shamplach 2 ar leathanaigh 62–64 thíos más spéis leat leanúint ar aghaidh le comhrá mar seo.

Mír Físe

Féach ar an mír físe a bhaineann leis na treoracha thíos agus comhlánaigh an bhileog oibre a ghabhann léi.

Téigh go dtí suíomh idirlín Ollscoil Mhaigh Nuad agus cuardaigh **Vifax**. Is acmhainn shaor in aisce é Vifax do dhaltaí agus mhúinteoirí. Baineann na hachmhainní le míreanna nuachta TG4. Cuireann Vifax físeáin agus na ceisteanna a bhaineann leo ar an suíomh go rialta. Téigh go dtí 17ú Samhain 2015 agus roghnaigh an físeán 'Sceimlitheoireacht sa Fhrainc' (Ardleibhéal). Tar éis breathnú ar an bhfíseán, cliceáil ar an PDF chun an bhileog oibre a íoslódáil.

Leid!

Ní bheidh brú ort leanúint ar aghaidh ag labhairt faoi thopaicí mar seo sa scrúdú cainte. Más gá, abair rud éigin simplí faoi na topaicí agus ná bíodh eagla ort a rá nach bhfuil aon rud eile ar eolas agat faoi.

Ceisteanna san Aimsir Ghnáthláithreach

An scrúdaitheoir: **Inis dom faoi ghnáthlá scoile.**

An dalta:

- De ghnáth, éirím ar a leathuair tar éis a seacht. Glacaim cithfolcadh agus ina dhiaidh sin ithim mo bhricfeasta. Tagann an bus scoile ag fiche tar éis a hocht agus buailim le mo chairde ag stad an bhus. Sroichimid an scoil thart ar ceathrú chun a naoi agus bíonn am agam labhairt le mo chairde agus dul chuig mo thaisceadán.
- Tosaíonn an lá scoile ar a naoi agus bíonn sos beag againn ag a haon déag. Ithim mo lón i gceaintín na scoile ar a haon a chlog agus ina dhiaidh sin labhraím le mo chairde

Féach ar nótaí gramadaí faoin aimsir láithreach ar leathanach 397.

nó ó am go ham bíonn imeachtaí ar siúl ag am lóin. Táim i mo bhall de Choiste na nDaltaí agus bíonn cruinnuithe againn dhá uair sa mhí.

- Críochnaíonn na ranganna ag fiche chun a ceathair agus faighim an bus abhaile arís. Déanaim m'obair bhaile i mo sheomra agus ithim mo dhinnéar ar a sé a chlog. Ansin leanaim ar aghaidh ag staidéar go dtí leathuair tar éis a naoi agus roimh dhul a chodladh dom, léim mo leabhar nó féachaim ar an teilifís. Ar ndóigh, cosúil le gach déagóir eile, caithim roinnt ama ag caint le mo chairde ar na suíomhanna cainte[15]!

[15] *chatrooms*

An scrúdaitheoir: **Céard a dhéanann formhór na ndaltaí ag am lóin sa scoil seo?**

An dalta: Itheann formhór na ndaltaí lón i mbialann na scoile. Téann roinnt daltaí abhaile don lón agus tá cead ag na ranganna sinsearacha dul síos sa bhaile mór. Tá siopa in aice na scoile agus bíonn scuaine[16] fhada ann ag am lóin.

[16] *a queue*

Bíonn imeachtaí ar siúl do na daltaí ag am lóin chomh maith. Gach Déardaoin bíonn seomra cluichí ar oscailt agus téann cuid mhaith de na daltaí sóisearacha ansin. Bíonn imeachtaí spóirt ar siúl sa halla freisin, mar shampla cispheil, eitpheil agus peil. Ní imrím ar fhoireann ar bith i mbliana toisc go bhfuilim ag staidéar go dian faoi láthair.

An scrúdaitheoir: **Céard a dhéanann tú ag an deireadh seachtaine de ghnáth?**

An dalta:

- Tráthnóna Dé hAoine, nuair a bhíonn m'obair bhaile críochnaithe agam, ligim mo scíth!
- Féachaim ar an teilifís nó ar scannán ar mo ríomhaire glúine.
- Caithim roinnt ama ag caint le mo chairde ar na suíomhanna cainte Snapchat agus Facebook.
- Buailim le mo chairde agus téimid go dtí an phictiúrlann.
- Téimid go dtí bialann ghasta[17] sa chathair ó am go ham agus bíonn craic agam le mo chairde ansin.
- Maidin Dé Sathairn, éirím ar a haon déag a chlog agus bím ag staidéar go dtí a trí a chlog.
- Bíonn traenáil chispheile agam ina dhiaidh sin sa chlub áitiúil.
- Gach dara nó tríú seachtain téim amach le mo chairde oíche Dé Sathairn. Buailimid le chéile i dteach éigin agus téimid go dtí an club oíche sa bhaile mór.
- Téimid go dtí an teach tábhairne uaireanta freisin.
- Má bhíonn cóisir ar siúl, mar shampla breithlá duine éigin, de ghnáth bíonn ceiliúradh againn sa teach agus bíonn an-chraic againn!
- Dé Domhnaigh, téim ar aifreann le mo theaghlach agus tugaimid cuairt ar mo sheantuistí.
- Déanaim staidéar ar feadh dhá uair an chloig sa tráthnóna.
- Má bhíonn an aimsir go maith tógaim an madra amach ag siúl ar an trá.
- Tá post páirtaimseartha agam i siopa beag in aice le mo theach agus oibrím ann Dé Sathairn.

[17] *fast-food restaurant*

- Seinnim ceol i dteach tábhairne i lár na cathrach. Táim i mo bhall de bhanna ceoil agus seinnimid rac-cheol.
- Táim ar fhoireann eitpheile an chontae agus bíonn cluichí againn ar a laghad uair sa mhí.
- Bíonn ranganna damhsa agam agus ó am go ham glacaim páirt i gcomórtais.

An scrúdaitheoir: **Conas a chaitheann tú an samhradh de ghnáth?**

An dalta:

- De ghnáth téim ar saoire le mo theaghlach.
- Téimid go dtí an Fhrainc nó an Spáinn nó an Iodáil.
- Mar a dúirt mé cheana, bhí post samhraidh agam an samhradh seo caite agus le cúnamh Dé beidh mé ag obair ansin arís an samhradh seo.
- Téimid ar saoire go dtí Sasana gach samhradh freisin mar is as Londain do mo mham agus tá teaghlach aici fós ansin. Is aoibhinn liom am a chaitheamh le mo chol ceathracha agus tá Londain go hiontach freisin.
- Bím ag crochadh thart le mo chairde agus téimid ag siopadóireacht uaireanta san ionad siopadóireachta i lár an bhaile.
- Tugaim cuairt ar mo chairde go minic.
- Caithim an-chuid ama le mo sheanmháthair. Tá sí ina cónaí cúpla míle ó mo theach agus tá sí fíorlách[18]. Táim an-mhór léi[19].

[18] *very kind*
[19] *very close to her*

An scrúdaitheoir: **Inis dom faoi do phost páirtaimseartha. Céard a dhéanann tú?**

An dalta:

- Mar a luaigh mé cheana, táim ag obair i siopa/in óstán/i mbialann/ i dteach tábhairne/i gclub spóirt, srl. cúpla míle ó mo theach.
- Is aoibhinn liom an obair agus bíonn an-chraic agam leis na daoine eile atá ag obair in éineacht liom.
- Líonaim na seilfeanna agus freastalaím ar na custaiméirí.
- Glanaim na boird agus oibrím sa chistin freisin.
- Glanaim na seomraí agus cóirím na leapacha.
- Is maor snámha mé agus mar sin bím ag obair an t-am ar fad sa linn snámha.
- Is freastalaí mé agus is aoibhinn liom bualadh leis an bpobal.
- Cabhraím le m'uncail ina oifig. Is dlíodóir é agus déanaim an chóipeáil[20] agus an phriontáil[21] dó.
- Cabhraím le mo dhaid ar an bhfeirm. Tá ba agus caoirigh againn agus bíonn an-chuid oibre le déanamh leo.
- Tá capaill againn agus tugaim aire do na capaill nuair nach mbíonn mo thuistí sa bhaile.
- Tugaim aire do pháistí mo chomharsan agus faighim airgead maith as!

[20] *the photocopying*
[21] *the printing*

Obair Bheirte

Cuir na ceisteanna seo a leanas ar an duine in aice leat.

1. Cá bhfuil cónaí ort?
2. Inis dom faoi do cheantar cónaithe.
3. An maith leat d'áit chónaithe? Cén fáth?
4. Céard iad na háiseanna atá i do cheantar do dhaoine óga?
5. An bhfuil aon rud faoin gceantar nach dtaitníonn leat?
6. An mbíonn fadhbanna agaibh ar chor ar bith i do cheantar?
7. Cad a dhéanann tú ag an deireadh seachtaine?
8. Conas a chaitheann tú an samhradh?
9. Cad é an scéal is mó atá sa nuacht faoi láthair?
10. Cad é do thuairim faoi pholaiteoirí?

Obair Bhaile

Féach ar an leabhrán. Freagair na ceisteanna a ghabhann leis na topaicí 'An ceantar' (lch 6) agus 'an deireadh seachtaine' (lch 20).

Mír Físe

Is múinteoir é Garry Bannister a chruthaíonnn achmainní iontacha ar a shuíomh idirlín **irishstudies.ie**. Tá gach rud saor in aisce do dhaltaí agus mhúinteoirí Gaeilge. Chun féachaint ar an bhfíseán samplach a rinne sé le dalta Ardteiste, Hannah, téigh go dtí an suíomh agus cuardaigh 'Irish Leaving Cert Oral Higher Level (Béaltriail Hannah)'. Tabhair aird faoi leith ar na hábhair a leanas: an teaghlach, an ceantar, an deireadh seachtaine agus go háirithe, an aimsir láithreach.

Céim a 2: Cluastuiscint

Sa chéim seo, foghlaimeoidh tú:

- foclóir agus nathanna nua a bhaineann leis an gceantar, forbairt sa cheantar, fadhbanna sóisialta agus fadhbanna domhanda
- foclóir agus nathanna cainte atá tráthúil agus ábhair a bhíonn ar fáil go coitianta sna giotaí tuisceana sa scrúdú.

(60 marc)

Cuid A

Cloisfidh tú ***dhá*** fhógra sa chuid seo. Cloisfidh tú gach fógra díobh **faoi dhó**. Beidh sos ann leis na freagraí a scríobh tar éis na chéad éisteachta ***agus*** tar éis an dara héisteacht.

Fógra a hAon

1. (a) Cé a d'fhógair go mbeadh na tithe nua ar fáil i mBaile Átha Cliath? ______________________

   (b) Cá bhfaighfear an t-airgead do na tithe nua? ______________________

2. (a) Cá mbeidh na tithe nua suite? ____________________

   (b) Cé dóibh a gcuirfear na tithe ar fáil? ____________________

   (c) Cé mhéad páiste a chónaíonn i gcóiríocht éigeandála, dar leis na figiúirí? ____________________

Fógra a Dó

1. (a) Céard atá ar intinn ag an rialtas a dhéanamh, dar leis an Taoiseach agus leis an Aire Dlí agus Cirt?

   ____

   (b) Cé mhéad Garda a fheicfear ar na sráideanna amach anseo, dar leis an rialtas? ____________________

2. (a) Luaigh an dá cheann de na hachmhainní a gcaithfear níos mó airgid orthu.

   (i) ____________________

   (ii) ____________________

   (b) Luaigh éifeacht amháin a bheidh ag an infheistíocht seo ar fhórsa na nGardaí nó ar an gcoiriúlacht sa tír. ____________________

3. Cén coláiste a luaitear ag deireadh an fhógra? ____________________

   ____

Cuid B

CD1 Rian 16–20

Cloisfidh tú ***dhá*** chomhrá sa chuid seo. Cloisfidh tú gach comhrá díobh **faoi dhó**. Cloisfidh tú an comhrá ó thosach deireadh an chéad uair. Ansin cloisfidh tú ina ***dhá*** mhír é. Beidh sos ann leis na freagraí a scríobh tar éis gach míre díobh.

Comhrá a hAon

An Chéad Mhír

1. Cad a bheidh á oscailt sa bhaile mór an bhliain seo chugainn, dar le Pádraig? ____________________
2. Cén fáth a raibh seanmháthair Laoise ag clamhsán, dar le Laoise? ____________________
3. Luaigh dhá chineál oibre a dhéanfar ar an halla.

   (i) ____________________

   (ii) ____________________

An Dara Mír

1. Luaigh dhá cheann de na seomraí a bheidh san ionad pobail nua.

   (i) ____________________

   (ii) ____________________

2. Cad as a dtiocfaidh an t-airgead, dar le Pádraig? (dhá phointe)

   (i) ____________________

   (ii) ____________________

3. Cén fáth a gcaithfidh Laoise imeacht sa deireadh? ____________________

Comhrá a Dó

An Chéad Mhír

1. Cad is ainm don chlár raidió a luaitear sa chomhrá seo? ______
2. Cén fáth ar chuir Seosamh suim in ábhar na sceimhlitheoireachta? (pointe amháin) ______
3. Luaigh dhá cheann de phríomhchúiseanna na sceimhlitheoireachta, dar le Seosamh. ______
   (i) ______
   (ii) ______

An Dara Mír

1. Céard a chreideann grúpaí áirithe sceimhlitheoireachta fúthu féin, dar le Seosamh? ______
2. Cé hiad formhór na sceimhlitheoirí, dar leis an agallóir? ______
3. Luaigh dhá chúis a luann Seosamh a mealltar daoine óga isteach i ndomhan na sceimhlitheoireachta.
   (i) ______
   (ii) ______

Cuid C

CD1 Rian 21–23

Cloisfidh tú ***dhá*** phíosa nuachta sa chuid seo. Cloisfidh tú gach píosa díobh **faoi dhó**. Beidh sos ann leis na freagraí a scríobh tar éis na chéad éisteachta ***agus*** tar éis an dara héisteacht.

Píosa a hAon

1. Cén áit ar thosaigh an pharáid maidin Dé Domhnaigh? ______
2. Luaigh dhá dhream a ghlac páirt sa pharáid sin?
   (i) ______
   (ii) ______
3. Céard a rinne an tUachtarán ag Ard-Oifig an Phoist? ______

Píosa a Dó

1. Cad as a dtagann na figiúirí seo? ______
2. Cén t-athrú a tharla i gcás líon na ndaoine a gabhadh le gunnaí nó airm thine ina seilbh acu?
   ______
3. Céard atá geallta ag an rialtas? ______

Céim a 3: Ceapadóireacht

Sa chéim seo:

- foghlaimeoidh tú foclóir agus nathanna cainte nua a bhaineann le domhan na coiriúlachta agus na sceimhlitheoireachta chomh maith leis an bpolaitíocht
- gheobhaidh tú treoir ar struchtúr na haiste agus conas do chuid aistí féin a leagan amach
- beidh obair aonair nó obair bheirte/obair ghrúpa le déanamh freisin.

Aiste Shamplach a 1

Fadhb na Coiriúlachta

Tús

Níl lá dá dtéann thart sa tír seo anois nach gcloisimid scéal éigin eile ar na meáin chumarsáide faoin gcoiriúlacht. Ní féidir linn breathnú ar na nuachtáin ná ar ár scáileáin teilifíse, ná an raidió a chur ar siúl gan scéal scanrúil eile a bheith os ár gcomhair. Is fadhb í seo atá ag méadú de shíor[1] ar fud na hÉireann agus gan dabht ní féidir a shéanadh go bhfuil nádúr na coiriúlachta agus na gcoirpeach féin ag éirí níos brúidiúla agus níos nimhní[2]. Mar sin féin, ná déanaimís dearmad go raibh an choiriúlacht i gcónaí linn agus nach feiniméan[3] nua í ar chor ar bith.

[1] *eternally*
[2] *more vicious*
[3] *phenomenon*

Níl orainn ach féachaint siar ar ár stair dhomhanda chun fírinne an ráitis a fheiceáil go soiléir.

Alt 1 An tUileloscadh

Gan amhras tá tuairiscí agus scéalta léite againn go léir faoi thréimhse an Uileloiscthe[4] le linn an Dara Cogadh Domhanda nuair a chuir an ceannaire stáit Hitler na milliúin daoine chun báis, Giúdaigh[5], Polannaigh, Caitlicigh, Seirbigh agus daoine faoi mhíchumas[6] ina measc. Deirtear gur mharaigh na Naitsithe suas le 17 milliún íobartach[7] sa tréimhse ghearr sin. Glanadh eitneach a bhí á chleachtadh ag Hitler agus a arm agus d'fhulaing i bhfad níos mó daoine, iad siúd a d'éalaigh ón mbás, sna campaí géibhinn[8] agus sna coinníollacha uafásacha inar mhair siad[9]. Bhí an dearg-ghráin[10] ag Hitler ar na ciní seo agus ba mar gheall ar an bhfuath céanna a lean an scrios[11] seo ar feadh ar a laghad dhá bhliain déag.

[4] the period of the Holocaust
[5] Jews
[6] disabled people
[7] victim
[8] concentration camps
[9] they lived/they survived
[10] real hatred
[11] destruction

Alt 2 Tuaisceart na hÉireann

I dTuaisceart ár dtíre féin, chonaiceamar cuid den ghráin agus den fhuath céanna le linn Ré na dTrioblóidí, nuair a bhí Caitlicigh agus Protastúnaigh ag marú a chéile mar gheall ar a gcreidimh reiligiúnda agus pholaitiúla. Ar feadh tréimhse tríocha bliain, lean an cogadh fíochmhar[12] idir na Náisiúnaithe agus na hAontachtaithe[13]. Maraíodh suas le ceithre mhíle duine agus gortaíodh na mílte eile. Ní hamháin sin, ach bhí go leor daoine eile a bhí scanraithe agus sceimhlithe[14] ina dtithe féin. Sceimhlitheoireacht a bhí i gceist agus scriosadh saol an-chuid daoine le linn an fhoréigin go léir a tharla ansin.

[12] a fierce war
[13] Nationalists and Unionists
[14] terrified

Alt 3 Drugaí

Tá an choiriúlacht agus an foréigean fós thart timpeall orainn go léir gach aon lá dár saol. Bíonn na nuachtáin líon lán de scéalta faoi dhúnmharú, éigniú[15], gadaíocht, ionsaithe[16] agus faoin bhforéigean i gcoitinne. Cuirtear an cheist go rímhinic, cad as a dtagann na fadhbanna seo agus cén fáth gur ag dul in olcas atá siad. I mo thuairim féin, tá baint láidir ag domhan na ndrugaí leis an scéal. Imíonn an chiall agus an réasún ar fad nuair a bhíonn drugaí i gceist agus i gcásanna áirithe dhéanfadh na mangairí[17] móra rud ar bith chun luach na ndrugaí a fháil. Maraítear, ionsaítear agus scanraítear daoine go laethúil mar gheall ar dhrugaí. Caitheann na Gardaí Síochána formhór a gcuid ama ag déileáil leis na fadhbanna a eascraíonn ó dhrugaí, go háirithe sna cathracha agus sna bailte móra. Is fadhb í seo atá ag fás os ár gcomhair agus de réir dealraimh[18], níl smacht ar bith ag ár gceannairí uirthi. Is fíric scanrúil í sin, dar liom.

[15] rape
[16] attacks
[17] dealers
[18] from all appearances

Alt 4 Gadaíocht

Tá borradh[19] nua tagtha faoin ngadaíocht in Éirinn freisin. Ní féidir do theach **a** chosaint[20] in aghaidh na gadaíochta i ndáiríre sa lá atá inniu ann. Tráth dá

[19] growth/boom
[20] protect/defend

raibh, tharla an mhórchuid den robáil sna cathracha agus sna bailte móra, ach ní mar sin atá cúrsaí a thuilleadh. Tá na scéalta céanna chomh coitianta anois faoin tuath. Le dúnadh cuid mhaith de na stáisiúin Gardaí tuaithe, le linn an chúlú eacnamaíochta, tháinig méadú ar líon na gadaíochta i gceantair iargúlta[21] na tíre fiú. Níos scanrúla dar liomsa, ná go minic go mbíonn an foréigean mar chuid lárnach de na robálaithe. Caithfidh an rialtas athsmaoineamh a dhéanamh ar chuid de na ciorruithe[22] a chuir siad i bhfeidhm le linn an chúlú eacnamaíochta agus níos mó Gardaí a sholáthar leis an tsábháilteacht a chothú i measc mhuintir na tíre.

[21] *remote*

[22] *cutbacks*

Críoch

Ar an iomlán mar sin, is féidir linn a rá le cinnteacht go raibh agus go mbeidh fadhb na coiriúlachta i gcónaí linn. Ar an lámh eile, áfach, ba cheart dúinn brú a chur ar ár gceannairí domhanda gach iarracht a dhéanamh na staitisticí maidir leis an gcoiriúlacht a laghdú agus cuir chuigí nua a aimsiú[23] chun domhan níos síochánta a chur ar fáil dúinn. Ní tharlóidh na hathruithe atá ag teastáil thar oíche, ach mar a deir an seanfhocal, 'Is de réir a chéile a thógtar na caisleáin'.

[23] *find new approaches*

Meabhairmhapa

Anois, tá sé in am duit féin aiste a scríobh! Déan mapa meoin ar na príomhphointí a bheidh á bplé agat féin.

Fadhb na Coiriúlachta in Éirinn

- Tús
- Pointe 1 agus 2
- Pointe 3 agus 4
- Críoch

Cúinne na Litearthachta

Réamhobair do d'aiste féin: Cuir na heochairfhocail seo in abairtí anois, abairtí a d'fhéadfá a úsáid i d'aiste féin. Bain úsáid as Wordle nó Tagxedo chun scamall focal a dhéanamh le do chuid eochairfhocal féin.

1. an dlí
2. coirpigh
3. brúidiúlacht
4. drugaí boga
5. andúiligh
6. gafa
7. ganntanas gardaí
8. foréigean ar na sráideanna
9. ionsaithe
10. ionsaithe ciníocha
11. an tAire Dlí agus Cirt
12. an rialtas
13. sceimhlitheoireacht
14. gadaíocht
15. fuadach tíograch
16. réitigh
17. cur chuige nua

Ceist Scrúdaithe

Scríobh aiste bunaithe ar an topaic 'Fadhb na Coiriúlachta in Éirinn'.

Más óbair ghrúpa atá i gceist, is féidir le gach grúpa dul ag obair ar alt amháin leis an bplean atá socraithe agaibh mar rang chun an aiste iomlán a chumadh ar Mhata Boird. (Féach ar leathanach 19 in Aonad a 1 do shampla den Mhata Boird.).

Aiste Shamplach a Dó

Polaiteoirí an Lae Inniu

Tús

An bhfuil rud ar bith ar domhan a spreagann níos mó cainte agus díospóireachta ná polaiteoirí na linne seo? Níos minice ná a mhalairt, a luaithe is a[1] luann tú an focal polaiteoir, tagann fearg agus frustrachas ar dhaoine. Cé go ngeallann siad an ghrian 's an ghealach dúinn agus toghchán[2] ag druidim linn, is fíor nach n-éiríonn leo leath de na gealltúintí sin a chomhlíonadh. Bíonn dhá insint ar gach scéal mar a deirtear, áfach, agus ní haon eisceacht é an scéal maidir lenár gcuid polaiteoirí. Ní mór dúinn a admháil go mbíonn polaiteoirí áirithe ann a dhéanann a seacht ndícheall ar son a gcuid toghthóirí[3] agus a bpobail.

[1] as soon as
[2] an election
[3] constituents

Alt 1 Saibhreas v Bochtanas

Níl aon amhras ach go mbíonn cúis ghearáin ag muintir na tíre seo agus iad ag tagairt do pholaiteoirí an lae inniu. Cé go dtuilleann siad tuarastail níos airde ná formhór dá gcuid comhghleacaithe[4] san Eoraip, gach lá dár saol feicimid íomhánna scanrúla de dhaoine a bhíonn fágtha ar thralaithe i bpasáistí ospidéil de bharr easpa leapacha, pictiúir scanrúla eile de dhaoine a chónaíonn ar shráideanna ár gcathracha agus drochstaid[5] ár mbóithre a chuireann ár bpobail i mbaol i gcónaí. Ní thuigim féin an fáth a mbíonn na híomhánna seo ann san aois nua-aimseartha seo. Is scannalach an scéal é, dar liom. A fhad is[6] a chónaíonn ár gceannairí ina dtithe móra galánta agus iad ag cur lena gcuid saibhris, bíonn saoránaigh[7] eile na tíre ag fulaingt faoi choinníollacha a bhíonn uaireanta chomh dona le coinníollacha thíortha an Domhain Forbraíochta.

[4]colleagues
[5]bad condition
[6]while
[7]citizens

Alt 2 Fás agus Titim an Tíogair Cheiltigh

Nuair a bhí an Tíogar Ceilteach i mbarr a réime[8] in Éirinn ó lár na nóchaidí go dtí thart ar 2008, tháinig borradh[9] mór faoi gheilleagar[10] na tíre go dtí gur thit an tóin ar fad as an eacnamaíocht faoi dheireadh. An chúis ba mhó leis an tíogar a bheith imithe as smacht ar fad ná gur lig rialtas na tíre do na baincéiri agus na tógálaithe[11] santacha dul ar aghaidh leis an bhforbairt[12] gan srian ar bith a chur leis. Choinnigh na baincéirí orthu ag tabhairt iasachtaí[13] ollmhóra do na tógálaithe agus cuireadh brú ar ghnáthmhuintir na tíre morgáistí[14] a bhí i bhfad rómhór dóibh a thógáil amach. Ba bhuaiteoirí iad gach duine ag an am sin agus bhí na polaiteoirí sa chúlra ag fógairt agus ag maoímh as[15] fás agus forbairt, iad siúd ar cheart dóibh a bheith ag faire amach dúinn! Ar dheireadh thiar nuair a fuair an tíogar bocht bás, céard a rinne ár gcuid ceannairí? Tháinig siad i gcabhair ar na bainc chun iad a tharrtháil[16] agus gan mhoill bhí daoine ar fud na tíre dífhostaithe. I go leor cásanna, bhí ar dhaoine dul ar imirce toisc nach raibh siad in ann a gcuid iasachtaí a íoc anseo agus chaill cuid mhaith daoine a dtithe toisc nach raibh ag éirí leo a gcuid morgáistí craiceáilte a íoc. Praiseach, gan aon amhras! An aon ionadh é mar sin go gcloistear daoine ag clamhsán[17] faoi obair ár gcuid polaiteoirí?

[8]at its peak
[9]surge
[10]economy
[11]builders
[12]development
[13]loans
[14]mortgages
[15]boasting
[16]to rescue
[17]complaining

Alt 3 Drochbhall an Chórais Sláinte

Anuas air sin , nuair a fheictear an droch-chaoi atá ar fhormhór na n-ospidéal in Éirinn, an féidir i ndáiríre an córas polaitiúil atá againn a mholadh? Cloisimid scannal tar éis scannail faoi dhaoine a bhíonn fágtha ar thralaithe ar feadh i bhfad an iomarca ama; seandaoine agus daoine an-bhreoite ina measc. Beagnach gach seachtain anois, bíonn scéal nua sna meáin chumarsáide faoi bhotúin agus sprioceasnaimh[18] an chórais sláinte i gcoitinne. Cuireann na fíricí seo daoine ar mire[19], go háirithe nuair a thugtar faoi deara go bhfuil scéalta mar seo fós ann mar gheall ar na ciorruithe[20] millteanacha atá fós i bhfeidhm sa chóras sláinte.

[18]shortfalls
[19]ar buile
[20]cutbacks

Deirtear linn go minic nach easpa leapacha is cúis leis an suíomh ach easpa oibrithe sna hospidéil. Cad í an chiall leis seo agus go leor dár gcuid oibrithe sláinte ag obair i dtíortha eile ar fud an domhain? Tá sé in am ag ár nAire Sláinte deireadh a chur leis na scéalta seo, dar liom féin.

Alt 4 Polaiteoirí a oibríonn go dian

Ar an lámh eile, áfach, caithfidh mé an cheist a chur, an mbeadh mórán daoine inár measc sásta a saol a chaitheamh mar pholaiteoir? Ní dóigh liom é. Tá polaiteoirí ann gan dabht a oibríonn ó dhubh go dubh ar mhaithe na tíre seo. Cé nach gcaitheann siad ach thart ar chéad lá i nDáil Éireann, bíonn brú as cuimse[21] orthu ó gach taobh. Taobh amuigh den obair chomhairleach[22] a dhéanann siad ina ndáilcheantair[23] féin, iarrtar orthu a bheith i láthair ag go leor ócáidí poiblí agus páirt a ghlacadh i roinnt mhaith eagraíochtaí agus bord. Chun na fírinne a insint, bíonn sé deacair orthu diúltú do rud ar bith, go háirithe agus iad ag brath ar vótaí na vótálaithe céanna sa chéad olltoghchán eile! An éiríonn leo saol teaghlaigh a bheith acu in aon chor nó an féidir leo sos ceart a ghlacadh i ndáiríre? Nílim cinnte!

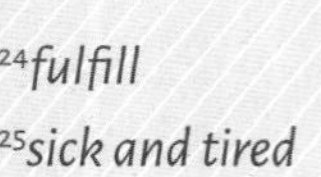

[21]*huge pressure*
[22]*constituency work*
[23]*constituencies*

Críoch

An mbíonn meas ag an bpobal mar sin ar pholaiteoirí na linne seo? I mo thuairim féin, b'fhéidir go mbeadh i bhfad níos mó measa orthu dá n-éireodh leo a gcuid gealltúintí a chomhlíonadh[24] agus cúrsaí in Éirinn a fheabhsú dár gcuid saoránach. Tá daoine dubh dóite[25] ag éisteacht leis an rialtas ag caint. Gníomhaíochtaí[26] a theastaíonn ó na daoine anois!

[24]*fulfill*
[25]*sick and tired*
[26]*actions*

Obair Bhaile/Obair Ghrúpa

1. Anois, déan do mheabhairmhapa féin i gcás na haiste 'Polaiteoirí an Lae Inniu'.
2. Cuir Gaeilge ar na focail seo a leanas.
   (a) more often than not (b) exception (c) we must (d) salaries (e) the majority of their colleagues (f) in danger (g) in this modern age (h) citizens (i) suffering (j) economy (k) builders (l) development (m) loans (n) mortgages (o) boasting (p) unemployed (q) emigration (r) too much time (s) shortfalls (t) cutbacks (u) in their constituencies (v) general election (w) sick and tired (x) government (y) action
3. Anois, cuir na heocharfhocail ón aiste thuas le chéile i bhfoirm pictiúr le cabhair Wordle nó Tagxedo.
4. Scríobh aiste ar cheann amháin de na teidil thíos:
   (a) Is Maith an Tír í Éire do Lucht an Rachmais
   (b) An Córas Sláinte in Éirinn
   (c) Saol an Pholaiteora in Éirinn sa Lá atá Inniu Ann

Cleachtadh Cainte

Nuair a bheidh an obair críochnaithe agaibh, is féidir leis an duine nó grúpa an t-eolas a chur i láthair don rang agus príomhphointí na haiste a chur in iúl don rang.

3 An Aimsir Láithreach

Féach ar leathanach 397 go leathanach 401 le haghaidh nótaí ar an aimsir láithreach.

Sa chéim seo, foghlaimeoidh tú:

- foclóir agus nathanna cainte a bhaineann leis na topaicí thíos, is é sin an sceimhlitheoireacht agus polaiteoirí
- foclóir a úsáidtear go coitianta sna ceisteanna sna scrúduithe.

Léamhthuiscint a 1

Léigh an sliocht seo a leanas agus freagair na ceisteanna a ghabhann leis.

Bagairt na Sceimhlitheoireachta

1. Tá coimhlint, cogadh agus cruatan le feiceáil go coitianta in ár ndomhan sa lá atá inniu ann, faraor. Is cúis mhór imní í faoi láthair méid na coimhlinte a bhaineann leis an ngrúpa sceimhlitheoireachta ISIS sa tSiria agus iad ag scaipeadh sceimhle agus sceoin ar fud an Mheánoirthir agus ar fud na Stát Aontaithe agus na hEorpa. Ar nós grúpaí eile, baineann an grúpa sin úsáid as an bhforéigean chun a gcuid aidhmeanna agus cuspóirí a bhaint amach. Is as an Stát Ioslamach san Iaráic agus sa tSiria d'ISIS ó thús. I dtús báire, tosaíodh an grúpa chun troid i gcoinne an deachtóra Assad sa tSiria.

D'úsáid Assad arm cogaidh ceimiceach i gcoinne a mhuintire féin chun iad a choimeád faoi chois. Ceapann ISIS go bhfuil údarás cráifeach, polaitiúil agus míleata acu ar gach Moslamach ar domhan. Is í an aidhm atá acu ná múineadh Mahamad a scaipeadh ar fud an domhain agus fáil réidh le gach duine nach gcreideann i Mahamad agus nach n-aontaíonn lena ndearcadh antoisceach. I mí na Samhna 2015, bhí smacht acu ar thailte ina gcónaíonn deich milliún duine san Iaráic agus sa tSiria. Agus tá smacht acu ar cheantair bheaga i Libia, san Nigéir agus san Afganastáin trí mheán na ngrúpaí dílse, áitiúla atá lonnaithe sna ceantair sin. Is iad sin na réigiúin nó an chailifeacht atá acu agus glaonn siad 'stát Ioslamach' ar na réigiúin atá faoina smacht. Glaonn siad cailif ar a gceannaire, Abu Bakr al-Baghdadi. Dar leo, tá smacht acu ar Mhoslamaigh ar fud an domhain. Ní aontaíonn gnáth-Mhoslamaigh ná na príomhghrúpaí Moslamacha leis an dearcadh sin ar chor ar bith, áfach.

2. Díríonn ISIS ar dhaoine óga idir 15 agus 24 ach go háirithe. De réir an taighde atá déanta, deir Scott Atran ó ollscoil Oxford, gurb iad teaghlaigh agus cairde a ghríosaíonn agus a mheallann trí cheathrú de na na daoine óga sin chun a bheith ina mbaill d'ISIS. Is iad na daoine troda ó theaghlaigh Chríostaí na daoine troda is fíochmhaire dar le Scott Atran. Tá a fhios ag ISIS conas dúshaothrú a dhéanamh ar idéalachas agus reibiliúnachas na hóige dar leis. Tá thart ar 60 tír sa chogadh i gcoinne ISIS. Is grúpa an-fhoréigneach iad. Chuir siad píolóta ón Iaráin trí thine. Baineann siad an cloigeann de dhaoine ó thíortha atá ina naimhde acu idir shaighdiúirí, shibhialtaigh, iriseoirí, oibreoirí cúnaimh nó fiú dhaoine óna dtíortha féin nach leanann an reiligiún bunchreidmheach céanna leo. Rinne siad ionsaí ar mhuintir Pháras i mí na Samhna 2015 a bhí ag freastal ar chluiche sacair agus a bhí ag freastal ar ghig mar nach n-aontaíonn siad le polasaí eachtrach na Fraince. Mharaigh siad thart ar 130 duine i bPáras. Tá sé ar intinn acu leanúint ar aghaidh le hionsaithe ar ghigeanna, cluichí srl mar tá sé deacair ar na húdaráis na hócáidí sin a chosaint. Tá an scéal casta, áfach. Dar le ISIS, mharaigh na Stáit Aontaithe agus tíortha na hEorpa na mílte duine ina dtíortha dúchasacha agus tá sé sin fíor freisin. Tá sé scanrúil an líon daoine atá ag troid le ISIS a rugadh agus a tógadh i dtíortha an iarthair agus an líon uirlisí troda agus buamaí atá acu anois.

3. Grúpa sceimhlitheoireachta eile a bhfuil an-slad agus scrios déanta acu ná Al Qaeda. Bhunaigh Osama Bin Laden agus Abdulladh Assam Al Qaeda i 1986. Is grúpa Moslamach ón Afghanistáin iad. Is í an aidhm atá acu ná tionchar Mheiriceá agus tionchar an iarthair i gcoitinne a dhíbirt as na tíortha Moslamacha agus fáil réidh le deachtóirí atá báúil le Meiriceá agus le hIosrael. Rinne Al Qaeda ionsaí ar an Ionad Trádála Domhanda ar an aonú lá déag de Mheán Fomhair 2001. Bhí teaghlaigh na n-íobartach agus muintir Nua-Eabhrac croíbhriste tar éis na n-ionsaithe sin, ar ndóigh.

4. Ba iad an dá phríomhghrúpa sceimhlitheoireachta a bhí againn anseo in Éirinn ná an IRA agus an UVF. Sna seascaidí, ní raibh cearta sibhialta ag na Caitlicigh i dTuaisceart Éireann. Bhí córas míchothrom claonroinnte i bhfeidhm sa Tuaisceart agus ní raibh an ceart ag Caitlicigh freastal ar an ollscoil. Bhí na póilíní agus arm na Breataine claonta i gcoinne na gCaitliceach chomh maith an uair sin. D'fheabhsaigh na polasaithe maidir le Caitlicigh i gcaitheamh na mblianta ach ní raibh na Poblachtaigh sásta go raibh rialtas na Breataine i gceannas ar chúrsaí i dTuaisceart Éireann. Mharaigh siad an-chuid daoine i dTuaisceart Éireann agus i Sasana – sibhialtaigh ina measc. Mharaigh an UVF an-chuid Caitliceach mar bhí siad ag iarraidh cearta agus nósanna

na n-aontachtach a chosaint i dTuaisceart Éireann agus theastaigh uathu go bhfanfadh Tuaisceart Éireann mar chuid den Bhreatain. Tharla an-chuid maruithe agus pléascadh an-chuid buamaí i dTuaisceart Éireann le linn na dTrioblóidí, go dtí gur cuireadh deireadh leis na Trioblóidí i 1998.

5. Síníodh Comhaontú Aoine an Chéasta i mí Aibreáin 1998 agus as sin amach, bhí Sinn Féin, an SDLP, an DUP agus páirtithe eile i gceannas ar chúrsaí Thuaisceart Éireann. Tá Tuaisceart Éireann fós mar chuid den Bhreatain ach tá níos mó saoirse agus neamhspleáchais ag na poblachtaigh ná mar a bhí acu. Is ceist chasta í agus fós tarlaíonn foréigean agus maruithe anois is arís i dTuaisceart Éireann. Tá a lán foréigin agus coimhlinte ar siúl in ár ndomhan agus is minic a bhíonn cúlra casta leis na grúpaí sceimhlitheoireachta. Le cúnamh Dé, éireoidh leis na hollchumhachtaí na grúpaí go léir a mhealladh chuig Bord na Síochána lá éigin mar is iad gnáthdhaoine agus sibhialtaigh na híobartaigh shoineanta go rómhinic i gcás an fhoréigin a bhíonn ar siúl ag grúpaí sceimhlitheoireachta.

Ceisteanna Scrúdaithe

1. (a) Cad as d'ISIS ó dhúchas, dar leis an gcéad alt?
   (b) Luaigh cúis amháin ar cuireadh tús leis an ngrúpa ISIS de réir an eolais a fhaighimid in Alt a 1. (7 marc)
2. (a) Dar le Scott Atran in Alt a 2, cé hiad na daoine is mó a ghríosaíonn daoine óga idir 15 agus 24 bliain le páirt a ghlacadh in ISIS?
   (b) Céard a rinne na Stáit Aontaithe agus tíortha na hEorpa nár thaitin le ISIS, de réir Alt a 2? (7 marc)
3. (a) Cad í an aidhm atá ag Al Qaeda, de réir an tríú halt?
   (b) Cad ba chúis le briseadh croí mhuintir Nua-Eabhrac sa bhliain 2001, de réir an tríú halt? (7 marc)
4. (a) Luaigh dhá chúis a raibh Caitlicigh míshásta i dTuaisceart Éireann sna seascaidí, de réir Alt a 4.
   (b) Cén fáth ar maraíodh Caitlicigh i rith na dTrioblóidí de réir Alt a 4? (7 marc)
5. (a) Cén toradh a bhí le Comhaontú Aoine an Chéasta i dTuaisceart Éireann, de réir Alt a 5?
   (b) Dar leis an údar in Alt 5, cé hiad íobartaigh na ngrúpaí sceimhlitheoireachta den chuid is mó? (7 marc)
6. (a) Aimsigh briathar saor san aimsir chaite in Alt 4 agus ainmfhocal sa tuiseal ginideach uatha in Alt a 5.
   (b) I gcás dhá cheann de na grúpaí sceimhlitheoireachta a luaitear thuas, mínigh i d'fhocail féin na cúiseanna ar bunaíodh na grúpaí sin agus na haidhmeanna is mó atá acu. Is leor 60 focal. (15 mharc)

Léamhthuiscint a 2

Léigh an sliocht seo a leanas agus freagair na ceisteanna a ghabhann leis.

Laoch Gael-Mheiriceánach ar Lár

1. Nuair a fógraíodh bás an tSeanadóra Ted Kennedy ar an 26ú Lúnasa, 2009 scaipeadh an scéal láithreach ar fud an domhain. Bhí sé ar phríomhscéal na nuachta ag gach uile stáisiún teilifíse agus raidió. Tháinig tonn tuile de theachtaireachtaí comhbhróin isteach chuig Ceann Comhairle rialtas Mheiriceá ó thromlach na gceannairí stáit ar fud an domhain. Ba rud neamhghnách é seo mar ba dhuine é Ted Kennedy nár éirigh leis riamh a bheith ina uachtarán ar a thír féin. Bhí aithne ar Ted Kennedy mar dhearthár le Jack (JFK) a feallmharaíodh agus é ina uachtarán ar na Stáit Aontaithe, agus le Robert a feallmharaíodh freisin agus é ar thairseach na huachtaránachta. Ach bhí clú agus cáil fhorleathan ar Ted Kennedy as a chuid oibre féin freisin. Ba é an Seanadóir ba mhó é a d'fhág a lorg ar chóras dlí na Stát Aontaithe ó bunaíodh an stát feidearálach sa bhliain 1788.
2. Tháinig Ted Kennedy isteach sa Seanad i 1962 i gcomharbas ar a dheartháir Jack, a toghadh ina uachtarán dhá bhliain roimhe sin. Ón mbliain sin amach, toghadh Ted seacht n-uaire i ndiaidh a chéile mar sheanadóir ina stát dúchais, Massachusetts, éacht nach ndearna aon pholaiteoir roimhe. Ach bhí an tragóid sna sála aige mar a bhí sí sna sála ag a dheartháireacha roimhe. Sa bhliain 1969 tharla eachtra a d'fhág smál ar shaol polaitiúil Ted Kennedy de bharr a iompair siúd ag an am. Bádh bean óg, Mary Jo Kopechne, nuair a chuaigh carr Kennedy isteach in abhainn an Chappaquidick. Tháinig seisean slán ach theith sé ón áit gan fios a chur ar na póilíní ná ar na seirbhísí tarrthála. Ciontaíodh é as láthair timpiste a fhágáil agus ní bhfuarthas míniú sásúil riamh ar ar tharla. Bhí tionchar fadtéarmach ag an eachtra sin ar shaol polaitiúil Kennedy. Bhí an eachtra ina bac air aon uair a rinne sé iarracht ina dhiaidh sin a bheith ina uachtarán.
3. Ach sna blianta beaga a lean eachtra Chappaquidick luigh Ted Kennedy isteach ar a ról mar reachtóir i Seanad Mheiriceá. Ba chuid de bheartas seiftiúil polaitíochta é le ceannas a bhaint amach ar an bPáirtí Daonlathach. Shíl sé, is cosúil, dá n-éireodh leis dlíthe a achtú a chuirfeadh feabhas ar shaol a chomhshaoránach, go nglanfaí eachtra Chappaquidick de chuimhne na ndaoine. Ar leabhar na reachtanna i Stáit Aontaithe Mheiriceá, is liosta le háireamh iad na hachtanna a raibh Ted mar údar leo. Ar na hachtanna is tábhachtaí a chuir sé chun tosaigh tá reachtaíocht a bhaineann le cearta daoine faoi mhíchumas, le cearta na n-inimirceach agus na gceardchumann, agus le cearta saighdiúirí coinscríofa in arm Mheiriceá, chomh maith le hachtanna éagsúla faoi chúrsaí oideachais. Ba é Kennedy, freisin, a thug an chabhair ba ghá don Seanadóir Morrison bille a achtú i 1992 a chuir tús le scéim víosaí d'inimircigh. Ba dá thoradh sin a tugadh deis do na mílte Éireannach óg dul go Meiriceá agus obair a fháil ann go dleathach.
4. Ach ó thaobh na huachtaránachta de níor éirigh le beartas polaitiúil Ted Kennedy. I 1976 roghnaigh an Páirtí Daonlathach Jimmy Carter do thoghchán na huachtaránachta agus toghadh é. Bhí Ted Kennedy ina pholaiteoir cumhachtach in Washington

sna blianta sin, áfach. Chuidigh sé go mór le hiarracht an uachtaráin Carter síocháin a dhéanamh sa Mheán-Oirthear. Cé gur theip ar an iarracht sin, d'fhoghlaim Kennedy gur den riachtanas é i gcainteanna síochána miondeacrachtaí a ghlanadh as bealach na bpáirtithe ionas gur féidir leo díriú ar chroí na faidhbe eatarthu. Chuir sé an ceacht sin i bhfeidhm agus é ag plé le gluaiseacht na síochána i dTuaisceart Éireann ar ball. Mar sin, nuair a tháinig na Daonlathaigh ar ais i gcumhacht agus Bill Clinton ina uachtarán, chomhairligh Kennedy do Clinton víosa a eisiúint do Gerry Adams. Mhínigh sé don uachtarán go gcaithfí déileáil le Sinn Féin mar pháirtí polaitíochta dá mba mhaith leo cur ina luí orthu éirí as an bhforéigean agus polaitíocht shíochánta a chleachtadh. Aithnítear Kennedy in Éirinn agus i Meiriceá mar an crann taca ba leanúnaí agus ab éifeachtaí le gluaiseacht na síochána sa Tuaisceart.

5. Nuair a lorg Barack Obama ainmniúchán an Pháirtí Dhaonlathaigh do thoghchán na huachtaránachta in 2008 thuig sé an géarghá a bhí le tacaíocht a fháil ó cheannairí cumhachtacha an pháirtí leis an lámh in uachtar a fháil ar a chéile comhraic, Hillary Clinton. Nuair a tháinig uair na cinniúna thacaigh Ted Kennedy le hObama agus ba leor é sin le comhghuaillithe láidre sa Pháirtí Daonlathach a tharraingt ar thaobh Obama in aghaidh mheaisín ollchumhachtach lucht Clinton. Ba é toradh na tacaíochta sin go bhfuair Obama an lámh in uachtar ar Hillary agus ina dhiaidh sin ar John McCain i dtoghchán na huachtaránachta. Thuig Obama an chomaoin mhillteanach a chuir Kennedy air agus níor lig sé i ndearmad í. Ar lá Lúnasa, 2009, bhronn an tUachtarán Obama an gradam sibhialta is airde i Stáit Aontaithe Mheiriceá ar Ted Kennedy – Bonn na Saoirse. Sé lá is fiche ina dhiaidh sin bhí Kennedy ar lár. Ina óráid ómóis os cionn chónra Kennedy, luaigh Obama gur ghéill Ted riamh is choíche d'idéal na seirbhíse poiblí. Ba chuid d'oidhreacht agus d'oiliúint chlann Kennedy uile an t-idéal sin.

Bunaithe ar alt le Póilín Ní Chiaráin sa nuachtán *Foinse*

Ceisteanna Scrúdaithe

1. (a) Cén aird a tugadh ar bhás Ted Kennedy ar fud an domhain? (Alt a 1)
   (b) Cén fáth atá luaite leis an gcáil fhorleathan a bhí tuillte ag Ted Kennedy? (Dhá phointe) (Alt a 1) (7 marc)
2. (a) Cén t-éacht atá luaite le Ted Kennedy mar pholaiteoir? (Alt a 2)
   (b) Tabhair dhá phíosa eolais faoi eachtra Chappaquidick. (Alt a 2) (7 marc)
3. (a) Cén chaoi ar shíl Ted Kennedy eachtra Chappaquidick a ghlanadh de chuimhne na ndaoine? (Alt a 3)
   (b) Cén toradh a bhí ar an gcabhair a thug Ted Kennedy don Seanadóir Morrison? (Alt a 3) (7 marc)
4. (a) Cén ceacht a d'fhoghlaim Ted Kennedy as iarrachtaí Carter síocháin a dhéanamh sa Mheán-Oirthear? (Alt a 4)
   (b) Cén fáth ar chomhairligh Ted Kennedy don Uachtarán Clinton víosa a eisiúint do Gerry Adams? (Alt a 4) (7 marc)
5. (a) Cén 'chomaoin mhillteanach' a chuir Ted Kennedy ar Obama? (Alt a 5)
   (b) Cén t-idéal a luaigh Barack Obama le clann Kennedy? (Alt a 5) (7 marc)

6. (a) Aimsigh sampla amháin d'ainmfhocal sa tuiseal ginideach, uimhir uatha in Alt 1 agus sampla amháin den bhriathar saor, aimsir chaite in Alt a 4.

(b) Bunaithe ar an eolas a thugtar dúinn sa sliocht thuas faoi Ted Kennedy, cén sórt duine ab ea é, dar leat? Luaigh dhá thréith a bhain leis. I gcás ceann amháin de na tréithe sin, tabhair taca le do fhreagra. Is leor 60 focal. Bíodh an freagra i d'fhocail féin. (15 mharc)

Céim a 6: Litríocht

Céim a 6: Prós

An Gnáthrud le Déirdre Ní Ghrianna

Sa chéim seo, foghlaimeoidh tú:

- faoi phlota an scéil 'An Gnáthrud'
- conas téamaí an scéil a phlé
- conas carachtair an scéil a phlé
- conas stíl scríbhneoireachta agus seánra an scéil a phlé.

Cúinne na Litearthachta

Foghlaim conas na heochairfocail thíos san achoimre a litriú agus faigh amach cad is brí leo. Féach go grinn ar na focail seo, abair amach iad, clúdaigh na focail, agus ansin scríobh na focail amach chun an litriú a chleachtadh!

An Gaeilge	An Béarla	Clúdaigh na focail ar an lámh chlé agus scríobh amach na focail anseo leat féin.
Ré na dTrioblóidí i dTuaisceart Éireann		
Sceimhlitheoireacht		
Seictéarachas		
Íobartach neamhurchóideach		
Béal Feirste		
Ciontach		
Saol an ghnáth-theaghlaigh		
Gnáthshaol		
Foréigean		

An Gnáthrud

Le Déirdre Ní Ghrianna

Bhí pictúir gan fhuaim ag teacht ón teilifís i gcoirnéal[1] an tseomra sa bheár seo i mBéal Feirste, a bhí lán ó chúl go doras. D'amharc[2] Jimmy ar na teidil a bhí ag teacht agus ag imeacht ón scannán roimh nuacht a naoi a chlog. Bhain sé súimín[3] beag as an phionta a bhí roimhe agus smaointigh sé ar an léirscrios[4] a bheadh ina dhiaidh sa bhaile.

Bheadh Sarah, a bhean chéile ag streachailt go crua ag iarraidh na páistí a chur a luí. Chuirfeadh John, an duine ba shine acu, gasúr crua cadránta[5] i gceann a cheithre mbliana, chuirfeadh sé ina héadan go deireadh, cé go mbeadh fáinní dearga fá na súile aige ar mhéad is a chuimil sé leis an tuirse iad. Ach ní raibh amhras ar bith ar Jimmy cé aige a bheadh bua na bruíne[6]. Dá ndearcfadh sé ar an am a chuaigh thart, déarfadh geallghlacadóir[7] ar bith go mbeadh an bua ag Sarah arís eile.

Mhothaigh Jimmy i gcónaí ciontach nuair a chuaigh sé a dh'ól[8] lena chomhrádaithe tráthnóna Dé hAoine nuair a bheadh obair na seachtaine déanta acu; agus ba mhíle ba mheasa é ó tháinig an cúpla ar an tsaol sé mhí ó shin. Bhí a choinsias ag cur isteach chomh mór sin air is nach raibh pléisiúr dá laghad aige san oilithreacht[9] sheachtainiúil go tobar Bhacais[10] lena chomrádaithe.

Chan ea[11] gur fear mór ólacháin a bhí riamh ann; níorbh ea. Gan

[1]cúinne
[2]d'fhéach
[3]*sip*
[4]scriosadh
[5]ceanndána
[6]bua na hargóinte
[7]*bookmaker*
[8]*ag ól*
[9]*pilgrimage*
[10]an teach tábhairne (tobar = *a well*)
[11]ní hea

fiú a chairde féin nach dtug 'fear ólta sú' air ar mhéad is a chloígh sé leis an mheasarthacht[12] i ngnóithe ólacháin. Agus leis an fhírinne a dhéanamh, bhí oiread dúil sa chraic agus sa chuideachta aige is a bhí aige i gcaitheamh siar piontaí. Ar ndóigh, ba Sarah ba chúis le é a leanstan[13] den chruinniú sheachtainiúil seo. Ní ligfeadh an bród di bheith ar a athrach de dhóigh[14], nó níor lú uirthi an diabhal ná a chairde a rá go raibh sé faoi chrann smola aici[15].

Mar sin de, bhí a fhios ag Jimmy nár bheo dó a bheo[16] dá dtigeadh sé na bhaile roimh an deich a chlog, nó dá ndéanfadh, bhéarfadh Sarah a sháith dó[17]. Bhí sé oibrithe amach ina intinn aige go raibh am aige le cur eile a chur ar clár[18] agus ansin go dtiocfadh leis slán a fhágáil ag an chuideachta agus a bhealach a dhéanamh a fhad leis an *Jasmine Palace*, áit a dtiocfadh leis curaí a fháil dó féin agus chop suey do Sarah, cuid eile de dheasghnátha[19] na hAoine.

'Anois, a fheara, an rud céanna arís?'

'Beidh ceann beag agam an t-am seo, murar miste leat, a Jimmy.'

Tháinig aoibh ar bhéal Jimmy agus chlaon sé a cheann mar fhreagra. Bhí a fhios aige go mbeadh Billy sa bheár go gcaithfí amach é nó bhí a bhean ar shiúl go Sasain a dh'amharc ar an ua ba deireanaí[20] dá gcuid. Ar ndóigh, bhí Billy ag ceiliúradh an linbh úir[21] i rith na seachtaine. Tháinig an gaffer air le casaoid[22] chrua fán dóigh a raibh sé ag leagan na mbrící. B'éigean do Jimmy tarrtháil a tabhairt air agus geallstan[23] don gaffer go gcoinneodh sé ag gabháil mar ba cheart é.

Rinne Jimmy cuntas ina intinn ar an deoch a bhí le fáil aige agus tharraing sé ar an bheár. Bhí Micí, an freastalaí, ansin roimhe agus é ag éisteacht leis na pótairí[24] a bhí ina suí ag an bheár, má b'fhíor dó. Chonacthas do Jimmy go raibh na pótairí céanna seo greamaithe[25] do na stólta. D'aithin sé na haghaidheanna uilig agus thug sé fá dear go suíodh achan mhac máthar acu[26] ar an stól chéanna gan teip. Chuaigh sé a smaointiú[27] ar an tsaol a chaithfeadh bheith acu sa bhaile; ní raibh a fhios aige cad é mar a thiocfadh leo suí ansin uair i ndiaidh uaire is gan scrupall coinsiasa[28] ar bith orthu.

Níor thuig Jimmy cad chuige nach raibh na fir seo ag iarraidh gabháil na bhaile[29]. B'fhéidir gurbh airsean a bhí an t-ádh. Bhí Sarah agus na páistí aige; bhí, agus teach deas seascair[30]. Ina dhiaidh sin, ní raibh an teach chomh maith sin nuair a cheannaigh siad é; ceithre mhíle punt a thug siad don Housing Executive ar son ballóige[31], féadaim a rá, a raibh brící sna fuinneoga ann. Bhain sé bunús bliana as deis a chur ar a theach, ag obair ag deireadh na seachtaine agus achan oíche, amach ó oíche Aoine, ar ndóigh.

Ach ba é Sarah a rinne baile de, na cuirtíní a rinne sí as fuílleach éadaigh[32] a cheannaigh sí ag aonach na hAoine, nó na cathaoireacha nach dtug sí ach deich bpunt orthu i *jumble* agus ar chuir sí snas úr orthu. Ní raibh aon tseomra sa teach nár chóirigh sí go raibh siad cosúil leis na pictúir a tchífeá[33] ar na hirsí loinnireacha[34] ardnósacha. Anois, agus é ag fanacht lena sheal ag an bheár, b'fhada le Jimmy[35] go dtaradh oíche Shatairn nuair a bheadh sé féin agus Sarah ábalta teannadh lena chéile[36] ar an tolg ag amharc ar video agus buidéal beag fíona acu.

[12] *moderation*
[13] a leanúint
[14] an nós sin a athrú
[15] faoi smacht aici
[16] *his life wouldn't be worth living*
[17] thabharfadh Sarah idé béil dó
[18] *to order another round*
[19] *nósanna*
[20] *the latest grandchild*
[21] nua
[22] gearán
[23] geallúint a thabhairt
[24] meisceoirí
[25] *stuck*
[26] gach duine acu
[27] ag smaoineamh
[28] an aon bhrón ná áiféala
[29] dul abhaile
[30] compordach
[31] *for a ruin*
[32] éadaigh a bhí caite
[33] a d'fheicfeá
[34] na hirísí lonracha = *the glossy magazines*
[35] *Jimmy couldn't wait*
[36] *cuddle up*

'Seacht bpionta Guinness agus ceann beag, le do thoil a Mhicí.'

'Cad é mar atá na girseacha[37] beaga a Jimmy? Is dóiche nach bhfuil tú ag fáil mórán codlata ar an aimsir seo...'

'Gabh mo leithscéal a Mhicí, déan sé phionta agus ceann beag de sin, murar miste leat.'

Thug caint Mhicí mothú ciontach chun tosaigh in intinn Jimmy, cé gur mhaith a bhí a fhios aige gurbh iad Elizabeth agus Margaret na páistí ab fhearr a cuireadh chun tsaoil[38] riamh. Anois, b'fhada le Jimmy go dtógadh sé iad, duine ar achan lámh, agus go dteannadh sé lena chroí iad agus go dtéadh sé a cheol daofa[39] agus éisteacht leo ag plobaireacht[40].

Chuir Micí dhá losaid[41] fána lán gloiní ar an chuntar agus thug Jimmy chun tábla fá dheifir iad. Chaith sé siar deireadh a phionta, d'fhág sé slán ag an chuideachta agus rinne a bhealach a fhad le biatheach[42] na Síneach.

Amuigh ar an tsráid, agus ceo na Samhna thart air, ní raibh in Jimmy ach duine gan ainm. Thiontaigh sé aníos coiléar a chasóige agus shiúil na cúpla céad slat a thug fhad leis an *Jasmine Palace* é. Istigh ansin bhí an t-aer trom le boladh spíosraí[43] agus teas bealaithe[44].

Bhí triúr nó ceathrar de dhéagóirí istigh roimhe agus iad ar meisce ar fíon úll[45]. Bhí a n-aird ar an bhiachlár ghealbhuí fána lán mílitriú agus bhí siad ag cur is ag cúiteamh[46] eatarthu féin fá cad é a cheannódh siad ar na pingine a bhí fágtha acu.

Bhí Liz, mar a thug achan chustaiméir uirthi, ag freastal – scór mbliain, í díomhaoin[47], cé go raibh iníon bheag ceithre mblian aici, rud a d'inis sí do Jimmy i modh rúin[48].

'An gnáthrud, a Jimmy. Tá tú rud beag luath anocht, nach bhfuil?'

'Tá, nó ba mhaith liom gabháil na bhaile go bhfeice mé cad é mar atá na páistí.'

'Níl mórán de do mhacasamhail[49] ag gabháil ar an aimsir seo. Bunús na bhfear[50], ní bhíonn ag cur bhuartha orthu ach iad féin agus na cairde agus a gcuid piontaí.'

Tháinig an deargnáire ar Jimmy. Ní raibh lá rúin aige[51] an tseanchuimhne nimhneach[52] sin a mhúscailt i gceann Liz – an stócach[53] a bhí seal i ngrá léi agus a d'fhág ina dhiadh sin í nuair a theann an saol go crua orthu[54]. Bhí tost míshuaimhneach eatarthu agus bhí Jimmy sásta

[37]cailíní
[38]a rugadh
[39]ag déanamh ceoil dóibh
[40]ag caint go leanbaí
[41]tráidire = *tray*
[42]bialann
[44]*spices*
[44]teas ó na friochtáin
[45]*cider*
[46]ag caint/ag argóint
[47]singil
[48]faoi rún/go ciúin
[49]daoine cosúil leatsa
[50]formhór na bhfear
[51]ní raibh sé i gceist aige
[52]lofa/uafásach
[53]fear óg
[54]d'éirigh an saol deacair orthu

nuair a tháinig duine de na stócaigh óga chuige ag iarraidh mionairgead briste ar bith a bheadh fá na pócaí aige. Thug Jimmy traidhfil airgead rua[55] agus boinn chúig pingine dó. Rinne sé gnúsachtach[56] mar bhuíochas, phill ar a chairde agus d'fhógair daofa go raibh a sáith airgid anois acu le hiasc agus sceallóga a cheannach, agus tobán beag curaí lena chois.

Rinne Jimmy staidéar ar na stócaigh seo. Shílfeadh duine gur bhaill iad de chumann rúnda inteacht ina raibh sé de dhualgas ar gach ball beannú dá chéile sa chuid ba ghairbhe de chaint ghraosta, ghraifleach[57], ghnéasach na Sacsanach. D'fhéach Jimmy lena chluasa a dhruidim in éadan na tuile seo. Ach, ar ndóigh, ní féidir an rabharta a chosc.

Rinneadh foscladh[58] ar an chomhla[59] bheag sa bhalla ar chúl an chuntair, agus cuireadh mála bia agus ticéad amach. Thiontaigh Liz a súile ó na stócaigh gharbha a bhí ag diurnú bhuidéal[60] an Olde English.

'Seo duit, a Jimmy, oíche mhaith agus slán abhaile.'

Chlaon Jimmy a cheann mar fhreagra, thóg an mála donn agus d'fhoscail doras trom na sráide. Chonacthas dó gur éirigh an oíche iontach fuar. Chuir sé mála an bhia taobh istigh dá chasóg in aice lena chliabhrach[61] leis an teas a choinneáil ann, cé nach raibh i bhfad le siúl aige.

Chuaigh sé a smaointiú ar an chraos tine[62] a bheadh sa teallach roimhe, agus ar an dá phláta agus an dá fhorc a bheadh réidh ag Sarah agus í ag súil leis na bhaile. Ba mhian leis luí aici agus inse di[63] cad é chomh sona sásta is a bhí sé le linn iad a bheith le chéile.

Chonaic sé ina intinn féin í, fána gruaig chatach bhán. Chóir a bheith go dtiocfadh leis[64] a boladh a chur, ach a Dhia, chomh mór agus ba mhaith leis a lámha a chur thart uirthi agus luí aici.

Caillte ina smaointe féin, ní raibh a fhios ag Jimmy cad é a bhí ag gabháil ar aghaidh[65] thart air. Níor chuala sé an carr gan solas a bhí ag tarraingt air go fadálach[66] as dorchadas na hoíche. Ní fhaca sé an splanc solais, ach ar an tsaol seo dáiríre, scaoil stócach a raibh caint ní ba ghraiflí[67] aige ná an mhuintir a bhí sa teach itheacháin, scaoil sé urchar[68] a shíob[69] leath an chloiginn de Jimmy agus a d'fhág ina luí ar an tsráid reoite é. Bhí an fhuil ag púscadh[70] ar an talamh fhuar liath agus ag meascadh lena raibh sna boscaí aluminium.

[55] cúpla pingin
[56] gramhsaire = *a grunt*
[57] caint shalach
[58] oscailt
[59] *hatch*
[60] ag ól buidéil
[61] *chest*
[62] tine mhór
[63] insint di
[64] ba bheag nach raibh sé ábalta
[65] ag tarlú
[66] ag teacht ina threo go mall
[67] *more harsh*
[68] *bullet*
[69] a bhain
[70] ag doirteadh = *pouring*

Achoimre ar an nGearrscéal

- Bhí Jimmy ag ól pionta lena chairde tar éis na hoibre tráthnóna Dé hAoine i mBéal Feirste. Smaoinigh sé ar a bhean agus a pháistí sa bhaile agus na deacrachtaí a bheadh ag Sarah na páistí, go háirithe an páiste ba shine, John, a chur a chodladh.
- Bhraith Jimmy ciontach dul ag ól gach Aoine, go háirithe nuair a chuimhnigh sé ar an gcúpla, nach raibh ach sé mhí d'aois fós. Chuir Sarah brú air bualadh lena chairde, áfach, mar nár mhaith léi go gceapfadh a chairde go raibh Jimmy faoi smacht aici.
- D'fhéach sé ar a chara Billy, a chomrádaí oibre agus thuig sé go mbeadh Billy ag ól ar feadh na hoíche. Bhí sé ag ól an iomarca le seachtain anuas agus é ag ceiliúradh bhreith a gharmhic nua i Sasana.
- Bhí an t-ólachán seo ag cur isteach ar a chuid oibre agus ní raibh an bainisteoir sásta leis an mbealach a raibh Billy ag leagan na mbricí. Tháinig Jimmy i gcabhair ar Billy, áfach, agus gheall sé don bhainisteoir go gcoinneodh sé é ag obair mar ba cheart dó a bheith.
- Bhain Jimmy féin taitneamh níos mó as an gcraic agus as an gcomhluadar sa teach tábhairne ná an t-alcól féin. Níor ól sé mórán in aon chor. D'fhéach sé ar na fir ('meisceoirí') ag an mbeár, a d'aithin sé ó bheith ina suí ar na stólta céanna i gcónaí, iad gan scrupall coinsiasa acu. Níor thuig Jimmy an fáth nach mbeidís ag iarraidh dul abhaile.
- Chuir sé sin ag machnamh é, ar an saol sona a bhí aige féin lena bhean chéile Sarah, a pháistí agus a dteach compordach. Rinne sé féin agus Sarah an-chuid oibre ar an teach chun baile a dhéanamh de. Bhí Jimmy ag súil le hoíche Dé Sathairn nuair a bheadh sé féin agus Sarah le chéile ag breathnú ar *video* agus ag ól fíona.
- Cheannaigh Jimmy deoch eile dá chairde, chríochnaigh sé a phionta féin agus ansin d'fhág sé slán ag an gcomhluadar. Ar aghaidh leis go dtí an Jasmine Palace (an bhialann Shíneach) chun curaí agus *chop suey* a cheannach dó féin agus Sarah.
- Labhair sé le Liz, an freastalaí, faoi dhul abhaile ach mhothaigh sé ciontach a bheith ag caint mar sin léi, mar bhí a fhios aige go raibh sí féin tréigthe ag fear óg agus go raibh sí fágtha ina máthair shingil anois. D'ordaigh sé an gnáthrud uaithi agus bhí comhrá breá gearr eatarthu.
- Bhí scata déagóirí sa chúinne a bhí ar meisce agus ag labhairt go gáirsiúil lena chéile. Níor thaitin a gcuid cainte le Jimmy, ach thug sé cúpla pingin dóibh chun cabhrú leo béile a cheannach nuair a d'iarr duine de na hógánaigh airgead air.
- Nuair a chuaigh sé amach ar an tsráid, bhraith sé go raibh an oíche ní b'fhuaire agus chuir sé an mála bia lena ucht. Chuimhnigh sé ar an tine mhór a bheadh sa teach agus Sarah ag súil leis. Bhí sé chun a rá le Sarah anocht cé chomh sásta is a bhí sé a bheith pósta léi.
- Bhí Jimmy chomh caillte sin ina chuid smaointe nár thug sé faoi deara carr ag druidim leis ón dorchadas. Tháinig caint ghháirsiúil ón gcarr agus scaoil fear óg a bhí ann urchar, a bhuail Jimmy sa chloigeann agus a d'fhág ar an tsráid fhuar é, a chuid fola ag meascadh leis an mbia a bhí sa mhála aige.

An Gnáthrud *le Déirdre Ní Ghrianna*

Achoimre ar an Scéal i bhFoirm Pictiúr

Anois, scríobh d'achoimre féin bunaithe ar na pictiúir thuas.

Cleachtadh Scríofa

Féach ar na carachtair thíos. Scríobh síos cúig cinn d'eochairfhocail a bhaineann le gach duine acu, m.sh. Liz – freastalaí, máthair shingil, srl.

Scríobh na freagraí ar na ceisteanna seo a leanas nó iarrfar ar dhalta amháin agus beidh orthu an chéad cheist a fhreagairt ó bhéal. Nuair a bheidh an cheist freagartha aige/aici, is féidir leis/léi an chéad cheist eile a chur ar aon dalta eile is mian leis/léi.

1. Cad ab ainm do bhean chéile Jimmy?
2. Cé mhéad páiste a bhí ag Jimmy agus Sarah?
3. Céard a dhéanadh Jimmy lena chairde gach Aoine tar éis dó a chuid oibre a chríochnú?
4. Ar bhain sé taitneamh as an nós sin a bhí aige?
5. Cén saghas bia a d'itheadh sé le Sarah oíche Aoine?
6. Conas a mhothaigh Jimmy sa teach tábhairne agus é ag smaoineamh ar Sarah agus na páistí sa bhaile?
7. Cérbh é Billy?
8. Cén fáth a raibh ar Jimmy cabhrú le Billy ag an obair?
9. Cé mhéad airgid a chaith Jimmy agus Sarah ar a dteach?
10. Conas a rinne Sarah baile den teach?
11. Cén fáth ar shocraigh Jimmy gan an deoch deireanach a cheannach dó féin sa teach tábhairne?
12. Cén chaoi a raibh an aimsir nuair a tháinig sé amach ar an tsráid?
13. Conas a bhí an t-aer sa bhialann Shíneach?
14. Cérbh í Liz?
15. Luaigh rud amháin a dúirt Liz le Jimmy.
16. Céard a rinne Jimmy nuair a tháinig duine de na buachaillí chuige sa bhialann?
17. Céard air ar smaoinigh Jimmy nuair a tháinig sé amach ar an tsráid ón mbialann?
18. Cad ba mhaith leis a insint do Sarah ar dhul abhaile dó?
19. Cé a bhí sa charr a tharraing ar Jimmy ar an tsráid?
20. Conas a maraíodh Jimmy sa deireadh?

Cleachtadh Cainte

Ba cheart do dhalta amháin ligean air/uirthi gurb é/í Jimmy agus is féidir leis na daltaí eile sa rang ceisteanna a chur air/uirthi, m.sh.

1. Cén chaoi ar bhuail tú le Sarah?
2. Cén fáth a ndeachaigh tú go dtí an teach tábhairne gach Aoine? srl.

An tÚdar, Cúlra an tSleachta agus Ábhar an Ghearrscéil

Rugadh an t-údar Déirdre Ni Ghrianna i mBéal Feirste. Is iriseoir í leis an *West Belfast Observer*. Foilsíodh an gearrscéal seo sa bhliain 1999. Tá an foréigean chun tosaigh sa ghearrscéal seo gan amhras. Is i mBéal Feirste atá an scéal bunaithe i rith thréimhse na dTrioblóidí. Tá a fhios againn gur maraíodh go leor daoine mánla (maithe), neamhurchóideacha i rith na dTrioblóidí i dTuaisceart Éireann agus tá an téama sin le feiceáil go mór anseo.

Tá saol an ghnáth-theaghlaigh mar théama sa scéal freisin agus an gnáthshaol a chaitheann an teaghlach seo; na nósanna a chleachtann siad agus an grá láidir atá acu dá chéile. Críochnaíonn an scéal ar nóta an-bhrónach ar fad.

Téama an Ghearrscéil

Freagra Samplach a 1

Cad is téama don ghearrscéal 'An Gnáthrud' agus conas a chuireann an t-údar an téama sin os ár gcomhair?

Is é an foréigean agus an léirscrios a tharla i dTuaisceart Éireann le linn Ré na dTrioblóidí an téama is láidre sa ghearrscéal seo, dar liom féin. Mar is eol dúinn go léir, maraíodh go leor daoine neamhurchóideacha le linn na tréimhse sin agus ba dhuine díobh sin an príomhcharachtar sa scéal seo, Jimmy. Is i mBéal Feirste atá an scéal suite, i ngnáthcheantar oibre agus is léir dúinn ón scéal nach raibh baint ar bith ag Jimmy leis an bpolaitíocht ná leis an bhforéigean a bhí ar siúl mórthimpeall air. B'íobartach soineanta é mar sin.

Faighimid léargas maith sa scéal freisin ar shaol an ghnáth-theaghlaigh agus ar an sórt saoil a chaith gnáthmhuintir Bhéal Feirste sa tréimhse seo. 'An Gnáthrud' is teideal don ghearrscéal agus oireann sé seo go mór d'ábhar an scéil, i mo thuairim. Feicimid na nósanna simplí a bhí ag Jimmy, a theaghlach agus a chairde. Chaith siad an tseachtain ag obair go crua agus bhí a ndeasghnátha féin acu ag an deireadh seachtaine, mar shampla an chuairt sheachtainiúil a thug na hoibrithe ar an teach tábhairne, an béile Síneach a d'ith Jimmy agus Sarah gach oíche Aoine, an nós a bhí acu oíche Dé Sathairn féachaint ar scannán agus gloine fíona a ghlacadh. Ar ndóigh, leagann na nósanna seo go léir béim ar an saol simplí a chaith na gnáthdhaoine seo.

Tá téama an ghrá go mór chun tosaigh sa scéal chomh maith. Mothaíonn an léitheoir an grá láidir a bhí ag Jimmy dá bhean chéile Sarah agus dá pháistí. Deirtear linn gur mhothaigh Jimmy ciontach agus é sa teach tábhairne lena chomrádaithe oibre nuair a smaoinigh sé ar a bhean chéile ag cur na bpáistí a chodladh. Bhí sé ag tnúth go mór le dul abhaile chucu agus suí in aice le Sarah agus a insint di an grá mór a bhí aige di. D'fhág Jimmy an beár go luath an oíche áirithe seo mar gheall ar a ghrá dá theaghlach agus mar gheall ar a chonsias nuair a luaigh Micí a n-ainmneacha.

Ní fada, áfach, go bhfaighimid amach nach aon ghnáthscéal é seo. Baintear geit uafásach asainn leis an gcríoch obann cruálach a bhíonn ag Jimmy. Gan aon choinne, scaoileann fear óg urchar le Jimmy, a leagann go talamh é agus a fhágann ina luí é, a chuid fola ag meascadh leis an mbia a cheannaigh sé. Bás cruálach, fealltach, gan chúis a fuair Jimmy agus cuireann sé seo i gcuimhne dúinn na mílte duine neamhurchóideach, cosúil le Jimmy, a maraíodh i dTuaisceart Éireann mar gheall ar na Trioblóidí agus an seicteachas a mhair le fada ansin. Níl anseo againn ach scéal amháin ar shráid bheag amháin i mBéal Feirste, ach cuireann sé i gcuimhne dúinn na scéalta uilig mar seo a bhí i bhfad róchoitianta an t-am sin ar ár scáileáin teilifíse agus sna nuachtáin.

Achoimre ar Théama an Ghearrscéil

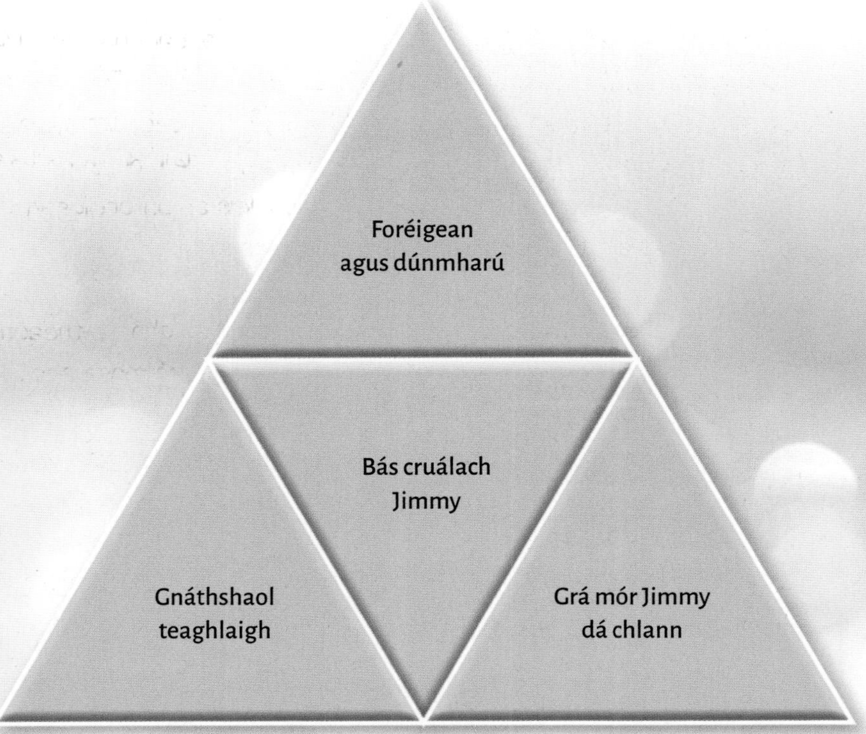

Saol na nGnáthdhaoine

Freagra Samplach a 2

Faighimid léargas ar shaol na ngnáthdhaoine i mBéal Feirste le linn na dTrioblóidí sa ghearrscéal 'An Gnáthrud'. Do thuairim uait faoi sin.

Aontaím leis an ráiteas seo gan dabht. Go deimhin, tugann an t-údar Déirdre Ní Ghrianna léargas soiléir dúinn ar an saol a chaith gnáthmhuintir Bhéal Feirste. Cuirimid aithne níos fearr ar na carachtair, go háirithe ar charachtar Jimmy, sa scéal de bharr na mionsonraí a thugann sí dúinn. Chomh maith leis sin, cuireann na mionsonraí céanna go mór le héifeacht na críche agus leis an ngeit uafásach a bhaintear as an léitheoir.

Ar an gcéad dul síos feicimid gnáthoibrithe tógála le chéile sa bheár tráthnóna Dé hAoine agus iad ag ól piontaí agus ag baint taitnimh agus pléisiúir as an gcraic agus as an gcuideachta. Thug Jimmy faoi deara gur shuigh formhór na bhfear ar na stólta céanna fiú amháin gach seachtain. Mar sin, is léir dúinn nach raibh mórán d'éagsúlacht ag baint leis an saol a chaith siad.
Luaitear Billy, an comrádaí oibre a bhí ag Jimmy agus feictear dúinn go raibh sé ag ól an iomarca le seachtain toisc go raibh a bhean chéile as baile agus go raibh sé ag ceiliúradh bhreith a gharmhic. Bhí a chuid ólacháin ag dul i bhfeidhm ar a chuid obair thógála áfach, mar a fheicimid, agus bhí ar Jimmy teacht i gcabhair ar Billy nuair nach raibh an saoiste sásta leis an obair a rinne Billy. Taispeánann sé seo dúinn an dílseacht, cairdeas agus cneastacht a bhain le Jimmy. Anuas air sin, feicimid gur gnáthfhadhbanna a bhí ag na daoine seo agus nach raibh siad páirteach san fhoréigean ná sa chogadh seicteach a bhí ar siúl mórthimpeall orthu.

Mar an gcéanna le bean chéile Jimmy agus lena theaghlach, ní raibh aon rud as an ngnách ag baint leo. Cheannaigh Jimmy agus Sarah a dteach le chéile ar cheithre mhíle punt agus d'oibrigh siad go dian le chéile chun baile compórdach a dhéanamh de. D'oibrigh Jimmy ar ath-thógáil an tí agus ba í Sarah a chóirigh é taobh istigh agus a chuir cuma theolaí air. Bhí triúr páistí acu agus is cosúil go raibh na deasghnátha céanna acu gach seachtain agus gach deireadh seachtaine. Bhuail Jimmy lena chairde sa bheár tráthnóna Dé hAoine agus cheannaigh sé béile Síneach dó féin agus do Sarah ina dhiaidh sin. Bhí saol simplí traidisiúnta ag an teaghlach gan aon agó, ach is léir dúinn go raibh siad thar a bheith sona sa saol sin.

Ansin, buailimid le Liz sa bhialann Shíneach. Freastalaí a bhí inti ansin agus dealraítear go raibh aithne mhaith aici ar Jimmy, ón gcaoi ar labhair sí leis. Chuir sí ceist air an é an gnáthrud a bhí uaidh an oíche áirithe seo agus nuair a luaigh Jimmy a chlann féin léi, mhothaigh sé ciontach toisc go raibh a fhios aige go raibh

Liz féin fágtha ina máthair shingil. Léiríonn sé seo dúinn arís gnáthfhadhbanna sóisialta an tsaoil agus an cineáltas agus consias láidir a bhain le carachtar Jimmy.

Ar an iomlán, mar sin, címid an gnáthshaol a chaith cosmhuintir Bhéal Feirste agus na Trioblóidí ag tarlú timpeall orthu. Is ag deireadh an scéil a tharlaíonn an chéad rud as an ngnách agus a fhaighimid léargas ar an bhforéigean agus dúnmharú gan chúis a tharla go rómhinic i dTuaisceart Éireann nuair a bhí na Trioblóidí faoi lánseol.

Tréithe na gCarachtar

Jimmy

- B'fhear óg é Jimmy ó Bhéal Feirste. Bhí sé pósta le Sarah agus bhí triúr clainne acu, John a bhí ceithre bliana d'aois agus an cúpla, Elizabeth agus Margaret a bhí sé mhí d'aois. Is léir don léitheoir go raibh Jimmy an-sona ina shaol clainne agus go raibh grá mór aige dá bhean chéile agus dá pháistí. Mhothaigh sé ciontach nuair a bhí sé imithe uathu. Bhí sé thar a bheith coinsiasach faoina chuid dualgas mar athair agus mar fhear céile mar sin.
- Bhí sé ag obair sa tionscal tógála agus bhíodh nós aige bualadh lena chairde ón obair gach tráthnóna Aoine tar éis na hoibre sa teach tábhairne. Bhaineadh sé taitneamh as an gcraic agus as an gcuideachta, ach níor ól sé mórán. Nuair a bhreathnaigh sé ar na fir eile sa teach tábhairne a shuigh ar na stólta céanna gach Aoine, níor thuig sé conas nár mhothaigh siad ciontach faoina dteaghlaigh agus cén fáth nach mbeidís ag iarraidh dul abhaile chucu. B'fhear ionraic, dílis é féin, ar ndóigh. Bheartaigh sé gan an deoch dheireanach a cheannach dó féin de bharr na dílseachta sin.
- B'fhear lách, díograiseach é. Thug sé tacaíocht dá chara ag an obair nuair nach raibh an saoiste sásta le hobair a charad. Chaith sé beagnach bliain ag obair ar a theach ina chuid am saor chun baile a dhéanamh de. Ba é Jimmy féin a rinne an obair thógála ar an teach. Ní raibh sé féin ná Sarah sásta, áfach, go dtí go raibh sé ina theach compordach agus níor ghéill siad go dtí gur bhain siad é sin amach. Ba mhian leis saol maith compordach a sholáthar dá chlann.
- Bhí sé buíoch as an saol aoibhinn a bhí aige agus ba mhian leis an méid sin a rá le Sarah, ach faraor géar níor

Achoimre ar Charachtar Jimmy

- B'fhear clainne dílis é.
- Bhí sé cneasta, lách agus díograiseach.
- Bhí consias láidir aige.
- Smaoinigh sé ar mhothúcháin daoine eile i gcónaí.
- Chabhraigh sé le daoine eile.
- Bhain sé taitneamh as na rudaí simplí sa saol.
- B'íobartach soineanta é dá chinniúint uafásach.

éirigh leis. Bhí a intinn chomh lán leis na smaointe dearfacha sin faoi Sarah agus na páistí agus é ag fágáil na bialainne, nár thug sé faoi deara in aon chor an chríoch chruálach a bhí i ndán dó.

- Fear clainne lách, síochánta ab ea Jimmy agus ní raibh baint dá laghad aige le cúrsaí polaitíochta ná leis an bhforéigean. B'íobartach soineanta é (*innocent victim*) ag deireadh an scéil. Tháinig críoch an-bhrónach agus cruálach lena shaol, críoch nach raibh tuillte aige in aon chor. Baineann an chríoch siar go mór as an léitheoir gan amhras.

Sarah

- Bean dhílis, chiallmhar, dhíograiseach ab ea Sarah. Thug sí aire mhaith dá cuid páistí agus bhí grá láidir aici dá fear céile, Jimmy. Ar nós Jimmy, ba mhaith léi teach deas compordach a chur ar fáil dá cuid páistí. Chóirigh sí agus mhaisigh sí an teach go dtí go raibh sé ar nós tí in irisleabhar lonrach.
- Ba dhuine bródúil í. Bhí sí róbhródúil ligean do Jimmy teacht abhaile in ionad dul go dtí an teach tábhairne lena chairde. Bhí eagla uirthi go gceapfadh a chairde go raibh Jimmy faoi smacht aici. Chuir sí brú air mar sin fanacht amuigh leo go dtí a deich a chlog, cé go raibh sé deacair uirthi na páistí go léir a chur a luí.
- Is cinnte go raibh sí croíbhriste ar fad nuair a chuala sí faoi dhúnmharú Jimmy agus cuimhníonn an léitheoir uirthi ag an deireadh, cé nach bhfaighimid léargas ar an gcuid sin den scéal.

Na Mioncharachtair

- Níl ach triúr mioncharachtar sa ghearrscéal seo, ach tá áit thábhachtach acu toisc go gcuirimid aithne níos fearr ar Jimmy tríd an teagmháil a bhí aige leo. Ba dhuine dá chairde ón obair é Billy agus toisc go raibh sé ar an drabhlás le seachtain, ag ceiliúradh bhreith a gharmhic, ní raibh an saoiste sásta lena chuid oibre, ach thug Jimmy tacaíocht dá chara leis an saoiste.
- Ba fhreastalaí sa teach tábhairne é Micí agus chomh luath is a luaigh seisean an cúpla agus an saol gnóthach a bhíonn ann le leanaí, bhuail an dara smaoineamh Jimmy faoin bpionta breise a cheannach dó féin agus d'fhág sé an teach tábhairne ní ba luaithe ná ba ghnách. Bhí páirt ag Micí, i ngan fhios dó, mar sin, i gcríoch an scéil agus i gcinniúint Jimmy.
- Taispeánann an teagmháil ghearr a bhí ag Jimmy le Liz (an freastalaí sa bhialann Shíneach), an meas agus trócaire a bhí ag Jimmy do dhaoine eile. Mhothaigh sé ciontach faoi bheith ag caint faoina theaghlach féin nuair ab eol dó nach raibh saol sona clainne ag Liz. Is léir dúinn freisin go raibh muinín ag Liz as, mar d'inis sí scéal príobháideach fúithi féin dó faoi rún.

'An Gnáthrud' mar Ghearrscéal (Seánra an Scéil)

Seo roinnt de na tréithe a bhaineann le gearrscéal agus tá samplaí de na tréithe sin sa ghearrscéal 'An Gnáthrud'.

Freagra Samplach a 3

An scéal seo 'An Gnáthrud' a mheas mar ghearrscéal.

- Ba cheart go mbeadh téama nó ceacht láidir amháin in aon ghearrscéal. Is cinnte go bhfuil sé seo fíor maidir leis an ngearrscéal, 'An Gnáthrud'. Tá téama an fhoréigin le feiceáil go soiléir sa ghearrscéal seo agus an briseadh croí a leanann dúnmharú. Is léir dúinn gur fear neamhurchóideach, lách é Jimmy agus gur scrios a dhúnmharú saol a theaghlaigh.
- Ba chóir go mbeadh an téama/ceacht sin uilíoch, 'sé sin go mbeadh tuiscint ag léitheoir ar bith ar an téama sin. Níl aon dabht ach gur téama uilíoch é an foréigean agus saol na clainne. Mar is eol dúinn bhí scéalta mar seo i bhfad róchoitianta ar fud an Tuaiscirt i rith na dTrioblóidí. Fuair an iomarca daoine soineanta bás san am sin agus fós sa lá atá inniu ann, faigheann na mílte duine mánla bás mar gheall ar ionsaithe sceimhlitheoireachta ar fud an domhain. Mar sin, is fíor gur téama uilíoch atá faoi chaibidil sa ghearrscéal seo.
- Ba chóir go gcloífeadh an t-údar leis an téama ó thús deireadh an scéil agus tá sé seo fíor freisin maidir leis an scéal seo. Tá leanúnachas agus forbairt ar an téama ó thús go deireadh an scéil. Tá an-bhéim ón tús ar théama na clainne agus is ar a bhean chéile atá Jimmy ag smaoineamh nuair a mharaítear é sa deireadh. Mothaímid an teannas go luath sa scéal, cé go mbaintear geit asainn ar deireadh.
- Ó am go chéile, úsáidtear seifteanna beaga le haird an léitheora a dhíriú ar ábhar an scéil. Feicimid seifteanna éifeachtacha sa scéal seo; an chaint dhíreach ('an gnáthrud a Jimmy. Tá tú rud beag luath anocht, nach bhfuil') críoch obann (dúnmharú Jimmy) mionsonraí agus casadh (an boladh sa bhialann, an casadh ó smaointe sona go dtí an foréigean). Tarraingíonn siad seo aird an léitheora ar an ábhar agus ar an téama.
- Faighimid léargas iontach ar an bpríomhcharachtar, Jimmy sa scéal seo, rud eile a mhúsclaíonn suim an léitheora ina chinniúint uafásach ag an deireadh. Tríd na mioncharachtair eile agus an caidreamh agus teagmháil atá aige leo, cuireann an léitheoir aithne an-mhaith ar Jimmy agus braithimid féin an-bhrónach ag deireadh an ghearrscéil.
- Ba chóir go mbeadh réalachas in ábhar an scéil. Is féidir a rá go bhfuil sé seo fíor chomh maith sa scéal 'An Gnáthrud'. Tá léargas againn sa scéal ar na dúnmharuithe seicteacha a tharla go rómhinic i dTuaisceart Éireann le linn na dTrioblóidí. Bíonn ár scáileáin teilifíse agus ár nuachtáin líon lán de scéalta faoin bhforéigean agus faoin dúnmharú gach aon lá, ar an drochuair.

Na Mothúcháin a Mhúsclaíonn an Scéal sa Léitheoir

Is é Jimmy príomhcharachtar an scéil seo agus tá grá, dílseacht, cneastacht agus sonas ag baint leis mar dhuine. Músclaíonn a charachtar cion ionainn dó agus bíonn trua agus bá mór againn leis féin agus lena theaghlach ag deireadh an scéil. Caithfidh mé a rá go ndeachaigh an scéal seo go mór i bhfeidhm orm agus gur mhothaigh mé thar a bheith brónach ag an deireadh. Bhí mé croíbhriste ag smaoineamh ar a bhean chéile Sarah fágtha gan a ghrá geal agus ar na páistí John, Elizabeth agus Margaret fágtha gan a n-athair grámhar. Chun na fírinne a insint, bhí fonn goil orm.

Is gearrscéal é seo a líonann an léitheoir le mothúcháin láidre. Tá stíl éifeachtach ag an údar Déirdre Ní Ghrianna an príomhcharachtar Jimmy a chur in aithne dúinn. Léirítear dúinn é mar dhuine lách, grámhar, dílis, sona, flaithiúil agus smaointeach. Is trí na caidrimh a bhíonn aige lena theaghlach, lena chomrádaithe ón obair agus leis na mioncharachtair eile ar nós Liz agus na hógánaigh, a fheicimid na tréithe mealltacha seo a bhaineann leis. Is mar gheall ar an aithne mhaith sin a bhraithimid an bhá agus an trua dó a luaigh mé thuas.

Críoch an tSleachta

D'fhéadfaí a rá gan amhras go bhfuil codarsnacht mhór le tabhairt faoi deara idir teideal an scéil 'An Gnáthrud' agus críoch an scéil. Tríd síos sa scéal, feicimid gnáthnósanna agus deasghnátha na ndaoine. Ní fhéadfaí a rá, áfach, gur gnáthchríoch atá ag an ngearrscéal seo gan dabht. Baintear siar go mór as an léitheoir nuair a thagann an carr ón dorchadas agus nuair a leagtar Jimmy go talamh le hurchar amháin. Críoch scanrúil, ach ag an am céanna, éifeachtach í seo. Is é seo an casadh mór sa scéal agus ní thagann sé go dtí an deireadh. Éiríonn an teannas de réir a chéile agus tostaítear gach rud le buille/urchar amháin ag críoch an scéil.

Friotal agus Stíl Scríbhneoireachta

- Tá stíl ghonta, shimplí, shoiléir in úsáid in insint an scéil seo. Mothaímid teannas agus buairt don phríomhcharachtar Jimmy beagnach ón gcéad líne. Cuireann na mionsonraí agus na mioncharachtair go mór leis an teannas sin agus le bísimíní[1] an scéil. Is mar seo a chuirimid aithne níos fearr ar Jimmy agus ardaítear ár n-aird go mór ar a bhfuil i ndán dó.
- Tá friotal an scéil bunaithe go mór ar an ngnáthchaint agus tá blas láidir de chanúint Uladh ann. Baineann an t-údar úsáid éifeachtach as caint dhíreach sa ghearrscéal agus úsáidtear nathanna cainte nádúrtha an Tuaiscirt chuige sin. Tugann sé seo léargas níos fearr dúinn ar an saol a bhí á chaitheamh i mBéal Feirste agus ar na caidrimh a bhí idir gnáthmhuintir Bhéal Feirste ag an am.
- Tá críoch obann, thragóideach leis an scéal, rud a mhúsclaíonn mothúcháin an bhróin agus na trua go mór ionainn. Mothaíonn an léitheoir ag an deireadh go bhfuil aithne aige/aici ar Jimmy a bhuí le stíl dheas scríbhneoireachta an údair.

[1] *suspense*

Ceisteanna Scrúdaithe

1. Déan plé gairid ar an léargas a fhaighimid ar charachtar Jimmy sa scéal seo 'An Gnáthrud'. Conas mar a chuireann an t-údar a charachtar in aithne dúinn? (30 marc)
2. An gearrscéal a mheas ina seánra/*genre* féin, is é sin mar ghearrscéal. (10 marc)
3. Déan cur síos ar an léargas a fhaighimid ar na Trioblóidí i mBéal Feirste sa ghearrscéal seo. (30 marc)
4. An dóigh leat go n-oireann an teideal 'An Gnáthrud' d'ábhar an scéil? Tabhair fáthanna le do fhreagra. (20 marc)
5. Céard is téama don ghearrscéal seo, i do thuairim? Conas mar a chuireann an t-údar an téama sin os ár gcomhair? (20 marc)
6. Faighimid léargas ar shaol na ngnáthdhaoine i mBéal Feirste le linn na dTrioblóidí sa ghearrscéal 'An Gnáthrud'. Do thuairim uait faoi sin. (30 marc)
7. Léiríonn na mioncharachtair an-chuid dúinn i dtaobh Jimmy, príomhcharachtar an scéil seo 'An Gnáthrud'. Do thuairim uait faoin ról a imríonn na mioncharachtair sin. (10 marc)

Céim a 6b: Filíocht Ainmnithe

Sa chéim seo, foghlaimeoidh tú:

- conas an dán a mhíniú i nGaeilge níos simplí
- faoi théama an dáin 'An Spailpín Fánach'
- faoi mhothúcháin agus faoi mheon an fhile
- conas ceisteanna scrúdaithe a fhreagairt.

Cúinne na Litearthachta

Foghlaim conas na heochairfocail thíos san achoimre a litriú agus faigh amach cad is brí leo.

Féach go grinn ar na focail seo, abair amach iad, clúdaigh na focail, agus ansin scríobh na focail amach chun an litriú a chleachtadh!

An Gaeilge	An Béarla	Clúdaigh an focal as Gaeilge agus athscríobh an focal i gceart.
Sclábhaí feirme		
Éirí Amach 1798		
Tiarnaí talún		
San arm		
Uirlisí troda		
Logainmneacha		
Fonn troda		
Beidh sé armtha		
Margadh/aonach fostaíochta		
Téarma maslach		

AN SPAILPÍN FÁNACH

(Ní fios cé a chum)

Im spailpín fánach[1] atáim le fada
ag seasamh ar[2] mo shláinte,
ag siúl an drúchta[3] go moch ar maidin
's ag bailiú galair ráithe[4];
ach glacfad fees ó rí na gcroppies[5],
cleith is píc chun sáite
's go brách arís ní ghlaofar m'ainm
Sa tír seo, an spailpín fánach.

Ba mhinic mo thriall[6] go Cluain gheal Meala
's as sin go Tiobraid Árann;
i gCarraig na Siúire thíos do ghearrainn[7]
cúrsa leathan láidir[8];
i gCallainn go dlúth 's mo shúiste im ghlaic[9]
ag dul chun tosaigh ceard leo[10]
's nuair théim go Durlas 's é siúd bhíonn agam[11] –
'Sin chú'ibh[12] an spailpín fánach!'

Go deo deo arís ni raghad[13] go Caiseal
ag díol ná ag reic[14] mo shlainte
ná ar mhargadh na saoire[15] im shuí cois balla,
im scaoinse[16] ar leataoibh sráide,
bodairí[17] na tíre ag tíocht ar a gcapaill
á fhiafraí an bhfuilim hireálta:
'Ó 'téanam chun siúil[18], tá an cúrsa fada' –
siúd siúl[19] ar an spailpín fánach.

[1] *farm labourer/slave*
[2] *depending on*
[3] *dew*
[4] galar a mhaireadh trí mhí
[5] Ceannaircigh *(rebels)* Éireannacha i 1798
[6] mo thuras/mo chuairt
[7] *used to cut/mow*
[8] *wide lines of grass/oats/corn*
[9] *earnestly, my flail in hand*
[10] *ahead of them in my work*
[11] 'séard a chloisim ná
[12] *here comes*
[13] ní rachaidh mé
[14] ag déanamh damáiste
[15] *hiring market*
[16] amadán
[17] *loutish big farmers*
[18] ar aghaidh linn
[19] imíonn

Leagan Próis

Táim i mo sclábhaí feirme le fada anois
ach bíonn an tsláinte go dona agam uaireanta, mar gheall ar an obair sin,
siúlaim sa drúcht go luath ar maidin
agus faighim tinnis a mhaireann chomh fada le trí mhí;
Ach tógfaidh mé airgead anois ó na Ceannaircigh Éireannacha,
agus beidh mé armtha le sleá agus píce chun na naimhde a mharú
agus go deo arís, ní chuirfear an t-ainm maslach
spailpín fánach orm sa tír seo.

Ba mhinic a shiúil mé go dtí Cluain gheal Meala
agus uaidh sin go dtí baile Thiobraid Árann
Nuair a bhíodh mé i gCarraig na Siúire, bhaineadh mé
an féar / coirce i bpáirceanna móra;
d'oibríodh mé go dian i gCallainn le mo shúiste i mo
lámh (chun arbhar a ghearradh)
agus bhíodh mé chun tosaigh ar na hoibrithe eile ar fad
agus nuair a théadh mé go dtí Dúrlas, 'séard a
chloiseadh mé ná
'seo é an spailpín fánach ag teacht'.

Ní rachaidh mé go dtí Caiseal go brách arís
ag cur mo chuid sláinte i mbaol
nó ní shuífidh mé in aice leis an mballa ag an margadh
fostaíochta,
agus mé mar amadán ag fanacht ar thaobh na sráide,
na tiarnaí talún ag teacht ar a gcapaill
agus iad ag cur ceiste an bhfuil mé fostaithe don lá:
'Ar aghaidh linn go tapaidh, tá bóthar fada le siúl agat'
agus ar aghaidh leis an spailpín fánach.

Nóta Gramadaí

An Tuiseal Ainmneach	An Tuiseal Ginideach
an dán	téama an dáin
an file	fearg an fhile
sclábhaí ar fheirm	sclábhaí feirme
an tír	gnáthmhuintir na tíre

Línte an Dáin

- Tá an file ina sclábhaí feirme le fada anois. Bíonn air a bheith ina shuí go luath dá chuid oibre agus ag siúl sa drúcht. Is minic a bhíonn sé tinn dá bharr, dar leis. Beidh sé sásta an saol sin a fhágáil, áfach, agus airgead a ghlacadh 'ó rí na gcroppies' (an t-ainm a thugtaí ar cheannaircigh Éireannacha le linn Éirí Amach 1798). Beidh sé armtha le sleá agus píce chun daoine a mharú agus dá bhrí sin, ní bheidh aon duine sa tír in ann an téarma maslach 'spailpín fánach' a thabhairt air. (Véarsa a 1)

- Insíonn an file dúinn sa dara véarsa faoin taisteal fada, tuirsiúil a rinne sé mar sclábhaí feirme. Théadh sé ó Chluain Meala álainn go Tiobraid Árann. Is léir dúinn go ndearna sé obair dhian i gCarraig na Siúire, ag baint an fhéir agus i gCallainn, gur bhain sé arbhar lena 'shúiste' ina lámh. Dar leis féin, bhí sé níos fearr ag an obair sin ná na hoibrithe eile ar fad. Nuair a théann sé go Dúrlas, áfach, cloiseann sé daoine ag rá go bhfuil an 'spailpín fánach' ag teacht agus cuireann sé sin isteach go mór air. (Véarsa a 2)
- Geallann sé nach rachaidh sé go brách arís go dtí an margadh i gCaiseal, ar mhaithe lena shláinte. B'aonach fostaithe é an margadh sin; áit a mbíodh na sclábhaithe ag fanacht leis na feirmeoirí móra saibhre, ag súil le hobair uathu. Ní fhanfaidh an file mar 'scaoinse' (amadán) leis na bodairí ag teacht ar a gcapaill, (téarma maslach do na fir shaibhre), agus iad ag fiafraí an bhfuil sé hireálta. Is gráin leis na horduithe a chloiseann sé ó na bodairí céanna, ag rá leo brostú ina ndiaidh ag siúl taobh thiar de na capaill, toisc go bhfuil bóthar fada le siúl acu. (Véarsa a 3)

Achoimre ar Shaol an Spailpín

Saol an spailpín mar a bhí sé

Sclábhaí feirme le fada

Obair chrua agus taisteal fada, tinneas dá bharr

Náire, brón, fearg, tuirse, éadóchas

Na huaisle ag glaoch spailpín fánach air

É ag fanacht le hobair an lae ag an margadh, náire agus fearg

An saol atá beartaithe ag an spailpín

Rachaidh sé ag troid leis na hÉireannaigh Aontaithe

Glacfaidh sé páirt in Éirí Amach 1798

Ní bheidh an teideal spailpín fánach air a thuilleadh

Beidh sé armtha le sleá agus píce chun troid in aghaidh na nGall agus chun deireadh a chur le cruatan na nGael

Téama an Dáin

Freagra Samplach a 1

Céard is téama don dán seo 'An Spailpín Fánach'? Conas mar a chuirtear an téama sin os ár gcomhair sa dán?

Is é téama an dáin seo ná cruatan agus cruachás ghnáthmhuintir na hÉireann nuair a bhí na Sasanaigh i réim sa tír seo agus na Péindlíthe i bhfeidhm ag deireadh an 18ú haois. Bhí gnáthdhaoine na tíre ag fulaingt go mór sa tréimhse sin, toisc gur caitheadh amach óna dtailte iad agus go raibh orthu dul ó áit go háit, ag lorg oibre ó na tiarnaí talún, cosúil leis an 'spailpín fánach' sa dán seo. Ba théarma maslach é 'spailpín fánach' agus b'fhuath leis an bhfile an teideal sin a bheith air. Theastaigh uaidh an scéal sin a athrú ina shaol féin agus dul ag troid in aghaidh na nGall, leis na hÉireannaigh Aontaithe. Sa chaoi sin, 'go brách arís ní ghlaofar m'ainm/sa tír seo, an spailpín fánach.' Feicimid go soiléir an saol crua a d'fhulaing sé mar oibrí feirme nó sclábhaí sa chéad véarsa. Bhíodh air éirí go luath ar maidin agus ba mhinic é tinn ó bheith 'ag siúl an drúchta'.

Sa dara rann, deirtear linn go ndearna sé an-chuid taistil ina chuid oibre. Théadh sé ó Chluain Meala go Tiobraid Árann. Dhéanadh sé obair dhian i gCarraig na Siúire, ag baint an fhéir nó coirce nó arbhair. An rud is mó a chuir isteach air faoi, áfach, ná nár thaispeáin na huaisle (bodairí) meas dá laghad air. Chloiseadh sé iad ag rá 'Sin chú'ibh an spailpín fánach!'

Léiríonn sé a chuid fíormhothúchán dúinn i dtaobh na nGall arís i véarsa a 3. In ionad dó fanacht ina shuí ar thaobh na sráide, ag éisteacht leis na 'bodairí' (téarma maslach), ag cur ceiste 'an bhfuilim hireálta', rachaidh sé san arm ag troid ar son chearta na ndaoine in Éirinn. Tá sé tinn tuirseach dá shaol mar spailpín anois agus go háirithe den chaoi a gcaitear leis. Tá socrú déanta aige anois an saol sin a fhágáil ina dhiaidh, toisc an bród atá air as féin agus an tírghrá atá go dlúth ann freisin. Glacfaidh sé le pá ó na 'croppies' anois, beidh sé armtha le sleá agus píce agus glacfaidh sé páirt san Éirí Amach (1798). Beidh sé bródúil as an obair sin a dhéanamh agus chomh maith leis sin, éalóidh sé ón saol dearóil atá aige anois mar sclábhaí.

Mothúcháin

Freagra Samplach a 2

Is é an tírghrá an mothúchán is láidre sa dán seo gan amhras. An ráiteas sin a phlé.

Aontaím go huile 's go hiomlán leis an ráiteas thuas. Feicimid an tírghrá agus an féinbhród a d'aimsigh an file ann féin agus an fonn láidir a bhí air a shaol mar spailpín nó sclábhaí feirme a fhágáil ina dhiaidh. Shroich an file pointe ina shaol agus ní raibh sé sásta a thuilleadh glacadh le horduithe na Sasanach. Theastaigh uaidh seasamh lena thír féin, Éire, agus troid in aghaidh na Sasanach, rud a thaispeánann dúinn an grá dá thír a bhain go dlúth leis an bhfile.

Tugann sé pictiúr thar a bheith diúltach dúinn de na Sasanaigh a bhí i gceannas ar Éirinn san 18ú haois. Ba Shasanaigh iad na tiarnaí talún agus ba leosan na tailte ag an am sin toisc gur caitheadh na Gaeil amach as a gcuid tailte roimhe sin. Mar sin, bhí ar na feirmeoirí Éireannacha dul ag lorg oibre ó na huaisle ó lá go lá. 'Im spailpín fánach atáim le fada'. D'éirigh an file tinn tuirseach den saol dearóil sin, áfach, toisc an féinbhród agus an grá dá thír a bhí go daingean ann. Thuig sé go raibh éagóir á déanamh ag na Sasanaigh ar na Gaeil agus mar sin shocraigh sé dul ag troid in aghaidh na nGall leis na hÉireannaigh Aontaithe ('rí na gcroppies'). Léiríonn sé seo a thírghrá go láidir dúinn.

Bhí fearg ar an spailpín leis na Gaill agus mhothaigh sé féin náire ina measc, 'á fhiafraí an bhfuilim hireáilte'. Theastaigh uaidh a shaol a athrú dó féin agus do na hÉireannaigh uilig a bhí faoi chois ag na Gaill. Bhí sé bródúil as féin agus as a chuid Éireannachais ar ndóigh agus ar son na cúise sin, 'go deo deo arís', ní raibh sé sásta glacadh leis an éagóir. Feicimid go raibh maoin na tíre ag na Gaill faoin am sin, 'bodairí na tíre ag tíocht ar a gcapaill'. Téarma an-láidir agus maslach é an focal sin 'bodairí' agus cruthaíonn sé dúinn go raibh fuath agus fearg i gcroí an fhile agus mar sin go raibh air seasamh lena mhuintir féin (na hÉireannaigh) agus a gcás a throid. Tá an tírghrá le feiceáil go ríshoiléir sa dán seo, gan dabht.

Mothúcháin Eile sa Dán

- **Féinbhród agus náire/Fuath:** Níor mhaith leis an bhfile an teideal spailpín fánach a bheith air, 'go brách arís ní ghlaofar m'ainm, sa tír seo an spailpín fánach'. B'fhuath leis na Sasanaigh a chloisteáil ag rá 'sin chú'ibh an spailpín fánach' agus é ag siúl ó áit go háit mar chuid dá lá oibre fada. Bhí an ghráin aige ar an aonach fostaíochta a bhíodh ar siúl, 'margadh na saoire', áit a mbíodh ar na feirmeoirí Éireannacha fanacht taobh leis an mballa ag fanacht le bheith fostaithe. Mhothaigh sé mar 'scaoinse' nó amadán. Ansin, nuair a d'fhaigheadh an spailpín obair an lae, bhíodh air siúl taobh thiar de na tiarnaí talún a bhí ar a gcapaill, 'Ó téanam chun siúil, tá an cúrsa fada – siúd ar siúl ar an spailpín fánach'. Chuir sé seo go léir náire ar an bhfile agus taispeánann sé an féinbhród a bhí aige chomh maith.
- **Fearg agus frustrachas:** Bhí fearg ar an spailpín go raibh a shaol agus saol na nGael millte ag na Gaill. Bhí fearg air gur chuir a shaol mar sclábhaí tinneas air agus cloisimid an fhearg agus an frustrachas

sna focail 's go brách arís, go deo deo arís, bodairí na tíre, srl. B'fhuath leis a shaol mar a bhí sé (féach thuas), agus ba mhian leis troid in aghaidh na nGall, a bhrúigh an cruatan sin ar na hÉireannaigh.

- **Dóchas:** Bhí an file dóchasach faoin saol a bhí roimhe. Chreid sé go bhfaigheadh na Gaeil an lámh in uachtar sa deireadh agus b'shin í an chúis a raibh fonn air páirt a ghlacadh san Éirí Amach. Bhí sé tinn tuirseach dá shaol féin agus den éagóir a rinneadh ar ghnáthmhuintir na tíre. Taispeánann an dán seo go raibh sé dóchasach go dtiocfadh feabhas ar an scéal sin, 's go brách arís, ní ghlaofar m'ainm sa tír seo an spailpín fanach'.
- **Tuirse agus brón:** Bhí tuirse ar an bhfile ón obair láimhe a bhí ar siúl aige agus ón taisteal fada a bhí le déanamh aige don obair sin, 'ag siúl an drúchta go moch ar maidin'. Bhíodh sé tinn go minic mar gheall air sin freisin, 'ag bailiú galair ráithe'. Bhí sé tinn tuirseach dá shaol (féach thuas) agus ba mhian leis é sin a athrú dó féin agus do mhuintir na hÉireann. Bhí brón air go raibh a shaol agus an tír i ndroch-chaoi agus go raibh daoine ag fulaingt. Sheas sé an fód mar sin chun an suíomh a athrú.

Logainmneacha

Freagra samplach a 3

'Baineann an file úsáid éifeachtach as logainmneacha sa dán seo chun téama an dáin a léiriú dúinn.' An ráiteas sin a phlé.

Níl aon amhras ach go mbaineann an file úsáid an-éifeachtach as logainmneacha na hÉireann sa dán seo. Dar liom fein, insíonn na logainmneacha seo scéal an spailpín sular sheas sé i gcoinne na nGall agus mar sin, cuireann siad réaltacht i scéal an dáin agus músclaíonn siad bá agus trua ionainn do chás an spailpín agus do mhuintir na hÉireann. Is i véarsa a 2 a thugaimid na logainmneacha faoi deara i dtosach. Ar an gcéad dul síos, tugann siad le fios dúinn, go raibh an spailpín ina chónaí i gceantar Thiobraid Árann. Chomh maith leis sin, léiríonn na háiteanna éagsúla a luaitear dúinn, an taisteal fada tuirsiúil a bhí le déanamh ag an spailpín agus é ag siúl ó áit go háit. D'oibríodh sé i gCluain Meala go minic agus shiúladh sé uaidh sin go Tiobraid Árann. Deir sé linn ansin go ndéanadh sé obair dhian ag baint an fhéir nó arbhair nó coirce 'i gCarraig na Siúire'. Shiúladh sé chuig Callainn ansin, a chuid uirlisí oibre ina lámh aige agus é chun tosaigh ar na hoibrithe eile. Nuair a théadh sé go Dúrlas ansin, chloiseadh sé na huaisle ag glaoch spailpín fánach air agus b'fhuath leis é sin.

Sa véarsa deireanach nuair a luann an file Caiseal, tuigimid nach raibh an file sásta cur suas leis an saol dearóil, gruama a bhí aige a thuilleadh agus go raibh sé socraithe go daingean ina intinn anois go raibh sé chun an scéal sin a athrú agus go raibh sé chun troid i gcoinne na nGall a bhí i réim sa tír. Mar sin, léiríonn na logainmneacha seo dúinn an cruatan a d'fhulaing na hÉireannaigh faoi na Sasanaigh, nuair a bhí na Sasanaigh i réim sa tír seo san 18ú haois. Tugtar íomhá dhiúltach de na Gaill dúinn dá bharr agus tuigeann an léitheoir cruachás na nGael sa tréimhse ghruama sin in Éirinn.

Teicnící Eile

- **Friotal lom, gonta:** Baineann an file úsáid as friotal lom, simplí a thugann léargas soiléir dúinn ar shaol na nGael in Éirinn san 18ú haois. Cuireann an friotal seo íomhánna soiléire os ár gcomhair den spailpín agus den chruatan a d'fhulaing sé. Úsáideann sé focail láidre chun a chuid feirge a chur in iúl dúinn, mar shampla 'go brách arís, go deo deo arís, ag reic mo shláinte, im scaoinse, bodairí na tíre', srl. Baineann sé úsáid as athrá freisin 'an spailpín fánach' chun béim a leagan ar a chuid mothúchan láidir.
- **Íomhánna soiléire:** Tugann na híomhánna soiléire sa dán seo pictiúr réadúil dúinn den saol a chaith an spailpín mar sclábhaí feirme agus de chruatan na nGael i gcoitinne in Éirinn sa tréimhse sin. Na híomhánna is mó a fheicimid ná sclábhaí feirme a bhí beo bocht ag siúl sa drúcht ar maidin agus é tinn go minic. Ansin, feicimid go raibh an spailpín réidh chun troda i gcoinne na Sasanach, sleá agus píce ina lámh (féach thuas). Faighimid íomhá de na háiteanna inar oibrigh sé i véarsa a 2 (féach thuas) agus an saol crua a d'fhulaing sé, é ag baint an fhéir, srl. Sa rann deiridh, feictear dúinn an spailpín ag fanacht le hobair ag an aonach, na huaisle ar a gcapaill, srl.
- **Codarsnacht:** idir a shaol mar atá agus mar a bheidh aige.
- **Caint dhíreach:** 'Sin chú'ibh an spailpín fánach, ó téanaim chun siúl, tá an cúrsa fada'.
- **Athrá:** 'An spailpín fanach' chun béim a chur ar chruachás an spailpín agus an droch íde a fuair sé agus é ag obair mar spailpín (féach thuas).

Meadaracht an Dáin

- Tá an mheadaracht sa dán seo bunaithe ar mheadaracht an amhráin agus ar an tseanmheadaracht ochtfhoclach chomh maith.
- Tá ocht líne i ngach véarsa.
- Tá trí bhéim i bhformhór na rélínte agus ceithre bhéim i bhformhór na gcorrlínte.
- Tá comhfhuaimeanna le tabhairt faoi deara, go háirithe san fhuaim á agus ag deireadh cuid de na rélínte freisin, mar shampla **sláinte** agus **ráithe**, **sláinte** agus **sráide**.
- Tá uaim le feiceáil freisin – 'moch ar maidin', 'leathan láidir', 'deo deo'.
- Seo a leanas an mheadaracht i véarsa a 1:

Im spailpín fánach atáim le fada (4)
ag seasamh ar mo shláinte, (2)
ag siúl an drúchta go moch ar maidin (4)
's ag bailiú galair ráithe; (3)
ach glacfad fees ó rí na gcroppies, (4)
cleith is píc chun sáite (3)
's go brách arís ní ghlaofar m'ainm (4)
Sa tír seo, an spailpín fánach. (3)

Meon an Fhile agus Atmaisféar an Dáin

- Gan amhras, tá atmaisféar an dáin seo gruama agus mothaíonn an léitheoir fearg agus fuath i gcroí an fhile. Mar sin féin, fágtar sinn le dóchas maidir le cruachás an spailpín ar dheireadh thiar toisc go dtuigimid go raibh an file réidh a shaol mar sclábhaí feirme a fhágáil ina dhiaidh agus é ag tabhairt faoi shaol nua leis na hÉireannaigh Aontaithe a bhí ag iarraidh cás na nGael a athrú ó cheann ceann na tíre.
- Mar is eol dúinn, is é téama an dáin seo cruatan agus cruachás ghnáthmhuintir na hÉireann nuair a bhí na Sasanaigh i réim sa tír seo agus na Péindlíthe i bhfeidhm ag deireadh an 18ú haois. Bhí gnáthdhaoine na tíre ag fulaingt go mór sa tréimhse sin, toisc gur caitheadh amach óna dtailte iad agus go raibh orthu dul ó áit go háit, ag lorg oibre ó na tiarnaí talún, cosúil leis an 'spailpín fánach' sa dán seo. Mar sin, ní haon ionadh é go bhfuil atmaisféar dearóil, gruama le brath.
- Tháinig athrú ar mheon an fhile agus ar atmaisféar an dáin nuair a rinne an file (an spailpín) cinneadh go raibh sé féin chun iarracht a dhéanamh a chruachás féin agus cás mhuintir na hÉireann i gcoitinne a fheabhsú. Luann sé an cruatan a d'fhulaing sé ag sclábhaíocht do na Gaill i véarsa a 1 agus véarsa a 2. Is léir dúinn go raibh sé faoi ghruaim agus go raibh sé tinn tuirseach dá shaol faoin am sin 'ag siúl an drúchta go moch ar maidin'. Braithimid a chuid náire agus uirísliú i véarsa a 3 agus é ag fanacht cois balla ag an aonach fostaíochta le hobair an lae, 'im scaoinse ar leataobh sráide'.
- Chuir sé seo fonn troda ar an bhfile agus is mar sin a fheicimid athrú ina dhearcadh. Ní raibh sé chun glacadh leis an drochíde ó na Gaill ní ba mhó agus bhí sé réidh chun a chás féin agus cás mhuintir na tíre a throid. Dá bharr sin, braithimid dóchas ag deireadh an dáin.

Obair Bhaile/Obair Ghrúpa

Más óbair ghrúpa atá i gceist, is féidir le gach duine sa ghrúpa tabhairt faoi roinn ar leith den aiste chun an aiste iomlán a chur le chéile i bhfoirm Mata Boird. (Féach ar leathanach 19 in Aonad a 1 do shampla den Mhata Boird.).

1. Cad é téama/ábhar an dáin seo agus conas mar a léiríonn an file dúinn é?
2. Céard iad príomhsmaointe an fhile mar a léirítear dúinn sa dán iad?
3. Déan cur síos ar dhá cheann de na mothúcháin seo sa dán:
   (a) fearg (b) brón (c) dóchas (d) tuirse
4. 'Faighimid léargas maith ar an saol a bhí á chaitheamh ag muintir na hÉireann ag deireadh an 18ú haois.' Céard iad na gnéithe den saol sin a léirítear dúinn sa dán seo?
5. Déan cur síos ar mheadaracht an dáin seo.
6. Cad iad na híomhánna is mó a léirítear dúinn sa dán?
7. Cén léargas a fhaighimid ar na Gaill a bhí in Éirinn ag deireadh an 18ú haois?
8. Cén saghas duine é an spailpín fánach dar leat?

Athbhreithniú ar an Litríocht: Súil ar an Scrúdú

Ceist 2 PRÓS (30 marc)

Prós Ainmnithe nó Prós Roghnach (30 marc)

Freagair Ceist 2A (Prós Ainmnithe) nó Ceist 2B (Prós Roghnach) thíos.

2A Prós Ainmnithe

An Gnáthrud

'Faighimid léargas maith sa ghearrscéal 'An Gnáthrud' ar na Trioblóidí i dTuaisceart Éireann, áit ar maraíodh daoine neamhurchóideacha, gan chúis.'

Déan plé ar an ráiteas sin. (30 marc)

nó

Seal i Neipeal

'Is í an tréith is láidre a bhaineann leis na príomhcharachtair sa sliocht seo ón dírbheathaisnéis *Seal i Neipeal* ná an gliceas.'

Déan plé ar an ráiteas sin. (30 marc)

2B Prós Roghnach

Níl cead aon ábhar a bhaineann le Prós Ainmnithe a úsáid i bhfreagra ar an bPrós Roghnach.

Freagair an cheist thíos ar an ngearrscéal roghnach a ndearna tú staidéar air.

Maidir leis an ngearrscéal roghnach a ndearna tú staidéar air i rith do chúrsa, cad iad tréithe an phríomhcharachtair sa ghearrscéal? Déan plé ar an léiriú a dhéantar ar na tréithe sin ó thús deireadh an ghearrscéil.

Ní mór teideal an ghearrscéil sin, mar aon le hainm an scríbhneora a scríobh síos go cruinn. (30 marc)

Ceist 3 FILÍOCHT (30 marc)

Filíocht Ainmnithe nó Filíocht Roghnach (30 marc)

Freagair Ceist 3A (Filíocht Ainmnithe) nó Ceist 3B (Filíocht Roghnach) thíos.

3A Filíocht Ainmnithe

(i) 'Tugann an file cur síos éifeachtach dúinn ar shaol agus ar chás an spailpín sa dán "An Spailpín Fánach".' É sin a phlé. (15 mharc)

(ii) Cad é an mothúchán is mó sa dán seo, dar leat? (Is leor pointe **amháin** eolais as an dán mar thacaíocht le do fhreagra.) (6 mharc)

(iii) Cén mheadaracht atá sa dán seo? Scríobh pointe amháin eolais faoin meadaracht seo agus léirigh do fhreagra le sampla cruinn ón dán. (9 marc)

3B Filíocht Roghnach

Níl cead aon ábhar a bhaineann le Filíocht Ainmnithe a úsáid i bhfreagra ar an bhFilíocht Roghnach.

(i) Maidir le dán seanaimseartha roghnach (dán a cumadh sa tréimhse roimh 1850) a ndearna tú staidéar air le linn do chúrsa, cad é príomhthéama an dáin? Déan plé gairid ar an gcaoi a ndéantar forbairt ar an bpríomhthéama sin. (15 mharc)

(ii) Cad é an mothúchán is mó sa dán seo, dar leat? (Is leor pointe amháin eolais as an dán mar thacaíocht le do fhreagra.) (6 mharc)

(iii) Cén ghné den dán is mó a chuaigh i bhfeidhm ort? Scríobh dhá phointe eolais faoin ngné sin. (9 marc)

Ní mór teideal an dáin sin, mar aon le hainm an fhile, a scríobh síos go cruinn.

Taisteal, Laethanta Saoire, Cearta Daonna agus Ciníochas

Aonad 3

Céim a 1: Labhairt	Céim a 2: Cluastuiscint	Céim a 3: Ceapadóireacht	Céim a 4: Gramadach	Céim a 5: Léamhthuiscint	Céim a 6: Litríocht
Laethanta saoire Taisteal Turas scoile An ciníochas in Éirinn Cearta daonna Bulaíocht	Cearta daonna Taisteal Éagsúlacht	An taisteal Fadhb an chiníochais/cearta daonna	An aimsir fháistineach An réamhfhocal simplí agus an forainm réamhfhoclach	Sa Bhreogáin Tóraíocht an Dragain	6a Prós: *Seal i Neipeal* 6b Filíocht: 'Géibheann' Athbhreithniú ar an litríocht: Súil ar an scrúdú

Torthaí Foghlama

San aonad seo, foghlaimeoidh tú:

- **Léamh agus tuiscint:** conas foclóir agus nathanna a bhaineann le laethanta saoire, taisteal, cearta daonna agus an ciníochas a thuiscint agus a úsáid
- **Labhairt:** conas laethanta saoire, cúrsaí taistil agus fadhb an chiníochais a phlé
- **Scríobh:** conas giotaí a scríobh mar gheall ar thopaicí amhail an taithí a fhaightear ón taisteal agus fadhb an chiníochais inár ndomhan
- **Litríocht:** na heochairfhocail a bhaineann leis an scéal *Seal i Neipeal* agus leis an dán 'Géibheann'. Beidh tú in ann freagraí scríofa a chumadh bunaithe ar théamaí, stíl, teicníocht, carachtair agus ábhair a eascraíonn ón litríocht, mar shampla daoirse, cearta daonna, an taisteal, an ciníochas, srl.
- **Féachaint:** féachfaidh tú ar mhíreanna físe a bhaineann leis an taisteal agus laethanta saoire.

Sa chéim seo, foghlaimeoidh tú conas réimse leathan nathanna cainte a bhaineann le laethanta saoire, taisteal agus cearta daonna a úsáid. Tá ábhair chainte anseo don rang agus don obair bheirte nó obair ghrúpa.

Laethanta Saoire

An scrúdaitheoir: **Céard a rinne tú an samhradh seo caite?**

An dalta: Chuaigh mé ar laethanta saoire le mo theaghlach. Chaitheamar coicís sa Spáinn agus bhí sé thar barr. Bhí an aimsir go hálainn ach bhí sé beagáinín róthe uaireanta. Chuamar ag snámh nuair a d'éirigh an teocht ró-ard nó rinneamar rudaí taobh istigh. Bhíomar i Malaga agus bhí árasán againn in aice na trá. Is ceantar fíorálainn é agus cheap mé go raibh na daoine an-deas freisin.

An scrúdaitheoir: **Ar thug tu mórán difríochtaí faoi deara idir an saol sa Spáinn agus an saol anseo in Éirinn?**

An dalta: Cinnte, tá difríochtaí idir an dá thír. Ar an gcéad dul síos, tá cúrsaí aimsire go hiomláin difriúil! Bíonn sé i bhfad níos teo agus níos tirime sa Spáinn ná mar a bhíonn sé anseo. Chomh maith leis sin, cheap mé go raibh an bia saghas difriúil. Itheann na Spáinnigh a lán *tapas* agus mar sin nuair a bhíonn tú sna bialanna, go minic, is féidir leat go leor rudaí a bhlaiseadh. Thaitin sé sin liom nuair a bhí mé ann.

Freagraí Samplacha Eile

An scrúdaitheoir: **Cad a rinne tú an samhradh seo caite?**

An dalta:

- Chaith mé trí seachtaine i Nua-Eabhrac agus i mBostún. Tá aintín liom pósta ansin agus chuaigh mé ar cuairt chuici. Tá beirt pháistí aici agus tá a hiníon ar comhaois liom. Bhí an-chraic againn le chéile mar sin. Rinneamar an t-uafás rudaí ann. Thugamar cuairt ar na radhairc cháiliúla ar ndóigh agus bhuail mé le cairde mo chol ceathracha go minic freisin. Thaitin siad go mór liom. Is daoine áille iad agus chuir siad fáilte mhór romham. B'aoibhinn liom dul ar ais go Nua-Eabhrac an samhradh seo chugainn.
- Tá difríochtaí gan dabht idir an saol i Nua-Eabhrac agus an saol anseo in Éirinn. Ar an gcéad dul síos ceapaim go bhfuil luas an tsaoil i bhfad níos tapúla i Nua-Eabhrac. Is cathair an-mhór í agus bíonn an trácht an-trom dá bharr. Is aoibhinn liom féin na siopaí agus tá i bhfad níos mó roghanna ó thaobh na siopaí de gan amhras.
- Ní dheachaigh mé ar saoire i rith an tsamhraidh, ach i rith laethanta saoire na Nollag anuraidh, chuaigh mé agus mo theaghlach ag sciáil i nDeisceart na

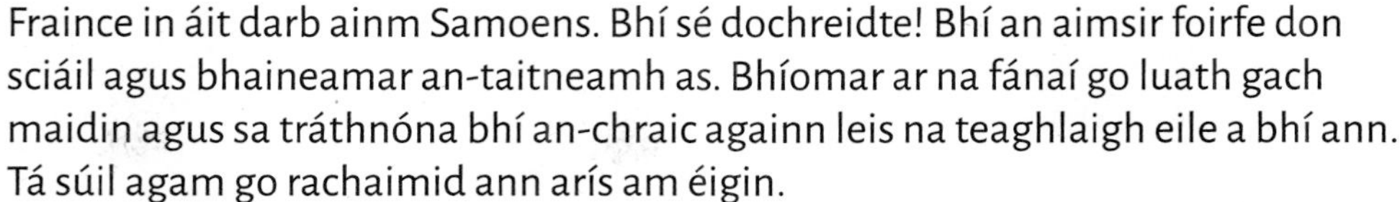

Fraince in áit darb ainm Samoens. Bhí sé dochreidte! Bhí an aimsir foirfe don sciáil agus bhaineamar an-taitneamh as. Bhíomar ar na fánaí go luath gach maidin agus sa tráthnóna bhí an-chraic againn leis na teaghlaigh eile a bhí ann. Tá súil agam go rachaimid ann arís am éigin.

- Chuamar síos go dtí Ciarraí an samhradh seo caite. Fuaireamar teach ar cíos sa Daingean agus thaitin sé go mór linn. Bhí an t-ádh linn mar bhí an aimsir go breá agus chaitheamar a lán ama ar an trá gach lá. Tá an radharc tíre go haoibhinn ansin. Chuamar ag rothaíocht agus ag sléibhteoireacht mar is aoibhinn le mo dhaid an tsléibhteoireacht. Lá amháin chuamar isteach chuig Trá Lí mar bhí Féile Thrá Lí ar siúl an t-am sin. Bhí an t-atmaisféar go han-mhaith ann agus chonaiceamar na rósanna ar an tsráid. Bhí saoire dheas againn i gCiarraí.
- Chuaigh mé féin go dtí an Ghaeltacht an samhradh seo caite. D'fhreastail mé ar chúrsa Gaeilge in Indreabhán i gConamara. Bhí sé thar barr. D'fhoghlaim mé an t-uafás Gaeilge agus chuir mé aithne ar a lán daoine nua ann. Bhí ranganna againn ar maidin agus rinneamar spórt nó ceol san iarnóin. Ansin bhí céilí againn san oíche agus ó am go ham bhí dioscó againn. Bhí mé ag fanacht le teaghlach álainn agus bhí an teach thar barr. Thaitin na buachaillí eile sa teach liom freisin agus bhí an-chraic againn. Tá níos mó muiníne agam ag labhairt na Gaeilge ó shin gan amhras.

Turas Scoile

An scrúdaitheoir: **An ndeachaigh tú riamh ar thuras scoile?**

An dalta: Chuaigh mé ar thuras scoile go dtí an Iodáil le mo rang nuair a bhí mé san idirbhliain. Chaitheamar cúig lá i gceantar Loch Garda agus bhí sé go hálainn. Bhíomar ag fanacht in óstán gar do Verona agus mar sin chuamar isteach sa chathair sin cúpla uair. B'aoibhinn liom é. Thugamar cuairt ar Venice, Bardolino agus Sirmione freisin. Rinneamar turas báid i Sirmione ar an loch agus thaitin sé sin go mór liom freisin. Chaitheamar lá sa pháirc eachtraíochta 'Garda Land' chomh maith agus bhí an-spraoi go deo againn ansin! Bhíomar tuirseach traochta ag teacht abhaile ach bhaineamar an-taitneamh as.

An Taisteal

An scrúdaitheoir: **An maith leat féin an taisteal?**

An dalta:

- Is aoibhinn liom an taisteal agus ba bhreá liom taisteal ar fud an domhain amach anseo. Tá an-spéis agam i dtíortha agus i gcultúir eile agus tá a lán le foghlaim as tréimhse a chaitheamh i dtír iasachta.
- Ba bhreá liom a bheith i mo chónaí thar sáile amach anseo. Is breá liom an Fhrainc agus taitníonn an Fhraincis go mór liom ar scoil. B'aoibhinn liom staidéar a dhéanamh i bPáras, b'fhéidir ach níl a fhios agam go fóill!
- Is maith liom dul ar saoire ach níl mé róthógtha leis an eitilt! Tá saghas eagla orm roimh eitiltí agus mar sin ní théim thar lear go rómhinic.
- Ní bhfuair mé seans dul thar sáile go fóill ach le cúnamh Dé, rachaidh mé ar saoire tar éis na hardteiste le mo chairde. Tá sé ar intinn againn dul ag campáil sa Spáinn. Níl aon rud curtha in áirithe againn fós ach tá súil againn dul ann i mí Iúil. Táim ag tnúth go mór leis.

An Ciníochas

An scrúdaitheoir: **An gceapann tú gur fadhb mhór é an ciníochas sa lá atá inniu ann?**

An dalta: Is fadhb mhór é an ciníochas cinnte. Ní thuigim féin an fáth a mhothaíonn daoine go bhfuil sé de cheart acu caitheamh anuas ar aon dream eile. Is é an fuath céanna seo is cúis leis an gcuid is mó den sceimhlitheoireacht a tharlaíonn timpeall an domhain. Níl ciall ar bith leis seo.

An scrúdaitheoir: **An dóigh leat go bhfuil ciníochas le tabhairt faoi deara in Éirinn?**

An dalta: Tá, gan amhras. Tá muintir na hÉireann ciníoch i dtaobh an lucht siúil agus go minic i dtaobh daoine ó thíortha eile. Tá sé scannallach. Bhí na hÉireannaigh féin bocht uair amháin agus bhí orthu imeacht as an tír seo chun fostaíocht a fháil. De réir na scéalta, d'fhulaing cuid mhaith de na daoine sin ciníochas nuair a bhí siad thar lear ach is cuma le an-chuid daoine faoi sin anois. Cloisimid scéalta faoi ionsaithe ar theifigh agus ar eachtranaigh go rómhinic agus cuireann sé alltacht orm.

An scrúdaitheoir: **An bhfeiceann tú ciníochas sa scoil seo?**

An dalta: Ní dóigh liom go bhfuil mórán ciníochais le sonrú sa scoil seo, buíochas le Dia. Den chuid is mó meascann gach duine go maith le chéile agus réitíonn na daltaí go léir go maith le chéile de ghnáth. É sin ráite, tá daltaí anseo ó thíortha eile agus fanann siad leo féin go minic agus labhraíonn siad a dteanga dhúchais féin. Tuigim é sin freisin. Is dócha go mbeadh na hÉireannaigh mar an gcéanna agus iad i dtír iasachta chomh maith!

Fadhb an Bulaíochta

An scrúdaitheoir: **Agus céard faoi fhadhb na bulaíochta sa scoil?**

An dalta:

- Is dóigh liom go dtarlaíonn roinnt bulaíochta i ngach scoil, ach i mo bharúil féin níl sé ródhona sa scoil seo. Bíonn buachaillí ag spochadh as a chéile gan amhras agus uaireanta bíonn an iomarca pleidhcíochta ar siúl agus téann sé as smacht.
- Tá fadhb na bulaíochta againn anseo cinnte. Tá daoine áirithe nach dtuigeann an difríocht idir a bheith ag magadh agus ag bulaíocht. Is iad na daltaí atá ciúin agus cúthail íobartaigh na bulaíochta go minic.
- Tá fadhb an-mhór leis an mbulaíocht ar an idirlíon. Deirtear rudaí an-ghránna faoi dhaoine ar na suíomhanna sóisialta go minic agus déanann sé sin dochar ollmhór d'fhéinmhuinín na ndaoine óga. Ceapann roinnt daoine gur féidir leo a rogha rud a rá ar na suíomhanna sóisialta agus is cuma leo faoi mhothúcháin an duine. Tá sé uafásach i mo thuairim.

Cearta Daonna

An scrúdaitheoir: **An bhfuil cearta daonna á bhfáil ag muintir na hÉireann go ginearálta, dar leat?**

An dalta: Ar an iomlán, sílim go dtugtar cothrom na Féinne do dhaoine anseo in Éirinn. Cónaímid i dtír dhaonlathach agus mar sin bíonn saoirse tuairimíochta againn. Baineann cearta leis an daonlathas nach mbaineann le tíortha atá faoi smacht deachtóra. Tá cothromaíocht i gceist maidir le fir agus mná anseo, mar shampla, agus tá cearta vótála againn. Is tír mhaith í Éire maidir le cearta daonna dar liom féin.

Mír Físe

Téigh go dtí YouTube. Cuardaigh 'Béaltriail na Gaeilge le Garry Bannister agus Hannah'. Téigh go dtí an naoú nóiméad chun Hannah a chloisteáil ag caint faoina cuid laethanta saoire.

Obair Bhaile

Féach ar leathanaigh 16–17 sa Leabhrán. Freagair na ceisteanna ar laethanta saoire agus taisteal.

Cleachtadh Cainte

Cuir na ceisteanna seo a leanas ar an duine in aice leat.

1. An ndeachaigh tú ar laethanta saoire thar sáile riamh?
2. Inis dom faoi laethanta saoire a chaith tú thar lear nó in Éirinn.
3. An gceapann tú go bhfuil sé tábhachtach dul ar saoire? Cén fáth?
4. Céard iad na difríochtaí is mó idir an saol i/sa __________ agus an saol in Éirinn?
5. An ndeachaigh tú ar thuras scoile riamh? Déan cur síos air.
6. An mbeadh suim agat dul ag taisteal amach anseo? Cén áit?
7. An gceapann tú go bhfuil fadhb in Éirinn maidir le ciníochas? Conas sin?
8. An dóigh leat go bhfuil cearta daonna ag daoine sa tír seo faoi láthair? Mínigh a bhfuil i gceist agat.
9. An bhfuil rialacha na scoile seo cothrom agus cóir maidir le cearta gach duine? Conas sin?
10. An bhfuil fadhb an chiníochais/fadhb na bulaíochta le mothú sa scoil seo?

Céim a 2: Cluastuiscint

Sa chéim seo foghlaimeoidh tú foclóir agus nathanna cainte atá tráthúil agus ábhair a bhíonn le fáil go coitianta sna giotaí tuisceana sa scrúdú.

Cuid A

(60 marc)

Cloisfidh tú *dhá* fhógra sa chuid seo. Cloisfidh tú gach fógra díobh faoi dhó. Beidh sos ann leis na freagraí a scríobh tar éis na chéad éisteachta *agus* tar éis an dara héisteacht.

Fógra a hAon

1. (a) Cad chuige a mbeidh an agóid ar siúl Dé Sathairn seo chugainn? ______________________
   (b) Cá dtosóidh an mháirseáil? ______________________
2. (a) Céard a bheidh ar siúl taobh amuigh d'Árais an Rialtais? ______________________
   (b) Cé leo a n-oibríonn an tAthair Peter McVerry? ______________________
3. Luaigh dhá dhream daoine a fhágtar gan dídean in Éirinn, dar leis an bhfógra seo.
   (i) ______________________
   (ii) ______________________

Fógra a Dó

1. (a) Cén dáta a thosóidh an turas? ______
   (b) Céard a dhéanfaidh na daltaí gach maidin den turas? ______
2. (a) Cad a bheidh ar siúl do na daltaí ar an dara hoíche den turas? ______
   (b) Cá bhfaighidh siad an bád go dtí an t-oileán? ______
3. Céard atá le híoc ag na daltaí roimh nó ar an 8ú lá Feabhra? ______

Cuid B

CD1 Rian 27–31

Cloisfidh tú ***dhá*** chomhrá sa chuid seo. Cloisfidh tú gach comhrá díobh **faoi dhó**. Cloisfidh tú an comhrá ó thosach deireadh an chéad uair. Ansin cloisfidh tú ina ***dhá*** mhír é. Beidh sos ann leis na freagraí a scríobh tar éis gach míre díobh.

Comhrá a hAon

An Chéad Mhír

1. Cad a shamhlaigh Róise uaireanta sa chathair agus í ag breathnú ar na foirgnimh arda agus na tacsaithe buí? ______
2. Céard a cheap sí faoi mhuintir Nua-Eabhrac? ______
3. Luaigh dhá rud a deir sí faoin mbia i Nua-Eabhrac. ______

An Dara Mír

1. Céard a dúirt tuismitheoirí Chiaráin leis féin agus lena dheartháir Oisín agus iad ag dul ar saoire? ______
2. Luaigh dhá rud a deir Ciarán faoin tsaoire a chaith siad i Malaga. ______
   (i) ______
   (ii) ______
3. Cén socrú a dhéanann na déagóirí chun bualadh lena chéile? ______

Comhrá a Dó

An Chéad Mhír

1. Céard a chuala an t-agallóir a bhí ar siúl sa mheánscoil? ______
2. Cé atá ag eagrú an imeachta seo sa scoil? ______
3. Luaigh dhá cheann d'aidhmeanna na seachtaine a luann an príomhoide.
   (i) ______
   (ii) ______

An Dara Mír

1. Céard a bheidh ar siúl sa scoil ag am lóin i rith na seachtaine? ______
2. Luaigh dhá phíosa eolais faoin Lá Idirnáisiúnta a bheidh ar siúl. ______
3. Cén saghas daoine a dtarlaíonn bulaíocht dóibh dar leis an bpríomhoide? (dhá shaghas daoine)

   ______

Cuid C

Cloisfidh tú ***dhá*** phíosa nuachta sa chuid seo. Cloisfidh tú gach píosa díobh **faoi dhó**. Beidh sos ann leis na freagraí a scríobh tar éis na chéad éisteachta ***agus*** tar éis an dara héisteacht.

Píosa a hAon

1. Cár tharla an timpiste a tharla inné? ______
2. Conas a tharla an timpiste? ______
3. Cé atá ag tabhairt tacaíochta do chairde na bhfear san Astráil? ______

Píosa a Dó

1. Cé mhéad duine ar fad a chaith vóta sa reifreann don phósadh comhghnéis? ______
2. Luaigh rud amháin a léiríonn an vóta faoi phobal na hÉireann, dar leis an bpíosa seo. ______
3. Cad a bhí i gceist leis an vóta a chaith siad sa reifreann eile? ______

Céim a 3: Ceapadóireacht

Sa chéim seo, foghlaimeoidh tú foclóir agus nathanna cainte nua a bhaineann le cúrsaí taistil agus fadhb an chiníochais. Gheobhaidh tú treoir faoi struchtúr na haiste agus conas do chuid aistí féin a leagan amach. Beidh obair aonair nó obair bheirte/obair ghrúpa le déanamh freisin.

Aiste Shamplach a 1

Taisteal: An Tábhacht a Bhaineann leis i Saol an Lae Inniu

Tús

Nach iontach na deiseanna atá ag ár nglúin[1] sa lá atá inniu ann. Níl le déanamh againn ach cúpla cnaipe a bhrú ar ár ríomhairí nó ar ár bhfóin póca fiú, ansin mála beag taistil a phacáil agus gan aon dua eile, tuirlingt[2] ar an taobh eile den domhan! Is tionscal ollmhór é tionscal an taistil atá ag dul ó neart go neart agus tá daoine agus comhlachtaí áirithe ag déanamh brabúis dheas as éilimh agus fiosracht an chine dhaonna. San aiste seo, pléifidh mé tionscal domhanda an taistil, an tairbhe a bhainimid as an taisteal agus cuid den bhaol a bhaineann leis an eitilt na laethanta contúirteacha seo.

[1] our generation

[2] to land

Alt 1 Cúrsaí Gnó

Toisc go gcónaímd ar oileán beag bídeach ar chósta na hEorpa, níl aon amhras ach go mbraithimid go mór mar thír ar ár gcomharsana chun cabhrú linn maireachtáil. Mar a deirtear i gcónaí faoin gcine daonna, 'Ar scáth a chéile a mhaireann na daoine'. Braitheann ár ngeilleagar ar na caidrimh a bhíonn ag ár gceannairí agus ag ár lucht gnó le tíortha eile an domhain. Ní haon áibhéil é nach mbeadh tromlach mór de thionsclaíocht na hÉireann ann in aon chor gan na caidrimh sin a bheith go maith agus gan daoine a bheith sásta na caidrimh chéanna a chaomhnú. Ní fhéadfaimis Éire a shamhlú sa lá atá inniu ann gan tionchar agus tacaíocht ón iasacht. Is cuid riachtanach de shaol na hÉireann é an taisteal mar sin. Osclaíonn sé deiseanna agus féidearthachtaí[3] as cuimse dúinn.

[3]possibilities

Alt 2 An Taithí a Bhaineann le Taisteal

Is mór an taitneamh agus tairbhe[4] phearsanta a bhaineann daoine as an taisteal sa lá atá inniu ann. Is taiscéalaithe[5] sinn! Is maith linn cultúir, traidisiúin agus nósanna eile a bhlaiseadh. Tá sé inár gcuid fola againn. Is cuid thábhachtach de nádúr an duine é sin. Osclaíonn an taisteal agus an taithí a bhaineann leis ár súile agus ár n-aigne do chultúir eile, seans nach raibh ag cuid mhaith dár sinsearaigh. Cruthaíonn sé meas ionainn don éagsúlacht in ionad aineolais[6] i dtaobh cultúr eile. Tugann sé tuiscint dúinn ar chreideamh, ar dhearcadh agus ar mheon atá difriúil lenár gcinn féin. Mar a deir an seanfhocal, 'Bíonn siúlach scéalach'. Chomh maith leis sin, cruthaíonn an taisteal bród agus mórtas cine ionainn féin as ár gcuid Éireannachais, go háirithe[7] nuair a thuigtear dúinn go bhfuil meas agus cion ar na hÉireannaigh i dtíortha éagsúla mórthimpeall an domhain.

[4]benefit
[5]explorers
[6]ignorance
[7]especially

Alt 3 Dul chun Cinn i gCúrsaí Taistil

Deirtear go gcónaímid i sráidbhaile domhanda[8] anois agus tá fírinne an ráitis sin le feiceáil nuair a thugtar faoi deara an dul chun cinn mór atá déanta maidir leis an eitlíocht[9] agus an t-idirlíon. Taobh istigh de chúpla soicind, is féidir linn teagmháil a dhéanamh le daoine i ngach cúinne den domhan nach mór. Le dul chun cinn an tionscail eitlíochta, taobh istigh de 24 uair an chloig, is féidir linn tuirlingt sa Nua-Shéalainn (an tír is faide uainn anseo in Éirinn). Ní raibh taisteal riamh chomh héasca is atá sé dúinn anois! Tá sé fíordheacair dúinne na báid phlódaithe a d'fhág Éire i rith an Ghorta Mhóir a shamhlú fiú amháin. Is deacair dúinn freisin a chreidiúint nár tháinig cuid de na himircigh a d'fhág Éire sa tréimhse sin ar ais go hÉirinn riamh. Thóg na daoine sin bád bán na himirce toisc nach raibh aon rud fágtha dóibh anseo. Bhí riachtanais dhifriúla ag an dream sin ná mar a bhíonn ag cuid mhaith de lucht taistil an lae inniu.

[8]global village
[9]aviation

Alt 4 Laethanta Saoire

Is cuid an-tábhachtach de shaol nua-aimseartha na hÉireann iad laethanta saoire. Gan machnamh a dhéanamh air, cuireann daoine a gcuid saoire in áirithe thar

sáile nó i gceantair thurasóireacht na hÉireann féin. Moltar dúinn sos a ghlacadh ó strus an tsaoil laethúil. Is minic a chloisimid na saineolaithe[10] ag labhairt faoin maitheas a dhéanann an briseadh sin dúinn. Feicimid féin buntáistí an fhaoisimh sin ar ndóigh. Le brú agus strus an tsaoil nua-aimseartha, bíonn éalú agus fuascailt[11] de dhíth orainn na laethanta seo. An bhfuil slí ar bith níos fearr againn dearmad a dhéanamh ar fhadhbanna agus ar bhuairt an tsaoil sin ná imeacht uathu ar feadh scaithimh? Ní dóigh liom é! Ardaíonn an taisteal ár gcroíthe. Ní haon ionadh é mar sin go gcaitear na billiúin euro ar thionscal an taistil bliain i ndiaidh bliana!

[10] experts

[11] relief

Alt 5 Baol an Taistil

Mar sin féin, ní hí an spéir an áit is sábháilte ar domhan anois de dheasca bhagairt[12] na sceimhlitheoireachta a bheith i gcónaí timpeall orainn. Chomh maith leis sin, deirtear go minic go ndéantar dochar mór don timpeallacht agus don chiseal ózóin leis na breoslaí ola a scaoiltear as an gcuid is mó de na modhanna taistil atá in úsáid againn inniu. Leis an bhfeachtas[13] mór domhanda in aghaidh athrú aeráide atá ar bun faoi láthair, beidh sé le feiceáil an dtiocfaidh mórán athruithe ar ár n-iompar taistil amach anseo, nó an bhfuil ár ndóthain dochair déanta againn cheana féin? 'Is maith an scéalaí an aimsir', mar a deirtear.

[12] a threat

[13] campaign

Críoch

Ar an iomlán, is léir gur mó de bhuntáistí ná de míbhuntáistí a bhaineann leis an taisteal don chine daonna. Ba chóir dúinn ár ndeiseanna taistil a thapú agus a cheiliúradh agus tairbhe a bhaint as na deiseanna sin i mo thuairim. Chomh fada is a mhaireann an cine daonna ar an saol seo, ní éireoidh siad as a bheith fiosrach agus eachtrach. Ceaptar go minic go mbeimid in ann laethanta saoire a chaitheamh ar Mhars fiú amháin amach anseo! An bhfuil teorainn ar bith lenár bhfiosracht?

Meabhairmhapa

Anois, tá sé in am duit féin aiste a scríobh! Déan mapa meoin ar na príomhphointí a bheidh á bplé agat féin.

Tábhacht an taistil

Cúinne na Litearthachta

Réamhobair don dara haiste: Cuir na heochairfhocail seo in abairtí anois, abairtí a d'fhéadfá a úsáid i d'aiste féin. Bain úsáid as Wordle nó Tagxedo chun scamall focal a dhéanamh le do chuid eochairfhocal féin.

1. Ciníochas
2. Réamhchlaonadh
3. Eachtrannaigh
4. Daoine gorma
5. An cine geal
6. An lucht siúil
7. Cearta daonna
8. Sclábhaíocht
9. Fuath/gráin
10. An tUileloscadh
11. Foréigean
12. Drochíde
13. Teifigh
14. Drochmheas
15. Grúpa eitneach
16. Réiteach na faidhbe

Ceist Scrúdaithe

Scríobh aiste bunaithe ar an topaic 'Fadhb an Chiníochais in Éirinn'.

Más óbair ghrúpa atá i gceist, is féidir le gach grúpa dul ag obair ar alt amháin leis an bplean atá socraithe ag an rang chun an aiste iomlán a chur le chéile ar Mhata Boird. (Féach ar leathanach 19 in Aonad a 1 do shampla den Mhata Boird.)

Aiste Shamplach a Dó

Fadhb an Chiníochais sa Lá atá Inniu Ann

Tús

Is trua liom go gcónaímid ar domhan ina bhfuil fadhb mhór againn maidir le ciníochas. Tá sé thart timpeall orainn go léir ar an drochuair. Ach cad as a dtagann an ciníochas seo agus cén fáth nach féidir linn deireadh a chur leis sa saol nua-aimseartha seo? 'Séard is brí le ciníochas ná réamhchlaonadh[14] agus an creideamh go bhfuil cine nó grúpa áirithe níos fearr nó chun tosaigh ar shlí éigin ar chine nó ar dhream eile. Ní bhraitheann sé ar chuma an duine ná dath an chraicinn i ndáiríre ach braitheann sé ar mheon na ndaoine agus ar an gcreideamh réamhchlaonta sin. Tá an ciníochas fréamhaithe[15] go daingean i stair an domhain agus tá sé fíordheacair fáil réidh leis go hiomlán mar sin.

[14] *prejudice*

[15] *rooted*

Alt 1 Fréamhacha an Chiníochais (Daoine Gorma agus an Cine Geal)

Ar an gcéad dul síos, tagann fadhb an chiníochais ón bhfocal fuath agus ó thús an chine dhaonna tá an focal gránna sin inár measc. Nuair a smaoinímid air níl grúpa reiligiúnda, ná páirtí polaitíochta, ná treibh[16] ná grúpa duine ar bith nár fhulaing fuath de shaghas éigin ag am éicint ina gcuid staire. Ar an drochuair, tá an chlaontacht[17] sin i nádúr an duine. Is é an ciníochas is coitianta agus is forleithne ar domhan na laethanta seo ná an deighilt idir an cine geal[18] agus daoine gorma[19] i gceantair áirithe. Buíochas le Dia, tá feabhas mór feicthe againn le blianta anuas maidir leis an gciníochas sin. Ba shiombail den fheabhas agus den dul chun cinn a bhí déanta i Meiriceá é, mar shampla, nuair a toghadh an chéad Uachtarán gorm Barack Obama i mí Eanáir na bliana 2009. Tá laethanta sclábhaíochta na ndaoine gorma imithe, a bhuí le gníomhairí[20] ar son na gceart daonna thar na blianta. Tá dul chun cinn fós le déanamh sna Stáit Aontaithe maidir leis an ábhar seo agus ní imeoidh an ghráin seo thar oíche. 'De réir a chéile a thógtar na caisleáin.'

[16] *tribe*
[17] *prejudice/bias*
[18] *white people*
[19] *black people*
[20] *activists*

Alt 2 An Lucht Siúil in Éirinn

Is é an grúpa íobartach[21] is mó in Éirinn i dtaobh an chiníochais de dar liom iad an Lucht Siúil. Is grúpa mionlaigh é an Lucht Siúil a bhfuil a gcuid nósanna maireachtála féin acu, nach ionann le[22] tuairimí an phobail lonnaithe i gcónaí iad. Cruthaíonn sé seo fadhbanna agus aighneas[23] idir an dá ghrúpa agus i mo thuairim féin ní dhéanann ceachtar den dá thaobh iarracht mhór tuiscint a fháil ar a chéile. Níos minice ná a mhalairt, cloistear raic ón bpobal lonnaithe má smaoinítear fiú ar láithreán stad[24] a bhogadh. Bíonn eagla ar dhaoine go han-mhinic cónaí i ngiorracht don Lucht Siúil, cé gur mionlach díobh a chruthaíonn trioblóid, cosúil le gach dream eile, ar ndóigh. Chun na fírinne a insint, is dócha go bhfuil eagla orainn go léir ar bhealach roimh an éagsúlacht. Tá sé fíordheacair teacht ar réiteach ar an bhfadhb seo. Bíonn an dá thaobh claonta in aghaidh a chéile agus ní bheidh sé éasca ar aon rialtas meon daoine a athrú.

[21] *victim*
[22] *which are not the same as*
[23] *dispute/difference*
[24] *halting site*

Alt 3 Eachtrannaigh in Éirinn

Tháinig méadú suntasach[25] ar líon na n-eachtrannach a tháinig chun cónaithe in Éirinn le linn ár mborrtha eacnamaíochta, go háirithe ag tús an chéid seo. Nuair a bhí geilleagar[26] na hÉireann láidir agus saibhir, thosaigh daoine ag teacht ina mílte ó thíortha eile, cuid acu mar theifigh[27] agus daoine eile a bhí anseo ag lorg fostaíochta. Cé go maítear gur daoine fáilteacha, muinteartha, cneasta sinn, léiríodh níos mó ná uair amháin nach i gcónaí a bhíonn an méid sin fíor. Chonaiceamar go léir na tuairiscí faoi eachtrannaigh a bheith ag obair ar phá níos ísle ná na hÉireannaigh féin agus iad ag obair uaireanta craiceáilte. Anuas air sin, nuair a tháinig deireadh le ré an Tíogair Cheiltigh agus nuair a bhí

[25] *a notable increase*
[26] *economy*
[27] *refugees*

geilleagar na tíre i gcruachás, tugadh drochíde do roinnt de na heachtrannaigh chéanna agus Éireannaigh ag gearán go raibh na daoine seo ag tógáil post uathu, poist nach raibh siad sásta a dhéanamh míonna roimhe sin, dála an scéil!

Alt 4 Nelson Mandela

Ní fhéadfaimis labhairt faoi ábhar seo an chiníochais gan trácht a dhéanamh ar obair Nelson Mandela in aghaidh na cinedheighilte[28] san Afraic Theas. D'oibrigh sé go dícheallach agus gan stad go dtí ar deireadh gur cuireadh críoch leis an gcinedheighilt ina thír féin sa bhliain 1994. Bhí tionchar ag a chuid oibre ar an bpobal idirnáisiúnta agus tharraing sé aird an domhain ar thábhacht na síochána, na cothromaíochta[29] sóisialta agus ar chearta daonna i gcoitinne. Toghadh é[30] mar uachtarán sa bhliain chéanna agus chruthaigh sé an chéad rialtas il-eitneach[31] riamh san Afraic Theas. An mbeidh aon fheachtasóir[32] eile dá leithéid inár measc arís?

[28]*apartheid*
[29]*justice/fairness*
[30]*he was elected*
[31]*multi-ethnic government*
[32]*campaigner*

Críoch

Mar atá ráite agam thuas, maireann fadhb an chiníochais fós timpeall orainn go léir sa domhan nua-aimseartha seo. Feictear dom, áfach, go bhfuil an-dul chun cinn déanta le blianta anuas maidir le cearta daonna a fheabhsú timpeall an domhain. Creidim féin go mbeidh réamhchlaonadh agus ciníochas de shaghas éigin ann a fhad is a mhaireann an cine daonna ach tá súil agam go bhfoghlaimeoimid go léir lá éigin conas ár gcuid éagsúlachtaí agus difríochtaí a léiriú go síochánta.

Meabhairmhapa

Anois, tá sé in am duit féin aiste a scríobh! Déan mapa meoin ar na príomhphointí a bheidh á bplé agat féin.

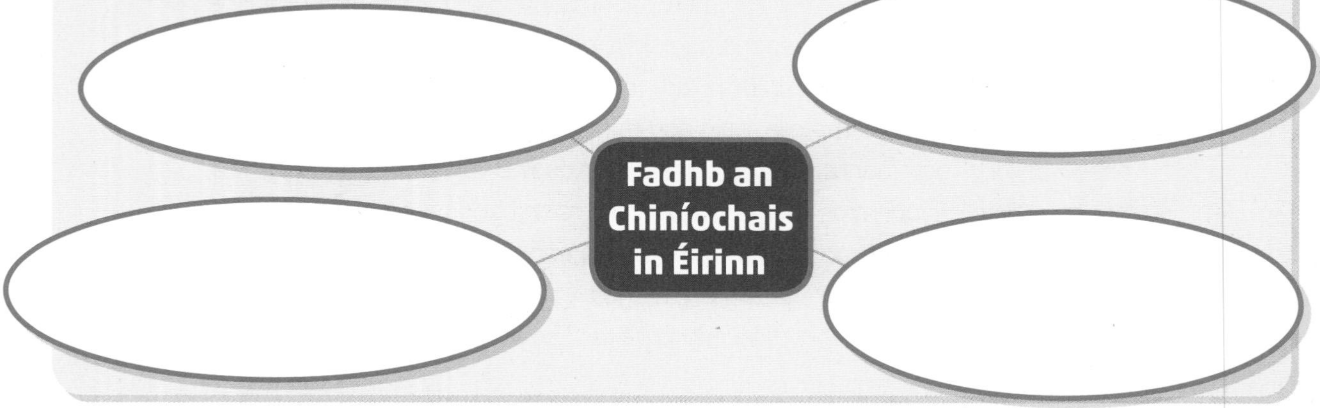

Fadhb an Chiníochais in Éirinn

Cleachtadh Scríofa

Cuir Gaeilge ar na nathanna seo a leanas ó aiste shamplach a 2 thuas.

1. it's a pity 2. unfortunately 3. prejudice 4. a race of people 5. the mindset of the people 6. roots 7. a tribe 8. division 9. the first black president 10. slavery 11. activists 12. Travellers 13. a minority group 14. the settled community 15. argument 16. a halting site 17. the Irish economy 18. refugees 19. foreign people 20. apartheid 21. South Africa 22. peace 23. social justice 24. multi-ethnic government 25. campaigner

Cúinne na Litearthachta

Cuir na heochairfhocail ón aiste thuas le chéile i bhfoirm pictiúr le cabhair Wordle nó Tagxedo.

Ceisteanna Scrúdaithe

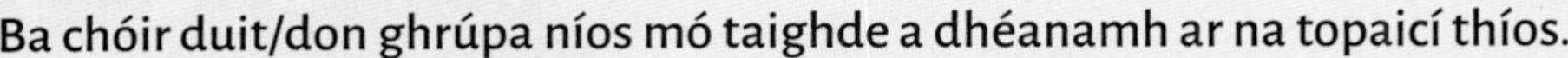

Ba chóir duit/don ghrúpa níos mó taighde a dhéanamh ar na topaicí thíos.

Ba chóir duit/daoibh ailt Ghaeilge a bhailiú ó fhoinsí ar nós **www.tuairisc.ie**, *Dréimire*, **www. beo.ie**, srl. nó nuachtáin Bhéarla a fháil agus is féidir leis an dalta nó grúpa an t-eolas a aistriú go Gaeilge le cabhair ón múinteoir, ó dhaltaí eile sa ghrúpa nó ó shuíomhanna idirlín ar nós **www. téarma.ie** nó **www. potafocal.com.**

Is féidir leis an ngrúpa meabhairmhapa nó plean a chur le chéile don aiste ar mhata boird. Lean an struchtúr a pléadh ní ba luaithe in Aonad a 1 agus scríobh síos na heochairfhocail agus na heochairphointí a bheidh á bplé agaibh i ngach alt.

Anois, scríobh aiste ar cheann amháin de na teidil thíos:

1. Is tír chiníoch í Éire
2. Ní rud sábháilte é an taisteal a thuilleadh
3. Tábhacht na gceart daonna

Cleachtadh Cainte

Nuair a bheidh an obair críochnaithe agaibh, is féidir leis an duine nó grúpa an t-eolas a chur i láthair don rang agus príomhphointí an tionscnaimh a chur in iúl don rang.

Céim a 4: Gramadach

4 An Aimsir Fháinstineach

Féach ar na nótaí in Aonad a 9 ar an aimsir fháistineach (lch 402).

11 An Réamhfhocal Simplí agus an Forainm Réamhfhoclach

Féach ar na nótaí in Aonad a 9 ar an réamhfhocal simplí agus an forainm réamhfhoclach (lch 422).

Céim a 5: Léamhthuiscint

Sa chéim seo, foghlaimeoidh tú:

- eochairfhocail a bhaineann leis an gciníochas, le cearta daonna agus le cúrsaí taistil
- foclóir a úsáidtear go coitianta sna ceisteanna sna scrúduithe.

Léamhthuiscint a 1

Léigh an sliocht seo a leanas agus freagair na ceisteanna a ghabhann leis.

Sa Bhreogán[1]

Máire Mhic Róibín

[1] *Into the Crucible*

1. Sa bhliain 1997 agus cuimhne an chinedhíothú i Ruanda fós beo i gcuimhne na ndaoine, bhí iarracht eile á déanamh ag na Náisiúin Aontaithe tabhairt faoi fhadhb an chiníochais agus na seineafóibe. Socraíodh an Tríú Comhdháil Domhanda in aghaidh an Chiníochais, an Idirdhealaithe Chiníoch, na Seineafóibe agus na hÉadulaingte i gcoitinne a chur ar siúl i bhfómhar na bliana 2001. An Comhthionól Ginearálta a rinne an socrú an chomhdháil a chur ar siúl, i rith mo chéad bhliana mar Ard-Choimisinéir agus bhí sé de dhualgas ar m'fhoireann an chomhdháil a eagrú. Bheadh ionadaithe ó fhormhór thíortha an domhain i láthair ag an gcomhdháil, chomh maith leis na céadta Eagraíocht Neamhrialtasach (ENR), Eagraíochtaí Idirnáisiúnta Saothair, Oifigigh na Náisiún Aontaithe agus daoine eile. Ní haon ionadh mar sin gur mhothaigh mé sceitimíneach agus neirbhíseach ag an am céanna.

2. Thosaigh na hullmhúcháin i gceart do Chomhdháil Durban ocht mí dhéag roimh ré agus bhí ualach mór oibre ag baint leis seo, anuas ar obair na hoifige féin. Bhí a fhios agam gur eagraigh na Náisiúin Aontaithe comhdhálacha mar seo ar an gciníochas sna blianta 1978 agus 1983. Chríochnaigh an dá ócáid seo gan aon dul chun cinn déanta faraor agus theip orthu teacht ar chomhréiteach ar bith. Bhí mé dionghbháilte ionam féin na rialtais a threorú i dtreo comhaontaithe ar na hábhair leochaileacha a bhí le plé againn – ábhair a bhí ríthábhachtach i gcás na gceart daonna. Ag an am sin, agus muid ag ullmhú don chomhdháil, bhí mé idir dhá chomhairle

maidir le leanúint ar aghaidh mar Ard-Choimisinéir ar feadh na chéad tréimhse eile ceithre bliana. Thosódh an tréimhse sin díreach i ndiaidh dhúnadh na comhdhála ar an 11ú Meán Fómhair 2001. Bhí mé dóchasach faoi thoradh na gcainteanna agus dá n-éireodh leo, b'fhéidir go bhféadfainn breathnú ar na dea-thorthaí a raibh mé ag súil leo mar chineál deonacháin uaim roimh dom an post a fhágáil.

3. Sa deireadh, shocraigh mé gan cur isteach ar an dara tréimhse sin, ar go leor cúiseanna ach go háirithe toisc nach raibh comhartha soiléir á fháil agam ó Kofi Annan maidir lena chuid tacaíochta a thabhairt dom. Fad is a bhí mé ag freastal ar chruinniú de chuid na Náisiún Aontaithe don fhoireann bhainistíochta shinsearach faoi-rúnaithe-ginearálta i Nua-Eabhrac ag deireadh na bliana 2000, fuair mé freagra neodrach uaidh nuair a chuir mé ceist air faoi mo thodhchaí mar Ard-Choimisinéir. Dúirt sé go mbeadh orainn é a phlé ní b'fhaide anonn. Níor tháinig sé ar ais chugam, áfach, agus d'fhág sé sin amhrasach mé go mbeadh a chuid tacaíochta agam i ndáiríre dá leanfainn ar aghaidh le m'iarratas.

4. Gan amhras ar bith, bhí mé neamhbhalbh mar Ard-Choimisinéir. I ról Kofi mar Rúnaí-Ghinearalta, bhí a fhios agam go raibh comhréiteach agus comhghéill taidhleoireachta riachtanach. Thuig mé freisin ar ócáidí áirithe nach raibh sé róchompordach leis an stíl threallúsach a bhí agam. Bhí mé féin lándáiríre faoi Chairt na Náisiún Aontaithe a thosaíonn 'Sinne, pobail na Náisiún Aontaithe...' Chreid mé go láidir go raibh mé ag obair ar son na ndaoine sna ballstáit, in ionad dá gcuid rialtas. Ba é sin a chuidigh liom mo chreideamh a chaomhnú i mo phost.

Bhí mé ag smaoineamh freisin ar an ualach mór oibre a bhain le hobair na hoifige. Ba phost thar a bheith deacair é, an post ba dheacra a bhí agam riamh agus níorbh aon ionadh é mar sin go raibh Nick agus mo chlann ag cur brú orm gan an dara tréimhse a iarraidh. Labhair Nick (m'fhear céile) go dearfach faoi, ag rá gur bhunathraigh mé an oifig agus gurbh é seo an t-am ligean do dhuine éigin eile leanúint ar aghaidh leis an obair.

5. Chun mo chuid measa a léiriú dóibh, d'fhógair mé féin do na ballstáit nach mbeinn ag cur isteach ar an dara tréimhse nuair a d'fhreastail mé ar chruinniú bliantúil an Choimisiún ar chearta daonna sa Ghinéiv. Rinne mé an fógra i rith mo chéad óráide ar an gcéad lá de shuí an Choimisiúin, ar an 19ú Márta 2001. 'Ní raibh sé éasca dom an cinneadh seo a dhéanamh,' a dúirt mé, 'agus tuigim go gcuirfidh sé iontas agus b'fhéidir díomá ar a lán daoine. Creidim, áfach, ag an bpointe seo, go mbeidh mé in ann níos mó a chur i gcrích taobh amuigh de na srianta a bhaineann le heagraíochtaí iltaobhacha'. Gheall mé go dtabharfainn mo chuid tacaíochta do na Náisiúin Aontaithe 'aon chaoi go bhféadfainn é sin a dhéanamh'. Mhothaigh mé muiníneach go raibh mé ag fágáil na hoifige ar bhonn ní ba láidre, go raibh feabhas tagtha ar mheanma, iomrá agus tionchar na Náisiún Aontaithe ann féin mar eagraíocht agus mórthimpeall an domhain.

Ceisteanna Scrúdaithe

1. (a) Cathain a cuireadh an Tríú Comhdháil Domhanda in aghaidh an chiníochais ar bun, dar le hAlt a 1?
   (b) Cé a bheadh i láthair ag an gcomhdháil sin, de réir Alt a 1? (7 marc)
2. (a) Cén toradh a bhí ar na comhdhálacha a bhí ar siúl sna blianta 1978 agus 1983, dar le hAlt a 2?
   (b) Cén fáth a raibh an t-údar idir dhá chomhairle, de réir an eolais a fhaighimid in Alt a 2? (7 marc)

3. (a) Cén fáth ar shocraigh Máire Mhic Róibín gan cur isteach ar an dara tréimhse mar Ard-Choimisinéir, de réir Alt a 3?
   (b) Céard a bhí ar siúl i Nua-Eabhrac ag deireadh na bliana 2000, dar le hAlt a 3? (7 marc)
4. (a) Cé dóibh a raibh Máire Mhic Róibín ag obair, dar léi féin in Alt a 4?
   (b) Cén fáth a raibh Nick agus a clann ag cur brú uirthi gan an dara tréimhse a iarraidh, dar le hAlt a 4? (7 marc)
5. (a) Cá raibh cruinniú bliantúil an Choimisiúin ar siúl sa bhliain 2001, dar le hAlt a 5?
   (b) Cén fáth ar mhothaigh an t-údar muiníneach ag fágáil na hoifige dar léi féin in Alt a 5? (7 marc)
6. (a) Aimsigh briathar saor san aimsir chaite in Alt 1 agus ainmfhocal sa tuiseal ginideach uimhir uatha in Alt a 5.
   (b) Cén *genre* /seánra scríbhneoireachta lena mbaineann an sliocht seo, dar leat? Luaigh dhá thréith a bhaineann leis an gcineál seo scríbhneoireachta. Aimsigh sampla amháin de gach ceann den dá thréith sin sa sliocht. (Bíodh na freagraí i d'fhocail fein. Is leor 60 focal.) (15 marc)

Léamhthuiscint 2

Tóraíocht an Dragain

1. Ba í seo an chéad uair dom a bheith ar an teilifís. Chuir an láithreoir fionn, a bhí ag déanamh scannánú ar ár ngrúpa turais le haghaidh clár taistil sa Ghearmáin, ceist amháin shimplí orm. Cén fáth a raibh mé i Stócólm? D'fhéadfainn a bheith ann chun an áit shuimiúil seo as ar tháinig ABBA agus Volvo a fheiceáil. Ach bhí rún ní b'urchóidí i gceist agam féin agus ag m'fhear céile. Ba mhian linn gach eolas a fháil faoi haiceálaí díoltasach le tatúnna darbh ainm Lisbeth Salander, frith-bhanlaoch na tríolóige le Stieg Larsson, a bhfuil na milliúin cóip díolta de ar fud an domhain. Tá athchóiriú scannánaíochta Meiriceánach an chéad leabhair *The Girl with the Dragon Tattoo* ag mealladh lucht féachana ollmhór anseo in Éirinn ó seoladh é mí ó shin. Ach ba mhian linne baile Lisbeth a fheiceáil dúinn féin! Léiríonn scannán Larsson sochaí a bhí i gcogadh leis féin i rith ré na Naitsithe agus tá an t-olc chun tosaigh ann mar sin. Cé gur fíor go bhfuil taobh dorcha le cúlra stairiúil Stócólm, chuaigh an chathair i bhfeidhm go dearfach orainn agus faoin am a shroicheamar an phríomhchathair sin, bhraitheamar an-chompordach i seanbhaile Gamla Stan.

2. Chuireamar tús maith lenár n-odaisé Shualannach. Rinneamar botún beag amháin, áfach. Bhí seachtain amháin againn agus sceideal thar a bheith lán. Bhíomar chun an tír seo a thrasnú – tír a bhí i bhfad ní ba mhó ná mar a cheapamar ar dtús. Bhí sé ar intinn againn dhá oíche a chaitheamh i Stócólm, leanúint ar aghaidh ansin go dtí Gothenburg, áit a bhfaighimis gluaisteán ar

cíos le cuairt a thabhairt ar cheantar locha Dalsland agus oileán Koster san Iarthar. Ina dhiaidh sin, d'fhillfimis ar Gothenburg agus chaithfimis oíche amháin eile ansin agus ár n-oíche dheireanach i Stócólm. Bhí sé craiceáilte! Dá mba rud é gur smaoiníomar ar thuras coicíse a dhéanamh de, bheadh go leor le déanamh againn fós. Ach ar an gcéad lá a chaitheamar i Stócólm chuamar ar fánaíocht sa chathair mheánaoiseach a bhí lán le hatmaisféar agus bhaineamar an-taitneamh as.

3. An lá dár gcionn, tar éis caife fíorláidir a ól agus muid armtha le treoirleabhar maith, ar aghaidh linn ag spaisteoireacht. Cé go bhfuil lár na cathrach beag go leor, scaipeann an chathair amach thar 14 oileán. Tá 24,000 oileán ag an oileánra, atá mar theorainn idir Stócólm agus Muir Bhailt. Bíonn seirbhís báid farantóireachta ar fáil go rialta go dtí na hoileáin mhóra chomh maith.

4. Ar ais ar an mórthír, chuamar thar an bpálás ríoga ar Gamla Stan agus ansin trasna an uisce go dtí an Stadshuset álainn nó Halla Cathrach Stócólm, áit a mbronntar a gcuid duaiseanna ar bhuaiteoirí Ghradaim Nobel. Ar aghaidh linn ansin i dtreo Djurgarden, áit a bhfuil daonpháirc iontach Skanseo, zú agus Dánlann Vasa suite. San áit sin bhíomar an-tógtha le long chogaidh ón 17ú céad, a ardaíodh ó leaba na farraige sa bhliain 1961.

5. Ní fhéadfaimis gan dul isteach in Óstán na Mara Nordaí, áit mhór eile do na turasóirí, agus bhí orainn bualadh isteach chuig an mBeár Oighir, déanta, mar a cheapfá, go hiomlán as oighear ó Abhainn an Torne i dTuaisceart na tíre. Shocraíomar muid féin a théamh arís agus d'itheamar dinnéar breá i mBistro an chócaire aitheanta (a bhfuil gradaim buaite aige mar gheall ar a chuid cócaireachta) Mathias Dahlgren Matbaren. Is bialann í seo ata galánta, difriúil agus *chic*, díreach cosúil le cathair Stócólm í féin. Tá flúirse rudaí ann le daoine a mhealladh ó thuaidh. Beimid ar ais gan amhras!

Ceisteanna Scrúdaithe

1. (a) Cén fáth a ndeachaigh an lánúin sa sliocht seo go Stócólm, dar leo fein sa chéad alt?
   (b) Cén chaoi ar mhothaigh siad nuair a shroich siad an chathair, de réir Alt a 1? (7 marc)
2. (a) Cén botún a rinne an lánúin agus iad ag pleanáil a dtréimhse, dar leo féin in Alt a 2?
   (b) Conas a chaith siad a gcéad lá sa chathair dar le hAlt a 2? (7 marc)
3. (a) Cé chomh mór is atá Stócólm, dar le hAlt a 3?
   (b) Cá bhfuil an t-oileánra dar le hAlt a 3? (7 marc)
4. (a) Cén bronnadh a tharlaíonn sa Stadshuset, dar le hAlt a 4?
   (b) Céard a chuaigh i bhfeidhm ar an lánúin i Djurgarden dar le hAlt a 4? (7 marc)
5. (a) Céard atá neamhghnách faoin mBeár Oighir dar le hAlt a 5?
   (b) Cá bhfios dúinn gur thaitin bialann Mathias Dahlgren Matbaren leis an lánúin, dar le hAlt a 5? (7 marc)
6. (a) Aimsigh briathar sa mhodh coinníollach in Alt a 2 agus aidiacht shealbhach sa chéad phearsa uimhir iolra in Alt a 2.
   (b) Mínigh i d'fhocail féin dhá rud a thaitin leis an lánúin faoin gcuairt a thug siad ar an tSualainn. Is leor 60 focal. (15 marc)

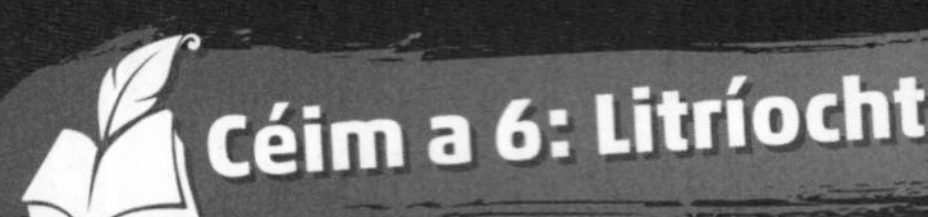

Céim a 6: Litríocht

6a: Prós

Sa chéim seo, foghlaimeoidh tú:

- faoi phlota an tsleachta as *Seal i Neipeal*
- conas téamaí an tsleachta a phlé
- conas carachtair an tsleachta a phlé
- conas stíl scríbhneoireachta agus seánra *genre* /**seánra** an tsleachta a phlé.

Cúinne na Litearthachta

Foghlaim conas na heochairfocail thíos san achoimre a litriú agus faigh amach cad is brí leo.

Féach go grinn ar na focail seo, abair amach iad, clúdaigh na focail, agus ansin scríobh na focail amach chun an litriú a chleachtadh!

An Gaeilge	An Béarla	Clúdaigh na focail ar an lámh chlé agus scríobh amach na focail anseo leat féin.
Dílseacht		
Macántacht		
Ag maíomh as		
Plámásach		
Infheistíocht		
An dallamullóg a chur air		
Líre Iodálacha gan luach		
Caimiléireacht		
Saint		
Cleasaíocht		
Uabhar		
Breallaire		
Féith an ghrinn		

Sliocht as Seal i Neipeal

le Cathal Ó Searcaigh

(sliocht as leabhar)

I ndiaidh domh[1] an dinnéar a chríochnú agus mé ar tí babhta léitheoireachta a dhéanamh, tháinig fear beag, beathaithe[2] isteach chugam, gnúis dhaingean[3] air, a thóin le talamh. Sheas sé, a dheireadh leis an tine, gur thug sé róstadh maith dá mhásaí[4]. Ansin tharraing sé cathaoir chuige féin agus theann isteach leis an tine, a lámha crágacha[5] spréite os a choinne, ag ceapadh teasa[6]. Bhí sé do mo ghrinniú[7] an t-am ar fad lena shúile beaga rógánta[8]. Níl mórán le himeacht ar an diúlach[9] seo, arsa mise liom féin. Ansin thosaigh an cheastóireacht, tiubh agus crua. Cén tír as a dtáinig mé? Cad é mar a shaothraigh mé mo chuid? An raibh bean agam? An raibh cúram teaghlaigh orm? An raibh Éire rachmasach? An raibh sé éasca cead isteach a fháil chun na tíre? An raibh cairde agam i Neipeal? An Críostaí a bhí ionam? An raibh gnó de mo chuid féin agam sa bhaile? An raibh mé ag tabhairt urraíochta d'aon duine i Neipeal? Cad é an méid airgid a chaithfinn sa tír seo? An de bhunadh saibhir mé i mo thír féin? Ós rud é nach mórán muiníne agam as cha dtug[10] mé dó ach breaceolas[11] agus bréaga agus tuairimí leathcheannacha[12].

[1]dom
[2]ramhar
[3]aghaidh dhocht
[4]*buttocks*
[5]móra
[6]ag iarraidh teas a fháil
[7]ag stánadh orm
[8]glic
[9]duine mímhacánta
[10]níor thug
[11]beagán eolais
[12]tuairimí/eolas claonta

Bhí gaol gairid aige le bean an tí agus sin an fáth a raibh sé ag fanacht ansin. Bhí sé ar a bhealach ar ais go Kathmandu, áit a raibh lámh aige i ngníomhaíochtaí éagsúla a dúirt sé: cairpéid, séalta pashmina, earraí páirpéir. Bhí an tuile shí[13] as a bhéal agus é ag maíomh as a ghaisce gnó. Ar ndóigh, bhí daoine ceannasacha ar a chúl ach sin ráite ní raibh cosc dár cuireadh ina slí ariamh nár sháraigh[14] sé. Duine acu seo a bhí ann, a dúirt sé, a bhí ábalta rud ar bith a chur chun somhaoine[15] dó féin. Dá thairbhe sin agus an dóchas dochloíte a bhí ann ó dhúchas rith an saol leis. Bhí an dá iarann déag tine aige i dtólamh[16], arsa seisean, mórchúis ina ghlór ach bíodh thíos thuas ar uair na cruóige[17], rinne seisean cinnte de go ndéantaí cibé obair a bhí le déanamh ar an sprioc[18]. Fear faobhair[19] a bhí ann ina óige, arsa seisean, ag ligean gothaí troda[20] air féin go bródúil.

[13]a lán cainte
[14]bhuaigh sé
[15]chun tairbhe
[16]i gcónaí
[17]uair na deacrachta
[18]láithreach
[19]crua
[20]cuma troda

Bhí an fuinneamh sin chomh géar agus a bhí ariamh, a dúirt sé ach anois, bhí sé i bhfearas[21] aige i gcúrsaí gnó. Bhí an-chuid earraíochta[22] ar siúl aige sna ceantair seo fosta, a dúirt sé. Bhí fir phaca[23] aige a théann thart ag díol éadaigh i mbailte scoite[24] an tsléibhe, bhí mná ag cniotáil dó cois teallaigh[25], bhí dream eile ann a dhéanann páipéar dó. Bhí cuma an ghustail[26], ceart go leor, ar an chóta throm clúimh[27] agus ar na bróga sléibhe de scoth an leathair a bhí á gcaitheamh aige. Ligfinn orm féin go raibh mé bog go bhfeicfinn cad é mar a bhí sé ag brath buntáiste a ghlacadh orm. Thairg mé buidéal leanna[28] a cheannach dó agus ba eisean féin nár dhiultaigh an deoch. Cha raibh an buidéal ina lámh aige i gceart gur ól sé a raibh ann d'aon slog cíocrach[29] amháin. D'ofráil mé an dara buidéal dó agus ach oiread leis an chéad cheann char chuir sé suas dó[30].

'Nach ádhúil gur casadh ar a chéile sinn,' a dúirt sé agus é ag cothú na tine le tuilleadh adhmaid chonnaidh[31]. 'Seo lá ár leasa,' arsa seisean agus é do mo ghrinniú lena shúile beaga santacha. Bhí a fhios aige chomh luath agus a leag sé súil orm, a dúirt sé gurb é ár gcinniúint é a bheith i mbeartas páirte[32] lena chéile. Ba mhór ab fhiú domh suim airgid a infheistiú láithreach sa chomhlacht déanta páipéir a raibh dlúthbhaint aige leis. Bheadh toradh fiúntach ar an infheistíocht seo gan aon dabht sa chruth go mbeadh ciste airgid fá mo choinne i gcónaí nuair a d'fhillfinn ar Neipeal. De réir mar a bhí sé ag téamh[33] leis an racht ceana[34] seo, mar dhea, bhí sé ag tarraingt níos clósáilte domh ionas go raibh greim láimhe aige orm faoin tráth seo. Níor ghá, ar ndóigh, an socrú beag seo a bhí eadrainn a chur faoi bhráid an dlí. B'amaideach baoth dúinn airgead a chur amú ar shéala[35] an dlíodóra. Conradh an chroí a bheadh ann, arsa seisean go dúthrachtach[36], ag teannadh a ghreama ar mo lámh. Gníomh muiníne. Ba leor sin agus an *trust* a bhí eadrainn. Bhí sé ag féachaint orm go géar go bhfeicfeadh sé an raibh an chaint leataobhach[37] seo ag dul i bhfeidhm orm. Shíl sé go raibh mé somheallta[38] agus go dtiocfadh leis suí i mo bhun agus ceann siar a chur orm. Bhí taithí aige, dearfainn, an ceann is fearr a fháil ar dhaoine. 'Dá gcreidfeá ann,' mar a deireadh na seanmhná sa bhaile fadó, 'chuirfeadh sé cosa crainn faoi do chuid cearc[39].' Ní raibh smaoineamh dá laghad agam dul i bpáirtíocht leis an tslíodóir[40]

[21]in úsáid
[22]gnó = *business affairs*
[23]fir oibre
[24]i mbailte scaipthe
[25]cois tine
[26]cuma an tsaibhris
[27]woollen
[28]buidéal beorach
[29]santach
[30]níor dhiúltaigh sé
[31]adhmad don tine
[32]ag obair le chéile
[33]ag leanúint ar aghaidh
[34]cion = *affection*
[35]fiacha = *fees*
[36]go dílis = go macánta
[37]claonta
[38]*taken in/fooled*
[39]*he would work wonders*
[40]slíbhín = *somebody who can't be trusted*

seo. Ní rachainn fad mo choise leis. Is mairg a thaobhódh[41] lena chomhairle. Ach lena choinneáil ar bís char lig mé a dhath orm[42] féin. Shuigh mé ansin go stuama, smaointeach, amhail is dá mbeadh gach focal dá chuid ag gabháil i gcion orm.

I rith an ama seo bhí Ang Wong Chuu agus Pemba ar a gcomhairle féin sa chisteanach, gach scairt cheoil acu féin agus ag bean an tí. Nuair a d'ordaigh mé an tríú buidéal leanna don tslogaire seo – bhí a chuid airgid féin, a dúirt sé, chóir a bheith reaite[43] i ndiaidh dó díolaíocht a thabhairt dá chuid oibrithe anseo sna cnoic, ach in Kathmandu dhéanfadh sé an comhar a íoc[44] liom faoi thrí. Thug Ang Wong Chuu i leataobh mé agus cuma an-tógtha air. Is cosúil gur chuir bean an tí leid ina chluas go raibh an fear istigh do mo dhéanamh go dtí an dá shúil. D'iarr sé orm gan baint ná páirt a bheith agam leis agus ar a bhfaca mé ariamh gan mo shúil a thógáil de mo sparán. Dúirt mé leis nach raibh baol ar bith go nglacfadh an breallán[45] seo lámh orm. Sa chluiche seo, gheall mé dó, bheadh an cúig deireanach agamsa. Bhí sé i bhfách[46] go mór le dul isteach liom chun tseomra le mé a chosaint ar chrúba[47] an fhir istigh ach d'éirigh liom é a chur ar a shuaimhneas agus a sheoladh ar ais chun na cisteanach. Bhí mise a gabháil a imirt mo chuid cnaipí ar mo chonlán féin[48].

Ba léir go raibh lúcháir ar an fhear eile mé a fheiceáil ag teacht ar ais. Shocraigh sé mo chathaoir san áit ba theolaí an teas. Shoiprigh[49] sé na cúisiní go cúramach.

'Cá mhéad airgid a bheadh i gceist?' arsa mise go bladarach[50] nuair a bhí mo ghoradh[51] déanta agam.

Tháinig loinnir aoibhnis ina ghnúis. Shíl sé go raibh leis. 'Braitheann sin ort féin ach thabharfadh míle dollar seasamh maith duit sa ghnó. I do leith féin atá tú á dhéanamh.' Bhí sé spreagtha. Chrom sé síos le séideog a chur sa tine. Chuir sé luaith[52] ar fud na háite le méid a dhíograise. Bhí mé ag baint sásaimh as an chluichíocht chlúide[53] seo.

'An leor banna béil[54],' arsa mise go ceisteach, amhras i mo ghlór, 'mar urrús[55] in aghaidh caillteanais?'

Bhí eagla air go raibh mé ag éirí doicheallach[56], ag tarraingt siar. Phreab sé aniar as an chathaoir agus chaith sé dhá lámh thart orm go cosantach. 'Ná bíodh imní ar bith ort taobhú liom,' arsa seisean go muiníneach. 'Nach bhfuil mé chomh saor ó smál[57] le gloine na fuinneoige sin'?

Fráimithe san fhuinneog, bhí ceathrú gealaí ag glinniúint i bhfuacht na spéire, í chomh faobhrach[58] le béal corráin[59].

[41]Ní ghlacfainn
[42]*I didn't pretend anything*
[43]imithe
[44]an fiach a ghlanadh
[45]amadán
[46]i bhfabhar/ba mhian leis
[47]*claws*
[48]i mo bhealach féin
[49]shocraigh
[50]go plámásach
[51]mo théamh
[52]*ashes*
[53]an chleasaíocht cois tine
[54]*word of mouth*
[55]*security*
[56]amhrasach
[57]peaca
[58]géar
[59]*the blade of a sickle*

'Feach isteach i mo shúile i leith is gur fuinneoga iad,' arsa seisean, 'agus tchífídh tú[60] gur duine nádúrtha mé ó dhúchas. Bí cinnte nach ndéanfainn a dhath[61] ach an t-ionracas le duine.' Bhí sramaí[62] lena shúile ar an mhéad is a bhí siad ar leathadh[63] aige os mo chomhair in iúl is go n-amharcfainn síos isteach i nduibheagán[64] a dhúchais is go gcreidfinn go raibh sé gan choir, gan chlaonadh[65].

D'amharc mé idir an dá shúil air agus mé ag rá liom féin, 'Ní rachaidh leat, a dhiúlaigh'. Leis an tsaothar anála[66] a bhí air bhí na ribí fionnaidh ina ghaosán ar tinneall[67]. Faoin am seo bhí sé siúráilte go raibh mé faoina anáil aige. 'Tabharfaidh mé suim airgid duit anois,' arsa mise go saonta, amhail is dá mbeadh muinín iomlán agam as. 'Agus an chuid eile in Kathmandu má bhíonn obair na comhlachta sásúil.'

Shamhlófá nár tháinig lá dá leas ach é. Bhí sé sna flaithis bheaga le lúcháir. Bhí sé do mo bheannú ionas go mba sheacht bhfearr a bheinn an bhliain seo chugainn. Bhí a fhios agamsa go raibh slám de lire beagluachacha na hlodáile sáite i leataobh agam le fada i dtóin mo mhála droma. D'aimsigh mé iad láithreach agus chuntas mé amach lab nótaí díobh go mórluachach[68] go raibh lán a chráige[69] aige. Shíl sé go raibh a shaint de mhaoin[70] aige ina lámh nuair a chonaic sé na nótaí míle ag carnadh[71] ina bhois. Ádhúil go leor, cha raibh a fhios aige, ach oiread lena thóin, cé chomh beagthairbheach[72] agus a bhí a stór lire.

Chomh luath agus a bhí an t-airgead istugh i gcúl a dhoirn aige, thosaigh sé ag méánfach agus ag ligean air féin go raibh néal codlata ag teacht air. Thabharfaidh sé a sheoladh in Kathmandu agus sonraí iomlána an chomhlachta domh ar maidin ach anois bhí an codladh ag fáil bua air agus chaithfeadh sé an leabaidh a bhaint amach láithreach. I ndiaidh dó mé a mholadh is a mhóradh thug sé na sála leis chun na leapa. Ba seo oíche a bhí chun a shástachta. Chodlódh sé go sámh. Ní sparán trom croí éadrom[73].

Bhí aoibh an gháire orm gur thit mé i mo chodladh. Is fuath liom an míchothrom a dhéanamh le duine ar bith ach d'fhoir sé[74] i gceart don chneámhaire[75] seo. Bhainfí croitheadh ceart as[76] nuair a chuirfí ar a shúile dó i mbanc nó i mbiúró in Kathmandu nach raibh ina charnán lire ach sop gan luach[77]. Beidh sé ag téamh ina chuid fola agus ag éirí de thalamh le fearg nuair a thuigfear dó gur buaileadh bob air.

Ar ndóigh, bhí sé ar shiúl nuair a d'éirigh mé ar maidin. Bhain sé na bonnaí as[78] le bánú an lae, a dúirt bean an tí. Bhí broid[79] air le bheith ar ais in Kathmandu. Bhí, leoga! Cé go raibh sé gaolta léi, a dúirt sí, is beag dáimh[80]

[60] feicfidh tú
[61] aon rud
[62] *discharges of mucus*
[63] ar oscailt = *wide open*
[64] i bpoll
[65] gan peaca, gan locht
[66] *heavy, fast breathing*
[67] *the small hairs in his nose were standing*
[68] *pretending they were of value*
[69] lán a láimhe
[70] a lán saibhris
[71] *piling up*
[72] luach beag = *of little value*
[73] Ní bhíonn airgead de dhith ag an té a bhíonn sásta
[74] *it suited*
[75] rógaire
[76] Bhainfí geit mhór as
[77] rud gan luach/gan mhaith
[78] d'imigh sé leis faoi
[79] dheifir, brú
[80] cion

a bhí aici leis. Cha raibh ann ach slíomadóir agus b'fhearr léi gan é a bheith ag teacht faoin teach ar chor ar bith. Bhí seal i bpríosún déanta aige as a bheith ag déanamh slad[81] ar iarsmaí beannaithe[82] na dteampall agus á ndíol le turasóirí. Cha raibh fostaíocht ar bith aige, a dúirt sí, agus bhí an t-iomrá[83] amuigh air gur ar bhuirgléireacht a bhí sé ag teacht i dtír. Bhí sé tugtha don ól ó bhí sé óg, a dúirt sí, agus chuir sé críoch fhliuch[84] ar ar shaothraigh sé ariamh. Tá bean agus páistí aige ach bhí siad scartha óna chéile ón uair ar cúisíodh é as gadaíocht agus ar gearradh téarma príosúin air.

[81]ag scriosadh
[82]*sacred relics*
[83]caint/ráflaí
[84]droch dheireadh

Achoimre ar an Sliocht

- Tar éis don údar a dhinnéar a ithe tráthnóna amháin agus é ina shuí cois tine, tháinig fear ramhar isteach chun labhairt leis. Chuir sé ceist i ndiaidh ceiste ar an údar, go háirithe i dtaobh cúrsaí airgid. Ón gcaoi a raibh sé ag stánadh air agus á cheistiú, thuig Cathal nach raibh dílseacht ná macántacht ag baint leis an bhfear seo agus níor thug sé dó ach fíorbheagán eolais agus bréaga.
- Bhí an fear gaolta le bean an tí agus bhí sé ar a bhealach ar ais go Kathmandu, áit a raibh sé páirteach i ngnóthaí éagsúla, dar leis féin. Thosaigh sé ag maíomh as féin ansin; as a chuid gnóthaí agus a chuid misnigh nuair a bhí sé ní b'óige. Dar leis féin bhí sé chomh cróga, láidir agus fuinniúil céanna anois, ach bhí sé dírithe ar chúrsaí gnó anois agus bhí daoine ag obair dó ar fud an cheantair. B'fhear mór gnó é agus bhí sé gléasta go maith chun tacú leis an nóisean sin. Thug Cathal faoi deara go háirithe 'a chóta throm chlúimh' agus 'na bróga sléibhe de scoth an leathair a bhí á gcaitheamh aige'. Bhí a fhios ag an údar, áfach, go raibh an fear seo ag iarraidh dallamullóg a chur air, ach shocraigh sé ligean air go raibh sé 'bog' agus cheannaigh sé dhá bhuidéal beorach don strainséir agus d'ól an fear iad go santach.
- D'éirigh an fear plámásach leis an údar, ag rá leis go raibh ádh mór orthu bualadh le chéile; 'seo lá ár leasa' a dúirt sé; agus mhol sé do Chathal infheistiú ina chomhlacht déanta páipéir. Gheall sé dó go ndéanfadh sé an-chuid airgid as. Tháinig sé ní ba chóngaraí dó ansin agus dúirt sé go mbeadh sé amaideach airgead a chur amú ar dhlíodóir dá socrú beag seo. Socrú idir cairde a bheadh ann! Ag breathnú air, shíl an t-údar go raibh taithí mhaith ag an 'tslíodóir' seo ar an dallamullóg a chur ar dhaoine agus mar sin, in ionad an doras a thabhairt dó, shocraigh Ó Searcaigh leanúint ar aghaidh leis an gcluiche!
- Nuair a d'ordaigh an t-údar an tríú buidéal beorach ón gcistin, tháinig Ang Wong Chuu amach ón gcistin agus thug sé Cathal ar leataobh, mar bhí sé buartha faoi. Gheall Cathal dó nach mbuailfeadh an 'breallaire' seo bob ar bith air agus gan imní a bheith air. 'Bhí mise ag gabháil a imirt mo chuid cnaipí ar mo chonlán féin,' a deir sé linn.

- D'fhiafraigh Cathal den fhear ansin, cé mhéad airgid a bheadh i gceist agus tháinig aoibh mhór ar aghaidh an strainséara. Cheap sé go raibh an cluiche leis. Míle dollar a dúirt sé a bheadh ag teastáil don ghnó. Nuair a bhraith sé go raibh an t-údar ag éirí amhrasach, chuir an fear a lámha timpeall air, ag rá leis gan eagla a bheith air, toisc go raibh sé féin go hiomláin glan, macánta. Bhí an t-údar ag baint sásaimh as an 'chluichíocht' seo, ar ndóigh!
- Nuair a chuala sé ansin go raibh an t-údar chun airgead a thabhairt dó, bhí lúcháir air agus ghuigh sé beannachtaí air. Thug Cathal a lán lire lodálacha gan luach dó agus dúirt sé leis go dtabharfadh sé a thuilleadh dó in Kathmandu dá mbeadh obair an chomhlachta sásúil. D'fhéach mo dhuine orthu go santach, gan tuairim aige nach raibh luach ar bith leis na nótaí céanna.
- An t-airgead ina sheilbh aige, bhí lúcháir ar an bhfear agus thosaigh sé ag meánfach toisc go raibh 'an codladh ag fáil bua air'. Dúirt sé leis an údar go dtabharfadh sé a sheoladh agus na sonraí go léir dó ar maidin. Níor mhaith leis an údar 'míchothrom a dhéanamh le duine ar bith', ach bhí sé tuillte go maith ag an slíbhín seo dar leis. Bhainfí geit mhaith as nuair a rachadh sé go dtí banc nó biúró i Kathmandu. Bhain Cathal sult as an smaoineamh sin!
- Faoin am a d'éirigh an t-údar an mhaidin dar gcionn, áfach, bhí an fear bailithe leis. Fuair Ó Searcaigh amach ó bhean an tí go raibh an fear seo i dtrioblóid leis an dlí cheana agus gur chaith sé tréimhse sa phríosún. Bhí sé ina alcólaí dífhostaithe, scartha óna chlann agus ní raibh baint dá laghad aige le gnó ar bith. Cheap bean an tí go raibh sé ag maireachtáil anois ar an ngadaíocht. Cé go raibh sé gaolta léi féin, b'fhearr léi nach dtiocfadh sé i ngiorracht dá teach féin toisc nach raibh aon mheas aici air, rud a d'inis sí don údar.

Sliocht as Seal i Neipeal *le Cathal Ó Searcaigh*

Achoimre ar an Scéal i bhFoirm Pictiúr

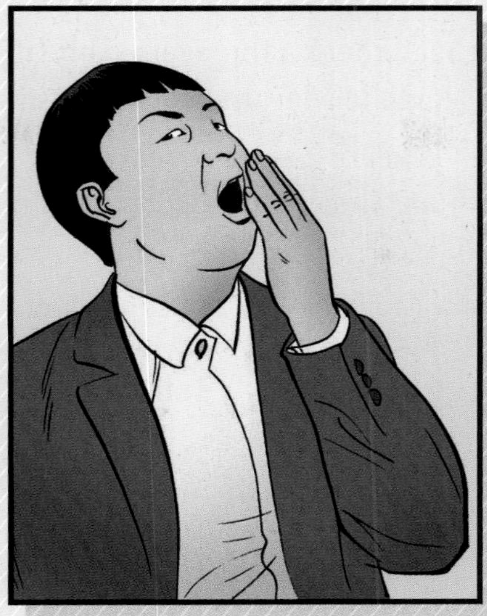

Anois, scríobh d'achoimre féin bunaithe ar na pictiúir thuas.

Cleachtadh Scríofa

Féach ar na carachtair thíos. Scríobh síos cúig cinn d'eocharfhocail a bhaineann le gach duine acu, m.sh. An tÚdar – fear géarchúiseach, cliste, srl.

An Chathaoir The

Scríobh na freagraí ar na ceisteanna seo a leanas nó iarrfar ar dhalta áirithe suí sa chathaoir the agus beidh air/uirthi an chéad cheist a fhreagairt ó bhéal. Nuair a bheidh an cheist freagartha aige/aici, is féidir leis/léi an chéad cheist eile a chur ar aon dalta eile is mian leis/léi.

1. Cad a bhí á dhéanamh ag Cathal (an t-údar) nuair a tháinig an fear eile isteach sa seomra?
2. Déan cur síos ar chuma an fhir (mar a thugann an t-údar dúinn é).
3. Cén saghas ceisteanna a chuir an strainséir seo ar an údar?
4. Cén fáth nár thaitin an fear leis an údar ón gcéad nóiméad?
5. Conas a bhí an fear gléasta?
6. Cén saghas gnóthaí a bhí aige in Kathmandu, dar leis féin?
7. Cén fáth ar cheannaigh an t-údar an bheoir don fhear?
8. Céard a mhol an fear don údar a dhéanamh lena chuid airgid?
9. Cén fáth ar tháinig Ang Wong Chuu amach ón gcistin?
10. Cé mhéad airgid a theastaigh ón bhfear dá chomhlacht?
11. Céard a rinne an strainséir nuair a thosaigh an t-údar ag léiriú amhrais?
12. Conas a mhothaigh an fear nuair a cheap sé go raibh Ó Searcaigh chun airgead a thabhairt dó?
13. Céard a thug an t-údar dó sa deireadh?
14. Céard a rinne an fear nuair a shíl sé go raibh bob buailte aige ar an údar?
15. Cén gealltanas a thug sé don údar don mhaidin dar gcionn?
16. Céard a tharla an mhaidin dar gcionn?
17. Cén fáth a mbainfí geit as an strainséir nuair a rachadh sé go Kathmandu, dar leis an údar?
18. Conas a bhí aithne ag bean an tí ar an strainséir?
19. Cén t-eolas a thug bean an tí do Chathal maidir leis an strainséir?
20. Ar thaitin an fear seo le bean an tí? Cén fáth?

Cleachtadh Cainte

Ba cheart do dhalta amháin sa rang ligean air/uirthi gurb é /í Cathal agus is féidir leis na daltaí eile sa rang ceisteanna a chur air/uirthi, mar shampla:

1. Cá raibh tú nuair a bhuail tú leis an strainséir seo?
2. Cén fáth nár thaitin sé leat? srl.

An tÚdar, Cúlra an tSleachta agus Ábhar an Úrscéil

Rugadh Cathal Ó Searcaigh i nGort a' Choirce, baile beag i nGaeltacht Thír Chonaill sa bhliain 1956. Rinne sé staidéar ar an Léann Ceilteach i gColáiste Phádraig, Maigh Nuad. Chaith sé blianta ag staidéar agus mar scríbhneoir cónaithe i gcoláistí éagsúla tríú leibhéil ar fud na tíre. Tá clú agus cáil náisiúnta agus idirnáisiúnta ar Chathal Ó Searcaigh mar fhile agus mar scríbhneoir agus tá neart duaiseanna litríochta buaite aige ar fud na cruinne.

Tá gaol láidir ag Cathal le Neipeal, áit a bhfuil an sliocht seo de leabhar Uí Shearcaigh lonnaithe. Tugann Cathal an-chuid tacaíochta agus urraíochta do dhaoine óga agus do theaghlaigh sa tír sin ó thug sé a chéad chuairt air agus is léir go bhfuil an-mheas agus cion aige ar mhuintir na tíre sin.

Téama an tSleachta

Freagra Samplach a 1

Cad iad príomhthéamaí an tsleachta seo ón leabhar *Seal i Neipeal*? Conas mar a chuireann an t-údar na téamaí sin os ár gcomhair?

Is iad na téamaí is mó atá le feiceáil sa sliocht ón leabhar seo ná caimiléireacht, saint, cleasaíocht agus uabhar. Insítear an chuid seo den scéal dúinn i stíl shimplí, thaitneamhach agus tá féith an ghrinn san údar le feiceáil go soiléir san insint sin. Bhain an léitheoir taitneamh as an gcluiche beag a bhí á imirt aige ar an gcarachtar mímhacánta a raibh sé d'ádh nó de mhí-ádh air bualadh leis oíche amháin sa teach lóistín ina raibh sé ag fanacht i Neipeal.

Thuig Cathal ón gcéad nóiméad a shuigh an strainséir in aice leis ag an tine, ón mbealach a raibh sé ag stánadh air lena shúile 'róganta', nach raibh mórán maitheasa ag baint leis an bhfear eile. Ní raibh baol ann mar sin go gcreidfeadh sé focal a thiocfadh as a bhéal, ach shocraigh sé ligean air go raibh sé beagán saonta, go bhfeicfeadh sé céard a thiocfadh as! Bhí cleasaíocht ar siul ag an mbeirt acu mar sin, iad ag cur an dallamullóg ar a chéile.

Feicimid caimiléireacht, saint agus mímhacántacht an fhir eile go soiléir nuair a thosaigh sé ag ceistiú an údair. Tugaimid faoi deara go raibh gach ceist bunaithe ar chúrsaí airgid. Níorbh fhada ansin go raibh sé ag druidim ní ba chóngaraí don údar agus go raibh sé ag moladh dó infheistiú a dhéanamh ina chomhlacht déanta páipéir. Fite fuaite leis an gcaimiléireacht agus leis an gcleasaíocht seo, feicimid féith grinn an údair agus é ag cur síos ar an eachtra. 'Bhí mise ag gabháil a imirt mo chuid cnaipí ar mo chonlán féin,' a deir sé linn. Tá searbhas an údair le tabhairt faoi deara anseo gan dabht.

Ansin, nuair a bhí a bheart déanta ag an 'tslíodóir' agus an t-airgead ina sheilbh aige, bhí an bréagadóir thar a bheith sásta leis féin agus lig sé air go raibh an tuirse ag fáil greama air agus gheall sé don údar go dtabharfadh sé a chuid sonraí go léir dó ar maidin. Níorbh aon ionadh do Chathal, áfach, an mhaidin ina dhiaidh sin go raibh an 'breallán' bailithe leis ón lóistín, an t-airgead bréagach ina phóca. Bhain Cathal sásamh agus pléisiúr as an lámh in uachtar a fháil air agus as bob maith a imirt ar an mbréagadóir. Is ag deireadh an tsleachta a fhaighimid amach go raibh an fear seo i dtrioblóid leis an dlí agus gur chosúil go raibh sé ag maireachtáil anois ar an ngadaíocht, cé go raibh sé ag maíomh as a chuid gnóthaí éagsúla. Sliocht taitneamhach é seo mar sin atá bunaithe ar ghliceas agus clisteacht an údair i leith na caimiléireachta agus na mímhacántachta.

Achoimre ar Théamaí an tSleachta

- caimiléireacht/saint
- mí mhacántacht
- uabhar / maíomh
- clisteacht / gliceas / géarchúis
- bua ag an ionracas

Tréithe na gCarachtar

An Fear Beag Beathaithe

duine cam, glic, santach

gléasta go galánta, ag maíomh as féin

neamhthrócaireach, sleamhain

fadhbanna pearsanta, i dtrioblóid leis an dlí

maireann sé ar an ngadaíocht

- Is carachtar cam, glic, santach é an fear seo ón nóiméad a chastar orainn é sa sliocht. Ní insíonn sé ach bréaga don údar, ag rá leis gur fear gnó é agus ag maíomh as a chuid gnóthaí. Deir sé go bhfuil daoine fostaithe aige ar fud an cheantair agus go bhfuil sé ar a bhealach ar ais go Kathmandu, áit a bhfuil baint aige le comhlachtaí agus a bhfuil sé ina fhear gnó rathúil.
- Tá sé gléasta go galánta, is dócha chun a chuid saibhris a chruthú d'aon turasóir a chreidfidh a chuid scéalta. Ní hamháin go bhfuil sé ag iarraidh an dallamullóg a chur ar an údar mar sin, ach ceapann an t-údar go bhfuil taithí mhaith aige ar an gcinéal seo iompair.
- Tá sé sleamhain agus cliste ann féin, sa chaoi a ndéanann sé iarracht airgead a fháil óna íobartach. Tá sé chomh neamhthrócaireach (*ruthless*) sin nuair a éiríonn leis carn airgid a fháil dó féin gur cuma leis a rá go bhfuil tuirse air agus éalú ansin i ngan fhios don údar. Léiríonn sé seo arís an tsaint uafásach a bhaineann leis.
- Is ag deireadh an tsleachta, áfach, a thuigtear dúinn go bhfuil go leor fadhbanna pearsanta ag an bhfear beag, ramhar agus is beag nach mothaímid trua éigin dó. Is alcólaí é atá dífhostaithe agus tá sé scartha óna bhean agus a chlann mar gheall ar théarma príosúnachta a gearradh air. Is cosúil go maireann sé anois ar an ngadaíocht.

An tÚdar

duine cliste, géarchúiseach

glic, mímhacánta

sotal & díomas ina chuid gníomhaíochtaí

féith an ghrinn ann

baineann sé sult as an gcleasaíocht

- Ó thús an tsleachta, feicimid gur duine cliste, géarchúiseach é Cathal. Ón nóiméad a leagann sé súil ar an strainséir, tuigeann sé go bhfuil sé mímhacánta agus gur duine santach, suarach é. Mar sin, socraíonn sé féin bob a bhualadh ar an amadán agus an lámh in uachtar a fháil air.

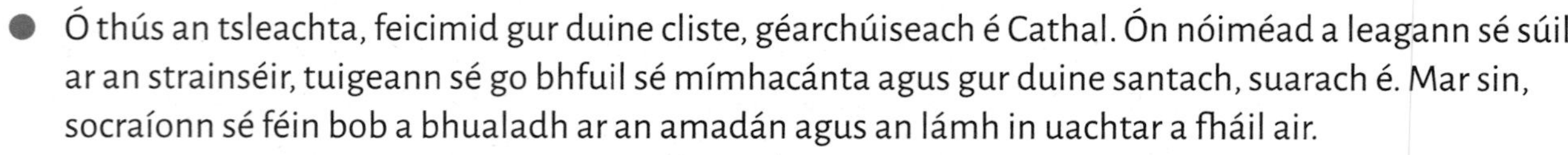

- Ligeann sé air go bhfuil sé meallta ag scéalta an fhir agus go bhfuil suim aige airgead a infheistiú leis.Tá an t-údar féin in ann a bheith glic agus mímhacánta chomh maith!
- Baineann sé sásamh agus pléisiúr as a bheith ag imirt cluichí ar an bhfear beathaithe agus teastaíonn uaidh a bheith chun tosaigh agus bob a bhualadh air. Tá sotal agus díomas ag baint lena chuid gníomhartha, áfach. Ní bheadh aon bhaint ag formhór na ndaoine le duine den chineál seo in aon chor.
- Níl aon amhras ach go bhfuil féith an ghrinn go mór san údar seo. Tá slí éadrom, thaitneamhach,

Mothúcháin

Achoimre Ghearr ar na Mothúcháin sa Chéad Leath

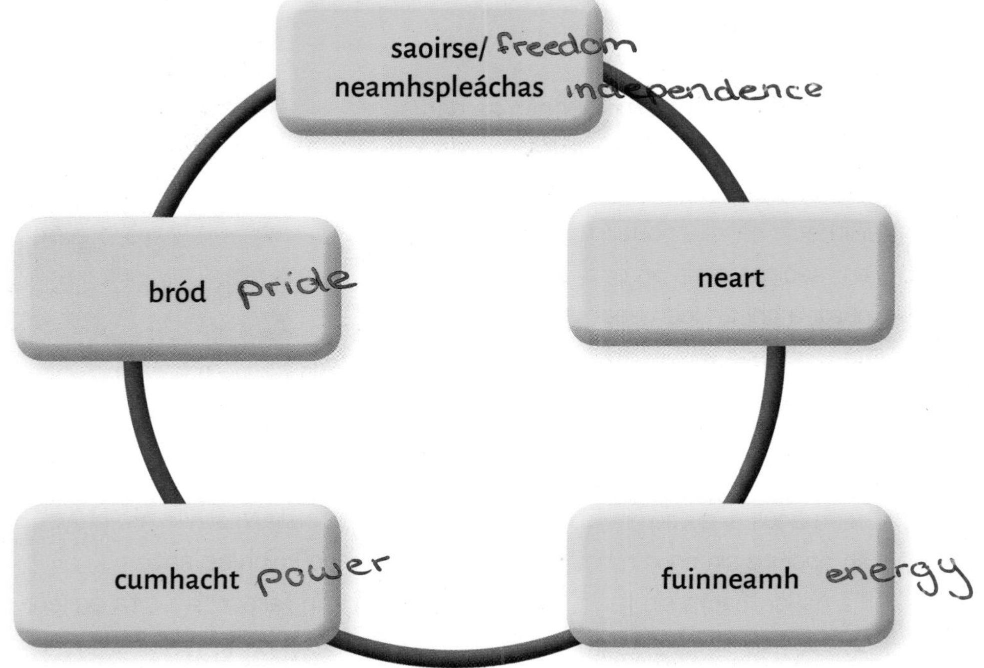

Achoimre Ghearr ar na Mothúcháin sa Dara Leath

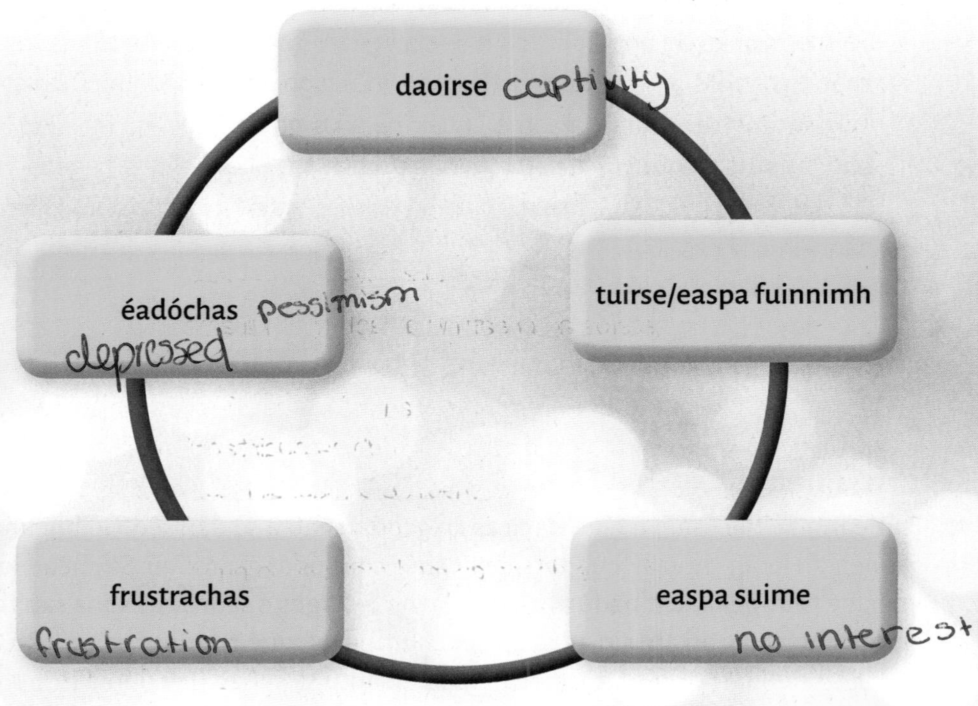

Freagra Samplach a 2

Céard iad na mothúcháin is treise sa dán 'Géibheann', dar leat féin? Déan plé garid ar na mothúcháin sin.

Tá réimse leathan mothúchán sa dán seo agus codarsnacht láidir eatarthu le tabhairt faoi deara. An rud is mó a bhuaileann an léitheoir ná an chodarsnacht ghéar idir an tsaoirse agus an daoirse. Uair amháin, nuair a bhí an leon saor agus é amuigh san fhoraois sna tíortha teo, mhothaigh sé neamhspleách agus cumhachtach. Bhí bród

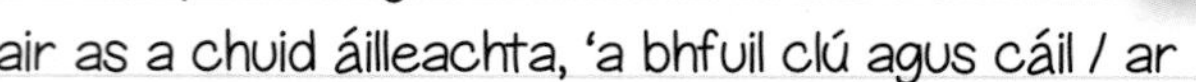

air as a chuid áilleachta, 'a bhfuil clú agus cáil / ar

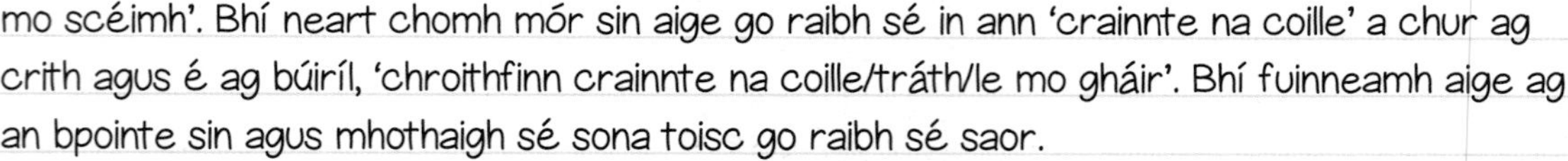

mo scéimh'. Bhí neart chomh mór sin aige go raibh sé in ann 'crainnte na coille' a chur ag crith agus é ag búiríl, 'chroithfinn crainnte na coille/tráth/le mo gháir'. Bhí fuinneamh aige ag an bpointe sin agus mhothaigh sé sona toisc go raibh sé saor.

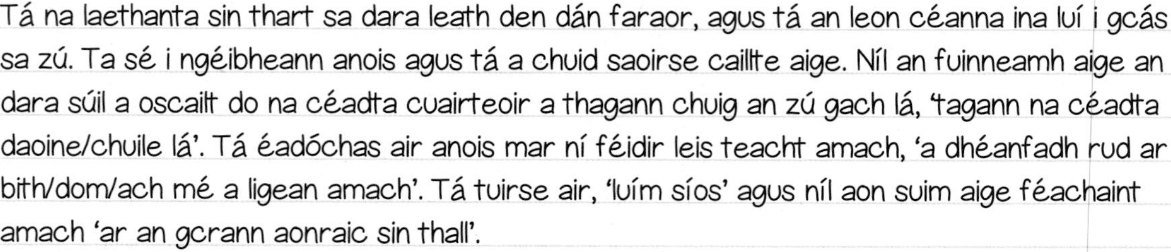

Tá na laethanta sin thart sa dara leath den dán faraor, agus tá an leon céanna ina luí i gcás sa zú. Ta sé i ngéibheann anois agus tá a chuid saoirse caillte aige. Níl an fuinneamh aige an dara súil a oscailt do na céadta cuairteoir a thagann chuig an zú gach lá, 'tagann na céadta daoine/chuile lá'. Tá éadóchas air anois mar ní féidir leis teacht amach, 'a dhéanfadh rud ar bith/dom/ach mé a ligean amach'. Tá tuirse air, 'luím síos' agus níl aon suim aige féachaint amach 'ar an gcrann aonraic sin thall'.

Tá mothúchán an bhróin le brath sa dán gearr seo mar sin. Braitheann an léitheoir brón agus éadóchas an fhile nuair a thuigtear dúinn go raibh Caitlín ag fulaingt leis an ngalar ailse. Tuigimid gur dán fáthchiallach é i ndáiríre agus go bhfuil an file ag léiriú a cuid mothúchán féin dúinn. Is cinnte gur mhothaigh sí an daoirse a bhaineann le tinneas. Bhraith sí go raibh sí i ngéibheann agus faoi smacht ag an tinneas agus tá an méid sin le feiceáil go soiléir sa dán gan amhras.

Teicnící Fileata

- Baineann an file úsáid éifeachtach as an gcodarsnacht sa dán seo 'Géibheann'. Úsáideann sí íomhá shoiléir an leoin chun an chodarsnacht sin a chur os ár gcomhair. Sa chéad leath den dán, feicimid leon ina thimpeallacht nádúrtha sna tíortha teo agus é saor agus sona san fhoraois. Bhí sé fiáin agus cumhachtach ag an am sin agus bhí an chumhacht aige 'crainnte na coille' a chur ag crith agus é ag búiríl. Úsáideann an file Caitlín Maude pearsantú sa chéad líne den dán, a thaispeánann dúinn go bhfuil an file i ndáiríre ag caint fúithí féin agus í ag úsáid mheafar an leoin. Samhlaíonn sí í féin mar leon, 'ainmhí mé'.

síneadh[4] nua le mo scoil le déanaí ar ámharaí an tsaoil[5]. Bímid préachta leis an bhfuacht go minic ar scoil mar tá seanchóras teasa[6] ann.

[4]extension
[5]luckily
[6]heating system

- Is scoil mhór í mo scoil. Tá a lán áiseanna i mo scoil, ina measc: giomnáisiam, halla spóirt, cúirt leadóige, cúirt chispheile, páirc imeartha, raon reatha[7], halla ceoil, seomra ceoil, amharclann[8], seomra ealaíne, seomra ríomhairí, seomra adhmadóireachta, seomra miotalóireachta, dhá shaotharlann, seomra eacnamaíocht bhaile, clós, oifig an phríomhoide, oifig an rúnaí, taisceadáin[9] na ndaltaí agus araile.

[7]running track
[8]theatre
[9]lockers

An Córas Smachta sa Scoil/Rialacha na Scoile

Rialacha na Scoile	
Níl cead agat a bheith déanach don scoil.	*You are not allowed to be late for school.*
Níl cead agat a bheith déanach don rang.	*You are not allowed to be late for class.*
Níl cead agat smideadh ná seodra a chaitheamh.	*You are not allowed to wear make-up or jewellery.*
Níl cead againn casóg a chaitheamh sa rang.	*We are not allowed to wear a jacket in class.*
Níl cead agat a bheith drochbhéasach leis an múinteoir.	*You may not be rude to the teacher.*
Níl cead agat a bheith ag caint sa rang.	*You may not talk in class.*
Tá cosc ar thobac sa scoil.	*Cigarettes are forbidden in the school.*
Tá cosc ar alcól sa scoil.	*Alcohol is forbidden in the school.*
Tá cosc ar dhrugaí sa scoil.	*Drugs are forbidden in the school.*

An scrúdaitheoir: **Déan cur síos ar an gcóras smachta i do scoil.**

An dalta:

- Tá a lán rialacha scoile i mo scoil. Tá formhór díobh réasúnta go leor ach tá corr-riail seafóideach, dar liom.
- Ní mór dúinn stocaí dubha a chaitheamh agus níl cead againn stocaí d'aon dath eile a chaitheamh. Téann na múinteoirí le báiní[10] má chaithimid stocaí bána, mar shampla. Téitear thar fóir[11] leis an riail seo, i mo thuairim.
- Níl cead ag na cailíní smideadh a chaitheamh. Ceapaim go bhfuil an riail sin mífhéaráilte mar caitheann mórán de na múinteoirí baineanna smideadh! Bíonn sé deacair ar dhaltaí le haicne[12] chomh maith – dá dteastódh uathu smideadh a chaitheamh, ba cheart ligean dóibh!
- Níl cead againn casóg[13] a chaitheamh sa rang. Bímid préachta leis an bhfuacht sa rang uaireanta mar tá seanchóras teasa sa scoil. Ní cheapaim go bhfuil an riail seo féaráilte mar sin!
- Ní mór dúinn a bheith in am don rang agus don scoil.
- Tá cosc ar alcól, tobac agus drugaí.

[10]crazy
[11]over the top
[12]acne
[13]jacket

[14]*a docket*
[15]*a penalty sheet*
[16]*detention*
[17]*suspended*

An scrúdaitheoir: **Cad a tharlaíonn má bhriseann tú na rialacha?**

An dalta:
- Faigheann tú cárta buí/duillín[14]/leathanach pionóis[15].
- Bíonn ort fanacht siar[16] má fhaigheann tú trí chárta bhuí.
- Má bhriseann tú riail thábhachtach, cuirtear ar fionraí[17] thú.

An scrúdaitheoir: **Déan cur síos ar d'éide scoile.**

Caithim…	*I wear…*
sciorta dubh/liath/corcra/gorm/dúghorm/uaine/donn/dearg/breacáin	*a black/grey/purple/blue/navy/green/brown/red/tartan skirt*
bríste liath/dubh/donn	*grey/black/brown trousers*
léine ghorm/bhán/liath	*a blue/white/grey shirt*
blús bán/gorm/liath	*a white/blue/grey blouse*
carbhat stríocach	*a stripy tie*
bléasar nó casóg dhubh/liath/dhonn/dúghorm	*a black/grey/brown/navy blazer or jacket*
stocaí liatha/bána/dubha	*grey/white/black socks*
bróga dubha/donna	*black/brown shoes*

Frásaí a Bhaineann le Tuairiscí Scoile/Bréagscrúduithe *(mock exams)*			
d'éirigh liom sa scrúdú	*I passed the exam*	theip orm sa scrúdú	*I failed the exam*
d'éirigh leat	*you passed*	theip ort	*you failed*
d'éirigh leis/léi	*he/she passed*	theip air/uirthi	*he/she failed*
d'éirigh linn	*we passed*	theip orainn	*we failed*
d'éirigh libh	*you passed*	theip oraibh	*you failed*
d'éirigh leo	*they passed*	theip orthu	*they failed*

Fuair mé A sa Mhata.	*I got an A in Maths.*
Fuair mé D sa Stair.	*I got a D in History.*

Cleachtadh Cainte

Léigh an comhrá seo os ard sa rang.

Comhrá Samplach

An scrúdaitheoir: **Cad is ainm do do scoil?**

An dalta: Táim ag freastal ar Mheánscoil na Trócaire, Cnoc an tSeabhaic.

An scrúdaitheoir: **Cén saghas scoile í?**

An dalta: Is scoil mheasctha í. Sílim go n-ullmhaíonn scoileanna measctha an dalta níos fearr don saol ná scoileanna do bhuachaillí nó do chailíní amhain. Ullmhaíonn scoileanna measctha na daltaí don saol tar éis na scoile, nuair a bhíonn fir

agus mná ag staidéar le chéile ar an ollscoil, ag obair le chéile, agus ag bualadh le chéile ina saol sóisialta.

An scrúdaitheoir: **Inis dom faoi do scoil. Cad iad na háiseanna atá inti?**

An dalta: Is scoil mhór í mo scoil agus tá síneadh nua faighte againn le déanaí, ar ámharaí an tsaoil. Freastalaíonn dhá chéad is míle dalta ar an scoil. Tá a lán áiseanna againn ar scoil, ina measc: halla spóirt, dhá chúirt leadóige, trí chúirt chispheile, páirc imeartha, clós, trí shaotharlann, dhá sheomra eacnamaíocht bhaile, ceaintín, seomra ceoil, dhá sheomra ealaíne, amharclann, seomra foirne, oifig an phríomhoide, oifig an phríomhoide ionaid, oifig na rúnaithe, agus dhá sheomra ríomhaire. Tá Ipadanna ag na múinteoirí go léir agus is féidir linn féachaint ar fhíseáin, ar shleamhnáin PowerPoint agus ar an idirlíon ar chláir bhána idirghníomhacha i ngach seomra ranga. Tá an t-ádh dearg linn.

An scrúdaitheoir: **Cad iad na hábhair atá idir lámha agat?**

An dalta: Déanaim staidéar ar ocht n-ábhar, ina measc: Gaeilge, Béarla, Mata, Spáinnis, Fisic, Bitheolaíocht agus Gnó. Déanaim staidéar ar Mhata Fheidhmeach chomh maith mar ábhar breise.

An scrúdaitheoir: **Cad é an t-ábhar is fearr leat ar scoil?**

An dalta: Is é Mata an t-ábhar is fearr liom, gan aon agó. Sin an fáth a bhfuilim ag tabhairt faoi mhata fheidhmeach mar ábhar breise chomh maith! Táim go maith ag uimhreacha agus tá an t-ábhar éasca dom. Tá caidreamh[18] maith agam leis an múinteoir agus míníonn sí na fadhbanna i slí shoiléir, intuigthe[19].

[18] *relationship*
[19] *understandable*

An scrúdaitheoir: **An bhfuil aon ábhar ann nach maith leat?**

An dalta: Ní maith liom Béarla mar níl samhlaíocht[20] iontach agam chun aistí agus scéalta a cheapadh. Is duine praiticiúil mé agus ní duine cruthaitheach[21] mé. Bíonn an cheapadóireacht deacair dom agus tógann sé mórán de mo chuid ama nuair a bhím ag iarraidh aistí agus scéalta a chumadh[22].

[20] *imagination*
[21] *creative*
[22] *to compose*

An scrúdaitheoir: **An maith leat d'éide scoile?**

An dalta: Is maith liom an éide scoile. Caithimid sciorta uaine, geansaí uaine, léine bhán, carbhat stríocach, agus stocaí dubha. Is é mo thuairim ná go mbíonn sé i bhfad níos éasca tú féin a ullmhú ar maidin má bhíonn éide scoile agat. Ní gá a bheith ag roghnú éadaí éagsúla gach maidin. Bíonn gach duine mar a chéile[23] ar scoil, agus ní bhíonn aon chomórtas faisin idir na daltaí dá bharr[24].

[23] *the same*
[24] *as a result*

An scrúdaitheoir: **An maith leat do scoil?**

An dalta: Is breá liom an atmaisféar sa scoil, toisc go bhfuil gach duine cairdiúil, agus tá mórán cairde nua agam ansin. Tá na múinteoirí cabhrach agus díograiseach[25]. Bíonn meas acu orainn agus de ghnáth bíonn dea-chaidreamh idir múinteoirí

[25] *hard-working*

	agus daltaí. Bhí níos mó spáis ag teastáil do na daltaí sa cheaintín cúpla bliain ó shin ach leis an síneadh nua, tá an fhadhb sin réitithe anois.
An scrúdaitheoir:	**An imríonn tú spórt ar son na scoile?**
An dalta:	Imrím cispheil le foireann na scoile, agus imrím peil Ghaelach ar son na scoile chomh maith.
An scrúdaitheoir:	**An bhfuil aon rud a bhaineann leis an scoil nach maith leat?**
An dalta:	Ní maith liom an córas smachta[26]. Má bhím déanach don rang, faighim duillín. Má fhaighim trí dhuillín bíonn orm fanacht siar tar éis na scoile. Má bhím giodamach sa rang bíonn orm fanacht siar. Ní thaitníonn sé sin liom – ach is dócha go bhfuil córas smachta éigin riachtanach[27] nó bheadh rírá sa scoil!
An scrúdaitheoir:	**Déan cur síos ar ghnáthlá scoile.**
An dalta:	Éirím ar maidin ar a seacht a chlog. Bíonn cithfholcadh agam, cuirim mo chuid éadaigh orm, agus ithim mo bhricfeasta. Faighim síob go dtí an scoil ó mo mham ag a hocht a chlog. Sroichim an scoil ag leathuair tar éis a hocht, agus ansin bíonn tionól againn ar a naoi. Tosaíonn obair na ranganna ar deich tar éis a naoi, agus bíonn dhá rang againn roimh an sos. Maireann na ranganna daichead nóiméad roimh an sos. Bíonn sos cúig nóiméad déag againn ag fiche cúig tar éis a deich. Ansin bíonn ceithre rang eile againn, agus bíonn an lón againn ag deich tar éis a haon. Maireann na ranganna sin tríocha cúig nóiméad. Críochnaíonn obair na scoile ag ceathrú chun a ceathair. Uaireanta bíonn traenáil agam leis an bhfoireann cispheile tar éis na scoile. Maireann an traenáil uair go leith. Téim abhaile ar an mbus, agus déanaim mo chuid obair bhaile. Ithim mo dhinnéar ag a seacht a chlog, féachaim ar roinnt sraithchlár nó scannán ar an teilifís. Faoin am sin bíonn tuirse orm, agus téim a luí timpeall leathuair tar éis a deich.

[26] *discipline system*

[27] *necessary*

Tá na briathra san aimsir láithreach an-tábhachtach sa cheist seo. Féach ar na nótaí ar an aimsir láithreach in Aonad a 9, leathanach 397.

Obair Bheirte

Cuir na ceisteanna seo a leanas ar an duine in aice leat:

1. Inis dom beagán faoi do scoil.
2. Déan cur síos ar na háiseanna atá sa scoil. Cé na háiseanna is mó a úsáideann tú?
3. Cé mhéad ábhar atá á ndéanamh agat?
4. Cad é an t-ábhar is fearr leat, agus cén fáth sin?
5. An bhfuil aon ábhar ann nach maith leat?
6. An gcaitheann tú éide scoile?
7. Déan cur síos ar an éide scoile.
8. Cad é an rud is fearr leat faoin scoil?
9. An bhfuil aon rud ann nach maith leat?
10. Déan cur síos ar ghnáthlá scoile.

Obair Bhaile

Féach ar leathanach 9 sa Leabhrán. Freagair ceist 1, 2 agus 3.

Lochtanna an Chórais Oideachais

An scrúdaitheoir: **Cad iad na lochtanna is mó a bhaineann leis an gcóras oideachais, dar leat?**

An dalta:

- Tá an ráta daltaí in aghaidh gach múinteora ró-ard. Tá líon na ndaltaí i ngach rang i bhfad ró-ard i mo thuairim. Má bhíonn rang de thríocha dalta i gceist, bíonn sé an-deacair ar an múinteoir aird cheart a thabhairt do gach dalta – go háirithe má bhíonn daltaí sa rang a bhfuil riachtanais speisialta acu. Bíonn sé deacair ar an múinteoir idirdhealú[28] a dhéanamh chun freastal ar chumas na ndaltaí éagsúla más rang measctha (ó thaobh cumais de) a bhíonn i gceist le mórán daltaí.
- Tá an iomarca brú ar dhaltaí le córas na bpointí. Cuireann sé isteach ar néaróga[29] na ndaltaí agus uaireanta éiríonn daoine tinn nuair a bhíonn siad faoin iomarca brú. Ba chóir níos mó measúnú leanúnach a chur i bhfeidhm sa tslí nach mbíonn todhchaí an dalta ag brath ar mhórscrúdú amháin i ngach ábhar. Ar a laghad, is féidir le daltaí 40 faoin gcéad den scrúdú iomlán a dhéanamh roimh ré leis an Scrúdú Cainte sa Ghaeilge. Bíonn na scrúduithe béil ar siúl dhá mhí roimh an mórscrúdú scríofa agus cluastuisceana ag deireadh na séú bliana.
- Níl an córas mar atá sé dírithe ar chruthaitheacht[30] an dalta ar chor an bith. Tá an bhéim go léir ar an acadúlacht[31] agus níl go leor béime ar ábhair ná ar thascanna praiticiúla dar liom. Is minic nach mbíonn a fhios ag daltaí conas rudaí simplí a dhéanamh nuair a fhágann siad ar scoil cosúil le bolgán[32] a athrú, conas cuntas bainc a oscailt nó conas garraíodóireacht a dhéanamh.
- Ní fhreastalaíonn an córas i gceart ar dhaltaí a bhfuil deacrachtaí foghlama[33] nó riachtanais speisialta[34] acu agus ar dhaltaí a bhfuil míchumas[35] orthu. Tá easpa múinteoirí, cúntóirí agus acmhainní sna scoileanna chun freastal ar an éileamh sin.

[28] *differentiate*
[29] *nerves*
[30] *creativity*
[31] *academia*
[32] *light bulb*
[33] *learning difficulties*
[34] *special needs*
[35] *disability*

An scrúdaitheoir: **Cad a d'athrófá dá mbeifeá i d'Aire Oideachais agus Scileanna?**

An dalta:

- Chuirfinn níos mó measúnú leanúnach[36] i bhfeidhm i gcás gach ábhar.
- D'infheisteoinn[37] níos mó airgid i dtrealamh[38] spóirt, teicneolaíochta agus eolaíochta sna scoileanna
- D'infheisteoinn níos mó airgid in acmhainní do dhaltaí a bhfuil riachtanais speisialta acu agus thabharfainn níos mó airgid do na scoileanna chun níos mó múinteoirí agus cuntóirí riachtanais speisialta a fhostú.
- Ghearrfainn an lá scoile – tá sé rófhada! Faoin am a fhágaim an seisiún staidéir faoi stiúir um thráthnóna, bím spíonta amach!
- Chuirfinn níos mó béime ar an gcruthaitheacht agus scileanna praiticiúla sna curaclaim do na hábhair éagsúla – tá an iomarca béime ar an acadúlacht, dar liom.

[36] *continuous assessment*
[37] *I would invest*
[38] *equipment*

Obair Bhaile

1. Féach ar leathanach 30 i do Leabhrán. Freagair an cheist faoin gcóras oideachais in Éirinn.
2. Féach ar leathanach 24 i do Leabhrán. Freagair an cheist mar gheall ar cad a dhéanfá dá mbeifeá i d'Aire Oideachais agus Scileanna.

An scrúdaitheoir: **Cad ba mhaith leat a dhéanamh nuair a fhágfaidh tú an scoil?**

Freagra Samplach a 1

- Ba mhaith liom dul ag taisteal ar feadh bliana nuair a chríochnóidh mé an Ardteist.
- Beadsa/Beidh mé bréan den staidéar agus beidh sos ón staidéar uaim.
- Ba bhreá liom dul go dtí an Astráil ar feadh bliana. Tá an aeráid[39] te agus grianmhar san Astráil agus bheadh sé sin an-mhealltach[40] dom! Tá sé cloiste agam go bhfuil an tírdhreach[41] go hálainn san Astráil agus go bhfuil móran radharc le feiscint – amhail An Mhórsceir Bhacainneach[42], An tÁras Ceoldráma i Sydney, Droichead an Chuain i Sydney, na páirceanna náisiúnta, an fásach[43] agus Cósta an Óir.

[39] *the climate*
[40] *enticing*
[41] *landscape*
[42] *The Great Barrier Reef*
[43] *the desert/bush*

Freagra Samplach a 2

- Ba mhaith liom taisteal go Meiriceá Theas agus foraois bháistí na hAmasóine[44] a fheiscint. Ba mhaith liom a bheith in ann dul ag grianaíocht agus ag snámh faoin aer tar éis sclábhaíocht na hArdteiste!
- Ba bhreá liom dul go Meiriceá Thuaidh agus cathracha cáiliúla ar nós Nua-Eabhrac, Washington DC agus LA a fheiscint. Ba mhian liom Dealbh na Saoirse, Oileán Ellis agus Foirgneamh na hImpireachta Stáit a fheiscint i Nua-Eabhrac agus féachaint ar cheolsiamsa ar Broadway. Ina dhiaidh sin, ba mhaith liom taisteal go Washington DC agus Teach Bán an Uachtaráin agus an Pentagon a fheiscint. Theastaigh uaim California a fheiceáil i gcónaí ar chósta thiar Mheiriceá.

[44] *Amazon rainforest*

Freagra Samplach a 3

- Ba mhaith liom cúrsa iar-ardteiste[45]/dioplóma/teastas[46] i gcúram linbh[47] a dhéanamh.

An scrúdaitheoir: **Cén cúrsa ba mhaith leat a dhéanamh tar éis na hArdteiste?**

An dalta: Ba mhaith liom céim a bhaint amach. Ba mhaith liom staidéar a dhéanamh ar an leigheas.

[45] *PLC course*
[46] *certificate*
[47] *childcare*

Nóta Gramadaí

Nóta!
ach amháin nuair a thosaíonn an focal le *st, l, n, r, sm, sp, sc*

Ar + séimhiú*			
leigheas	*medicine*	eolaíocht	*science*
fiaclóireacht	*dentistry*	bia-eolaíocht	*food science*
teiripe urlabhra agus teanga	*speech and language therapy*	eolaíocht ríomhaireachta	*computer science*
zó-eolaíocht	*zoology*	cógaisíocht	*pharmacy*
altracht	*nursing*	ceol	*music*
teiripe shaothair	*occupational therapy*	cumarsáid	*communications*
craoltóireacht	*broadcasting*	teileachumarsáid	*telecommunications*
oistéapaite	*osteopathy*	iriseoireacht	*journalism*
fiseteiripe	*physiotherapy*	innealtóireacht	*engineering*
na dána	*arts*	innealtóireacht mheicniúil	*mechanical engineering*
drámaíocht	*drama*	innealtóireacht shibhialta	*civil engineering*
dlí	*law*	innealtóireacht cheimiceach	*chemical engineering*
gnó	*business*	innealtóireacht leictreach	*electrical engineering*
tráchtáil	*commerce*	bunmhúinteoireacht	*primary school teaching*
achtúire	*actuary*	spórt agus fóillíocht	*sports and leisure*
cuntasaíocht	*accounting*	anamúlacht	*animation*
ríomhaireacht	*computing*	teicneolaíocht	*technology*
eitlíocht	*aviation*	pluiméireacht	*plumbing*
meicnic	*mechanics*	tógáil	*construction*
siúinéireacht	*carpentry*	leictreoireacht	*electrics*

An scrúdaitheoir: **Cén fáth ar mhaith leat an cúrsa sin a dhéanamh?**

An dalta:

- Ba mhaith liom staidéar a dhéanamh ar an leigheas/an bhfiaclóireacht/an altracht/an gcogaisíocht mar ba bhreá liom a bheith ag cabhrú le daoine tinne agus bheadh an post dúshlanach ach sásúil, dar liom. Tá an tuarastal réasúnta maith chomh maith agus ní haon díobháil é sin[48]!
- Bheadh an cúrsa suimiúil/dúshlánach[49]/sásúil/spreagúil, dar liom.
- Bheadh an tuarastal go maith.
- Ba mhaith liom a bheith ag obair le leanaí/déagóirí/seandaoine.
- Tá scileanna pearsanra[50] maithe agam.

[48] *that's no harm*
[49] *challenging*
[50] *interpersonal skills*

- Táim go maith ag uimhreacha/ealaín/ceol/drámaíocht/spórt/eolaíocht.
- Ba mhaith liom staidéar a dhéanamh ar an dlí mar táim go maith ag scríobh aistí agus táim go maith ag díospóireacht agus ag déanamh anailíse ar cháipéisí.
- Ba mhaith liom staidéar a dhéanamh ar an mBéarla mar táim go maith ag scríobh aistí agus ag déanamh anailíse ar an litríocht.
- Ba mhaith liom cúrsa iar-Ardteiste a dhéanamh chun cnuasach[51] pictiúr a chur le chéile agus ansin ba bhreá liom freastal ar chúrsa ealaíne sa Choláiste Náisiúnta Ealaíne agus Deartha an bhliain dar gcionn. Is aoibhinn liom a bheith ag tarraingt, ag péintéireacht, ag dealbhóireacht agus ag tarraingt beochaintí[52].

[51]*collection*
[52]*animations*

An scrúdaitheoir: **Cá fhad a mhairfeadh an cúrsa?**

An dalta:

- Maireann cúrsa leighis seacht mbliana agus ina dhiaidh sin, déanann tú staidéar ar ghné ar leith den leigheas. De ghnáth, téann tú ag obair in ospidéal ar feadh dhá bhliain mar dhochtúir sóisearach chun taithí a fháil.
- Maireann an chéim altrachta ceithre bliana. Is féidir liom máistreacht san altracht a dhéanamh ina dhiaidh sin, más mian liom. Is duine cneasta, foighneach mé agus ceapaim go mbeinn go maith chuici/aici.

An Teicneolaíocht

An scrúdaitheoir: **Conas a chruthaíonn tú do phroifíl phearsanta ar Facebook?**

An dalta: Lógálann[53] tú isteach ar an láithreán gréasáin[54]. Úsáideann tú do sheoladh ríomhphoist nó d'uimhir fóin soghluaiste[55] chun an phróifíl a chruthú. Is féidir leat grianghraif, teachtaireachtaí agus eolas fút féin a chur suas ar an bpróifíl phearsanta/leathanach baile.

[53]*to log on*
[54]*website*
[55]*mobile*

An scrúdaitheoir: **Cad iad na buntáistí a bhaineann le Facebook?**

An dalta:

- Is féidir leat teagmháil a dhéanamh le do chairde agus le do chlann. Tá sé go hiontach má bhíonn cairde nó gaolta leat thar lear. Tá sé saor in aisce teagmháil a dhéanamh leo má bhíonn leathanbhanda[56] agat agus tá sé i bhfad níos saoire ná a bheith ag caint ar an nguthán póca.
- Cuireann tú feabhas ar do chuid scileanna ríomhaireachta.
- Is féidir leat féachaint ar phictiúir de dhaoine eile. Buaileann tú le daoine nua trí chairde. Is féidir leat cairdeas a chruthú le daoine nach bhfeiceann tú go laethúil, ar nós daoine atá thar lear, daoine i scoileanna eile agus

[56]*broadband*

daoine taobh amuigh den scoil. Nuair a fhágfaimid an scoil, beimid in ann fanacht i dteagmháil[57] le seanchairde ar Facebook.

- Is féidir leat cruinniú nó coinní[58] a eagrú ar Facebook. Má bhíonn tú ag iarraidh gig, cóisir nó ócáid thábhachtach a eagrú, is féidir leat daoine a chur ar an eolas faoi ar Facebook.
- Má bhíonn gnó, earra nó seirbhís agat, is féidir leat daoine a chur ar an eolas mar gheall air ar Facebook. Tá sé i bhfad níos saoire d'earra nó seirbhís a fhógairt ar do leathanach Facebook ná mar atá sé é a fhógairt sa pháipéar nuachtáin nó ar an raidió.
- Is féidir leat suirbhéanna agus eolas a bhailiú ar Facebook.

An scrúdaitheoir: **Cad iad na míbhuntáistí a bhaineann le Facebook?**

An dalta:

- Uaireanta, tarlaíonn an chibearbhulaíocht mar a chonaiceamar i gcás an chailín Phoebe Prince. B'Éireannach í a bhí ag freastal ar scoil i Meiriceá. Rinneadh bulaíocht uirthi ar a fón póca agus ar an idirlíon. Ar deireadh, chuir sí lámh ina bás féin.
- Tá dainséar ag baint le do shonraí[59] pearsanta a chur suas ar an Idirlíon. Bíonn an baol ann go mbeadh péidiabhaigh[60] ag úsáid Facebook. Ba cheart do thuismitheoirí súil ghéar a choimeád ar a gcuid leanaí agus déagóirí óga nuair a bhíonn siad ar Facebook. Ligeann daoine áirithe orthu[61] gur déagóirí iad agus is daoine dainséaracha iad. Tá a lán dainséir ag baint le Facebook sa tslí sin.
- Caitheann a lán daoine an iomarca ama ar Facebook. Bíonn siad gafa leis uaireanta. I mo thuairim, baineann duine níos mó leasa as caidrimh phearsanta nuair a bhuaileann siad le daoine ná mar a bhaineann siad as a bheith ag caint le daoine ar Facebook. Uaireanta, cuireann sé le fadhb na hotrachta/na raimhre[62] nuair a chaitheann daoine an iomarca ama ar an ríomhaire.
- Cruthaíonn an friotal a úsáidtear ar Facebook fadhbanna le húsáid an Bhéarla. Úsáidtear focail agus gramadach ar leith[63] ar Facebook agus uaireanta cuireann sé sin isteach ar chumas scríbhneoireachta an duine.
- Má bhíonn tú ag cur isteach ar phost, is féidir le fostaitheoirí[64] féachaint ar Facebook agus ar do chuid grianghraf. Is míbhuntáiste é sin uaireanta. Uaireanta bíonn sé níos fearr pictiúir díot ag cóisirí agus oícheanta amach le cairde a choimeád príobháideach agus gan iad a chur ar Facebook.

[57] *contact*
[58] *appointments*
[59] *details*
[60] *paedophiles*
[61] ligeann orthu = *to pretend*
[62] *problem of obesity*
[63] *specific*
[64] *employers*

Obair Bhaile

Féach ar leathanach 37 sa Leabhrán. Freagair na ceisteanna atá bunaithe ar an topaic 'An Teicneolaíocht' ó leathanach 37–39.

Ceol

An scrúdaitheoir: **An maith leat ceol?**

An dalta: Is breá liom ceol. Thosaigh mé ag seinm an phianó nuair a bhí mé ocht mbliana d'aois. Chuaigh mé chuig ranganna ceoil sa chathair go dtí le déanaí. Tá na gráid go léir bainte amach agam anois agus táim ag déanamh staidéir ar cheol ar scoil freisin. Seinnim ceol clasaiceach ar an bpianó agus seinnim an giotár chomh maith. Is aoibhinn liom popcheol a sheinnt ar an ngiotár agus bím ag canadh freisin. Taitníonn ceol Ed Sheeran go mór liom agus scríobhaim féin amhráin ó am go ham. Ní ball d'aon ghrúpa ceoil mé. Seinnim le mo dheirfiúr uaireanta ach is caitheamh aimsire dúinn é. Tugann an ceol sos iontach dom ó bhrú na scrúduithe. Is slí éalaithe é ó imní an tsaoil dar liom.

An scrúdaitheoir: **An éisteann tú le ceol go minic?**

An dalta: Éistim le ceol go minic, nuair a bhím ag rith nó ag staidéar nó ag ligean mo scíthe. Bíonn mo thuismitheoirí ag clamhsán/ag gearán[65] go minic nach n-éistim leo toisc go gcaithim mo chluasáin[66] an iomarca, dar leo! Éistim le gach saghas ceoil agus faighim a lán ceoil saor in aisce ar an idirlíon. Tá sé thar a bheith éasca anois ceol maith a íoslódáil ar phraghas an-íseal nó saor in aisce má bhíonn leathanbhanda agat sa bhaile.

[65] *complaining*

[66] *headphones*

Is é The Coronas an grúpa ceoil is fearr liom. Tá ceathrar ar fad sa ghrúpa agus canann siad popcheol. Is as Baile Átha Cliath dóibh agus tá clú agus cáil orthu go náisiúnta agus go hidirnáisiúnta anois. D'fhreastail mé ar cheolchoirm leo dhá bhliain ó shin sa 3Arena. Bhí sé dochreidte! Bhí an t-atmaisféar leictreach ann agus bhí an ceol thar barr. Chuaigh mé ann le beirt chairde ón scoil agus tá sé beartaithe againn dul chuig ceolchoirm eile leis na Coronas i mí na Samhna.

An scrúdaitheoir: **Conas a éisteann tú le ceol? An gceannaíonn tú dlúthdhioscaí nó an íoslódálann tú ceol ón idirlíon?**

An dalta: Íoslódálaim ceol ón aip Spotify. Is aip iontach é Spotify – is féidir leat ceol a íoslódáil saor in aisce ó Spotify má bhíonn leathanbhanda agat agus do sheinnliosta[67] féin a chruthú.

[67] *playlist*

An scrúdaitheoir: **An mbreathnaíonn tú ar na cláir thallainne cheoil ar nós *X Factor* nó *The Voice*?**

An dalta: Féachaim orthu uaireanta, cinnte. B'fhearr liom an clár *The Voice*, caithfidh mé a rá! Sílim go bhfuil sé níos cothroime mar chomórtas mar ní bhraitheann sé ar chor ar bith ar do chuma fhisiciúil. Casann na moltóirí thart má thaitníonn glór an amhránaí leo agus mar sin braitheann an rud ar fad ar thallann an duine. Bíonn Simon Cowell an-drochbhéasach le cuid de na hiomaitheoirí[68] ar na seónna *The X Factor* agus *Britain's Got Talent*, i mo thuairim.

[68] *the contestants*

An scrúdaitheoir: **An mbeadh aon suim agat cur isteach ar chomórtas amhránaíochta ar nós *The Voice* agus *The X Factor* riamh?**

An dalta:

- Ba mhaith liom triail a bhaint as cúpla comórtas mar sin lá éigin. Ceapaim gur taithí iontach é d'aon duine seasamh os comhair slua agus canadh. Cuireann sé go mór le féinmhuinín an duine, gan aon agó. Bheinn neirbhíseach gan amhras ach tá súil agam nach gcuirfeadh sé sin cosc orm!
- Bheinn i bhfad róneirbhíseach canadh os comhair an phobail mar sin, is oth liom a rá! Is breá liom a bheith ag canadh sa bhaile ach ní bheadh aon suim agam dul ar an teilifís chun na fírinne a insint.
- Ní maith liom cláir mar sin ar chor ar bith. Cuirtear an iomarca brú ar na hiomaitheoirí gan amhras. Chomh maith leis sin braitheann na vótaí go minic ar fheachtas agus clú an duine in ionad thallann na n-iomaitheoirí.

An Damhsa/An Rince

An scrúdaitheoir: **An dtaitníonn rince leat?**

An dalta:

- Taitníonn rince go mór liom. Táim ag damhsa ó bhí mé an-óg sa bhunscoil. Tá scoil rince iontach againn i lár na cathrach agus tá múinteoirí den scoth ag múineadh inti. Glacaim páirt i bhfeiseanna go minic anseo in Éirinn agus thar lear corruair freisin. Tugann an damhsa seans iontach dúinn dul thar sáile. Anuraidh, mar shampla, bhíomar i mBostún. Uair amháin eile chuamar go dtí an Fhrainc agus go Beirlín sa Ghearmáin. Bhuaigh mé craobh na hÉireann faoi dhó agus bhí sé sin thar barr freisin.
- Tá an damhsa ar cheann de na caithimh aimsire is sláintiúla le bheith agat, i mo bharúil fein. Tá an-chuid scile agus aclaíochta ag baint leis agus chomh maith leis sin buaileann tú le cairde nua an t-am ar fad nuair a bhíonn tú ag taisteal. B'aoibhinn liom leanúint ar aghaidh leis an rince amach anseo.
- Is breá liom bailé agus snagbhailé. Freastalaím ar ranganna rince.
- Níl aon suim agam i rince.

An scrúdaitheoir: **An bhféachann tú ar an gclár *Strictly Come Dancing*?**

An dalta: Táim gafa leis an gclár sin, caithfidh mé a rá! Taitníonn sé go mór liom daoine a fheiceáil ag foghlaim scileanna nua rince. Is aoibhinn liom na stíleanna damhsa go léir a léirítear ar an gclár agus ceapaim go mbaineann na hiomaitheoirí an-sult as freisin.

Ghlac mé féin páirt sa chlár *An Jig Gig* ar TG4 nuair a bhí mé sa dara bliain. Bhain mé an-taitneamh go deo as! Bhí mé ag damhsa le grúpa ó mo scoil rince agus cé nach raibh an bua againn, bhí gach duine ar bís faoi. Ba bhreá liom rud éigin a dhéanamh arís sa todhchaí.

Obair Bhaile

Féach ar leathanach 11–12 sa Leabhrán. Freagair an cheist ar cheol ar leathanach 12.

Mír Físe

Féach ar an mír físe a bhaineann leis na treoracha seo agus comhlánaigh an bhileog oibre a ghabhann léi. Téigh go dtí **www.ceacht.ie**. Tá acmhainní do mhúineadh Gaeilge le fáil anseo. Téigh go dtí 'Acmhainní don Ardteist' agus roghnaigh 'Saol na Scoile'. Ansin, roghnaigh cnaipe E, 'Córas na bPointí (daltaí)'. Tar éis breathnú ar an bhfíseán, roghnaigh an PowerPoint chun é a íoslódáil. Tá na ceisteanna a bhaineann leis an bhfíseán san áireamh leis seo.

Céim a 2: Cluastuiscint

Sa chéim seo, foghlaimeoidh tú:

- na heochairfhocail a bhaineann le cúrsaí scoile, cúrsaí oibre, leis an gceol agus leis an teicneolaíocht
- foclóir agus nathanna cainte atá reatha agus ábhair a bhíonn le fáil go coitianta sna giotaí tuisceana sa scrúdú.

Cuid A

(60 marc)

Cloisfidh tú ***dhá*** fhógra sa chuid seo. Cloisfidh tú gach fógra díobh **faoi dhó**. Beidh sos ann leis na freagraí a scríobh tar éis na chéad éisteachta ***agus*** tar éis an dara héisteacht.

Fógra a hAon

1. (a) Cad é an rud atá faighte ag an scoil de réir an fhógra seo? ______
   (b) Cén obair a dhéanfar ar an seanfhoirgneamh? ______
2. (a) Cathain a chuirfear tús leis an obair? ______
   (b) Céard atá geallta ag na hailtirí, dar leis an bpríomhoide? ______
3. Cá mbeidh na pleananna ar taispeáint go luath? ______

Fógra a Dó

1. (a) Cá bhfuil an t-óstán nua suite? ______
   (b) Cén saghas oibrithe a bheidh ag teastáil don bheár agus don bhialann? ______
2. (a) Cad iad na poist a bheidh ann sa samhradh? ______
   (b) Conas is féidir foirmeacha iarratais a fháil? ______
3. Cad é an dáta deireanach le haghaidh iarratas? ______

Cuid B

Cloisfidh tú ***dhá*** chomhrá sa chuid seo. Cloisfidh tú gach comhrá díobh **faoi dhó**. Cloisfidh tú an comhrá ó thosach deireadh an chéad uair. Ansin cloisfidh tú ina ***dhá*** mhír é. Beidh sos ann leis na freagraí a scríobh tar éis gach míre díobh.

Comhrá a hAon

An Chéad Mhír

1. Cén fáth a raibh Gearóid in oifig an phríomhoide, dar le Rónán? ____________________
2. Céard a cheapann Saoirse faoi Ghearóid, dar le hÓrlaith? ____________________
3. Luaigh dhá rud faoin mbulaíocht a tharla ar an mbus.
   (i) ____________________
   (ii) ____________________

An Dara Mír

1. Cén t-ábhar a raibh Rónán agus Órlaith ag obair air coicís ó shin? ____________________
2. Luaigh dhá éifeacht a bhíonn ag an cibearbhulaíocht ar an íobartach, dar le hÓrlaith.
   (i) ____________________
   (ii) ____________________
3. Cén fáth a mbeidh ar Rónán agus Órlaith stop a chur leis an gcomhrá? ____________________

Comhrá a Dó

An Chéad Mhír

1. Cén fáth a bhfuil Bean Uí Nualláin ag caint ar an gclár raidió? ____________________
2. Cad é an dáta deireanach ar féidir le daltaí athruithe a dhéanamh ar a gcuid iarratas ar chúrsa tríú leibhéil? ____________________
3. Luaigh an dá rud a bhíonn deacair agus a chuireann brú ar dhaltaí, dar leis an múinteoir.
   (i) ____________________
   (ii) ____________________

An Dara Mír

1. Cad í an difríocht idir inniu agus inné maidir le gairmeacha beatha, dar le Bean Uí Nualláin?

   ____
2. Luaigh dhá chineál chomhairle a chuireann an múinteoir ar na daltaí.
   (i) ____________________
   (ii) ____________________
3. Cad a tharlaíonn d'fhormhór na ndaltaí sa deireadh, dar le Bean Uí Nualláin? ____________________

Cuid C

Cloisfidh tú ***dhá*** phíosa nuachta sa chuid seo. Cloisfidh tú gach píosa díobh **faoi dhó**. Beidh sos ann leis na freagraí a scríobh tar éis na chéad éisteachta ***agus*** tar éis an dara héisteacht.

Píosa a hAon

1. Cad a dúirt Michael Flatley faoin bpáirt a ghlac sé féin i gceiliúradh 1916? ____________________
2. Cad is ainm dá eisiúint nua ceoil? ____________________
3. Conas a chríochnaíonn an t-amhrán? ____________________

Píosa a Dó

1. Cén fáth a mbeidh tiománaithe Luas ar stailc? ____________________
2. Cén dá lá eile a bhfuil sé i gceist ag na tiománaithe dul ar stailc? ____________________
3. Luaigh dhá dhream a mbeidh éifeacht ag an stailc orthu.
   (i) ____________________
   (ii) ____________________

Céim a 3: Ceapadóireacht

Sa chéim seo, foghlaimeoidh tú conas tabhairt faoi dhíospóireacht a scríobh.

Féach ar leathanaigh 453–454 in Aonad a 10 le haghaidh leideanna ar conas díospóireacht a scríobh.

Díospóireacht Shamplach

'Is iomaí locht atá ar an gCóras Oideachais in Éirinn sa lá atá inniu ann.'

Tús

A Chathaoirligh, a mholtóirí, lucht an fhreasúra[1], a mhúinteoirí agus a chomhdhaltaí[2], aontaímse go huile is go hiomlán leis an rún gur iomaí locht atá ar an gcóras oideachais in Éirinn sa lá atá inniu ann.

Alt a 1 PISA agus an OECD

Dúradh tráth go raibh an córas oideachais in Éirinn ar cheann de na córais is fearr ar domhan. In 2014, tuairiscíodh i dtuairisc bunaithe ar shuirbhé PISA[3] (an clár le haghaidh measúnú idirnaisiúnta daltaí) an OECD (An Eagraíocht um

[1] *members of the opposition*
[2] *fellow students*
[3] *Programme for International Student Assessment*

Chomhar[4] agus Fhorbairt Eacnamaíochta) agus dhá thuairisc bunaithe sna Stáit Aontaithe, go raibh an córas oideachais in Éirinn sa naoú háit ar domhan i ndiaidh ceithre thír in Oirthear na hÁise, an Fhionnlainn, an Bhreatain, Ceanada agus an Ísiltír. Ní dóigh liomsa go bhfuil an staitistic sin maith go leor ar chor ar bith agus is léir ón bhfíric sin gur iomaí locht atá ar chóras oideachais na hÉireann faoi láthair!

[4]cooperation

Alt a 2 Córas na Scrúduithe agus an Measúnú Leanúnach

Is é an príomhcháineadh a bheadh ag formhór na ndaltaí Éireannacha sa lá atá inniu ann, dar liom, ná go bhfuil an iomarca brú ar dhaltaí le córas na scrúduithe agus córas na bpointí. Is locht mór é sin a bhaineann leis an gcóras oideachais in Éirinn faoi láthair. Tá na trí b-anna ag baint le córas na bpointí in Éirinn - Brú, brú agus a thuilleadh brú! Tá an Roinn Oideachais agus Scileanna ag iarraidh an córas seo a athrú diaidh ar ndiaidh[5] agus iad ag lorg níos mó tionscnamh[6] agus measúnú leanúnach[7] ag leibhéal an Teastais Shóisearaigh. Le cúnamh Dé éireoidh leis an Roinn Oideachais agus Scileanna córas sásúil do mhúinteoirí agus daltaí a chur i bhfeidhm amach anseo – córas ina mbeidh daltaí in ann a marcanna a fháil le níos mó measúnú leanúnach in ionad a dtodhchaí uilig a bheith ag brath ar mhórscrúdú amháin. Bíonn an-chuid daltaí tinn le néaróga[8] de bharr bhrú na scrúduithe agus níl sé ceart ná cóir. Ní féidir a shéanadh ach go bhfuil an córas an-lochtach mar atá sé faoi láthair. Dar le múinteoirí, beidh sé tábhachtach go mbeidh an measúnú oibiachtúil agus go gceartóidh strainséir scrúduithe na ndaltaí mar is é sin an príomhbhuntáiste a bhaineann le córas na scrúduithe mar atá sé faoi láthair.

[5]gradually
[6]projects
[7]continuous assessment
[8]nerves

Alt a 3 An Iomarca Béime ar an Acadúlacht

I mo thuairim, tá an iomarca béime ar an acadúlacht inár gcóras oideachais in Éirinn. Níl go leor béime ar chruthaitheacht[9] agus ar shamhlaíocht[10] an dalta. Dúirt Howard Gardner (Ollamh Oideachais in Ollscoil Harvard, Meiriceá) go raibh saghsanna difriúla éirime ar an saol: éirim mhothúchánach[11], éirim intra-phearsanta[12], éirim idirphearsanta[13], éirim a bhaineann le mata agus loighic, éirim cheoil, éirim chorp-chinéistéiseach[14], éirim a bhaineann le scil i dteangacha agus mar sin de. An ndéanann an córas oideachais measúnú ar na scileanna go léir sin maidir le daltaí? Ní dóigh liom é.

I ndeireadh na dála, tá ar dhaltaí Ardteiste mórscrúdú scríofa a dhéanamh chun fórmhór dá gcuid ábhar a mheas[15] seachas na Béaltrialacha sna teangacha agus scrúduithe praiticiúla san ealaín, sa cheol agus sa mhiotalóireacht agus adhmadóireacht. Is locht mór é sin ar an gcóras oideachais, dar liom. An bhfuil aon scrúdú ann a mheasann scileanna idirphearsanta an dalta? An bhfuil scrúdú ann a mheasann éirim chorp-chinéistéiseach an dalta don Ardteist? Níl i ndáiríre chun na fírinne a rá! Más peileadóir, rinceoir, nó dealbhóir[16] iontach thú, ní féidir leat é sin a chur san áireamh nuair a dhéantar tomhas[17] ar do phointí i scrúduithe na hArdteiste.

[9]creativity
[10]imagination
[11]emotional intelligence
[12]intrapersonal (i.e. ability to know oneself)
[13]interpersonal
[14]kinaesthetic intelligence
[15]to assess
[16]sculptor
[17]assess

[18]investment
[19]resources
[20]special needs
[21]disability
[22]cuts

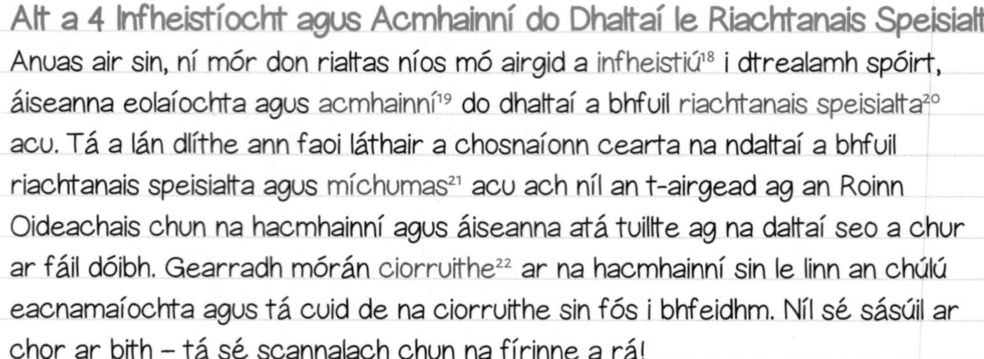

Alt a 4 Infheistíocht agus Acmhainní do Dhaltaí le Riachtanais Speisialta

Anuas air sin, ní mór don rialtas níos mó airgid a infheistiú[18] i dtrealamh spóirt, áiseanna eolaíochta agus acmhainní[19] do dhaltaí a bhfuil riachtanais speisialta[20] acu. Tá a lán dlíthe ann faoi láthair a chosnaíonn cearta na ndaltaí a bhfuil riachtanais speisialta agus míchumas[21] acu ach níl an t-airgead ag an Roinn Oideachais chun na hacmhainní agus áiseanna atá tuillte ag na daltaí seo a chur ar fáil dóibh. Gearradh mórán ciorruithe[22] ar na hacmhainní sin le linn an chúlú eacnamaíochta agus tá cuid de na ciorruithe sin fós i bhfeidhm. Níl sé sásúil ar chor ar bith – tá sé scannalach chun na fírinne a rá!

Críoch

Ar deireadh, tá súil agam go n-éireoidh leis an Roinn Oideachais agus Scileanna feabhas a chur ar lochtanna an chóras oideachais. Táim cinnte go n-aontaíonn sibh liom go bhfuil níos mó oibre le déanamh chun feabhas a chur ar ár gcóras oideachais!

Cleachtadh Scríofa

1. Cuir Gaeilge ar na focail/nathanna seo a leanas.
   (a) education system (b) flaws (c) creativity (d) multiple intelligences (e) professor
   (f) kinaesthetic intelligence (g) mathematical intelligence (h) interpersonal intelligence
   (i) exercise (j) standard (k) continuous assessment (l) the exam system
2. Cruthaigh meabhairmhapa de na príomhphointí atá luaite san aiste thuas a bhaineann le lochtanna an chórais oideachais. Tar éis duit é sin a dhéanamh, cum do liosta féin de bhuanna an chórais oideachais.

Obair Bhaile

Scríobh aiste dar teideal 'Buanna agus lochtanna ár gcórais oideachais in Éirinn'.

Aiste Shamplach

An Teicneolaíocht – An Chun Ár Leasa nó Ár n-Aimhleasa Í?

Tús

Ní féidir a shéanadh go bhfuil tionchar thar na bearta ag an teicneolaíocht ar ár saol sa lá atá inniu ann. An fórsa é chun ár leasa[23] nó ár n-aimhleasa[24]? Is dócha go bhfuil go leor fianaise ann go bhfuil mórán buntáistí agus míbhuntáistí ag baint léi agus ba mhaith liom iad a phlé san aiste seo.

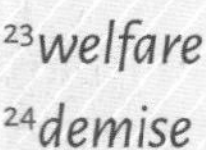
[23]welfare

[24]demise

Alt a 1 Giuirléidí sa Bhaile

Ar dtús báire, tá mórán forbairtí tagtha ar ár saol sa bhaile, ár saol sóisialta agus ar ár saol oibre de bharr na teicneolaíochta. Thosaigh ré na teicneolaíochta le teacht na ngiuirléidí[25] a rinne claochlú[26] ar an saol sa bhaile is dócha – teacht an fholúsghlantóra, an cuisneoir, an reoiteoir, an meaisín níocháin, an triomadóir, an miasniteoir, an t-oigheann míchreathonnach agus giuirléidí nach iad. D'athraigh na haireagáin[27] sin an domhan agus chiallaigh siad nach raibh ar fhir agus ar mhná go háirithe na huaireanta fada a chaitheamh ag glanadh an tí agus ag ní éadaí agus gréithe a thuilleadh[28]! Chuir na haireagáin sin leis an gcaighdeán maireachtála sa Domhan Thiar, gan aon agó. Anuas air sin, d'athraigh aireagáin ar nós an raidió, na teilifíse agus na líne teileafóin saol an teaghlaigh in Éirinn agus ar fud an domhain.

[25] *gadgets*
[26] *transformation*
[27] *inventions*
[28] *anymore*

Alt a 2 Steve Jobs, Apple agus an Fón Póca

Chuir daoine ar nós Steve Jobs agus Steve Wozniak tús le réabhlóid na teicneolaíochta sna seachtóidí nuair a bhunaigh[29] siad an comhlacht Apple. Tháinig na mílte comhlacht eile ina ndiaidh ag cruthú iliomad[30] ríomhairí pearsanta, ríomhairí glúine, fóin phóca, srl. Chuir Apple leis an liosta de ghiuirléidí teicneolaíochta arís sna nóchaidí leis an iPad agus i-fón. Pléifidh mé an chaoi ar athraigh an fón póca ár saol ar dtús. Tháinig an chéad fhón póca ar an saol i 1979 agus ní féidir linn an saol a shamhlú gan an fón póca sa lá atá inniu ann! Is iomaí buntáiste a bhaineann leis an bhfón póca, ar ndóigh. Is féidir le páistí fanacht i dteagmháil lena dtuismitheoirí nuair a bhíonn siad amuigh nó ag taisteal. Tá mórán buntáistí ag baint leis an bhfón póca ó thaobh cúrsaí slándála[31] de. Má bhriseann do charr síos in áit iargúlta, má bhíonn ort dul i dteagmháil le cara nó duine de do chlann i gcás éigeandála, is giuirléid ríthábhachtach é an fón póca.

[29] *establish*
[30] *multitude*
[31] *security matters*

Alt a 3 Feidhmeanna Eile a Bhaineann le Fóin Chliste

Tá an-chuid feidhmeanna[32] eile a bhaineann leis an bhfón póca sa lá atá inniu ann. Ní hamháin[33] gur fón atá i gceist a thuilleadh – is féidir linn ríomhphoist a sheoladh agus a fháil, téacsteachtaireachtaí a sheoladh agus a fháil agus tá gairis[34] úsáideacha eile ar an bhfón amhail ceamara, aireamhán[35], féilire[36], clog agus aláram. Is féidir leat an t-Idirlíon a scimeáil, éisteacht le ceol, rudaí a thaifeadadh agus breathnú ar an teilifís fiú ar d'fhón cliste!

[32] *functions*
[33] *not only*
[34] *gadgets*
[35] *calculator*
[36] *calendar*

Alt a 4 Míbhuntáistí a Bhaineann leis an bhFón Póca

Ar an lámh eile, áfach, tá roinnt míbhuntáistí ag baint leo freisin. Cuireann na fóin isteach ar phríobháid an duine. Uaireanta ceapaim go dtugann daoine níos mó airde ar a bhfón póca ná mar a thugann siad ar na daoine a bhíonn sa chomhluadar[37] leo ag am ar leith. Is minic a bhíonn daoine drochbhéasach leis na daoine eile atá sa seomra leo i ngan fhios dóibh féin[38] mar briseann an fón isteach ar chomhrá eatarthu nó caitheann siad an iomarca ama ag seiceáil téacsteachtaireachtaí, ríomhphost, fógraí ar Facebook, grianghraf ar Instagram,

[37] *company of people*
[38] *unbeknownst to themselves*

Snapchat agus araile. Tá sé deacair neamhaird a dhéanamh ar an bhfón. Má mhúchann[39] tú an fón fiú, nuair a lasann[40] tú arís é, bíonn tú faoi bhrú ag iarraidh teachtaireachtaí agus ríomhphoist a fhreagairt.

[39] *quenches (a fire/light/turn off a computer, wifi, phone)*
[40] *light (a fire, turn on a light, turn on a phone, computer, wifi)*

Alt a 5 Buntáistí a Bhaineann leis an Teicneolaíocht

Le teacht Facebook agus na meán sóisialta ar nós Twitter, Snapchat agus Instagram, is féidir linn feasacht[41] a ardú mar gheall ar rudaí tábhachtacha ar nós an bhochtanais nó na héagóra[42] i dtíortha difriúla agus is féidir linn ár n-earraí agus seirbhísí a fhógairt i slí i bhfad níos saoire. Is feidir linn fanacht i dteagmháil lenár gcairde agus comhghleacaithe[43] sa bhaile agus thar lear i slí shaor, éasca má bhíonn leathanbhanda againn. Is féidir taighde[44] a dhéanamh ar an iPad, ríomhaire pearsanta nó ríomhaire glúine nuair a bhíonn tú ag tabhairt faoi thionscnamh oideachasúil agus tá mórán aipeanna oideachasúla agus suíomhanna oideachasúla ar an saol a chabhraíonn leis an dalta nó an mac léinn go mór ina s(h)aol acadúil agus taighde á dhéanamh aige/aici.

[41] *awareness*
[42] *injustice*
[43] *colleagues*
[44] *research*

Alt a 6 Míbhuntáistí: Neamhord Hipirghníomhaíochta an Easnaimh Airde, Péidiabhaigh, an Chibearbhulaíocht, Fadhb na Raimhre

Maidir leis an iPad, tá sé suimiúil nár thug Steve Jobs cead dá chuid leanaí féin úsáid a bhaint as an iPad agus é ag moladh dúinne triail a bhaint as nuair a tháinig sé ar an saol i 1997. Dar leis na saineolaithe, má chaitheann leanaí an iomarca ama ag féachaint ar scáileán, cuireann sé go mór le Neamhord Hipirghníomhaíochta an Easnaimh Airde[45] agus le fadhbanna intinne.

Bíonn an baol ann go mbíonn péidiabhaigh nó creachadóirí[46] ar líne nuair a bhíonn leanaí agus déagóirí ar líne sna seomraí cainte agus araile. Bíonn rudaí mí-oiriúnacha cosúil le pornagrafaíocht, foréigean agus gairsiúlacht le feiscint ar an nGréasán Domhanda[47] muna gcoimeádann tuistí smacht docht daingean ar an úsáid a bhaineann a gcuid páistí agus daoine óga as an ríomhaire nó iPad. Ó thaobh na cibearbhulaíochta de, is féidir le bulaithe teacht a bheith acu ar a n-íobartach[48] seacht lá na seachtaine de bharr na meán sóisialta agus an fhóin shoghluaiste sa tslí nach mbíonn aon éalú ag an íobartach uathu – fiú agus iad ina seomra leapa féin. Cuireann an teicneolaíocht le fadhb na raimhre freisin nuair a chaitheann daoine an iomarca ama ag féachaint ar scáileáin.

[45] *Attention Deficit Disorder*
[46] *predators*
[47] *World Wide Web*
[48] *victim*

Críoch

Is léir gur iomaí bua agus locht a bhaineann leis an teicneolaíocht ach ní dóigh liom go mbeidh luas na forbartha san earnáil fáis sin ag moillú go luath! Ní féidir a shéanadh go bhfuil tairbhe[49] agus dainséar ag baint le giuirléidí teicneolaíochta agus nach mór dúinn mar shochaí súil ghéar a choimeád ar thionchar na teicneolaíochta ar shaol ár leanaí agus ár ndaoine óga.

[49] *benefit*

Cleachtadh Scríofa

1. Cuir Gaeilge ar na focail nathanna seo a leanas.

   (a) obesity (b) invention (c) gadgets (d) Attention Deficit Disorder (e) transformation (f) benefit (g) paedophiles (h) cyberbullying (i) influence (j) standard of living (k) predators (l) World Wide Web (m) it cannot be denied (n) colleagues (o) benefit

2. Cruthaigh meabhairmhapa de na príomhphointí a bhaineann le buntáistí agus míbhuntáistí na teicneolaíochta atá luaite san aiste thuas.

Ceisteanna Scrúdaithe

Más óbair ghrúpa atá i gceist, is féidir le gach duine sa ghrúpa tabhairt faoi roinn ar leith den aiste chun an aiste iomlán a chur le chéile i bhfoirm Mata Boird. (Féach ar leathanach X in Aonad a 1 do shampla den Mhata Boird.)

1. Scríobh aiste bunaithe ar an teideal: 'Tá mórán athruithe tagtha ar ár saol le blianta beaga anuas de bharr thionchar na teicneolaíochta.' (100 marc)
2. Scríobh aiste dar teideal: 'Is iomaí forbairt atá feicthe againn sa tionscal teicneolaíochta le céad bliain anuas.' (100 marc)
3. Scríobh aiste dar teideal: 'Baineann mórán buntáistí agus míbhuntáistí le dul chun cinn na teicneolaíochta sa lá atá inniu ann.' (100 marc)

Féach ar an seicliosta gramadaí ar leathanach 20.

5 An Modh Coinníollach

Féach ar na nótaí ar leathanach 406 go leathanach 411 ar an modh coinníollach.
Féach ar na nótaí ar leathanach 412 ar **dá**.
Féach ar na nótaí ar leathanach 412 ar **má** agus **múra** .

Sa chéim seo, foghlaimeoidh tú:

- foclóir a bhaineann le ceol agus na healaíona
- conas tabhairt faoi léamhthuiscint a fhreagairt.

Féach ar leathanach 459 in Aonad a 10.

An Tine nár Múchadh Fós

1. *'There's the known. And there's the unknown. And what separates the two is the door and that's what I want to be,'* a dúirt Jim Morrison sa bhliain 1966 agus gaois William Blake á míniú aige do Ray Manzarek, duine den triúr ar bhunaigh sé an grúpa ceoil The Doors leo. Is é an téama céanna a bheadh le fáil i gcuid de na hamhráin a scríobhfadh sé, '*Break on Through*' agus '*End of the Night*', cuir i gcás. Ach is mar gheall ar an sprioc seo an taobh eile den doras a bhaint amach ar bhain a chuid ama le The Doors le halcól, drugaí agus conspóid. Cheap Blake gurbh é an bealach ab fhearr chun an taobh eile a bhaint amach ná an intinn a athrú. Bhí tionchar nach beag ag an méid seo ar bhás mistéireach Morrison i bPáras na Fraince ag tús na seachtóidí.
2. Duine neamhghnách a bhí i Jim Morrison i gcónaí. Bhí na tréithe a luaitear fós leis le feiceáil agus é óg. Chuir sé in aghaidh rialacha dochta a athar, aimiréal de chuid Chabhlach na Stát Aontaithe. Bhí sé ar an bpáiste ba ghlóraí, ba mhó a raibh aird air sa seomra ranga, ach freisin ar an bpáiste ba chliste. Tugann a chuid oideachais leid dúinn faoina phearsantacht agus faoin meon a bhí laistigh den duine. Bhí an méid seo le rá ag iarmhúinteoir bunscoile dá chuid fiche bliain tar éis dó an scoil a fhágáil: 'Bhí ar léigh sé chomh neamhghnách go raibh orm múinteoir eile a chur chuig Leabharlann na Comhdhála chun a fháil amach an raibh na leabhair ar scríobh sé fúthu ann i ndáirire... mar faoi dheamhaneolaíocht na séú agus na seachtú haoise déag a bhíodar.' Ba iad na halbaim a bhí ag an mbanna The Doors ná *The Doors* (1967), *Strange Days* (1967), *Waiting for the Sun* (1968), *The Soft Parade* (1969), *Morrison Hotel* (1970), *Absolutely Live* (1970), *LA Woman* (1971) agus *American Prayer* (1978) (filíocht Morrison á haithris le ceol *The Doors*). Nuair a bhí sé ar an ollscoil, rinne sé staidéar ar chúrsaí ar nós fhealsúnacht na hagóide agus shíceolaíocht na sluaite. Tá a chuid foinsí inspioráide le feiceáil go soiléir ina chuid ceoil: an fhealsúnacht, an litríocht, an béaloideas agus an mhiotaseolaíocht.
3. Ach ní hionann an duine seo agus an réalta a gcuimhníonn daoine air. Murab ionann agus an duine féin, níor tháinig deireadh le fás cháil Morrison i 1971. Is gné amháin den duine atá freagrach as formhór a chlú ach, ar an drochuair, ní hé an ghné sin a chuid filíochta ná a chuid amhrán. Bhí cáil nach beag ar The Doors mar gheall ar an nós a bhí acu a bheith spontáineach; níorbh fhéidir a thuar riamh cad go díreach a dhéanfadh an grúpa, agus Morrison go háirithe, le linn ceolchoirme. Bhain Morrison úsáid as miotaseolaíocht na Gréige agus bundúchasaigh Mheiriceá ina shaothar agus cumadh go leor miotaseolaíochta faoi féin agus an dúil a bhí aige san alcól. Is éard a dúirt Ray Manzarek faoi cheolchoirm a bhí ag an ngrúpa sa Dinner Key Auditorium i Miami ag tús mhí an Mhárta 1969: *'I'd say Miami, Florida was the wildest night of all the performances... Wild is what we want.'*
4. Gabhadh Morrison gan mhoill ina dhiaidh sin as iompar gáirsiúil. Cuireadh ina leith go raibh sé ag eascainí, gur nochtaigh sé é féin go poiblí agus go raibh sé ar meisce. Fuarthas ciontach é agus ghearr an Breitheamh Murray Goodman téarma príosúnachta sé mhí le daorobair agus fíneáil $500 air. Chuir a dhlíodóir achomharc faoi bhráid na cúirte ar an toirt agus ligeadh Morrison amach ar bannaí $50,000. Sula bhfuarthas seans na deacrachtaí seo leis an dlí a réiteach, áfach, fuair Morrision bás. Is iad na hamhráin ba cháiliúla a bhí aige ná

'Break on Through', *'Riders on the Storm'*, *'Light My Fire'*, *'The End'* agus mórán eile nach iad. De réir foinsí áirithe, d'éag Jim Morrison i dtobán folctha i bPáras ar an 3 Iúil 1971. Bhí sé seacht mbliana is fiche d'aois. Ach tá neamhchinnteacht ag baint lena bhás ó shin. Níor fógraíodh an nuacht go ceann sé lá tar éis a bháis. Faoin am sin, bhí sé curtha i Reilig Père Lachaise le dhá lá, áit ar thug sé cuairt uirthi cúpla seachtain roimhe sin chun uaigheanna Piaf, Wilde, Chopin, Balzac agus Bizet a fheiceáil. D'fhógair Bill Siddons, bainisteoir The Doors a bhás ach ní raibh an corp feicthe aige. Fuair sé an scéal ó Pamela, cailín Morrison.

5. Nuair a bhain Siddons Páras amach ar an 6ú lá, bhí séala ar an gcónra agus bhí an teastas báis sínithe. Scríobhadh ar an teastas gur éag Morrison de bharr taoma chroí. Ní bhfuair Ambasáid Mheiriceá fios an scéil go dtí an lá dar gcionn. Níor cuireadh scrúdú iarbháis ar an gcorp, cé nach raibh Morrison ach sna fichidí, rud a bhí neamhghnách. Níl ar eolas againn ach a ndúirt Pamela. Níor chuimhin léi cé a shínigh an teastas báis. Agus, mar a dúirt na beathaisnéisithe Hopkins agus Sugerman, is féidir síniú a cheannach nó a fhalsú. Tá tuairim eile ann go bhfuair Morrison bás de bharr an iomarca hearóine a bheith tógtha aige. De réir Patricia Kennealy-Morrison, bean a phós Morrison i ndeasghnáth Wicca nach raibh seasamh dlí aige, ba í Pamela an duine a mharaigh é go hindíreach nuair a thug sí hearóin dó. Is fusa é seo a chreidiúint ná cuid de na nithe eile a deirtear. Ba mhinic a chaith sé oícheanta sa *Rock 'n' Roll Circus* i bPáras, áit a bhí cáiliúil mar gheall ar an méid drugaí a tógadh ann. Agus, freisin, is é an tobán folctha an chéad áit a gcuirtear duine chun é a spreagadh le teacht chuige féin tar éis dó an iomarca drugaí a ghlacadh. Tá an dream úd ann freisin a cheapann gur mharaigh an FBI Morrison de bharr gur ainrialaí ab ea é agus go raibh siad buartha faoin tionchar a bhí aige ar dhaoine óga. Agus, dar ndóigh, ní mór gan dearmad a dhéanamh ar na daoine atá lánchinnte go bhfuil sé ina chónaí san Afraic nó taobh leis an Amasóin, ag scríobh leis filíochta ar a shuaimhneas!

Bunaithe ar alt a scríobh Ken Buckmaster don iris idirlín Beo: www.beo.ie

Ceisteanna Scrúdaithe

1. (a) Cén sprioc a bhí ag Jim Morrison, príomhamhránaí an bhanna The Doors? (Alt a 1)
   (b) Cén gaois a spreag Jim Morrison maidir leis an sprioc sin? (Alt a 1) (7 marc)
2. (a) Cén fhianaise a bhí ann gur pháiste an-chliste é Jim nuair a bhí sé óg dar lena iarmhúinteoir bunscoile? (Alt a 2)
   (b) Cé hiad na foinsí inspioráide a bhí ag Jim Morrison dá chuid ceoil? (Alt a 2) (7 marc)
3. (a) Cén fáth a raibh an banna ceoil *The Doors* cáiliúil, dar leis an údar? (Alt a 3)
   (b) Cén traidisiúin miotaseolaíochta a thug inspioráid do Jim? (Alt a 3) (7 marc)
4. (a) Cén fáth ar gabhadh Jim i 1969? (Alt a 4)
   (b) Cén fáth a raibh neamhchinnteacht ag baint le bás Jim? (Alt a 4 agus a 5)
5. (a) Cén tuairim a bhí ag Patricia Kennealy-Morrison maidir le bás Jim? (Alt a 5)
   (b) Cen fáth a gceapann roinnt daoine gur mharaigh an FBI Jim Morrison? (Alt a 5) (7 marc)
6. (a) Aimsigh dhá shampla den tuiseal ginideach uatha in Alt a 1 agus aimsigh sampla den Saorbhriathar san Aimsir Chaite in Alt a 4.
   (b) Cén cineál pearsan é Jim Morrison, an dóigh leat? Tabhair dhá chúis le do fhreagra. (15 mharc)

Dráma

An Lasair Choille

le Caitlín Maude i bpáirt le Micheál Ó hAirtnéide

Sa chéim seo, foghlaimeoidh tú:

- faoi phlota an dráma *An Lasair Choille*
- conas téamaí an dráma a phlé
- conas carachtair an dráma a phlé
- conas struchtúr an dráma a phlé.

Na Carachtair

- **Séamas:** fear óg (25 bliana)
- **Micil:** seanfhear (cláiríneach)
- **Míoda:** Cailín a thagann isteach
- **Fear:** Fear a thagann isteach

Suíomh

Tá dhá sheomra ar an ardán. Tá leaba i seomra amháin agus is seanchistin é an seomra eile. Tá Micil sa leaba i seomra amháin agus tá Séamas sa gcistin. Tá cás éin ar crocadh sa gcistin agus lasair choille[1] istigh ann. Tá Séamas ag caint le Binncheol (an lasair choille) agus ó am go chéile déanann sé fead leis an éan.

[1] goldfinch

Séamas: A Bhinncheoil! A Bhinncheoil! *(Fead.)* Cas poirtín dom. Tá tú an-chiúin inniu. Ní fhéadfadh aon údar bróin a bheith agat sa teach seo. Tú te teolaí[2] agus neart le n-ithe agat. *(Fead.)* Seo, cas port amháin.

Micil: As ucht Dé ort, a Shéamais, agus éist leis an éan sin, nó an gceapann tú go dtuigeann sé thú?

Séamas: Á, mhuis, ní raibh mé ach ag caint leis. Shíl mé go raibh tú i do chodladh.

Micil: Cén chaoi a bhféadfainn codladh sa teach seo agus do leithéidse[3] d'amadán ag bladaireacht in ard do ghutha[4].

Séamas: Tá aiféala orm.

Micil: Tá, má tá. Tabhair aníos an t-airgead anseo chugam.

Séamas: Tá go maith. *(Téann sé suas chuige.)* Tá tuilleadh[5] i mo phóca agam.

[2] cosy

[3] the likes of you
[4] talking nonsense at the top of your voice
[5] more/extra

Micil: Cuir sa sciléad[6] uilig é.

Séamas: 2, 3, 4 agus sé pínne – a dhiabhail, ní hea.

Micil: Seo, déan deifir.

Séamas: 5, -a, 1 -2 -3 -4 -5 -6 -7 -8 agus sé pínne.

Micil: £9–£10-11 – is mór an t-ionadh go raibh an ceart agat. Dhá phunt eile is beidh mé in ann an carr asail a cheannacht ó Dhúgán. Sin é an uair a dhéanfas[7] mé an t-airgead. Meas tú, cé mhéad lucht móna[8] atá agam faoi seo?

Séamas: Deich gcinn nó b'fhéidir tuilleadh.

Micil: Móin bhreá í. Ba cheart go bhfaighinn dhá phunt an lucht uirthi. Sin scór. Slám deas airgid. Tabhair dom peann is páipéar.

Séamas: Tá go maith. (*Téann síos.*) A Bhinncheoil, poirtín amháin. (*Fead.*) A Mhicil! (*Torann sa seomra.*)

Micil: A Shéamais, a Shéamais! Tá mé gortaithe.

Séamas: Go sábhála Mac Dé sinn céard d'éirigh dhuit? Cén chaoi ar thit tú as an leaba? Maróidh tú thú féin.

Micil: Ó! (*Osna*) Tá an t-airgead ar fud an urláir.

Séamas: Tá. Tá. B'fhearr duitse aire a thabhairt duit féin. Céard a dhéanfá dá mbeinnse amuigh?

Micil: Imigh leat síos anois. Tá mé ceart. (*Téann Séamas síos leis an sciléad.*)

Séamas: Thit sé as a leaba, a Bhinnceoil. Nach air a bhí an t-ádh nach raibh mé amuigh? (*Fead.*) Féach a bhfuil d'airgead againn.

Micil: Ach an éistfidh tú leis an airgead? Ach ar ndóigh tá sé chomh maith dom a bheith ag caint leis an tlú[9].

Séamas: A dhiabhail, a Mhicil. Ceard a dhéanfas muid leis?

Micil: Nár dhúirt mé leat cheana go gceannóinn carr asail leis?

Séamas: Ach leis an scór a dhéanfas tú ar an móin?

Micil: Nach mór a bhaineann sé dhuit?

Séamas: Ní raibh mé ach á fhiafraí dhíot.

Micil: Céard tá ort anois? Céard tá ag gabháil trí do cheann cipín anois?

Séamas: Dheamhan tada. (*Stad.*) Bhí braith[10] orm imeacht.

Micil: Imeacht. Imeacht cén áit?

Séamas: Go Sasana.

Micil: Go Sasana! Céard sa diabhal a thabharfadh thusa go Sasana? Níl gnó ar bith acu d'amadáin i Sasana.

Séamas: Ach shíl mé...

Micil: Ach shíl tú. Céard a shíl tú? Cé a bhí ag cur na seafóide sin i do cheann?

[6] *skillet*
[7] déanfaidh mé
[8] *load of turf*
[9] *tongs*
[10] *intention*

Séamas: Bhí mé ag caint leis an mBúrcach inné.
Micil: Hu! Coinnigh leis an mBúrcach, a bhuachaill, is beidh tú ceart. Ach céard a dhéanfása i Sasana?
Séamas: Is dóigh nach ndéanfainn mórán ach…
Micil: Nuair a fhiafrós siad díot céard a bhí tú a dhéanamh sa mbaile céard a bheas le rá agat? 'Bhí mé ar aimsir ag cláiríneach.' Níl seanduine thall ansin ag iarraidh an dara péire cos agus lámh. Agus sin a bhfuil ionatsa. Níl éirim sciortáin[11] ionat. Ní bhfaighidh tú an dara duine a inseos duit le chuile shórt a dhéanamh, mar a dhéanaimse. Ar ndóigh ní choinneoidh aon duine eile thú ach mé féin.
Séamas: Tá a fhios agam. Ní raibh mé ach ag caint.
Micil: Bhuel, ná bíodh níos mó faoi anois. Nach bhfuil muid sona sásta anseo? Gan aon duine ag cur isteach ná amach orainn.
Séamas: Tá a fhios agam, ach ba mhaith liom rud éigin a dhéanamh as mo chonlán[12] féin.
Micil: Choíche, muis, ní dhéanfaidh tusa rud as do chonlán féin. Ach an fhad a bheas mise anseo le comhairle a thabhairt duit ní rachaidh tú i bhfad amú.
Séamas: Déanfaidh tusa mo chuid smaoinimh dhom. B'in é atá i gceist agat.
Micil: Is maith atá a fhios agat, nach bhfuil tú in ann smaoineamh a dhéanamh dhuit féin. Déanfaidh mise an smaoineamh dhuit. Beidh mise mar cheann agat.
Séamas: Is beidh mise mar chosa is mar lámha agatsa. B'in é é!
Micil: Céard atá ort, a Shéamais? Tá tú dhá bhliain déág anseo anois. Ar chuir mise milleán[13] ná bréag[14] ná éagóir[15] ort riamh sa bhfad sin?
Séamas: Níor chuir. Níor chuir, ach dúirt an Búrcach…
Micil: Ná bac leis an mBúrcach, Níl a fhios aigesean tada fút. Níl a fhios aige go mbuaileann na *fits* thú. Céard a dhéanfá dá mbuailfeadh siad siúd thú thall i Sasana?
Séamas: Níor bhuail siad le fada an lá anois mé.
Micil: Hu! Bhuailfeadh siad siúd thú, an uair is lú a mbeadh súil agat leo.
Séamas: Ní raibh mé ach ag rá. Ní raibh mé dáiríre. Tá a fhios agat go maith nach bhféadfaidh mé gabháil in aon áit. Bheidís uilig ag gáirí fúm.
Micil: Nach bhfuil tú ceart go leor anseo? Mar a chéile muid. Beirt chláiríneach. Easpa géag ormsa agus easpa meabhrach[16] ortsa. Ach ní bheidh aon duine ag gáirí fúinn anseo.
Séamas: Tá aiféala orm. Nach seafóideach an mhaise[17] dhom é ar aon chaoi? Ar ndóigh, ní bheadh tada le dhéanamh ag aon duine liomsa?
Micil: Déan dearmad air. Cuir an clúdach[18] ar an sciléidín agus leag suas é.
Séamas: Níl aon chall clúdaigh air.
Micil: Tuige nach mbeadh Nach bhfuil sé beagnach ag cur thar maoil[19]? *(Tógann Séamas trí nó ceathair de chlúdaigh as an gcófra. Titeann ceann. Titeann siad uilig.)* Céard sin? Céard tá tú dhéanamh anois?
Séamas: Thit an clúdach.
Micil: As ucht Dé ort agus cuir an clúdach ar an sciléad!
Séamas: Cé acu an ceann ceart?
Micil: Níl ann ach aon cheann ceart amháin.

[11] *intelligence of a tick*
[12] *for myself*
[13] locht = *blame*
[14] *a lie*
[15] *injustice*
[16] *lack of intelligence*
[17] *a silly thing*
[18] *cover*
[19] *overflowing*

Séamas: Thóg mé cúpla ceann as an bpreas. Ní raibh a fhios agam cérbh é an ceann ceart.
Micil: Bain triail as cúpla ceann eile.
Séamas: Tá siad róbheag.
Micil: Tá ceann acu ceart.
Séamas: Ní gá é a chlúdach, a Mhicil. Tá a fhios agat go maith nach bhfuil mé in ann aon rud mar seo a dhéanamh.
Micil: Déan iarracht agus ná bí i do pháiste. Nach gcuirfeadh duine ar bith clúdach ar sciléad?
Séamas: Ach níl a fhios agam cé acu. A Mhuire anocht! Tá creathaí[20] ag teacht orm. Tá mé réidh!
Micil: Agus tusa an fear a bhí ag gabháil go Sasana!
Séamas: Éist liom. Éist liom. *(Sos.)*
Micil: Fág ansin é mar sin.
Séamas: *(Sos—ansin labhraíonn le Binncheol.)* Níl smid asat anocht. Céard tá ort? *(Fead.)* A Mhicil!
Micil: Céard é féin? *(Leath ina chodladh.)*
Séamas: Cuirfidh mé síos an tae?
Micil: Tá sé róluath. Ná bac leis go fóill.
Séamas: Cén uair a gheobhas muid an carr asail?
Micil: Nuair a bheas an t-airgead againn.
Séamas: An mbeidh mise ag gabháil go Gaillimh leis?
Micil: Beidh má bhíonn tu sách staidéarach. *(Sos.)*
Séamas: Scór punt! Slám breá. A Mhicil!
Micil: Céard sin? Is beag nach raibh mé i mo chodladh.
Séamas: Codail mar sin. *(Fead.)* A Mhicil!
Micil: Céard tá ort anois?
Séamas: Áit mhór í Sasana?
Micil: Bíodh beagán céille agat. Gabh i leith anseo chugam. Breathnaigh isteach sa scáthán sin. An dtuigfidh tú choíche nach mbeidh ionat ach amadán thall ansin? Ní theastaíonn uathu ansin ach fir atá in ann obair a dhéanamh, agus obair chrua freisin. Chomh luath is a labhraíonn duine leatsa tosaíonn tú ag déanamh cnaipí.
Séamas: Ní raibh mé ach á rá.
Micil: Síos leat anois agus bíodh beagán céille agat. Bí ciúin nó ní bhfaighidh mé néal codlata.
Séamas: Tá go maith. *(Sos.)*
Micil: A Shéamais!
Séamas: Is ea.
Micil: Ná tabhair aon aird ormsa. Ar mhaithe leat a bhím.
Séamas: Tá sé ceart go leor. Ní raibh mé ach ag iarraidh a bheith ag caint le duine éigin.
Micil: Cuir na smaointe díchéillí sin faoi Shasana as do cheann. Níl tú ach do do chur féin trína chéile.

[20] *shakes*

[21]as silent
[22]can
[23]a grain of meal

Séamas: Tá a fhios agam. Téirigh a chodladh dhuit féin anois. *(Sos.)* A Bhinncheoil, tá tú chomh balbh le breac[21]. Cas[22] barra nó dhó. Fuar atá tú? Tabharfaidh mé gráinne mine[23] chugat. *(Fead.)* Seo cas port. *(Buailtear an doras.)* Gabh isteach. *(Míoda isteach.)*

Míoda: Dia anseo.

Séamas: Go mba hé dhuit.

Míoda: Go méadaí Dia sibh agus an mbeadh greim le n-ithe agaibh? Cad chuige an bhfuil tú ag breathnú orm mar sin?

Séamas: Ar ndóigh ní tincéara thú? Ní fhaca mé do leithéid de chailín riamh cheana.

Míoda: Sílim gur fearr dom a bheith ag gabháil sa gcéad teach eile.

Séamas: Ná himigh, ná himigh. Ní dhéanfaidh mise tada ort. Ach ní cosúil le tincéara thú.

Míoda: Is maith atá a fhios agamsa céard tá ort.

Séamas: Ní leagfainnse lámh ort, a stór. A Bhinncheoil, an bhfaca tú a leithéid riamh cheana? A haghaidh bhog bhán. As Gaillimh thú?

Míoda: Leat féin atá tú anseo?

Séamas: Is ea. Ní hea. Tá Micil sa seomra. Tá sé ar an leaba. As Gailllimh thú?

Míoda: Ní hea.

Séamas: Ní faoi ghaoth ná faoi bháisteach a tógadh thusa.

Míoda: Ní hea. Is beag díobh a chonaic mé riamh. *(Go hobann.)* Meas tú an dtabharfá cabhair dom.

Séamas: Cad chuige? Céard a d'éirigh dhuit?

[24]you would tell

Míoda: Dá n-insínn mo scéal duit b'fhéidir go sceithfeá[24] orm.

Séamas: Ní sceithfinn.

Míoda: *(Osna.)* Níor ith mé greim le dhá lá ná níor chodail mé néal ach an oiread.

Séamas: Ach céard a d'éirigh dhuit? Cá bhfuil do mhuintir?

Míoda: Inseoidh tú orm má insím duit.

Séamas: Ní inseoidh mé do dhuine ná do dheoraí é.

Míoda: Buíochas le Dia go bhfuil trua ag duine éigin dom.

Séamas: Déanfaidh mé a bhféadfaidh mé dhuit. Inis do scéal.

[25]fleeing

Míoda: Tá mé ag teitheadh[25] ó m'athair.

Séamas: Ag teitheadh ó t'athair? Cerb as thú?

Míoda: As Baile na hInse. Is é m'athair an tIarla – Iarla Chonnacht.

[26]distance
[27]bitterly
[28]cranky

Séamas: Iarla Chonnacht! Tháinig tú an t-achar[26] sin uilig leat féin.

Míoda: *(Go searbh[27].)* D'éirigh mé tuirseach den 'Teach Mór' is de na daoine móra.

Séamas: Fear cantalach[28] é d'athair?

Míoda: Ní hea ná ar chor ar bith. Níor dhúirt sé focal riamh liom a chuirfeadh brón ná fearg orm. Ach níor lig sé thar doras riamh mé.

Séamas: An bhfuil sé sean?

Míoda: Ceithre scór. Sin é an fáth a raibh sé chomh ceanúil[29] orm. Tá a fhios aige gur gearr uaidh agus ní raibh aon rud eile le haiteas[30] a chur ar a chroí. Níor lig sé as a amharc[31] riamh mé. D'fheicinn aos óg an bhaile ag gabháil chuig an gcéilí agus mé i mo sheasamh i bhfuinneog mhór an pharlúis agus an brón agus an doilíos[32] ag líonadh i mo scornach.

Séamas: Ach nach raibh neart le n-ithe agus le n-ól agat? Céard eile a bhí uait?

Míoda: Bhí ach cén mhaith a bhí ann. Ba chosúil le héinín lag i ngéibheann mé. Cosúil leis an éinin sin ansin.

Séamas: Tá Binncheol lánsásta anseo. Nach bhfuilir[33], a Bhinncheoil? Ach céard a dhéanfas tú anois?

Míoda: Níl a fhios agam, ach ní rachaidh mé ar ais chuig an gcaisleán ar aon chaoi. Cé go mbeidh dinnéar mór agus coirm cheoil[34] ann anocht. Beidh na boic mhóra uilig ann faoi éide is faoi sheoda áille soilseacha. Ach, ní bheidh an dream óg ann. Ní bheidh sult ná spórt ná suirí ann. Fir mhóra, le boilg mhóra, leath ina gcodladh le tinneas óil.

Séamas: Beidh do mháthair uaigneach.

Míoda: Níl aon mháthair agam. Is fada an lá básaithe í[35]. Dá mbeadh deirfiúr nó deartháir féin agam.

Séamas: Ní hionadh go raibh t'athair chomh ceanúil ort is gan aige ach thú.

Míoda: Ach dhearmad sé go raibh mo shaol féin amach romham agus gur orm féin a bhí é a chaitheamh. Cén mhaith, cén mhaith a bheith beo mura bhféadfaidh tú a dhéanamh ach ithe agus ól? Tá mé ag iarraidh rud éigin níos fearr a dhéanamh dhom féin agus bualadh amach faoin saol.

Séamas: *(Go simplí.)* Níos fearr! Ní fhéadfá mórán níos fearr a dhéanamh, ná a bheith i d'iníon ag Iarla Chonnacht.

Míoda: B'fhearr staid ar bith ná an staid ina raibh mé.

Séamas: Íosfaidh tú rud éigin? Tá tú caillte leis an ocras.

Míoda: Tá mé ceart go fóillín. Is mó tuirse ná an t-ocras atá orm. Suífidh mé síos scaithimhín[36] mura miste leat.

Séamas: Suigh, suigh. Cén t-ainm atá ort?

Míoda: Míoda.

Séamas: Míoda! Nach deas. Séamas atá ormsa.

Míoda: Ainm breá d'fhear breá.

Séamas: Tá sé maith go leor. Binncheol atá air féin.

Míoda: Ó, a leithéid d'ainm álainn! *(Sos.)*

Séamas: Cá rachaidh tú anois?

Míoda: Níl a fhios agam. Go Sasana b'fheidir.

Séamas: Go Sasana? Ach ní fhéadfá a ghabháil ann leat féin.

Míoda: Dar ndóigh níl le déanamh ag duine ach gabháil go Baile Átha Cliath agus bualadh ar an mbád ag Dún Laoghaire.

[29] *fond of*
[30] áthas
[31] radharc = *view*
[32] *brón*
[33] nach bhfuil tú
[34] ceolchoirm
[35] *She has been dead for a long time*
[36] ar feadh tamaill

Séamas: Is ní bheidh leat ach thú féin?

Míoda: Nach liom féin a bhain mé amach an áit seo is nach beag a bhain dom. Ach tá easpa airgid orm.

Séamas: Nach bhféadfá a ghabháil go Gaillimh is jab a fháil?

Míoda: Faraor nach bhféadaim. Tá leath na dúiche[37] ar mo thóir[38] ag m'athair cheana féin. Má bheirtear orm, beidh mo chaiscín déanta[39]. Caithfidh mé filleadh ar an gcarcair[40] sin de chaisleán. Nár fhága mé an teach seo beo más sin é atá i ndán dom[41].

Séamas: Go sábhála Dia sinn, ná habair é sin, ach céard a dhéanfas tú ar chor ar bith?

Míoda: Ná bíodh imní ar bith ort fúmsa. Nuair a bheas mo scíth ligthe agam, buailfidh mé bóthar arís, téadh sé olc, maith dom. *(Sos.)* Cén sórt éin é sin?

Séamas: Lasair Choille.

Míoda: Nach mór an spórt é? Go deimhin, is mór an náiire é a choinneáil i ngéibheann mar sin. Nach mb'fhearr i bhfad dó a bheith saor amuigh faoin spéir?

Séamas: Níorbh fhearr dó muis. Níl sioc ná seabhac ag cur isteach air anseo. *(Sos.)* Gléas ceoil é sin agat. Bhfuil tú in ann casadh?

Míoda: Táim. Is minic a chaith mé an tráthnóna uilig ag casadh do m'athair sa bparlús. Bratacha boga[42] an urláir, coinnleoirí óir[43] is chuile shórt ann. Cé nár thaitnigh sé liom beidh sé tairbheach[44] anois.

Séamas: Cén chaoi?

Míoda: Nach bhféadfaidh mé corrphort a chasadh i leataobh sráide má chinneann orm – gheobhainn an oiread is a choinneodh mé ar aon chaoi.

Séamas: Ní bheidh ortsa é sin a dhéanamh. Nach bhfuil scoil ort? Gheobhfása post in oifig go héasca? Ní bheidh ortsa gabháil ó dhoras go doras.

Míoda: Is dóigh gur fíor duit é. Ach cén fáth a mbeifeása ag bacadh liom? Níl ionam ach strainséara.

Séamas: Ní hea, ná ar chor ar bith. Seanchairde muid le deich nóiméad. Ní fhaca mé cailín taobh istigh den doras seo riamh cheana agus riamh i mo shaol ní fhaca mé do leithéidse de chailín.

Míoda: Ach, is beag an chabhair a fhéadfas tú a thabhairt dom, a Shéamais. Dá mhéad míle bóthair a fhéadfas mé a chuir idir mé agus Baile na hInse, is ea is fearr. Agus casfaidh mé ceol i leataobh sráide má chaithim ...

Séamas: Ní chaithfidh tú, ná choíche, a stór. *(Sos.)* Cas port dom. B'fhéidir go dtosódh Binncheol é féin nuair a chloisfeadh sé thú.

Míoda: Ní maith liom thú a eiteach[45] ach ní ceol a bheas ann ach giúnaíl[46]. Céard a chasfas mé?

Séamas: Rud ar bith.

Míoda: Céard faoi seo? *(Port sciobtha.)*

Micil: A Shéamais! Céard é sin?

Míoda: Cé atá ag caint?

Séamas: Níl ann ach Micil. Tá sé sa leaba. Tá cailín anseo, a Mhicil.

Micil: Céard atá uaithi?

Séamas: Greim lena ithe.

Micil: Níl ár ndóthain againn dúinn féin, ní áirím do chuile chailleach[47] bóthair is bealaigh dá mbuaileann faoin doras.

[37] leath an pharóiste = *half the district*
[38] do mo lorg = *chasing me*
[39] beidh mo phort seinnte = *it will be all over*
[40] priosún
[41] *in store for me*
[42] *soft carpets*
[43] *golden candlesticks*
[44] *beneficial*
[45] *refuse*
[46] *droning*
[47] *witch/hag*

Séamas: Ní cailleach ar bith í.
Micil: Céard eile atá inti! Tabhair an doras amach di.
Míoda: Imeoidh mé. Ná lig anuas é.
Séamas: Ara, níl sé in ann siúl.
Micil: M'anam, dá mbeinn, ní bheinn i bhfad ag tabhairt bóthair duit.
Séamas: Ach ní tincéara í, a Mhicil. Nach í iníon Iarla Chonnacht í?
Micil: Iníon Iarla Chonnacht! Chreidfeá an diabhal é féin. Cuir ar an tsráid í a deirim.
Séamas: Tá sí ag teitheadh óna hathair. Tá siad á tóraíocht[48].
Micil: Gabh aníos anseo, a iníon Iarla Chonnacht, go bhfeicfidh mé thú.
Míoda: Ní rachaidh mise sa seomra.
Micil: Céard sa diabhal a bheadh iníon Iarla Chonnacht a dhéanamh ag imeacht ag casadh ceoil ó dhoras go doras?
Míoda: Mura gcreidfidh tú mé tá sé chomh maith dhom a bheith ag imeacht.
Séamas: Ná himigh. Cá rachaidh tú anocht. Fan scaithimhín eile.
Micil: Ní ar mhaithe liomsa ná leatsa a thaobhaigh sí sin muid ar chor ar bith. Iníon Iarla Chonnacht! Go dtuga Dia ciall duit.
Míoda: Ní raibh uaim ach greim lena ithe.
Micil: Tháinig thú isteach ag goid a raicleach[49]. Choinnigh súil uirthi, a Shéamais. Ghoidfeadh a leithéid sin an tsúil as do cheann.
Séamas: Muise, éist leis an gcréatúr bocht. Tá ocras agus fuacht uirthi.
Micil: A Shéamais, a Shéamais, an t-airgead! Cá bhfuil sé?
Séamas: Ar an gcófra.
Micil: Cén áit ar an gcófra?
Séamas: Sa sciléad. 'Deile?'
Micil: Dún do chlab, is ná cloiseadh sí thú!
Míoda: Caithfidh sé go bhfuil an diabhal is a mháthair ann leis an gcaoi a bhfuil tú ag caint.
Séamas: Tá aon phunt déag ann.
Micil: Dún do chlab mór, a amadáin!
Míoda: Ná bac leis sin. Ag magadh fút atá sé. Níl sé sin ach ag iarraidh searbhónta a dhéanamh dhíot. Chuile shórt a dhéanamh dhósan is gan tada a dhéanamh dhuit féin.
Séamas: Ach níl mé in ann aon rud a dhéanamh, a Mhíoda.
Míoda: Ná bíodh seafóid ort. Déarfaidh sé sin leat nach bhfuil tú in ann rud a dhéanamh, ionas go gcoinneoidh sé anseo thú ag freastal air. Agus, cé leis an t-aon phunt déag sin?
Séamas: Le Micil.
Míoda: Le Micil! Cé a shaothraigh é? An cláiríneach sin?
Séamas: Ní hé. Mise.
Míoda: Nach leatsa mar sin é? Níl baint dá laghad ag Micil dó.

[48]*searching for her*

[49]*vixen*

Micil: Cuir amach í.
Míoda: Tá sé in am agatsa a bheith i d'fhear, agus mórán de do shaol á chur amú ag tabhairt aire don tseanfhear sin.
Séamas: Níl a fhios agam céard a dhéanfas mé.
Míoda: Mura bhfuil a fhios agatsa é , tá a fhios agamsa é. Seo é do seans. Tá an bheirt againn sáinnithe i ngéibheann ar nós an lasair choille sin. Tabharfaidh an t-aon phunt déag sin go Sasana muid.
Séamas: Go Sasana! Is ea!
Micil: As do meabhair atá tú, a Shéamais! Ní fhágfá anseo liom féin mé tar éis a ndearna mé dhuit riamh.
Séamas: Níl a fhios agam. Ba mhaith liom imeacht.
Míoda: Má ba mhaith féin tá ceart agat. Nach fearr i bhfad dó sin a bheith thoir i dTeach na mBocht ná a bheith ag cur do shaoilse amú.
Séamas: An dtiocfása in éineacht liom, a Mhíoda? Ní imeoinn asam féin.
Míoda: Thiocfainn gan amhras.
Micil: A Shéamais!
Míoda: D'éireodh thar barr linn. Gheobhadsa post breá thall ansiúd agus d'fhéadfá gabháil in do rogha áit agus do rogha rud a dhéanamh.
Micil: Ní fheicfidh tú aon amharc uirthi sin arís go brách má thugann tú dhi an t-airgead. Sin a bhfuil uaithi sin.
Séamas: Ach céard tá uaitse? Mo chosa is mo lámha? Mo shaol trí chéile.
Micil: Tá tú meallta[50] aici cheana féin.
Míoda: Níl uaim ach fear bocht a ligean saor uaitse. Bhí orm mé féin a scaoileadh saor ón ngéibheann cheana. Seanduine ag iarriadh beatha is misneach duine óig a phlúchadh[51]. Ní óinseach ar bith mise. Tá an deis againn anois agus bainfidh muid leas[52] as. Tá saol nua amach romhainn agus luach saothair[53] an ama atá caite.
Séamas: Tá mé ag gabháil go Sasana, a Mhicil.
Micil: Ar son anam do mháthair, a Shéamais!
Séamas: Tá mé ag iarraidh rud éigin a dhéanamh ionas nach mbeidh daoine ag gáirí fúm.
Míoda: Cé a dhéanfadh gáirí faoi fhear breá?
Séamas: An gceapfása gur fear breá mé, a Mhíoda? Ní dhéanfása gáirí fúm?
Míoda: Cad chuige a ndéanfainn? Tá mé ag inseacht na fírinne[54]. *(Torann sa seomra.)*
Micil: A Shéamais, a Shéamais!
Séamas: Thit sé as an leaba.
Micil: Gabh i leith, a Shéamais. Gabh i leith.
Míoda: Ara, lig dó. Ag ligean air féin atá sé sin go bhfeicfidh sé an bhfuil máistreacht aige ort fós.
Séamas: Gabhfaidh mé suas chuige.
Míoda: Ná téirigh. Lig dó. Bíodh aige.
Séamas: Ní fhéadfaidh mé é a fhágáil ina luí ar an urlár. An bhfuil tú gortaithe?
Micil: Ar ndóigh, ní imeoidh tú, a Shéamais? Ní fhágfá anseo liom féin mé. An t-airgead! Fainic[55] an t-airgead.

[50] *seduced*
[51] *to suffocate*
[52] *benefit*
[53] *payment*
[54] *telling the truth*
[55] *beware*

Míoda: Go deimhin, ní leagfainnse méar ar do chuid seanairgid lofa[56].

Micil: Ardaigh aníos mé. Cuir i mo shuí suas mé. Ní bheinn in ann tada a dhéanamh de d'uireasa[57].

Míoda: Ach dhéanfadh Séamas togha gnó de d'uireasa.

Séamas: Éist leis, a Mhíoda.

Micil: Is fearr an aithne atá agamsa ortsa ná atá ag aon duine ort. Ag magadh fút a bheas siad. Titfidh an t-anam asat chuile uair a dhéanfas tú botún. Beidh an domhan mór ag faire ort. Níl anseo ach mise agus ní bheidh mise ag magadh fút.

Míoda: Is maith atá a fhios agat go bhfuil an cluiche caillte agat, a sheanchláirínígh lofa. Éist leis. Lig dó a thuairim féin a bheith aige.

Micil: Tá a fhios agat go maith, a Shéamais, go bhfuil mé ag inseacht na fírinne. Níl maith ná maoin leat ná ní bheidh go deo. Níl meabhair ar bith ionat. Cuireann an ruidín is lú trína chéile thú. Fan anseo, áit nach gcuirfear aon aird ort.

Séamas: Níl a fhios agam, a Mhicil, ach ar ndóigh tá an ceart agat. Níl maith ná maoin liom.

Míoda: Stop ag caint mar sin. Fear breá láidir thú. Dhéanfá rud ar bith dá ndéanfá iarracht. Breathnaigh, tá ár ndóthain dár saol curtha amú againn faoi bhos an chait ag amadáin nach gcuirfeadh smacht ar mhada beag. Seanfhear agus cláiríneach. Níl tada cearr leatsa. Dhéanfása rud ar bith.

Séamas: Meas tú?

Micil: Má imíonn tú ní ligfidh mé taobh istigh den doras arís choíche thú.

Míoda: Thoir i dTeach na mBocht ba chóir duitse a bheith le fiche bliain.

Séamas: Bíonn togha lóistín ann ceart leor, a Mhicil. B'fhearr an aire a thabharfaidís duit ná mise. Gheobhfá chuile shórt ann!

Micil: B'fhearr liom a bheith in ifreann! Ná fág liom féin mé! Ar son anam do mháthar!

Séamas: Mura n-imím anois ní imeoidh mé go deo. B'fhéidir gurb é an seans deireanach é.

Micil: Níl aon mhaith dhomsa a bheith ag caint mar sin. Imigh! Imigh!

Míoda: D'imeodh sé arís ar aon chaoi.

Micil: An imeodh?

Míoda: Céard a dhéanfadh sé dá bhfaighfeása bás? Fágtha leis féin é ag ceapadh nach raibh maith ná maoin leis. Dún suas anois. Tabhair freagra ar an gceist má tá tú in ann.

Séamas: Tá cion agam ort, a Mhicil. Níl aon rud d'aghaidh agam. Ach tá mé tuirseach den áit seo.

Micil: Ní chuirfidh mise níos mó comhairle ort.

Séamas: Beidh mé ag imeacht mar sin. Tabharfaidh mé liom an t-airgead.

Míoda: Míle moladh le Dia, tháinig misneach duit sa deireadh.

Séamas: Ach ní raibh mé amuigh faoin saol cheana riamh.

Míoda: Níl sa saol ach daoine. Cuid acu ar nós Mhicil. Cuid acu ceart go leor. Éireoidh thar barr leat. Má tá fúinn imeacht tá sé chomh maith dhúinn tosú ag réiteach. Céard a thabharfas tú leat?

Séamas: Níl agam ach a bhfuil ar mo chraiceann. Ar ndóigh, ní chaithfidh muid imeacht fós?

Míoda: Caithfidh muid. Gheobhaidh muid marcaíocht go Gaillimh fós.

Séamas: An dtabharfaidh muid Binncheol linn?

[56] *rotten*

[57] *without you*

Míoda: Ní thabharfaidh. Bheadh sé sa mbealach.
Séamas: Céard faoi Mhicil? Caithfidh muid a inseacht do dhuine éigin go bhfuil sé anseo leis féin.
Míoda: Ar ndóigh, buaileann duine éigin isteach anois is arís?
Séamas: Beidh siad ag teacht leis an mbainne ar maidin.
Míoda: Cén chlóic[58] a bheas air go dtí sin? Seo cá bhfuil do chóta?
Séamas: Sa seomra.
Míoda: Déan deifir. Faigh é.
Séamas: Níl mé ag iarraidh gabháil sa seomra.
Míoda: Ara, suas leat. Ná bíodh faitíos ort roimhe sin. B'fhéidir go dtosódh sé ag báisteach.
Séamas: Tá go maith, a Mhicil, sílim go bhfuil an ceart agam. A Mhicil, mura labhróidh tú liom mar sin bíodh agat. Cén áit i Sasana a rachfas muid?
Míoda: Londain.
Séamas: Nach mór an gar[59] dom, tusa a bheith liom, a Mhíoda. Ní dheachaigh mé ag taisteal riamh cheana. *(Osna[60].)* Meas tú an mbeidh sé ceart go dtí amárach leis féin?
Míoda: Déan dearmad air anois. Ní fheicfidh tú arís go brách é.
Séamas: Is dóigh nach bhfeicfead.
Míoda: Téanam. An bhfuil tú réidh?
Séamas: Tá, ach ní imeoidh muid fós.
Míoda: Mura n-imeoidh, beidh aiféala ort. Téanam go beo. Céard tá ort?
Séamas: Níl a fhios agam. B'fhéidir nach dtiocfainn ar ais go deo.
Míoda: Mura dtaga féin, ní dochar é sin.
Micil: Ná himigh, a Shéamais.
Séamas: Caithfidh mé, a Mhicil.
Micil: Caillfear i dTeach na mBocht mé.

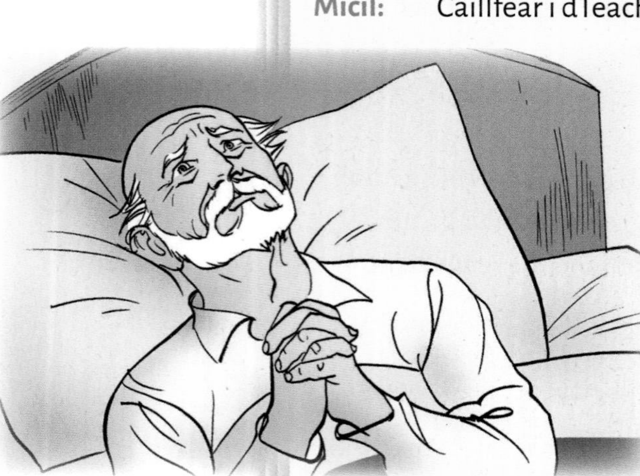

Míoda: Is gearr uait ar aon chaoi.
Micil: Fágfaidh mé agat an teach is an talamh ar ball má fhanann tú.
Séamas: Cén mhaith ar ball?
Micil: Fágfaidh mé agat anois é.
Séamas: Níl aon mhaith dhuit a bheith ag caint. Ta bean anseo agus bean dheas – nach gceapann gur amadán mé. Ar mhaithe leat féin a choinnigh tú anseo mé. Is beag an imní a bhí ort fúmsa riamh.
Micil: Admhaím gur beag a d'fhéadfainn a dhéanamh asam féin, ach cá bhfuil an dara duine a choinneodh thusa? Fuist, a bhean. Tagann *fits* air. Céard a dhéanfas tú ansin?
Míoda: A Shéamais!
Séamas: Níor tháinig na *fits* orm riamh ó bhí mé i mo pháiste.
Míoda: Téanam! Cá bhfios dúinn nach bhfuil fir an Tí Mhóir sa gcomharsanacht?
Séamas: Fan scaithimhín eile. Gheobhaidh muid marcaíocht go Gaillimh go héasca.
Míoda: Cá gcuirfidh muid an t-airgead? Aon phunt déag!

[58] *harm*
[59] *isn't it a good thing*
[60] *a sigh*

Micil: Sin a bhfuil uaithi sin. Mar a chéile í féin agus chuile bhean eile. Coinneoidh siad leatsa a fhad is tá do phóca teann[61].

Míoda: Éist do bhéal thusa! *(Buailtear an doras.)* Ó!

Séamas: Fir an Tí Mhóir!

Míoda: Stop! S-s-shhhhh! *Guth (Amuigh.)* A Mhíoda! A Mhíoda!

Míoda: Ná habair tada. *Guth (fear isteach):* A Mhíoda!

Séamas: Cé thú féin?

Fear: Cá raibh tú ó mhaidin? Is dóigh nach bhfuil sciúrtóg[62] faighte agat?

Séamas: A Mhíoda, cé hé féin?

Fear: Is mór an t-ádh ort, a bhuachaill nó thabharfadh mise crigín faoin gcluas duit[63]. Ceapann tú go bhféadfaidh tú do rogha rud a dhéanann le cailín tincéara?

Séamas: A Mhíoda!

Míoda: Dún do bhéal, a amadáin!

Séamas: Tincéara thú.

Míoda: Ar ndóigh, ní cheapann tú gurb é seo Iarla Chonnacht agat?

Séamas: Ach dúirt tú...

Míoda: Dúirt mé – céard eile, céard eile a déarfainn, nuair a cheap amadán gur bean uasal a bhí ionam? 'Ar ndóigh, ní tincéára thú!' Há! Há! Há!

Fear: Gabh abhaile, á óinseacháin, chuig do champa – áit ar rugadh is a tógadh thú.

Míoda: Níl ionam ach tincéara, a Shéamais, nach bhfuil in ann rud ar bith a dhéanamh ach goid is bréaga.

Séamas: Céard faoi Shasana?

Míoda: Sasana! Brionglóidigh[64] álainn ghlórmhar[65]! Níl gnó dhíom ach in áit amháin – sa gcampa. Tá mé chomh dona leat féin. Fan le do sheanchláiríneach.

Fear: Déan deifir. Ná bac le caint. Tá bóthar fada amach romhainn.

Míoda: *(Ag gabháil amach.)* Iníon Iarla Chonnacht. Há! Há! Há! A amadáin! Há!

Fear: Ba chóir duit náire a bheith ort. Murach leisce a bheith orm, chuirfinnse néal[66] ort. Ag coinneáil Mhíoda go dtí an tráth seo. Ag déanamh óinseach di.

Séamas: Ach dúirt sí –

Fear: Dúirt sí! Ise ba chiontach. Cé a chreidfeadh tincéara? Agatsa atá an ceart mo léan. Go maithe Dia dhuit é. *(Imíonn.)*

Séamas: *(Stad.)* A Bhinncheoil! Rinne sí amadán díom.

Micil: Anois, tá a fhios agat é, is níl aon ghá dhomsa é a rá leat.

Séamas: Tá a fhios agam é.

Micil: Rinne sí amadán críochnaithe dhíot.

Séamas: Rinne, ach ar bhealach, ní dhearna. D'oscail sé mo shúile dhom. Bhfuil a fhios agat cén fáth a gcoinníonn an tincéara sin Míoda agus cén fáth a gcoinnímse Binncheol? Inseoidh mise dhuit cén fáth. Mar tá muid uilig go truamhéalach[67]. Tá muid mar

[61] *full*
[62] *a cent*
[63] *I would give you a clip on the ear*
[64] *dream*
[65] *glorious*
[66] *a blow*
[67] *pitiful*

tá muid. Tá tusa i do chláiríneach agus bhí tú ag iarraidh cláiríneach a dhéanamh díomsa freisin. Agus, tá an tincéara ag iarraidh Míoda a choinneáil ina chuid salachair[68] agus ina chuid brocamais[69] féin. Agus coinnímse Binncheol i ngéibheann ionas go mbeidh sé chomh dona liom féin. Ceapaim má cheapaim go maródh an sioc is an seabhac é dá ligfinn saor é – ach níl ansin ach leithscéal. Ach, ní i bhfad eile a bheas an scéal mar sin. *(Éiríonn. Imíonn amach leis an gcás. Sos.)*

Micil: A Shéamais, cá raibh tú?

Séamas: Scaoil mé amach Binncheol. Agus an bhfuil a fhios agat céard é féin – chomh luath is a d'oscail mé an doras sciuird sé suas i mbarr an chrainn mhóir agus thosaigh sé ag ceol.

Micil: 'Bhfuil tú ag imeacht a Shéamais, nó ar athraigh tú t'intinn?

Séamas: Is ait an mac an saol[70]. Ní bheadh a fhios agat céard a tharlódh fos. Tiocfaidh athrú ar an saol – orainne agus ar chuile shórt. Ach ní bheidh Binncheol ná éan ar bith i ngéibheann sa gcás sin arís go brách[71]. *(Tógann suas an cás).*

[68] *dirt*
[69] *squalour/filth*
[70] *Life is strange*
[71] *ever*

Cúinne na Litearthachta

Foghlaim conas na heochairfocail thíos san achoimre a litriú agus faigh amach cad is brí leo.

Féach go grinn ar na focail seo, abair amach iad, clúdaigh na focail, agus ansin scríobh na focail amach chun an litriú a chleachtadh!

An Gaeilge	An Béarla	Clúdaigh na focail ar an lámh chlé agus scríobh amach na focail anseo leat féin.
máchail fhisiciúil		
míchumas		
i ngéibheann		
lagintinneach		
cláiríneach		
sáinnithe		
saoirse agus daoirse		
easpa féinmhuiníne		
saonta		
maslaí		
claochlú		
bean tincéara		
siombail		

Achoimre ar an Dráma

- Is dráma gearr é seo. Tá dhá sheomra ar an ardán; seomra leapa agus cistin. Tá Micil (seanchláiríneach[1]) sa leaba sa seomra codlata agus tá Séamas (fear óg, cúig bliana is fiche) sa chistin ag caint le lasair choille[2] atá i gcás éin, atá ar crochadh sa chistin. Is fear saonta[3], lagintinneach[4] é Séamas agus tá sé ag tabhairt aire don chláiríneach atá sa leaba.
- Tá Séamas ag iarraidh ceol a bhaint as an lasair choille, Binncheol, ach níl ag éirí leis. Níl ach maslaí ag teacht ón leaba thuas agus Micil ag rá le Séamas nach bhfuil sé in ann codladh 'le do leithéidse d'amadán ag bladaireacht in ard do ghutha'. Feicimid go luath sa dráma mar sin go gcaitheann Micil le Séamas mar amadán agus go mbíonn Séamas bocht leithscéalach i gcónaí le Micil.
- Tá aon phunt déag i dtaisce[5] ag an mbeirt acu i sciléad agus tá sé ar intinn ag Micil carr asail a cheannach leis an airgead ionas go mbeidh siad in ann móin a iompar agus go mbeidh sé féin in ann brabús a dhéanamh as. Níl faic eile ar a intinn ag Micil ach an t-airgead sin agus cruthaíonn sé é seo nuair a thiteann sé amach as a leaba. Is faoin airgead atá sé buartha.
- Deir Séamas leis an gcláiríneach go bhfuil sé ag smaoineamh ar dhul go Sasana am éigin, ach arís maslaíonn Micil é, ag rá leis nach mbeadh aon duine eile sásta cur suas leis ach é féin. 'Níl gnó ar bith acu d'amadáin i Sasana,' a deir sé leis. Is léir nach bhfuil Séamas róchliste agus nach bhfuil mórán féinmhuiníne aige ach oiread 'Níl éirim sciortáin ionat,' a deir Micil leis. Faighimid amach chomh maith go dtagann *fits* air uaireanta, cé gur fada anois go raibh siad air. Tá socrú de shaghas éigin ag an mbeirt, go mbeidh Séamas mar chosa ag Micil agus go mbeidh Micíl mar mheabhair ag Séamas. Cuireann Micil ina luí ar Shéamas go bhfuil an bheirt acu sona leis an socrú sin atá acu le dhá bhliain déag anuas.
- Athraíonn cúrsaí, áfach, nuair a thagann Míoda (bean tincéara) isteach sa teach chucu. Dar léi gur iníon le hIarla Chonnacht í atá ag teitheadh[6] óna hathair. Deir sí go raibh sí i ngéibheann ag a hathair mar nár thug sé aon saoirse di agus ní iarrann sí ach greim le hithe ar dtús. Tá Séamas meallta[7] aici, creideann sé a scéalta agus glacann sé trua di, a fhad is a screadann Micil uirthi a bheith ag imeacht.
- Insíonn Míoda do Shéamas ansin go bhfuil sé i gceist aici b'fhéidir éalú go Sasana ach nach bhfuil a dóthain airgid aici. Cuireann sí ar a shúile do Shéamas go bhfuil sé ina shearbhónta ag Micil agus gur cheart dó imeacht agus a shaol a chaitheamh saor ón seanchláiríneach. Is dócha go bhfeiceann Séamas a sheans éalaithe féin ansin ach deir sé léi nach bhfuil sé de mhisneach aige imeacht leis féin. Ansin deir sé go bhfuil airgead sa sciléad aige agus go n-imeoidh siad beirt go Sasana.
- Tá Micil ar mire[8] nuair a chloiseann sé é seo, ach casann sé ó na maslaí nuair a thuigeann sé go bhfuil ag teip air Séamas a sháinneadh a thuilleadh. Tosaíonn sé ag impí ar[9] Shéamas ansin gan é a fhágáil leis féin, geallann sé dó go bhfágfaidh sé an teach agus an talamh aige fiú, ach ní ghéilleann Séamas dó an uair seo. Cé go bhfuil Séamas fós trócaireach agus cneasta, feictear dó go bhfuil sé féin ábalta déanamh gan Mhicil.
- Is ag an bpointe seo faraor a thagann fírinne an scéil amach. Faigheann an lucht féachana amach gan mhoill cé hí Míoda i ndáiríre le teacht i láthair an fhir tincéara. Ordaíonn an fear di filleadh ar an gcampa, áit a bhfuil sí i ngéibheann, agus bagraíonn sé[10] ar Shéamas bocht gan lámh a leagan ar a iníon arís go deo.

[1] *old cripple*
[2] *goldfinch*
[3] *naive*
[4] *gullible*
[5] *saved*
[6] *fleeing*
[7] *seduced*
[8] *crazy/furious*
[9] *begging*
[10] *he threatens*

[11] *recognition*

[12] *learned*

- Faoin am seo, tá súile Shéamais oscailte dó ag Míoda, dar leis féin. Feiceann sé go bhfuil sé féin i ngéibheann chomh maith le gach duine eile sa dráma agus mar aitheantas[11] air seo, tógann sé an cás éin amach agus ligeann sé saor an lasair choille. Imíonn an t-éan in airde ar chrann, áit a ndéanann sé ceol den chéad uair sa dráma. Ní fios ag an deireadh céard a dhéanfaidh Séamas féin, ach tá foghlamtha aige[12] ó thús an dráma gan dabht.

An Lasair Choille *le Caitlín Maude i bpáirt le Micheál Ó hAirtnéide*

Achoimre ar an Dráma i bhFoirm Pictiúr

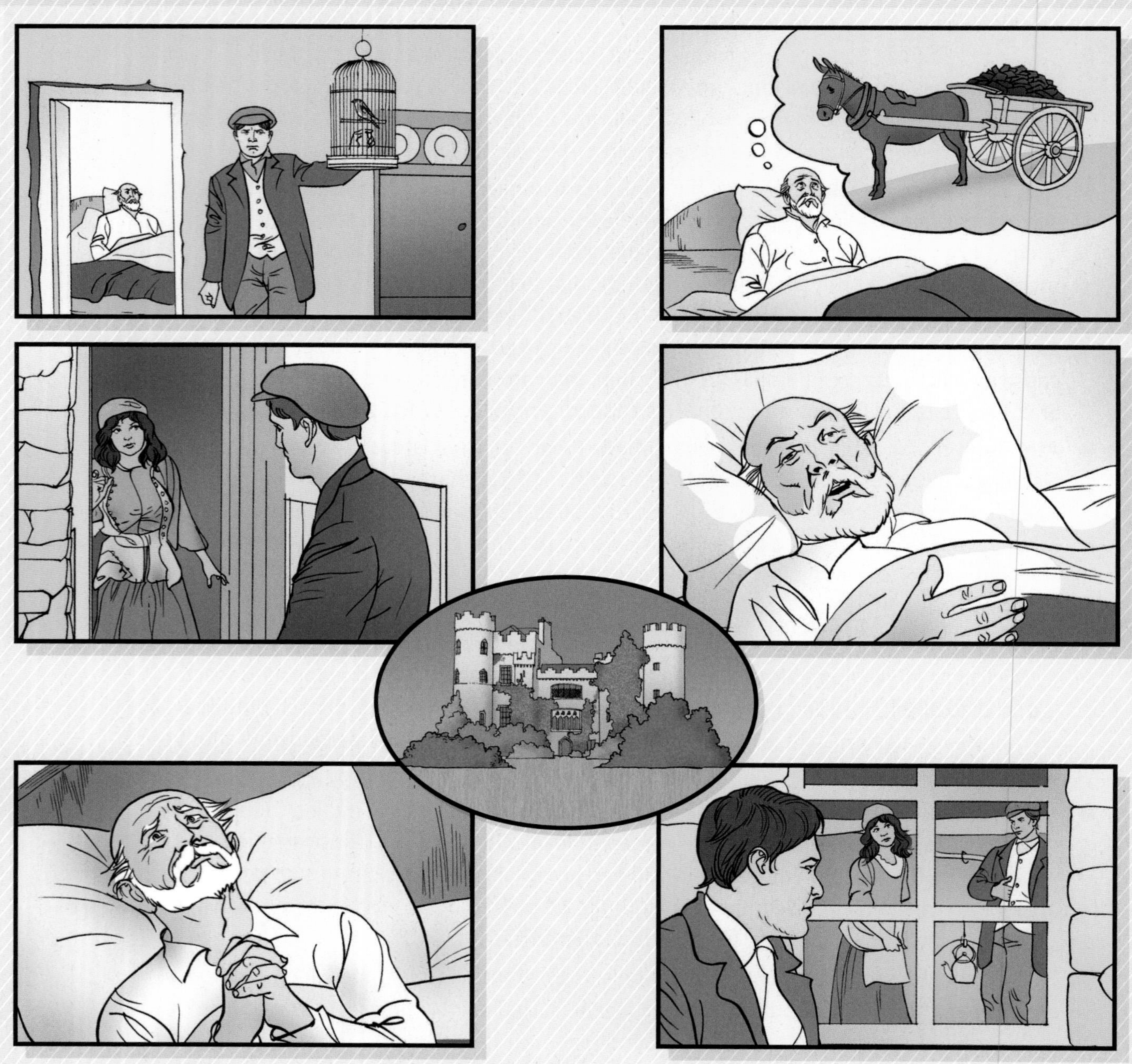

Anois, scríobh d'achoimre féin bunaithe ar na pictiúir thuas.

Cleachtadh Scríofa

Cuir Gaeilge ar na focail seo a leanas:

(a) an old cripple (b) a goldfinch (c) innocent/gullible (d) in saving (e) fleeing (f) begging/imploring (g) he threatens (h) in recognician (i) oppression (j) trapped in his bed (k) energetic (l) innocent (m) generous

Obair Ealaíne

Cuir achoimre ar an dráma le chéile i bhfoirm pictiúr agus siombailí. Is féidir leat úsáid a bhaint as figiúirí agus roinnt eochairfhocal anseo is ansiúd más mian leat.

An Chathaoir The

Scríobh na freagraí ar na ceisteanna seo a leanas nó iarrfar ar dhalta áirithe suí sa chathaoir the agus beidh air/uirthi an chéad cheist a fhreagairt ó bhéal. Nuair a bheidh an cheist freagartha aige/aici, is féidir leis/léi an chéad cheist eile a chur ar aon dalta eile is mian leis/léi.

1. Déan cur síos ar an ardán.
2. Cá bhfuil an lasair choille fad an dráma?
3. Cén t-ainm atá ar an éan?
4. Cé hé Micil?
5. Cén fáth a bhfuil Micil sa leaba?
6. Cén socrú atá ann idir Micil agus Séamas?
7. Conas a mhothaíonn Séamas nuair a thagann Míoda isteach?
8. Cé mhéad airgid atá sa sciléad?
9. Cá bhfuil an sciléad fágtha?
10. Cén fáth a gceapann Séamas gur amadán é?
11. Cén ceacht a mhúineann Míoda do Shéamas?
12. Céard a dhéanann Micil nuair a bhíonn eagla air go n-imeoidh Séamas uaidh?
13. Cé hé an duine deireanach a thagann ar an stáitse?
14. Cén fáth a bhfuil an duine sin sa teach?
15. Céard a dhéanann Séamas leis an éan ag deireadh an dráma?

Cleachtadh Cainte

Ba cheart do dhalta amháin ligean air/uirthi gurb é/í Micil. Is féidir leis an gcuid eile den rang ceisteanna a chumadh ba mhaith leo a chur ar Mhicil. Mar shampla: Cén gaol atá aige le Séamas?

1. Cén fáth a bhfuil sé chomh gránna sin le Séamas?
2. An bhfuil sé sona ina shaol?

Ba cheart do dhalta amháin ligean air/uirthi gurb é/í An Lasair Choille. Smaoineoidh an chuid eile den rang ar cheisteanna ar mhaith leo a chur ar an éan, m.sh. Cén fáth nach gcanann sé ar chor ar bith?

1. Cad a cheapann sé faoi Mhicil?
2. Cad a cheapann sé faoi Shéamas?

Is féidir leis an dalta a s(h)amhlaíocht a úsáid chun na ceisteanna a fhreagairt.

Na hÚdair /Ábhar an Dráma

***Caitlín Maude* 1941 – 1982** Féach ar leathanach 127 in Aonad a 3.

Micheál Ó hAirtnéide

Rugadh Micheál Ó hAirtnéide sa bhliain chéanna le Caitlín Maude, 1941 i gCo Luimnigh. D'fhoghlaim sé Gaeilge óna sheanmháthair. D'oibrigh sé mar fhreastalaí tae ar ionad tógála i Sasana agus b'ansin a thosaigh sé ag scríobh. Tá clú agus cáil air mar fhile agus d'oibrigh sé ar an saothar seo *An Lasair Choille* le Caitlín Maude. Cailleadh é sa bhliain 1999. Tá téarma na daoirse go mór chun tosaigh sa dráma seo gan amhras. Tá sé suntasach go bhfuil an t-ábhar céanna le tabhairt faoi deara in obair Chaitlín Maude go háirithe. Deirtear go minic gurbh fhéidir gur mhothaigh sí go raibh sí féin i ngéibheann agus í ag fulaingt leis an tinneas ailse. Is sárdhráma é seo ina bhfaigheann an tsaoirse an lámh in uachtar ar an daoirse sa deireadh.

Ceisteanna Scrúdaithe

1. Céard iad na téamaí is láidre sa dráma seo, dar leat? Conas mar a chuirtear na téamaí sin os ár gcomhair sa dráma? (30 marc)
2. Tá téama an mhíchumais faoi chaibidil sa dráma seo agus an saol teoranta a théann leis an míchumas uaireanta. An téama sin a mheas. (30 marc)
3. Déan plé gairid ar an sliocht gearr seo ón dráma, i gcomhthéacs théama an dráma. (30 marc)

   Micil: Déanfaidh mise an smaoineamh dhuit. Beidh mise mar cheann agat.
   Séamas: Is beidh mise mar chosa is mar lámha agatsa...

Téama an Dráma

- Is é an daoirse[1] an téama is láidre sa dráma seo. Níl ach cúigear carachtar ar fad sa dráma agus ceathrar acu a bhfuil an easpa saoirse ina saol ag dul i bhfeidhm go mór orthu. Is siombail é an t-éan den easpa saoirse agus é i ngéibheann i gcás beag éin sa chistin. Ní chanann sé ar chor ar bith, toisc é a bheith míshásta. Tá Micil, an cláiríneach, sáinnithe[2] ina leaba agus é thar a bheith míshuaimhneach. Tá Séamas faoi smacht ag Micil agus é ag lorg a shaoirse phearsanta agus tá Míoda i ngéibheann ag a hathair gránna. Déantar forbairt shuimiúil ar an téama seo, a fheictear trí fhorbairt na gcarachtar sa dráma.
- Tá téama an mhíchumais sa dráma freisin agus an daoirse a bhaineann le míchumas go minic. Níl úsáid na gcos ag Micil agus dá bhrí sin braitheann sé go mór ar Shéamas ina shaol fiú amháin agus é ag fágáil a leapa. Ar an taobh eile feicimid go bhfuil míchumas[3] intleachtúil de shaghas éigin ag Séamas agus nach bhfuil an fhéinmhuinín aige imeacht ó smacht Mhicil. Tá deacracht aige an clúdach ceart a roghn ú don scileád[4] agus tosaíonn sé ag crith nuair a éiríonn Micil crosta leis. Braitheann sé féin ar Mhicil chun treoir a thabhairt dó ina shaol.
- Tá an chuma ar an scéal nach bhfuil tada athraithe do Mhicil ná do Shéamas le fada. Tuigtear dúinn go bhfuil siad ag maireachtáil mar sin le dhá bhliain déag anuas. Nuair a dhéanann Séamas tagairt do Shasana, ní fada go dtostaíonn[5] Micil é, agus cuireann sé i gcuimhne dó arís is arís eile gur 'amadán' é agus nach mbeidh sé riamh in ann maireachtáil gan é féin a

[1] *oppression*
[2] *stuck*
[3] *disability*
[4] *skillet*
[5] *silences*

bheith taobh leis. Tá dúmhál in úsáid aige anseo, ar ndóigh. Tá Micil thar a bheith gránna agus údarásach le Séamas agus é ag léiriú dó cé atá i gceannas.

- Tagann casadh obann ar an dráma agus ar dhearcadh[6] Shéamais ar an saol faraor nuair a thagann Míoda (bean tincéara) isteach sa chistin. Cé gur bréagadóir í féin, léiríonn sí do Shéamas nach bhfuil ag teastáil ó Mhicil ach sclábhaí dó féin agus gur cheart dó a chuid neamhspleáchais[7] a bhaint amach agus ligean don chláiríneach[8] dul chuig Teach na mBocht.
- Tá íoróin ag baint le críoch an dráma gan amhras. Bean mhímhacánta a dhéanann gach iarracht an dallamullóg a chur air chun a chuid airgid a fháil uaidh, a osclaíonn a shúile do Shéamas ar dheireadh thiar. Ní fios dúinn ag an deireadh céard a dhéanfaidh Séamas lena shaol ach nuair a ligeann sé saor an lasair choille óna chás, feicimid go bhfuil a cheacht féin foghlamtha aige. Tuigeann sé go bhfuil féidearthachtaí[9] eile ar fáil dó seachas an saol a bhí aige le Micil.

[6] *outlook*
[7] *independence*
[8] *cripple*
[9] *possibilities*

Achoimre ar na Téamaí

Freagra Samplach a 1

Is siombail é Binncheol, an Lasair Choille de chruachás na gcarachtar sa dráma. An aontaíonn tú leis an ráiteas sin?

Aontaím leis an ráiteas sin gan amhras. Is léir go bhfuil téama láidir na daoirse ag rith tríd an dráma seo agus is siombail chiúin é Binncheol an Lasair Choille sa chúlra. Tá Binncheol i gcás éin ar an stáitse agus déanann Séamas gach iarracht ceol a bhaint as. 'A Bhinncheoil! 'Bhinncheoil *(Fead.)* Cas poirtín dom', a chloisimid ag tús an dráma agus leanann sé air mar sin go headrannach[10] tríd an dráma. An rud is suntasaí faoi seo, áfach, ná nach dtagann ceol ar bith ón éan sa chás. Ní chanann sé toisc nach bhfuil sé sásta a bheith i ngéibheann agus go dteastaíonn uaidh a bheith saor.

[10] *intermittently*

Is léir dúinn chomh maith go bhfuil Séamas féin beagnach sa chás céanna. Toisc gur duine lagintinneach é agus nach bhfuil mórán féinmhuiníne aige, tá sé i ngéibheann ag Micil agus nuair a luann sé imeacht go Sasana ag tús an dráma, feicimid gan mhoill nach bhfuil seisean sásta mar atá sé. Níos déanaí, tá sé sásta dul sa tseans agus éalú le strainséir ón gcruachás ina bhfuil sé féin le dhá bhliain déag.

Is cláiríneach é Micil atá imithe in aois agus ar ndóigh tá a chruachás féin aige chomh maith. Tá sé féin sáinnithe ina leaba toisc nach bhfuil úsáid na gcos aige. Níl neamhspleáchas ná saoirse aige féin ach an oiread agus tá sé thar a bheith soiléir dúinn nach bhfuil sé pioc sásta lena shaol. Ní chloisimid ach caint gháirsiúil, maslaí, gearáin agus giúnaíl uaidh. Tugann sé drochíde do Shéamas mar gheall ar a chruachás féin ar ndóigh.

Tá níos lú ar eolas againn faoi Mhíoda ach is cosúil go bhfuil sí féin i ngéibheann ag a hathair sa champa b'fhéidir. Is léir dúinn go bhfuil sí féin ag iarraidh éalú freisin agus mar sin nach bhfuil sonas ina saol, ar aon dul leis na carachtair eile. Ise a thaispeánann do Shéamas, áfach, go bhfuil sé féin agus an t-éan i ngéibheann agus nár chóir dó fanacht le Micil, an seanchláiríneach a thuilleadh. Ní thuigeann Séamas i dtosach cén fáth nach mbeadh Binncheol sásta agus é teolaí, slán ina chás ach ní fada go n-athraíonn Míoda a dhearcadh dó.

Is siombail mhór é an t-éan ag deireadh an dráma don chlaochlú atá tar éis teacht ar intinn Shéamais. Nuair a ligeann sé saor an lasair choille ón gcás, tosaíonn an t-éan ag ceol den chéad uair sa dráma, toisc go bhfuil sé sásta ar dheireadh thiar. Siombail na saoirse é seo, ag léiriú don lucht féachana an tsaoirse nua atá aimsithe aige ann féin.

Tréithe na gCarachtar

Níl ach cúigear carachtar ar fad sa dráma seo, Micil (cláiríneach ina leaba), Séamas (fear óg cúig bliana is fiche), Míoda (bean tincéara), athair Mhíoda, agus, ar ndóigh, an lasair choille (Binncheol), ina chás éin.

Séamas

- Is fear óg, fuinniúil[11], saonta[12], bog é Séamas. Ó thús an dráma, feictear dúinn go bhfuil sé faoi smacht ag Micil agus go nglacann sé go réidh leis an drochíde a thugann an cláiríneach dó.

[11]*energetic*
[12]*naive*

Tá a chuid féinmhuiníne go léir scriosta ag Micil agus creideann sé nach bhfuil aon mhaitheas ann féin ag tús an dráma.

- Tá sé lách[13], cneasta[14], le Micil agus glacann sé leis go bhfuil sé de dhualgas air a bheith ina sclábhaí aige. Éiríonn sé buartha nuair a thiteann Micil amach as an leaba agus fiú amháin ag an deireadh nuair a shocraíonn sé éalú le Míoda, gan mhoill filleann a chonsias ar an gcláiríneach. Tá cion aige ar Mhicil, mar a deir sé leis.

[13]*decent*
[14]*kind*

- Níl féinmhuinín[15] ar bith aige agus mar sin, bíonn sé bog, leithscéalach[16] le Micil nuair a mhaslaíonn Micil é faoi bheith ag caint leis an éan nó faoi dhul go Sasana. 'Céard tá ag gabháil trí do cheann cipín anois?' a fhiafraíonn Micil de. Tá dochar fadtéarmach á dhéanamh ag an seanfhear dó mar sin. In ionad an fód a sheasamh dó féin, éiríonn Séamas neirbhíseach agus leithscéalach agus ligeann sé do Mhicil caitheamh go dona leis.

[15]*self-confidence*
[16]*apologetic*

- Is minic a thugann Micil amadán air tríd síos sa dráma agus is cosúil go gcreideann Séamas bocht go bhfuil an ceart aige. 'Níl éirim sciortáin ionat,' a deir Micil leis ag pointe amháin sa dráma. Is dócha go gcreideann sé féin nach bhfuil maitheas ar bith ann féin, tar éis dó na maslaí céanna a chloisteáil míle uair.
- Baineann sé taitneamh as na rudaí simplí sa saol agus éiríonn sé áthasach fúthu; an t-airgead don charr asail, mar shampla, agus ar ndóigh cailín a fheiceáil sa teach! Is cuma leis faoin airgead i ndáiríre, neamhchosúil lena chomrádaí tí. Is léir dúinn go bhfuil saol sona simplí ag teastáil uaidh.
- Tá sé saonta, simplí mar charachtar gan dabht. Creideann sé gach a n-insítear dó agus glacann sé leis. Creideann sé gur iníon Iarla Chonnacht í Míoda agus tá trua aige di. Tá sé chomh neamhurchóideach[17] sin go gceapann sé go rachaidh sé féin agus Míoda go Sasana le chéile. 'Seanchairde muid le deich nóiméad', dar leis. Is duine saonta é cinnte.

[17]*innocent*

- Tá sé flaithiúil[18], fáilteach ina theach. Cuireann sé fáilte mhór roimh Mhíoda agus tá sé sásta bia agus a chuid airgid a roinnt léi. Tá sé buartha fúithi agus déanann sé gach iarracht í a chur ar a suaimhneas. Bíonn brú mór air ó Mhicil fáil réidh leis an strainséir ach ní ghéilleann sé do Mhicil an uair seo.

[18]*generous*

- Tagann claochlú[19] mór (athrú) ar a charachtar ó thús an dráma. Cuireann Míoda ar a shúile do Shéamas go bhfuil sé i ngéibheann ag Micil agus go bhfuil an t-éan i ngéibheann aige féin. Cuireann sí ar a shúile dó go bhfuil sé de cheart ag aon neach ar an saol seo a shaoirse phearsanta féin a bheith aige (é féin san áireamh).

[19]*transformation*

- Tugann Séamas saoirse don éan imeacht ón gcás ag deireadh an dráma, mar chomhartha den chlaochlú sin. Ní léir dúinn cén tionchar go díreach a bheidh ag an athrú sin air ach is cinnte go dtuigeann sé a chuid ceart féin den chéad uair riamh ina shaol.

Cleachtadh Scríofa

Scríobh achoimre ar thréithe Shéamais.

Micil

- Is cláiríneach é Micil atá imithe in aois agus atá ag brath go mór ar Shéamas. Tá úsáid na gcos caillte aige agus tá sé sáinnithe sa leaba. Is léir nach bhfuil an tsláinte go maith aige. Níl ar a chumas fiú amháin éirí as an leaba as a stuaim féin agus tá an chosúlacht ar an scéal nach bhfágann sé a leaba go rómhinic dá bharr sin.
- Tá sé cliste, géarchúiseach[20], glic mar dhuine agus tuigeann sé gur féidir leis smacht a choinneáil ar Shéamas toisc é a bheith chomh saonta sin. Ceapann sé gur sclábhaí[21] é Séamas aige agus go bhfuil sé de cheart aige drochíde a thabhairt dó an t-am ar fad. Caitheann sé leis mar amadán agus ní bhíonn sé deas le Séamas go dtí go gcreideann sé go bhfuil fíorbhagairt[22] ann go rachaidh sé go Sasana. Ansin, tá sé in ann an teach agus an talamh a ghealladh dó!
- Is í an tréith is láidre a bhaineann leis ná leithleachas[23]. Tá sé i gceist aige an t-airgead a cheapann sé a dhéanfaidh an bheirt acu as an gcarr asail, a choimeád dó féin. Ina theannta sin, níl sé sásta aon bhia a roinnt le Míoda. Is air féin a smaoiníonn sé an t-am ar fad. Nuair a luann Séamas Sasana, déanann sé gach iarracht na smaointe sin a chur as a chloigeann, ach air féin atá sé ag smaoineamh. Is cuma leis faoi Shéamas.
- Tá sé iontach gránna le Séamas agus níos déanaí le Míoda. Maslaíonn sé an bheirt acu agus screadann sé orthu. 'Dún do chlab mór, a amadáin!' agus 'cuir amach í' a deir sé. Mar sin féin, áfach, i gcás Mhíoda, caithfear a rá go bhfuil sé cliste, géarchúiseach. Tuigeann sé gur bréagadóir í. Is deacair an dallamullóg a chur air[24] gan amhras.
- Tá carachtar láidir aige in ainneoin[25] go bhfuil a chorp lag. Cleachtann sé a chuid údaráis ar Shéamas bocht agus is léir go n-aithníonn sé na laigí a bhaineann leis. Baineann sé tairbhe as na laigí sin dá mhaitheas fein.
- Bíonn trua ag an lucht féachana do Mhicil freisin. Feicimid gur cláiríneach é agus nach bhfuil sé pioc sásta ina shaol. Cosúil leis na carachtair eile sa dráma, tá fonn air éalú ón bpríosún ina bhfuil sé ina leaba. Tá bá againn leis ag an deireadh nuair atá sé i gceist ag Séamas é a fhágáil leis féin, cé go dtuigimid gur tharraing sé an droch-chás air féin.
- Tagann athrú air is dócha freisin ag an deireadh. Cheapfaí, cibé rud a tharlódh amach anseo, go mbreathnódh sé ar Shéamas ar bhealach difriúil agus go mbeadh tuiscint ní b'fhearr aige ar an 'amadán' óg! An chiall cheannaithe an chiall is fearr, b'fhéidir!

[20] *perceptive*

[21] *a slave*

[22] *threat*

[23] *selfishness*

[24] *to fool him/trick him*

[25] *despite*

Cleachtadh Scríofa

Scríobh achoimre ar thréithe Mhicil.

Míoda

- Cailín óg tincéara í Míoda agus ní insíonn sí ach bréaga ón nóiméad a shiúlann sí isteach an doras. Insíonn sí do Shéamas gur iníon Iarla Chonnacht í agus go bhfuil sí ag teitheadh óna hathair toisc nach dtugann sé aon saoirse di. Deir sí leis go bhfuil sí bréan dá saol sa Teach Mór agus go bhfuil 'leath na dúiche' ar a tóir ag a hathair. Is cosúil nach bhfuil ar a cumas an fhírinne a insint dó!
- Éiríonn léi an dallamullóg a chur ar Shéamas gan aon stró agus is cuma léi faoi bhia agus airgead a iarraidh air. Tá sí fein chomh leithleach, mí-ionraic[26] sin go gcuireann sí ina luí ar Shéamas go mbeidh sí sásta dul go Sasana leis. Cuireann na smaointe sin sceitimíní áthais ar Shéamas agus is cuma le Míoda faoi seo. Níl uaithi ach a cás féin a fheabhsú.
- Tá sí glic inti féin chomh maith. Ligeann sí uirthi ag an tús go bhfuil eagla uirthi roimh Shéamas agus nach bhfanfaidh sí i bhfad sa teach. Tá sí ábalta an íde béil a fhaigheann sí ó Mhicíl a láimhseáil go maith agus a chur ina luí ar Shéamas gur cheart dó an seanfhear a fhágáil, cé gur strainséir leis í. Baineann sise leas, cosúil le Micil, as na laigí a fheiceann sí i gcarachtar Shéamais.
- Tá ról tábhachtach ag Míoda sa dráma seo gan dabht. Osclaíonn sí a shúile do Shéamas agus léiríonn sí dó nár cheart dó ná d'aon neach[27] a bheith i ngéibheann mar atá. Athraítear saol Shéamais ina dhiaidh seo, a bhuí le[28] Míoda. Tá íoróin ag baint leis an méid seo, áfach, mar ag deireadh an dráma, filleann Míoda ar a príosún féin, a fhad is atá saoirse aimsithe ag an lasair choille. B'fhéidir go roghnóidh Séamas saol le níos mó saoirse mar tá léargas níos leathanaigeanta aige ag deireadh an dráma.

[26]*dishonourable*

[27]*anyone*

[28]*thanks to*

Cleachtadh Scríofa

Scríobh achoimre ar thréithe Mhíoda.

Struchtúr/Plota an Dráma

- Tá plota an dráma seo fíorshimplí. Níl ach dhá sheomra, ceathrar carachtar agus éan ann. Tá téama an dráma traidisiúnta, sa mhéid is go bhfuil fadhb le réiteach agus go dtagtar ar réiteach ag an deireadh. Tá críoch shona ann mar sin.
- Tá gach rud sa dráma seanaimseartha. Mar sin féin, baineann na téamaí atá sa dráma go mór le saol an lae inniu, chomh maith leis an tseanaois. Téama uilíoch é téama na daoirse ar ndóigh.
- Tarlaíonn an dráma uilig taobh istigh d'aon ghníomh, ach fós féin is éifeachtach mar a chuirtear téamaí láidre an dráma os ár gcomhair.
- Tá simplíocht agus gontacht ag baint le teanga an dráma chomh maith. Níl monalóg fhada ná véarsaíocht ná ornáideachas ar bith aon áit sa dráma. Mar sin, tá an teachtaireacht nó an ceacht atá le foghlaim soiléir dúinn agus tarlaíonn forbairt na gcarachtar agus an phlota gan mhoill.
- Tá críoch an dráma éifeachtach agus drámatúil. Mar a fheicimid thuas (féach an cheist shamplach), nuair a ligeann Séamas an t-éan saor, feicimid go bhfuil sé féin athraithe fosta agus go dtuigeann sé ag an bpointe sin nach bhfuil sé sáinnithe ná i ngéibheann a thuilleadh.

Ceisteanna Scrúdaithe

1. Déan plé gairid ar an léargas a fhaighimid ar an gcaidreamh idir Micil agus Séamas sa dráma seo. (30 marc)
2. Tábhacht an éin chun téama an dráma seo a chur os ár gcomhair, i do thuairim féin. (9 marc)
3. Déan cur síos gairid ar struchtúr an dráma ó thaobh suímh agus stíle de. (15 mharc)

Mothúcháin

Freagra Samplach a 2

Pléigh raon na mothúchán a fheictear sa dráma *An Lasair Choille.*

Tá réimse leathan mothúchán sa dráma seo *An Lasair Choille* gan amhras. Tá sé suntasach go dtagann athrú ar na mothúcháin sin ag deireadh an dráma, áfach.

I dtosach tá atmaisféar gruama ar an stáitse agus braithimid trua don bheirt phríomhcharachtar Séamas agus Micil atá iontach míshona ina saol toisc iad a bheith i ngéibheann. Tá fonn éalaithe ar an mbeirt acu ón saol dearóil, brónach atá acu. Nuair a fheicimid an drochíde a thugann Micil do Shéamas, áfach, mothaímid fearg agus frustrachas ionainn féin faoi chás Shéamais. Toisc go bhfuil siad sa chás seo le fada anois, 'sé sin Séamas ag freastal ar Mhicil an t-am ar fad, ní bhraitheann Séamas mórán dóchais go mbeidh athrú ag teacht ar an scéal go luath. Fiú nuair a luann sé Sasana, cuireann Micil stop leis an gcaint sin láithreach. Cuireann sé ina luí ar Shéamas nach mbeadh aon duine eile sásta cur suas leis ach amháin é féin. Cuireann sé i gcuimhne dó freisin go bhfuil an bheirt acu sona mar atá siad, cé go bhfios dúinn go bhfuil a mhalairt ar fad fíor. Tá mothúchán na daoirse le brath go láidir anseo.

Mar an gcéanna leis an éan sa chás. Ní chloisimid ceol ar bith ó Bhinncheol go dtí go ligtear saor é ag deireadh an dráma mar tá sé féin sáinnithe chomh maith. Léiríonn scaoileadh an éin dúinn sa deireadh an fhuascailt agus áthas a thagann leis an tsaoirse agus an neamhspleáchas a athghabháil. Feicimid an fonn éalaithe atá ar Shéamas den dara huair sa dráma nuair a thagann Míoda isteach sa teach. Tairgeann sí saol níos fearr dó agus taobh istigh de dheich nóiméad tá sé beartaithe ag Séamas imeacht léi. Éiríonn sé áthasach agus sceitimíneach den chéad uair mar feiceann sé a sheans chun imeachta.

Maidir le Míoda féin, mar is eol dúinn, is bean mhímhacánta í. Insíonn sí bréag i ndiaidh bréige do Shéamas fúithi féin ach is léir dúinn go bhfuil sí míshuaimhneach freisin.

Tá ceacht fiúntach foghlamtha ag Séamas óna chuairteoir, ámh, agus tuigtear dó go bhfuil sé in am dó saoirse agus fuascailt a thabhairt dá pheata éin. Leis seo taispeánann sé dúinn go bhfuil tuiscint nua aige anois ar a chás féin agus nach mbeidh air a bheith faoi smacht ag Micil níos mó. Mothaíonn sé saor agus neamhspleách mar aon leis an lasair choille. Tá críoch shona, dhearfach leis an dráma mar sin. Tagann suairceas ar an duairc eas sa deireadh.

Ceisteanna Scrúdaithe

1. An mbeadh trua ar bith agat do Mhicil agus a chruachás sa dráma seo *An Lasair Choille*? Tabhair fáthanna. (15 mharc)
2. An dtaitníonn an dráma seo leat? Tabhair dhá chúis chun tacú le do fhreagra. (15 mharc)
3. Nóta gairid ar chríoch an dráma *An Lasair Choille.* (9 marc)
4. Déan cur síos gairid ar charachtar Mhíoda sa dráma. (15 mharc)

Ceisteanna Scrúdaithe

Is féidir le grúpaí difriúla tabhairt faoi cheist dhifriúil thíos agus na freagraí a mhalartú nuair a bheidh siad críochnaithe. Ná déan dearmad struchtúr maith a chur ar an bhfreagra le:

- **Tús:** Luaigh na pointí a bheidh á bplé sa fhreagra.
- **Alt a 1, 2, 3, 4, 5:** Ba cheart go mbeadh pointe soiléir curtha in iúl agus fianaise chun tacú leis an bpointe ón scéal i ngach alt.
- **Críoch:** Déan achoimre agus athrá ar na príomhphointí a phléigh tú i do fhreagra agus déan athrá ar fhoclaíocht na ceiste.

Piarmheasúnú

Ceartúchán na bhfreagraí: Is féidir le grúpaí a bhfreagraí a mhalartú agus a cheartú ó thaobh an struchtúir de mar atá luaite thuas agus ó thaobh na gramadaí de.

Seicliosta

- ◯ Déan cinnte go bhfuil na heochairfhocail ón scéal agus ó na nótaí a bhaineann leis an scéal litrithe i gceart.
- ◯ Seiceáil go bhfuil tús maith, cúpla alt le pointe áirithe soiléir curtha in iúl i ngach alt agus críoch láidir ag an ngrúpa.

Déan cinnte go bhfuil na pointí gramadaí seo scríofa i gceart:

- ◯ i + urú
- ◯ sa + séimhiú
- ◯ san roimh ghuta nó **fh** (formhór den am)
- ◯ na briathra san aimsir cheart
- ◯ an chopail san áit cheart
- ◯ an forainmn réamhfhoclach in úsáid go cruinn
- ◯ tuisil an ainmfhocail

Athbhreithniú ar an Litríocht: Súil ar an Scrúdú

Ceist 2 PRÓS (30 marc)

Prós Ainmnithe nó Prós Roghnach (30 marc)

Freagair Ceist 2A (Prós Ainmnithe) nó Ceist 2B (Prós Roghnach) thíos.

2A Prós Ainmnithe

Maidir leis an dráma *An Lasair Choille*, faighimid léargas suimiúil ar an míchumas. An ráiteas sin a phlé. (30 marc)

2B Prós Roghnach

Níl cead aon ábhar a bhaineann le Prós Ainmnithe a úsáid i bhfreagra ar an bPrós Roghnach.

Maidir le dráma a ndearna tú staidéar air i rith do chúrsa, déan plé ar dhá ghné den dráma a chuaigh i bhfeidhm ort. (30 marc)

Ní mór teideal an dráma sin, mar aon le hainm an scríbhneora a scríobh síos go cruinn.

Daoine Óga, Tionchar na Meán, Fadhbanna Sóisialta, Grá agus Caidrimh

Céim a 1: Labhairt	Céim a 2: Cluastuiscint	Céim a 3: Ceapadóireacht	Céim a 4: Gramadach	Céim a 5: Léamhthuiscint	Céim a 6: Litríocht
Fadhbanna daoine óga Fadhbanna sóisialta Caidrimh an duine óig	Fadhbanna daoine óga Fadhbanna sóisialta Caidrimh	Aiste a 1: Fadhbanna daoine óga Aiste a 2: Tionchar na meán ar dhaoine óga	An chlaoninsint	Cearrbhachas i measc imreoirí óga	6a Prós: 'Dís' 6b Filíocht: 'Mo Ghrá-sa (idir lúibíní)' Athbhreithniú ar an litríocht: súil ar an scrúdú

Torthaí Foghlama

San aonad seo, foghlaimeoidh tú:

- **Léamh agus tuiscint:** conas focail agus nathanna a bhaineann le grá agus caidrimh a aithint agus a thuiscint, conas focail agus nathanna a bhaineann le daoine óga, fadhbanna daoine óga agus fadhbanna sóisialta a aithint agus a thuiscint
- **Labhairt:** conas cur síos a dhéanamh ar chaidrimh idir daoine, conas cúrsaí a théann i bhfeidhm ar dhaoine óga a phlé amhail fadhbanna daoine óga agus tionchar na meán ar dhaoine óga, conas fadhbanna sóisialta a phlé
- **Scríobh:** conas giotaí a scríobh mar gheall ar thopaicí amhail fadhbanna daoine óga agus fadhbanna sóisialta
- **Litríocht:** na heochairfhocail a bhaineann leis an scéal 'Dís' agus beidh tú in ann téamaí agus carachtair an scéil a phlé. Beidh tú in ann an stíl scríbhneoireachta a phlé freisin chomh maith le topaicí a eascraíonn ón scéal amhail caidrimh, téama an phósta, cúrsaí oibre, srl. Foghlaimeoidh tú na heochairfhocail a bhaineann leis an dán 'Mo Ghrá-sa (idir lúibíní)' agus beidh tú in ann téamaí agus teicnící filíochta an dáin a phlé
- **Féachaint:** féachfaidh tú ar mhíreanna físe a bhaineann le daoine óga, fadhbanna sóisialta, grá agus caidrimh.

Céim a 1: Labhairt

Sa chéim seo, foghlaimeoidh tú:

- na heochairfhocail agus nathanna a bhaineann le fadhbanna daoine óga agus fadhbanna sóisialta
- conas fadhbanna daoine óga a phlé
- conas fadhbanna sóisialta a bhaineann le daoine óga agus daoine fásta a phlé.

Eochairnathanna	
sílimse/ceapaim/dar liom/i mo thuairim/ is é mo bharúil ná	*in my opinion*
Is cúis náire í/tá sé náireach.	*It's a disgrace.*
Is cúis imní í.	*It's a cause for concern.*
Is fadhb thromchúiseach í.	*It's a serious problem.*
Tá sé scannalach.	*It is scandalous.*
Ní mór don rialtas rud éigin a dhéanamh faoi go práinneach.	*The government must do something about it urgently.*
sa lá atá inniu ann/i láthair na huaire	*at present*
dealraíonn sé/de réir cosúlachta	*it appears*
mar bharr ar an donas	*to make matters worse*

Fadhbanna Daoine Óga

An scrúdaitheoir: **An bhfuil saol deacair ag daoine óga sa lá atá inniu ann, i do thuairim?**

An dalta: I mo thuairim phearsanta, tá saol an duine óig deacair go leor sa lá atá inniu ann. Táid faoi bhrú ag múinteoirí, tuismitheoirí, comhaoisigh[1], ag na meáin chumarsáide agus scrúduithe. Bíonn cathú an óil agus cathú[2] na ndrugaí ann de shíor mar shlí éalaithe.

[1] *peers*

[2] *temptation*

An scrúdaitheoir: **Cad iad na fadhbanna is mó a chuireann isteach ar dhaoine óga, dar leat?**

An dalta: Dar liom/I mo thuairim tá mórán fadhbanna a chuireann

isteach ar dhaoine oga, ina measc, bulaíocht, brú chóras na bpointí, fadhb an óil, fadhb na ndrugaí, fadhbanna airgeadais, fadhbanna clainne, neamhoird itheacháin[3] agus fadhb na raimhre[4].

[3]*eating disorders*
[4]*obesity*

An scrúdaitheoir: **An bhfuil daoine óga faoi bhrú ag córas na bpointí, i do thuairim?**

An dalta: Ceapaim go bhfuil daoine óga faoi bhrú millteanach i láthair na huaire. Níl go leor áiteanna ar fáil ar na cúrsaí ollscoile agus dá bharr bíonn daoine óga faoi bhrú chun a ndóthain pointí a fháil san Ardteist. Bíonn roinnt déagóirí in ann plé leis an mbrú millteanach seo ach is minic a chuireann na néaróga[5] isteach ar dhaoine óga eile agus tá aithne agam ar dhaoine a mbuaileann taom scaoill[6] iad agus iad ag druidim leis na scrúduithe. I mo thuairim, ba cheart don Aire Oideachais an córas a athrú ó bhun go barr agus measúnú leanúnach[7] a chur i bhfeidhm[8] in ionad chóras na scrúduithe. Mar a deir an seanfhocal, is de réir a chéile a thógtar na caisleáin!

[5]*nerves*
[6]*a panic attack*
[7]*continuous assessment*
[8]*to implement*

An scrúdaitheoir: **Cén sórt fadhbanna clainne agus fadhbanna pearsanta a bhíonn ag dó na geirbe ag daoine óga, dar leat?**

- Is iomaí fadhb clainne agus pearsanta a bhíonn ag cur as do dhaoine óga.
- Faoi mar is eol do chách, tá an-chuid clann scartha[9] ann i láthair na huaire. Nuair a bhíonn tuismitheoirí scartha nó colscartha, is minic a bhíonn naimhdeas eatarthu agus cruthaíonn sé sin teannas[10] sa teaghlach. Bíonn an duine óg buartha agus trína chéile mar gheall air go minic. Má bhogann tuismitheoir amháin as an teach, is minic a bhraitheann an déagóir an tuismitheoir sin uaidh/uaithi.
- Anois is arís, bíonn fadhb na drochíde fisicí nó gnéasaí[11] sa bhaile agus is fadhb uafásach ar fad í sin don duine óg.
- Má bhíonn alcolaí nó andúileach[12] drugaí sa teaghlach, cruthaíonn sé strus agus anró sa bhaile don duine óg.
- Fulaingíonn roinnt déagóirí ón ngalar dubh[13] uaireanta agus bíonn an saol laethúil níos deacra dóibh dá bhrí sin, gan trácht ar shaol na scoile.
- Uaireanta eile bíonn fadhbanna airgeadais sa bhaile agus cuireann sé sin brú agus strus ar an teaghlach uilig, an duine óg san áireamh. Nuair a bhíonn daoine dífhostaithe sa teach nó ag brath ar an Liúntas Leasa Shóisialaigh[14], is minic a bhíonn ar an duine óg post páirtaimseartha a bheith aige/aici. Is dúshlán mór é an fuinneamh a bheith agat freastal ar an scoil, staidéar a dhéanamh, do chuid obair bhaile a dhéanamh agus post páirtaimseartha a bheith agat le linn an téarma scoile!

[9]*separated family*
[10]*tension*
[11]*physical or sexual abuse*
[12]*addict*
[13]*depression*
[14]*Social Welfare Allowance*

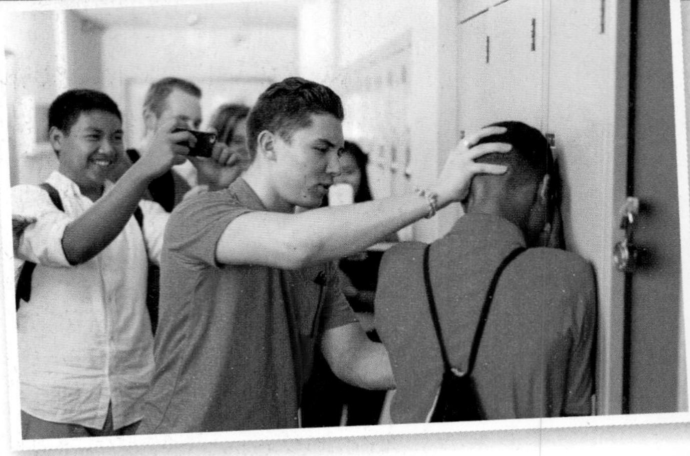

An scrúdaitheoir: **Cad a cheapann tú faoi fhadhb na bulaíochta i measc na n-óg?**

An dalta:

- Is fadhb thromchúiseach í fadhb na bulaíochta gan amhras/gan dabht/gan aon agó.
- Tá difríocht mhór idir masla amháin a ghortaíonn an duine agus drochíde leanúnach dírithe ar dhuine áirithe.
- Tá a lán saghsanna bulaíochta ann – bulaíocht fhisiceach, bulaíocht mhothúchánach[15], bulaíocht ó bhéal[16] agus cibearbhulaíocht.
- Tarlaíonn a lán bulaíochta mothúchánaí i scoileanna – le hiompar ar nós daoine ag scaipeadh ráflaí faoin íobartach[17], ag imeallú[18] an íobartaigh, ag maslú[19] an íobartaigh os comhair daoine eile, srl.
- Tá saghsanna ar leith[20] iompair bhulaíochta i gcoinne an dlí – mar atá teagmháil fhisiceach, bagairt[21] nó ciapadh[22].
- Scriosann/Loiteann/Milleann an bhulaíocht dínit[23] an duine óig.
- Sa lá atá inniu ann, tá sé an-deacair ar dhaoine óga éalú ón mbulaíocht de bharr na cibearbhulaíochta. Ní aimsíonn siad tearmann[24] sa bhaile, mar is féidir leis na bulaithe[25] teachtaireachtaí a sheoladh chucu ar a bhfóin phóca nó ar Facebook.

[15]*emotional bullying*
[16]*verbal bullying*
[17]*victim*
[18]*marginalising*
[19]*insulting*
[20]*specific*
[21]*threat*
[22]*torment*
[23]*dignity*
[24]*sanctuary*
[25]*the bullies*

An scrúdaitheoir: **Cad a shíleann tú faoi fhadhb na hógmheisciúlachta?**

An dalta:

- Is fadhb thromchúiseach í an ógmheisciúlacht sa tír seo agus tá an fhadhb sin ar an saol[26] le fada an lá i measc na n-óg.
- Ólann an-chuid daoine óga de bharr an phiarbhrú[27] agus uaireanta mothaíonn siad go bhfuil níos mó féinmhuiníne acu agus iad faoi thionchar[28] an alcóil.
- Bíonn roinnt daoine óga ag iarraidh triail a bhaint as[29] rud éigin nua agus bíonn roinnt eile ag iarraidh éalú óna gcuid fadhbanna.
- Is é an dainséar ná go ndéanann daoine rudaí amaideacha uaireanta faoi thionchar an alcóil gan trácht ar[30] an damáiste a dhéanann alcól do shláinte an duine óig.
- Cé go bhfuil sé mídhleathach[31] a bheith ag ól alcóil nuair nach bhfuil ocht mbliana déag slánaithe agat, is minic a ólann daoine óga an iomarca mar níl an taithí acu méid an alcóil a thomhas[32].

[26]*in existence*
[27]*peer pressure*
[28]*influence*
[29]*to experiment*
[30]*not to mention*
[31]*illegal*
[32]*to estimate*

An scrúdaitheoir: **An gceapann tú go bhfuil fadhb na ndrugaí tromchúiseach i measc na n-óg?**

An dalta:

- Is fadhb an-tromchúiseach í fadhb na ndrugaí i measc daoine óga gan amhras.
- Cosúil leis an alcól, bíonn roinnt daoine óga fiosrach agus ag iarraidh triail a bhaint as rud nua le haghaidh siamsaíochta[33] nó spraoi nó bíonn siad

[33]*entertainment*

ag lorg slí éalaithe[34] óna gcuid fadhbanna.

- Is mór an trua é nuair nach féidir le daoine spraoi a bheith acu gan cabhair na ndrugaí.
- Bíonn mórán drugaí saor go leor agus ar fáil go forleathan[35] ar fud na tíre má bhíonn drugaí á lorg ag daoine.
- Bíonn hearóin, cócaon, haisis, taibléid ecstaise agus drugaí nach iad ar fáil go héasca sna clubanna oíche agus sna pubanna, faraor.
- Is minic a éiríonn an duine óg gafa le drugaí de réir a chéile. Bíonn pearsantacht andúile ag daoine áirithe.
- Ar ndóigh tá na scéalta faoi dhaoine óga a ghlac an iomarca drugaí ar oíche áirithe agus a maraíodh dá bharr cloiste againn – cuir i gcás bás an mhainicín Katy French in 2007. Faraor, tá scéal faoi thragóid cosúil leis sin cloiste ag an bhformhór againn.
- Is é an baol eile a bhaineann le drugaí ná go mbíonn sé deacair a thuar cé hiad na daoine a fhulaingeoidh damáiste gan leigheas dá gcroí nó dá n-inchinn[36] an chéad uair a ghlacann siad drugaí.

[34] *escape route*
[35] *widespread*
[36] *brain*

An scrúdaitheoir: **An gceapann tú gur fadhb thromchúiseach iad neamhoird itheacháin i measc na n-óg?**

An dalta:

- Is fadhb thromchúiseach iad neamhoird itheacháin cosúil le hanaireicse[37] agus an bhúilime[38] i measc na n-óg gan aon agó.
- Tá daoine óga faoi thionchar na meán sa lá atá inniu ann agus cuireann na meáin an-bhéim ar chuma fhisiceach an duine.
- Cáineann siad agus molann irisí agus cláir theilifíse na réaltaí bunaithe ar a gcorp agus a n-íomhá.
- Dá bhrí sin, is iomaí[39] duine fásta agus duine óg a cháineann agus a mholann daoine eile bunaithe ar a gcuma fhisiceach.
- Is mór an crá croí agus an ciapadh[40] a chruthaíonn an nós sin do dhaoine sa tsochaí agus dá bhrí sin, is iomaí duine óg a chasann ar anaireicse nó bhúilime chun an íomhá 'fhoirfe'[41] a bheith acu.
- Is í an fhírinne shearbh ná nach mbíonn daoine leis an meon sin sásta riamh mar ní féidir le haon duine daonna a bheith foirfe!
- Is fadhb mhór í an anaireicse i measc déagóirí a bhíonn ag lorg smachta ina saol nó a bhíonn sa tóir ar[42] an bhfoirfeacht.
- Is cúis imní é an líon daoine óga a fhulaingíonn ó neamhoird itheacháin.

[37] *anorexia*
[38] *bulimia*
[39] *many*
[40] *torment*
[41] *perfect*
[42] *in chase of*

An scrúdaitheoir: **Ar an lámh eile, tá fadhb na raimhre go mór i mbéal an phobail faoi láthair...**

An dalta:

- Tá, go deimhin. Le teacht ré na teicneolaíochta, caithimid go léir an iomarca ama ag féachaint ar ár scáileáin – ar ár bhfóin phóca, ar ár n-Ipadanna, ar an teilifís nó ar an ríomhaire. Uaireanta éiríonn daoine leisciúil agus ní chaitheann siad a ndóthain ama ag déanamh aclaíochta.
- Mar bharr ar an donas[43], is minic nach mbíonn mórán ama ag daoine a bheith ag ceannach agus ag cócaireacht bia sa bhaile. Bíonn an cathú ann bia próiseáilte a cheannach agus a chaitheamh san oigheann míchreathonnach nó mearbhia a cheannach.
- Bíonn bia próiseáilte agus mearbhia lán le siúcra, salann agus saill agus cuireann sé go mór le fadhb na raimhre.
- Is breá le gach mac máthar[44] bia ar nós milseán, seacláide agus píotsa agus cé go bhfuil siad ceart go leor anois is arís, tá sé an-éasca géilleadh don chathú iad a ithe chuile lá!

[43]*to make matters worse*

[44]*everybody*

Obair Bhaile

Féach ar leathanach 28–29 sa Leabhrán. Freagair na ceisteanna a ghabhann le fadhbanna daoine óga.

Fadhbanna Sóisialta

An scrúdaitheoir: **Cad iad na fadhbanna sóisialta is tromchúisí inár sochaí in Éirinn sa lá atá inniu ann, dar leat?**

An dalta: Dar liom is iad an dífhostaíocht[45], bochtanas, alcólachas, drugaí agus coiriúlacht na fadhbanna is measa in Éirinn i láthair na huaire.

An scrúdaitheoir: **Cad í do thuairim faoi fhadhb an óil in Éirinn?**

An dalta:

- Tá fadhb ógmheisciúlachta la fáil i measc na n-óg in Éirinn le fada an lá gan aon agó ach ní bhaineann fadhb an óil le daoine óga amháin, ambaist[46]!

[45]*unemployment*

[46]*indeed*

- Tuairiscítear go bhfuil fadhb thromchúiseach alcólachais ar fáil i measc daoine fásta chomh maith, faraor. Bíonn an-chuid daoine fásta ag ól beorach[47] agus fíona[48] sa bhaile go háirithe mar is féidir leo alcól saor a cheannach sna hollmhargaí.
- Ar ndóigh, is fadhb thromchúiseach í an ógmheisciúlacht chomh maith.
- Uaireanta ólann daoine óga de bharr an phiarbhrú. Scaití bíonn siad ag iarraidh éalú óna gcuid fadhbanna.
- Amanna eile, bíonn daoine óga fiosrach agus ag iarraidh triail a bhaint as rud éigin nua.
- Is minic a chasann daoine ar an alcól chun dearmad a dhéanamh ar a gcuid fadhbanna.
- Uaireanta cruthaíonn an t-alcól fadhbanna eile do dhaoine óga agus do dhaoine fásta. Is minic a thosaítear troideanna nuair a bhíonn daoine ar meisce agus is minic a dhéantar ionsaí ar dhaoine óga nuair a bhíonn siad ar meisce ar na sráideanna. Bíonn sé i bhfad níos deacra tú féin a chosaint ó ionsaithe[49] foréigneacha agus ionsaithe gnéis[50] nuair nach mbíonn tú ar an airdeall[51] agus nuair a bhíonn tú faoi thionchar an alcóil.

[47]*beer*
[48]*wine*
[49]*attacks*
[50]*sexual attacks*
[51]*on the alert/on guard*

An scrúdaitheoir: **Cad í do bharúil faoi fhadhb na ndrugaí in Éirinn?**

An dalta:

- Is cúis imní í fadhb na ndrugaí in Éirinn gan aon agó.
- Tá hearóin, cócaon, taibléid eacstaise, luasóg, haisis agus a lán drugaí eile nach iad go flúirseach[52] inár gcathracha, bailte móra agus sráidbhailte.

- Bíonn siad ar fáil agus éasca teacht orthu[53] má bhíonn fonn ar an duine óg iad a aimsiú.
- Is minic a chasann daoine óga ar dhrugaí de bharr an phiarbhrú, leadráin, drochíde, fadhbanna pearsanta agus fadhbanna clainne.
- Ní féidir leat páipéar nuachtáin a oscailt faoi láthair gan léamh faoi gheaingeanna drugaí agus mangairí drugaí. Is léir do chách go bhfuil an-chuid foréigin ag baint le domhan na ndrugaí agus nach bhfuil aon scrupaill ag na boic mhóra[54].
- Dar le tuairisc a d'fhoilsigh an Bord Taighde Sláinte (HRB) in 2013, fuair beirt bás in Éirinn gach lá ó nimhiú[55], tráma[56] nó cúiseanna leighis a bhain le húsáid drugaí. Fuair 679 duine bás ó dhrugaí in Éirinn in 2013. Dar leis an tuairisc, fuair duine amháin bás in aghaidh na seachtaine ó nimhiú alcóil.

[52]*plentiful*
[53]*access to them*
[54]*the big guns*
[55]*poisoning*
[56]*trauma*

- Múintear daltaí faoi dhainséir an alcóil agus drugaí ar scoil i ranganna OSSP agus uaireanta tugtar aíonna speisialta isteach sna scoileanna chun óráidí a thabhairt do na daltaí bunaithe ar a dtaithí féin mar iar-alcólaithe nó andúiligh. Ceapaim gur cuid fhíorthábhachtach d'oideachas na n-óg é sin, gan aon agó. Tá sé thar a bheith[57] tábhachtach go gcomhlíonann[58] scoileanna a ndualgais chun daoine óga a chur ar an eolas[59] maidir leis an mbaol a bhaineann le halcól agus drugaí, dar liom.

[57]*extremely*
[58]*fulfil*
[59]*to inform*

Obair Bhaile

Féach ar leathanach 29 agus 31 sa Leabhrán. Freagair na ceisteanna a bhaineann le fadhb na hógmheisciúlachta agus fadhb na ndrugaí.

An scrúdaitheoir: Cad a cheapann tú faoi fhadhb an bhochtanais inár dtír?

Féach ar na nótaí in Aonad a 1 ar leathanach 12 faoin mbochtanas.

An scrúdaitheoir: Cad a cheapann tú faoi fhadhb na coiriúlachta inár dtír?

Féach ar na nótaí in Aonad a 2 ar leathanach 51 faoin gcoiriúlacht.

Mír Físe

Féach ar an mír físe a bhaineann leis na treoracha seo agus comhlánaigh an bhileog oibre a ghabhann léi.

Téigh go dtí suíomh idirlín Ollscoil Mhaigh Nuad agus cuardaigh **Vifax**. Is acmhainn shaor in aisce é Vifax do dhaltaí agus mhúinteoirí. Baineann na hachmhainní le míreanna nuachta TG4. Cuireann Vifax físeáin agus na ceisteanna a bhaineann leo ar an suíomh go rialta. Téigh go dtí 27ú Márta 2012 agus roghnaigh an físeán 'Coiriúlacht i gCathair Luimnigh' (Meánleibhéal). Tar éis breathnú ar an bhfíseán, roghnaigh an PDF chun an bhileog oibre a íoslódáil.

Obair Bheirte

Cuir na ceisteanna seo a leanas ar an duine in aice leat:

1. An bhfuil saol deacair ag daoine óga sa lá atá inniu ann?
2. Cad iad na fadhbanna is mó a chuireann isteach ar dhaoine óga, dar leat?
3. An gcuireann córas na bpointí an iomarca brú ar dhaoine óga?
4. Cad iad na fadhbanna pearsanta agus clainne is mó a chuireann as do dhéagóirí, i do thuairim?
5. An fadhb thromchúiseach í fadhb na bulaíochta, i do thuairim?
6. An gceapann tú go bhfuil fadhb mhór ógmheisciúlachta in Éirinn faoi láthair?
7. An fadhb thromchúiseach í fadhb na ndrugaí in Éirinn i measc na n-óg, dar leat?
8. Fulaingíonn líon suntasach déagóirí ó neamhoird itheacháin. Cén fáth a bhfulaingíonn siad ó na galair sin, dar leat?
9. An fadhb thromchúiseach í an raimhre inár sochaí faoi láthair? Cén fáth a bhfuil sé sin ag tarlú?
10. Cén réiteach atá ar an scéal?
11. Cad iad na fadhbanna sóisialta is mó atá ag dó na geirbe ag muintir na tíre seo, i do thuairim?

Grá agus Caidrimh

Nathanna Úsáideacha	
Tá/Níl caidreamh maith agam le mo thuistí.	*I do/don't have a good relationship with my parents.*
Táimid an-mhór lena chéile.	*We are very close.*
Tacaíonn siad liom.	*They support me.*
Cabhraíonn siad liom.	*They help me.*
Is dlúthchairde muid.	*We are close friends.*
Tá muinín agam as/aisti.	*I trust him/her.*
Réitím go maith leis/léi/leo.	*I get on well with him/her/them.*
Cuireann sé/sí isteach orm.	*He/She annoys/upsets/bothers me.*
Tá mo dhaid ródhian.	*My dad is too strict.*
Bímid in adharca a chéile go minic.	*We argue with each other (lock horns) often.*
Bím ag argóint leis/léi/leo go minic.	*I often argue with him/her/them.*
Is duine díograiseach é.	*He is a hardworking person.*
Is duine réchúiseach í.	*She is an easygoing person.*

Aidiachtaí chun Cur Síos a Dhéanamh ar Dhaoine			
cineálta/cneasta	*kind*	greannmhar	*funny*
cairdiúil	*friendly*	cúthail	*shy*
flaithiúil	*generous*	béasach	*polite*
goilliúnach	*sensitive*	drochbhéasach	*rude*
cainteach	*chatty*	stuama/ciallmhar	*sensible*
macánta	*honest*	tuisceanach	*understanding*
mímhacánta	*dishonest*	deas	*nice*
cróga/misniúil	*brave*	féinmhuiníneach	*self-confident*
teasaí	*hot-headed*	dána	*bold*
cliste	*clever*	ceanndána	*stubborn*
eirimiúil	*intelligent*	fiosrach	*inquisitive*
glic	*sly/cute*	leisciúil	*lazy*
amaideach	*foolish*	díograiseach	*hardworking*
gealgháireach	*cheerful/jolly*	réchúiseach	*easygoing*

An scrúdaitheoir: **An bhfuil caidreamh maith agat le do mham agus do dhaid?**

An dalta:

- Tá caidreamh iontach agam le mo thuistí agus réitím go maith leo. Is daoine tuisceanacha, leathanaigeanta iad mo thuismitheoirí. Tugann siad tacaíocht dom ach tugann siad

méid áirithe saoirse dom chomh maith. Táimid an-mhór le chéile.

- Réitím go maith le mo mham. Is duine cneasta, cabhrach í agus tacaíonn sí liom maidir le gach rud a dtugaim faoi i mo shaol. Tá mo dhaid ródhian i mo thuairim, áfach. Ní ligeann sé dom dul amach ag an deireadh seachtaine le mo chairde go dtí an club oíche. Cuireann sé an-bhrú orm a bheith ag staidéar an t-am ar fad. Bímid in adharca a chéile anois is arís mar tá an bheirt againn ceanndána.

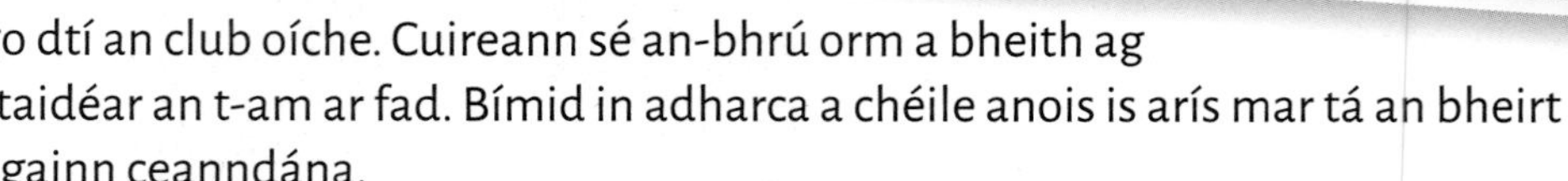

An scrúdaitheoir: **Inis dom faoi do chara is fearr.**

An dalta:

- Aogán is ainm do mo chara is fearr. Is duine cúthail, neamhspleách, greannmhar é. Imrímid peil le chéile agus téimid go dtí an phictiúrlann nó an baile mór le chéile ag an deireadh seachtaine. Is duine iontaofa é agus tá muinín agam as[60]. Tá sé go deas a bheith in ann labhairt faoi rún le duine éigin nuair a bhíonn fadhb agat nó comhairle[61] uait.
- Síle an t-ainm atá ar mo chara is fearr. Táimid an-mhór le chéile le blianta beaga anuas mar chuamar go dtí an bhunscoil le chéile. Is duine fuinniúil, cairdiúil, cainteach í agus bíonn an-chraic againn le chéile. Freastalaíonn an bheirt againn ar scoil cheoil agus is breá linn ceol de gach saghas.

[60] *I trust him*

[61] *advice*

Mír Físe

Féach ar an mír físe a bhaineann leis na treoracha thíos agus comhlánaigh an bhileog oibre a ghabhann léi. Téigh go dtí **www.ceacht.ie**. Tá acmhainní do mhúineadh Gaeilge le fáil anseo. Téigh go dtí 'Acmhainní don Ardteist' agus roghnaigh 'Caidrimh'; ansin roghnaigh 'Cén saghas duine thú?' Tar éis breathnú ar an bhfíseán, cliceáil ar an Word Doc chun an bhileog oibre a íoslódáil.

Céim a 2: Cluastuiscint

Sa chéim seo, foghlaimeoidh tú:

- eochairfhocail a bhaineann le daoine óga, fadhbanna sóisialta agus caidrimh
- conas do scileanna cluastuisceana a fhorbairt.

Cuid A

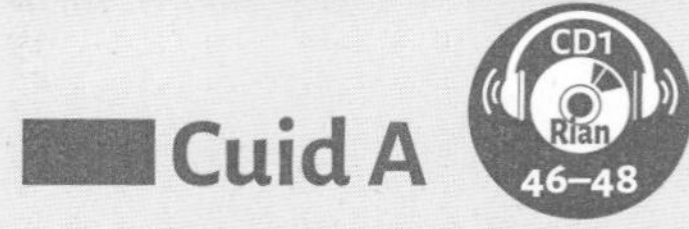

Cloisfidh tú ***dhá*** fhógra sa chuid seo. Cloisfidh tú gach fógra díobh **faoi dhó**. Beidh sos ann leis na freagraí a scríobh tar éis na chéad éisteachta ***agus*** tar éis an dara héisteacht.

Fógra a hAon

1. (a) Cad is ainm don scoil a luaitear san fhógra seo? ______

   (b) Cad atá á lorg ag an scoil seo? ______

2. (a) Luaigh dhá cháilíocht atá riachtanach don phost seo. ______

   (i) ______

   (ii) ______

   (b) Cad iad na huaireanta oibre sa phost? ______

   ______

3. (a) Cén dá rud ar cheart d'iarrthóirí a sheoladh chuig príomhoide na scoile chun cur isteach ar an bpost?

   ______

   (b) Cad é an spriocdháta d'fhoirmeacha iarratais?

   ______

Fógra a Dó

1. (a) Cad atá á phleanáil ag TG4 faoi láthair? ______

2. Luaigh dhá ábhar a bheidh á bplé ar an gclár nua seo. ______

   (i) ______

   (ii) ______

3. Luaigh dhá cháilíocht atá ag teastáil ó iarrthóirí don phost seo. ______

   (i) ______

   (ii) ______

Cuid B

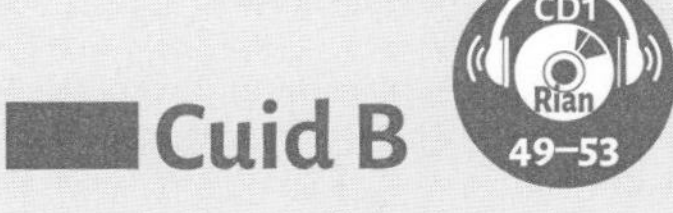

Cloisfidh tú ***dhá*** chomhrá sa chuid seo. Cloisfidh tú gach comhrá díobh **faoi dhó**. Cloisfidh tú an comhrá ó thosach deireadh an chéad uair. Ansin cloisfidh tú ina ***dhá*** mhír é. Beidh sos ann leis na freagraí a scríobh tar éis gach míre díobh.

Comhrá a hAon

An Chéad Mhír

1. Cén fáth a bhfuil Órlaith spíonta amach? ______

   ______

2. (a) Cén rún a bhí á phlé acu? ____________________
   (b) An raibh foireann Órlatha ar son nó in aghaidh an rúin sin? ____________________
3. Luaigh rud amháin a deir Órlaith faoin méid bulaíochta atá feicthe aici ar scoil. ____________________

____

An Dara Mír

1. Cad é sainmhíniú na bulaíochta, dar le hÓrlaith? ____________________

____

2. Cé na samplaí de bhulaíocht mhothúchánach a luann Órlaith le Peadar? ____________________

____

3. Cad atá á eagrú ag Órlaith agus a chairde ón bhfoireann díospóireachta ar scoil? ____________________

____

Comhrá a Dó

An Chéad mhír

1. Cén scéal a bhí ag Tomás do Ghráinne? ____________________

____

2. Cén fhianaise a bhí acu go raibh an fear ag díol drugaí? Luaigh dhá rud.
   (i) ____________________
   (ii) ____________________

An Dara Mír

1. Cén fáth a gcasann roinnt daoine óga ar dhrugaí, dar le Gráinne? Luaigh dhá chúis.
   (i) ____________________
   (ii) ____________________
2. Cad ba cheart do na breithimh a dhéanamh, dar le Gráinne?

____

3. Cad ba cheart do scoileanna a dhéanamh ina tuairim?

____

Cuid C

CD1 Rian 54–56

Cloisfidh tú ***dhá*** phíosa nuachta sa chuid seo. Cloisfidh tú gach píosa díobh **faoi dhó**. Beidh sos ann leis na freagraí a scríobh tar éis na chéad éisteachta ***agus*** tar éis an dara héisteacht.

Píosa a hAon

1. Cé hiad na hamhránaithe/bannaí mór le rá atá ag canadh ar an albam *Ceol 2016*? ____________________

____

2. Cad a deir Eoghan McDermott mar gheall ar an albam?

3. Ainmnigh dhá chlár ar oibrigh/a n-oibríonn Eoghan orthu.

Píosa a Dó

1. Ainmnigh an gradam a bhuaigh Raidió Rí-Rá.

2. Luaigh dhá rud a bhíonn le cloisteáil ar an stáisiún raidió.
   (i)
   (ii)

3. Cé na heagrais a dhéanann urraíocht ar Raidió Rí-Rá?

Céim a 3: Ceapadóireacht

Sa chéim seo, foghlaimeoidh tú:

- an foclóir agus na heochairfhocail a bhaineann leis na topaicí 'Fadhbanna daoine óga' agus 'Tionchar na meán ar dhaoine óga'
- conas feidhmiú mar bhall de ghrúpa trí mheán an obair ghrúpa
- conas aistí a leagan amach agus struchtúr a chur orthu.

Aiste Shamplach a 1

Scríobh aiste den teideal 'Fadhbanna daoine óga sa lá atá inniu ann'.

Fadhbanna Daoine Óga

Tús

Tá a lán fadhbanna difriúla ag cur isteach ar dhaoine óga sa lá atá inniu ann. Bíonn orthu plé leis an strus agus leis an mbrú a bhaineann le corás na bpointí ar scoil agus tá a fhios ag gach mac máthar gur fadhb mhór í an bhulaíocht i scoileanna ar fud an domhain i láthair na huaire. Bíonn ar roinnt daoine óga déileáil le fadhbanna ina dteaghlaigh amhail colscaradh, achrann[1] idir tuismitheoirí, drochíde, fadhb an óil, fadhb na ndrugaí agus foréigean. Uaireanta géilleann daoine óga don phiarbhrú nuair a thosaíonn a gcairde ag ól faoin aois dhleathach[2] nó ag glacadh drugaí. Uaireanta nuair a bhíonn fadhbanna eile ag cur isteach ar an déagóir, is féidir leo dearmad a dhéanamh ar a gcuid fadhbanna ar feadh tamaill nó amanna eile, ní bhíonn an déagóir ach ag iarraidh triail a bhaint as drugaí nó alcól de bharr dhiabhlaíocht[3] na hóige. Is minic a chuireann déagóirí iad féin i mbaol de bharr thionchar na substaintí sin. Maidir leis an tsláinte, is mór an fhadhb í an raimhre agus ar an lámh eile is mór an fhadhb í anaireicse agus búilime.

[1]trouble/dispute

[2]legal

[3]devilment

Alt a 1 Tionchar na Meán

Tá tionchar na meán le brath maidir le híomhá an duine. Tá brú ar dhaoine óga a bheith an-tanaí cosúil leis na réaltaí ceoil, na réaltaí scannán agus na réaltaí teilifíse. Tagann an brú seo ó na pictiúir de mhainicíní agus réaltaí a fheictear sna hirisí. Teastaíonn ó mhórán daoine óga a bheith cosúil

leo. Déanann siad comparáid idir iad féin agus na réaltaí sin. Is minic a bhíonn aerphéinteáil[4] i gceist leis na grianghraif sin agus is minic a bhíonn na grianghraif sna hirisí neamhréalaíoch/míréadúil[5] amach is amach. Tá brú millteanach[6] ar dhaoine óga maidir le cuma an duine. Tá an bhéim go léir ar íomhá an duine sna meáin. Níl aon chothromaíocht[7] idir an bhéim ar an gcuma agus ar phearsa an duine. Uaireanta, fulaingíonn daoine óga le galair cosúil le hanairaicse agus búilime nuair a théann siad thar fóir. Bíonn siad ag iarraidh a bheith tanaí agus foirfe agus is cuma leo faoi rud ar bith eile. Is minic a bhíonn na daoine óga sin an-éirimiúil agus cliste ach bíonn siad sa tóir ar fhoirfeacht[8] agus ag iarraidh smacht a bheith acu ar a saol trí mheán an mheáchain.

[4]airbrushing
[5]unrealistic
[6]awful pressure
[7]balance
[8]perfection

Alt a 2 Raimhre

Ar an lámh eile, is fadhb ollmhór í an raimhre sa domhan thiar chomh maith. Tá mórán bialanna mearbhia ar an saol cosúil le McDonald's, Pizza Hut agus Burger King. Tá an bia saor go leor sna bialanna bia-ghasta agus bíonn sé de nós ag mórán teaghlach a bheith ag ithe sna bialanna sin go minic. Is minic a bhíonn mearbhia i bhfad níos saoire ná bia folláin[9] ar nós torthaí agus glasraí. Is cultúr nua é sin nach raibh ar an saol 30 bliain ó shin. Faigheann a lán daoine béilí le tabhairt leo[10] ó bhialanna mearbhia. Bíonn na bialanna mearbhia ag iarraidh leanaí a mhealladh le bréagáin leis na béilí.

Tá easpa oideachais ann maidir le bia. B'fhéidir go gcuireann easpa ama leis an bhfadhb. Ní bhíonn an t-am ag daoine a bheith ag cócaireacht agus ní thaitníonn an chócaireacht le cuid díobh. Ní ghlacann daoine a ndóthain aclaíochta. Tá a lán giuirléidí[11] ar an saol[12] anois cosúil le ríomhairí, cluichí ríomhairí, Playstations, agus a lán cainéal ar Sky agus mar sin de. Bíonn an cathú[13] ann a bheith ag suí ag féachaint ar an teilifís nó ag scimeáil ar an Idirlíon. Éiríonn daoine leisciúil agus tá an nós sin ag cruthú[14] fadhb mhór raimhre. Téann daoine óga ar scoil sa charr nó ar an mbus agus ní shiúlann siad go minic.

[9]healthy
[10]takeaways
[11]gadgets
[12]in existence
[13]temptation
[14]creating

Féach ar leathanach 150 in Aonad a 4 le haghaidh níos mó eolais ar an gcóras oideachais agus córas na bpointí.

Alt a 3 Brú na Scrúduithe agus Córas na bPointí

Cuireann an Ardteistiméireacht agus corás na bpointí a lán brú ar dhaltaí. Bíonn cinniúint[15] agus todhchaí an dalta ag brath go hiomlán ar scrúdú mór amháin agus níl sé ceart ná cóir. Uaireanta faigheann na néaróga[16] an lámh in uachtar[17] ar dhaltaí agus ní éiríonn leo marcanna maithe a fháil sna scrúduithe. Ba chóir go mbeadh measúnú leanúnach i bhfeidhm in ionad chorás na scrúduithe. Éiríonn roinnt déagóirí tinn le néaróga agus uaireanta iompaíonn siad ar[18] alcól nó tobac chun an strus a laghdú.

[15]fate
[16]the nerves
[17]upper hand
[18]turn to

Alt a 4 Bulaíocht

Is fadhb an-tromchúiseach í an bhulaíocht inár scoileanna sa lá atá inniu ann. Cuireann bulaíocht isteach ar dhínit an duine óig. Is minic a scriosann an bhulaíocht féinmhuinín an dalta. Uaireanta cuireann siad lámh ina mbás féin fiú muna féidir leo cur suas léi. Cuireann an teicneolaíocht leis an bhfadhb go minic mar is féidir leis na bulaithe teachtaireachtaí a sheoladh chuig an íobartach ar a f(h)ón póca nó ar Facebook. Tá polasaí frithbhulaíochta[19] i ngach scoil in Éirinn ach bíonn sé deacair ar mhúinteoirí agus príomhoidí fáil amach faoin mbulaíocht mar ní theastaíonn ó mhórán daoine óga sceitheadh ar[20] chomhdhaltaí in ainneoin na péine a bhíonn á fulaingt acu nó ag cara leo de bharr na bulaíochta. Má leanann an bhulaíocht ar aghaidh, is minic a éiríonn an bhulaíocht níos measa agus níos tromchúisí[21] agus bíonn cabhair ó dhaoine fásta, comhairleoirí[22] agus na húdaráis i scoileanna de dhíth[23] chun stop a chur léi.

[19] anti-bullying policy
[20] to tell on
[21] more serious/severe
[22] councillors
[23] needed

Alt a 5 Fadhbanna sa Bhaile, Drugaí agus Alcól

Bíonn mórán fadhbanna i dteaghlaigh ar fud na tíre ar nós an alcólachais, drochíde, colscartha, drugaí, foréigin sa bhaile agus eile. Uaireanta iompaíonn an duine óg ar an alcól nó ar dhrugaí chun éalú ó na fadhbanna sin. Is minic a théann daoine óga thar fóir le halcól mar nach bhfuil aon taithí acu air. Cruthaíonn sé sin fadhbanna eile dóibh. Uaireanta éiríonn daoine trodach[24] nó b'fhéidir go ndéanann siad cinntí[25] míchiallmhara faoi thionchar an alcóil nó drugaí. Bíonn an baol ann go mbeidh an duine óg ag brath ar an tsubstaint tar éis tamaill chun taitneamh a bhaint as an saol, chun éalú óna c(h)uid fadhbanna nó chun féinmhuinín a thabhairt dó/di féin agus go mbeadh sé/sí gafa leis an tsubstaint agus ina (h)andúileach[26].

[24] aggressive
[25] decisions
[26] addict

Críoch

Is iomaí fadhb atá ag daoine óga sa lá atá inniu ann idir dhrugaí, alcól, bhulaíocht, bhrú na scrúduithe, bhrú na scoile agus fhadhbanna teaghlaigh.

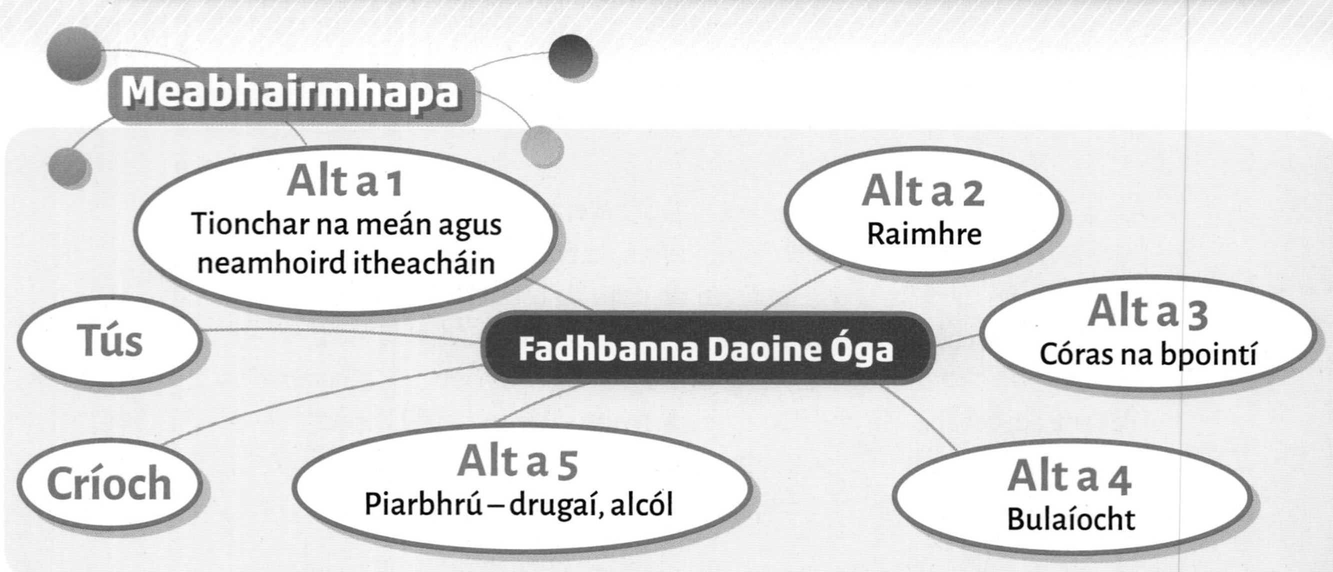

Cleachtadh Scríofa

1. Cuir Gaeilge ar na nathanna seo a leanas:
   (a) to deal with (b) stress (c) everyone knows (d) the points system (e) bullying (f) at present (g) divorce (h) trouble (i) abuse (j) to give in to (k) devilment (l) legal (m) obesity (n) comparison (o) models (p) unrealistic (q) balance (r) perfection (s) control (t) weight (u) chasing/in search of (v) education (w) exercise (x) addicts (y) anti-bullying (z) influence
2. Freagair na ceisteanna seo a leanas bunaithe ar aiste shamplach a 1.
   (a) Cén saghas fadhbanna a mbíonn daoine óga ag plé leo na laethanta seo?
   (b) Cén saghas brú a bhíonn ar dhaoine óga de bharr thionchar na meán?
   (c) Cad iad na cúiseanna is mó le fadhb na raimhre i measc na n-óg?
   (d) Cad is cúis leis an mbrú a chuireann córas na bpointí ar dhaltaí?
   (e) Cén saghas tionchair a bhíonn ag an mbulaíocht ar dhaoine óga?
   (f) Cén fáth a mbíonn sé deacair ar mhúinteoirí agus príomhoidí eolas a fháil ó dhaltaí faoin mbulaíocht a bhíonn ar siúl?
   (g) Cén fáth a gcasann daoine óga ar an alcól nó ar dhrugaí uaireanta, dar leis an údar?
   (h) Cad é an dainséar a bhaineann le halcól nó drugaí?
3. Cuir na heochairfhocail ón aiste thuas le chéile i bhfoirm pictiúr le cabhair Wordle nó Tagxedo.

Ceisteanna Scrúdaithe

Ba chóir duit/don ghrúpa níos mó taighde a dhéanamh ar thopaic ar leith ón liosta de na ceisteanna scrúdaithe thíos.

Ba chóir daoibh ailt Ghaeilge a bhailiú ó fhoinsí ar nós **www.tuairisc.ie**, *Dréimire*, **www.beo.ie** nó nuachtán Béarla agus is féidir leis an dalta/grúpa an t-eolas a aistriú go Gaeilge le cabhair an mhúinteora, daltaí eile sa ghrúpa nó shuíomhanna idirlín ar nós **www.teanglann.ie** nó **www.potafocal.com**.

Is féidir leis an ngrúpa meabhairmhapa nó plean a chumadh don aiste ar Mhata Boird. Scríobh síos na heochairfhocail agus na heochairphointí a bheidh á bplé i ngach alt.

1. Scríobh aiste den teideal 'Is sciúirse í an bhulaíocht i measc na n-óg sa lá atá inniu ann'. (100 marc)
2. Scríobh aiste ag plé an ráitis 'Is mór an bhagairt iad neamhoird itheacháin d'aos óg an lae inniu'. (100 marc)
3. Scríobh aiste den teideal 'Tá mórán cúinsí ag cur le fadhb na hotrachta in Éirinn sa lá atá inniu ann'. (100 marc)
4. Scríobh aiste den teideal 'Is sciúirse ár linne iad na drugaí inár dtír'. (100 marc)
5. Scríobh aiste den teideal 'Is cúis imní í an ógmheisciúlacht in Éirinn i láthair na huaire'. (100 marc)

Féach ar na nótaí don scrúdú béil ar na topaicí seo ar leathanach 186–188 agus na nótaí ar leathanach 27–31 sa Leabhrán mar chabhair duit.

Cleachtadh Cainte

Nuair a bheidh an tasc críochnaithe agat/agaibh, is féidir leat/leis an ngrúpa an t-eolas a chur i láthair don rang agus príomhphointí an tionscnaimh a chur in iúl ó bhéil (agus le cúnamh PowerPoint más mian leat/libh) don rang.

Aiste Shamplach a 2

Scríobh aiste den teideal 'Tionchar na meán ar dhaoine óga sa lá atá inniu ann'.

Tionchar na Meán ar Dhaoine Óga

Tús

Ní féidir a shéanadh ach go bhfuil tionchar[1] thar na bearta[2] ag na meáin chumarsáide ar dhaoine óga sa lá atá inniu ann agus ar an iomlán[3] ní dóigh liom gur tionchar maith é! Díríonn[4] a lán clár teilifíse, fógraí agus irisí ar dhéagóirí agus daoine óga agus i mo thuairim déanann siad dúshaothrú ar[5] dhaoine óga go minic.

[1]influence
[2]very strong
[3]on the whole
[4]focus
[5]exploit

Alt a 1 Ábharachas sna Meáin

Bíonn a lán de na hirisí, cláir agus fógraí ag cur béime ar[6] ábharachas[7] agus nithe ábhartha[8], rud a théann go mór i bhfeidhm[9] ar dhaoine óga. Sna hirisí agus ar chláir ar nós *Keeping Up with the Kardashians*, *Fashion Police* agus *E! News*, feictear daoine óga saibhre, féinspéiseacha[10] a bhfuil feistis, éadaí, seoda agus bróga ar luach na mílte euro iad acu. Nuair a fheiceann déagóirí na héadaí, málaí, carranna agus bróga costasacha sin, is minic a theastaíonn siad uathu féin ach ní féidir le tuismitheoirí ar ghnáth-thuarastal na rudaí sin a chur ar fáil dá gcuid leanaí. Ansin bíonn na tuismitheoirí bochta faoi bhrú agus téann roinnt déagóirí thar fóir[11] ag lorg rudaí atá míréalaíoch i gcomhthéacs thuarastal ghnáthdhuine.

[6]placing emphasis on
[7]materialism
[8]material things
[9]impacts heavily upon
[10]self-absorbed
[11]over the top

Alt a 2 Béim ar an gCuma Fhisiceach

Anuas air sin, cuireann a lán irisí, suíomhanna idirlín agus clár ar an teilifís an iomarca béime ar chuma fhisiceach an duine. Ní haon iontas é go bhfuil mórán daoine óga ag fulaingt ón ngalar anairaicse agus ó bhúilime nuair a fheiceann siad na hirisí agus na cláir theilifíse ag moladh nó ag cáineadh réaltaí bunaithe ar a gcuma fhisiciúil. Feictear an saghas sin iompair ar chláir ar nós *E! News*, *Fashion Police*, *Keeping Up with the Kardashians* agus mar sin de. Ní bhíonn aon tagairt do phearsantacht an duine go minic ná spiorad an duine, bíonn an bhéim uilig ar an gcorp fisiceach. Is cúis náire í sin i mo thuairim agus tá sé an-mhíshláintiúil d'aigne agus meon na ndaoine óga nuair a fheiceann siad an dearcadh sin mórthimpeall orthu sna meáin chumarsáide agus sa saol.

Alt a 3 An Lucht Fógraíochta

Déanann an lucht fógraíochta iarracht dúshaothrú a dhéanamh ar dhaoine óga. Cruthaíonn siad fógraí le híomhánna galánta d'alcól, de mhearbhia agus earraí eile nach mbíonn oiriúnach do dhaoine óga go minic. Nuair a bhíonn tionchar ag na fógraí sin ar dhaoine óga, cuireann siad le fadhb na hógmheisciúlachta agus fadhb na raimhre. Déanann an lucht fógraíochta a seacht ndícheall daoine óga a spreagadh chun dul i muinín an alcóil, an mhearbhia nó chun an t-earra[12] atá i gceist a cheannach ag gealltúint saol níos galánta, níos bríomhaire, níos fearr má cheannaíonn siad an t-earra atá i gceist san fhógra. Ar ndóigh, ní luann na fógraí an dainséar a bhaineann leis an ógmheisciúlacht, na míbhuntáistí do shláinte an duine a bhaineann le mearbhia agus mar sin de. Is minic a fheicimid réaltaí scannáin agus amhránaithe cáiliúla tanaí, galánta ag ithe uachtar reoite, ag ól alcóil nó ag ithe seacláide nó iógart lán de shiúcra agus saill i bhfógraí éagsúla. Sa saol réadúil, bíonn a fhios againn gur beag seans go mbeadh an duine sin ag ól ná ag ithe an earra atá i gceist. Bíonn ar fhormhór na réaltaí cloí le haiste bia thar a bheith dian agus alcól a sheachaint[13]. Is domhan bréagach[14], mealltach na fantaisíochta a chruthaítear sna fógraí sin ach cuireann na fógraí sin mórán daoine ar strae.

[12]good
[13]avoid
[14]false

Alt a 4 Pornagrafaíocht, Foréigean agus Cluichí Ríomhaire

Is cúis náire í an méid pornagrafaíochta agus foréigin a léirítear ar an teilifís, i scannáin agus in irisí. Tá a lán clár réaltachta agus irisí a dhíríonn ar an gcorp fisiciúil agus iompar drochbhéasach a thugann drochshampla do dhaoine óga. Is minic a fheicimid an-chuid foréigin agus gairsiúlachta[15] ar an teilifís, i scannáin agus ar chluichí ríomhaire. Chomh maith leis sin, tá mórán fianaise ann go mbíonn tionchar mór aige ar a n-iompar agus ar a ndearcadh ar fhoréigean sa saol laethúil má chaitheann daoine óga an iomarca ama ag féachaint ar fhíseáin ríomhaire nó scannáin a bhfuil an iomarca foréigin iontu. Is amhlaidh nach mbíonn daoine mar sin goilliúnach[16] a thuilleadh d'fhulaingt duine atá i bpian go minic agus go dtaitníonn foréigean nó pian duine eile leo fiú. Creidim go láidir nach bhfuil an phornagrafaíocht ná an iomarca foréigin go maith do mheon ná do chaidrimh an duine óig.

[15]obscenity
[16]sensitive

Críoch

Ar dheireadh thiar thall, is léir ó na pointí atá curtha in iúl agam thuas go bhfuil tionchar láidir ag na meáin chumarsáide ar mheon an aosa óig ach ní dea-thionchar i gcónaí é i mo thuairim.

Meabhairmhapa

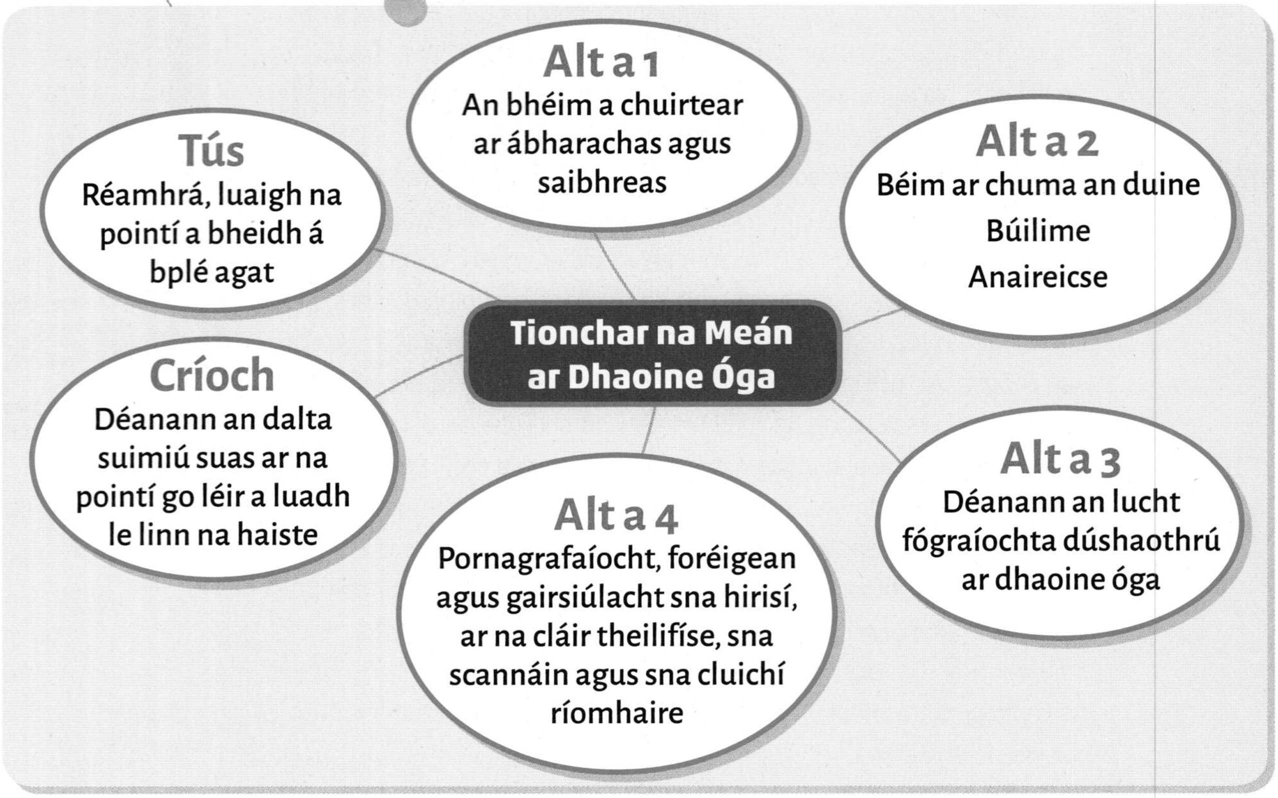

Cleachtadh Scríofa

1. Cuir Gaeilge ar na nathanna seo a leanas:
   (a) influence (b) pornography (c) anorexia (d) bulimia (e) image (f) violence (g) to exploit (h) emphasis (i) materialism (j) to deny (k) people in the advertising industry (l) behaviour (m) value (n) expensive (o) obscenity
2. Freagair na ceisteanna seo a leanas bunaithe ar aiste shamplach a 2:
   (a) Cad é an príomhlocht a fheiceann an t-údar ar chláir ar nós *Keeping Up with the Kardashians, Fashion Police* agus *E! News*?
   (b) Cad a theastaíonn ó dhaoine óga go minic agus iad ag féachaint ar na cláir sin?
   (c) Cad air a mbíonn moladh nó cáineadh na réaltaí bunaithe i mórán clár?
   (e) Cad is ainm do na neamhoird itheacháin a bhíonn ar roinnt daoine óga nuair a bhíonn siad gafa lena gcuma fhisiceach?
   (f) Cad atá míshláintiúil d'aigne na ndaoine óga, i dtuairim an údair?
   (g) Conas a dhéanann an lucht fógraíocha dúshaothrú ar dhaoine óga i dtuairim an údair?
   (h) Ainmnigh clár teilifíse amháin agus iris amháin a chuireann béim nó ar an bhforéigean, i do thuairim.
3. Cuir na heochairfhocail ón aiste thuas le chéile i bhfoirm pictiúr le cabhair Wordle nó Tagxedo.

Obair Bhaile/Obair Ghrúpa

Scríobh aiste bunaithe ar an topaic 'Tionchar na meán ar dhaoine óga'.

Más óbair ghrúpa atá i gceist, is féidir le gach duine sa ghrúpa tabhairt faoi roinn ar leith den aiste chun an aiste iomlán a chur le chéile i bhfoirm Mata Boird. (Féach ar leathanach 19 in Aonad a 1 do shampla den Mhata Boird.)

Piarmheasúnú

Piarmheasúnú ar an aiste dar teideal 'Tionchar na meán ar dhaoine óga': Ceartúchán na bhfreagraí.

Seicliosta

Déan cinnte go bhfuil na pointí gramadaí seo a leanas scríofa i gceart:

- Úsáid na copaile **is**.
- Sa + séimhiú (ach ní bhíonn aon séimhiú ar **d**, **t**, **s**. Uaireanta bíonn **t** roimh **s** áfach, nuair a bhíonn ainmfhocal baininscneach i gceist, m.sh. sa tsochraid).
- I + urú (ach amháin ar **st**, **l**, **n**, **r**, **sm**, **sp**, **sc**, **m**, **s**).
- Ainmfhocail a thosaíonn le consain: ar an, leis an, ag an, as an, tríd an, roimh an, faoin, ón + urú (ach amháin roimh ghuta nó **d**, **t**, **n**, **l**, **s**, m. sh. ar an oileán, ar an ábhar sin, ar an traein). Cuirtear séimhiú ar an ainmfhocal i gcás mar seo i gCúige Uladh (ach amháin i gcás **d**, **t** agus **s**).
- Más ainmfhocal baininscneach a thosaíonn le **s** a bhíonn i gceist, bíonn **t** roimh ann **s**, m.sh. ar an tsráid, ag an tsochraid.
- Ag, as, go, le, chuig, seachas + faic. Eisceacht: Cuireann go agus le **h** roimh ainmfhocal a thosaíonn le guta.
- Ar, de, do, roimh, um, thar, trí, mar, ó, faoi + séimhiú. Eisceachtaí: Ní chuireann **ar** séimhiú ar ainmfhocal nuair is staid nó coinníoll a bhíonn i gceist, nuair is ionad ginearálta a bhíonn i gceist, nuair a bhíonn am i gceist, m.sh. ar saoire, ar mire, ar meisce, ar ceal, ar siúl, ar crith, ar crochadh, ar farraige, ar maidin, ar ball, srl.

Céim a 4: Gramadach

7 An Chlaoninsint

Féach ar na nótaí ar leathanach 415 go leathanach 421 ar an gclaoninsint in Aonad a 9.

Sa chéim seo, foghlaimeoidh tú:

- eochairfhocail a bhaineann le daoine óga, cearrbhachas agus spórt
- conas anailís a dhéanamh ar léamhthuiscint, conas míreanna gramadaí agus seánra a aithint.

Tá Greim Faighte ag Aicíd Alpach an Chearrbhachais ar Shamhlaíocht Imreoirí Óga CLG

Léigh an sliocht seo a leanas agus freagair na ceisteanna a ghabhann leis.

Is é ceart Chumann Lúthchleas Gael dul i ngleic leis an gcearrbhachas ar mhaithe lena n-imreoirí óga, ach mo thrua an ceart nuair a bhíonn sé gan neart...

1. Má chaitheann tú seal i bhfochair imreoirí óga agus i bhfochair na gcoláisteánach go háirithe, gheobhair éachtaint éigin ar a mbíonn ag dó na geirbe acu, ar a mbíonn mar mhianach acu chun paiste seoigh a dhéanamh nó, go deimhin, ar a ndeineann siad chun an lá a leigheadh. Ní gá duit a bheith rófhada sa chomhluadar chun go ndíreodh an chaint ar gheallta, ar chearrbhachas agus ar airgead atá curtha, á chur nó le cur ar imeachtaí éagsúla spóirt. Is ar chluichí sacair i bPríomhroinn Shasana de ghnáth a bhíonn an t-airgead curtha. Tá a fhios agat féin an cúram; dála na *pools* a dheinimis féin ar scoil fadó, bíonn spéis ar leith ag scata i dtorthaí na Príomhroinne toisc go bhfuil pinginí pitseála na deireadh seachtaine ag brath orthu. Tá san go breá, arsa tusa, ach le blianta beaga anuas tá geoin chomhrá ag brúchtaíl go slim sleamhain, claonbheartach i measc na cosmhuintire agus tá an gheonaíl sin anois ina glam toisc go bhfuil sé tagtha abhaile chugainne go léir gur cás linn Cumann Lúthchleas Gael go bhfuil greim fachta ag aicíd alpach an chearrbhachais ar shamhlaíocht na n-imreoirí óga.
2. Oscailt súl ab ea é dúinn tamall de bhlianta ó shin nuair a nocht iarpheileadóir Ard Mhacha, Oisín McConville, a dheacrachtaí leis an gcearrbhachas. Tháinig imreoir Uíbh Fháilí, Niall McNamee sna sála air le cur síos deisbhéalach ar an iomrascáil a bhí aige siúd leis an gcúram. Anuas sa mhullach air sin ar fad, tháinig scéala truamhéalach chosantóir Thír Eoghain, Cathal McCarron, chun cinn agus chuir san ina luí gaidhte

orainn go mb'fhéidir go raibh póirsí ana-dhorcha le siúl acu siúd a bhíonn i ngalar na gcás. Triúr iad McConville, McNamee agus McCarron a raibh ar a gcumas dul i ngleic leis na dúshláin a bhí acu le cúrsaí cearrbhachais agus teacht slán astu. Bhí cabhair nach beag le fáil acu ó Chumann na nImreoirí, an GPA, agus ó phobal CLG trí chéile. Imreoirí aitheanta iad triúr a bhfuil mórán bainte amach ar pháirc na himeartha acu ach is dócha gurb í an cheist atá ag déanamh tinnis do phobal CLG anois ná cad faoin iliomad imreoir eile nach bhfuil chomh haitheanta agus nach bhfuil an tacaíocht chéanna ar fáil dóibh is a bhí don dtriúr atá luaite agam? Labhair Cathaoirleach CLG na Gaillimhe, Noel Treacy, an mhí seo caite ar an ngéarchéim, dar leis, atá anois ag CLG sa chontae sin de bharr oiread imreoirí óga bheith páirteach i scéimeanna cearrbhachais de shórt éigin. Agus é ag tagairt do ghrianghrafanna ar na meáin shóisialta a léirigh imreoirí ag ceiliúradh agus iad ag bailiú a gcreach tar éis geall bheith curtha ar chluiche sinsir iomána sa Ghaillimh acu, dúirt Treacy go raibh roinnt mhaith tuismitheoirí tar éis dul i gcomhairle leis de bharr an imní atá orthu go mbeidh a gclann róthugtha don gcearrbhachas.

3. Timpeall an ama chéanna, sa chontae céanna, bhí ar chomhlacht geallghlacadóra Mulholland éirí as a leabhar ar an bhfolúntas don gcéad bhainisteoir iomána eile sa Ghaillimh tar éis do seacht ngeall déag is fiche bheith curtha in imeacht dhá uair a' chloig ar an té a ceapadh sa ról ar deireadh, Micheál Donoghue. Nuair a foilsíodh leabhar Jim McGuinness, Until Victory Always, ag deireadh na bliana seo caite, ba é an trácht a dhein sé ar a chuid imreoirí bheith ag cur geallta orthu féin (ag praghas 10/1 i gcásanna áirithe) roimh chluiche leathcheannais na bliana 2014 ba mhó a tharraing caint is cogarnaíl. Sna treoracha ar chúrsaí cearrbhachais a d'fhoilsigh Cumann Lúthchleas Gael féin dhá bhliain ó shin, molann siad d'imreoirí gan aon gheall a chur ar aon chluiche ina mbíonn siad féin rannpháirteach iontu. Tá, a deir CLG, reachtaíocht in Éirinn, thuaidh agus theas, a leagann pionós ana-dhian ar an té atá ag baint leasa as eolas áirithe chun rian a fhágaint ar thoradh chluiche. Áirítear fíneálacha agus téarmaí príosúin sa phionós seo. Maidir le rialacha CLG féin, d'fhéadfadh iompar dá leithéid teacht faoi bhrat Riail 7.2 (e) sa Treoraí Oifigiúil agus d'fhéadfaí aon phionós ó thréimhse fionraíochta ocht seachtaine go fionraíocht saoil a ghearradh ar an té a bheadh i mbun na camastaíola.

4. Is cosúil, áfach, ná fuil sa mhéid sin ach gothaí agus dealraíonn sé nach mbeidh aon fhiacail sna bagairtí nó go ngearrfar pionóis orthu siúd ar féidir a léiriú go soiléir go rabhadar nó go bhfuiltear i mbun cleachtais chama. Chun a gceart a thabhairt do Chumann Lúthchleas Gael, thar aon eagraíocht spóirt eile, táid le tamall i gceann an tslua ina n-iarrachtaí dul i ngleic leis an bhfadhb. Tá fairsingiú déanta ar an gclár ASAP a bunaíodh geall le deich mbliana ó shin chun dul i ngleic le mí-úsáid alcóil agus drugaí agus tá an chuid sin den eagraíocht a bhaineann le sláinte, le leas agus le folláine a mball anois ar an réimse is mó fáis i gCumann Lúthchleas Gael. Tá oifigigh sláinte is folláine ceaptha le dhá bhliain anuas in 30 de na 32 Boird Contae sa tír agus is maith ann iad. Aithnítear go coitianta anois nach bhfuil i gCumann Lúthchleas Gael ach scáthán ar an méid atá ag titim amach i saol na tíre agus go dtagann na ceisteanna atá ag déanamh mearbhaill agus buartha don saol mór chun cinn laistigh de dhomhan beag CLG chomh maith. Más aon slat tomhais an chaint ar fad atá á dhéanamh faoi chúrsaí cearrbhachais i gcoitinne, bheadh dul amú orainn mar phobal beag caide agus iomána a cheapadh nach mbaineann an fhadhb linn féin.

5. Ar bhonn polaitiúil, is deacair a chreidiúint go bhféadfadh tionscal bheith ag feidhmiú sa tír seo a chuireann fostaíocht ar fáil do na mílte, tionscal a thuilleann na billiúin euro na haon bhliain, tionscal atá ag fás agus ag borradh ar bhonn idirnáisiúnta ach atá fós, a bheag nó a mhór, ag teacht faoi anáil reachtaíochta ó 1931 agus 1956. Ach sin é mar atá. Conas dá réir sin go mbeifí ag súil go bhféadfadh Cumann Lúthchleas Gael dul i ngleic le tionscal atá ag síorathrú agus geallta á dtógaint ar gach gné den imirt anois trí shlite agus trí mhúnlaí nár taibhsíodh dúinn cúig bliana ó shin fiú? Tuigeann an uile dhuine a bhíonn ag éisteacht le comhráití agus le cogarnaíl na hóige go gcaithfear dul i ngleic leis an gcúram. Caithfear tosnú in áit éigin. Is é ceart Chumann Lúthchleas Gael amhlaidh a dhéanamh ar mhaithe a gcuid imreoirí óga. Ach mo thrua an ceart nuair a bhíonn sé gan neart.

As www.tuairisc.ie le Dara Ó Cinnéide

Ceisteanna Scrúdaithe

1. (a) Cad air a gcuireann imreoirí óga airgead de ghnáth? (Alt 1)
   (b) Cén fáth a bhfuil an gheonaíl mar gheall ar an gcearrbhachas i measc imreoirí óga ina ghlam anois? (Alt 1) (7 marc)
2. (a) Cén áit a bhfuair McConville, McNamee agus McCarron cabhair nuair a rith sé leo go raibh fadhb acu leis an gcearrbhachas? (Alt 2)
   (b) Cén ghéarchéim a luaigh Noel Treacy, Cathaoirleach an Chumainn Lúthchleas Gael? (7 marc)
3. (a) Cén trácht a tharraing caint is codarnaíl, dar leis an údar i leabhar Jim McGuinness *Until Victory Always*? (Alt 3)
   (b) Cén moladh a thug an Cumann Lúthchleas Gael d'imreoirí sna treoracha ar chúrsaí cearrbhachais? (Alt 3) (7 marc)
4. (a) Cad atá ag teastáil, dar leis an údar, chun deireadh a chur le cleachtais chama? (Alt 4)
   (b) Cad é an réimse is mó fáis sa Chumann Lúthchleas Gael? (Alt 4) (7 marc)
5. (a) Cathain a rinneadh na dlíthe a bhaineann leis an gcearrbhachas sa tír seo? (Alt 5)
   (b) Cad a thuigeann gach duine a bhíonn ag éisteacht le caint na n-óg? (Alt 5) (7 marc)
6. (a) Aimsigh sampla d'ainmfhocal firinscneach sa ghinideach uatha in Alt 1 agus sampla d'ainmfhocal sa Tuiseal Tabharthach in alt a 4.
   (b) Bunaithe ar an eolas thuas, an eagraíocht mhaith í an eagraíocht an Cumann Lúthchleas Gael, i do thuairim? Tabhair dhá chúis le do fhreagra agus bíodh sampla amháin as an sliocht mar thacaíocht le gach cúis a luann tú. (Bíodh an freagra i d'fhocail féin. Is leor 60 focal.) (15 mharc)

Féach ar leathanach 388 in Aonad a 9 le haghaidh eolais ar mhíreanna gramadaí.

Féach ar leathanach 463 in Aonad a 10 le haghaidh nótaí ar sheánra/*genre*.

Céim a 6: Litríocht

Céim a 6a: Prós

Sa chéim seo, foghlaimeoidh tú:

- faoi phlota an scéil 'Dís'
- conas téamaí an scéil a phlé
- conas carachtair an scéil a phlé
- conas stíl scríbhneoireachta an scéil a phlé.

Dís

le Siobhán Ní Shúilleabháin

'Sheáin?'

'Hu?'

'Cuir síos an páipéar agus bí ag caint liom.'

'Á anois, muna bhféadfaidh fear suí cois tine agus páipéar a léamh tar éis a lá oibre.'

'Bhíos-sa ag obair leis feadh an lae, sa tigh.'

'Hu?'

[1]gheobhaidh tú

'Ó, tá go maith, trom blúire den bpáipéar agus ná habhair, "geobhair[1] é go léir tar éis tamaill!"

'Ní rabhas chun é sin a rá. Seo duit.'

Lánúin cois tine tráthnóna.

Leanbh ina chodladh sa phram.

[2]*defrosting*

Stéig feola ag díreo[2] sa chistin.

Carr ag díluacháil sa gharáiste.

Méadar leictreach ag cuntas chuige a chuid aonad...

'Hé! Táim anso! Sheáin! Táim anso!'

'Hu?'

'Táim sa pháipéar.'

[3]ní fhaca mé

'Tusa? Cén áit? N'fhacas-sa[3] tu.'

'Agus tusa ann leis.'

'Cad tá ort? Léas-sa an leathanach san roim é thabhairt duit.'

'Tá's agam. Deineann tú i gcónaí. Ach chuaigh an méid sin i ngan fhios duit. Táimid araon anso. Mar gheall orainne atá sé.'

[4]dúirt mé

'Cad a bheadh mar gheall orainne ann? Ní dúrtsa[4] faic le héinne.'

'Ach dúrtsa. Cuid mhaith.'

'Cé leis? Cad é? Taispeáin dom! Cad air go bhfuil tú ag caint?'

'Féach ansan. Toradh suirbhé a deineadh. Deirtear ann go bhfuil an ceathrú cuid de mhná pósta na tíre míshona, míshásta. Táimse ansan, ina measc.'

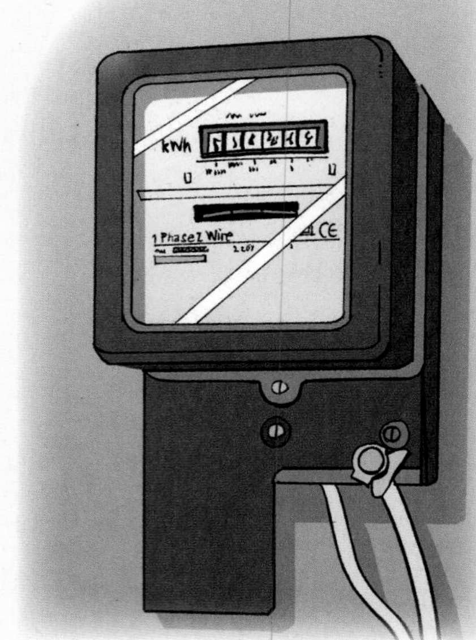

'Tusa? Míshona, míshásta? Sin é an chéad chuid a chuala de.'

'Tá sé ansan anois os comhair do dhá shúl. Mise duine des na mná a bhí sa tsuirbhé sin. Is cuimhin liom an mhaidean go maith. I mí Eanáir ab ea é; drochaimsir, doircheacht, dochmacht[5], billí, *sales* ar siúl agus gan aon airgead chucu, an sórt san. Eanáir, Feabhra, Márta, Aibreán, Bealtaine, Meitheamh. Cheart go mbeadh sé aici aon lá anois.'

[5]*gloom*

'Cad a bheadh aici?'

'Leanbh. Cad eile a bheadh ag bean ach leanbh!'

'Cén bhean?'

'An bhean a tháinig chugam an mhaidean san.'

'Cad chuige, in ainm Dé?'

'Chun an suirbhé a dhéanamh, agus ísligh do ghlór nó dúiseoir an leanbh. Munar féidir le lánúin suí síos le chéile tráthnóna agus labhairt go deas ciúin sibhialta le chéile.'

'Ní raibh uaim ach an páipéar a léamh.'

'Sin é é. Is tábhachtaí an páipéar ná mise. Is tábhachtaí an rud atá le léamh sa pháipéar ná an rud atá le rá agamsa. Bhuel, mar sin, seo leat agus léigh é. An rud atá le rá agam, tá sé sa pháipéar sa tsuirbhé. Ag an saol go léir le léamh. Sin mise feasta. *Staitistic*. Sin é chuirfidh mé síos leis in aon fhoirm eile bheidh le líonadh agam. *Occupation*? *Statistic*. Níos deise ná *housewife* cad a dearfá?'

'Hu?'

'Is cuma leat cé acu chomh fada is dheinim obair *housewife*. Sin é a dúrtsa léi leis.'

'Cad dúraís léi?'

'Ná tugtar fé ndeara aon ní a dheineann tú mar bhean tú, ach nuair ná deineann tú é. Cé thugann fé ndeara go bhfuil an t-urlár glan? Ach má bhíonn sé salach, sin rud eile.'

'Cad eile a dúrais[6] léi?'

[6]dúirt tú

'Chuile rud.'

'Fúmsa leis?'

'Fúinn araon, a thaisce. Ná cuireadh sé isteach ort. Ní bhíonn aon ainmneacha leis an tsuirbhé – chuile rud neamhphearsanta coimeádtar chuile eolas go discréideach fé rún. Compútar a dheineann amach an toradh ar deireadh a dúirt sí. Ní cheapas riamh go mbeinn im lón compútair!'

'Stróinséir mná a shiúlann isteach 'on tigh chugat agus tugann tú gach eolas di fúinne?'

'Ach bhí jab le déanamh aici. N'fhéadfainn gan cabhrú léi. An rud bocht, tá sí pósta le dhá bhliain, agus 'bhreá léi leanbh ach an t-árasán atá acu ní lomhálfaidh[7] an t-úinéir aon leanbh ann agus táid araon ag obair chun airgead tí a sholáthar mar anois tá leanbh chucu agus caithfidh siad a bheith amuigh as an árasán, agus níor mhaith leat go gcaillfeadh sí a post ar mhaith? N'fhéadfainn an doras a dhúnadh sa phus uirthi maidean fhuar fhliuch mar é a bhféadfainn.'

[7]allow

'Ach níl aon cheart ag éinne eolas príobháideach mar sin fháil.'

'Ní di féin a bhí sí á lorg. Bhí sraith ceisteanna tugtha di le cur agus na freagraí le scrí síos. Jab a bhí ann di sin. Jab maith leis, am áirithe sin sa ló, agus costaisí taistil. Beidh mé ábalta an sorn nua san a cheannach as.'

'Tusa? Conas?'

'Bog réidh anois. Ní chuirfidh sé isteach ar an gcáin ioncaim agatsa. Lomhálann siad an áirithe sin: *working wife's allowance* mar thugann siad air – amhail is nach aon *working wife* tú aige baile ach is cuma san.'

'Tá tusa chun oibriú lasmuigh? Cathain, munar mhiste dom fhiafraí?'

'Níl ann ach obair shealadach, ionadaíocht[8] a dhéanamh di faid a bheidh sí san ospidéal chun an leanbh a bheith aici, agus ina dhiaidh san. Geibheann siad ráithe saoire don leanbh.'

[8]substitution

'Agus cad mar gheall ar do leanbhsa?'

'Tabharfaidh mé liom é sa bhascaed i gcúl an chairr, nó má bhíonn sé dúisithe, im bhaclainn. Cabhair a bheidh ann dom. Is maith a thuigeann na tincéirí san.'

'Cad é? Cén bhaint atá ag tincéirí leis an gcúram?'

'Ní dhúnann daoine doras ar thincéir mná go mbíonn leanbh ina baclainn.'

'Tuigim. Tá tú ag tógaint an jab seo, ag dul ag tincéireacht ó dhoras go doras.'

'Ag suirbhéireacht ó dhoras go doras.'

'Mar go bhfuil tú míshona, míshásta sa tigh.'

'Cé dúirt é sin leat?'

'Tusa.'

'Go rabhas míshona, míshásta. Ní dúirt riamh.'

'Dúraís. Sa tsuirbhé. Féach an toradh ansan sa pháipéar.'

'Á, sa tsuirbhé! Ach sin scéal eile. Ní gá gurb í an fhírinne a inseann tú sa tsuirbhé.'

'Cad a deireann tú?'

'Dá bhfeicfeá an liosta ceisteanna, fé rudaí chomh príobháideach! Stróinséir mná a shiúlann isteach, go dtabharfainnse fios gach aon ní di, meas óinsí[9] atá agat orm ea ea? D'fhreagraíos a cuid ceisteanna, a dúrt leat sin rud eile ar fad.'

[9]amadán mná

'Ó!'

'Agus maidir leis an jab, táim á thógaint chun airgead soirn nua a thuilleamh sin uile. Ar aon tslí, tusa fé ndear é.'

'Cad é? Mise fé ndear cad é?'

'Na rudaí a dúrt léi.'

'Mise? Bhíos-sa ag obair.'

'Ó, bhís! Nuair a bhí an díobháil[10] déanta.'

[10]an damáiste

'Cén díobháil?'

'Ní cuimhin liom anois cad a dheinis, ach dheinis rud éigin an mhaidean san a chuir gomh[11] orm, nó b'fhéidir gurb é an oíche roimh ré féin é, n'fheadar[12]. Agus bhí an mhaidean chomh gruama, agus an tigh chomh tóin-thar-ceann tar éis an deireadh seachtaine, agus an bille ESB tar éis teacht, nuair a bhuail sí chugam isteach lena liosta ceisteanna, cheapas gur anuas ós na Flaithis[13] a tháinig sí chugam. Ó, an sásamh a fuaireas scaoileadh[14] liom féin agus é thabhairt ó thalamh d'fhearaibh. Ó an t-ualach[15] a thóg sé dem chroí! Diabhail chruthanta a

[11]fearg
[12]níl a fhios agam
[13]*the Heavens*
[14]*release/vent*
[15]*burden*

bhí iontu, dúrt gach aon diabhal duine acu, bhíomar marbh riamh acu, dúrt inár sclábhaithe bhíomar acu, dúrt. Cad ná dúrt! Na scéalta a chumas di! Níor cheapas riamh go raibh féith na cumadóireachta ionam.'

'Agus chreid sí go rabhais ag insint na fírinne, go rabhais ag tabhairt freagra macánta ar gach aon cheist a chuir sí?'

'Bhuel, ní raibh aon *lie detector* aici, is dóigh liom. N'fhaca é ar aon tslí. Ní déarfainn gurb é a cúram é, ní mhór dóibh síceolaí a bheith acu i mbun na jaib mar sin. Ó, chuir sí an cheist agus thugas-sa an freagra, agus sin a raibh air. Agus bhí cupán caife againn ansin, agus bhíomar araon lánsásta.'

'Ach ná feiceann tú ná fuil san ceart? Mná eile ag léamh torthaí mar seo. Ceathrú de mhná pósta na tíre míshásta? Cothóidh sé míshástacht iontusan leis.'

'Níl aon leigheas agamsa ar conas a chuireann siad rudaí sna páipéir. D'fhéadfaidís a rá go raibh trí ceathrúna de mhná na tíre sona sásta, ná féadfaidís, ach féach a ndúradar? Ach sé a gcúramsa an páipéar a dhíol, agus ní haon nath le héinne an té atá sona, sásta. S'é an té atá míshásta, ag deanamh agóide[16], a gheibheann éisteacht sa tsaol so. Ó chuile mhéan cumarsáide. Sin mar atá: ní mise a chum ná a cheap. Aon ní amháin a cheapas féin a bhí bunscoinn leis an tsuirbhé, ná raibh a dóthain ceisteanna aici. Chuirfinnse a thuilleadh leo. Ní hamháin "an bhfuil tú sásta, ach an dóigh leat go mbeidh tú sásta, má mhaireann tú leis?"'

[16]*protest/strike*

'Conas?'

'Na Sínigh fadó, bhí an ceart acu tá's agat.'

'Conas?'

'Sa nós san a bhí acu, nuair a chailltí an fear, a bhean chéile a dhó ina theannta. Bhí ciall leis.'

'Na hIndiaigh a dheineadh san narbh ea?'

'Cuma cé acu, bhí ciall leis mar nós. Bhuel, cad eile atá le déanamh léi? Tá gá le bean chun leanaí a chur ar an saol agus iad a thógaint, agus nuair a bhíd tógtha agus bailithe leo tá gá léi fós chun bheith ag tindeáil ar[17] an bhfear. Chuige sin a phós sé í, nach ea? Ach nuair a imíonn seisean, cad ar a mhaith í ansan? *Redundant*! Tar éis a saoil. Ach ní fhaigheann sí aon *redundancy money* ach pinsean beag suarach[18] baintrí.'

[17]*tending to*

[18]*miserable*

'Ach cad a mheasann tú is ceart a dheanamh?'

'Níl a fhios agam. Sa tseansaol, cuirtí i gcathaoir súgáin sa chúinne í ag riar seanchaíochta[19] agus seanleigheasannna, má bhí sí mór leis an mbean mhic, nó ag bruíon is ag achrann léi muna raibh, ach bhí a háit aici sa chomhluadar. Anois, níl faic aici. Sa tslí ar gach éinne atá sí. Bhí ciall ag na Sínigh. Meas tú an mbeadh fáil in aon áit ar an leabhar dearg san?

[19]*storytelling*

'Cén leabhar dearg?'

'Le Mao? Dheas liom é léamh. Dheas liom rud éigin a bheith le léamh agam nuair ná geibhim an páipéar le léamh agus nuair ná fuil éinne agam labhródh liom. Ach beidh mo jab agam sara fada. Eanáir, Feabhra, Márta, Aibreán, Bealtaine, Meitheamh; tá sé in am. Tá sé thar am. Dúirt sí go mbeadh sí dteagbháil liom mí roimh ré. Ní théann aon leanbh thar deich mí agus a dhícheall a dhéanamh... Is é sin má bhí leanbh i gceist riamh ná árasán ach oiread[20]. B'fhéidir ná raibh sí pósta féin. B'fhéidir gur insint éithigh[21] dom a bhí sí chun go mbeadh trua agam di, agus go bhfreagróinn a cuid ceisteanna. Agus chaitheas mo mhaidean léi agus bhí oiread le déanamh agam an mhaidean chéanna; níochán is gach aon ní ach shuíos síos ag freagairt ceisteanna di agus ag tabhairt caife di, agus gan aon fhocal den bhfírinne ag teacht as a béal! Bhuel, cuimhnigh air sin! Nach mór an lúbaireacht[22] a bhíonn i ndaoine!'

[20] *either/neither*

[21] bréaga = *lies*

[22] *deceit*

Lánúin cois tine tráthnóna.

An leanbh ina chodladh sa phram.

An fear ina chodladh fén bpáipéar.

An stéig feola ag díreo sa chistin.

An carr ag díluacháil sa gharáiste.

An bhean

Prioc preac

liom leat

ann as.

Tic toc an mhéadair leictrigh ag cuntas chuige na n-aonad.

Achoimre ar an Scéal

- Tá lánúin phósta ina suí cois tine. Tá an fear (Seán) ag léamh an nuachtáin tar éis teacht abhaile ón obair agus tá a bhean ina suí sa seomra suí leis. Tá leanbh ina chodladh sa phram, tá carr ag díluacháil sa gharáiste, tá méadar ag cuntas na n-aonad agus tá an fheoil don dinnéar ag díreo sa chistin. Tugann na rudaí sin léargas dúinn ar cé chomh leadránach agus leamh is a bhíonn gnáthshaol lánúine pósta uaireanta.
- Tosaíonn an bheirt ag bruíon lena chéile. Teastaíonn ón mbean a bheith ag caint lena fear céile ach tá sé i bhfolach taobh thiar dá pháipéar nuachtáin. Dar leis, tá suaimhneas tuillte aige tar éis a lá oibre ach tá comhluadar ón mbean tar éis lá uaigneach léi féin agus lena babaí sa teach. Taispeánann an bhean alt dá fear céile sa pháipéar faoi shuirbhé a rinneadh le déanaí ar mhná na tíre. Deir sí leis gur ghlac sí féin páirt sa suirbhé sin maidin amháin agus mar sin gur duine í den cheathrú cuid de mhná pósta na tíre a deir go bhfuil siad míshásta ina saol pósta.
- Insíonn sí an scéal faoin maidin i mí Eanáir ar thug bean an tsuirbhé cuairt uirthi. Deir sí go raibh ceisteanna sa suirbhé faoi stádas na mban[1] agus faoina sástacht ina saol pósta. Dúirt sí féin leis an mbean go raibh sí míshona lena fear, toisc nach raibh meas aige ar an obair a rinne sí mar bhean tí. Dúirt sí go raibh mná tí ina 'sclábhaithe' ag na fir agus 'fir dhiabhail chruthanta' iad na fir! Braitheann sí gur 'staitistic' atá inti ach go bhfuil sé sin níos deise ná a bheith ina bean tí. Is léir go mbraitheann sí go bhfuil a fear céile ag déanamh neamhairde uirthi. Níl aon mheas aige ar an obair a dhéanann sí sa tigh dar léi. Thabharfaí urlár salach faoi deara dar léi ach ní thabharfaí aon suntas d'urlár glan.
- Feicimid uafás Sheáin gur thug sí eolas pearsanta mar sin do strainséir. Is léir nach dtuigeann sé in aon chor nach bhfuil a bhean chéile sásta, ná cén fáth nach mbeadh sí sásta. Ceapann an bhean gur cuma lena fear agus gur 'tábhachtaí an páipéar' ná ise. Níos déanaí sa scéal, deir sí go searbhasach go bhfaighidh sí an leabhar dearg leis an deachtóir Síneach Mao mar go mbeadh sé go deas rud éigin a bheith le léamh aici!

[1] *status of women*

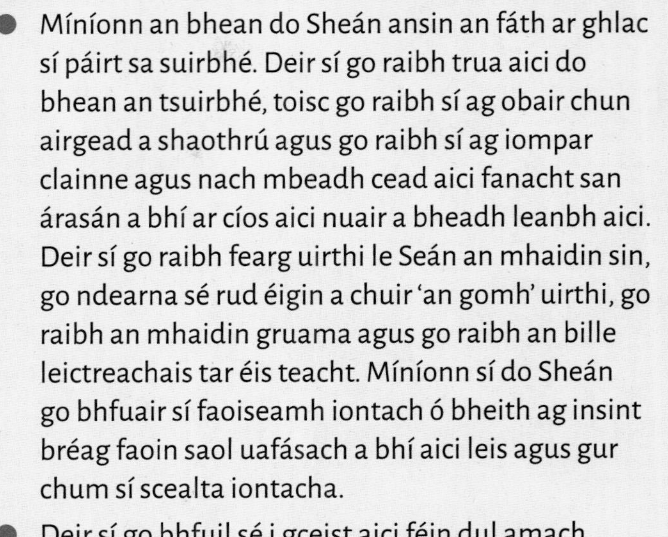

- Míníonn an bhean do Sheán ansin an fáth ar ghlac sí páirt sa suirbhé. Deir sí go raibh trua aici do bhean an tsuirbhé, toisc go raibh sí ag obair chun airgead a shaothrú agus go raibh sí ag iompar clainne agus nach mbeadh cead aici fanacht san árasán a bhí ar cíos aici nuair a bheadh leanbh aici. Deir sí go raibh fearg uirthi le Seán an mhaidin sin, go ndearna sé rud éigin a chuir 'an gomh' uirthi, go raibh an mhaidin gruama agus go raibh an bille leictreachais tar éis teacht. Míníonn sí do Sheán go bhfuair sí faoiseamh iontach ó bheith ag insint bréag faoin saol uafásach a bhí aici leis agus gur chum sí scealta iontacha.
- Deir sí go bhfuil sé i gceist aici féin dul amach ag obair (an leanbh in éineacht léi), chun saoire mháithreachais bhean an tsuirbhé a chlúdach. Is léir go bhfuil neamhspleáchas agus a cuid airgid féin ag teastáil uaithi. Dar léi féin, beidh sí in ann sorn[2] nua a cheannach leis an airgead! Níl Seán sásta leis sin ar chor ar bith. Tá sé buartha faoina leanbh agus níl sé pioc sásta nuair a chloiseann sé go bhfuil sé ar intinn ag a bhean dul ó dhoras go doras cosúil le bean tincéara agus an leanbh i mbascaed nó ina baclainn aici.
- Luann sí ansin nós a bhí ag na Sínigh (dar le Seán bhí an nós ag na hIndiaigh) bean chéile fir mhairbh a dhó[3], toisc nach raibh aon rud i ndán do na mná gan na fir. Dar leis an mbean sa scéal seo, bhí an ceart acu! (Is sampla soiléir de shearbhas na mná é sin, ar ndóigh.)
- Deir sí ansin nach rachaidh sí amach ag obair ar chor ar bith toisc go gceapann sí go raibh bean an tsuirbhé ag insint bréige di agus tá fearg uirthi anois gur chuir sí am amú ag caint léi in ionad a bheith ag déanamh a cuid oibre sa teach. Bhí sí ag caint le bean an tsuirbhé mar gheall ar an ionadaíocht[4] don sos máithreachais sé mhí roimhe shin agus ní raibh tásc ná tuairisc ar an mbean[5] ó shin i leith!
- Mar bharr ar an donas, titeann a fear céile ina chodladh ar an taobh eile den tine agus í fós ag caint agus tá rudaí mar a bhí siad ag tús an scéil.

[2] *oven*

[3] *to burn*

[4] *substitution*

[5] *there was no sign of the woman*

Dís *le Siobhán Ní Shúilleabháin*

Achoimre ar an Scéal i bhFoirm Pictiúr

毛主席语录

Anois, scríobh d'achoimre féin bunaithe ar na pictiúir thuas.

An tÚdar

Rugadh Siobhán Ní Shúilleabháin i mBaile an Fheirtéaraigh, Corca Dhuibhne, Co. Chiarraí i 1928. Chaith sí seal ag múineadh agus chaith sí tamall ag obair ar fhoclóir Béarla-Gaeilge de Bhaldraithe. Bhain sí cáil amach mar scríbhneoir cumasach – gearrscéalaí, file, úrscéalaí agus drámadóir ba ea í. Chónaigh sí i nGaillimh ar feadh roinnt blianta. Fuair sí bás in 2013.

An Chathaoir The

Scríobh na freagraí ar na ceisteanna seo a leanas *nó* iarrfar ar dhalta áirithe suí sa chathaoir the agus beidh air/uirthi an chéad cheist a fhreagairt ó bhéal. Nuair a bheidh an cheist freagartha aige/aici, is féidir leis/léi an chéad cheist eile a chur ar aon dalta eile is mian leis/léi.

1. Cén fáth ar thug bean Sheáin íde béil do Sheán ag tús an scéil?
2. Cad a bhí á dhéanamh ag an gcarr sa gharáiste?
3. Cad a bhí á dhéanamh ag an stéig sa chistin?
4. Cén toradh a bhí ar an suirbhé sa pháipéar nuachtáin?
5. Cad a dúirt bean Sheáin mar gheall ar urláir shalacha agus urláir ghlana?
6. Cé na sonraí pearsanta a d'inis bean an tsuirbhé do bhean Sheáin?
7. Cén socrú a dhéanann bean an tsuirbhé le bean Sheáin mar gheall ar a sos máithreachais?
8. Cén rud a theastaíonn ó bhean Sheáin a cheannach leis an airgead a thuillfidh sí?
9. An mbíonn Seán sásta nuair a chloiseann sé go mbeidh bean Sheáin ag déanamh ionadaíochta do bhean an tsuirbhé le linn a sosa máithreachais?
10. Cén fáth a raibh fearg ar bhean Sheáin an mhaidin sin sular tháinig bean an tsuirbhé?
11. Cad a dúirt sí mar gheall ar na fir le bean an tsuirbhé?
12. Cén nós a bhí ag na Sínigh fadó, dar le bean Sheáin?
13. Cén fheidhm/ról a bhí ag seanmhná fadó in Éirinn?
14. Cén leabhar a theastaíonn ó bhean Sheáin?
15. Cen fáth a bhfuil amhras ar bhean Sheáin faoin méid a d'inis bean an tsuirbhé di ag deireadh an scéil?
16. Cad a tharlaíonn fad is atá bean Sheáin fós ag caint ag deireadh an scéil?

Téamaí an Scéil

- **Téama an phósta/Téama na coimhlinte:** Is gearrscéal é seo atá scríofa i bhfoirm comhrá. Is é téama an phósta an príomhthéama sa scéal seo agus léiríonn an t-údar na constaicí agus dúshláin a bhíonn ann don phósadh i slí chruinn chuimsitheach, ghreannmhar. Úsáideann an t-údar greann – áibhéil, searbhas agus íoróin chun frustrachas agus fearg na mná céile sa scéal seo a léiriú de bharr na heaspa cumarsáide atá ina caidreamh lena fear céile. Feicimid easpa cumarsáide, teannas, coimhlint, easpa tuisceana, neamhaird, fearg, mífhoighne agus míshástacht sa chaidreamh idir an lánúin agus tá sé suntasach nach dtagann aon athrú ar an scéal sa deireadh! Titeann an fear céile ina chodladh ag deireadh an scéil – rud a chuireann amhras orainn mar léitheoirí go n-athróidh aon rud sa chaidreamh/phósadh seo.

- **Stádas na mban sa tsochaí:** Téama eile atá léirithe sa scéal ná stádas na mban sa tsochaí. Is léir go mbraitheann bean Sheáin nach bhfuil aon tábhacht ag baint léi mar bhean chéile agus mar bhean tí sa tsochaí. B'fhearr léi a bheith amuigh ag obair agus ag tuilleamh a cuid airgid féin. Bheadh níos mó neamhspleáchais aici agus teagmháil le daoine eile mar bhean oibre in ionad an tsaoil uaignigh atá aici sa bhaile ag tabhairt aire dá leanbh gach lá. Luann bean Sheáin an áit thábhachtach a bhíodh ag seanmhná i sochaí na hÉireann fadó – bhí meas ag daoine eile ar a gcuid eolais agus taithí. Bhí siad in ann leigheasanna a riar agus seanchas a ríomh agus bhí luach agus tábhacht ag baint leo. Deir bean Sheáin go searbhasach go raibh ciall ag baint leis an nós a bhí ag na Sínigh mná céile a dhó nuair a fuair an fear céile bás mar ba é an t-aon ról a bhí acu ná a bheith ag freastal ar a bhfir chéile agus ar a gcuid leanaí. Is léir go mbraitheann sí míshásta ina ról mar bhean tí lánaimseartha. Pléitear cúrsaí eile a bhaineann le mná sa tsochaí ar nós sos máithreachais i gcás bhean an tsuirbhé. Seasann bean an tsuirbhé do mhná oibre a bhfuil neamhspleáchas agus a gcuid airgid féin acu.

Mothúcháin

- Tá sé soiléir go bhfuil fearg agus frustrachas ar bhean Sheáin mar go bhfuil a fear céile ag déanamh neamhairde uirthi agus níl sé buíoch as an obair a dhéanann sí sa tigh.
- Is léir go bhfuil mífhoighne ar a fear céile léi mar nach dtuigeann sé an fáth a mbeadh sí míshásta lena saol sa bhaile agus ba bhreá leis síocháin agus suaimhneas a bheith aige tar éis a lá oibre. Cuireann a cuid cainte síoraí isteach air.

Stíl Scríbhneoireachta

Baineann an t-údar Siobhán Ní Shúilleabháin úsáid as stíl ghonta, dhúchasach, éifeachtach sa ghearrscéal 'Dís'. Tá an scéal scríofa i bhfoirm comhrá – rud a chuireann le rian na drámaíochta sa scéal. Úsáidtear caint dhíreach chun cur le héifeacht an scéil agus tá rithim na cainte chun tosaigh sa chomhrá sin. Baineann an t-údar leas as greann chun téama an scéil a chur in iúl. Feictear searbhas, áibhéil agus íoróin sa chomhrá, go háirithe i gcaint na mná sa scéal agus cuireann sé go mór le héifeacht an scéil.

An Caidreamh idir Seán agus Bean Sheáin

- Is léir go bhfuil an-chuid coimhlinte sa chaidreamh idir Seán agus bean Sheáin. Feictear easpa tuisceana, easpa cumarsáide agus easpa suime i dtuairimí an duine eile sa chomhrá idir an bheirt.
- Úsáideann bean Sheáin searbhas, íoróin agus áibhéil ina cuid cainte chun aird a fir chéile a fháil. Is duine dúr, traidisiúnta, tostach é a fear céile agus níl aon suim aige i dtuairimí ná i gcaint a mhná. Ní thuigeann sé an dearcadh atá aici agus ní thuigeann sé an fáth a mbeadh sí míshásta ina ról mar bhean tí agus mar bhean chéile. Níl sé buíoch as an obair a dhéanann sí agus ní thuigeann sé an t-uaigneas agus leadrán a bhíonn uirthi ina saol laethúil. Ní thuigeann bean Sheáin go bhfuil Seán tuirseach tar éis a lá oibre agus go dteastaíonn suaimhneas uaidh tar éis lá oibre. Ba mhaith le bean Sheáin a bheith ina bean nua-aimseartha agus a post agus airgead féin a bheith aici ach is duine traidisiúnta é Seán. Tá sé buartha faoi leas a linbh agus níl sé pioc sásta nuair a chloiseann sé faoin bpost a d'fhéadfadh a bheith ag a bhean.

Tréithe Na gCarachtar

Bean Sheáin

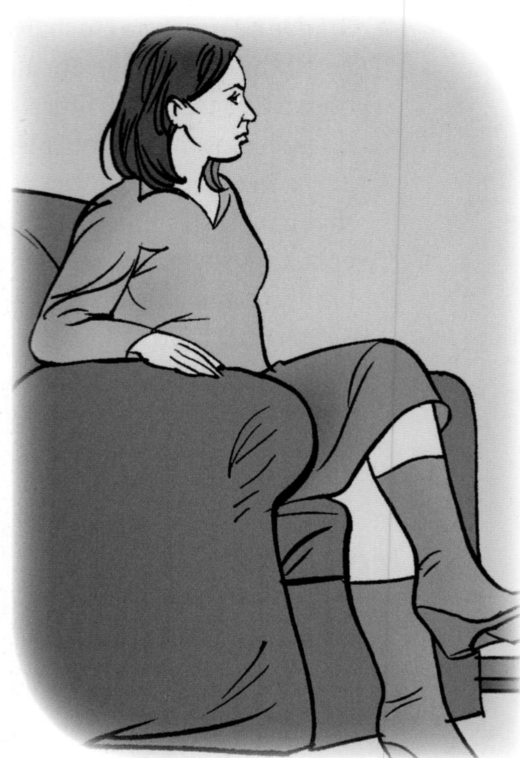

- Is í bean Sheáin príomhphearsa an ghearrscéil seo. Tá sé suntasach nach luaitear a hainm fiú sa scéal. Is cleas cliste é sin a léiríonn nach mbraitheann sí tábhachtach dá fear ná don tsochaí. Braitheann sí gur staitistic atá inti ach go bhfuil an lipéad sin níos deise ná an téarma 'bean tí'. Níl aon bhuíochas ná aird á fháil aici óna fear céile ná ón tsochaí mar bhean tí, dar léi. Ní thugann éinne urlár glan faoi deara ach tugann siad urlár salach faoi deara! Mothaíonn sí nach bhfuil aon mheas ag a fear céile ar an obair a dhéanann sí sa tigh.
- Is duine **cairdiúil** í. Cuireann sí fáilte roimh strainséir, mar atá, bean an tsuirbhé. Déanann sí cupán caife di agus tá sí sásta labhairt léi ar feadh tamaill shuntasaigh.
- Is duine **mímhacánta** í. Cumann sí bréaga chun scéal méaldrámata a insint do bhean an tsuirbhé faoin saol uafásach atá aici lena fear céile.
- Is **duine uaigneach** í bean Sheáin. Caitheann sí na laethanta léi féin lena babaí sa teach fad is atá Seán amuigh ag obair. Is léir go mbraitheann sí uaithi comhluadar agus teagmháil le daoine fásta i rith an lae. Sin an fáth a raibh sí chomh sásta a bheith ag caint le strainséar ar nós bhean an tsuirbhé. Is dócha go mbíonn sí ag súil leis an tráthnóna nuair a thagann a fear céile abhaile ach níl mórán spéise aige a bheith ag comhrá léi.
- Is **duine gearánach** í. Caitheann sí an-chuid ama ag gearán le Seán faoi gach mionrud a dhéanann sé toisc go bhfuil an leadrán agus an t-uaigneas ag cur isteach uirthi. Bhí sí ag gearán le bean an tsuirbhé faoin saol crua, uafásach a bhí aici le Seán cé go n-admhaíonn sí gur chum sí scéalta chun méaldráma a chruthú!
- Is **duine searbhasach** í. Labhraíonn sí go searbhasach lena fear céile agus taispeánann sé sin go bhfuil fearg agus frustrachas uirthi mar gheall ar an saol atá aici agus mar gheall ar an gcaidreamh atá aici lena fear céile. Is léir go bhfuil easpa cumarsáide eatarthu agus dá bhrí sin mothaíonn sí uaigneach cé go bhfuil fear céile aici. Tá a lán samplaí de shearbhas uaithi sa scéal. Dar léi, ceannóidh sí an leabhar dearg leis an deachtóir Síneach Mao mar go mbeadh sé go deas rud éigin a bheith le léamh aici. (Cuireann sé isteach uirthi go léann a fear céile an páipéar nuachta roimpi.) Anuas air sin, deir sí go bhfuil ciall ag baint leis an nós a bhí ag na Sínigh fadó na mná céile a dhó tar éis dá fir chéile bás a fháil. Is sampla eile é sin den searbhas chun a cuid frustrachais a chur in iúl dá fear os rud é go bhfuil sé ag deanamh neamhairde uirthi.
- Is **bean chainteach** í, ar ndóigh. Ise a dhéanann formhór na cainte ó thús an scéil. Tuigeann sise an tábhacht a bhaineann le cumarsáid in aon chaidreamh agus cuireann an easpa cumarsáide idir í féin agus a fear céile isteach uirthi. Léimeann sí ó thopaic amháin go topaic eile nuair a bhíonn sí ag caint lena fear sa scéal.
- Is **bean chasta** í, gan amhras. Deir sí le Seán go bhfuil sí míshona, ach ansin athraíonn sí an scéal, ag rá gur bréaga atá á n-insint aici. Tá sí chun dul amach ag obair agus ansin níl. Tá meas aici ar bhean an tsuirbhé agus ansin socraíonn sí go raibh sí mímhacánta léi.

- Is **bean fheargach** í. Tá frustrachas uirthi. Braitheann sí nach dtugann a fear céile aon aird uirthi agus nach ndéanann sé aon iarracht a bheith ag caint léi. Braitheann sí nach bhfuil aon mheas ag a fear céile ar an obair a dhéanann sí sa tigh.
- Ar deireadh thiar, áfach, tuigimid go bhfuil an bhean seo **míshuaimhneach ina caidreamh lena fear céile** agus ina ról mar bhean tí. Is dócha gurb éard atá i gceist leis an athrú intinne a thagann uirthi, ná go bhfuil sí **ag admháil di féin nach n-athróidh cúrsaí ar aon nós.** Tá géilleadh de shaghas éigin i gceist mar sin.

Achoimre ar Thréithe Bhean Sheáin

- Is duine uaigneach, aonarach í.
- Is pearsa fháiltiúil í.
- Is duine mímhacánta í.
- Is duine searbhasach í.
- Is duine gearánach í.
- Is duine feargach í. Tá frustrachas uirthi.
- Is duine cairdiúil í. Cuireann sí fáilte roimh strainséar, mar atá, bean an tsuirbhé.
- Is bean chasta, chainteach í.

An Fear (Seán)

- Tá Seán pósta leis an bpríomhcharachtar.
- Is **duine dúr, ciúin** é. Tá i bhfolach taobh thiar dá pháipéar nuachtáin ag tús an scéil seo agus tá sé soiléir nach bhfuil fonn cainte air tar éis a lá oibre.
- Dealraíonn sé go bhfuil **saol leamh, leadránach** aige. Tá post aige taobh amuigh den teach agus nuair a thagann sé abhaile tráthnóna, ní bhíonn uaidh ach ciúnas agus síocháin.
- Is **duine traidisiúnta, seanfhaiseanta** agus **seobhainneach** é. Tá dearcadh traidisiúnta aige ar a ról sa phósadh agus ar ról a mhná. Ní mó ná sásta atá sé nuair a deir a bhean chéile go bhfuil sí chun post a fháil lasmuigh den tigh. Níl mórán measa aige ar an obair a dhéanann a bhean chéile sa tigh, dar le bean Sheáin. D'fheicfeadh sé urlár salach ach ní thabharfadh sé urlár glan faoi deara – rud a thaispeánann nach léiríonn sé aon bhuíochas di as an obair uilig a dhéanann sí sa teach agus ag tabhairt aire don pháiste. Ní fheiceann sé tábhacht na cumarsáide agus é i bhfolach taobh thiar dá nuachtán.
- Is **duine leithleach** é. Bíonn sé ag gearán nuair a bhíonn fonn cainte ar a bhean ag tús an scéil nach féidir leis a pháipéar nuachta a léamh tar éis lá oibre ach ní thugann sé aon suntas don tuirse atá ar a bhean tar éis lá fada sa teach ag déanamh obair tí agus ag tabhairt aire dá leanbh.
- Is léir go bhfuil sé **an-phríobháideach** mar dhuine. Ní hamháin nach ndéanann sé mórán cainte, ach chomh maith leis sin, ní maith leis go mbeadh a bhean chéile ag plé a saoil phríobháidigh le

daoine eile. Tá uafás air nuair a chloiseann sé go raibh a bhean ag caint faoina bpósadh le 'stroinséir mná'.

- Is **duine féinspéiseach** é. Ní thugann sé mórán airde ar a bhean agus is léir nach bhfuil mórán suime aige i mothúcháin a mhná céile. Titeann sé ina chodladh ag deireadh an scéil nuair a éiríonn sé bréan den chomhrá. Ní thugann sé mórán suntais don fhíric go ndúirt a bhean le bean an tsuirbhé go raibh sí míshona ina pósadh.

Cleachtadh Scríofa

Scríobh achoimre ar thréithe Sheáin.

Bean an tSuirbhé

- Ní chloisimid bean an tsuirbhé ag caint go díreach le héinne sa scéal seo ach cloisimid fúithi agus faoina saol sa tríú pearsa ó bhean Sheáin. Ní ghlacann sí páirt sa chomhrá, ach tá ról aici sa scéal mar sin féin. Is í an phríomhfheidhm atá ag bean an tsuirbhé ná codarsnacht a léiriú idir í féin mar bhean le gairm agus bean Sheáin atá ina bean tí lánaimseartha. Chomh maith leis sin, úsáideann an t-údar an suirbhé chun míshonas bean Sheáin mar bhean tí a léiriú.
- Léiríonn sí dúinn **an taobh cáirdiúil de bhean chéile Sheáin**. Cuireann sise fáilte roimh bhean an tsuirbhé agus déanann sí caife di.
- Seasann sí freisin don **bhean oibre**, **neamhspleách** sa saol nua-aimseartha.
- Dar le bean Sheáin, bhí bean an tsuirbhé i bponc mar nach raibh cead aici leanbh a bheith aici ina hárasán agus bhí sí ag iompar clainne.
- Dealraíonn sé gur **duine mímhacánta** í nuair a tháinig sí chun an suirbhé a dhéanamh, áfach.Tá an chuma ar an scéal gur inis sí bréaga chun an t-eolas a bhí uaithi a bhaint amach. Dúirt sí go raibh sí ag iompar clainne agus thairg sí obair ionadaíochta do bhean Sheáin ag rá go bhféadfadh bean Sheáin a sos máithreachais a chlúdach ach ní raibh tásc ná tuairisc uirthi ó shin i leith.

Tréithe an Ghearrscéil

Is gearrscéal é 'Dís'. Seo roinnt de na tréithe a bhaineann leis an ngearrscéal. (Tá tréithe an ghearrscéil thíos agus tagairt ghinearálta do na tréithe sin sa scéal seo. Bheadh na sonraí ón scéal ag teastáil i gceist scrúdaithe.)

- Ba cheart go mbeadh téama láidir amháin nó ceacht amháin ann. Is cinnte go bhfuil sé seo fíor maidir leis an scéal 'Dís'.
- Ba chóir go mbeadh an téama/ceacht sin uilíoch, 'sé sin go mbeadh tuiscint ag léitheoir ar bith ar an

téama sin. Níl aon dabht ach gur téamaí uilíocha iad an saol pósta agus stádas na mban.

- Ba chóir go gcloífeadh an t-údar leis an téama ó thús deireadh an scéil agus tá sé seo fíor freisin maidir leis an scéal seo. Feicimid easpa tuisceana, neamhaird, mífhoighne, srl. ó thús go deireadh an scéil.
- Ó am go chéile, úsáidtear seifteanna beaga le haird an léitheora a dhíriú ar ábhar an scéil. Feicimid seifteanna éifeachtacha sa scéal seo; an chaint dhíreach, críoch thobann nuair a thiteann an fear ina chodladh agus an bhean fós ag caint, casadh sa scéal, srl. Bíonn casadh sa scéal nuair a deir bean Sheáin nach bhfuil sí míshona agus gur bréagadóir í bean an tsuirbhé.
- Ba chóir go mbeadh réalachas in ábhar an scéil agus tá réalachas, gan aon amhras, in ábhar an scéil seo. Is dócha go mbíonn fadhbanna mar seo ag go leor daoine pósta ina saol.

Féach ar na nótaí ar théama ar leathanach 226.

Ceisteanna Scrúdaithe

1. Faighimid léargas domhain ar thréithe na mná céile sa ghearrscéal 'Dís'. Tabhair cuntas ar na tréithe sin le fianaise ón scéal. (30 marc)
2. 'Is duine dúr, seobhainneach, traidisiúnta é Seán sa ghearrscéal "Dís".' Do thuairim uait faoin ráiteas sin. (30 marc)

Freagra Samplach a 1

Greann

'Is greannmhar an léiriú a fhaighimid ar an gcaidreamh idir an fear agus an bhean sa ghearrscéal, "Dís".' Déan plé gairid ar an ráiteas sin.

Faighimid léiriú greannmhar ar an gcaidreamh idir bean Sheáin agus a fear céile sa ghearrscéal 'Dís' gan amhras. Úsáideann an t-údar dúghreann, searbhas agus íoróin chun caidreamh na lánúine a léiriú. Tá greann le feiceáil sa chodarsnacht ghéar idir an bhean agus a fear céile maidir lena bpearsantachtaí. Is duine dúr, ciúin, traidisiúnta é Seán agus is duine cainteach, gearánach í bean Sheáin. Dealraíonn sé nach bhfuil siad ró-oiriúnach dá chéile ó thaobh pearsantachtaí de, a ndearcadh ar an saol agus a róil sa phósadh.

Os rud é go bhfuil an gearrscéal scríofa i bhfoirm comhrá, bíonn greann le feiscint sa chomhrá idir an bhean agus a fear céile. Ní stopann bean Sheáin de bheith ag gearán agus ag cabaireacht agus bíonn sé an-deacair ar Sheán coimeád suas léi. Léimeann comhrá na mná ó ábhar amháin go hábhar eile agus úsáideann sí mórán searbhais nuair a bhíonn sí ag caint leis chun a cuid frustrachais agus a cuid feirge le Seán agus lena ról sa saol a scaoileadh uaithi.

Ceisteanna den chuid is mó a chloisimid ón bhfear mar ní féidir leis coinneáil suas le comhrá a mhná – 'Hu', 'Cén áit?', 'Cad a bheadh aici?' 'Cén bhean?' 'Cén díobháil?' 'Tusa? Conas?' 'Cad chuige in ainm Dé?' 'Cad é? Cé dúirt sin leat?' Deir bean Sheáin leis go bhfuil an bheirt acu sa pháipéar agus baintear geit as Seán. Ansin míníonn sí dó gur ghlac sí páirt i suirbhé atá sa pháipéar faoi mhná pósta agus go raibh sí ag gearán faoi Sheán agus na fir i gcoitinne. Admhaíonn sí gur chuir sí in iúl go raibh sí an-mhíshásta le staid a pósta do bhean an tsuirbhé cé nach bhfuil sé sin fíor, dar léi. Admhaíonn sí gur chum sí scéalta uafásacha, bréagacha faoi Sheán agus a bpósadh do bhean an tsuirbhé – rud atá an-ghreannmhar. Is féidir linn uafás Sheáin a shamhlú nuair a admhaíonn sí go ndúirt sí gur 'dhiabhail chruthanta' iad na fir, go raibh mná ina sclábhaithe acu agus gur chum sí scéalta áibhéalacha, uafásacha faoina saol le chéile. Mar bharr ar an donas, cuireann sí in iúl dó gur bhain an comhrá seo ualach dá croí agus gur 'scaoileadh' iontach é an comhrá di! Feicimid uafás Sheáin nuair a deir sé 'ach ná feiceann tú ná fuil san ceart?' Bíonn alltacht ar Sheán gur labhair sí le 'stróinséir mná' faoin saol a bhí acu le chéile ach ba chuma le bean Sheáin mar theastaigh comhluadar agus comhrá uaithi. Bhí Seán tar éis 'an gomh' a chur uirthi an mhaidin sin cé nach féidir léi cuimhneamh ar an gcúis – rud eile atá an-ghreannmhar!

Ina dhiaidh sin, léim sí go scéal faoi shaol bhean an tsuirbhé, agus ansin dúirt sí leis go raibh sí tar éis glacadh le post chun ionadaíocht a dhéanamh do bhean an tsuirbhé le linn a saoire máithreachais. Léimeann sí ón scéal sin go scéal faoi na Sínigh a dhóigh mná nuair a fuair a fir chéile bás, scéal faoi áit na seanmhná in Éirinn fadó, déanann sí tagairt do Leabhar Mao ón tSín agus ansin athraíonn sí a tuairimí faoi bhean an tsuirbhé go hiomlán agus tosnaíonn sí ag rá go bhfuil an fhéidearthacht ann gur bréagadóir í amach is amach. Ní haon ionadh nach féidir le Seán coinneáil suas lena cuid cainte! Cuireann sí mearbhall air!

Bíonn an chodarsnacht idir an bheirt an-ghreannmhar freisin. Bíonn Seán ag iarraidh éalú óna bhean faoina pháipéar nuachtáin tar éis lá fada oibre fad is a bhíonn sí ag iarraidh a aird a fháil go cíocrach tar éis lá a chaitheamh léi féin sa bhaile lena leanbh. Sin é an fáth a ndéanann sí iarracht geit a bhaint as ag rá go bhfuil an bheirt acu sa pháipéar! Tá dúghreann le feiceáil sa chomhrá idir an bhean agus an fear mar labhraíonn sí go searbhasach leis. Deir sí rudaí searbhasacha chun a cuid feirge agus frustrachais a chur in iúl dó. Is duine seobhaineach le luachanna traidisiúnta é Seán. Mar sin deir an bhean rudaí leis ar nós na n-abairtí seo a leanas: 'Cad eile a bheadh ag bean ach leanbh?', '*Occupation*? *Statistic*. Níos deise ná *housewife*, cad a déarfá?', 'Is tábhachtaí an páipéar ná mise.' 'Is tábhachtaí an rud atá le léamh sa pháipéar ná an rud

atá le rá agamsa.' 'Na Sínigh fadó, bhí an ceart acu sa nós san a bhí acu, nuair a cailltí an fear, a bhean chéile a dhó ina theannta. Bhí ciall leis'. Tá an searbhas agus an áibhéil le brath go soiléir san abairt seo – tá sé deacair a chreidiúint go n-aontaíonn bean Sheáin leis an nós seo! Cuireann freagra Sheáin leis an ngreann ag an bpointe seo sa scéal nuair a deir sé: 'Na hIndiaigh a dhein san, nárbh ea?'

Bíonn an greann le feiceáil chomh maith nuair a fheicimid uafás an fhir agus a bhean ag insint dó go mbeidh sí ag dul timpeall ag suirbhéireacht ó dhoras go doras lena leanbh ina baclainn cosúil leis na tincéirí chun trua daoine a spreagadh. Bíonn uafás an domhain ar an bhfear nuair a chloiseann sé an méid sin. Cuireann sé alltacht agus uafás air gur inis a bhean sonraí pearsanta faoina saol do strainséar agus go ndearna sí an méid sin pleananna chun post a fháil gan labhairt leis: 'Tuigim. Tá tú ag tógaint an jab seo, ag dul ag tincéireacht ó dhoras go doras... mar go bhfuil tú míshona, míshásta sa tigh'. Ansin séanann bean Sheáin go bhfuil sí míshona ar chor ar bith agus bíonn sé sin an-ghreannmhar tar éis an méid a dúirt sí! Tá críoch an scéil thar a bheith greannmhar nuair a thiteann an fear céile ina chodladh faoin bpáipéar fad is atá a bhean chéile fós ag caint agus ag insint ráiméise den chuid is mó dó!

Ní féidir a shéanadh ach go bhfuil an-chuid grinn sa ghearrscéal seo agus léirítear an greann sin trí shearbhas, íoróin, áibhéil agus trí fhoirm an scéil, atá scríofa i gcomhrá.

Freagra Samplach a 2

Téama an Phósta

Maidir leis an ngearrscéal 'Dís', déan cur síos ar thréithe na lánúine sa scéal agus pléigh an dearcadh a fhaighimid ar an bpósadh sa scéal.

Sa ghearrscéal 'Dís', faighimid léargas doimhin ar na constaicí agus deacrachtaí a bhíonn i gceist leis an bpósadh. Luann an t-údar tréithe na lánúine i slí chruinn, shoiléir dúinn agus léiríonn sí pictiúr cruinn de na fadhbanna atá sa chaidreamh acu agus na nithe a chuireann brú ar an bpósadh.

Léirítear tréithe na lánúine trí mheán an chomhrá eatarthu. Ní thugtar na mionsonraí faoin lánúin dúinn i dtráchtaireacht an údair ná an reacaire. Is bean ghoilliúnach agus shoghonta í bean Sheáin. Cuireann neamhshuim an fhir isteach go mór uirthi. Ní insítear a chéad ainm don léitheoir fiú – rud a chuireann béim ar an neamhaird a dhéanann a fear céile uirthi. Níl an bhean chéile sona sásta sa scéal seo – tá sí uaigneach agus tá leadrán an tsaoil ag cur as di. Braitheann sí gur '*staitistic*' atá inti: '*Occupation*? *Staitistic*? Níos deise ná *housewife*, cad a déarfá?' Síleann bean Sheáin nach bhfuil meas ag Seán ar an obair a dhéanann sí sa bhaile agus nach bhfuil sé buíoch as: 'Ná tugtar fé ndeara aon ní a dheineann tú mar bhean tí, ach nuair ná deineann tú é. Cé thugann fé ndeara go bhfuil an t-urlár glan? Ach má bhíonn sé salach, sin rud eile.'

Is lánúin thipiciúil iad, i mo thuairim. Nuair a bhíonn lánúin le chéile ar feadh tamaill fhada, is minic a bhíonn na mionrudaí faoina chéile ag cur isteach ar a chéile. Sa scéal seo, tá an fear céile ag déanamh neamhshuime di ach níl sé á dhéanamh aige d'aon ghnó. Uaireanta déanann lánúin dearmad ar iarracht a dhéanamh dá chéile, go háirithe nuair a bhíonn páistí agus billí le híoc acu. Scriosann brú an tsaoil laethúil an románs agus cairdeas a bhíonn eatarthu go minic.

Feicimid an tslí a gcuireann brú an tsaoil isteach ar an gcaidreamh idir Seán agus a bhean. Tá tuirse ar Sheán tar éis a lá oibre. Titeann sé ina chodladh fad is a bhíonn a bhean chéile fós ag caint leis ag deireadh an scéil. Níl fonn air a bheith ag caint ag tús an scéil – b'fhearr leis an suaimhneas a bhaineann le bheith ag léamh a pháipéir nuachtáin mar bhí sé ag obair ar feadh an lae uilig. Cuireann tuirse agus brú na hoibre isteach ar a gcaidreamh agus cuireann sé frustrachas ar an mbean. Mothaíonn sí gur cuma leis an bhfear faoina tuairimí.

Ar an taobh eile de, tá ról bhean tí agus máthar ag bean Sheáin. Tá leadrán agus uaigneas an róil sin ag cur isteach uirthi. Níl aon fhianaise ann go mbuaileann cairde nó gaolta isteach go rómhinic uirthi sa scéal mar bíonn áthas an domhain uirthi nuair a thagann bean an tsuirbhé – strainséir – chuig an doras. Nuair a thagann Seán abhaile, teastaíonn comhrá agus cumarsáid go géar uaithi agus tagann frustrachas agus fearg uirthi nuair a fheiceann sí nach bhfuil an rud céanna ag teastáil ó Sheán. Feicimid an frustrachras go soiléir in abairtí uaithi ar nós: 'Cuir síos do pháipéar agus bí ag caint liom' agus 'Munar féidir le lánúin suí síos le chéile tráthnóna agus labhairt go deas ciúin sibhialta le chéile'.

Nuair a deir an bhean go rachaidh sí amach ag obair leis an leanbh, faigheann sí aird an fhir. Cuireann sí a fearg agus a frustrachas in iúl chun aird an fhir a fháil nuair a deir sí leis gur ghlac sí páirt i suirbhé faoi mhná pósta atá míshásta. Bíonn sí ag iarraidh geit a bhaint as chun a aird a fháil agus chun feabhas a chur ar a gcaidreamh. Éiríonn léi aird an fhir a fháil leis an scéal seo ar feadh tamaill. Bíonn uafás air gur roinn sí sonraí faoina saol pearsanta le strainséar. Míníonn an bhean dó gur inis sí bréaga do bhean an tsuirbhé agus gur chum sí scéalta di chun a frustrachas a scaoileadh amach. Bhí Seán tar éis fearg a chur uirthi an mhaidin sin cé nach féidir léi cuimhneamh ar an gcúis, bhí an teach bun os cionn agus bhí bille leictreachais tar éis teacht – rud eile a chuir fearg uirthi. Dúirt sí go raibh sí an-mhíshásta lena pósadh le bean an tsuirbhé. Dúirt sí gur 'diabhail chruthanta' a bhí sna fir, 'gach aon diabhal duine acu'. Míníonn sí dá fear nach bhfuil sí míshásta ach go raibh frustrachas uirthi an mhaidin sin agus gur thóg an scaoileadh seo ualach dá croí. Bhí comhluadar uaithi ar an lá sin agus bhí sí ag iarraidh a mothúcháin a scaoileadh amach: 'Ó an sásamh a fuaireas scaoileadh liom féin... na scéalta a chumas di!'

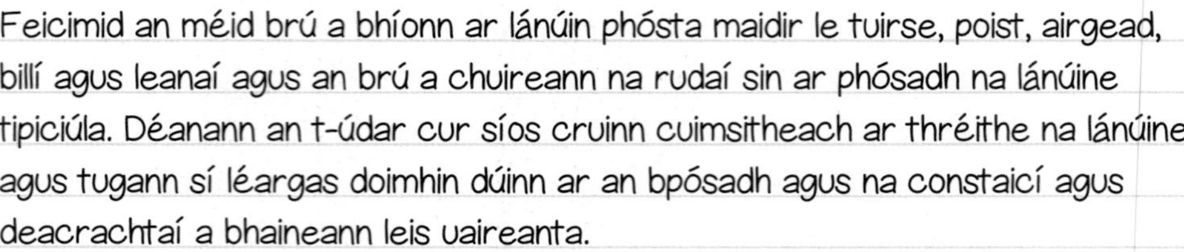

Feicimid an méid brú a bhíonn ar lánúin phósta maidir le tuirse, poist, airgead, billí agus leanaí agus an brú a chuireann na rudaí sin ar phósadh na lánúine tipiciúla. Déanann an t-údar cur síos cruinn cuimsitheach ar thréithe na lánúine agus tugann sí léargas doimhin dúinn ar an bpósadh agus na constaicí agus deacrachtaí a bhaineann leis uaireanta.

Freagra Samplach a 3

Ról Bhean an tSuirbhé

Maidir leis an ngearrscéal 'Dís', déan plé gairid ar bhean an tsuirbhé agus ar an bpáirt a ghlacann sí i bhforbairt an scéil.

Tugann an gearrscéal 'Dís' léargas dúinn ar na dúshláin a bhíonn i gceist leis an bpósadh agus is é an ról atá ag bean an tsuirbhé sa scéal ná míshonas agus míshásamh na mná céile sa scéal a léiriú. Is í bean Sheáin príomhcharachtar an scéil seo agus níl sí sásta lena ról mar bhean chéile agus bean tí ar chor ar bith. Cuireann an leadrán isteach uirthi mar caitheann sí gach lá ina haonar sa bhaile ag glanadh an tí agus ag tabhairt aire don teach agus dá leanbh. Nuair a thagann a fear céile abhaile, bíonn sé tuirseach, léann sé an páipéar nuachtáin, ní labhraíonn sé léi agus ní thugann sé aird ar a bhean. Úsáideann an t-údar bean an tsuirbhé mar uirlis chun míshonas na mná a léiriú sa scéal 'Dís'. Seasann bean an tsuirbhé don bhean neamhspleách atá ag obair.

Deir bean Sheáin go raibh áthas an domhain uirthi nuair a bhuail bean an tsuirbhé isteach uirthi sa teach mar ba dheis í do bhean Sheáin scaoileadh lena frustrachas agus lena cuid feirge. Is é an post atá ag bean an tsuirbhé ná dul ag suirbhéireacht ó dhoras go doras ar son páipéir nuachtáin. An lá áirithe seo, bhí sí ag déanamh suirbhé ar mhná pósta. Ba é toradh an tsuirbhé ná go raibh an cheathrú cuid de mhná pósta na tíre míshásta.

Trí mheán an tsuirbhé, taispeánann an t-údar don léitheoir go bhfuil frustrachas ar bhean Sheáin. Bhí sí ag gearán faoina fear céile le bean an tsuirbhé mar chuir sé isteach uirthi an mhaidin sin, bhí an teach bun os cionn agus bhí sí tar éis bille leictreachais a fháil – rud eile a chuir isteach uirthi. 'Ní cuimhin liom anois

cad a dheinis, ach dheinis rud éigin an mhaidean sin a chuir an gomh orm... bhí an mhaidean chomh gruama, agus an tigh chomh tóin-thar-ceann... agus an bille ESB tar éis teacht...'. Fuair bean Sheáin an-chuid sásaimh as scéalta uafásacha bréagacha faoi Sheán agus a saol a chumadh – rud a admhaíonn sí dá fear céile sna línte: 'Ó an sásamh a fuaireas scaoileadh liom féin... na scéalta a chumas di!'

D'inis bean an tsuirbhé a scéal do bhean Sheáin de réir cosúlachta. Bhí a post féin aici agus thuill sí a cuid airgid féin i gcodarsnacht le bean Sheáin. Tá sé soiléir gur mhaith le bean Sheáin níos mó neamhspleáchais a bheith aici agus a cuid airgid féin a bheith aici mar tá sise ag brath go hiomlán ar Sheán le haghaidh airgid agus cuireann an leadrán sa bhaile frustrachas uirthi. Úsáideann an t-údar bean an tsuirbhé chun an chodarsnacht a léiriú idir saol na mná a oibríonn lasmuigh den tigh agus an saol atá ag bean Sheáin mar bhean tí lánaimseartha. Tá bean Sheáin faoi dhaorsmacht[1] mar bíonn sí i ngéibheann sa bhaile gach lá gan chomhluadar ná teagmháil le daoine fásta ar feadh an lae seachas Seán – fear ciúin, dúr nach bhfuil sásta labhairt léi um thráthnóna nuair a thagann sé abhaile. Tá bean Sheáin in éad le bean an tsuirbhé agus ba mhaith léi post bhean an tsuirbhé a bheith aici.

[1] *oppressed*

Bhí áthas an domhain uirthi nuair a dúirt bean an tsuirbhé go raibh sí torrach agus bhí fonn ar bhean Sheáin ionadaíocht a dhéanamh di nuair a bheadh bean an tsuirbhé ar shaoire mháithreachais. Ba mhaith léi sorn a cheannach leis an airgead a thuillfeadh sí. Ní raibh Sean, a fear céile róshásta nuair a d'inis a bhean é sin dó mar cheap sé go mbeadh sí ar nós tincéara ag dul ó theach go teach lena leanbh ina baclainn nó sa charr. Ní raibh sé sásta leis an bplean ar chor ar bith – tá sé soiléir gur fear seobhaineach le luachanna traidisiúnta é. Úsáideann an t-údar bean an tsuirbhé mar uirlis chun mianta na mná a thaispeáint don léitheoir agus chun tréithe a fir chéile a léiriú sa scéal.

Bhí trua ag bean Sheáin do bhean an tsuirbhé nuair a d'inis sí di nach raibh cead aici a leanbh a bheith aici san árasán ina raibh sí. B'fhéidir go raibh bean an tsuirbhé glic agus b'fhéidir gur spreag sí trua bhean Sheáin d'aon ghnó chun eolas a mhealladh uaithi don suirbhé. Tairgeann sí a post do bhean Sheáin – níl a fhios againn an raibh sí ag insint na fírinne nuair a dúirt sí go raibh sí ag iompar clainne agus táimid amhrasach faoi mar ní dhearna sí aon teagmháil le bean Sheáin mar gheall air agus bhí sé mhí caite faoin am sin.

Tá sé soiléir go n-úsáideann an t-údar bean an tsuirbhé agus an suirbhé féin chun míshonas bhean Sheáin a léiriú agus a frustrachas a léiriú maidir lena saol, a pósadh, agus a ról mar bhean chéile agus bean tí.

Ceisteanna Scrúdaithe

1. 'Tá fearg agus frustrachas na mná céile le brath go láidir sa ghearrscéal "Dís".' Pléigh an ráiteas seo. (30 marc)
2. 'Is dócha gurb é an easpa cumarsáide is cúis le mórchuid fadhbanna sa chaidreamh idir an lánúin óg sa ghearrscéal seo.' Do thuairim uait faoin ráiteas sin. (30 marc)
3. 'Pléann an t-údar le hábhar uilíoch sa ghearrscéal seo.' Do thuairim uait faoin ráiteas sin. (30 marc)
4. Pléigh tréithe an ghearrscéil agus conas mar a léirítear iad sa scéal 'Dís'. (30 marc)
5. 'Is gearrscéal an-ghreannmhar é an gearrscéal "Dís".' Do thuairim uait faoin ráiteas sin. (30 marc)
6. 'Ní thugtar léargas ródhearfach den phósadh dúinn sa ghearrscéal "Dís".' (30 marc)

Féinmheasúnú

Cé chomh sásta is atá tú anois go mbeidh tú in ann achoimre, téamaí agus carachtair an scéil thuas a phlé gan saothar gan stró? Cuir tic sa bhosca cuí.

Míshásta	Measartha sásta	An-sásta

Céim a 6b: Filíocht Ainmnithe

Sa chéim seo, foghlaimeoidh tú:

- na heochairfhocail a bhaineann leis an dán
- conas anailís a dhéanamh ar théamaí an dáin, teicnící fileata luaite sa dán agus an cineál dáin atá i gceist.

MO GHRÁ-SA (IDIR LÚIBÍNÍ)

le Nuala Ní Dhomhnaill

Níl mo ghrá-sa
mar bhláth na n-airní[1]
a bhíonn i ngairdín
(nó ar chrann ar bith)

is má tá aon ghaol[2] aige
le nóiníní[3]
is as a chluasa a fhásfaidh siad
(nuair a bheidh sé ocht dtroigh síos)

ní haon ghlaise[4] cheolmhar
iad a shúile
(táid róchóngarach[5] dá chéile
ar an gcéad dul síos)

is más slim[6] é síoda[7]
tá ribí a ghruaige
(mar bhean dhubh Shakespeare)
ina wire deilgní[8].

Ach is cuma sin.
Tugann sé dom
úlla
(is nuair a bhíonn sé i ndea-ghiúmar[9]
caora finiúna[10]).

[1] *the hawthorn*
[2] *relationship*
[3] *daisies*
[4] sruthán = *stream*
[5] *too close*
[6] *smooth*
[7] *silk*
[8] *briar*
[9] aoibh maith = *a good mood*
[10] *grapes*

Leagan Próis

Níl mo leannán
cosúil le bláth na n-airní
atá le feiceáil i ngairdín
ná ar aon chrann

níl aon chosúlacht idir eisean
agus nóiníní
seachas na nóiníní a fhásfaidh as a chluasa nuair a bheidh
sé curtha sa chré

Níl a chuid súl cosúil le haon sruthán
Agus tá a chuid súl róghar dá chéile sa chéad áit.

Má tá síoda mín
Tá a chuid gruaige cosúil le sreanga deilgneach
(mar bhean Shakespeare a raibh gruaig dhorcha uirthi)

Ach is cuma liom.
Tugann sé úlla dom (mar atá, riachtanais an tsaoil dom)
Agus uaireanta nuair a bhíonn sé i ndea-aoibh
Tugann sé caora finiúna dom (mar atá, sónna an tsaoil).

An File

Rugadh Nuala Ní Dhomhnaill i Lancashire, Sasana sa bhliain 1952 ach tógadh í i dteach a haintín i gCorca Dhuibhne, Co. Chiarraí ar feadh tamaill. Ansin bhog a clann go hAonach Urmhumhan i gCo. Thiobraid Árann. D'fhreastail sí ar scoil chónaithe i gCnoc na Labhras i Luimneach. D'fhreastail sí ar an ollscoil i gCorcaigh agus bhain sí céim amach sa mhúinteoireacht. Chaith sí tréimhse ag múineadh, ach is mar fhile náisiúnta agus idirnáisiúnta a bhfuil aithne uirthi anois. Tá cuid mhaith leabhar filíochta foilsithe aici, ina measc *An Dealg Droighin* (1981), *Féar Suaithinseach* (1984), *Pharoah's Daughter* (1990) agus *Cead Aighnis* (1999). Is ball d'Aosdána í agus ceapadh í mar ollamh filíochta na hÉireann sa bhliain 2001. Tá roinnt mhaith duaiseanna agus gradam buaite aici i gcaitheamh na mblianta agus is duine de mhórfhilí na hÉireann í.

Freagra Samplach a 1

Téama an Ghrá/Príomhsmaointe an Fhile

1. Pléigh príomhthéama an dáin seo.
2. 'Tá an grá níos treise sa dán seo ná aon mhothúchán eile'. An ráiteas sin a phlé.
3. Cad iad príomhsmaointe an fhile mar a fheictear dúinn sa dán seo iad, dar leat?

Leid!
Is féidir leat na nótaí sa fhreagra samplach thíos a úsáid chun na ceisteanna seo a leanas a fhreagairt.

Is é téama an dáin seo ná grá an fhile dá leannán[1]. Is fíor, áfach, nach gnáthdhán grá é 'Mo Ghrá-sa (idir lúibíní)' Tá cur síos magúil, aorúil[2], ach ag an am céanna, réadúil ar an ngrá, atá i gcroí an fhile, dá grá geal sa dán. Tuigeann sí go maith go bhfuil pearsantacht an duine i bhfad níos tábhachtaí ná cuma fhisiciúil an duine. Níl an nóisean coinbhinsiúnach den ghrá a luaitear i scannáin Hollywood ná sna seanamhráin ghrá ghaelacha réadúil[3] agus cuireann na scannáin agus dánta sin an iomarca béime ar áilleacht fhisiceach an leannáin. Chun an méid sin a chruthú dúinn, téann sí thar fóir[4] beagáinín, sa léiriú a dhéanann sí ar mhídhathúlacht a fir. D'fhéadfaí a rá go bhfuil sí maslach[5] agus scigiúil[6] ina leith.

Sna seandánta grá, dhéanadh an file cur síos áibhéalach[7] ar dhathúlacht a leannáin. B'fhir iad na filí den chuid is mó agus léiríodh an bhean mar spéirbhean

[1]lover
[2]satirical
[3]realistic
[4]over the top
[5]insulting
[6]mocking
[7]exaggerated

nó bandia éigin, a mbíodh na sluaite fir i ngrá léi, toisc í a bheith chomh hálainn sin. Dhéanadh sé ansin í a chur i gcomparáid le gnéithe[8] áille ón dúlra, mar shampla, 'grian os cionn gairdín', 'bláth bán na n-airne' (samplaí as an dán 'Bríd Óg Ní Mháille'). Ní cur síos mar sin atá le feiceáil againn sa dán seo, ámh, ach a mhalairt ar fad.

[8] *aspects*

Roghnaíonn an file seo íomhánna áille ón nádúr, (an airne ina measc), ach in ionad a leannán a chur ar chomhchéim le bláth na n-airne nó nóiníní, deir sí nach bhfuil aon chosúlacht eatarthu. Níl a grá geal dathúil! Is dócha go bhfuil Nuala Ní Dhomhnaill ag déanamh ceap magaidh[9] de na hamhráin ghrá agus de choincheap an ghrá i gcoitinne sa saol seo. Is cosúil go gceapann sí go bhfuil an iomarca béime sna meáin freisin ar an áilleacht fhisiceach agus nach dtuigtear tábhacht charachtar an duine go minic. Is aoir éadrom[10] é an dán seo, mar sin. Tá sí ag aoradh[11] nóisean coinbhinsiúnach an ghrá.

[9] *a laughing stock*
[10] *a light satire*
[11] *satirising*

Tá áit thábhachtach ag na lúibíní sa dán, ar ndóigh. Feictear i dtosach iad sa teideal agus tuigimid uathu anseo, cé go bhfuil an file i ngrá lena grá geal, tá an fhéidearthacht ann nach bhfuil sí ach ag iarraidh cur leis an dúghreann sa dán. Sa chéad trí véarsa, seasann na lúibíní do réaltacht[12] an tsaoil, agus taispeánann sí leo, nach bhfuil aon rud ná duine ar an saol seo gan locht 'ní haon ghlaise cheolmhar/iad a shúile/táid róchóngarach dá chéile/ar an gcéad dul síos)'.

[12] *reality*

I véarsa a ceathair, tá tagairt do[13] dhán cáiliúil Shakespeare (soinéad 130 darb ainm *'My mistress's eyes are nothing like the sun'*) ina ndéanann sé cur síos magúil ar a ghrá geal (a bhean dhubh), a thug inspioráid dó ina chuid filíochta, ach a raibh *'black wires'* ag fás ar a ceann! Sa véarsa deireanach, tá teachtaireacht an dáin le feiceáil arís idir na lúibíní. Sna línte rompu seo, tuigimid gur cuma leis an bhfile faoi dhathúlacht a fir, toisc go bhfuil sé in ann 'úlla' a chur ar fáil di, 'sé sin riachtanais[14] na beatha. Uaireanta freisin, bronnann sé 'caora na finiúna' uirthi, 'sé sin sónna[15] an tsaoil.

[13] *reference to*
[14] *necessities*
[15] *luxuries*

Dar leis an bhfile gur cuma léi nach bhfuil a grá foirfe agus nach bhfuil cuma fhisiceach dhathúil air. Tá a phearsantacht agus a fhlaithiúlacht[16] agus cneastacht níos tábhachtaí di. Is léir gurb é an grá príomhthéama an dáin ach is fíorghrá, domhain[17] atá i gceist seachas an nóisean coinbhinsiúnach, maoithneach[18] den ghrá a fheictear de ghnáth i scannáin agus sa litríocht.

[16] *generosity*
[17] *deep*
[18] *sentimental*

Na Mothúcháin sa Dán

Is iad an grá, an tsoiniciúlacht agus an magadh príomh-mhothúcháin an dáin. Tá an file i ngrá lena fear céile gan dabht ach tá sí soiniciúil mar gheall ar an nóisean coinbhinsiúnach den ghrá a léirítear i scannáin Hollywood agus sna seanamhráin ghrá. Cuireann an léiriú nósmhar den ghrá an iomarca béime ar chuma fhisiceach an leannáin, dar léi agus tá pearsantacht an duine níos tábhachtaí ná cuma fhisiceach an duine ina tuairim. Leis an tagairt do shoinéad 130 le Shakespeare, dealraíonn sé go dtagann sí lena thuairim gur féidir leat fíorghrá a bheith agat do do leannán gan comparáidí bréagacha a chumadh faoi/fúithi. Tá sí ag magadh faoin nóisean traidisiúnta den ghrá nuair a chumann filí cur síos fadálach ar áilleacht fhisiceach a leannáin mar dhuine foirfe, dathúil. Is aoir é an dán ar an nóisean éadomhain den ghrá a fheicimid i litríocht agus i scannáin atá bunaithe ar chuma an duine.

Ceist Scrúdaithe

Pléigh príomh-mhothúchán an dáin 'Mo Ghrá-sa (idir lúibíní)' agus conas mar a dhéantar forbairt ar an mothúchán sin sa dán.

Treoir: Roinnfear an rang i ngrúpaí de cheathrar. Is féidir libh mata boird ar leathanach A3 a roinnt i gceithre roinn faoi na lipéid thíos. Tabharfaidh gach dalta faoi roinn ar leith agus cuirfear an freagra go léir le chéile ar deireadh le tús, corp na freagra agus conclúid. (30 marc)

Mata Boird

Déan cur síos ar phríomh-mhothúchán an dáin agus conas a fhorbraítear léiriú an mhothúcháin sin.

Tús: Dalta a 1

Scríobh alt gairid ar phríomh-mhothúchán an dáin i gcomhthéacs scéal an dáin agus phríomhtheachtaireacht an dáin.

Alt a 2/3: Dalta a 2

Déan cur síos ar na teicnící fileata sa dán a chabhraíonn leis an bhfile an mothúchán a léiriú. Scríobh alt ar na tagairtí don nádúr agus do na seanamhráin ghrá i véarsa a 1, a 2 agus a 3. (Féach ar na nótaí ar leathanach 236 ar theicnící fileata.)

Alt a 4/5: Dalta a 3

Déan cur síos ar theideal an dáin agus an tslí a n-úsáideann an file greann chun príomh-mhothúchán an dáin a léiriú tríd an dán. Déan plé ar conas a oireann meadaracht an dáin don téama/mhothúchán.

Alt a 6 agus an Críoch: Dalta a 4

Déan cur síos ar an tagairt do shoinéad 130 le Shakespeare i véarsa a 4. Arís, pléigh teachtaireacht dhán Shakespeare agus teachtaireacht an dáin seo. Scríobh conclúid ag tagairt arís do phríomh-mhothuchán an dáin agus ag athlua na bpríomhtheicnící fileata a úsáidtear sa dán.

Teicnící Fileata

Baineann an file úsáid éifeachtach astu seo chun téama/ábhar an dáin a léiriú dúinn.

Greann

- Feictear méid suntasach teicnící fileata sa dán seo. Is é an teicníc is mó a úsáidtear ná an greann. Tá íoróin ag baint le teideal an dáin, mar atá, 'Mo Ghrá-sa (idir lúibíní)'. Tugann an teideal le fios gur aoir é an dán agus go bhfuil méid áirithe soiniciúlachta ag baint leis an dán. Tá an file ag aoradh an nóisin choinbhinsiúnaigh, nósmhair den ghrá a luaitear i scannáin agus sa litríocht choitianta agus mar sin tá an teideal sin an-oiriúnach. Chomh maith leis sin, tá an cur síos ar chuma ghránna a fir bhoicht an-ghreannmhar (dúinne ar aon nós!).
- Tá dúghreann, searbhas agus áiféis ag baint leis an gcur síos ar shúile a grá atá róchóngarach dá chéile, don *wire* deilgní atá ar a cheann mar ghruaig agus mar sin de.

Samhail

- Feictear samhail i líne a 2 nuair a mhaíonn an file nach bhfuil a grá cosúil le bláth na n-airní. De ghnáth, d'úsáidtí an tsamhail seo sna seandánta grá chun cur síos a dhéanamh ar áilleacht an leannáin ach a mhalairt atá fíor i gcás fhear an fhile!

Meafair

- Nuair a sheasann rud amháin do rud eile mar shiombail, is meafar é. Is meafar iad na húlla do riachtanais an tsaoil agus seasann na caora finiúna do shónna an tsaoil. Tugann an véarsa deireanach le fios dúinn go dtugann a fear riachtanais an tsaoil don fhile mar a chuirtear in iúl é le meafar na n-úll. Tugann sé sónna an tsaoil di anois is arís nuair a bhíonn sé i ndea-aoibh mar a léirítear le meafar na gcaor finiúna.

Tagairtí don Dúlra/Íomhánna

- Mar a pléadh cheana fein, úsáidtear an-chuid íomhánna, agus tagairtí don nádúr sa dán seo. Seasann bláth na n-airní agus an tagairt do ghlaise cheolmhar d'áilleacht an duine. Is tagairtí iad don chur síos ar áilleacht an leannáin sna seanamhráin ghrá ghaelacha. Déanann an file comparáid dhiúltach idir gruaig a leannáin agus *wire* deilgní. Úsáideann sí torthaí an nádúir ar nós úll agus caor finiúna mar íomhánna de riachtanais na beatha agus de shónna an tsaoil. Is iadsan na rudaí a thugann leannán an fhile di mar is duine flaithiúil é, de réir dealraimh.

Meadaracht an Dáin agus Friotal an Dáin

- **Saorvéarsaíocht** atá sa dán. Tá líon na línte sna véarsaí randamach agus tá líon na siollaí i ngach líne randamach freisin.
- Tá an **friotal simplí**, ach déanann an file **tagairt do théarmaí** ó na seandánta grá, m.sh. 'bláth na n-airní' agus 'nóinín'.
- Feicimid rím dheiridh sa dán in áiteanna ach tá sé an-scaoilte m.sh. idir líne a 2 agus a 6 sa chéad véarsa: 'airní', 'nóiníní', idir líne a 2 agus a 3 sa dara véarsa: 'shúile', 'chéile', agus idir líne a 2 agus a 4 sa tríú véarsa 'gruaige' agus 'deilgní'
- Níl ach sampla amháin den uaim sa dán, 'sé sin i líne 13, 'más **s**lim, é **s**íoda'.

Freagra Samplach a 2

'Is é ceann de na buanna is mó atá ag an dán "Mo Ghrá-sa (idir lúibíní)" ná an greann.' An ráiteas sin a phlé.

Tá greann magúil le feiscint sa dán seo mar is aoir é an dán. Tá an file ag magadh faoi íomhá chonbhinsiúnach an ghrá a fhaightear i scannáin Hollywood. Baineann an file úsáid as an dúghreann sa dán i slí an-éifeachtach. Úsáideann sí searbhas, íoróin agus áibhéil chun cur leis an ngreann sa dán agus chun aoradh a dhéanamh ar an nóisean de leannáin dhathúla fhoirfe a fheicimid i bhformhór na litríochta agus na scannánaíochta.

Ní haon réaltóg scannán é a ghrá – tá a chuid súl róchóngarach dá chéile agus níl sé dathúil. Luann an file gur duine cineálta é, áfach, agus tá sé sin níos tábhachtaí don fhile ná a chuma fhisiceach. Tugann sé sólás, tacaíocht agus sónna an tsaoil di mar a luaitear sna meafair de na húlla agus na caora finiúna. Níl a chuid gruaige slim cosúil le síoda, níl a chuid súl cosúil le sruthán ná 'glaise ceolmhar'. Feicimid greann dorcha nuair a deir an file nach bhfuil aon ghaol/ chaidreamh aige le nóiníní seachas na cinn a fhásfadh as a chuid cluas nuair a bheidh sé marbh sa chónra.

Nuair a bhíodh na filí gaelacha ag déanamh cur síos ar a ngrá sna seanamhráin ghrá, chuir siad an-bhéim ar chuma fhisiceach an duine. Bhí sé de nós ag na seanfhilí gaelacha comparáid a dhéanamh idir áilleacht an leannáin agus áilleacht an nádúir sna seanamhráin ghrá. Tá an file ag magadh faoin traidisiún sin sa dán seo agus ag iompú ceann de na híomhánna coitianta a d'úsáid siad bun os cionn. Sna seanamhráin ghrá ar nós 'Bríd Óg Ní Mháille', rinne an file comparáid idir áilleacht bhláth na n-airní agus áilleacht a ghrá. A mhalairt atá fíor sa dán seo. Osclaíonn Nuala Ní Dhomhnaill leis an ráiteas:

'Níl mo ghrá-sa mar bhláth na n-airní.'

Deir an file nach bhfuil a grá cosúil le 'bláth na n-airní a bhíonn i ngairdín nó ar chrann ar bith'. Ba íomhá choitianta í sin den áilleacht sna hamhráin ghrá san ochtú haois déag. Níl a chuid súl cosúil le 'haon ghlaise cheolmhar' agus níl aon 'ghaol aige le nóiníní'. Leis an tagairt do na híomhánna seo, tá an file ag magadh faoin léiriú den ghrá a bhíodh sna hamhráin ghrá. Níl a grá dathúil ar chor ar bith, dar léi.

Tá grá magúil le feiscint i dteideal an dáin, mar atá 'Mo ghrá-sa (idir lúibíní)'. Nuair a deir an file 'Mo ghrá-sa (idir luibíní)', tá greann le feiceáil sna lúibíní agus tugann an teideal le fios go bhfuil greann magúil sa dán.

Cáineann an file cuma fhisiceach a fir chéile i slí ghreannmhar, mhagúil sa dán ach luann sí na buanna a bhaineann lena phearsantacht. Tá teideal an dáin an-chliste. Déanann sí athrá ar na lúibíní sa dán '(mar bhean dhubh Shakepeare)' Tá an dán seo cosúil le soineád Shakespeare *'My mistress's eyes are nothing like the sun'*. Is dán magúil, grámhar é an dán seo le Shakespeare chomh maith. Is í príomhtheachtaireacht an dáin le Shakespeare, áfach, nach bhfuil a ghrá go hálainn agus dathúil ach go bhfuil sé go doimhin i ngrá léi in ainneoin na fírice sin:

'My mistress's eyes are nothing like the sun...
And yet by heaven I think my love as rare
As any she belied with false compare'.

Feicimid an teachtaireacht chéanna sa dán seo. Luann an file na laigí fisiciúla a bhaineann le cuma a grá i slí ghreannmhar, shearbhasach, mhagúil ach tá sé soiléir go bhfuil sí fós i ngrá leis. Tá tréithe dearfacha a phearsantachta níos tábhachtaí di. Tá sé níos tábhachtaí go dtacaíonn sé léi, go soláthraíonn sé sólás, nithe ábhartha agus sónna an tsaoil di mar a léirítear sna meafair de na húlla agus na caora finiúna.
Deir sí gur cuma léi nach bhfuil a grá dathúil:

'Níl mo ghrá-sa
mar bhláth na n-airní... ach is cuma sin
Tugann sé dom
úlla
(is nuair a bhíonn sé i ndea-ghiúmar
caora finiúna)'.

Athbhreithniú ar na hEochairphointí a Bhaineann leis an Dán

Téamaí = grá, soiniciúlacht, aoradh ar an nóisean coinbhinsiúnach den ghrá

Tagairtí don nádúr agus do na seandánta grá gaelacha ina ndearnadh cur síos fadálach ar áilleacht an leannáin/comparáid idir áilleacht an leannáin agus áilleacht an nádúir

Teideal an dáin – éifeacht na lúibíní

An tagairt do shoinéad 130 le Shakespeare *'My mistress's eyes are nothing like the sun'*

Dúghreann – is aoir é an dán. Úsáidtear an greann mar uirlis chun téama an dáin a léiriú. Feicimid searbhas, áiféis agus áibhéil sa chur síos ar ghránnacht an fhir

Teicnící eile: meadaracht, íomhánna, samhail, rím scaoilte ag deireadh na línte, friotal simplí

Ceisteanna Scrúdaithe

1. 'Tugann an file cur síos éifeachtach greannmhar dúinn ar a fear sa dán "Mo ghrá-sa (idir lúibíní)".' É sin a phlé. (15 mharc)
2. Pléigh an éifeacht a bhaineann le húsáid na lúibíní sa dán seo. (Is leor pointe amháin eolais.) (6 mharc)
3. Scríobh alt gairid ar shaol agus ar shaothar an fhile. (9 marc)
4. 'Is aoir é an dán seo ar an nóisean coinbhinsiúnach den ghrá.' Pléigh an ráiteas seo. (30 marc)
5. 'Tá a lán tagairtí don nádúr sa dán seo.' Pléigh na tagairtí sin i gcomhthéacs thraidisiún na seandánta grá gaelacha. (9 marc)
6. Cad é do thuairim faoi na híomhánna a úsáideann an file sa dán seo. Luaigh dhá cheann de a híomhánna sin i do fhreagra. (15 mharc)
7. Scríobh nóta gairid ar an tionchar a bhí ag soinéad 130 le Shakespeare ar an dán 'Mo Ghrá-sa (idir lúibíní)'. (9 marc)

Féinmheasúnú

Cé chomh sásta is atá tú anois go mbeidh tú in ann téamaí agus teicnící fileata dáin thuas a phlé gan saothar gan stró? Cuir tic sa bhosca cuí.

Míshásta	Measartha sásta	An-sásta

Athbhreithniú ar an Litríocht: Súil ar an Scrúdú

Ceist 2 PRÓS (30 marc)

Prós Ainmnithe nó Prós Roghnach (30 marc)

Freagair Ceist 2A (Prós Ainmnithe) nó Ceist 2B (Prós Roghnach) thíos.

2A Prós Ainmnithe

Déan plé ar phríomhthéama an ghearrscéil 'Dís' agus léirigh conas mar a chuirtear an téama sin os ár gcomhair. (30 marc)

2B Prós Roghnach

Níl cead aon ábhar a bhaineann le Prós Ainmnithe a úsáid i bhfreagra ar an bPrós Roghnach.

Maidir le húrscéal roghnach a ndearna tú staidéar air le linn do chúrsa, déan plé ar dhá ghné den úrscéal a chuaigh i bhfeidhm ort. (30 marc)

Ní mór teideal an ghearrscéil sin, mar aon le hainm an scríbhneora a scríobh síos go cruinn.

Ceist 3 FILÍOCHT (30 marc)

Filíocht Ainmnithe nó Filíocht Roghnach (30 marc)

Freagair Ceist 3A (Filíocht Ainmnithe) nó Ceist 3B (Filíocht Roghnach) thíos.

3A Filíocht Ainmnithe

'Is aoir é an dán "Mo Ghrá-sa (idir lúibíní)" ar an íomhá thraidisiúnta a luaitear de ghrá i litríocht agus scannánaíocht na coitiantachta.'

Do thuairim uait faoin ráiteas seo. (30 marc)

3B Filíocht Roghnach

Níl cead aon ábhar a bhaineann leis an bhFilíocht Ainmnithe a úsáid i bhfreagra ar an bhFilíocht Roghnach.

(i) I gcás dáin a ndearna tú staidéar air le linn do chúrsa air, scríobh cuntas gairid ar théama an dáin agus mar a chuirtear os ár gcomhair é. (16 mharc)

(ii) Scríobh nóta gairid ar an bhfile. (6 mharc)

(iii) Scríobh nóta ar dhá mheafar sa dán a chuaigh i bhfeidhm ort. (8 marc)

Ní mór teideal an dáin sin, mar aon le hainm an fhile, a scríobh síos go cruinn.

An Ghaeilge, Féiniúlacht na nÉireannach agus an Turasóireacht

Céim a 1: Labhairt	Céim a 2: Cluastuiscint	Céim a 3: Ceapadóireacht	Céim a 4: Gramadach	Céim a 5: Léamhthuiscint	Céim a 6: Litríocht
Todhchaí na Gaeilge An Ghaeltacht Féiniúlacht	Saol na Gaeilge An teanga féin An Ghaeltacht	Aiste: Féiniúlacht na nÉireannach – cad é féin? Óráid: Tá todhchaí bhreá i ndán don Ghaeilge	Conas ainmfhocail fhirinscneacha agus bhaininscneacha a aithint An tuiseal ginideach	Léamhthuiscint: An Turasóireacht in Éirinn	6a Prós: 'Oisín i dTír na nÓg' 6b Filíocht: 'An tEarrach Thiar' Athbhreithniú ar an litríocht: súil ar an scrúdú

Torthaí Foghlama

San aonad seo, foghlaimeoidh tú:

- **Léamh agus tuiscint:** conas focail agus nathanna a bhaineann leis an nGaeilge agus saol na Gaeilge a aithint agus a thuiscint, conas focail agus nathanna a bhaineann leis an turasóireacht a aithint
- **Labhairt:** conas topaicí ar nós na féiniúlachta, na Gaeilge, na Gaeltachta agus na turasóireachta in Éirinn a phlé
- **Scríobh:** conas aistí a cheapadh agus a phleanáil ar thopaicí ar nós na féiniúlachta, thodhchaí na Gaeilge agus na turasóireachta
- **Litríocht:** na heochairfhocail agus nathanna a bhaineann leis an scéal, 'Oisín i dTír na nÓg' agus beidh tú in ann na téamaí a phlé agus anailís a dhéanamh ar na carachtair. Beidh tú in ann tréithe an bhéaloidis a phlé freisin agus topaicí a eascraíonn ón scéal amhail laochas agus draíocht; na heochairfhocail agus nathanna a bhaineann leis an dán 'An tEarrach Thiar'. Beidh tú in ann na téamaí, mothúcháin agus teicnící fileata a phlé
- **Féachaint:** féachfaidh tú ar mhíreanna físe a bhaineann leis an nGaeilge, leis an bhféiniúlacht agus leis an mbéaloideas.

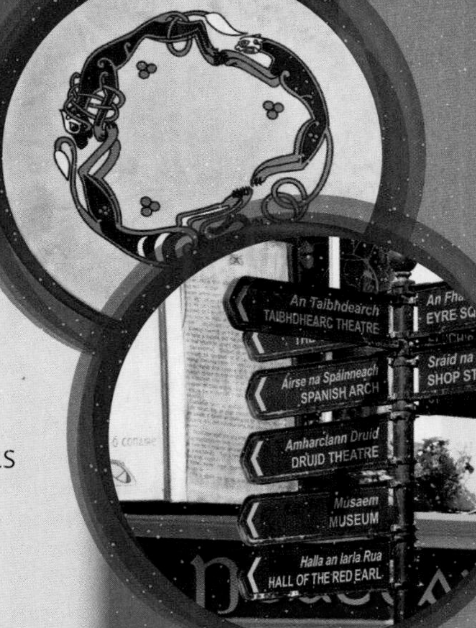

Céim a 1: Labhairt

Sa chéim seo, foghlaimeoidh tú:

- na heochairfhocail agus nathanna a bhaineann le todhchaí agus tábhacht na Gaeilge
- eochairfhocail a bhaineann leis an nGaeltacht, leis an bhféiniúlacht agus leis an turasóireacht in Éirinn.

An scrúdaitheoir: **An bhfuil an Ghaeilge tábhachtach, i do thuairim?**

An dalta:

- Tá an Ghaeilge an-tábhachtach i mo thuairim mar:
  - is í ár dteanga dhúchais, ársa í
  - is cuid dár n-oidhreacht/ndúchas[1] í
  - shíolraigh[2] sí ónár sinsir[3]
  - is cuid dár bhféiniúlacht í.
- Mar a deir an seanfhocal 'Tír gan teanga, tír gan anam'.
- Cruthaíonn an Ghaeilge fostaíocht do dhaoine a bhfuil an teanga ar a dtoil[4] acu – do mhúinteoirí, láithreoirí teilifíse, láithreoirí raidió, iriseoirí, teicneoirí, léiritheoirí agus daoine a oibríonn in eagraíochtaí ar nós Údarás na Gaeltachta, Fhoras na Gaeilge, Ghael Linn, Chonradh na Gaeilge, Ghlór na nGael agus mar sin de. Is buntáiste mór é an Ghaeilge labhartha a bheith agat sna réimsí[5] sin.

[1]heritage
[2]to descend from
[3]ancestors
[4]at their will
[5]areas

Mír Físe

Féach ar an mír físe a bhaineann leis na treoracha thíos agus comhlánaigh an bhileog oibre a ghabhann léi.

Téigh go dtí suíomh idirlín Ollscoil Mhaigh Nuad agus cuardaigh **Vifax**. Is acmhainn shaor in aisce é Vifax do dhaltaí agus mhúinteoirí. Baineann na hachmhainní le míreanna nuachta TG4. Cuireann Vifax físeáin agus na ceisteanna a bhaineann leo ar an suíomh go rialta. Téigh go dtí 9ú Nollag 2014 agus roghnaigh an físeán 'Irish as needs (Beginner)'. Tar éis breathnú ar an bhfíseán, cliceáil ar an PDF chun an bhileog oibre a íoslódáil.

An scrudaitheoir: **An bhfuil todhchaí gheal i ndán don Ghaeilge, i do thuairim?**

An dalta:

- Ceapaim go bhfuil todhchaí[6] gheal i ndán don[7] Ghaeilge mar tá líon na nGaelscoileanna agus coláistí samhraidh sa tír méadaithe[8] le blianta beaga anuas.

[6]future
[7]in store for
[8]increased

- Cé go bhfuil na Gaeltachtaí féin ag cúngú[9], tá líon na gcainteoirí líofa sna cathracha méadaithe go mór.
- Tá TG4 ag cruthú íomhá óg, nua-aimseartha[10] don teanga. Fostaíonn TG4 láithreoirí óga tarraingteacha agus tá raon[11] iontach clár ar an stáisiún. Is féidir le daoine in aon chearn den domhan Gaeilge a chloisint ar Web TV TG4.
- Tá raon réasúnta maith d'irisí agus nuachtáin ar fáil as Gaeilge ar nós **www.tuairisc.ie**, *Seachtain*, *Dréimire*, *Staighre* agus mar sin de.
- Tá a lán clár raidió as Gaeilge ar an saol ar na stáisiúin raidió éagsúla agus tá Raidió na Gaeltachta, Raidió na Life agus raidió Rírá tiomanta do[12] sheirbhís lánaimseartha[13] Ghaeilge.

[9] *declining*
[10] *modern*
[11] *range*
[12] *dedicated to*
[13] *full-time*

An scrúdaitheoir: **An raibh tú riamh sa Ghaeltacht? Inis dom faoi.**

An dalta: Bhí. D'fhreastail mé ar chúrsa Gaeilge sa Ghaeltacht i gCorca Dhuibhne. Bhain mé sárthaitneamh as an eispéireas[14]. D'fhan mé le bean tí sa cheantar agus bhí mé in ann an Ghaeilge a chleachtadh léi agus lena cúram[15] gach lá.

[14] *experience*
[15] clann/*family*

Obair Bhaile

Féach ar leathanach 25 sa Leabhrán agus freagair na ceisteanna mar gheall ar thábhacht na Gaeilge.

Mír Físe

Féach ar an mír físe a bhaineann leis na treoracha seo agus comhlánaigh an bhileog oibre a ghabhann léi.

Téigh go dtí **www.ceacht.ie**. Tá acmhainní do mhúineadh Gaeilge le fáil anseo. Téigh go dtí 'Acmhainní don Ardteist' agus roghnaigh 'An Ghaeilge agus an Ghaeltacht'. Ansin, roghnaigh 'An Ghaeilge timpeall orainn'. Tar éis breathnú ar an bhfíseán, cliceáil ar an gcáipéis Word chun an bhileog oibre a íoslódáil.

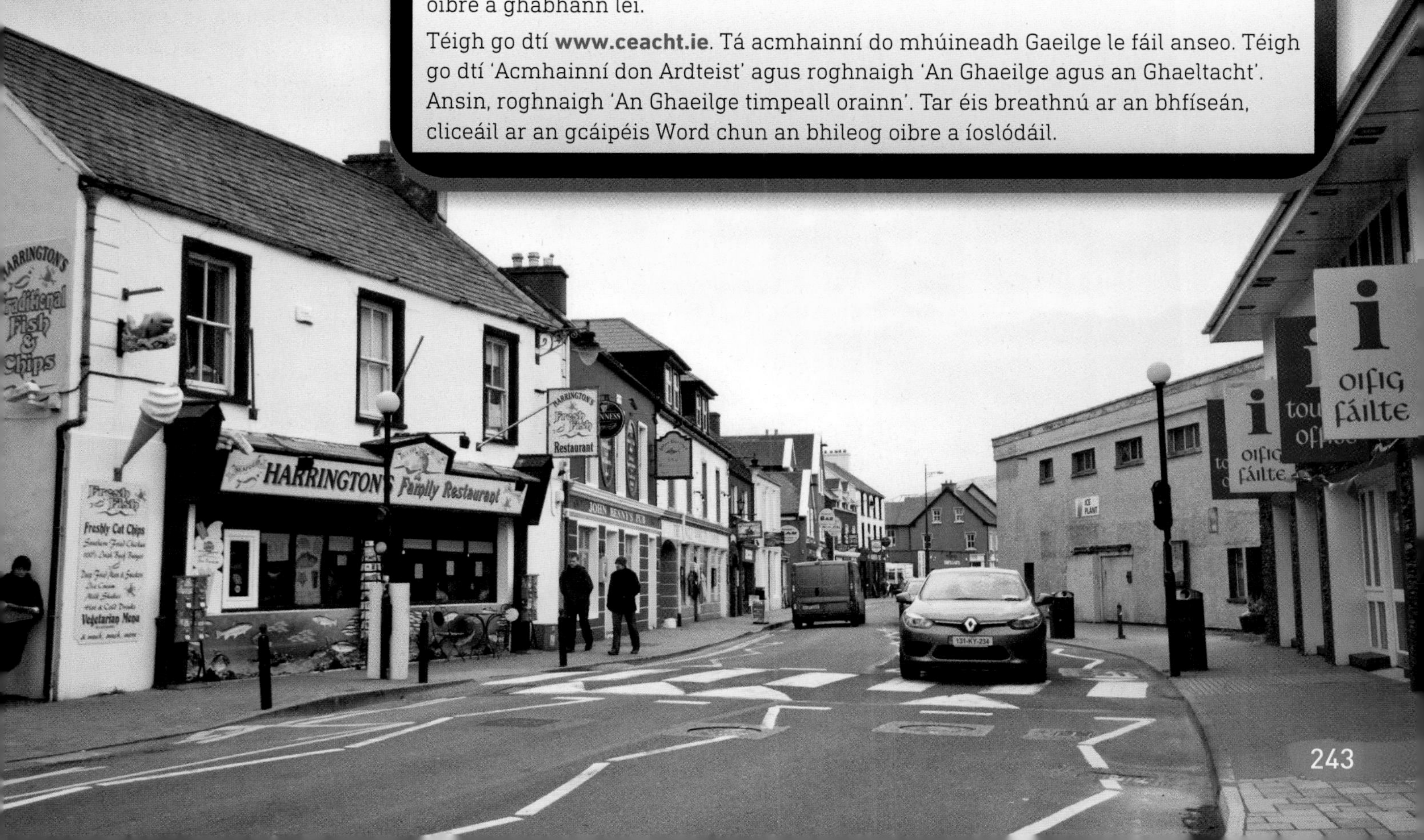

An scrúdaitheoir: **Conas a chaith tú gach lá?**

An dalta: Bhí ranganna Gaeilge againn gach maidin. Rinneamar staidéar ar an ngramadach, ar léamhthuiscintí, agus ar an gceapadóireacht. D'imríomar cluichí agus bhíomar ag cleachtadh ár gcuid cainte. Tar éis am lóin, d'imríomar spóirt éagsúla ar nós peile, sacair, rugbaí, leadóige, cispheile, eitpheile agus araile. Nuair a bhí an aimsir go breá, chuamar ag siúl sna sléibhte nó ag snámh. Bhí tránna áille in aice láimhe[16]. Um thráthnóna, bhí céilí againn nó comórtas tallainne. Anois is arís, chuamar go dtí an Daingean chuig an bpictiúrlann nó ag siopadóireacht. Chuir mé feabhas ollmhór ar mo chuid Gaeilge.

[16] *nearby*

An scrúdaitheoir: **Cad is brí leis an bhféiniúlacht, dar leat?**

An dalta:

- Baineann féiniúlacht na hÉireann leis an nGaeilge, leis an spórt gaelach, an ceol gaelach, nósanna na hÉireann, agus féith an ghrinn[17] dar liom.
- Smaoiním ar pheil ghaelach, ar an iománaíocht agus ar an gcamógaíocht.
- Smaoiním ar cheol gaelach agus ar rince gaelach.
- Smaoiním ar fhéith an ghrinn atá in Éireannaigh, an tslí a mbíonn siad ag spochadh[18] as a chéile agus an chraic a bhíonn acu le chéile.
- Smaoiním ar na nósanna[19] atá againn – is réiteach é an cupán tae ar gach fadhb! Ní féidir linn glacadh le[20] moladh agus bímid i gcónaí ag magadh fúinn féin agus faoi gach duine eile!

[17] *sense of humour*
[18] ag magadh faoi/ *mocking*
[19] *habits/customs*
[20] *to accept*

Cleachtadh Scríofa

Féach ar leathanaigh 24–27 sa Leabhrán agus freagair na ceisteanna a ghabhann leis na topaicí thuas.

An scrúdaitheoir: **An tír mhealltach í Éire le haghaidh turasóirí?**

An dalta:

- Ceapaim gur tír mhealltach[21] í Éire do thurasóirí.
- Tá an tírdhreach[22] agus na radhairc go hálainn in Éirinn lenár lochanna, sléibhte, cnoic, tránna, aibhneacha[23].
- Tagann a lán daoine chun iontais[24] na hÉireann a fheiceáil cosúil le hAillte an Mhóthair,[25] Clochán an Aifir[26], agus Lochanna Chill Airne.

[21] *enticing*
[22] *landscape*
[23] *rivers*
[24] *wonders*
[25] *Cliffs of Moher*
[26] *the Giant's Causeway*

- Tá cultúr na bpubanna an-tarraingteach[27] do thurasóirí leis an gcraic agus spraoi a bhíonn iontu.
- Tá a lán radharc stairiúil agus seandálaíochta[28] ar fáil in Éirinn – Leabhar Cheanannais i mBaile Átha Cliath, na foirgnimh stairiúla, Coláiste na Tríonóide, Brú na Bóinne[29], Caisleán Bhun Raite[30], na dolmáin, na lámhscíbhínní[31] óna mainistreacha[32] agus séipéil.
- Tá ceol traidisiúnta, spórt gaelach agus damhsa gaelach na tíre mealltach. Tá mórán scéalta cloiste agam faoi chuairteoirí a d'fhreastail ar sheó ar nós Riverdance nó ceolchoirm le banna ar nós The Corrs agus a tháinig go hÉirinn chun an tír a fheiceáil os rud é go ndeachaigh gné dár gcultúir go mór i bhfeidhm[33] orthu.

An scrúdaitheoir: **An bhfuil an turasóireacht tábhachtach don tír i do thuairim?**

An dalta: Tá tionscal[34] na turasóireachta[35] thar a bheith tábhachtach don tír agus d'eacnamaíocht na tíre gan aon agó. Cruthaíonn an turasóireacht poist in ostáin, pubanna, bialanna, caifeanna, siopaí, músaeim, agus araile. Tá sé an-tábhachtach do shráidbhailte agus bailte móra faoin tuath agus ar an gcósta go háirithe. Is minic a bhíonn na ceantair sin ag brath ar an turasóireacht go mórmhór[36] mar fhoinse fostaíochta[37]. Meallann an turasóireacht airgead chun na tíre agus tá sé fíorthábhachtach don gheilleagar[38], gan aon agó.

[27]*attractive*
[28]*archaeology*
[29]*Newgrange*
[30]*Bunratty Castle*
[31]*manuscripts*
[32]*monasteries*
[33]*to impact on/ influence*
[34]*industry*
[35]*tourism*
[36]go háirithe/ *especially*
[37]*a source of employment*
[38]*economy*

Céim a 2: Cluastuiscint

Sa chéim seo, foghlaimeoidh tú:

- eochairfhocail agus nathanna a bhaineann le cúrsaí féiniúlachta, leis an nGaeilge agus agus leis an turasóireacht
- conas ábhar cluastuisceana a phróiseáil agus ceisteanna a fhreagairt bunaithe air.

Cuid A

Cloisfidh tú ***dhá*** fhógra sa chuid seo. Cloisfidh tú gach fógra díobh **faoi dhó**. Beidh sos ann leis na freagraí a scríobh tar éis na chéad éisteachta ***agus*** tar éis an dara héisteacht.

Fógra a hAon

1. (a) Cá raibh an cruinniú a luaitear ar siúl? ____________________
   (b) Céard a faomhadh do Chomhar Naíonraí na Gaeltachta? ____________________
2. (a) Luaigh rud amháin a chuireann Comhar Naíonraí na Gaeltachta Teo. ar fáil. ____________________
   (b) Cé mhéad duine atá fostaithe go lánaimseartha ag an gcomhlacht? ____________________
   (c) Cad is ainm don dara heagraíocht a luaitear san fhógra seo? ____________________

Fógra a Dó

1. (a) Conas a chuirfear tús le Seachtain na Gaeilge sa scoil? ______

   (b) Cén dream a thiocfaidh isteach sa scoil chun páirt a ghlacadh sa tráth na gceist? ______

2. (a) Céard a bheidh ar siúl do lucht na hidirbhliana agus na cúigiú bliana? ______

   (b) Conas a chuirfear deireadh leis an tseachtain? ______

   (c) Cad iad na taispeántais a dhéanfaidh na daltaí ag deireadh an lae? ______

Cuid B

CD1 Rian 60–64

Cloisfidh tú ***dhá*** chomhrá sa chuid seo. Cloisfidh tú gach comhrá díobh **faoi dhó**. Cloisfidh tú an comhrá ó thosach deireadh an chéad uair. Ansin cloisfidh tú ina ***dhá*** mhír é. Beidh sos ann leis na freagraí a scríobh tar éis gach míre díobh.

Comhrá a hAon

An Chéad Mhír

1. An gceapann Éamonn go bhfuil feabhas tagtha ar thionscal na turasóireachta in Éirinn le gairid?

   ______

2. Cé mhéad úinéir in earnáil na seirbhíse cóiríochta íoctha a deir go bhfuil feabhas le feiceáil?

   ______

3. Luaigh an dá thír a bhfuil fás iontu maidir le líon na ndaoine a tháinig go hÉirinn anuraidh uathu.

   (i) ______

   (ii) ______

An Dara Mír

1. Cá bhfuil an laghdú le feiceáil ar líon na dturasóirí, dar le hÉamonn? ______
2. Luaigh dhá rud a deirtear faoi aimsir an tsamhraidh seo caite.

   (i) ______

   (ii) ______

3. Cén fáth ar fiú don rialtas infheistíocht a dhéanamh sa turasóireacht, dar le hÉamonn? ______

Comhrá a Dó

An Chéad Mhír

1. Cad a deir Dónall faoi féin nuair a bhíonn rud le déanamh aige? ______
2. Céard atá le rá ag Gráinne faoi na gaelscoileanna? ______
3. Luaigh dhá rud a deirtear faoin nGaeilge i bParlaimint na hEorpa.

   (i) ______

   (ii) ______

An Dara Mír

1. Cad a deir Gráinne faoi roinnt de na coláistí samhraidh sa Ghaeltacht? ____________
2. Luaigh dhá phointe eolais faoin gcéad uair a bhí Gráinne ar chúrsa sa Ghaeltacht.
   (i) ____________
   (ii) ____________
3. Cén fáth nach mbeidh deacracht ag Dónall ar an gcúrsa Gaeilge, dar le Gráinne? ____________

Cuid C

CD1 Rian 65–67

Cloisfidh tú ***dhá*** phíosa nuachta sa chuid seo. Cloisfidh tú gach píosa díobh **faoi dhó**. Beidh sos ann leis na freagraí a scríobh tar éis na chéad éisteachta ***agus*** tar éis an dara héisteacht.

Píosa a hAon

1. Cad í an cheist a cuireadh ar na daoine óga san fheachtas seo? ____________
2. Céard a dhéanann na daoine óga ar na suíomhanna sóisialta chun an scéal a scaipeadh i measc a gcairde? ____________
3. Céard í aidhm an fheachtais seo? ____________

Píosa a Dó

1. Cad a bhí ar siúl ag an turasóir nuair a ionsaíodh é? ____________
2. Cén fáth a raibh an fear ón mBeilg buartha? ____________
3. Cé a chuir stop leis an ionsaí sa deireadh? ____________

Céim a 3: Ceapadóireacht

Sa chéim seo, foghlaimeoidh tú:

- an foclóir, nathanna agus eochairfhocail a bhaineann leis na topaicí féiniúlacht agus todhchaí na Gaeilge
- conas feidhmiú mar bhall de ghrúpa trí mheán an obair ghrúpa
- conas aistí a leagan amach agus struchtúr a chur orthu
- conas taighde a dhéanamh agus do smaointe a chur in iúl ó bhéal.

Cúinne na Litearthachta

Foghlaim conas na heochairfocail thíos san achoimre a litriú agus faigh amach cad is brí leo. Féach go grinn ar na focail seo, abair amach iad, clúdaigh na focail, agus ansin scríobh na focail amach chun an litriú a chleachtadh!

An Gaeilge	An Béarla	Clúdaigh na focail ar chlé agus scríobh amach na focail anseo leat féin.
Féiniúlacht		
Teanga		
Anam		
Oidhreacht		
Spórt gaelach		
Ceol traidisiúnta		
Nósanna		
Íomhá bhuanchrutha		
Scigphictiúr		
Cine		
Ilchultúrtha		
Ilchiníoch		
Inimircigh		
Teifigh		

Obair Ghrúpa

Cum dán faoi fhéiniúlacht na nÉireannach.

1. Roinn an rang i ngrúpaí de cheathrar. Féach ar na híomhánna ar dheis mar lón machnaimh d'fhéiniúlacht na nÉireannach agus is féidir bhur smaointe féin a chur leis an bplé. Déanfaidh an rang smaoineamh ar cheist na féiniúlachta agus cad is brí leis. Cuirfidh gach grúpa na heochairfhocail a ritheann leo ar mheabhairmhapa/gineadóir smaointe.

   Ansin, cumfaidh gach grúpa dán faoi fhéiniúlacht na nÉireannach.

   Déan athrá ar an nath céanna ag deireadh gach líne chun leanúnachas agus struchtúr a chur ar an dán nó smaoinigh ar shlí éigin eile chun leanúnachas agus struchtúr a chur ar an dán.

Mar shampla

Gasúir ag imirt peile, sin féiniúlacht na nÉireannach!
Daoine ag ól cupán tae, sin féiniúlacht na nÉireannach!

Scríobh na dánta ar phóstaeir le marcóirí agus tarraing íomhánna/pictiúir a ghabhann leis an dán. B'fhéidir gurbh fhéidir leis an múinteoir leas a bhaint astu do sheastáin Sheachtain na Gaeilge nó iad a chur ar an mballa chun Lá Fhéile Pádraig a chéiliúradh.

2. Nuair a bheidh na dánta scríofa ag na grúpaí, is féidir na smaointe a chur le chéile mar phlean d'aiste den teideal 'Féiniúlacht na nÉireannach: cad é féin?'

Pleanáil don aiste: 'Féiniúlacht na nÉireannach: cad é féin?'

Féach ar na híomhánna ar dheis mar inspioráid. Bain úsáid as na smaointe a bhí agaibh sa dán a chum sibh ar Éireannachas chun cur leis an aiste den teideal 'Feiniúlacht: cad é féin?' Bain úsáid as Mata Boird chun na smaointe a leagan amach don aiste. Is féidir le gach duine sa ghrúpa tabhairt faoi roinn ar leith den aiste chun an aiste iomlán a chur le chéile i bhfoirm Mata Boird. (Féach ar leathanach 19 in Aonad a 1 do shampla den Mhata Boird.)

Aiste Shamplach

Féiniúlacht: Cad í Féin?

Tús

Nuair a smaoinímid ar fhéiniúlacht na nÉireannach, cad a thagann isteach inár gcloigne? Maidir liom fhéin, smaoiním ar Ghaeilge agus cultúr na Gaeilge, ceol traidisiúnta, spórt gaelach agus rince gaelach. Smaoiním freisin ar íomhá na nÉireannach thar lear mar chine a bhfuil féith an ghrinn[1] iontu, agus a bhfuil dúil[2] mhór san ól agus sa teach tábhairne acu. Chomh maith leis sin, smaoiním ar an tslí a bhfuil féiniúlacht[3] na nÉireannach ag athrú agus ag leathnú[4] leis an méid ciní[5] difriúla atá ina gcónaí sa tír anois agus a leanaí atá á dtógáil in Éirinn.

[1] *sense of humour*
[2] *interest*
[3] *identity*
[4] *spreading*
[5] *races*

Alt a 1 An Ghaeilge

'Tír gan teanga, tír gan anam,' mar a deir an seanfhocal. Ní dóigh liom gur féidir le daoine tuiscint cheart a bheith acu ar a gcultúr agus a bhféiniúlacht gan tuiscint a bheith acu ar an nGaeilge. Is í ár dteanga dhúchais[6], ársa[7] í agus is cuid dár n-oidhreacht[8] í. Aithníonn mórán daoine tábhacht na Gaeilge mar chuid dár bhféiniúlacht agus mar chuid den oidhreacht sin.

Tá TG4 ag cruthú íomhá óg, nua-aimseartha den teanga. Tá mórán láithreoirí óga, tarraingteacha ag obair leis an stáisiún teilifíse agus cruthaíonn sé sin pictiúr de theanga bheo bheathach[9] i measc na n-óg. Tá raon na gclár ar TG4 ar fheabhas freisin. Cruthaíonn sé sin ceangal idir an Ghaeilge agus óige, spraoi, greann agus siamsaíocht[10].

[6] native
[7] ancient
[8] heritage
[9] living, breathing language
[10] entertainment

Alt a 2 Tionchar na Meán ar Theanga na Gaeilge agus Fás Líon na nGaelscoileanna

Tá na meáin chumarsáide ag déanamh a ndícheall freisin chun an Ghaeilge agus féiniúlacht na nÉireannach a chur chun cinn le Seachtain na Gaeilge. Is minic a chloiseann tú an corrfhocal[11] Gaeilge ag láithreoirí ar nós Bhláthnaid N í Chofaigh ar RTÉ agus ag Eoghan Mac Diarmada ar 2fm. Tá iliomad[12] irisí agus nuachtán Gaeilge ar nós tuairisc. ie, *Seachtain, Lá, Dréimire, Staighre* agus mar sin de. Anuas air sin, tá i bhfad níos mó Gaelscoileanna ar fud na tíre ná mar a bhí agus téann na mílte dalta go coláistí samhraidh gach samhradh. Is comhartha dóchais[13] é sin don teanga agus taispeánann sé an tsuim atá ag daoine ina gcuid féiniúlachta. Cé go bhfuil na Gaeltachtaí féin ag cúngú beagáinín, tá mórán comharthaí dearfacha[14] eile ann go mbeidh an Ghaeilge ag bláthú[15] sa todhchaí.

[11] occasional word
[12] a multitude
[13] sign of hope
[14] positive
[15] blossoming

Alt a 3 An Cultúr Gaelach

Leis an dul chun cinn ar ghnéithe[16] eile dár gcultúr gaelach amhail spórt gaelach,

[16] aspects

rince gaelach agus ceol traidisiúnta, tá athbheochan[17] ag tarlú ar chultúr na hÉireann. Chruthaigh feiniméan[18] Riverdance íomhá an-dearfach d'fhéiniúlacht na nÉireannach thar lear agus d'fhéach Éireannaigh fiú ar rince agus ceol gaelach i slí nua mar rud óg, mealltach[19], faiseanta. Ní raibh rince gaelach seanfhaiseanta a thuilleadh i súile na nÉireannach. Spreag an seó sin suim san fhéiniúlacht, sa rince agus sa cheol gaelach sna mílte duine ar fud an domhain.

[17]revival
[18]phenomenon
[19]enticing

Alt a 4 Spórt Gaelach

Smaoinímid ar spórt gaelach nuair a luaitear féiniúlacht na nÉireannach. Imríonn na mílte duine óg iománaíocht, camógaíocht agus peil ghaelach agus bíonn na mílte eile ag tacú leo ag na cluichí gach Domhnach. Tagann daoine amach chun tacaíocht a thabhairt do na himreoirí agus chun a bheith bródúil as[20] a bparóiste nó contae féin agus is traidisiún láidir, bródúil é.

[20]proud of

Alt a 5 Scigphictiúir d'Éireannaigh thar Lear

Bhí an íomhá ann d'Éireannaigh le fada an lá mar chine a bhfuil dúil mhillteanach[21] acu san ólachán, alcól agus an teach tábhairne. Admhaím[22] go dtaitníonn ceol, craic agus comhluadar linn agus tá féith an ghrinn ionainn. Ní dóigh liom go bhfuil dúil ag gach Éireannach san alcól, áfach, agus ceapaim gur íomhá bhuanchrutha í sin d'fhéiniúlacht na nÉireannach. Mar is eol do chách[23], tá i bhfad níos lú daoine ag dul go dtí na tithe tábhairne ná mar a bhí. Ní dóigh liom go bhfuil an íomhá d'Éireannaigh sa teach tábhairne i gcónaí cruinn a thuilleadh[24].

[21]a terrible interest
[22]I admit
[23]as everyone knows
[24]anymore

Alt a 6 Nósanna Éireannacha

Tá nósanna áirithe[25] a bhaineann leis na hÉireannaigh, dar liom, agus is minic a fheicimid na nósanna sin i mórán fógraí a bhíonn ar an teilifís! Feicimid fógraí de dhaoine ag ól cupán tae agus iad ag caint agus ag comhrá, fógraí d'Éireannaigh ag ithe bricfeasta 'Éireannach' le hispíní, slisíní bágúin agus uibheacha, fógraí d'Éireannaigh nach féidir leo glacadh le moladh d'aon saghas agus fógraí d'Éireannaigh nach féidir leo slán a fhágáil le daoine ar an bhfón póca. Is nósanna coitianta[26] iad sin a bhaineann le mórán Éireannach agus bímid ag gáire agus muid ag féachaint ar scigphictiúir[27] áibhéalacha[28] de na nósanna sin ar fhógraí.

[25]certain/particular
[26]common
[27]caricature
[28]exaggerated

Alt a 7 Ilchiníochas agus Ilchultúrachas

Ar deireadh, creidim go bhfuil an nóisean d'fhéiniúlacht na nÉireannach ag athrú agus ag leathnú faoi láthair. Tá na mílte teifeach[29], inimirceach[30], agus eachtrannach[31] ag obair in Éirinn sa lá atá inniu ann. Beidh cuma dhifriúil ar a gcuid páistí ach is Éireannaigh iad na páistí a rugadh in Éirinn. Mar sin is cultúr ilchultúrtha[32] agus ilchiníoch[33] atá againn in Éirinn anois mar a fheicimid le roinnt

[29]refugee
[30]immigrant
[31]foreigner
[32]multicultural
[33]multiracial

[34]*heroes*

[35]*example*

[36]*to celebrate*

de na laochra[34] náisiúnta atá againn amhail an t-amhránaí Phil Lynott, an t-aisteoir Ruth Negga ón tsraith *Love/Hate* agus an scannán *Loving*, an t-imreoir rugbaí Simon Zebo agus an t-imreoir iománaíochta Seán Óg Ó hAilpín. Tá Seán Óg líofa sa Ghaeilge freisin. Is as Fidsí í a mháthair agus is as Éirinn é a athair. Is eiseamláir[35] iontach é den fhéiniúlacht nua atá againn anois.

Críoch

Tá gnéithe éagsúla ag baint le féiniúlacht na nÉireannach mar a fheictear thuas. Ba cheart dúinn a bheith bródúil as gach gné dár bhféiniúlacht agus í a chéiliúradh[36]!

Cleachtaí Scríofa

1. Cuir Gaeilge ar na focail seo a leanas.
   (a) heritage (b) native (c) identity (d) language (e) positive (f) entertainment (g) revival (h) enticing (i) phenomenon (j) aspects (k) caricature (l) I admit (m) as everyone knows (n) customs (o) foreigner (p) multiracial (q) multicultural (r) example (s) to celebrate
2. Cruthaigh meabhairmhapa de na príomhphointí a bhaineann le féiniúlacht na nÉireannach atá luaite san aiste thuas.
3. Scríobh aiste dar teideal 'Cad a chiallaíonn féiniúlacht na nÉireannach domsa'.

Óráid Shamplach

Is príomhfheidhmeannach Chonradh na Gaeilge thú. Iarradh ort óráid a thabhairt do dhaltaí na scoile bunaithe ar an rún 'Tá todhchaí bhreá i ndán don Ghaeilge.' Scríobh amach an óráid thíos.

'Tá todhchaí bhreá i ndán don Ghaeilge.'

Féach ar leathanach 459 in Aonad a 10 le haghaidh nótaí ar conas óráid a scríobh.

Tús

Is mise Seán Ó Súilleabháin agus is mise Ard-Rúnaí na heagraíochta gaelaí 'Conradh na Gaeilge' ó 2006. Tá formhór mo shaoil caite agam ag feidhmiú mar ghníomhaí teanga agus ag cur na Gaeilge chun cinn gach slí ar féidir liom. Sular thug mé faoin ról mar Ard-Rúnaí Chonradh na Gaeilge, bhíos i mo bhainisteoir ar Sheachtain na Gaeilge agus d'éirigh liomsa agus le m'fhoireann branda Sheachtain na Gaeilge a threisiú go suntasach le linn na tréimhse sin. Táim anseo inniu chun caint libh mar gheall ar an todhchaí bhreá atá i ndán don Ghaeilge, dar liom. Is í ár dteanga dhúchais[1] í an Ghaeilge agus is cuid dár n-oidhreacht[2] í. Aithníonn mórán daoine tábhacht na Gaeilge mar chuid dár bhféiniúlacht[3] agus mar chuid den oidhreacht sin. Mar a deir an seanfhocal, 'Tír gan teanga, tír gan anam'.

[1]native
[2]heritage
[3]identity

Alt a 1 Íomhá na Gaeilge ar TG4

Rud amháin atá ag cinntiú thodhchaí gheal na Gaeilge, dar liom, ná an stáisiún teilifíse TG4. Bunaíodh TG4 i 1996 chun an teanga a chur chun cinn agus tá sé ag dul ó neart[4] go neart ó shin i leith[5]. Tá TG4 ag cruthú íomhá óg, nua-aimseartha den teanga. Tá mórán láithreoirí óga, tarraingteacha ag obair leis an stáisiún teilifíse sin agus léiríonn sé pictiúr de theanga bheo bheathach i measc na n-óg. Tá a lán clár á gcraoladh[6] acu le láithreoirí óga greannmhara. Cruthaíonn[7] na láithreoirí sin nasc[8] idir an Ghaeilge agus spraoi agus greann, gné[9] eile a mheallann daoine óga.

[4]strength
[5]since then
[6]broadcast
[7]to create
[8]link
[9]aspect

Alt a 2 Raon na gClár ar TG4

Tá raon[10] na gclár ar TG4 ar fheabhas. Tá clár a oireann do[11] gach duine ar an stáisiún teilifíse ó chláir fhaisnéise[12] shuimiúla, cláir thaistil, cláir spóirt, cláir cheoil, sobalchláir[13] (*Ros na Rún*), cláir staire, scannáin nua-aimseartha, sraithscéalta[14] (*Aifric*), cláir chúrsaí reatha (*Seacht Lá*) agus an nuacht. Meallann an raon iontach sin mórán daoine chun féachaint ar TG4. Chomh maith leis sin, bhain mórán daoine sult as an gclár leis an bhfear grinn Des Bishop a bhí ar RTÉ. Bhí an clár sin greannmhar, oideachasúil[15] agus bhí sé an-suimiúil a bheith ag féachaint ar Mheiriceánach ag iarraidh an Ghaeilge a fhoghlaim as an nua[16] agus a bheith páirteach i bpobal na Gaeltachta. Thug an clár sin léargas do mhórán daoine ar an saghas saoil atá sa Ghaeltacht agus chruthaigh an clár pictiúr an-dearfach[17] de shaol na Gaeilge.

[10]range
[11]suits
[12]documentary programmes
[13]soaps
[14]a series
[15]educational
[16]to learn from scratch
[17]positive

Alt a 3 Riverdance: an Nasc idir an Ghaeilge agus an Cultúr Gaelach

Leis an dul chun cinn ar ghnéithe eile dár gcultúr gaelach amhail an spórt gaelach, an rince gaelach agus an ceol traidisiúnta, ní féidir a shéanadh ach go bhfuil athbheochan[18] ag teacht ar chultúr na hÉireann, an Ghaeilge san áireamh[19]. Nuair a tharla feiniméan[20] Riverdance, chuir daoine ar fud an domhain suim sa Ghaeilge chomh maith leis an rince agus an ceol gaelach. Dá bharr, thosaigh roinnt daoine i dtíortha thar lear ar nós Mheiriceá agus na Síne ag foghlaim na Gaeilge! Rinne siad suirbhé ar nuacht TG4 faoi scoileanna Gaeilge thar lear. Tuairiscíodh[21] go raibh mórán eachtrannach[22] ag foghlaim na Gaeilge thar lear mar spreag an seó damhsa Riverdance nó ceol Éireannach a suim sa teanga.

[18] revival
[19] included
[20] phenomenon
[21] it was reported
[22] foreigners

Alt a 4 An Nasc Idir an Teanga agus an Cumann Lúthchleas Gael

Mar an gcéanna[23] leis na daoine a imríonn spórt gaelach. De ghnáth nuair a imríonn daoine óga peil ghaelach, iománaíocht, camógaíocht nó más ball[24] iad den Chumann Lúthchleas Gael, bíonn bá[25] acu leis an teanga ar a laghad. Cuireann sé bród an domhain orm nuair a chloisimid captaein na bhfoirne peile agus iománaíochta ag tabhairt oráide[26] as Gaeilge nuair a bhuann siad an cluiche ceannais de ghnáth. Is nós é don slua 'Amhrán na bhFiann' a chanadh roimh an gcluiche chomh maith. Tá dlúthcheangal[27] idir an Ghaeilge agus an Cumann Lúthchleas Gael agus tá rannpháirtíocht[28] an phobail[29] sa spórt gaelach níos láidre sa lá atá inniu ann ná mar a bhí sé riamh. Ní féidir a shéanadh ach go mbíonn dea-thionchar[30] ag neart an traidisiúin sin ar an teanga.

[23] similarly
[24] member
[25] empathy
[26] speech
[27] close association
[28] participation
[29] community/public
[30] good influence

Alt a 5 Ré na Teicneolaíochta

I ré seo na teicneolaíochta, tá i bhfad níos mó acmhainní[31] ar fáil do dhaoine atá ag foghlaim na Gaeilge. Is féidir le daoine ar fud an domhain féachaint ar shuíomh idirlín TG4 agus ar na cláir bheo ar TG4 ar WebTV ar an Idirlíon. Is áis iontach í sin mar is féidir le duine in aon chúinne den domhan Gaeilge a chloisteáil agus a fhoghlaim. Chomh maith leis sin, is féidir le daoine ailt[32] Ghaeilge a léamh ar an Idirlíon ar shuíomhanna ar nós **www.tuairisc.ie**. Níl aon teorainn[33] leis an méid acmhainní atá ar fáil do dhaoine anois i ré seo na teicneolaíochta.

[31] resources
[32] articles
[33] limit/border

Alt a 6 Cabhair na Meán

Tá na meáin chumarsáide ag déanamh a ndícheall freisin chun an Ghaeilge a chur chun cinn le Seachtain na Gaeilge. Is minic a chloiseann tú an corrfhocal Gaeilge ar RTÉ ó láithreoirí a bhfuil Gaeilge acu ar nós Hector, Eoghain Mhic Dhiarmada, Dhaithí Uí Sé agus Bhláthnaid Ní Chofaigh agus tá iliomad[34] irisí agus nuachtáin Ghaeilge ar fáil ar nós tuairisc.ie, *Staighre, Céim, Dréimire* agus mar sin de.

[34] a multitude

Alt a 7 Na hAthruithe ar Chúrsa Ardteiste na Gaeilge

Táim an-sásta leis na hathruithe atá curtha i bhfeidhm ar an gcúrsa Gaeilge don Ardteist le blianta beaga anuas. Tá an bhéim ar labhairt na Gaeilge anois le daichead faoin gcéad de na marcanna ag dul le haghaidh na béaltrialach. 'Beatha teanga í a labhairt', mar a deir an seanfhocal agus creidim gur rud iontach é an

céadatán[35] méadaithe atá ag dul don Bhéaltriail chun daoine óga a ghríosadh[36] leis an teanga a labhairt.

Alt a 8 Méadú ar Líon na nGaelscoileanna, Naíonraí agus Coláistí Samhraidh

Anuas air sin, cé go bhfuil na Gaeltachaí féin ag cúngú, tá i bhfad níos mó Gaelscoileanna ar fud na tíre ná mar a bhí. Sa lá atá inniu ann, tá 187 naíonra[37] lasmuigh den Ghaeltacht sa tír, 305 bhunscoil a fheidhmíonn tríd an tumoideachas Gaeilge[38] (144 lasmuigh den Ghaeltacht i bPoblacht[39] na hÉireann) agus 71 iar-bhunscoil. Tá mórán cúiseanna leis sin. De réir taighde[40] náisiúnta agus idirnáisiúnta (atá le léamh ar shuíomh idirlín na heagraíochta 'Gaelscoileanna teo'), tá a lán buntáistí[41] ag baint leis an ngaelscolaíocht. Cuireann an ghaelscolaíocht feabhas ar chumas intinne an pháiste agus dá bharr faigheann na daltaí sin torthaí níos fearr. Bíonn sé níos éasca ar dhaltaí a fhreastalaíonn ar ghaelscoileanna teangacha eile a fhoghlaim. Téann na mílte dalta chuig coláistí samhraidh gach samhradh. Is comhartha dóchais[42] é sin don teanga. Is iomaí comhartha dearfach atá ann go leanfaidh an Ghaeilge ag bláthú sa todhchaí.

Críoch

Ar deireadh, tá súil agam go n-aontaíonn sibh liom go bhfuil todhchaí gheal i ndán don Ghaeilge amach anseo.

[35] *percentage*
[36] *to encourage*
[37] *Irish-language preschool*
[38] *total immersion in Irish*
[39] *republic*
[40] *research*
[41] *advantages*
[42] *signs of hope*

Cleachtaí Scríofa

1. Cuir Gaeilge ar na focail seo a leanas.
   (a) identity (b) heritage (c) future (d) ancient (e) link (f) documentary programmes (g) a series (h) range (i) declining (j) phenomenon (k) republic (l) Irish language preschools (m) percentage (n) total immersion in Irish (o) creativity (p) experts (q) research (r) the opposite
2. Freagair na ceisteanna seo a leanas bunaithe ar an óráid thuas.
   (a) Cad a deir an cainteoir faoi raon na gclár ar TG4?
   (b) Cad a deir an cainteoir faoi na láithreoirí ar TG4?
   (c) Cén saghas clár atá ar fáil ar TG4?
   (d) Cén fáth a mbaineann feiniméan Riverdance le dul chun cinn na Gaeilge?
   (e) Cén tionchar atá ag an spórt gaelach ar an teanga?
   (f) Cad iad na hathruithe atá curtha i bhfeidhm ar an gcúrsa Gaeilge don Ardteist le blianta beaga anuas?
   (g) Cad a deirtear san óráid faoi líon na nGaelscoileanna, coláistí samhraidh agus naíonraí?
   (h) Cad iad na buntáistí a bhaineann leis an nGaelscolaíocht, dar leis an gcainteoir?
3. Cruthaigh meabhairmhapa bunaithe ar an óráid thuas.

Céim a 4: Gramadach

12a Ainmfhocail – conas ainmfhocail fhirinscneacha agus bhaininscneacha a aithint, an tuiseal ainmneach

Féach ar na nótaí ar an ainmfhocal ar leathanach 429 in Aonad a 9.

12b An tuiseal ginideach

Féach ar na nótaí ar an tuiseal ainmneach agus an tuiseal ginideach ar leathanach 431 in Aonad a 9.

Céim a 5: Léamhthuiscint

Sa chéim seo, foghlaimeoidh tú:

- an foclóir agus na heochairfhocail a bhaineann leis an topaic 'An Turasóireacht in Éirinn' nó 'An Tír is Fearr Liom ar Domhan'
- conas struchtúr a chur ar aiste faoin turasóireacht nó an tír is fearr leat ar domhan
- foclóir a bhaineann le stair, seandálaíocht, an tírdhreach, an aimsir, cultúr, siamsaíocht agus muintir na tíre
- conas eolas a phróiseáil agus ceisteanna a fhreagairt ar an topaic.

Léigh an sliocht seo a leanas agus freagair na ceisteanna a ghabhann leis.

An Turasóireacht in Éirinn

1. Tagann go leor turasóirí go hÉirinn gach bliain. Cén fáth? Bhuel, tá go leor cúiseanna leis. Bhí clú agus cáil ar Éirinn mar thír na Naomh agus na nOllamh. Mar sin, tagann a lán turasóirí a bhfuil spéis acu sa stair, sa tseandálaíocht agus i mbéaloideas na tíre ar cuairt go dtí an tír. Tá iliomad caisleán, cuimhneachán, láithreán stairiúil agus seanfhoirgneamh ar fud na tíre ón ré réamhstairiúil, ré na gCeilteach, ré na Críostaíochta, ré na Lochlannach, ré na Normannach agus ré na nAngla-Éireannach. Feictear dolmáin agus liosanna sí ar fud na tíre ó aimsir na gCeilteach. Tá go leor láithreacha stairiúla againn amhail Sí an Bhrú atá suite i mBrú na Bóinne. Tógadh Sí an Bhrú níos mó na 5000 bliain ó shin (timpeall 3000 BC) san aimsir réamhstairiúil i rith na ré neoilití agus mar sin tá an láithreán stairiúil seo níos sine ná Stonehenge i Sasana agus Pirimid ollmhór Giza san Éigipt. Is láithreán domhanda oidhreachta de chuid *UNESCO* anois é. Is teampall ársa é dar le seandálaithe agus áit atá tábhachtach ó thaobh cúrsaí spioradálta, cúrsaí astralaíochta, cúrsaí reiligiúnda agus cúrsaí searmanais de.
2. Tá ballaí Shí an Bhrú maisithe le healaín mheigiliteach agus is ceann de ghrúpa séadchomharthaí atá tógtha ar abhainn na Bóinne darb ainm Brú na Bóinne é. Tá dhá shéadchomhartha eile darb ainm Cnóbha agus Dubhadh. Tagann a lán turasóirí chun láithreáin luath-Chríostaíochta a fheiceáil ar nós na bhfothracha i gCluain Mhic Nóis agus Gleann Dá Locha. Bhunaigh Naomh Ciarán an láithreán i gCluain Mhic Nóis sa séú haois agus tá fothracha d'ardeaglais, seacht séipéal, dhá thúr, trí chros arda agus rogha de leaca uaighe fós le feiscint ann.

Thug Michelle Obama agus a beirt iníonacha cuairt ar an láithreán luath-Chríostaíochta Gleann Dá Locha i gCo. Chill Mhantáin i mí an Mheithimh, 2013. Tá an láithreán suite i ngleann a bhfuil dhá loch áille ann, agus tá cloigtheach, séipéil chloiche agus cros maisithe fós le feiscint ann freisin. Tagann a lán cuairteoirí chun Leabhar Cheanannais a fheiceáil i gColáiste na Tríonóide, agus lámhscríbhinní eile ar fud na tíre. Tagann siad chun fothracha mainistreacha agus clochar atá ar fud na tíre a fheiscint ar nós fhothracha na manach atá le feiceáil ar Sceilig Mhichíl agus mar sin de.

3. Tagann a lán daoine go hÉirinn chun an

tírdhreach álainn a fheiceáil. Tagann siad chun sult a bhaint as na radhairc – na tránna, lochanna, sléibhte, cnoic, aibhneacha, páirceanna agus aillte. Tagann siad chun iontais nádúrtha ar nós Cheann Sleá a fheiceáil i gCo. Chiarraí, Aillte an Mhóthair i gCo. an Chláir, Clochán an Aifir i gCo. Aontroma agus mar sin de. Tagann siad chun cuairt a thabhairt ar chathracha, bailte móra agus sráidbhailte na hÉireann. Faigheann siad blas de chultúr na hÉireann. Téann siad go dtí na tithe tábhairne agus éisteann siad leis na seisiúin cheoil a bhíonn ar siúl iontu. Baineann siad taitneamh as an gcraic agus an spórt a bhíonn le fáil iontu. Labhraíonn siad le muintir chairdiúil na tíre agus bíonn an chraic acu leo.

4. Uaireanta tagann daoine go hÉirinn chun a sinsir a lorg agus níos mó a fháil amach faoina stair agus a gcúlra féin. Téann siad ar ais go ceantar a muintire agus faigheann siad eolas luachmhar ó na daoine áitiúla faoina seantuismitheoirí nó sin-seantuismitheoirí. Smaoineamh cliste ó thaobh na turasóireachta de ab ea Tóstal Éireann in 2013. Dhírigh An Tóstal ar an méid spéise a bhí ag daoine thar lear ina gcuid féiniúlachta agus fréamhacha Éireannacha agus a bhí ag iarraidh teagmháil a dhéanamh lena ngaolta Éireannacha. Thug daoine ó cheann ceann na tíre cuireadh dá ngaolta i dtíortha eile teacht go hÉirinn agus a gcuid féiniúlachta a chéiliúradh agus bhí an-rath go deo ar An Tóstal mar uirlis chliste margaíochta chun turasóirí a mhealladh chuig an tír agus a chruthaigh naisc agus ceangail níos láidre idir daoine anseo in Éirinn agus a ngaolta agus a gcairde thar lear.

5. Téann cuairteoirí chuig seónna ar nós Riverdance nó seónna eile ceoil agus damhsa chun léargas a fháil ar rince agus ceol traidisiúnta na tíre. Is iomaí duine a chonaic seó mar sin thar lear agus spreagadh iad chun cuairt a thabhairt ar an tír a ghin na traidisiúin shaibhre sin. Uaireanta téann siad chuig cluichí gaelacha ar nós cluichí peile, iománaíochta agus camógaíochta nó féachann siad orthu ar an teilifís agus faigheann siad blaiseadh dár spórt gaelach. Tá cultúr saibhir againn sa tír seo agus meallann an cultúr sin mórán cuairteoirí agus turasóirí chuig an tír. Tá a lán rudaí sa tír seo a mheallann turasóirí go hÉirinn, ina measc an stair agus an tseandálaíocht a bhaineann leis an tír, tírdhreach álainn na tíre, an ceol, spórt agus craic a bhíonn le fáil agus muintir chairdiúil na tíre.

Ceisteanna Scrúdaithe

1. (a) Cén fáth a dtagann turasóirí go hÉirinn, dar leis an údar in Alt a 1?
   (b) Cén ré inar tógadh Sí an Bhrú? (7 marc)
2. (a) Cé na láithreáin stairiúla a luaitear in Alt a 2?
   (b) Cén lámhscríbhinn mór le rá a luaitear agus cá gcoimeádtar an lámhscríbhinn sin? (7 marc)

3. (a) Cé na gnéithe den tírdhreach a luann an t-údar in Alt a 3 a mheallann turasóirí chun na tíre seo?
   (b) Cad iad na hiontais nádúrtha a luaitear? (7 marc)
4. (a) Cén bhaint a bhí ag an ócáid Thóstal Éireann le clann agus sinsir in 2013?
   (b) Cad a rinne daoine ar fud na tíre? (7 marc)
5. (a) Cad a dhéanann turasóirí ó thaobh siamsaíochta de nuair a thagann siad go hÉirinn?
   (b) Cé na gnéithe de spórt na tíre a spreagann suim na dturasóirí? (7 marc)
6. (a) Tabhair sampla amháin den tuiseal gineadach uatha agus dhá shampla den tuiseal tabharthach in Alt a 5.
   (b) Cén cineál scríbhneoireachta atá i gceist sa sliocht seo? Luaigh dhá chomhartha sóirt a bhaineann leis an gcineál sin scríbhneoireachta agus tabhair samplaí díobh ón téacs. Bíodh an freagra i d'fhocail féin. Ní gá dul thar 60 focal. (15 mharc)

Obair Bhaile/Obair Ghrúpa

1. Scríobh díospóireacht ar son nó in aghaidh an rúin seo a leanas:

   'Tá todhchaí gheal i ndán do thionscal na turasóireachta sa tír seo' nó 'Is í Éire an tír is fearr ar domhan'. Is féidir libh úsáid a bhaint as an meabhairmhapa seo a leanas.

   Cuir an óráid i láthair os comhair an ranga agus bíodh díospóireacht agaibh sa rang le grúpa amháin ar son an rúin agus grúpa eile in aghaidh an rúin.

2. Bróisiúr a ullmhú: Lig oraibh go bhfuil sibh ag ullmhú bróisiúir ar an turasóireacht in Éirinn (nó an turasóireacht sa tír is fearr leis na daltaí ar domhan) agus na rudaí atá le feiceáil/le déanamh in Éirinn (nó aon tír eile is fearr leis na daltaí).

   Roinnfear an rang i ngrúpaí de cheathrar. Is féidir leis na daltaí úsáid a bhaint as mata boird atá roinnte i gceithre chuid. Cuir na cinnteidil thíos ar na ceithre chearnóg ar an Mata Boird.

   - Déanfaidh duine amháin taighde ar thírdhreach na tíre agus ar na radhairc.
   - Ullmhóidh duine eile mír faoin aimsir, cultúr, an bia agus nósanna na ndaoine.
   - Ullmhóidh ball eile den ghrúpa mír faoin tsiamsaíocht atá ar fáil sa tír.
   - Ullmhóidh duine eile mír faoi sheandálaíocht agus stair na tíre.

   Is féidir leis na grúpaí na tionscnaimh a chur i láthair i bhfoirm PowerPoint, le postaeir nó i bhfoirm aiste.

Nóta Gramadaí

An Tuiseal Ainmneach	An Tuiseal Ginideach	An Tuiseal Tabharthach	An Tuiseal Ainmneach Iolra
Éire	muintir na hÉireann	in Éirinn as Éirinn	
an tír	muintir na tíre	sa tír	na tíortha

Meabhairmhapa

Díospóireacht

- Tús
- An tírdhreach
- Stair agus seandálaíocht na tíre
- Muintir chairdiúil na tíre
- Críoch
- Ginealaigh – daoine ó thíortha eile ag déanamh taighde ar a sinsir
- Cultúr na hÉireann – damhsa, spórt, craic agus ceol

6a: Prós

Oisín i dTír na nÓg

Sa chéim seo, foghlaimeoidh tú:

- faoi phlota an scéil 'Oisín i dTír na nÓg'
- conas téamaí an scéil a phlé
- conas anailís a dheanamh ar na carachtair sa scéal
- faoi thréithe an bhéaloidis agus conas a léirítear sa scéal seo iad.

Cúinne na Litearthachta

Foghlaim conas na heochairfocail thíos san achoimre a litriú agus faigh amach cad is brí leo.

Féach go grinn ar na focail seo, abair amach iad, clúdaigh na focail, agus ansin scríobh na focail amach chun an litriú a chleachtadh!

An Gaeilge	An Béarla	Clúdaigh na focail ar chlé agus scríobh amach na focail anseo leat féin.
Béaloideas, scéal béaloidis		
Tréithe an bhéaloidis		
Each		
Giorta		
Gleann na Smól		
Uasal		
Laoch		
Seilg		
Niamh Chinn Óir – ainm duine de na carachtair		
Spéirbhean		
Torthúil		
In airde ar		
Capall draíochta		
Na tonnta		
Grianáin lonracha		
Gadhar (madra)		
Eilit mhaol		
Claíomh óir		
Maraigh		
Fathach		
Fómhar Builleach – ainm duine de na carachtair		
Iníon Rí na mBeo – duine de na carachtair		
Óige shíoraí		
Leisce		
Fiailí agus neantóga		
Míghnaíúil		
Seanchas		
Críostaíocht		

Oisín i dTír na nÓg

Bhí trí chéad fear ag baint chloch[1] i nGleann na Smól, gleann aoibhinn seilge[2] na Féinne. Bhí buíon[3] acu crom istigh faoi leac mhór agus gan dul acu a tógáil. Luigh sí anuas orthu go raibh siad á gcloí aici, agus cuid acu ag titim i laige. Chonaic duine de na maoir[4] ina araicis[5].

'Á ríghaiscígh[6] óig,' ar seisean, 'tabhair tarrtháil[7] ar mo bhuíon, nó ní bheidh aon duine acu beo.

'Is náireach le rá é nach dtig le neart bhur slua an leac sin a thógáil,' arsa an marcach. 'Dá mairfeadh Oscar, chuirfeadh sé d'urchar[8] í thar mhullach[9] bhur gcinn.'

Luigh sé anonn ar a chliathán[10] deas agus rug ar an leac[11] ina lámh. Le neart[12] agus le lúth[13] a ghéag chuir sé seacht bpéirse as a háit í. Bhris giorta[14] an eich[15] bháin le meáchan[16] an urchair, agus sular mhothaigh an gaiscíoch bhí sé ina sheasamh ar a dhá bhonn[17] ar thalamh na hÉireann, D'imigh an t-each bán chun scaoill[18] air agus fágadh é féin ina sheanduine bhocht dhall i measc an tslua i nGleann na Smól.

Tugadh i láthair Phádraig Naofa é sa chill. B'iontach le gach uile dhuine an seanóir[19] críon[20] liath a bhí os méid gach fir agus an rud a tharla dó.

'Cé thú féin, a sheanóir bhoicht?' arsa Pádraig.

'Is mé Oisín i ndiaidh na Féinne,' ar seisean. 'Chaill mé mo dheilbh[21] agus mo ghnúis[22]. Tá mé i mo sheanóir bhocht dhall, gan bhrí[23], gan mheabhair[24], gan aird[25].'

'Beannacht ort, a Oisín uasail,' arsa Pádraig. 'Ná bíodh gruaim ort fá bheith dall, ach aithris[26] dúinn cad é[27] mar a mhair tú i ndiaidh na Féinne.'

[1] *digging up stones*
[2] *hunting*
[3] slua = *a crowd*
[4] *leaders*
[5] *up to him*
[6] *great hero*
[7] cabhair = *help*
[8] *shot*
[9] *over/above*
[10] *side*
[11] carraig = *rock*
[12] láidreacht = *strength*
[13] *agility*
[14] *belly band*
[15] each = *horse*
[16] *weight*
[17] cos = *feet*
[18] *in a panic*
[19] seanduine = *old man*
[20] *withered*
[21] *appearance*
[22] *face/countenance*
[23] *without meaning*
[24] *without sense*
[25] *without focus/attention*
[26] inis = *tell*
[27] conas

'Ní hé mo bheith dall is measa liom,' arsa Oisín, 'ach mo bheith i ndiaidh Oscair agus Fhinn. Inseoidh mé mo scéal daoibh, cé gur doiligh[28] liom é.

Ansin shuigh Oisín i bhfianaise[29] Phádraig agus na cléire gur inis sé a scéal ar Thír na nÓg agus ar Niamh Chinn Óir a mheall[30] ón Fhiann é. Maidin cheo i ndiaidh Chath Ghabhra bhí fuílleach áir[31] na Féinne ag seilg fá Loch Léin. Níorbh fhada go bhfaca siad aniar chucu ar each bhán an marcach mná[32] ab áille gnaoi[33]. Rinne siad dearmad den tseilg le hiontas inti. Bhí coróin ríoga[34] ar a ceann agus brat donn síoda a bhí buailte le réalta dearg-óir á cumhdach go sáil[35]. Bhí a gruaig ina duala[36] buí óir ar sileadh léi agus a gormshúile mar dhrúcht[37] ar bharr an fhéir.

'Cé thú féin, a ríon óg is fearr maise agus gnaoi[38]?' arsa Fionn.

'Niamh Chinn Óir is ainm domh,' ar sise, 'agus is mé iníon Rí na nÓg.'

'An é do chéile[39] a d'imigh uait nó cad é an buaireamh a thug an fad seo thú?' arsa Fionn.

'Ní hé mo chéile a d'imigh uaim agus níor luadh go fóill le fear mé,' ar sise. 'Ach, a Rí na Féinne, tháinig mé le grá do do mhac féin, Oisín meanmach na dtreanlámh[40].'

'A iníon óg,' arsa Fionn, 'cad é mar a thug tú grá do mo mhacsa thar fhir bhréatha an tsaoil?'

'Thug mé grá éagmaise[41] dó as an méid a chuala mé i dTír na nÓg fána phearsa agus fána mhéin[42],' arsa Niamh.

Chuaigh Oisín é féin ina láthair ansin agus rug greim láimhe uirthi. 'Fíorchaoin fáilte romhat chun na tíre seo, a ríon álainn óg,' ar seisean.

'Cuirim geasa[43] ort nach bhfulaingíonn[44] fíorlaoch[45] a Oisín fhéil,' ar sise, 'mura dtaga tú ar ais liom go Tír na nÓg. Is í an tír í is aoibhne faoin ghrian. Tá a crainn ag cromadh[46] de toradh is bláth agus is fairsing[47] inti mil is fíon. Gheobhaidh tú gach ní inti dá bhfaca súil. Ní fheicfidh tú meath[48] ná éag[49] agus beidh mise go deo agat mar bhean.' 'Do dhiúltú[50] ní thabharfaidh mé uaim,' arsa Oisín. 'Is tú mo rogha thar mhná an domhain, agus rachaidh mé le fonn go Tír na nÓg leat.'

Ansin chuaigh Oisín ar mhuin an eich bháin agus chuir Niamh Chinn Óir ar a bhéala. Rinne na Fianna an dís[51] a chomóradh[52] go béal na mara móire siar.

[28] deacair = *difficult*
[29] láthair = *presence*
[30] *to seduce*
[31] *remnants of a slaughter*
[32] *a female rider*
[33] *with the most beautiful face*
[34] *royal crown*
[35] *down to her ankles/covers to her heels*
[36] *curls*
[37] *dew*
[38] *most beautiful looking woman*
[39] *husband*
[40] *spirited Oisín of the strong hands*
[41] *unrequited love*
[42] faoina = *about his disposition*
[43] *a spell*
[44] *to suffer*
[45] *hero*
[46] *bending*
[47] *widespread*
[48] *decline*
[49] *death*
[50] *refusal*
[51] lánúin = *couple*
[52] *honour*

'A Oisín,' arsa Fionn, 'mo chumha[53] thú ag imeacht uaim agus gan súil agam le do theacht ar ais go brách[54].'

Shil na deora frasa[55] anuas le grua Oisín agus phóg sé a athair go caoin[56]. B'iomaí lá aoibhinn a bhí ag Fionn agus Oisín i gceann na Féinne fá réim, ag imirt fichille is ag ól, ag éisteacht cheoil is ag bronnadh séad[57]. B'iomaí lá eile a bhí siad ag sealgaireacht i ngleannta míne nó ag treascairt[58] laoch i ngarbhghleic[59]. D'imigh a ghné d'Fhionn ar scaradh lena mhac.

Chroith an t-each bán é féin chun siúil. Rinne sé trí seitreacha[60] ar an tráigh agus thug a aghaidh siar díreach ar an fharraige le hOisín is le Niamh. Ansin lig na Fianna trí gártha cumha[61] ina ndiaidh.

Thráigh an mhínmhuir[62] rompu agus líon na tonnta tréana ina ndiaidh. Chonaic siad grianáin lonracha[63] faoi luí gréine ar a n-aistear[64]. Chonaic siad an eilit mhaol ar léim lúith[65] agus an gadhar bán á tafann. Chonaic siad ainnir[66] óg ar each dhonn ag imeacht ar bharr na toinne, úll óir ina deaslámh agus an marcach ina diaidh ar each bhán le claíomh chinn óir.

Tháinig siad i dtír[67] ag dún Rí na mBeo, mar a raibh iníon an rí ina brá[68] ag Fómhar Builleach. Chuir Oisín comhrac[69] thrí oíche is thrí lá ar Fhómhar Builleach, gur bhain sé an ceann de agus gur lig saor iníon Rí na mBeo.

Ansin ghluais siad leo thar an gharbhmhuir go bhfaca siad an tír aoibhinn lena dtaobh, na machairí míne[70] fá bhláth, na grianáin a cumadh as clocha solais, agus an dún rí a raibh gach dath ann dá bhfaca súil. Tháinig trí caogaid laoch ab fhearr lúth agus céad ban óg ab áille gnaoi[71] ina n-araicis[72], agus tugadh le hollghairdeas[73] iad chuig Rí agus chuig Banríon Thír na nÓg.

'Fáilte romhat, a Oisín mhic Fhinn,' arsa Rí na nÓg. 'Beidh do shaol buan[74] sa tír seo agus beidh tú choíche óg.'

Níl aoibhneas dár smaoinigh croí air nach mbeidh agat, agus Niamh Chinn Óir go deo mar chéile.'

Chaith siad fleá is féasta a mhair[75] deich n-oíche is deich lá i ndún[76] an rí, agus pósadh Oisín agus Niamh Chinn Óir.

Is iomaí bliain a chaith siad fá aoibhneas i dTír na nÓg, gan meath ná éag ná easpa. Bhí beirt mhac acu ar bhaist siad Fionn is Oscar orthu agus iníon álainn a dtug siad Plúr na mBan uirthi.

Fá dheireadh smaoinigh Oisín gur mhaith leis Fionn agus na Fianna a fheiceáil arís. D'iarr sé an t-each bán ó Niamh go dtugadh sé cuairt ar Éirinn.

[53]brón

[54]*ever*

[55]*plentiful tears*

[56]*tenderly*

[57]rudaí luachmhara

[58]ag cloí = *defeating*

[59]cathanna garbha = *rough battles*

[60]*sets*

[61]*cries of sorrow*

[62]*the calm sea subsided*

[63]*shimmering sunhouses*

[64]*journey*

[65]*agility*

[66]*cailín*

[67]*they came into harbour*

[68]príosúnach

[69]cath/troid

[70]*the level plains*

[71]aghaidh

[72]ina dtreo

[73]le háthas

[74]síoraí = *eternal*

[75]*to last*

[76]*fort*

'Gheobhaidh tú sin, cé gur doiligh[77] liom do ligean uaim,' arsa Niamh. 'Ach, a Oisín, cuimhnigh[78] a bhfuil mé a rá! Má chuireann tú cos ar thalamh na hÉireann ní thiocfaidh tú ar ais go brách.'

'Ní heagal domh[79], a Niamh álainn,' ar seisean. 'Tiocfaidh mé slán ar ais ar an each bhán.'

'Deirim leat fá dhó, a Oisín, má thig tú anuas den each bhán, nach bhfillfidh tú choíche go Tír na nÓg.'

'Ná bíodh cian[80] ort, a Niamh chaoin. Tiocfaidh mé slán ar ais go Tír na nÓg.'

'Deirim leat fá thrí a Oisín, má ligeann tú uait an t-each bán éireoidh tú i do sheanóir chríon[81] liath, gan lúth, gan léim, gan amharc súl. Níl Éire anois mar a bhí, agus ní fheicfidh tú Fionn ná na Fianna.'

D'fhág Oisín slán ag Niamh Chinn Óir, ag a dhís mhac agus a iníon. Chuaigh sé ar mhuin an eich bháin agus thug a chúl go dubhach[82] le Tír na nÓg.

Nuair a tháinig sé i dtír in Éirinn bhuail eagla é nach raibh Fionn beo. Casadh marcshlua[83] air a chuir iontas ina mhéid[84] agus ina ghnaoi[85], agus nuair a chuir sé ceist orthu an raibh Fionn beo nó ar mhair aon duine eile den Fhiann dúirt siad go raibh seanchas[86] orthu ag lucht scéalaíochta.

Bhuail tuirse agus cumha Oisín agus thug sé a aghaidh ar Almhain Laighean[87]. Ní fhaca sé teach Fhinn in Almhain. Ní raibh ina ionad ach fliodh[88] agus neantóg[89].

'A Phádraig, sin duit mo scéal,' arsa Oisín. 'Nuair a fuair mé Almhain folamh thug mé m'aghaidh go dubhach ar ghnáthbhailte na Féinne. Ar theacht go Gleann na Smól domh thug mé tarrtháil[90] ar an bhuíon gan bhrí[91] agus chaill mé an t-each bán. Chaill mé mo lúth[92] agus mo neart, mo dheilbh[93] agus amharc mo shúl[94].'

'Cúis luaíochta[95] do chumha, a Oisín, agus gheobhaidh tú Neamh[96] dá bharr,' arsa Pádraig.

Thairg[97] Pádraig ansin Oisín a chonneáil ar a theaghlach agus a thabhairt leis ar a thurais ar fud Éireann, óir bhí trua aige son tseanóir dhall agus ba mhaith leis seanchas an tseansaoil a fháil uaidh agus soiscéal Dé a theagasc dó i ndeireadh a aoise. Thoiligh[98] Oisín dul leis mar gur shantaigh sé gach cearn[99] agus gach baile ina mbíodh na Fianna a shiúl arís agus mar nach raibh lúth a choirp ná amharc a shúl aige le himeacht in aon áit leis féin ná aon duine dá lucht aitheantais[100] le fáil.

Ansin tháinig a bproinn[101] agus d'fhiafraigh Pádraig d'Oisín an rachadh sé chun an phroinntí[102] mar aon le cách.

'Tabhair mo chuid bia agus mo leaba i leataobh domh,' arsa Oisín, 'óir[103] ní lucht comhaimsire[104] domh na daoine anois.'

[77] deacair
[78] *remember*
[79] níl eagla orm
[80] brón
[81] *withered*
[82] go gruama/ brónach
[83] *crowd of riders*
[84] *size*
[85] *aspect*
[86] *storytelling*
[87] an t-ainm a bhí ar dhún Fhinn Mhic Cumhail
[88] fiailí = *weeds*
[89] *nettles*
[90] cabhair
[91] gan neart
[92] *my agility*
[93] *my appearance*
[94] *my eyesight*
[95] *a source of joy*
[96] *heaven*
[97] *to offer*
[98] d'aontaigh
[99] cúinne
[100] na daoine a raibh aithne aige orthu
[101] béile
[102] an seomra bia
[103] mar
[104] daoine a bhaineann leis an ré chéanna leis

Achoimre an Scéil

- Bhí trí chéad fear ag iarraidh cloch a bhogadh i nGleann na Smól (áit álainn a mbíodh na Fianna ag seilg ann fadó) agus bhí ag teip orthu.
- Bhí an charraig mhór róthrom don ghrúpa fear. Bhí na fir in ísle brí agus bhí siad tuirseach traochta.
- Go tobann, chonaic siad laoch óg, láidir, dathúil, uasal ag teacht ar chapall ina dtreo. Oisín a bhí ann. Bhí ionadh ar Oisín nach raibh na fir in ann an chloch a ardú. Chuir laige agus an chuma mhíghnaíúil a bhí ar an slua fear ionadh ar Oisín.
- Chrom sé síos agus chaith sé an chloch i bhfad uaidh gan saothar gan stró. Bhris an strapa giorta ar an gcapall agus thit Oisín den chapall. Theith an t-each bán agus nuair a leag Oisín cos ar thalamh na hÉireann, fágadh é ina sheanóir bocht, dall i measc na bhfear i nGleann na Smól.
- Chuir claochlú Oisín ionadh ar na fir agus thug siad Oisín go Naomh Pádraig.
- Mhínigh Oisín don Naomh gur mhac le Fionn Mac Cumhaill (ceannaire na bhFiann) é.
- Bhí an-bhrón ar Oisín nuair a chuala sé go raibh a athair Fionn Mac Cumhaill agus na Fianna go léir marbh le trí chéad bliain.
- D'inis sé scéal a bheatha go brónach do Naomh Pádraig faoi Niamh Chinn Óir agus conas a mheall sí go Tír na nÓg é.
- Lá amháin, tar éis Chath Gabhra, bhí Fionn Mac Cumhaill, a mhac Oisín agus na Fianna ag seilg in aice le Loch Léin. Chonaic siad cailín álainn ar each bán ag teacht ina dtreo. Niamh Chinn Óir a bhí ann – iníon rí Thír na nÓg. Bhí gruaig fhada chatach fhionn uirthi, bhí coróin ríoga ar a ceann agus chaith sí clóca donn síoda. Bhí dath gorm ar a cuid súl cosúil le dath an drúchta ar an bhféar.
- Chuir sí in iúl d'Fhionn Mac Cumhaill agus d'Oisín go raibh sí i ngrá le hOisín – chuala sí scéalta faoina chrógacht agus a laochas, faoina phearsa agus a dheilbh. Bhagair sí go gcuirfeadh sí Oisín faoi gheasa muna raibh sé sásta filleadh ar Thír na nÓg léi – tír álainn, thorthúil na meala – áit nach dtiocfadh aois ná meath riamh ar éinne a chónaigh ann. Dúirt Oisín go raibh sé sásta dul léi.
- Chuaigh Fionn agus na Fianna go dtí an trá in éineacht leo agus d'fhág Fionn slán lena mhac go brónach. Chaoin Oisín agus phóg sé a athair.
- Smaoinigh sé ar an saol a bhí á fhágáil ina dhiaidh aige – agus ar na laethanta a chaith sé ag seilg, ag imirt fichille, ag éisteacht le ceol, ag troid agus ag ól leis na Fianna. Rinne an capall bán trí sheitreach ar an trá agus thug sé aghaidh ar Thír na nÓg le Niamh agus Oisín in airde air. Ansin lig Fionn agus na Fianna trí gháir cumha/bróin ina ndiaidh.
- Thráigh na tonnta rompu agus d'eitil an t-each bán thar na tonnta. Ar an aistear, chonaic siad a lán iontas, amhail eilit mhaol le gadhar bán ina diaidh, agus cailín le húll óir ina lámh in airde ar chapall bán ag marcaíocht trasna na dtonnta agus fear ar chapall bán le claíomh óir ina lámh ina diaidh.
- Tháinig siad i dtír ag dún Rí na mBeo. Nuair a chuala Oisín go raibh iníon Rí na mBeo ina príosúnach ag an bhfathach Fómhar Builleach, chaith sé trí lá ag troid in aghaidh an fhathaigh. Ar deireadh bhain Oisín an cloigeann den fhathach agus scaoil sé saor iníon Rí na mBeo.
- Nuair a tháinig siad i dtír i dTír na nÓg, chonaic Oisín mórán iontas – teach tógtha as clocha solais, machairí faoi bhláth, agus dún an rí a raibh dathanna an bhogha báistí air. Chuir rí Thír na nÓg céad míle fáilte rompu. Tháinig trí chaogaid laoch agus céad bean óg álainn agus bhí féasta mór acu ar feadh deich lá is deich n-oíche chun pósadh Oisín agus Néimhe a chéiliúradh.
- Chaith Oisín na blianta fada le Niamh Chinn Óir i dTír na nÓg agus níor tháinig aois ná meath ar Oisín ná ar éinne eile sa tír. Bhí beirt mhac – Fionn agus Oscar – acu agus bhí iníon amháin acu darbh ainm Plúr na mBan.

- Tar éis tamaill, áfach, tháinig brón agus uaigneas ar Oisín. Theastaigh uaidh Fionn agus na Fianna a fheiceáil arís. D'iarr sé ar Niamh an t-each bán a thabhairt dó chun filleadh ar Éirinn. Bhí leisce ar Niamh ligean dó imeacht agus thug sí trí rabhadh dó gan cos a leagan ar thalamh na hÉireann nó ní bheadh sé in ann filleadh ar Thír na nÓg go deo. Mhínigh sí dó nach bhfeicfeadh sé Fionn agus na Fianna ach d'fhág Oisín slán go brónach léi.
- Nuair a chuaigh Oisín ar ais go hÉirinn, ní raibh tásc ná tuairisc ar Fhionn agus na Fianna. Bhí siad go léir marbh. Chuaigh Oisín go hAlmhain Laighean ach ní fhaca sé teach Fhinn ann. Ní raibh ann ach fiailí agus neantóga.
- Tar éis d'Oisín scéal a bheatha a insint dó, gheall Pádraig dó go raibh áit tuillte ar Neamh aige de bharr an méid cumha agus bróin a bhí air.
- Chuaigh Pádraig agus Oisín ar thuras timpeall na hÉireann mar theastaigh ó Oisín cuairt a thabhairt ar na bailte ina mbíodh na Fianna agus theastaigh ó Phádraig soiscéal Dé a roinnt le hOisín agus scéalta Oisín a chloisint. Bhí Oisín lag, sean, dall agus gan chairde. Thairg Pádraig dinnéar dó sa seomra bia ach theastaigh ó Oisín a bheith ag ithe leis féin mar bhí a ré, a mhuintir agus a chairde imithe go deo.

Achoimre ar an Scéal i bhFoirm Pictiúr

Anois, scríobh d'achoimre féin bunaithe ar na pictiúir thuas.

Scríobh freagraí na gceisteanna seo a leanas *nó* iarrfar ar dhalta áirithe suí sa chathaoir the agus beidh air/uirthi an chéad cheist a fhreagairt ó bhéal. Nuair a bheidh an cheist freagartha aige/aici, is féidir leis/léi an chéad cheist eile a chur ar aon dalta eile is mian leis/léi.

1. Cá bhfuil an scéal seo suite?
2. Cén ré atá i gceist sa scéal seo?
3. Cérbh é athair Oisín?
4. Conas a chaith na Fianna a gcuid laethanta?
5. Cad a bhí á dhéanamh acu nuair a tháinig Niamh Chinn Óir ar an bhfód?
6. Déan cur síos ar chuma Néimhe.
7. Cérbh é athair Néimhe?
8. Cén tagairt a dhéanann Niamh do dhraíocht tar éis di a scéal a mhíniú d'Fhionn agus Oisín?
9. Conas a thaistil Oisín agus Niamh ó Éirinn go Tír na nÓg?
10. Cén saghas iontas a chonaic siad ar an aistear sin?
11. Cén fáth a raibh iníon Rí na mBeo i gcruachás?
12. Cad a rinne Oisín mar gheall ar a cruachás?
13. Déan cur síos ar an bhfáilte a cuireadh roimh Oisín agus Niamh nuair a tháinig siad i dtír i dTír na nÓg.
14. Déan cur síos ar Thír na nÓg.
15. Cé mhéad leanbh a bhí ag Oisín agus Niamh?

Scríobh freagraí na gceisteanna seo a leanas *nó* iarrfar ar dhalta áirithe suí sa chathaoir the agus beidh air/uirthi an chéad cheist a fhreagairt ó bhéal. Nuair a bheidh an cheist freagartha aige/aici, is féidir leis/léi an chéad cheist eile a chur ar aon dalta eile is mian leis/léi.

1. Ainmnigh an bheirt mhac a bhí aige.
2. Ainmnigh an iníon a bhí aige.
3. Cén fáth ar theastaigh ó Oisín filleadh ar Éirinn?
4. Cén rabhadh a thug Niamh faoi thrí dó sular fhág sé Tír na nÓg?
5. An bhfaca Oisín Fionn agus na Fianna nuair a d'fhill sé ar Éirinn?
6. Cén sórt cuma a bhí ar mhuintir na hÉireann nuair a d'fhill sé?
7. Cén fáth ar thit sé den chapall ar thalamh na hÉireann?
8. Cad a tharla dó nuair a thit sé den chapall?
9. Cé dó ar inis sé scéal a bheatha?
10. Conas a bhraith Oisín ag deireadh a shaoil, an dóigh leat?

Cleachtaí Cainte

1. Ba cheart do dhalta amháin ligean air/uirthi gurb é/í Oisín. Is féidir leis an gcuid eile den rang ceisteanna a chumadh ar mhaith leo a chur ar Oisín.
2. Ba cheart do dhalta amháin ligean air/uirthi gurb é/í Niamh Chinn Óir. Is féidir leis an gcuid eile den rang ceisteanna a chumadh agus iad a chur ar Niamh.

Freagra Samplach a 1

Déan cur síos ar thréithe Oisín mar a léirítear iad sa scéal béaloidis 'Oisín i dTír na nÓg'.

Is é Oisín an príomhcharachtar sa scéal bhéaloidis seo. Is mac é le Fionn Mac Cumhaill, ceannaire na Féinne. Caitheann sé a chuid laethanta ag seilg lena athair agus leis na Fianna, ag troid i gcoinne naimhde eachtrannacha, ag imirt fichille agus ag ól.

Feicimid dhá phictiúr d'Oisín sa scéal seo. Feicimid Oisín mar cheannaire óg, misniúil, láidir, dathúil ag tús an scéil nuair a fhilleann sé ar Éirinn ó Thír na nÓg tar éis trí chéad bliain. Ansin athraítear é go seanóir críonna, dall, lag, nuair a leagann sé cos ar thalamh na hÉireann. Nuair a thugtar go Naomh Pádraig é, insíonn sé a scéal ón tús dó agus faighimid cur síos cuimsitheach sa tslí sin ar Oisín nuair a bhí sé ina laoch óg, cróga, láidir.

Is duine láidir é Oisín. Nuair a fhilleann Oisín ar Éirinn ag tús an scéil, feicimid cé chomh láidir is atá sé. Tagraítear dó mar 'fear mór álainn' agus 'ríghaiscíoch óg'. Insítear dúinn go raibh trí chéad fear ag iarraidh cloch mhór a bhogadh agus gur theip orthu. Iarrann siad ar Oisín an charraig a bhogadh agus éiríonn leis an charraig ollmhór a bhogadh gan saothar gan stró. Taispeánann an eachtra sin neart agus láidreacht Oisín dúinn. Chomh maith leis sin, tugann Niamh Chinn Óir 'Oisín meanmach na dtréanlámh' air nuair a thagann sí go hÉirinn chun a grá a chur in iúl dó.

Is duine grámhar é Oisín. Pógann sé a athair Fionn Mac Cumhaill sula bhfágann sé Éire chun dul go Tír na nÓg le Niamh Chinn Óir. Bíonn sé uaigneach i ndiaidh a athar agus na bhFiann tar éis tamaill i dTír na nÓg. Taispeánann sé a ghrá do Niamh chomh maith nuair a deir sé gurb ise a 'rogha thar mhná an domhain'. Bíonn beirt mhac agus iníon acu agus taispeánann sé a ghrá dá mhac Oscar agus a bhród nuair a mhaíonn sé don slua trí chéad fear ag tús an scéil 'dá mairfeadh Oscar, chuirfeadh sé d'urchar í thar mhullach bhur gcinn'.

Is gaiscíoch/laoch cróga é. Nuair a théann sé ar a aistear go Tír na nÓg ar an gcapall bán le Niamh Chinn Óir, faigheann sé amach go bhfuil iníon Rí na mBeo ina príosúnach ag an bhfathach Fómhar Builleach. Téann sé chun iníon Rí na mBeo a shaoradh as a stuaim féin agus troideann sé i gcoinne Fhómhar Builleach ar feadh trí lá agus trí oíche. Maraíonn sé an fathach ar deireadh agus éiríonn leis iníon rí na mBeo a shaoradh. Taispeánann an eachtra sin gur fear cróga, láidir é. Is féidir le hOisín a bheith brúidiúil, foréigneach freisin. Baineann sé an cloigeann den fhathach Fómhar Builleach ach táimid báúil le hOisín sa chás seo mar go bhfuil iníon Rí na mBeo ina priosúnach ag an bhfathach.

Feicimid gur pearsa an-cheanndána é Oisín chomh maith, áfach. Is é ceanndánacht Oisín is cúis lena dhroch-chás ag deireadh an scéil. Nuair a bhíonn sé uaigneach i ndiaidh Fhinn agus na bhFiann, deir sé le Niamh gur mian leis filleadh ar Éirinn chun iad a fheiceáil. Cé go miníonn Niamh dó nach bhfuil Fionn agus na Fianna fós beo in Éirinn, téann sé i gcoinne chomhairle Néimhe. Tugann sí trí rabhadh dó gan cos a leagan ar thalamh na hÉireann ach téann sé sa seans nuair a iarrann an slua cabhair air chun an charraig a bhogadh, bristear giorta an eich bháin agus dá bharr, athraítear é go seanfhear críonna, lag, dall nuair a thiteann sé den chapall.

Is duine uaigneach, brónach, gruama é Oisín ag deireadh an scéil. Bíonn an-bhrón air nuair a fhaigheann sé amach go bhfuil Fionn agus na Fianna marbh leis na cianta. Nuair a athraítear é ina sheanfhear críonna, is dócha go mbíonn brón air mar bíonn a fhios aige nach bhfeicfidh sé Niamh Chinn Óir ná a chuid leanaí go deo arís. Teastaíonn uaidh a bheith ina aonar ag deireadh an scéil mar ní bhraitheann sé gur 'lucht comhaimsire' iad na daoine eile timpeall air in Éirinn ag deireadh an scéil 'Tabhair mo chuid bia agus mo leaba i leataobh domh óir ní lucht comhaimsire domh na daoine anois.'

Feicimid móran tréithe a bhaineann le hOisín sa scéal 'Oisín i dTír na nÓg'.

Achoimre ar Thréithe Oisín

- Is laoch láidir, misniúil, cróga é.
- Is duine grámhar é – is mac grámhar é agus is fear céile grámhar é ag Niamh.
- Is féidir leis a bheith foréigneach, brúidiúil.
- Is duine ceanndána é.
- Is duine brónach, uaigneach é ag deireadh an scéil.

Tréithe Néimhe

- Is carachtar í Niamh Chinn Óir ón ósnádúr, ó thír draíochta darb ainm Tír na nÓg.
- Fanann Niamh óg go deo mar ní fhaigheann éinne ó Thír na nÓg bás agus ní théann siad in aois.
- Is bean álainn, ríoga í. Is iníon í le Rí Thír na nÓg. Tá gruaig chatach fhionn uirthi; caitheann sí coróin ar a ceann agus brat/clóca síoda le réalta air.

- Tá a chuid súl cosúil leis an drúcht ar an bhféar.
- Tá cumhachtaí draíochta aici agus is bean cheanndána, láidir í. Tháinig sí go hÉirinn chun a grá d'Oisín a chur in iúl agus bhí sí toilteanach é a chur faoi gheasa má bhí sé riachtanach chun é a mhealladh ar ais go Tír na nÓg. Ní raibh uirthi é sin a dhéanamh ar deireadh mar thit sé i ngrá léi ar an toirt agus chuaigh sé go Tír na nÓg léi le fonn. Taispeánann an méid sin ceanndánacht Néimhe, áfach – bhí sé ar intinn aici Oisín a bheith aici mar fhear céile ar ais nó ar éigin!
- Is bean ghrámhar í agus tá triúr páistí aici le hOisín – Fionn, Oscar agus Plúr na mBan. Bhí an-bhrón uirthi nuair a dúirt Oisín léi go raibh sé ag iarraidh filleadh ar Éirinn.
- Tá sí ábalta an todhchaí a thuar. Bhí a fhios aici go raibh an baol ann nach bhfillfeadh Oisín ar Thír na nÓg dá rachadh sé go hÉirinn.
- Tá sí stuama. Níor stop sí Oisín nuair a bhí sé ag iarraidh dul go hÉirinn ar an gcapall bán – bhí a fhios aici nach mbeadh sé sásta i dTír na nÓg go dtí go sásódh sé a mhian. Thug sí trí rabhadh dó gan a chos a leagan ar thalamh na hÉireann nó go n-athródh é ina sheanfhear críonna.

Scríobh achoimre ar thréithe Néimhe.

Freagra Samplach a 2

Déan cur síos ar thréithe Naomh Pádraig agus ar a ról sa scéal 'Oisín i dTír na nÓg'.

Tá ról suntasach ag Naomh Pádraig sa scéal 'Oisín i dTír na nÓg' agus léirítear é mar dhuine séimh, lách, flaithiúil, fáiltiúil, leathanaigeanta, cineálta. Solathraíonn Naomh Pádraig an chodarsnacht idir saol draíochta na gCeilteach agus saol na Críostaíochta in Éirinn tar éis a theacht go dtí an tír.

Seasann Pádraig do dhomhan na Críostaíochta agus i gcodarsnacht leis sin, seasann Oisín do dhomhan na págántachta, domhan ina raibh áiteanna draíochta (amhail Tír na nÓg), ainmhithe draíochta (amhail an t-each bán a bhí in ann eitilt trasna na dtonnta ar an aistear ó Éirinn go Tír na nÓg) agus cumhachtaí draíochta ag cuid de na pearsana (mar shampla, bhí Niamh Chinn Óir in ann Oisín a chur faoi gheasa má bhí sé riachtanach chun é a thabhairt ar ais léi go Tír na nÓg).

Ba é an príomhról a bhí ag Naomh Pádraig ná soiscéal Dé a scaipeadh agus muintir na hÉireann a iompú ina gCríostaithe. Comhlíonann sé an ról sin sa scéal seo mar insíonn sé soiscéal Dé d'Oisín – duine ó dhomhan na págántachta agus meallann sé Oisín go dtí an domhan Críostaí ag rá leis go bhfuil áit tuillte aige ar Neamh.

Is duine fáiltiúil é Naomh Pádraig – is í sin an phríomhchúis ar thug na fir Oisín chuig cillín Naomh Pádraig nuair a thit sé den chapall agus nuair a athraíodh é ina sheanfhear, is dócha. Chuir Pádraig fáilte mhór roimh Oisín nuair a bhuail sé leis. Is duine fial flaithiúil é Naomh Pádraig. Thug sé aire agus comhluadar d'Oisín agus thug sé bia agus fothain dó. Thug sé Oisín ar thuras timpeall na hÉireann mar theastaigh ó Oisín dul ar cuairt ar na bailte ina mbíodh na Fianna uair amháin eile agus d'éist sé le scéalta Oisín.

Is duine leathanaigeanta agus oscailte é Naomh Pádraig. Tháinig Oisín ó dhomhan na págántachta ach d'éist Pádraig le scéalta Oisín go foighneach – scéalta faoi dhraíocht, geasa, brúidiúlacht agus laochas. Bhí Pádraig leathaigeanta go leor chun glacadh le duine a bhí difriúil leis – rud a thaispeánann go raibh sé oscailte, neamhchlaonta agus báúil le daoine eile.

Ní féidir a shéanadh ach gur carachtar suntasach, tábhachtach é sa scéal béaloidis seo.

Cleachtadh Scríofa

Scríobh achoimre ar thréithe Naomh Pádraig.

Cúlra an scéil

- **Na Fianna:** Ba ghrúpa saighdiúirí Éireannacha iad na Fianna a bhí ag iarraidh Éire a chosaint ó ionróirí iasachta nuair a bhí Cormac Mac Airt ina ardrí ar Éirinn.
- **An Fhiannaíocht:** Sraith scéalta agus dánta a bhaineann leis an bhFiann is ea an Fhiannaíocht. De ghnáth bhí siad suite amuigh faoin aer mar chaith na Fianna formhór a gcuid ama taobh amuigh ag seilg sna coillte, ag taisteal ar fud na tíre cois farraige nó cois locha nó ag comhrac amuigh faoin aer.
- Cuid den bhéaloideas is ea an Fhiannaíocht – mar atá, scéalta a insíodh ó bhéal cois tine fadó. Scríobhadh na scéalta síos ón dara haois déag ar aghaidh.
- Bhí roinnt tréithe ag baint leis na scéalta béaloideas.

Freagra Samplach a 3

Déan cur síos ar thréithe an Bhéaloidis atá léirithe sa scéal seo.

Feicimid mórán tréithe béaloidis sa scéal seo, ina measc:

- Crógacht agus laochas[1]
- Draíocht[2]
- Uimhreacha draíochta – 3, 10, 7
- Forlámhas na mban[3]
- Niachas[4]
- Áibhéil[5]
- Béim ar an dúlra – Chaith na Fianna a lán ama amuigh faoin aer
- De ghnáth, ba amuigh faoin aer a bhíodh suíomh[6] an scéil – sna coillte, cois farraige
- An choimhlint idir an phágántacht agus an Chríostaíocht
- An t-osnádúr[7]

[1]bravery and heroism
[2]magic
[3]dominance of women
[4]chivalry
[5]exaggeration
[6]setting
[7]supernatural

Crógacht/Laochas

Déantar tagairt do laochas na bhFiann nuair a fhágann Oisín Éire, Fionn agus na Fianna chun imeacht le Niamh Chinn Óir. Deirtear gurbh iomaí lá a chaith na Fianna ag troid i gcoinne 'laoch i ngarbhghleic.' Ba thréith thábhachtach é laochas agus crógacht i measc na bhFiann. Ní haon eisceacht é Oisín, mac Fhinn (ceannare na bhFiann) sa scéal seo. Taispeántar crógacht Oisín go soiléir nuair a théann sé i gcabhair ar iníon Rí na mBeo atá ina príosúnach ag fathach darb ainm Fómhar Builleach. Caitheann sé trí lá agus trí oíche ag troid i gcoinne an fhathaigh ach bíonn an bua aige ar deireadh nuair a bhaineann sé a chloigeann de agus scaoileann sé saor iníon Rí na mBeo.

Neart/Gaisce

Feicimid láidreacht Oisín nuair a bhogann sé an charraig mhór agus caitheann sé é ar feadh seacht bpéirse. Os rud é nach féidir le trí chéad fear an charraig a bhogadh, léiríonn an eachtra sin gur fear an-láidir é Oisín. Deirtear go mbíonn sé i bhfad níos láidre agus níos airde ná na daoine in Éirinn nuair a fhilleann sé ar Éirinn ó Thír na nÓg.
Chomh maith leis sin, buann sé an comhrac ar an bhfathach Fómhar Builleach. Más féidir leis comhrac a bhua i gcoinne fathaigh, is dócha gur gaiscíoch an-láidir é!

Draíocht/an tOsnádúr

- Ghlac an lucht éisteachta leis an draíocht agus leis an bhfantaisíocht mar chuid de na scéalta béaloidis. Bhí an lucht éisteachta ábalta éalú go domhan eile agus iad ag éisteacht leis na scéalta béaloidis cosúil leis na sraitheanna leabhar agus scannán Harry Potter agus The Lord of the Rings sa lá atá inniu ann. Ba chleas iontach é an draíocht ag an scéalaí chun aird an lucht éisteachta a choimeád.

- Is carachtar ón osnádúr í Niamh Chinn Óir. Is as tír dhraíochtúil í darb ainm Tír na nÓg – tír atá ag cur thar maoil le mil agus fíon. Ní fhaigheann éinne bás sa tír sin, ní théann éinne in aois inti agus ní thagann meath ar éinne sa tír draíochta sin.
- Is spéirbhean álainn í Niamh a bheidh óg go deo. Deir sí le hOisín go mbeadh sí sásta é a chur faoi gheasa dá mbeadh sé riachtanach ach téann Oisín léi le fonn go Tír na nÓg mar is ise 'a rogha thar mhná an domhain'. Téann siad ar chapall bán draíochta trasna na farraige agus is léir gur ainmhí draíochta é an capall sin mar is féidir leis marcaíocht trasna na dtonnta agus tríd an spéir.
- Feiceann Oisín a lán iontas draíochta ar a aistear go Tír na nÓg amhail an eilit mhaol, grianáin sa spéir, cailín ag marcaíocht trasna na farraige ar chapall donn agus marcach ar each bán le claíomh chinn óir.
- Feicimid tuilleadh samplaí den draíocht nuair a théann Oisín go Tír na nÓg. Feiceann sé tithe gréine geala tógtha le clocha solais agus dún rí Thír na nÓg le dathanna uile an bhogha báistí air.
- Feictear rian den gheis arís ag tús agus ag deireadh an scéil nuair a iompaítear Oisín ina sheanóir críonna tar éis dó a chos a leagan ar thalamh na hÉireann. Bristear an gheis agus iompaítear é ina sheanfhear lag, dall, tar éis dó trí chéad bliain a chaitheamh i dTír na nÓg.

Na hUimhreacha Draíochta

Bhí draíocht ag baint leis na huimhreacha a trí, a seacht agus a deich. Chabhraigh siad leis an scéalaí cuimhneamh ar eachtraí an scéil.

Uimhir a Trí

- Tá triúr príomhcharachtar sa scéal, mar atá Oisín, Niamh Chinn Óir agus Naomh Pádraig.
- Rinne an t-each bán trí sheitreach ar an trá sular fhág Niamh agus Oisín Éire chun dul go Tír na nÓg.
- Lig na Fianna trí gháir cumha astu nuair a bhí Oisín ag fágáil na hÉireann.
- Bhí Oisín ag troid ar feadh trí la agus trí oíche i gcoinne an fhathaigh Fómhar Builleach.
- Chuir trí chaogaid laoch fáilte rompu nuair a shroich siad Tír na nÓg.
- Rugadh triúr páistí do Niamh agus Oisín – Fionn, Oscar agus Plúr na mBan.
- Chaith Oisín trí chéad bliain i dTír na nÓg.
- Thug Niamh trí rabhadh d'Oisín nuair a bhí sé ag filleadh ar Éirinn (mar bhí uaigneas air i ndiaidh na Féinne agus a athar) gan a chos a leagan ar thalamh na hÉireann.

Uimhir a Seacht

Chaith Oisín an charraig ar feadh seacht bpéirse.

Uimhir a Deich

Bhí fleá agus féasta ag Oisín, Niamh agus muintir Thír na nÓg ar feadh deich lá agus deich n-oíche.

Áibhéil

Bíonn an áibhéil an-soiléir sa scéal seo. Feicimid áibhéil nuair a éiríonn le hOisín carraig mhór a bhogadh – carraig nár éirigh le trí chéad fear a bhogadh! Deirtear go raibh cuid de na fir ag titim i laige chomh maith – rud atá áibhéalach freisin is dócha!

Sampla eile den áibhéil ná go raibh Oisín, Niamh, clann Néimhe, trí chaogaid laoch agus céad bean ag céiliúradh an phósta ar feadh deich lá agus deich n-oíche nuair a phós Niamh agus Oisín i dTír na nÓg.

Feicimid an áibhéil fite fuaite leis an draíocht sa scéal chomh maith.

An Nádúr/Dúlra

Bíonn na scéalta Fiannaíochta suite amuigh faoin aer de ghnáth. Chaith na Fianna formhór den am amuigh ag troid faoin aer, ag seilg sna coillte agus ag taisteal ar fud na tíre. Sa scéal seo, buaileann Niamh Chinn Óir le hOisín agus na Fianna agus iad ag seilg cois Loch Léin. Téann siad go dtí an trá agus eitlíonn siad trasna na farraige go Tír na nÓg.

Luaitear mórán ainmhithe sa scéal amhail an capall bán, capall donn, eilit mhaol agus gadhar bán.

Déantar cur síos ar na crainn a bhí ag cromadh le torthaí agus bláthanna i dTír na nÓg chun torthúlacht na tíre a léiriú.

Is léir go raibh an nádúr an-tábhachtach sna scéalta seo.

Coimhlint idir an Phagántacht agus an Chríostaíocht

Níor ceadaíodh draíocht ná geasa i ndomhan na Críostaíochta agus sa tslí sin, tá teannas idir domhan na págántachta i gcroílár an scéil agus domhan na Críostaíochta ag tús agus deireadh an scéil nuair a bhuaileann Oisín le Naomh Pádraig. Is duine fáiltiúil leathanaigeanta é Naomh Pádraig mar éisteann sé le scéal bheatha Oisín go foighneach ach, ar ndóigh, ba é ceann de na príomhchuspóirí a bhí ag Naomh Pádraig ná daoine a thabhairt ó dhomhan na págántachta go domhan na Críostaíochta. Dá bhrí sin, cé go n-éisteann Naomh Pádraig le scéalta Oisín, míníonn sé soiscéal Dé dó, agus geallann sé d'Oisín go bhfuil áit tuillte aige ar neamh.

Tháinig Oisín ó ré agus domhan difriúil leis na daoine a mhair in Éirinn le linn ré na Críostaíochta – rud a aithníonn sé féin ag deireadh an scéil nuair a deir sé

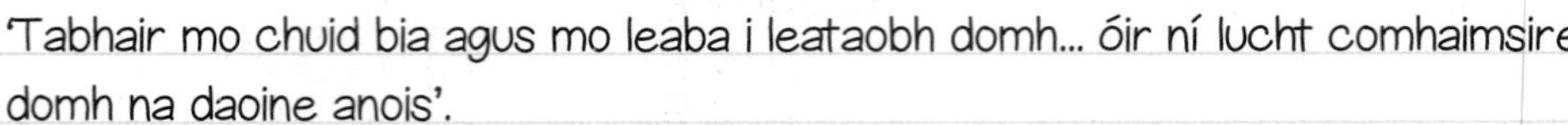

'Tabhair mo chuid bia agus mo leaba i leataobh domh... óir ní lucht comhaimsire domh na daoine anois'.

Forlámhas na mBan

Feicimid forlámhas na mban sna scéalta béaloidis agus Fiannaíochta go han-soiléir ar fad sa scéal seo i gcarachtar Néimhe. Go traidisiúnta, bhí na mná uaisle Ceilteacha an-chumhachtach – smaoinigh ar charachtair amhail an Bhanríon Méabh i scéalta ar nós 'Táin Bó Cuaigne', nó Scathach – bean a mhúin cumas troda don laoch Cú Chulainn.

Ní haon eisceacht í Niamh Chinn Óir sa scéal 'Oisín i dTír na nÓg'. Is bean thiarniúil, údarásach, chumhachtach í ón osnádúr – bean a bhfuil cumhachtaí draíochta aici fiú. Is bean cheanndána, neamhspleách í – tagann sí léi féin ar a heach bán ó Thír na nÓg go hÉirinn chun dul sa tóir ar an bhfear a theastaíonn uaithi, mar atá, Oisín, mac le Fionn Mac Cumhaill. Deir sí gur thit sí i ngrá le hOisín nuair a chuala sí faoina phearsantacht agus faoin gcuma dhathúil a bhí air i dTír na nÓg.

Ní raibh aon leisce uirthi iarradh ar Oisín a athair agus a chairde in Éirinn a fhágáil chun saol a chaitheamh léi i dTír na nÓg. Níor bhog sise go hÉirinn d'Oisín, bhí air a chairde agus a ghaolta a fhágáil chun dul léi.

Léirítear a forlámhas agus a húdarás go soiléir nuair a chuireann sí in iúl go mbeadh sí lánsásta geasa cumhachtacha a chur air sa chaoi nach bhféadfadh sé diúltiú di – rud a léiríonn méid a forlámhais agus a húdaráis: 'Cuirim geasa ort nach bhfulaingíonn fíorlaoch... mura dtaga tú ar ais liom go Tír na nÓg'.

Ar amharaí an tsaoil, bhí Oisín sásta dul léi ach bhí sé ar intinn ag Niamh é a thabhairt ar ais go Tír na nÓg ar ais nó ar éigin!

Feicimid an-chuid tréithe béaloidis sa scéal 'Oisín i dTír na nÓg gan aon agó.

Ceist Scrúdaithe

Maidir leis an ngearrscéal 'Oisín i dTír na nÓg', roghnaigh dhá thréith ón liosta seo a leanas agus déan plé orthu:

(a) draíocht (b) neart/gaisce (c) teannas idir an Chríostaíocht agus an phágántacht (d) forlámhas na mban (e) áibhéil (30 marc)

Téamaí sa Scéal

- Tá an grá, uaigneas, brón, cumha, aois, imeacht ama, crógacht, laochas, draíocht agus an fhantaisíocht ar chuid de na téamaí a fheicimid sa scéal 'Oisín i dTír na nÓg'.
- Tá téamaí na crógachta, an laochais, na draíochta/fantaisíochta le feiceáil freisin sa scéal.

Uaigneas/Brón/Cumha/Neamhbhuaine an tSaoil

Freagra Samplach a 4

Pléigh na mothúcháin uaigneas agus brón agus conas mar a léirítear iad sa scéal 'Oisín i dTír na nÓg'.

Feictear uaigneas agus brón go minic sa scéal 'Oisín i dTír na nÓg'.

Feictear uaigneas agus brón den chéad uair sa leagan seo den scéal 'Oisín i dTír na nÓg, nuair a fhágann Oisín a athair Fionn Mac Cumhail (ceannaire na bhFiann), a chairde agus Éire chun dul go Tír na nÓg le Niamh Chinn Óir ar an heach bán. Is dócha go raibh áthas ar Oisín go raibh sé tar éis titim i ngrá le bean álainn, ríoga, uasal ach bhí brón agus cumha air chomh maith i ndiaidh an tsaoil a bhí aige le Fionn agus na Fianna. Tugtar le fios go raibh saol éagsúil, taitneamhach ag Oisín, Fionn agus na Fianna agus gur chaith siad na laethanta le chéile ag seilg, ag ól, ag imirt fichille, ag éisteacht le ceol, ag bronnadh séad agus ag troid go cróga in aghaidh laochra eile 'i ngarbhghleic'. Smaoiníonn Oisín siar go brónach ar an saol a bhí aige leis na Fianna agus tá sé deacair dó iad a fhágáil. Tugtar le fios go raibh dlúthchaidreamh idir Oisín agus a athair Fionn, ach go háirithe. Shil Oisín 'deora frasa' agus phóg sé a athair go caoin nuair a bhí sé ag fágáil slán leis. Cuirtear in iúl gur chaill Fionn a chuma áthasach, dhathúil tar éis dó slán a fhágáil lena mhac. Tugann an cur síos seo le fios go raibh fíorbhrón agus cumha ar Oisín agus ar a athair Fionn agus iad ag fágáil slán lena chéile. Ligeann na Fianna 'trí gháir cumha' i ndiaidh Oisín nuair atá sé ar tí Éire a fhágáil – rud a chuireann an cumha agus an brón a bhí ar na Fianna in iúl go soiléir. Chaith Oisín na blianta fada i dTír na nÓg le Niamh Chinn Óir agus a leanaí ach tar éis tamaill, d'éirigh sé brónach agus uaigneach. Theastaigh go géar uaidh a chairde agus a athair Fionn Mac Cumhaill a fheiceáil arís. Cé gur chuir Niamh Chinn Óir in iúl dó nach raibh Éire mar a bhí agus nach bhfeicfeadh sé Fionn agus na Fianna ansin, bhí méid a bhróin agus a uaignis chomh mór sin nach raibh sé sásta glacadh lena comhairle.

Feicimid brón, buairt agus uaigneas Néimhe nuair a thugann sí an trí rabhadh dó gan a chos a leagan ar thalamh na hÉireann nó go n-iompódh sé ina sheanóir críonna. Is dócha go raibh sí an-bhuartha agus uaigneach i ndiaidh Oisín – go háirithe mar go raibh sí in ann an todhchaí a thuar agus is léir nach raibh sí ar a suaimhneas ligean dá fear céile imeacht ar ais go hÉirinn.

Nuair a d'fhill Oisín ar Éirinn, chuaigh sé ar ais go dtí na háiteanna ina mbíodh Fionn agus na Fianna – Almhain Laighean ina raibh teach Fhinn ina measc, ach bhuail brón, uaigneas agus cumha an laoch mar nach raibh tásc ná tuairisc ar Fhionn agus na Fianna. Ní raibh ann in Almhain Laighean ach neantóga agus fiailí. Nuair a cheistigh sé muintir na hÉireann fúthu, dúirt siad gur chuala siad fúthu

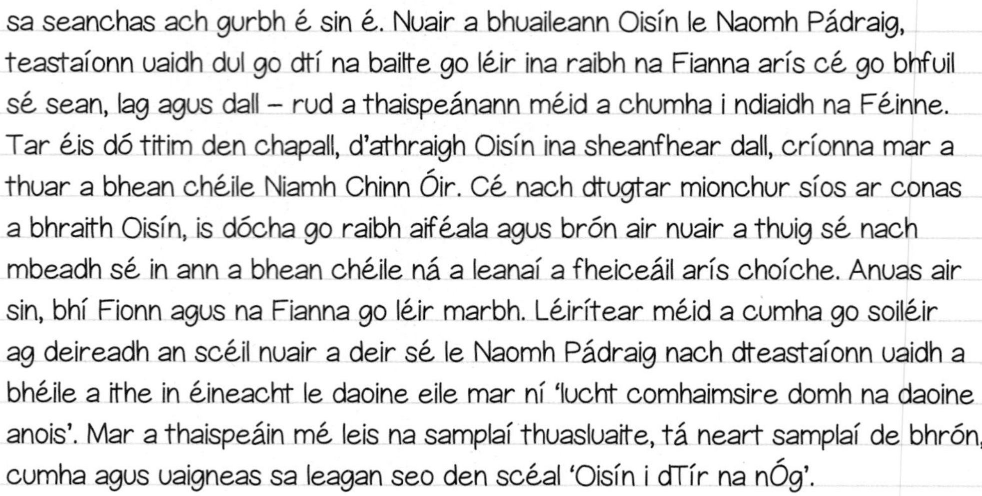

sa seanchas ach gurbh é sin é. Nuair a bhuaileann Oisín le Naomh Pádraig, teastaíonn uaidh dul go dtí na bailte go léir ina raibh na Fianna arís cé go bhfuil sé sean, lag agus dall – rud a thaispeánann méid a chumha i ndiaidh na Féinne. Tar éis dó titim den chapall, d'athraigh Oisín ina sheanfhear dall, críonna mar a thuar a bhean chéile Niamh Chinn Óir. Cé nach dtugtar mionchur síos ar conas a bhraith Oisín, is dócha go raibh aiféala agus brón air nuair a thuig sé nach mbeadh sé in ann a bhean chéile ná a leanaí a fheiceáil arís choíche. Anuas air sin, bhí Fionn agus na Fianna go léir marbh. Léirítear méid a cumha go soiléir ag deireadh an scéil nuair a deir sé le Naomh Pádraig nach dteastaíonn uaidh a bhéile a ithe in éineacht le daoine eile mar ní 'lucht comhaimsire domh na daoine anois'. Mar a thaispeáin mé leis na samplaí thuasluaite, tá neart samplaí de bhrón, cumha agus uaigneas sa leagan seo den scéal 'Oisín i dTír na nÓg'.

Mar a léirítear thuas, is iad brón, cumha agus uaigneas na príomh-mhothúcháin sa scéal seo.

Ceisteanna Scrúdaithe

1. Maidir leis an scéal 'Oisín i dTír na nÓg', déan plé ar phríomh-mhothúchán an scéil agus conas mar a dhéantar forbairt ar an mothúchán sin sa scéal. (30 marc)
2. Scríobh tuairisc ar na tréithe Fiannaíochta atá léirithe sa scéal 'Oisín i dTír na nÓg'. (30 marc)
3. Déan cur síos ar na tréithe béaloidis atá léirithe sa scéal 'Oisín i dTír na nÓg'. (30 marc)
4. Déan cur síos ar thréithe Oisín sa scéal 'Oisín i dTír na nÓg'. (15 mharc)
5. Déan cur síos ar thréithe Néimhe agus a ról sa scéal 'Oisín i dTír na nÓg'. (15 mharc)
6. Déan plé ar ról Naomh Pádraig sa scéal 'Oisín i dTír na nÓg'. (15 mharc)
7. Déan plé ar an gcoimhlint idir an phágántacht agus an Chríostaíocht sa scéal 'Oisín i dTír na nÓg'. (15 mharc)

Féinmheasúnú

Cé chomh sásta is atá tú anois go mbeidh tú in ann achoimre, téamaí agus carachtair an scéil thuas a phlé gan saothar gan stró? Cuir tic sa bhosca cuí.

Míshásta	Measartha sásta	An-sásta

6b: Filíocht Ainmnithe

Sa chéim seo, foghlaimeoidh tú:

- a bhfuil i gceist leis an dán 'An tEarrach Thiar'
- faoi théama agus teicnící fileata an dáin 'An tEarrach Thiar'
- faoi shaol an fhile Máirtín Ó Direáin.

CD2 Rian 15

An tEarrach Thiar

le Máirtín Ó Direáin

Fear ag glanadh cré[1]
De ghimseán spáide[2]
Sa gciúnas shéimh
i mbrothall[3] lae
Binn an fhuaim[4]
San Earrach thiar.

[1] *earth*
[2] *tread of spade*
[3] *humid*
[4] *sound*

Fear ag caitheamh
Cliabh[5] dá dhroim
Is an fheamainn[6] dhearg
Ag lonrú[7]
I dtaitneamh gréine
Ar dhuirling[8] bháin
Niamhrach[9] an radharc
San Earrach thiar.

[5] *basket*
[6] *seaweed*
[7] *glistening*
[8] *stony beach*
[9] *bright*

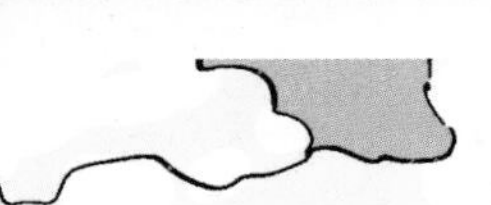

Mná i locháin[10]
In íochtar diaidh-thrá[11]
A gcótaí craptha[12]
Scáilí[13] thíos fúthu
Támhradharc[14] síothach[15]
San Earrach thiar.

[10] *little pools*
[11] *the part of the beach that is seen at low tide*
[12] *folded*
[13] *shadows*
[14] *peaceful sight*
[15] *peaceful*

Toll-bhuilí[16] fanna[17]
Ag maidí rámha
Currach lán éisc
Ag teacht chun cladaigh[18]
Ar ór-mhuir[19] mhall
I ndeireadh lae
San Earrach thiar.

[16] *hollow strokes*
[17] *weak*
[18] *beach*
[19] *sea*

Leagan Próis

Tá feirmeoir ag glanadh cré
de bhróigín spáide.
Tá an áit ciúin agus suaimhneach agus
tá an aimsir brothallach agus te.
Fuaim bhinn san earrach san iarthar.

Iompraíonn fear ciseán feamainne ar a dhroim síos ar an trá.
Tá an fheamainn dhearg ag lonrú
faoin ngrian
ar an trá bhán chlochach.
Radharc geal, álainn é
le linn an earraigh thiar.

Tá mná ag obair le chéile ina seasamh i linnte beaga sa lagthrá, an áit ina mbíonn an taoide tráite.
Tá a gcótaí fillte suas acu agus iad ag obair. Tá a scáilí le feiceáil thíos futhu. Tá an radharc síochánta agus suaimhneach le linn an earraigh thiar.

Cloistear buillí laga na máidí rámha ag bualadh an uisce.
Tá na hiascairí ag teacht abhaile agus tá a mbáid bheaga lán d'éisc agus iad ag rámhaíocht ar an bhfarraige chiúin. Tá grian an tráthnóna ag taitneamh ar an bhfarraige agus mar sin tá dath óir ar an uisce le linn an earraigh thiar.

An File

Is é Máirtín Ó Direáin a scríobh an dán seo. Is duine de mhórfhilí na Gaeilge é. Rugadh i 1910 é ar Inis Mór – an t-oileán is mó d'Oileáin Árann. Scríobh sé an dán seo faoi áilleacht a oileáin dúchais agus faoin saol ar an oileán. B'fheirmeoir beag é a athair – rud a spreag cuid de na híomhánna sa dán seo is dócha. Ba é an duine ba shine ina theaghlach é agus fuair a athair bás nuair nach raibh Ó Direáin ach ocht mbliana d'aois. Mar sin ní raibh an seans aige ceird na feirmeoireachta a fhoghlaim óna athair. D'fhág Ó Direáin an t-oileán nuair a bhí sé ocht mbliana déag d'aois agus fuair sé post mar chléireach in Ard-Oifig an Phoist i nGaillimh ar feadh roinnt blianta. Ba bhall de Chonradh na Gaeilge é agus chaith sé tamall mar rúnaí air. Bhog sé go Baile Átha Cliath agus chaith sé an chuid eile dá shaol ag obair mar státseirbhíseach ansin.

D'fhoilsigh sé a chéad chnuasach filíochta *Coinnle Geala* i 1942 agus d'fhoilsigh sé na cnuasaigh *Dánta Aniar* (1943), *Ó Mórna agus Dánta Eile* (1957). Scríobh sé leabhar (sraith aistí a bhí i gceist) dar

teideal *Feamainn Bhealtaine* freisin. Is minic a rinne sé tagairt d'áilleacht a oileáin dúchais agus mhol sé saol traidisiúnta na tuaithe ina chuid filíochta – sa dán seo agus i ndánta eile ar nós 'Faoiseamh a Gheobhadsa'. Sa dán 'Faoiseamh a Gheobhadsa', luann sé go soiléir gur fuath leis saol na cathrach. Léiríonn sé pictiúr idéalach, rómánsúil dá oileán dúchais ina chuid filíochta agus scríbhinní.

I scríbhinní eile, cháin sé saol nua-aimseartha na cathrach, agus gluaiseacht na mban. Cheap sé go raibh 'stoiteachas' (téarma a d'úsáid Ó Díreán ina chuid scríbhneoireachta a chiallaíonn dífhréamhú) ag baint lena shaol sa chathair mar bhraith sé an t-oileán uaidh. Cháin sé saol nua-aimseartha, neamhphearsanta na cathrach i gcnuasach filíochta darbh ainm *Ár Ré Dhearóil* (1963). B'aonaránach é. Fuair sé bás i 1988 i mBaile Átha Cliath.

Freagra Samplach a 1

Déan cur síos ar phríomhthéama an dáin 'An tEarrach Thiar'. Dean plé ar na híomhánna agus ar na teicnící fileata a úsáideann an file sa dán chun an príomhthéama sin a léiriú.

Is é príomhthéama an dáin 'An tEarrach Thiar' ná grá an fhile dá áit dhúchais. Rugadh agus tógadh Máirtín Ó Direáin ar Oileáin Árann ag tús an chéid seo caite. Bhí íomhá idéalach, rómánsúil den oileán ag an bhfile le linn a shaoil. Bhí air an t-oileán a fhágáil chun post a fháil nuair a bhí sé ocht mbliana déag agus d'airigh sé an t-oileán agus muintir an oileáin go mór uaidh[1]. Cé nár éirigh leis filleadh ar an oileán chun cónaí ann le linn an chuid eile dá shaol, chuaigh sé ar cuairt ar an oileán go minic agus ba thearmann[2] é an t-oileán dó.

[1] d'airigh sé uaidh = he missed
[2] sanctuary

Léiríonn sé tírdhreach álainn an oileáin sa dán seo agus an sórt saoil a bhí ag muintir an oileáin. Léiríonn an file an tslí ar bhraith siad ar[3] na heilimintí, na séasúir agus an nádúr chun slí maireachtála[4] a bhaint amach. Léiríonn sé conas a d'oibrigh siad le chéile agus conas a mhair siad ar scáth a chéile. Luann Ó Díreáin an saol ciúin, traidisiúnta, suaimhneach a bhí acu ar an oileán. Cabhraíonn na fuaimeanna, dathanna agus íomhánna go mór leis an bhfile le téama an dáin a léiriú, mar atá, a ghrá dá áit dhúchais agus áilleacht shaol na tuaithe. Léiríonn sé áilleacht an oileáin agus an saol simplí, síochánta, traidisiúnta a bhí á chaitheamh ar an oileán.

[3] to rely on
[4] a living

Feicimid íomhá den fheirmeoir amuigh sa pháirc ag glanadh cré[5] dá spád agus é ag cur na mbarraí le linn an earraigh. Cloisimid fuaim dhioscánach[6] na spáide ar lá te, meirbh[7] sa chiúnas síochánta. Mar sin, tá an íomhá sa chéad véarsa dírithe ar an tsúil agus ar an gcluas. Níl cíos, cás ná cathú ar an bhfeirmeoir agus é ag obair ar a luas agus rithim féin. Níl aon mháistir aige ach é féin agus na séasúir. Úsáideann an file friotal simplí, gonta agus aidiachtaí moltacha[8], dearfacha[9] chun an gné sin de shaol an oileáin a léiriú. Léiríonn sé áilleacht na híomhá agus binneas na bhfuaimeanna a bhaineann le hobair an fheirmeora; 'sa gciúineas shéimh', 'Binn an fhuaim'. Ní luann an file an t-anró[10] ná an cruatan[11] a

[5] earth
[6] rasping sound
[7] humid
[8] praising
[9] positive
[10] misery
[11] hardship

bhain le hobair chrua, fhisiceach faoin aer i rith tréimhse drochaimsire uaireanta! Leagann sé béim ar íomhá dhearfach, idéalach den oileán.

Sa dara véarsa, cruthaíonn an file íomhá de na fir ag baint na feamainne ar an oileán. Bhí sé de nós ag na feirmeoirí feamainn[12] a úsáid mar leasú[13] ar an talamh. Chomh maith leis sin, itheadh carraigín agus úsáideadh feamainn go minic le haghaidh leigheasanna[14].

Léiríonn an file obair thraidisiúnta shéasúrach an oileáin. Luann sé dathanna na feamainne: 'is an fheamainn dhearg ag lonrú i dtaitneamh gréine' - íomhá atá dírithe ar[15] an tsúil.

Tagraíonn sé don nádúr leis an gcur síos ar sholas na gréine agus an trá chlochach. Úsáideann sé aidiachtaí dearfacha arís ar nós 'niamhrach' (focal a chiallaíonn 'geal' nó 'álainn') sa líne 'Niamhrach an radharc san Earrach Thiar'. Léiríonn na haidiachtaí grá an fhile don oiléan.

I rann a trí, léiríonn an file íomhá de mhná an oileáin ag obair le chéile ag baint na feamainne. Tá brí an tseanfhocail 'Ar scáth a chéile a mhaireann na daoine' le feiceáil anseo. Léiríonn an file an comhoibriú[16] agus an spiorad pobail[17] a bhí i réim ar an oileán agus an cairdeas a bhí idir na daoine. D'oibrigh siad go dian ach d'oibrigh siad le chéile. Chabhraigh siad le chéile lena gcuspóirí[18] oibre a bhaint amach. Roghnaíonn an file aidiachtaí chun béim a chur ar an suaimhneas agus ar an áilleacht leis an gcomhfhocal; 'Támh-radharc síothach san Earrach Thiar'.

Cruthaíonn an file íomhánna atá dírithe ar an tsúil agus ar an gcluas sa véarsa seo a spreagann na céadfaí[19] agus é ag deanamh cur síos ar na hiascairí ag teacht abhaile i mbáid lán le héisc ón bhfarraige. Luann sé na dathanna agus na fuaimeanna a bhaineann leis an radharc. Léiríonn sé dath óir na farraige; 'ar ór-mhuir mhall' agus an tsíocháin a bhain le fuaim na maidí rámha; 'toll-bhuillí fanna ag maidí rámha'. Íomhá shimplí, álainn atá i gceist anseo a thaispeánann go raibh áit lárnach[20] ag an nádúr, na heilimintí[21] agus ag an bhfarraige i saol na ndaoine ar an oileán. Tá curfá[22] de shaghas éigin ag deireadh gach véarsa 'San Earrach thiar' agus cuireann sé béim ar an áit agus ar ghrá an fhile don áit. Ar an iomlán, léiríonn an file pictiúr soiléir d'áilleacht an oileáin agus cruthaíonn sé íomhá rómánsúil, dhearfach, idéalach de shaol simplí, traidisiúnta na ndaoine ar an oileán. Sa tslí sin, tá grá an fhile dá áit dúchais[23] le feiceáil go soiléir agus an meas a bhí aige ar mhuintir an oileáin. Forbraítear an téama sin le cabhair na dteicnící a leanas: íomhánna, friotal[24] simplí, gonta, comhfhocail[25] agus aidiachtaí dearfacha.

[12] *seaweed*
[13] *fertiliser*
[14] *cures*
[15] *focused on*
[16] *co-operation*
[17] *community spirit*
[18] *objectives*
[19] *the senses*
[20] *central*
[21] *the elements*
[22] *chorus*
[23] *native place*
[24] *language*
[25] *compound words*

Atmaisféar an Dáin

Is léir go gcruthaítear atmaisféar ciúin, síochánta, suaimhneach sa dán seo agus tacaíonn íomhánna an dáin leis an atmaisféar sin. Deirtear sa chéad véarsa go bhfuil ciúnas séimh le cloisteáil seachas an fhuaim bhinn den fheirmeoir ag glanadh cré dá spád. Os rud é go n-úsáideann an file na haidiachtaí 'séimh' agus 'binn', tá an cur síos ar fhuaimeanna an oileáin anseo thar a bheith moltach agus suaimhneach. Cruthaíonn an file atmaisféar suáilceach[26] arís leis na híomhánna agus aidiachtaí a úsáideann sé i véarsa a dó. Luann sé na fir ag obair le chéile agus ag comhoibriú i measc dhathanna áille na trá agus iad ag bailiú na feamainne i gciseáin i véarsa a dó. Luann an file an fheamainn dhearg ag lonrú faoin ngrian ar an trá – rud a chruthaíonn atmaisféar álainn, suaimhneach. Úsáideann sé aidiacht mholtach, mar atá 'niamhrach', focal a chiallaíonn go bhfuil an radharc geal agus álainn. Sa tríú véarsa, luann an file na mná ag comhoibriú le chéile agus iad ina seasamh i locháin ag bailiú na feamainne agus a scáilí[27] thíos fúthu ar an trá.

[26] *pleasant*

[27] *shadows*

Cinntíonn véarsa deireanach an dáin go gcruthaítear atmaisféar suaimhneach, síochánta sa dán. Léiríonn an file fuaim lag, ceolmhar na maidí rámha ag bualadh an uisce agus cruthaíonn sé pictiúr álainn de na báid bheaga ag teacht i dtír um thráthnóna agus na hiascairí ag rámhaíocht ar fharraige órga chiúin.

Tá atmaisféar síochánta, ciúin, suaimhneach le brath, gan aon agó, sa dán 'An tEarrach Thiar.'

Ceisteanna Scrúdaithe

1. Déan cur síos ar phríomh-mhothúchán an dáin seo agus conas mar a dhéantar forbairt ar an mothúchán sin. (30 marc)
2. 'Is léir ón dán "An tEarrach Thiar" go bhfuil cumha ar an bhfile i ndiaidh a oileáin dúchais. Pléigh an ráiteas seo le fianaise ón dán. (30 marc)
3. 'Tugtar léargas iontach ar áilleacht an oileáin agus an sórt saoil a bhí ag muintir Inis Mór ag tús an chéid seo caite sa dán 'An tEarrach Thiar".' Pléigh an ráiteas seo. (30 marc)
4. 'Tugtar léiriú maoithneach ar shaol agus áilleacht Inis Mór sa dán 'An tEarrach Thiar".' An ráiteas sin a phlé. (30 marc)

Meadaracht an Dáin

Saorvéarsaíocht atá in úsáid sa dán seo – rud a oireann do[28] théama an dáin. Tá ceithre véarsa sa dán. Tá líon na línte difriúil i ngach véarsa – 6 líne sa chéad véarsa, 8 líne i vearsa a dó, 6 líne sa tríú véarsa agus 7 líne sa véarsa deireanach. Tá líon na siollaí i ngach líne randamach freisin. m.sh. I véarsa a haon, tá 5 shiolla sa chéad líne, 4 shiolla sa dara líne, 4 shiolla sa tríú líne, 4 shiolla sa cheathrú líne, 3 shiolla sa chúigiú líne agus ceithre shiolla sa líne dheireanach.

[28] *suits*

Tá rím anseo is ansiúd[29] sa dán, m.sh. 'cré', 'shéimh', 'lae' (Véarsa a 1) 'locháin', 'thrá' (Véarsa a 3), 'fanna', 'rámha'(Véarsa a 4)

[29] *here and there*

Friotal an Dáin

Úsáideann an file friotal simplí, gonta, nádúrtha sa dán seo. Is dán simplí é an dán faoina áit dhúchais agus faoin saol simplí, mall a bhí ar fáil ar Inis Mór ag tús an chéid seo caite. Mar sin, tá an friotal simplí an-oiriúnach d'ábhar an dáin. Chum Ó Direáin an-chuid comhfhocal don dán agus roghnaíonn sé a chuid aidiachtaí i slí chumasach chun an saol agus muintir Inis Mór a léiriú i mbealach thar a bheith dearfach. Roghnaíonn sé aidiachtaí cosúil le 'niamhrach', agus comhfhocail ar nós 'támhradharc' agus 'órmhuir' chun pictiúr dearfach álainn den oileán a chruthú.

Baineann an file úsáid as friotal atá bunaithe ar ghnáthchaint na ndaoine. Ritheann na línte isteach ina chéile agus tá na línte gearr – níl aon chur síos fadálach, baothghalánta anseo. Oireann sé seo don dán mar gur saol simplí, umhal, traidisiúnta na ngnáthdhaoine ar Inis Mór atá á léiriú ag an bhfile sa dán seo.

Tá an friotal ceolmhar in áiteanna chomh maith agus tá beagán ríme ag deireadh na línte: 'cré', 'lae' (Véarsa a 1) , locháin, 'diaidh-thrá' (Véarsa a 2), 'fanna', 'rámha' agus 'éisc', 'lae' (Véarsa a 4). Cuireann rian an fhriotail cheolmhair le héifeacht an dáin toisc go bhfuil sé oiriúnach chun áilleacht an oileáin a léiriú. Cuireann na gutaí fada a úsáidtear le ceolmhaireacht na línte: mar shampla 'locháin', 'thrá' i Véarsa a 3, 'fanna' agus 'rámha' i véarsa a ceathair.

Athrá

Déanann an file athrá ar an líne 'San Earrach thiar' ag deireadh gach véarsa. Cuireann an file béim ar an líne sin trí mheán an athrá. Is dócha go bhfuil sé ag cur béime ar an líne sin chun neart a ghrá dá oileán dúchais thiar ar Oileáin Árann a chur in iúl dúinn. Is séasúr dóchasach, álainn é an t-earrach ar an oileán tar éis chruatan agus loime an nádúir le linn an gheimhridh. Tá gach rud ag fás as an nua ar an oileán, tá na laethanta ag dul i bhfad agus tá an aimsir ag feabhsú. Is féidir leis an bhfile agus le muintir an oileáin taitneamh a bhaint as áilleacht an nádúir agus as a bheith ag obair faoin aer sna páirceanna agus ar an trá i measc na n-eilimintí ar an oileán. Is saghas paidir bheag ag gabháil buíochais as áilleacht an oileáin atá sa líne athráite sin 'San Earrach thiar'. Is léir go bhfuil croí an fhile ag an oileán agus ag muintir an oileáin cé go raibh sé ina chónaí i mBaile Átha Cliath don chuid is mó dá shaol.

Dathanna agus Fuaimeanna

Baintear úsáid chumasach as dathanna agus fuaimeanna sa dán. Cloisimid fuaim an fheirmeora ag glanadh cré dá spád sa chéad véarsa. Is é sin an t-aon fhuaim atá le cloisteáil seachas fuaim shéimh na farraige sa chúlra is dócha. Cruthaíonn an fhuaim sin atmaisféar síochánta, suaimhneach, ciúin. Feicimid íomhá d'fheamainn dhearg ar thrá bhán chlochach sa dara véarsa. Cruthaíonn na dathanna agus an íomhá sin pictiúr álainn, idéalach d'áilleacht na trá, agus deir an file féin gurb álainn agus geal an radharc é leis an bhfocal 'niamhrach'.

Leis an aidiacht 'síothach' i véarsa a trí, cuireann an file in iúl nach bhfuil aon fhuaimeanna míthaitneamhacha le cloisteáil seachas fuaim na farraige. Sa cheathrú véarsa, baineann an file leas as fuaimeanna arís agus é ag déanamh cur síos ar fhuaim na mbuillí laga nuair a bhuail maidí rámha na n-iascairí an t-uisce. Is fuaim an-síochánta, suaimhneach, suáilceach í sin. Luann an file dath óir álainn na gréine ar an bhfarraige chiúin um thráthnóna. Baineann an file leas cumasach as dathanna agus fuaimeanna chun céadfaí an léitheora a spreagadh agus chun pictiúr álainn a chruthú dá oileán dúchais.

Freagra Samplach a 2

Pléigh na mothúcháin a spreag an dán seo ionat.

Ní mór dom a admháil gur spreag an dán 'An tEarrach Thiar' cumha ionam agus grá do shaol na tuaithe.

Chuir sé na laethanta saoire a chaith mé le mo sheantuismitheoirí faoin tuath i gcuimhne dom. Chónaigh mo sheantuismitheoirí ar fheirm cois farraige. Chuir sé an fheirmeoireacht agus an iascaireacht a bhain le saol na tuaithe i gcuimhne dom nuair a bhíodh m'uncail agus mo sheanathair ag obair le chéile ar an bhfeirm. Bhí an aimsir go haoibhinn an uair sin, bhí na páirceanna ciúin agus suaimhneach agus bhí mé ag caitheamh na laethanta leo amuigh faoin aer nuair a bhí siad i mbun obair na feirme. Bhí siad ag obair go dian cosúil leis an bhfeirmeoir sa chéad véarsa den dán seo ach bhí an obair sásúil agus taitneamhach – gan aon mháistir orthu ach an aimsir agus na heilimintí.

Thaitin na dathanna a luadh sa dán go mór liom – an fheamainn dhearg an lonrú faoin ngrian, an trá bhán chlochach, an fharraige órga agus mar sin de. Spreag na híomhánna sin dathanna na gcuimhní atá agam féin den saol feirme cois farraige. Is léir go raibh an file ag féachaint siar go maoithneach ar a chuid ama ar Inis Mór sa dán seo agus go raibh cuimhní rómánsúla, idéalacha aige dá chuid ama ar Inis Mór.

Spreag an dán síocháin i mo chroí chomh maith. Cosúil leis an bhfile, tugtar suaimhneas aigne dom nuair a bhíonn an nádúr timpeall orm agus bainim an-sólás as a bheith ag siúl cois farraige nó trí pháirceanna. Cruthaíonn an file pictiúr thar a bheith suaimhneach agus taitneamhach sa dán seo de mhuintir an oileáin ag obair le chéile ar an trá agus den ghrian ag taitneamh ar an bhfarraige um thráthnóna.

Líon sé mo chroí le háthas agus suaimhneas agus is éalú iontach é an dán ó chrá croí agus cé chomh gnóthach is a bhíonn saol nua-aimseartha an bhaile mhóir nó na cathrach! Ní raibh torann, trácht nó truailliú le feiceáil sa dán seo chun strus agus brú a chur ar na daoine. Bhí luas an tsaoil go mall – rud a thaitníonn go mór liom agus a líon mo chroí le suaimhneas agus an dán á léamh agam. Luaigh an file fuaimeanna síochánta, go háirithe sa véarsa deireanach, a thaitin go mór liom – rud a chuir go mór le mothú na síochána a chuir an dán orm. Bhí mé in ann an torann séimh, lag de na maidí rámha a chloisteáil ag bualadh an uisce agus mhúscail sé mothú an tsuaimhnis ionam.

Ar an iomlán, éiríonn leis an bhfile na céadfaí a spreagadh lena chuid íomhánna agus cuireann sé sin go mór le mothú an chumha, an mhaoithneachais agus an tsuaimhnis a spreag an dán ionam. Is léir óna chur síos ar shaol agus ar mhuintir an oileáin sa dán gur bhraith an file na mothúcháin sin chomh maith.

Ceisteanna Scrúdaithe

1. Scríobh nóta ar gach ceannteideal thíos:
   (i) suíomh an dáin (ii) an file (iii) íomhánna an dáin (iv) atmaisféar an dáin. (30 marc)
2. 'Is máistir é Ó Direáin ar a cheird mar fhile'. Pléigh an úsáid a bhaineann sé as fuaimeanna, dathanna agus íomhánna sa dán 'An tEarrach Thiar'. (30 marc)
3. Scríobh nóta ar na ceannteidil thíos:
   (i) meadaracht an dáin (ii) friotal an dáin (iii) cén mothúchán a spreag an dán ionat féin (iv) fuaimeanna agus dathanna sa dán. (30 marc)
4. Úsáideann an file go leor aidiachtaí sa dán. Roghnaigh dhá cheann de na haidiachtaí sin agus déan plé gairid ar an tábhacht a bhaineann leo sa dán, dar leat. (9 marc)

Athbhreithniú ar an Litríocht: Súil ar an Scrúdú

Ceist 2 PRÓS (30 marc)

Prós Ainmnithe nó Prós Roghnach (30 marc)

Freagair Ceist 2A (Prós Ainmnithe) nó Ceist 2B (Prós Roghnach) thíos.

2A Prós Ainmnithe

Feictear tréithe an bhéaloidis sa scéal béaloidis 'Oisín i dTír na nÓg'. É sin a phlé. (30 marc)

2B Prós Roghnach

Níl cead aon ábhar a bhaineann le Prós Ainmnithe a úsáid i bhfreagra ar an bPrós Roghnach.

Maidir le gearrscéal roghnach a ndearna tú staidéar air le linn do chúrsa, déan plé ar dhá ghné den ghearrscéal a chuaigh i bhfeidhm ort. (30 marc)

Ní mór teideal an ghearrscéil sin, mar aon le hainm an scríbhneora a scríobh síos go cruinn.

Ceist 3 FILÍOCHT (30 marc)

Filíocht Ainmnithe nó Filíocht Roghnach (30 marc)

Freagair Ceist 3A (Filíocht Ainmnithe) nó Ceist 3B (Filíocht Roghnach) thíos.

3A Filíocht Ainmnithe

(i) 'Baineann an file úsáid éifeachtach as íomhánna, dathanna agus fuaimeanna chun áilleacht a oileáin dúchais a léiriú dúinn sa dán "An tEarrach Thiar".' Déan plé gairid ar an ráiteas sin. (14 mharc)

(ii) Críochnaíonn gach véarsa leis an líne '*San Earrach thiar*'. Cén éifeacht a bhaineann le hathrá na bhfocal sin, dar leat? (6 marc)

(iii) Scríobh nóta gairid ar shaol agus ar shaothar an fhile seo. (10 marc)

Caithimh Aimsire, an Córas Sláinte, Spórt agus an Timpeallacht

Céim a 1: Labhairt	Céim a 2: Cluastuiscint	Céim a 3: Ceapadóireacht	Céim a 4: Gramadach	Céim a 5: Léamhthuiscint	Céim a 6: Litríocht
Caithimh aimsire An spórt agus sláinte Timpiste agus an t-ospidéal An timpeallacht	Spórt agus drugaí Imeachtaí spóirt An spórt agus sláinte Timpistí agus an t-ospidéal	An córas sláinte Spórt – Spraoi nó gnó? Truailliú na timpeallachta	Céimeanna comparáide na h-aidiachta Conas aidiachtaí a chur in oiriúint d'ainmfhocail	Léamhthuiscint a 1: Mo shaol mar dhuine beag Léamhthuiscint a 2: Sliocht as dírbheathaisnéis Brian O'Driscoll	Prós/ Scannánaíocht: *Cáca Milis* Athbhreithniú ar an litríocht: súil ar an scrúdú

Torthaí Foghlama

San aonad seo, foghlaimeoidh tú:

- **Léamh agus tuiscint:** conas foclóir agus nathanna a bhaineann le míchumas, spórt, drugaí sa spórt, sláinte agus aclaíocht a aithint agus a thuiscint
- **Labhairt:** conas do chuid caitheamh aimsire agus conas mar a chaitheann tú d'am saor a phlé. Beidh ar do chumas labhairt faoi thopaicí ar nós spórt agus sláinte an duine, an phictiúrlann, an teilifís, an timpeallacht, srl. a phlé
- **Scríobh:** conas giotaí a scríobh mar gheall ar chúrsaí sláinte na tíre, ar thopaicí amhail spórt agus an tábhacht a bhaineann leis inár saol agus tionchar an airgid ar chúrsaí spóirt na laethanta seo agus ar ábhar na timpeallachta
- **Litríocht:** na heochairfhocail a bhaineann leis an scannán *Cáca Milis*. Beidh tú in ann freagraí scríofa a chumadh bunaithe ar théamaí, stíl, teicníocht, carachtair agus ábhair a esacraíonn ón litríocht, mar shampla, míchumas, daoirse, srl.
- **Féachaint:** féachfaidh tú ar mhíreanna físe a bhaineann le caithimh aimsire.

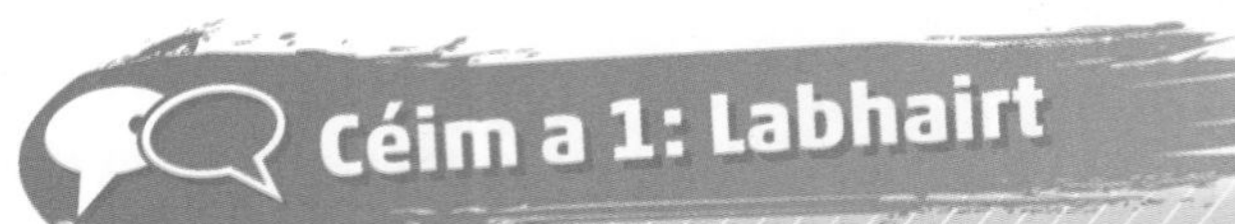

Sa chéim seo, foghlaimeoidh tú:

- conas réimse leathan nathanna cainte a bhaineann le do chaithimh aimsire a úsáid
- nathanna cainte agus foclóir a bhaineann leis an gcaitheamh aimsire is fearr leat
- foclóir agus nathanna cainte a bhaineann leis an deireadh seachtaine agus am saor
- foclóir agus nathanna cainte a bhaineann le hábhar na timpeallachta agus truailliú na timpeallachta.

Caithimh Aimsire

Caithimh Aimsire Éagsúla	
Imrím peil/cispheil/haca/iománaíocht/rugbaí/ camógaíocht/leadóg/scuais/leadóg bhoird, srl.	*I play football/ basketball/hockey/hurling/rugby/ camogie/tennis/squash/table tennis, etc.*
Seinnim an pianó/an giotár/an chláirseach/an veidhlín/an sacsafón/an fheadóg mhór/an bosca ceoil/na drumaí, srl.	*I play piano/guitar/harp/violin/saxophone/flute/ accordion/drums, etc.*
Glacaim páirt i gcomórtais go minic.	*I take part in competitions regularly.*
Táim ar fhoireann peile na scoile agus imrím ar fhoireann an chontae faoi ocht déag chomh maith.	*I am on the school football team and I play on the under-18 county team also.*
Ní ball mé d'aon ghrúpa ach is maith liom a bheith ag seinm ceoil le mo chairde mar chaitheamh aimsire.	*I am not a member of any group but I like to play music with my friends casually/as a hobby.*
Caithim a lán ama ag crochadh timpeall le mo chairde nuair a bhíonn am saor agam.	*I spend lots of time hanging around with my friends when I have free time.*
Tugaimid cuairt ar a chéile.	*We visit each other.*
Bímid ag caint ar na suíomhanna sóisialta.	*We talk on social media.*
Déanaim dearmad ar mo chuid fadhbanna.	*I forget my problems.*
Is é Ronaldo mo laoch spóirt.	*Ronaldo is my sporting hero.*
Is í Rihanna an réalta cheoil is fearr liom.	*Rihanna is my favourite music star.*
Tá sé sláintiúil a bheith aclaí.	*It's healthy to be fit.*
Tugann sé faoiseamh dom ó bhrú na scoile.	*It gives me relief from the pressure of school.*
éistim le/buailim le/casaim le	*I listen to, I meet*
féachaim ar/breathnaím ar/amharcaim ar	*I watch*
is ball mé de	*I am a member of*
Is duine an-spórtúil/ceolmhar mé.	*I am a very sporty/musical person.*
Is breá liom a bheith ag aisteoireacht/ag péintéireacht/ag tarraingt.	*I love to act/to paint/to draw.*

An Caitheamh Aimsire Is Fearr Liom

An scrúdaitheoir: **Cad iad na caithimh aimsire is fearr leat?**

An dalta:

- Is aoibhinn liom dul amach ag siúl nó ag rith le mo mhadra tar éis scoile.
- Taitníonn an spórt go mór liom agus is ball mé den chlub cispheile áitiúil.
- Is é an caitheamh aimsire is fearr liom ná dul go dtí an phictiúrlann le mo chairde.
- Féachaim ar an teilifís agus ligim mo scíth nuair a bhíonn am saor agam. Breathnaím ar chláir ghrinn agus cláir réaltachta[1] den chuid is mó.
- Bhuel, is duine an-spórtúil mé agus imrím gach saghas spóirt. Táim ar fhoireann peile na scoile agus bhí mé ar an bhfoireann snámha anuraidh.
- Imrím leadóg agus táim sa chlub leadóige áitiúil.
- Is aoibhinn liom gach rud a bhaineann le spórt/ceol/damhsa, srl.
- Taitníonn drámaíocht go mór liom. Glacaim páirt i ndrámaí agus i gceoldrámaí go minic. Tá club drámaíochta iontach againn anseo i bPort Laoise.
- Déanaim júdó le mo chara gach Máirt agus Déardaoin. Bíonn ranganna ar siúl i halla an bhaile agus taitníonn sé go mór liom.
- Is breá liom bualadh le mo chairde agus dul amach in éineacht leo freisin. Téimid isteach sa bhaile mór/sa chathair ó am go ham.

[1] reality TV programmes

Spórt

An scrúdaitheoir: **Déan cur síos dom ar an gcaitheamh aimsire sin.**

An dalta:

- Mar a dúirt mé cheana, is duine an-spórtúil mé. Imrím leadóg agus cispheil agus táim i mo bhall den chlub spóirt áitiúil. Thosaigh mé ag imirt leadóige nuair a bhí mé deich mbliana d'aois agus táim sa chlub áitiúil, thíos an bóthar ó mo theach. Tá an t-ádh orm mar tá club an-láidir leadóige againn anseo i Luimneach agus bíonn cluichí againn go rialta. Faighim féin an deis taisteal mar gheall ar an leadóg agus buailim le daoine nua an t-am ar fad mar sin. Cé go mbíonn sé deacair go leor ar mo thuismitheoirí síob[2] a thabhairt dom gach áit, tá siad thar a bheith sásta go bhfuilim páirteach sa chlub agus go bhfuil ag éirí go maith liom. Anuraidh mar shampla shroich mé cluiche leathcheannais na hÉireann. An bhliain roimhe sin d'imir mé sa Fhrainc agus san Iodáil le foireann na hÉireann. Ba thaithí iontach é sin dom gan amhras. Nílim ag traenáil ná ag imirt chomh minic sin i mbliana, áfach, mar gheall ar an Ardteist. Tosóidh mé i gceart arís ag deireadh na scrúduithe!

[2] lift

- Imrím sacar le foireann an bhaile. Tá foireann réasúnta maith againn ach níor bhuamar aon rud mór le bliain anuas. Tá sé deacair a bheith dáiríre faoin spórt na laethanta seo toisc go bhfuilim gafa leis na scrúduithe faoi láthair. Cúpla bliain ó shin, bhuaigh ár gclub craobh na Mumhan faoi shé déag agus bhí sé sin go hiontach. Le cúnamh Dé beidh mé in ann sacar a imirt sa choláiste an bhliain seo chugainn. Bhí mé ar fhoireann na scoile anseo go dtí le fíordhéanaí. Tá cultúr an-láidir spóirt sa scoil seo agus bíonn imeachtaí spóirt ar siúl sa halla spóirt nó taobh amuigh ag am lóin trí lá sa tseachtain. Is iontach an caitheamh aimsire é an spórt, dar liom. Mar is eol dúinn go léir, tá sé an-sláintiúil a bheith aclaí[3]. Chomh maith leis sin, mothaím saor ón strus nuair a bhím ar an bpáirc imeartha.

[3]*fit*

Mír Físe

Féach ar an mír físe a bhaineann leis na treoracha thíos agus comhlánaigh an bhileog oibre a ghabhann léi.

Téigh go dtí suíomh idirlín Ollscoil Mhaigh Nuad agus cuardaigh **Vifax**. Is acmhainn shaor in aisce é Vifax do dhaltaí agus mhúinteoirí. Baineann na hachmhainní le míreanna nuachta TG4. Cuireann Vifax físeáin agus na ceisteanna a bhaineann leo ar an suíomh go rialta. Téigh go dtí 8ú Nollaig 2015 agus roghnaigh an físeán 'Cúrsaí Sacair (Meánleibhéal)'. Tar éis breathnú ar an bhfíseán, roghnaigh an PDF chun an bhileog oibre a íoslódáil.

- Téim ag rith cúpla uair sa tseachtain le mo chara nó i m'aonar. Tá raon reatha[4] sa bhaile mór agus téim ann nuair a bhíonn sé dorcha. Sa samhradh is féidir liom dul ag rith ar an trá nó ar an mbóthar. Caithim cluasáin[5] agus éistim le ceol agus mé ag rith agus bainim taitneamh as.
- Ag an deireadh seachtaine téim ag snámh sa linn snámha aitiúil. Tá an trá gar go leor do mo theach freisin ach is annamh[6] a théim ag snámh san fharraige toisc go mbíonn an t-uisce rófhuar! Cúpla uair sa bhliain b'fhéidir is féidir linn cos a chur isteach ann! Chuaigh mé chuig ceachtanna snámha nuair a bhí mé ní b'óige agus táim sách láidir aige anois. Táim oillte[7] mar mhaor snámha agus bhí mé ag obair mar mhaor snámha an samhradh seo caite. Le cúnamh Dé, gheobhaidh mé an post céanna arís tar éis na hArdteiste.
- Déanaim cearáité[8] agus táim i mo bhall den chlub cearáité anseo i mbaile Longfoirt. Tá cearáité ar cheann de na healaíona comhraic agus is é an grádú[9] atá ann ná criosanna[10] de dhathanna éagsúla. Tá mo chrios donn agam agus níl ach an crios dubh le baint amach agam anois. Is aoibhinn liom an spórt seo mar tá an-chuid scile agus aclaíochta ag baint leis.

[4]*running track*

[5]*headphones*

[6]*it is seldom*

[7]*trained/qualified*

[8]*karate*

[9]*grading*

[10]*belts*

- Taitnionn spórt uisce go mór liom. Tá an t-ádh dearg orm a bheith i mo chónaí ar chósta thiar na hÉireann agus go bhfuil tránna iontacha againn anseo, don tseoltóireacht[11], don mharcaíocht toinne[12] agus don churrachóireacht[13]. Is aoibhinn liom gach saghas spóirt uisce ach déanaim níos mó surfála ná aon spórt eile. Tá mo chlár surfála féin agam agus téim amach ar an uisce go han-mhinic sa samhradh le mo dheartháir agus le mo chairde. Ní chuireann fuacht an uisce isteach orainn go rómhór toisc go gcaithimid cultacha uisce. Bíonn sé go hiontach ar fad nuair a bhíonn na tonnta ard!

[11]*sailing*
[12]*wind surfing*
[13]*canoeing*

An scrúdaitheoir: **An gceapann tú go bhfuil an spórt tábhachtach i saol an duine óig?**

An dalta: Tá, cinnte! Mar a luaigh mé cheana, is caitheamh aimsire an-sláintiúil é. Gan amhras tá sé i bhfad níos sláintiúla ná a bheith sínte[14] ar an tolg an t-am ar fad. Chomh maith leis sin laghdaíonn sé[15] fadhbanna sóisialta, dar liom, mar nuair a bhíonn daoine gafa le spórt nó le caitheamh aimsire eile ní bhíonn an t-am acu i ndáiríre a bheith i dtrioblóid ar na sráideanna. Anuas air sin, buaileann tú le daoine nua an t-am ar fad nuair a bhíonn tú páirteach sa spórt. Déanann sé maitheas don chorp agus coinníonn sé daoine aclaí agus gníomhach[16]. Laghdaíonn sé fadhb na hotrachta[17] freisin gan dabht. Deirtear i gcónaí chomh maith leis sin gur sláintiúla aigne an té a bhíonn aclaí agus aontaím leis sin, cinnte.

[14]*stretched*
[15]*it decreases/ reduces*
[16]*active*
[17]*the problem of obesity*

An scrúdaitheoir: **An mbíonn tú ag féachaint ar an gclár teilifíse *Operation Transformation*?**

An dalta: Féachaim air ó am go ham. Ceapaim gur smaoineamh iontach é an clár mar spreagann[18] sé gach duine idir óg agus aosta, iarracht a dhéanamh feabhas a chur ar a gcuid aclaíochta agus is rud iontach é sin. Tá a fhios agam go dtugann na láithreoirí[19] agus ceannairí[20] cuairt ar scoileanna ar fud na tíre freisin agus is iontach an rud é sin toisc go gcuireann sé an t-aos óg ag smaoineamh ar a gcuid aclaíochta agus ar a gcuid aistí bia[21].

[18]*inspires*
[19]*presenters*
[20]*leaders*
[21]*diets*

An Drámaíocht agus Ealaín

An scrúdaitheoir: **Cad é an caitheamh aimsire is fearr leat?**

An dalta:

- Is aoibhinn liom an drámaíocht agus glacaim páirt i ndrámaí agus i gceoldrámaí aon uair a bhíonn deis[22] agam. D'fhreastail mé ar ranganna drámaíochta ó bhí mé cúig bliana d'aois. Is aisteoir iontach é mo dhaid agus mar sin tá sé san fhuil agam[23], is dócha! Tá club drámaíochta den scoth againn sa cheantar seo agus déanaimid drámaí agus ceoldrámaí go rialta. Chomh maith leis sin nuair a bhí mé san idirbhliain ghlac mé an phríomhpháirt i gceoldráma na scoile. Rinneamar *Joseph* agus bhí sé thar a bheith taitneamhach. Ba bhreá liom cúrsa aisteoireachta i gColáiste na Tríonóide nó cúrsa drámaíochta agus ceoil i gColáiste Uí Ghríofa a dhéanamh an bhliain seo chugainn. B'aoibhinn liom post a fháil mar aisteoir sa todhchaí!

[22]*opportunity*
[23]*it's in the blood*

- Caithim mo chuid am saor ag tarraingt pictiúr agus ag péintéireacht. Déanaim ealaín ar scoil freisin, ar ndóigh, agus bainim an-taitneamh as an rang sin. Ba bhreá liom cúrsa ealaíne a dhéanamh i gColáiste na nEalaíon i mBaile Átha Cliath. Is maith liom portráidí[24] a dhéanamh go háirithe ach taitníonn gach saghas ealaíne liom i ndáiríre. Tá cúpla portráid déanta agam de mo theaghlach agus de mo chairde. B'aoibhinn liom post san ealaín a bheith agam amach anseo ach nílim cinnte cén saghas poist go díreach a thaitneodh liom.

[24]*portraits*

An Teilifís agus an Phictiúrlann

An scrúdaitheoir: **An maith leat féachaint ar an teilifís?**

An dalta:

- Taitníonn an teilifís go mór liom. Is aoibhinn liom cláir ghrinn agus na sobail[25] go háirithe. Is é *Home and Away* an clár teilifíse is fearr liom. Tá an clár sin suite san Astráil mar is eol duit agus bheadh an-spéis agam cuairt a thabhairt ar an tír sin lá éigin! Chomh maith leis sin is clár faoi dhaoine óga é agus is maith liom é sin.

- Tá mo chuntas Netflix féin agam agus go minic roimh dhul a chodladh féachaim ar chláir ar mo ríomhaire glúine nó ar mo thaibléad. Is breá liom cláir agus scannáin faoin gcoiriúlacht mar bíonn siad lán le haicsean, le teannas agus le bisimíní[26]. Taitníonn sé sin go mór liom.
- An buntáiste is mó a bhaineann le Netflix agus le suíomhanna eile teilifíse ar an idirlíon ná go gcuireann siad rogha leathan clár agus scannán ar fáil do gach duine ar phraghas an-íseal. Ina theannta sin, is féidir leat breathnú ar do rogha clár pé uair is mian leat agus tá sé sin an-áisiúil[27] domsa, go háirithe i mbliana agus mé ag staidéar.
- Baineann míbhuntáistí leis an teilifís freisin, ar ndóigh. Deirtear go minic go léirítear an iomarca íomhánna foréigneacha uirthi agus go mbíonn drochthionchar[28] acu seo ar mheon an duine óig uaireanta. Chomh maith leis sin, caitheann roinnt daoine an iomarca ama ina suí os comhair na teilifíse agus mar is eol do chách, níl sé sin sláintiúil, don chorp ná don aigne.

An scrúdaitheoir: **An bhfuil pictiúrlann sa cheantar seo?**

An dalta: Tá pictiúrlann sa chathair, buíochas le Dia, agus is aoibhinn liom féin dul chuig scannáin. Téim go dtí an phictiúrlann gach deireadh seachtaine nach mór[29]! Taitníonn beagnach gach saghas scannáin liom ach is fearr liom scannáin ficsin agus scannáin ghrinn gan amhras.

[25]*soaps*

[26]*suspense*

[27]*very handy/ practical*

[28]*bad influence*

[29]*almost*

An scrúdaitheoir: **Déan cur síos dom ar an scannán is fearr a chonaic tú riamh.**

An dalta:

- Bhuel, tá sé deacair é sin a dhéanamh mar i ndáiríre níl aon scannán faoi leith a thaitníonn liom níos mó ná aon scannán eile. Mar sin féin, is aoibhinn liom na scannáin *Star Wars* agus *Harry Potter*. Tá siad lán le gníomhaíocht[30] agus bíonn na scéalta thar a bheith corraitheach[31] agus spéisiúil. Tá scannánaíocht[32] den scoth sna scannáin sin freisin agus téann sé go mór i bhfeidhm ar an lucht féachana.
- Is fearr liom dul chuig an bpictiúrlann ná chuig an teach tábhairne i mbliana mar tá sé go deas bualadh le mo chairde ach ag an am céanna ní bhím róthuirseach an lá dar gcionn.
- Ar an drochuair níl aon phictiúrlann sa bhaile mór seo agus bíonn orainn dul go Gaillimh má theastaíonn uainn scannán nua a fheiceáil. Is mór an trua é sin, i mo thuairim, ach ag an am céanna ní ghlacann sé ach leathuair an chloig dul isteach sa chathair.

[30]*action*
[31]*exciting*
[32]*film-making*

Mír Físe

Féach ar an mír físe a bhaineann leis na treoracha thíos agus comhlánaigh an bhileog oibre a ghabhann léi.
Téigh go dtí suíomh idirlín Ollscoil Mhaigh Nuad agus cuardaigh **Vifax**. Is acmhainn shaor in aisce é Vifax do dhaltaí agus mhúinteoirí. Baineann na hachmhainní le míreanna nuachta TG4. Cuireann Vifax físeáin agus na ceisteanna a bhaineann leo ar an suíomh go rialta. Téigh go dtí 1ú Nollaig 2015 agus roghnaigh an físeán 'Cúrsaí Scannánaíochta san Iarthar (Meánleibhéal)'. Tar éis breathnú ar an bhfíseán, roghnaigh an PDF chun an bhileog oibre a íoslódáil.

An Léitheoireacht

An scrúdaitheoir: **An dtaitníonn an léitheoireacht leat?**

An dalta:

- Is aoibhinn liom a bheith ag léamh ach, ar an drochuair, i mbliana ní fhaighim mo dhóthain ama é a dhéanamh. Mar a dúirt mé cheana, taitníonn scannáin *Harry Potter* go mór liom agus tá sé mar an gcéanna leis na leabhair! Tá siad go léir ar fheabhas, dar liom féin. Cé go bhfuil na scannáin píosa beag difriúil leis na leabhair, ní chuireann sé sin isteach orm in aon chor.
- Is iontach an caitheamh aimsire é an léitheoireacht, ar ndóigh. Cabhraíonn sé go mór le mo chuid obair scríofa sa Bhéarla gan amhras agus níos fearr ná sin tá sé an-taitneamhach agus síochánta mar chaitheamh aimsire. Is breá liom am a chaitheamh i mo sheomra leapa le mo leabhar. Tá Kindle agam freisin ach b'fhearr liom an leabhar féin a léamh. Tá sé fíor-áisiúil, áfach, nuair a théim ar saoire nó nuair a bhím ag taisteal.

Féach ar Ceol agus Rince in Aonad a 4, leathanach 146.

Obair Bheirte

Cuir na ceisteanna seo a leanas ar an duine in aice leat.

1. Cén caitheamh aimsire is fearr leat féin?
2. Déan cur síos ar an gcaitheamh aimsire sin.
3. An mbíonn cleachtadh/traenáil i gceist?
4. Cé chomh minic is a bhíonn traenáil/cleachtadh agat? Cá háit? An mbíonn sé dian?
5. Cad is ainm don traenálaí/don mhúinteoir atá agat?
6. Ar bhuaigh tú aon ghradam/duais riamh sa spórt/sa cheol/sa damhsa, srl.?
7. Cén comórtas a bhuaigh tú? Inis dom faoi.
8. An maith leat féachaint ar an teilifís?
9. Cén clár teilifíse is fearr leat?
10. Cén saghas cláir é sin? Déan cur síos air.
11. Cé hé/hí an t-aisteoir is fearr leat?
12. An dtéann tú go dtí an phictiúrlann go minic?
13. Cá bhfuil an phictiúrlann sa cheantar seo?
14. Cén saghas scannán a thaitníonn leat?
15. Céard eile a dhéanann tú ag an deireadh seachtaine nó i rith na laethanta saoire?
16. An mbíonn tú ag léamh?
17. Cén saghas leabhar a léann tú?
18. An mbíonn tú ag aisteoireacht?
19. An maith leat an ealaín?
20. An bhfuil aon rud eile le rá agat faoi do chuid caitheamh aimsire?

Mír Físe

Is pacáiste ilmheán é 'Cuireadh Chun Cainte' ó Chomhdáil Náisiúnta na Gaeilge agus Comhar na Múinteoirí Gaeilge chun treoir phraiticiúil a chur ar fáil don Ardteistiméireacht Gaeilge, go háirithe an Scrúdú Cainte. Tá na físeáin le fáil ar an gcainéal 'Gaelport, Eolas agus Nuacht gach lá'. Téigh go dtí an cainéal sin ar YouTube agus cuardaigh 'Cuireadh Chun Cainte'. Moltar duit breathnú air. Tá an físeán 26 nóiméad ar fad. Míníonn an t-aisteoir Marcus Lamb an leagan amach atá ar an Scrúdú Cainte agus ansin déanann daltaí, le leibhéil éagsúla cumais, cleachtadh leis an scrúdaitheoir.

Obair Bhaile

1. Féach ar leathanaigh 10–15 i do Leabhrán. Freagair na ceisteanna a ghabhann le caithimh aimsire.
2. Scríobh cuntas ar do chuid caitheamh aimsire féin agus ar aon rud eile a dhéanann tú nuair a bhíonn am saor agat.

Timpiste agus an tOspidéal

An scrúdaitheoir: **Feicim go bhfuil tú ag úsáid maidí coise[33] faoi láthair. An raibh timpiste agat?**

An dalta: Bhí timpiste agam dhá sheachtain ó shin nuair a bhí mé ag imirt rugbaí. Thit mé ar an bpáirc ach sheas imreoir eile ar mo chos trí thimpiste. Ar aon nós bhris mé cnámh i mo chos. Bhí sé iontach pianmhar nuair a tharla sé ach tá sé ag feabhsú diaidh ar ndiaidh[34], buíochas le Dia. Cuireadh ar shínteán mé agus tugadh go dtí an t-ospidéal mé.

[33] *crutches*

[34] *little by little*

An scrúdaitheoir: **Agus céard a tharla san ospidéal?**

An dalta: Bhí orm fanacht sa Roinn Timpiste agus Éigeandála[35] ar feadh tamaill agus ansin rinneadh x-gha ar mo chos. Nuair a chonaic an dochtúir go raibh sí briste cuireadh bindealán uirthi agus tugadh maidí coise dom. Dúradh liom nach mbeinn in ann rugbaí a imirt arís go ceann trí mhí ar a laghad. Nílim róshásta faoi sin ach, ar an drochuair, caithfidh mé cur suas leis!

[35] *A&E Department*

An scrúdaitheoir: **Cloistear an-chuid cainte agus gearáin faoin gcóras sláinte agus faoin droch-chaoi ina bhfuil sé faoi láthair. Céard a cheapann tu féin faoi sin?**

An dalta:

- Bhuel, caithfidh mé a rá gur tugadh togha na haire[36] dom san ospidéal. Mar sin féin, ní raibh mé i bhfad ann, buíochas le Dia. Bhí na dochtúirí agus na haltraí an-lách agus ní bheadh gearán ar bith agam féin faoin tréimhse ghearr a chaith mé san ospidéal.
- Cloistear go leor scéalta faoi dhaoine a bheith fágtha ar thralaithe in ospidéil agus faoi dhaoine eile a bheith fágtha ar liostaí fada feithimh. Tá sé sin uafásach gan amhras.
- Oibríonn dochtúirí agus altraí uaireanta fada gan a ndóthain sosanna agus ní chabhraíonn sé sin leis na fadhbanna a mhaolú ach an oiread.
- Tá a lán oibrithe sláinte imithe thar lear chun obair a fháil toisc nach bhfuil na coinníollacha oibre[37] sásúil dóibh anseo. Mar sin, bíonn ganntanas oibrithe sláinte agus ganntanas leapacha sna hospidéil. Tá sé scannallach agus ní thuigim é, i ndáiríre.
- Caithfidh an rialtas dul i ngleic leis na fadhbanna seo gan mhoill mar is iad na daoine breoite inár dtír na daoine atá thíos leis seo.
- Tá sé thar a bheith tábhachtach, i mo bharúil féin, aire a thabhairt do gach duine sa tír, go mórmhór do dhaoine atá tinn.

[36] *the best of care*

[37] *working conditions*

An Timpeallacht

An scrúdaitheoir: **An dóigh leat go bhfuil fadhb mhór againn sa lá atá inniu ann maidir le truailliú na timpeallachta?**

An dalta:

- Tá an timpeallacht nádúrtha i mbaol ón truailliú gan amhras ar bith, dar liom féin.
- Déanann na breoslaí ola[38] agus cuid mhór den trealamh nua-aimseartha a úsáidimid gach uile lá an-chuid damáiste don timpeallacht, ar an drochuair.
- Tá fadhb againn le toitcheo[39] san aer.
- Tá fadhb againn le córais séarachais[40] ag doirteadh isteach in aibhneacha, i locha agus sna farraigí chomh maith agus bíonn éifeacht aige sin ar ár sláinte féin agus ar na héisc a mhaireann san uisce.
- Tá fadhb eile fós againn leis an bhfuíoll tionsclaíochta[41] agus le fuíoll ó fheirmeacha agus ó thithe freisin.

[38] *oil fuels*

[39] *smog*

[40] *sewage systems*

[41] *industrial waste*

Leid!

Baineann ábhar na timpeallachta le sláinte an duine, ar ndóigh. Tá an seans ann go bhféadfadh an scrúdaitheoir ceisteanna a chur ar an dalta ar ábhair reatha amhail an timpeallacht agus conas atá an timpeallacht á caomhnú, srl.

- Is fadhb dhomhanda í truailliú na timpeallachta ach is féidir le gach duine a chuid féin a dhéanamh chun fuinneamh a shábháil agus chun a bheith 'ózóin-chairdiúil'.

An scrúdaitheoir: **Cad iad na comharthaí is mó den truailliú sin a fheicimid na laethanta seo, dar leat?**

An dalta:

- Ar an gcéad dul síos, deirtear linn go bhfuil poll mór sa chiseal ózóin agus go bhfuil na cnapáin oighir ag leá[42]. Is cúis imní é sin, dar liom.
- Tá tionchar aige ar shláinte an duine chomh maith. Tá i bhfad níos mó daoine ag fulaingt le hailse, le galair chroí, galair sna scamhóga agus tinnis eile ná mar a bhí fadó.
- Tá éisc, éin agus ainmhithe áirithe ag fulaingt freisin agus feictear go bhfuil speicis éagsúla díobh ag fáil bháis nó á dtabhairt don díobhadh[43].
- Tá cúrsaí aimsire ag dul in olcas, ar ndóigh. Anseo in Éirinn tá i bhfad níos mó stoirmeacha agus báistí againn, mar shampla.
- Deirtear go bhfuil meánteocht an domhain ag ardú mar gheall ar an bpoll mór sa chiseal ózóin.
- Is ábhar imní é an t-athrú aeráide atá ag tarlú ar fud na cruinne i mo thuairim féin, mar i ndáiríre, ní fios dúinn céard atá le teacht. Tá sé sin saghas scanrúil!

An scrúdaitheoir: **Agus an dóigh leat go bhfuil iarrachtaí á ndéanamh dul i ngleic leis na fadhbanna sin?**

An dalta:

- Tá, gan dabht! Déanann beagnach gach teaghlach sa tír anois athchúrsáil lena gcuid bruscair.
- Chomh maith leis sin, tá béim mhór ar fhuinneamh a shábháil agus foinsí nádúrtha fuinnimh a úsáid, mar shampla muilinn ghaoithe[44], grianphainéil[45] agus a leithéid.
- Cabhraíonn cómórtais ar nós Chomórtas na mBailte Slachtmhara[46] le daoine a spreagadh chun aire a thabhairt dá dtimpeallacht.

[42] *the ice caps melting*

[43] *becoming extinct*

[44] *wind turbines*

[45] *solar panels*

[46] *Tidy Towns Competition*

- Iarrtar ar dhaoine siúl nó rothaíocht níos minice in ionad an carr a úsáid agus déanann níos mó daoine é sin anois.
- Tá ar chomhlachtaí a bheith níos cúramaí faoin mbealach a bhfaigheann siad réidh le fuíoll/bruscar agus tá sé sin go maith freisin.

An scrúdaitheoir: **Céard faoin scoil seo? An gcuirtear béim ar thábhacht chaomhnú na timpeallachta anseo?**

An dalta:

- Cuirtear, go deimhin! Ar dtús, tá bratach ghlas againn anseo sa scoil mar gheall ar ár gcuid iarrachtaí.
- Tá boscaí bruscair speisialta againn don pháipéar, do channaí, do rudaí plaisteacha agus mar sin de.
- Iarrtar ar mhúinteoirí agus ar dhaltaí soilse, ríomhairí agus a leithéid a mhúchadh aon uair nach mbíonn siad in úsáid.
- Siúlann a lán daoine ar scoil nó tagann comharsana agus cairde le chéile sa charr chun an trácht a laghdú.
- Tá Coiste Glas againn san Idirbhliain agus oibríonn siad le múinteoir eolaíochta. An príomhdhualgas a bhíonn orthu ná aire a thabhairt do thimpeallacht na scoile agus daoine eile a spreagadh chun an rud céanna a dhéanamh. Eagraíonn siad imeachtaí uaireanta freisin, ar nós 'Lá Gan Ghluaisteáin'. Bhí mé i mo bhall den choiste sin nuair a bhí me san idirbhliain agus bhain mé an-taitneamh as.

Obair Bhaile/Obair Ghrúpa

Is féidir na ceisteanna seo a fhreagairt leat féin mar obair bhaile nó i ngrúpa sa rang. Má's obair ghrúpa atá i gceist, is féidir leis na grúpaí cóipeanna de na freagraí a mhalartú. Is féidir na ceisteanna a leanas a chur ar a chéile nó iad a dhéanamh mar obair bhaile.

1. An mbeifeá féin buartha faoi thruailliú na timpeallachta? Cén fáth?
2. Conas atá an t-athrú aeráide ag dul i bhfeidhm orainne, dar leat?
3. Céard a dhéantar sa cheantar seo chun aire a thabhairt don timpeallacht?
4. An ndéanann sibh bhur gcuid sa bhaile? Conas sin?
5. Inis dom faoi na rudaí a dhéantar i do scoil féin maidir le caomhnú na timpeallachta.

Mír Físe

Féach ar an mír físe a bhaineann leis na treoracha thíos agus comhlánaigh an bhileog oibre a ghabhann léi.

Téigh go dtí suíomh idirlín Ollscoil Mhaigh Nuad agus cuardaigh **Vifax**. Is acmhainn shaor in aisce é Vifax do dhaltaí agus mhúinteoirí. Baineann na hachmhainní le míreanna nuachta TG4. Cuireann Vifax físeáin agus na ceisteanna a bhaineann leo ar an suíomh go rialta. Téigh go dtí 7ú Deireadh Fómhair 2015 agus roghnaigh an físeán 'An Bealach Glas Rothaíochta' (Meánleibhéal). Tar éis breathnú ar an bhfíseán, roghnaigh an PDF chun an bhileog oibre a íoslódáil.

Sa chéim seo, foghlaimeoidh tú:

- conas do scileanna cluastuisceana a fhorbairt
- eochairfhocail a bhaineann le spórt, sláinte agus timpistí
- foclóir agus nathanna cainte atá tráthúil agus ábhair a bhíonn le fáil go coitianta sna giotaí tuisceana sa scrúdú.

Cuid A

Cloisfidh tú ***dhá*** fhógra sa chuid seo. Cloisfidh tú gach fógra díobh **faoi dhó**. Beidh sos ann leis na freagraí a scríobh tar éis na chéad éisteachta ***agus*** tar éis an dara héisteacht.

Fógra a hAon

1. (a) Céard a bheidh ag tosú sa scoil Dé Luain seo chugainn? ____________________

   (b) Cé a chuirfidh tús le himeachtaí na seachtaine? ____________________

2. (a) Cén fáth a mbeidh airgead á bhailiú ag gach ionadaí ranga? ____________________

   (b) Céard faoi a labhróidh an diaitéiteach a thiocfaidh isteach sa scoil? ____________________

3. Luaigh dhá cheann de na ranganna speisialta a bheidh ar siúl sa scoil i rith na seachtaine.

   (i) ____

   (ii) ____

Fógra a Dó

1. (a) Cén rud a osclófar idir Áth Luain agus an Mhuileann gCearr i mí Mheán Fómhair?

   ____

   (b) Cén fhad a bheidh an giota talaimh idir Áth Luain agus An Mhuileann gCearr a luaitear san fhógra? ____________________

2. (a) Cén áit go díreach a dtosóidh an bealach? ____________________

   (b) Cé mhéad cileaméadar ar fad de bhealach a bheidh ann nuair a bheidh an tionscnamh ar fad críochnaithe? ____________________

3. Cén fáth a bhfuil agóidí ar siúl faoin mbealach idir Áth Luain agus Gaillimh?

   ____

Cuid B

Cloisfidh tú ***dhá*** chomhrá sa chuid seo. Cloisfidh tú gach comhrá díobh faoi **dhó**. Cloisfidh tú an comhrá ó thosach deireadh an chéad uair. Ansin cloisfidh tú ina ***dhá*** mhír é. Beidh sos ann leis na freagraí a scríobh tar éis gach míre díobh.

Comhrá a hAon

An Chéad Mhír

1. Cá rachaidh Pól anocht? ______
2. Cén fáth ar chuir Áine fios ar Phól? ______
3. Luaigh dhá chúis nach bhfuil Áine sásta leia an aiste a fuair sí?
   (i) ______
   (ii) ______

An Dara Mír

1. Cén fáth a bhfuil nótaí maithe ag Pól cheana féin ar an aiste? ______
2. Luaigh dhá cheann de na pointí a thugann Pól d'Áine ó na nótaí sin.
   (i) ______
   (ii) ______
3. Cén t-am a thosóidh an chóisir? ______

Comhrá a Dó

An Chéad Mhír

1. Cén stáisiún raidió atá i gceist? ______
2. Cathain a tharla an timpiste a luaitear? ______
3. Luaigh dhá chúis ar tharla an timpiste, dar le Lorcán.
   (i) ______
   (ii) ______

An Dara Mír

1. Cén cinneadh a rinne Lorcán maidir lena shaol tar éis na timpiste? ______
2. Cén dá spórt a imríonn sé anois? ______
3. Céard a dúirt an príomhoide faoi Lorcán? ______

Cuid C

CD2 Rian 10–12

Cloisfidh tú ***dhá*** phíosa nuachta sa chuid seo. Cloisfidh tú gach píosa díobh faoi **dhó**. Beidh sos ann leis na freagraí a scríobh tar éis na chéad éisteachta ***agus*** tar éis an dara héisteacht.

Píosa a hAon

1. Céard a dúirt údaráis Ospidéal Luimnigh ar a hocht a chlog tráthnóna inné? ______
2. Céard a dúirt othar amháin a bhí san ospidéal leis an tuairisceoir? ______
3. Deirtear go bhfuil tús áite á thabhairt do dhream amháin. Cén dream atá i gceist?

   ______

Píosa a Dó

1. Cén fáth nár éirigh le Sonia O'Sullivan aon bhonn a bhuachan sa rás 3000 méadar i Stuttgart i 1993? ______
2. Cén bonn a bhuaigh sí sa rás 1500 méadar? ______
3. Cén rud a admhaítear sa litir a cuireadh chuig an mBord Lúthchleasaíochta Domhanda? ______

Céim a 3: Ceapadóireacht

Sa chéim seo, foghlaimeoidh tú:

- foclóir agus nathanna cainte nua a bhaineann le cúrsaí sláinte agus cúrsaí spóirt in Éirinn
- conas struchtúr a chur ar d'aiste féin
- conas feidhmiú mar bhall de ghrúpa trí mheán an obair ghrúpa.

Aiste Shamplach a 1

Cúrsaí Sláinte in Éirinn

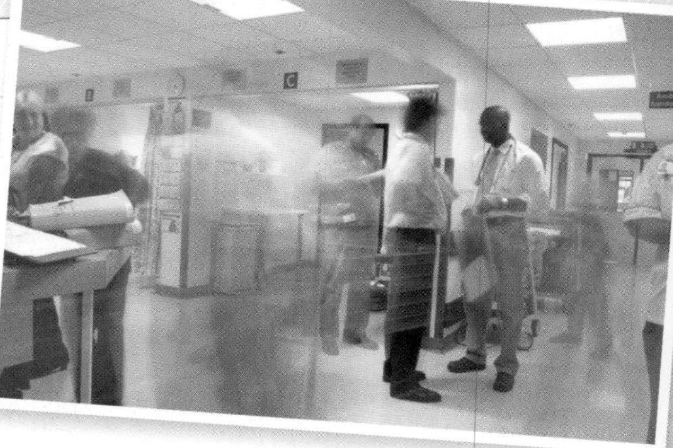

Tús

Is beag lá a dtéann thart anois[1] nach gcloisimid scéal éigin eile faoin gcóras sláinte in Éirinn. Is ábhar é seo atá go mór i mbéal an phobail le fada an lá[2] agus cúis mhaith leis. Nuair a smaoiním féin ar chóras sláinte ar bith, cuimhním ar na dochtúirí agus altraí a thugann aire do dhaoine breoite agus na hacmhainní a chuirtear ar fáil dóibh chun é sin a dhéanamh. Ní háibhéil ar bith é[3], dar liom, go bhfuil fadhbanna againn sa chóras atá againn in Éirinn agus go bhfuil athruithe ag teastáil go géar ann[4]. Ar an lámh eile, áfach, ní féidir linn dearmad a dhéanamh ar an dea-obair a dhéanann formhór na n-oibrithe sláinte ar fud na tíre lá i ndiaidh lae.

[1] *few days pass now*
[2] *this has been the subject of considerable public discussion for a long time*
[3] *it's no exaggeration*
[4] *that changes are badly needed*

Alt a 1 An Iomarca Airgid Caite ar Chúrsaí Riaracháin

Is fíor go gcaitear na billiúin Euro ar chúrsaí sláinte in Éirinn gach bliain ach, fós féin, is léir don dall nach bhfuil mórchuid den airgead sin á chaitheamh i gceart. Cuireann sé alltacht orm[5] go mbíonn daoine fágtha ar thralaithe i bpasáistí ospidéil ceal leapacha[6], go bhfágtar othair eile ar liostaí fada feithimh agus iad ag fulaingt agus, ar an iomlán, go ndeirtear linn go bhfuil ganntanas oibrithe sláinte ann. Ní thuigim é! Cén mhaitheas a dhéanann an t-uafás airgid a chaitheamh ar chúrsaí riaracháin[7] sa Roinn Sláinte agus san Fheidhmeannacht Seirbhísí Sláinte (FSS)[8] agus daoine breoite ár dtíre fágtha faoi na coinníollacha uafásacha seo? Is scannallach an scéal é agus céadatán[9] mór dár n-oibrithe sláinte ag dul ar imirce mar gheall ar easpa fostaíochta agus droch-choinníollacha oibre a bheith anseo dóibh.

[5] it horrifies me
[6] due to a shortage of beds
[7] where is the good in spending lots of money on administration
[8] in the department of health and the HSE
[9] percentage

Alt a 2 Tralaithe agus Am Feithimh sna hOspidéil

Agus muid ag caint faoi chúrsaí airgidis na tíre, cuireann sé déistin orm[10] go bhfuil sé de dhánacht ag an Rialtas ciorruithe a chur i bhfeidhm ar sheirbhísí sláinte. Tá a fhios againn go léir gur chóir dúinn a bheith ag cur leis[11] na seirbhísí sin chun sláinte na ndaoine a chur chun cinn agus a fheabhsú. In ainneoin[12] na ngeallúintí go léir a fhaighimid ó pholaiteoirí, go háirithe roimh olltoghcháin, níl mórán dul chun cinn le feiceáil i gcás infheistíochta sna seirbhísí sláinte in Éirinn, ar an drochuair. Nuair a chloistear scéalta faoi sheandaoine agus faoi dhaoine le drochthinnis ar nós ailse fágtha ar thralaithe ar feadh tréimhsí fada, ní mór dúinn an cheist a chur, céard iad fíor-dhearbhthosaíochtaí[13] an Rialtais? Chuala mé scéal amháin le fíordhéanaí faoi othar amháin in Ospidéal na hOllscoile, Gaillimh a fágadh ar thralaí ar feadh sé huaire is seasca an chloig. Ní dóigh liom go bhfuil aon dul amú orm a rá gur cheart go mbeadh an córas sláinte ag barr an liosta i gcás infheistiochta sna seirbhísí poiblí. Ba cheart stratéisí a chur i bhfeidhm chun caighdeán na seirbhíse a ardú. Thuigfeadh ceolán ar bith[14] é sin!

[10] it disgusts me
[11] adding to
[12] despite
[13] the real priorities
[14] any fool would understand

Alt a 3 Sárobair ar Siúl sa Chóras Sláinte

Ní feidir linn a bheith iomlán diúltach faoin gcóras sláinte, áfach, nuair a fheicimid an tsárobair a dhéanann dochtúirí agus altraí sna haonaid sláinte éagsúla in Éirinn lá i ndiaidh lae. Cé gur minic a oibríonn siad uaireanta fada, gan a ndóthain cabhrach, déanann siad a seacht ndícheall ardchaighdeáin a chur ar fáil agus a chaomhnú dúinn. Ní go rómhinic a shroicheann scéalta dearfacha na meáin[15], ach, buíochas le Dia, go bhfuil a leithéid fós ann. Chaith mé féin tréimhse san ospidéal trí bliana ó shin nuair a tógadh mo chuid céislíní[16] amach agus caithfidh mé a rá gur tugadh togha na haire[17] dom. Moltar go hard an aire agus an cúram a thugtar do dhaoine breoite sa chóras sláinte gach aon lá. Tá oibrithe sláinte den chéad scoth againn sa tír seo gan aon agó agus ba cheart dóibh a bheith bródúil as an gcóras ina n-oibríonn siad.

[15] it's not too often that positive stories reach the media
[16] tonsils
[17] the best of care

Alt a 4 Sláinte á Cur Chun Cinn ar Fud na Tíre

Cuireann sé áthas orm freisin go mbíonn feachtais[18] ar siúl mórthimpeall na tíre chun tábhacht na beatha sláintiúla a léiriú dúinn. Cuirtear béim ar bhia agus

[18] campaigns

deochanna sláintiúla agus ar chleachtadh coirp chun sláinte choirp agus aigne a chothú agus a chaomhnú. Le cláir theilifíse ar nós *Operation Transformation* déantar iarracht dul i ngleic le fadhb ollmhór na hotrachta i mbealaí a bhíonn spreagúil agus spraíúil. Leis na bealaí rothaíochta agus coisíochta atá oscailte agus fós á bhforbairt ar fud na tíre, tá níos mó suime ag daoine san aclaíocht ná mar a bhí riamh dar liom. Tuigtear do dhaoine anois an maitheas a dhéanann stíl bheatha sláintiuil dóibh agus is í sin an chéad chéim dar liom. 'I dtús na aicíde is fusa í a leigheas[19],' mar a deir an seanfhocal.

Críoch

Mar fhocal scoir[20], feictear dúinn, cé go bhfuil sárobair ar siúl, go bhfuil dul chun cinn mór le déanamh sa chóras sláinte atá againn in Éirinn agus go bhfuil sé in am don Rialtas dul i ngleic leis na scannail a bhuaileann ár scáileáin teilifíse go rómhinic. Ba cheart go dtabharfaí aire mhaith do gach saoránach[21] sa tír agus go mbeadh bród as ár n-oibrithe sláinte as an aire a chuireann siad ar fáil dúinn. Tá sé in am dúinn féin an fód a sheasamh agus iallach a chur[22] ar ár bpolaiteoirí ardchaighdeán a chaomhnú inár n-ospidéil ar fud na tíre. Glacaim leis nach dtárlóidh sé seo thar oíche[23], ach 'I ndiaidh a chéile a thógtar na caisleáin[24]'.

[19] nipping a problem in the bud is best
[20] finally
[21] citizen
[22] to compel
[23] I accept that this won't happen overnight
[24] Rome wasn't built in a day

Meabhairmhapa

Anois, tá sé in am duit féin aiste a scríobh! Déan mapa meoin ar na príomhphointí a bheidh á bplé agat féin.

Cleachtadh Scríofa

Cuir na heochairfhocail seo in abairtí anois, abairtí a d'fhéadfá a úsáid i d'aiste féin. Bain úsáid as Wordle nó Tagxedo chun do scamall focail féin a dhéanamh le do chuid eochairfhocal féin.

1. liostaí feithimh
2. dochtúirí comhairleacha
3. caighdeán
4. tralaithe
5. ganntanas airgid
6. ciorruithe
7. an tAire Sláinte
8. an Roinn Sláinte
9. cúram/aire
10. oibrithe sláinte
11. cur amú airgid
12. an Rialtas
13. geallúintí
14. poiblí v. príobháideach
15. daoine breoite
16. réitigh
17. cur chuige nua

Ceisteanna Scrúdaithe

Ba chóir duit/don ghrúpa níos mó taighde a dhéanamh ar na topaicí thíos. Ba chóir daoibh ailt a bhailiú as Gaeilge ó fhoinsí ar nós **www.tuairisc.ie**, *Foinse sa Rang*, *Dréimire* nó nuachtáin Bhéarla a fháil agus is féidir leis an dalta/grúpa an t-eolas a aistriú go Gaeilge le cabhair an mhúinteora, daltaí eile sa rang nó shuíomhanna idirlín ar nós **www.téarma.ie**, **www.teanglann.ie** nó **www.potafocal.com**. Is féidir leis an ngrúpa meabhairmhapa nó plean a chruthú don aiste ar mhata boird. Lean an struchtúr a pléadh ní ba luaithe agus scríobh síos na heochairfhocail agus na heochairphointi a bheidh á bplé agaibh i ngach alt.

1. Scríobh aiste den teideal 'An Córas Sláinte in Éirinn'. (100 marc)
2. Tá droch-chaoi ar an gcóras sláinte atá againn in Éirinn'. An ráiteas sin a phlé. (100 marc)
3. 'Tá an iomarca brú ar ár n-oibrithe sláinte sa lá atá inniu ann'. An ráiteas sin a phlé. (100 marc)

Cleachtadh Cainte

Nuair a bheidh an obair críochnaithe agaibh, is féidir leis an duine nó grúpa an t-eolas a chur i láthair don rang agus príomhphointí an tionscnaimh a chur in iúl don rang.

Aiste Shamplach a 2

Cúinne na Litearthachta

Tabharfaidh tú na nathanna seo faoi deara san aiste shamplach thíos. Cad is brí leo?

1. Tá brí leathan ag an bhfocal spórt
2. Gníomhaíocht fhisiceach
3. In iomaíocht le
4. Cleachtadh coirp
5. Ar an drochuair
6. B'fhearr le déagóirí áirithe
7. An spórt a chur chun cinn
8. An Cumann Lúthchleas Gael
9. Comhlachtaí
10. Lipéid
11. Brabús
12. Poiblíocht
13. Tuarastail
14. Tástálacha drugaí
15. Caimiléireacht

Spórt – Spraoi nó Gnó?

Tús

Tá brí leathan ag an bhfocal spórt gan amhras ach is é an sainmhíniú is coitianta[1] a nglactar leis ná gníomhaíocht fhisiceach a mbíonn scil faoi leith ag baint leis. Níos minice ná a mhalairt[2] bíonn an duine aonair nó an fhoireann a ghlacann páirt sa spórt in iomaíocht le duine nó le foireann eile, ach níos tábhachtaí ná focal ar bith eile sa sainmhíniú sin, dar liom, ná gur gníomhaíocht í don siamsa. Ba chóir go mbeadh spraoí agus taitneamh ag baint leis an spórt, rud nach gcuimhnítear air i gcónaí sa lá atá inniu ann.

Alt a 1 Spórt ar Scoil agus Daoine Óga

Ón gcéad lá sa bhunscoil léirítear tábhacht an spóirt do pháistí agus is cuid thábhachtach den churaclam bunscoile é an corpoideachas. Chomh maith leis sin, cuirtear béim mhór na laethanta seo sna scoileanna ar an tábhacht a bhaineann le haiste bia[3] shláintiúil a leanúint agus ar an bhfiúntas a bhaineann le cleachtadh coirp agus spórt. Ar an drochuair,

[1] *the most common definition*
[2] *more often than not*
[3] *diet*

áfach, déarfadh múinteoirí agus daltaí, go háirithe sa mheánscoil, nach dtugtar dóthain ama don chorpoideachas ar an gclár ama. I mo scoil féin, mar shampla, ní bhíonn ach dhá rang corpoideachais againn in aghaidh na seachtaine agus ní leor sin i mo bharúil féin. Dá mbeadh corpoideachas mar ábhar scrúdaithe agus creidmheas tugtha dó i gcóras na bpointí, táim lánchinnte go mbeadh an scéal iomlán difriúil. An t-am is deacra le daoine óga a spreagadh[4] chun páirt a ghlacadh sa spórt ná sna déaga gan amhras ar bith. B'fhearr le déagóirí áirithe a bheith sínte ar an tolg agus a bheith ag caint lena gcairde ar na meáin shóisialta. Tá sé fíorthábhachtach mar sin iarracht a dhéanamh déagóirí na tíre a spreagadh agus ní mór dom a rá[5] go bhfuil obair iontach ar siúl ó cheann ceann na tíre ag clubanna éagsúla do dhéagóirí a mheallann an t-aos óg amach faoin aer ón teilifís nó ón mbialann ghasta!

[4] *motivate/inspire*
[5] *I must say*

Alt a 2 Clubanna Spóirt

Is duine spórtúil mise agus tuigim féin go maith an taitneamh agus an tairbhe[6] a bhaineann le spórt. Táim i mo bhall den chlub rugbaí agus den chlub lúthchleasaíochta i mo cheantar. Déanann na clubanna sin, agus ar ndóigh na clubanna spóirt áitiúla eile, sárobair ar son an spóirt, dar liomsa. Oibríonn na traenálaithe ar bhonn deonach[7] go minic chun an spórt a chur chun cinn agus a fhorbairt sa cheantar. Tá cultúr láidir spóirt anseo, buíochas le Dia, agus oibríonn gach duine ar leibhéal amaitéarach. Ar an iomlán[8] tuigeann formhór na ndaoine spiorad an spóirt.

[6] *benefit*
[7] *on a voluntary basis*
[8] *on the whole*

Alt a 3 Amaitéarachas? Airgead sa Spórt

Is mithid dom, faraor, ceist sin an amaitéireachais a iniúchadh[9] níos mó. Tóg, mar shampla, an Cumann Lúthchleas Gael. Má dhéanann tú cuardach ar bith ar-líne, feicfidh tú gur eagraíocht amaitéireach í seo. Mar sin féin, tuilleann an CLG idir €2 bhilliún agus €3 bhilliún i sócmhainní[10] in aghaidh na bliana. Cosnaíonn sé an t-uafás airgid freastal ar na cluichí móra idirchontae i rith an tsamhraidh. Tá na cluichí traidisiúnta éirithe an-iomaíoch freisin. Buaiteoirí ar ais nó ar éigean[11] atá ag teastáil ón lucht tacaíochta a leanann na foirne éagsúla. An é sin spiorad an spóirt i ndáiríre? Ní dóigh liom é!

[9] *I would like to examine*
[10] *assets*
[11] *one way or another*

Alt a 4 Comhlachtaí Spóirt

Tá comhlachtaí ollmhóra eile ag saothrú airgid as cuimse[12] as gnó an spóirt. Is iad sin na comhlachtaí a dhíolann na táirgí[13] spóirt a bhfuil na lipéid cháiliúla orthu, agus iad siúd a dhéanann urraíocht[14] ar chluichí, ar imreoirí agus ar fhoirne. Níl ag teastáil ó na comhlachtaí ach brabús a dhéanamh ó rath na n-imreoirí. Níl mórán spéise ag an mórchuid díobh sa spórt féin agus iad ag tochailt ar a gceirtlín féin[15]. Buaiteoirí amháin atá uathu agus téann siad sa tóir ar na daoine is tapúla agus is fearr. Cé acu a leanann an té a thagann sa cheathrú háit? Tuilleann na clubanna idirnáisiúnta spóirt na billiúin ón tóir sin agus ón bpoiblíocht agus dá bhrí sin is féidir leo tuarastail an-ard a thairiscint dá gcuid imreoirí. Idir 2015 agus 2016, mar shampla, bhí Cristiano Ronaldo (Real Madrid) ag tuilleamh

[12] *earning incredible amounts of money*
[13] *products*
[14] *sponsorship*
[15] *looking after themselves*

£288,000 in aghaidh na seachtaine. Fuair Lionel Messi (FC Barcelona) £275,000 in aghaidh na seachtaine. Samhlaigh an brú a bhíonn ar na himreoirí sin. Cuirim an cheist, cá bhfuil siamsa agus spraoi an spóirt?

Alt a 5 Cúbláil Cluichí

Tá daoine eile ann a dhéanfadh rud ar bith chun an bua a fháil. Tá cloiste againn go léir faoi chúbláil cluichí faoin am seo[16]. Tagann ceist an airgid isteach anseo arís agus loiteann sé[17] fíorspiorad an spóirt gan dabht. Bíonn tuairiscí ar fud na meán gach bliain faoi lúthchleasaithe a dteipeann orthu sna tástálacha drugaí atá mar dhlúthchuid den spórt anois. Tá sé fíordheacair a dhéanamh amach i láthair na huaire cé hiad na fíorbhuaiteoirí. Tá cultúr na ndrugaí imithe ó smacht sa spórt faoi láthair agus scriosann sé sin brí an spóirt, gan aon agó.

Críoch

Bíonn dhá insint ar gach scéal mar is eol dúinn[18] agus ní haon eisceacht í ceist seo an spóirt. Tá daoine ann a thuigeann brí agus spiorad an spóirt agus a dhéanann gach iarracht sláinte, spraoi agus sult a chur chun cinn ann. Ar an lámh eile, áfach, déanann lucht an airgid agus iad siúd a úsáideann drugaí sa spórt an-chuid dochair do bhunbhrí agus idéil an spóirt. Gan aon agó, níl aon réiteach simplí ar na fadhbanna seo a bhaineann le spórt. Caithfear a bheith san airdeall ar[19] an gcaimiléireacht i gcónaí agus fíorbhrí an spóirt a mhúineadh dár gcuid páistí. 'I dtús na haicíde is fusa í a leigheas,' mar a deirtear.

[16] *we've all heard about match-fixing by now*
[17] *it destroys*
[18] *there are two sides to every story as we all know*
[19] *we must be aware of*

Meabhairmhapa

Anois, déan do mheabhairmhapa féin don aiste 'Tábhacht an Spóirt i Saol an Duine'.

Cleachtadh Scríofa

1. Cuir Gaeilge ar na nathanna seo a leanas ó aiste shamplach a 2 thuas.

   (a) more often than not (b) exception (c) we must (d) competing with (e) fun (f) enjoyment (g) curriculum (h) exercise (i) unfortunately (j) credit (k) social media (l) benefit (m) member (n) voluntary (o) the spirit of sport (p) amateur sport (q) the GAA (r) intercounty games (s) earning (t) match-fixing (u) drugs tests (v) publicity (w) destruction (x) we must be aware of corruption (y) simple solution

2. Cuir na heochairfhocail ón aiste thuas le chéile i bhfoirm pictiúr le cabhair Wordle nó Tagxedo.

Ceisteanna Scrúdaithe

Is féidir le daltaí na ceisteanna seo a leanas a fhreagairt leo féin mar obair bhaile nó i ngrúpaí sa rang. Is féidir leis na grúpaí cóipeanna de na freagraí a mhalartú le chéile más mian leo.

Scríobh aiste ar cheann amháin de na teidil thíos:

1. Tá an spórt á mhilleadh ag lucht an airgid (100 marc)
2. An taitneamh agus tairbhe a bhaineann leis an spórt (100 marc)
3. Tábhacht an spóirt sa lá atá inniu ann (100 marc)

Cleachtadh Cainte

Nuair a bheidh an obair críochnaithe agaibh, is féidir leis an duine nó grúpa an t-eolas a chur i láthair don rang agus príomhphointí an tionscnaimh a chur in iúl.

Aiste Shamplach a 3

Truailliú na Timpeallachta

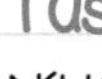

Tús

Níl lá dá dtéann thart na laethanta seo nach gcloistear tagairt don timpeallacht agus don dochar a dhéanann an cine daonna don timpeallacht sin gach uile lá. An truailliú is mó a tharlaíonn sa domhan forbartha[1] ná truailliú aeir, truailliú uisce, truailliú torainn, truailliú teirmeach[2], truailliú ithreach[3] agus truailliú solais. Dar leis na saineolaithe[4], tá méadú mór feicthe mórthimpeall an domhain ar thruailliú na timpeallachta agus is údar imní é sin dúinn go léir. Le dul chun cinn na heolaíochta agus na teicneolaíochta, tá feabhas agus forbairt mhór le sonrú inár saol. An cheist atá le cur faraor san aiste seo ná an bhfuil an nádúr agus an timpealllacht thíos leis an dul chun cinn seo?

[1]developed world
[2]thermal pollution
[3]soil pollution
[4]experts

Alt a 1 Truailliú Aeir agus Uisce

Ar an gcéad dul síos, tuigeann gach mac máthar go mbraitheann an cine daonna agus ainmhithe ár ndomhain ar an aer agus ar an uisce le maireachtáil[5]. Mar sin is léir dúinn, nuair a dhéantar damáiste do na hachmhainní nádúrtha, tábhachtacha sin go gcuirtear ár mbeatha i mbaol. Tá caint le blianta anuas ar speicis ainmhíocha agus éisc a bheith díofa[6] nó an-ghar dó sin agus cuireann sé sin scanradh agus brón orm. Nuair a dhoirtear séarachas[7], ola nó fuíoll[8] eile isteach inár n-aibhneacha, inár bhfarraigí nó inár sruthanna uisce, tá dochar fadtéarmach á dhéanamh do shláinte na ndaoine, na n-ainmhithe agus na n-iasc a bhraitheann ar na huiscí céanna. Is fíric scanrúil í sin gan amhras agus dar liom féin is ag dul in olcas atá an fhadhb.

[5]survive
[6]extinct
[7]sewage
[8]waste

Alt a 2 Tionsclaíocht agus an Timpeallacht

Cuireann domhan na tionsclaíochta go mór le truailliú ár dtimpeallachta ar an drochuair. Cé go gcuidíonn na tionscail nua-aimseartha linn ó thaobh na heacnamaíochta de, ní féidir a shéanadh go mbíonn drochéifeacht acu chomh maith ar an timpeallacht nádúrtha atá timpeall orthu. Déanann an deatach, na gáis agus an t-eisilteach tionsclaíoch[9] ar fad a scaoiltear ó mhonarchana ollmhóra timpeall an domhain dochar as cuimse don aer agus don uisce, rud a chuireann sláinte gach neach[10] i mbaol. Nuair nach bhfaightear réidh leis an eisilteach i mbealach ceart, déantar damáiste don ithir freisin. An rud is measa ná go mbíonn na tionscail chéanna lonnaithe i gcathracha agus in áiteanna ina mbíonn an daonra mór agus ag méadú.

[9]industrial effluent
[10]being

Alt a 3 Foinsí Eile Truaillithe

Foinse[11] mór eile truaillithe é ár modhanna taistil, is é sin na feithiclí a úsáideann peitreal agus díosal agus na breoslaí[12] ola a scaoileann siad siúd amach san aer. Ná déanaimis dearmad ach an oiread ar na breoslaí a dhóitear inár dtithe, ach go háirithe gual, ola agus gáis. Téann na gáis nimhneacha a chruthaíonn dó na mbreoslaí sin isteach inár scamhóga[13] agus san atmaisféar agus is iad seo is cúis le mórchuid na ngalar scamhóige, galar croí agus tinneas eile a gcloistear fúthu gach aon lá. Nuair a théann na gáis chéanna isteach san atmaisféar, tá sé cruthaithe go gcuireann siad todhchaí ár bplainéid i mbaol, trí pholl a chur sa

[11]a source
[12]fuels
[13]lungs

tsraith ózóin - an ciseal cosanta atá againn i gcoinne sholas na gréine. Deirtear linn go leanfaidh an poll sin ag méadú go dtí, faoi cheann cúpla céad bliain, nach mbeidh aon chiseal ann agus go ndófaidh solas na gréine gach rud ar an bplainéad. Cuireann sé sin sceon agus scanradh orm do ghlúnta[14] na todhchaí, caithfidh mé a rá.

[14] generations

Alt a 4 Éifeachtaí an Truaillithe

Tá an téarma 'téamh domhanda'[15] cloiste againn go léir faoin am seo. 'Séard is brí leis seo ná go bhfuil meánteocht an phlainéid seo ag ardú de bharr méadú mór ar leibhéal na dé-ocsaíde carbóin agus gáis nimhneacha eile a scaoiltear isteach san aer, ag cur go mór leis an iarmhairt cheaptha teasa[16]. Go bunúsach, feicimid go bhfuil na cnapáin oighir ag leá[17] cheana féin. Deirtear mar sin go bhfeicfear níos mó stoirmeacha, teaspaigh agus tuilte amach anseo, rud atá ag tarlú cheana féin in Éirinn agus i dtíortha eile le blianta beaga anuas. Ní hamháin sin ach ceaptar go mbeidh méadú freisin ar ailse chraicinn agus ar chineálacha eile ailse mar gheall ar an easpa cosanta a bheidh ann in aghaidh na gréine. Cúis imní í sin dúinn go léir gan amhras.

[15] global warming

[16] the greenhouse effect

[17] ice caps melting

Alt a 5 Réiteach na Faidhbe

An bhfuil réiteach ar bith ar fhadhb seo an truaillithe, mar sin? An bhfuil an damáiste déanta cheana féin agus an bhfuil sé ródhéanach an t-athrú aeráide a thiontú thart[18] arís? Is deacair an cheist sin a fhreagairt, i ndáiríre, ach is cinnte go bhfuil iarrachtaí ollmhóra á ndéanamh mórthimpeall an domhain chun ár bplainéad a shábháil. Sílim go bhfuil feachtais ar bun i ngach ceantar den tír seo anois, ag spreagadh daoine timpeallacht ghlan a chaomhnú[19] timpeall orthu. Tá feabhas agus forbairt déanta maidir le hathchúrsáil, mar shampla, agus ar an iomlán, tuigtear do dhaoine an tábhacht a bhaineann le bheith ózónchairdiúil. Tá an cath[20] ar siúl sna scoileanna cheana féin, buíochas le Dia, agus is iontach an rud é sin mar 'is i dtús na haicíde is fusa í a leigheas,' ar ndóigh.

[18] to turn climate change around

[19] to preserve

[20] battle

Críoch

Is ar rialtais agus ceannairí domhanda anois atá sé iarracht a dhéanamh smacht a fháil ar an truailliú ina dtíortha féin. Ní féidir leo cosc a chur leis an tionsclaíocht, ach d'fhéadfaidís a chinntiú nach mbeadh tionscail mhóra lonnaithe i gceantair ina bhfuil daonra mór ina gcónaí iontu. Anuas air sin, d'fhéadfaidís níos mó infheistíochta a dhéanamh i dtaighde i gcoinne an athrú aeráide. Má dhéanann gach tír a cuid féin, cabhróidh sé leis an bhfadhb a mhaolú[21] is dóigh liom féin. 'Ní neart go cur le chéile,' a deirtear.

[21] to reduce

Cleachtadh Scríofa

Cuir Gaeilge ar na nathanna seo a leanas ó aiste shamplach a 3 thuas:

1. population 2. daily life 3. noise pollution 4. progress 5. development 6. natural resources 7. in danger 8. close to being extinct 9. long-term damage 10. frightening fact 11. it can't be denied 12. big factories 13. effluent 14. our modes of transport 15. coal 16. lungs 17. the future of our planet 18. carbon dioxide 19. skin cancer 20. campaigns 21. recycling 22. world leaders 23. investment 24. research 25. climate change

Obair Bhaile/Obair Ghrúpa

Is féidir libh anois oibriú mar ghrúpa ar an aiste nó aiste nó óráid a scríobh sa bhaile bunaithe ar cheann amháin de na topaicí thíos.

1. Tá ár dtimpeallacht i mbaol
2. Tábhacht na timpeallachta don chine daonna
3. Ní tír ghlan, ghlas í Éire a thuilleadh

Féach ar Aonad a 10, leathanach 454 chun cabhrú leat tús, srl. a chur leis an óráid.

Céim a 4: Gramadach

13a Conas Aidiachtaí a Chur in Oiriúint d'Ainmfhocail

Féach ar leathanach 438 ar conas aidiachtaí a chur in oiriúint d'ainmfhocail.

Céim a 5: Léamhthuiscint

Sa chéim seo, foghlaimeoidh tú foclóir and nathanna cainte faoi na topaicí 'Éagsúlacht' agus 'Spórt' agus feicfidh tú foclóir a úsáidtear go coitianta sna ceisteanna scrúdaithe.

Léamhthuiscint a 1

Léigh an sliocht seo a leanas agus freagair na ceisteanna a ghabhann leis.

Mo Shaol mar Dhuine Beag

1. Sinéad de Búrca is ainm dom. Is duine beag mé. Ag dhá bhliain is fiche d'aois, táim trí troithe, cúig horlaí ar airde. Rugadh mé le riocht géiniteach ar a dtugtar acondrapláise. Rugadh m'athair leis an riocht céanna agus is duine beag é freisin mar sin. Tá cúigear páistí ar fad i mo theaghlach agus is mise an duine is sine. Is mise an t-aon duine den chúigear atá beag. Tá airde meánach ag mo thriúr deirfiúracha agus ag mo dheartháir. Céard is brí le bheith i mo dhuine beag agus conas mar a théann sé sin i bhfeidhm ar mo shaol? Gan an iomarca iniúchtha a dhéanamh ar an míniú eolaíochta a bhaineann leis an riocht, 'séard atá san acondrapláise ná foirm dhíréireach d'fhás srianta. An bhrí fhíorasach a bhaineann leis an bhfocal acondrapláise ná 'gan fabhrú loingeáin corránach'.

2. Bíonn seasamh nó próifíl ghearr ag gach duine a bhfuil an riocht acondrapláise ag dul dó/di. Ar an meán, bíonn na fir ceithre troithe ceithre horlaí ar airde agus bíonn na mná thart ar cheithre troithe, orlach amháin. Na tréithe fisiciúla coitianta a bhaineann leis an riocht ná stoc meánach agus géaga agus cosa gearra. Bíonn na géaga uachtair agus na leasracha an-ghearr ach go háirithe agus bíonn gluaiseacht theoranta ag na huillinn. Cuirtear ceist orm go han-mhinic cén uair go díreach a thuig mé go raibh mé difriúil. Bíonn ionadh an domhain ar dhaoine áirithe nuair a deirim nach féidir liom an cheist sin a fhreagairt. Ní dúradh riamh liom go raibh mé difriúil. Sinéad ab ainm dom i gcónaí agus bhí mé an-chosúil le mo dhaid. Thug mo thuismitheoirí an tuiscint dom i gcónaí go bhféadfainn rud ar bith ba mhian liom a bhaint amach sa saol. Níorbh aon bhac é m'airde dom agus ní raibh tionchar aige riamh ar mo phearsantacht. Cosúil le mo shúile donna agus mo chuid gruaige fada doinne, ba thréith í m'airde a bhí éagsúil ó dhuine ar bith eile ar domhan. Ag breathnú siar anois air, táim fíorbhuíoch de mo thuismitheoirí as an gcur chuige uileghabhálach a chothaigh siad ionam. Is mar gheall ar a gcuid tacaíochta síoraí agus a gcuid comhairle fiúntaí a bhain mé amach mo chuid ratha go dtí seo i mo shaol.

3. Na dushláin is mó a mbuailim leo ó lá go lá mar dhuine beag ná an timpeallacht fhisiciúil ina mairim. Níor tógadh an domhan seo in oiriúnt do dhaoine beaga cosúil liomsa! De ghnáth bíonn cnaipí solais agus baschrainn dorais ró-ard dom mar cuirtear iad ag an leibhéal is fearr do dhaoine arda den chuid is mó. Bíonn réamhphleanáil i gceist má théim ar aistear den chéad uair. Bíonn sé deacair sa seomra folctha go minic. Bíonn leibhéal an ghlais ar an doras, an doirteal, an rannóir gallúnaí agus an triomadóir láimhe ró-ard go han-mhinic agus bíonn deacrachtaí agam iad a láimhseáil. Samhlaigh gur tógadh gach rud sa domhan do dhaoine beaga de mo leithéidse. Cén chaoi a n-éireodh libhse?

4. Rinne mé an Ardteist cúig bliana ó shin agus bhí a fhios agam ansin cad ba mhian liom a dhéanamh. Theastaigh uaim cúrsa múinteoireachta bunscoile a dhéanamh

i gColáiste Marino. Fuair mé grád A sa Bhéarla agus sa Ghaeilge agus bhí an-áthas orm glacadh le m'áit ar an gcúrsa. Bhí cúig thréimhse de chleachtadh múinteoireachta i ngach saghas scoile agam agus bhí an t-ádh orm taithí a fháil le go leor leibhéil agus aoisghrúpaí éagsúla. Go minic nuair a chloiseann daoine go bhfuilim cáilithe mar mhúinteoir bíonn iontas orthu agus ceistíonn siad conas a chaitheann na páistí liom agus conas a dhéanaim é? Níos minice ná a mhalairt caithfidh mé a rá go mbíonn páistí an-oscailte agus uileghabhálach agus is iad na daoine fásta a mbíonn deacrachtaí acu glacadh leis an éagsúlacht. Ar ndóigh, bíonn na páistí a mhúinim fiosrach faoi m'airde ach ar an dea-uair ní raibh tionchar diúltach aige seo riamh ar mo chuid múinteoireachta. Tá dea-chuimhne agam ar lá amháin a fuair a chuid fiosrachta an lámh in uachtar ar bhuachaill ó rang a ceathair agus phléasc sé amach 'A Iníon de Búrca, cén fáth a bhfuil tú chomh beag sin?' D'fhreagair mé a cheist le ceist eile agus d'fhiafraigh mé de cén fáth a raibh sé féin ina bhuachaill in ionad a bheith ina chailín? Ansin, mhínigh mé dó gur rugadh mar dhuine beag mé agus nár roghnaigh mé é sin agus mé sa bhroinn, cosúil leis féin nuair a rugadh é. Mar sin féin, tuigim go maith go bhfuil sé i nádúr an pháiste a bheith cabhrach lena mhúinteoirí agus cuidíonn siad go mór liom leis na dúshláin fhisiciúla a chasann liom sa seomra ranga.

5. Bhain mé an-taitneamh as mo chúrsa traenála sa choláiste oiliúna agus bhí ríméad orm céim céad onórach a bhaint amach ag deireadh an chúrsa. Ag Bronnadh na gCéimeanna chuir an coláiste feisteas speisialta ar fáil dom. Bronnadh gradam speisialta orm, Bonn Vere Foster. Eagraíocht Bhunmhúinteoirí na hÉireann a bhronnann an gradam seo ar an mac léinn a fhaigheann an grád is airde sa chleachtadh múinteoireachta agus bhí mé thar a bheith bródúil é sin a fháil. Nuair a chríochnaigh mé sa choláiste, bhí ganntanas post ar fáil sa tír agus dá bharr sin shocraigh mé leanúint ar aghaidh leis an staidéar. Thóg mé treo difriúil an uair seo agus rinne mé céim Mháistreachta sa léiriúchán craoltóireachta don raidió agus don teilifís. Cé gurb é an t-oideachas mo chéad ghrá i gcónaí, caithfidh mé a rá gur fhoghlaim mé an-chuid scileanna ar an gcúrsa sin agus go bhfuair mé taithí thar cionn as. Ba bhliain í inar fhás mo ghuth sna meáin chlóscríofa agus chlos-amhairc. Ag deireadh an chúrsa bhí gliondar croí orm go bhfuair mé céad onóracha sa Mháistreacht sin. Níos mó ná scór bliain ó shin is cuimhin liom mo thuismitheoirí ag rá liom go bhféadfainn aon rud a theastaigh uaim a dhéanamh a bhaint amach, beag beann ar m'airde agus bhí an ceart iomlán acu. Tá sé dushlánach a bheith i do dhuine beag ar an saol seo ach d'fhéadfaí breathnú air mar bhronntanas freisin. Cabhraíonn sé liom smaoineamh i slí dhifriúil conas déileáil le constaicí an tsaoil. Is mise Sinéad de Búrca agus tá i bhfad níos mó i gceist liomsa ná a bheith i mo dhuine beag. Is iníon, deirfiúr, gariníon, col ceathrar agus neacht mé. Is duine, múinteoir, craoltóir agus cainteoir poiblí mé. Tá spéis faoi leith agam i gcúrsaí faisin agus ceoil.

Tabhair cuairt orm @minnimelange ar Twitter am éicint!

Bunaithe ar shliocht as alt nuachtáin a scríobh Sinéad de Búrca don *Irish Independent* 25 Meitheamh 2013

Ceisteanna Scrúdaithe

1. (a) Déan cur síos ar na daoine eile i dteaghlach Shinéad ón eolas a thugtar dúinn in Alt a 1.
   (b) Mínigh a bhfuil i gceist leis an acondrapláise. (Alt a 1) (7 marc)
2. (a) Tabhair dhá phíosa eolais faoin gcruth fisiciúil a bhíonn ar dhaoine a bhfuil an riocht acondrapláise ag dul dóibh de ghnáth? (Alt a 2)
   (b) Cén chomparáid a dhéanann Sinéad idir a hairde agus a tréithe fisiciúla eile in Alt a 2? (7 marc)
3. (a) Cén fáth a mbíonn sé deacair uirthi cnaipí solais agus baschrainn dorais a úsáid de réir an eolais a thugtar dúinn in Alt a 3?
   (b) Luaigh na deacrachtaí a bhíonn aici i leithris phoiblí go minic. (Alt a 3) (7 marc)
4. (a) Céard iad na ceisteanna a chuireann daoine ar Shinéad go minic nuair a chloiseann siad go bhfuil sí cáilithe mar mhúinteoir? (Alt a 4)
   (b) Conas a chaitheann na páistí bunscoile léi, dar léi in Alt a 4? (7 marc)
5. (a) Cén fáth a bhfhaigheann mic léinn sa choláiste oiliúna an gradam Bonn Vere Foster, a luann sí in Alt a 5?
   (b) Cén dearcadh atá aici faoina hairde íseal, dar léi féin in Alt a 5? (7 marc)
6. (a) Aimsigh sampla den séimhiú a leanann réamhfhocal simplí in Alt a 3 agus sampla d'ainmfhocal sa tuiseal ainmneach, iolra in Alt a 3.
   (b) Bunaithe ar an eolas sa sliocht thuas, luaigh dhá thréith a bhaineann le Sinéad, dar leat. Aimsigh sampla amháin de gach ceann den dá thréith sin sa sliocht. (Bíodh an freagra i d'fhocail féin. Is leor 60 focal.) (15 mharc)

Léamhthuiscint a 2

Léigh an sliocht seo a leanas agus freagair na ceisteanna a ghabhann leis.

Laoch Mór ár Linne

1. Radharc 1: Club Ríoga Gailf, Oileán an Bhulla. Déanaim dianluascadh ar an gcéad phóca, par a ceathair díreach os mo chomhair. Buailim an liathróid agus claonaim mo cheann chun é a aimsiú san aer. Ní fheicim aon rud ach ceo glas faoi na scamaill liatha. D'fhéadfadh an liathróid a bheith i lár na bánóige, sa bhuncar ar thaobh na láimhe clé nó ar strae ar dheis. Níl tuairim agam conas í a aimsiú mar nílim ag caitheamh mo chuid spéaclaí. Radharc 2: Táim ar an bpríomhshráid i nDomhnach Broc. Cloisim duine éigin ag glaoch orm trasna na sráide. Guth cairdiúil atá ann. Breathnaím trasna agus feicim deilbh éigin do mo bheannú. 'Cén chaoi a bhfuil tú?' ar sé. Cé nach bhfuil fiú amháin cúig mhéadar déag eadrainn, ní aithním é. In ionad a bheith drochbhéasach leis, freagraím é. Ansin trasnaím an bóthar agus mé ag súil gur cara liom é nó ar a laghad duine éigin a aithneoidh mé. Cúpla slat ón gcosán, tuigtear dom go bhfuilim tar éis teacht trasna chun bualadh le strainséir!

Gabhann sé buíochas liom, ag rá liom nach raibh sé ag súil leis sin ar chor ar bith. Bíonn comhrá gearr agus beagán amscaí againn ina dhiaidh sin agus déanaim socrú i m'aigne go gcaithfidh mé an fhadhbh seo a réiteach.

2. Séasúr rugbaí 2009/10 ag druidim linn – an t-aonú séasúr déag dom mar imreoir gairmiúil – léiríonn na cuntais oifigiúla go bhfuil naoi gcluiche 's nócha imeartha agam d'fhoireann na hÉireann agus do na Leoin faoin am seo. Ní raibh sé riamh ar mo chumas an scórchlár a léamh go dtí sin. Gan mo chuid spéaclaí a chaitheamh, ní féidir liom uimhir an ghluaisteáin atá díreach os mo chomhair a léamh i dtranglam tráchta. Nílim in ann ceannlíne nuachtáin a léamh gan é a bheith dhá throigh uaim. Seachas a bheith an-ghar dóibh, ní éiríonn liom aghaidheanna an fhreasúra a aithint. Ón gcéad lá ar phioc mé suas an liathróid i bPáirc na Sailí, bhraith mé ar chumaraíocht choirp chun na cosantóirí a bhíodh cúig nó deich de shlat uaim a aithint. Uaireanta braitheann sé ar dhath na gruaige nó glao éigin ó mo chomrádaithe foirne *'fatties'*, ag cur in iúl dom go bhfuil tosaithe móra místuama ag cosaint i lár na páirce.

3. Toisc an aistiogmatacht i mo shúile, nílim ábalta na lionsaí tadhaill boga a chaitheamh, neamhchosúil le daoine eile atá gearr-radharcach. Bhain mé triail as na cinn chrua ach bhí deacracht agam i gcónaí iad a chur isteach i mo shúile. Fiú amháin nuair a d'éirigh liom iad a chur isteach, d'éiríodh mo shúile pianmhar tar éis tamaill. Anuas air sin bhí siad chomh costasach sin nach raibh mé sásta dul sa seans, ar eagla go gcaillfinn iad ar an bpáirc. Nuair a tháinig lionsa bog nua ar an margadh bhain mé triail as ag cluiche traenála le foireann na hÉireann in 2004. Tar éis cúig nóiméad déag agus mé i lár clibirte, bhuail lámh Tyrone Howe mo shúil agus thit an lionsa glan amach. Phioc mé suas ón talamh é agus rith mé chuig an taobhlíne chun an ceann eile a thógáil amach ar an toirt. Ghlac mé leis mar chomhartha nár oir siad do mo shúile. Níor theastaigh uaim a bheith ag cuardach lionsa i lár cluiche mhóir.

4. Ansin nuair a d'éirigh cóir leighis léasair níos coitianta, d'fhiosraigh mé an scéal arís ach ar an drochuair níor oir an obráid a bheadh ag teastáil ar mo shúile dom. Mar sin lean mé ar aghaidh mar a bhí mé i gcónaí – ag caitheamh spéaclaí timpeall an tí, ach gan iad a chaitheamh taobh amuigh toisc nár thaitin siad riamh liom. Sna déaga, nuair a bhíodh cailíní i gceist, d'fhanadh na spéaclaí i mo sheomra leapa. Níorbh aon David Gandy mé agus ní raibh siad chun feabhas a chur ar mo chuma fhisiciúil, lena bhfrámaí lofa agus na lionsaí a bhí chomh tiubh le bun buidéil ghloine. Ó am go chéile ghlacadh na buachaillí i gCluain Tarbh iad agus ligidís orthu go raibh siad chun titim nuair a chuiridís orthu iad. Agus dá bharr sin, ar an bpáirc rugbaí agus taobh amuigh shocraigh mé gan iad a úsáid.

5. Bhí buntáistí ag baint leis sin freisin, ag siúl síos Sráid Grafton, ní raibh orm amharc sa tsúil a dhéanamh le daoine nár theastaigh uaim labhairt leo agus seans maith go raibh sé mar an gcéanna dóibhsean. Faraor, roimh thús 'chuile shéasúr rugbaí, d'fhéachainn ar sceideal na gcluichí do Chúige Laighean agus thagadh uamhan orm roimh oíche Dé hAoine nuair a bhíodh cluichí ar siúl i bPáirc Hughenden, i nGlaschú nó i bParáid Rodney, Newport – áit a mbíonn na tuilsolais íseal agus a mbíonn sé níos deacra cruth na n-imreoirí ar an bhfoireann eile a dhéanamh amach sa dorchadas. Shíl mé ag an bpointe sin go gcríochnóinn mo ghairm mar imreoir gan riamh a bheith in ann an t-am ar an gclog páirce a léamh. Tháinig an lá faoi dheireadh, áfach, gur seoladh mé chuig

máinlia súl a rinne scrúdú géar orm agus a dúirt liom go n-oibreodh an chóir leighis nua dom anois. Dúirt sí go raibh dul chun cinn mór déanta maidir le cóir leighis léasair. Níorbh aon bhac dom an aistiogmatacht i mo shúile a thuilleadh. Labhair sí ansin faoin ollamh a bhí ina cheannródaí maidir le cóir leighis léasair a thabhairt go hÉirinn. Dúirt sí gurbh é sin an duine a bheadh ag teastáil uaimse.

Bunaithe ar shliocht as dírbheathaisnéis Brian O'Driscoll: *The Test*

Ceisteanna Scrúdaithe

1. (a) Cén fáth a raibh deacracht ag an scríbhneoir an liathróid a aimsiú, dar leis féin in Alt a 1?

   (b) Cén fáth ar mhothaigh sé amscaí nuair a chuaigh sé trasna na sráide, dar leis in Alt a 1? (7 marc)

2. (a) Luaigh dhá shampla a léiríonn dúinn go bhfuil an t-údar gearr-radharcach in Alt a 2.

   (b) Conas a aithníonn sé imreoirí ó fhoireann an fhreasúra, dar leis in Alt a 2? (7 marc)

3. (a) Cén fáth nach n-éiríonn leis lionsaí crua ná boga a chaitheamh, de réir an eolais a thugann sé dúinn in Alt a 3?

   (b) Céard a tharla do na lionsaí a bhí á gcaitheamh aige le linn cluiche traenála in 2004? (Alt a 3) (7 marc)

4. (a) D'fhiosraigh sé an chóir leighis léasair nua nuair a tháinig sé ar an margadh, mar a deir an t-údar linn in Alt a 4. Cén t-eolas a bhain sé amach faoina chás féin?

   (b) Cén fáth ar cheap sé go raibh a chuid spéaclaí gránna? Luaigh dhá rud nár thaitin leis fúthu. (Alt a 4) (7 marc)

5. (a) Luann sé buntáiste faoina bheith gearr-radharcach agus é amuigh in áiteanna poiblí. Cén buntáiste atá i gceist aige? (Alt a 5)

   (b) Conas a mhothaíodh sé go minic nuair a d'fhéachadh sé ar sceideal na gcluichí do Chúige Laighean? Cén fáth a mothaíodh sé mar sin? (Alt a 5) (7 marc)

6. (a) Aimsigh sampla d'fhorainm réamhfhoclach sa chéad phearsa uimhir uatha in Alt a 4 agus sampla den urú a leanann an réamhfhocal simplí in Alt a 5.

   (b) Cén cineál (*genre*/seánra) scríbhneoireachta lena mbaineann an sliocht seo? Luaigh dhá thréith a bhaineann leis an gcineál sin scríbhneoireachta. Aimsigh sampla amháin de gach ceann den dá thréith sin sa sliocht. (Bíodh an freagra i d'fhocail féin. Is leor 60 focal.) (15 mharc)

Prós/Scannánaíocht

Sa chéim seo, foghlaimeoidh tú:

- faoi phlota an ghearrscannáin *Cáca Milis*
- conas téamaí an scannáin a phlé
- conas carachtair an scannáin a phlé
- conas stíl scannánaíochta an ghearrscannáin a phlé.

Nóta!
Is féidir féachaint ar an scannán *Cáca Milis* ar YouTube.

Cáca Milis le Brian Lynch

Obair Bheirte

Tasc do na daltaí: Achoimre den scannán a scríobh i mbeirteanna.

Is féidir leis na daltaí achoimre a scríobh ar scéal an scannáin seo iad féin. Déanfaidh an múinteoir fótachóip den scéal. Gearrfaidh an múinteoir an chóip i míreanna. Beidh an rang ag obair i bpéirí. Léifidh na daltaí tríd an mír atá acu.

Scríobhfaidh dalta amháin achoimre ar an mír. Ansin, déanfaidh an dalta eile iarracht an achoimre a ghearradh agus gan ach na pointí is tábhachtaí a lua.

Léifidh gach péire a n-achoimre amach agus beidh an rang in ann achoimre iomlán den sliocht a ullmhú.

Cúinne na Litearthachta

Foghlaim conas na heochairfocail thíos san achoimre a litriú agus faigh amach cad is brí leo.

Féach go grinn ar na focail seo, abair amach iad, clúdaigh na focail, agus ansin scríobh na focail amach chun an litriú a chleachtadh!

An Gaeilge	An Béarla	Clúdaigh na focail ar an lámh chlé agus scríobh amach na focail anseo leat féin.
Máchail fhisiciúil		
Míchumas		
Mífhoighneach		
Bata siúil		
Amscaí		
Searbhasach		
Ag cneadach		
Análóir		
Aoibh mhailíseach		
Péist bhándearg		
Seilí		
Gearranálach		
Fianaise		

Cáca Milis *le Brian Lynch*

Achoimre ar an nGearrscannán i bhFoirm Pictiúr

Anois, scríobh d'achoimre féin bunaithe ar na pictiúir thuas.

Achoimre ar an Scéal

- Is gearrscannán é seo a thosaíonn le traein ag teacht isteach chuig stáisiún Ros Láir. Tá beirt bhan, máthair agus iníon, taobh amuigh den stáisiún ag fanacht leis an traein agus leis an altra (Nóra) atá chun aire a thabhairt don mháthair a fhad is bhíonn a hiníon Catherine imithe ar an traein. Is léir go bhfuil mearbhall éigin ar an máthair agus go bhfuil sí thar a bheith neirbhíseach agus imníoch. Is léir chomh maith go bhfuil máchail fhisiciúil[1] éigin uirthi mar feicimid cathaoir rotha taobh thiar den suíochán tosaigh. Nuair a thagann an t-altra ansin, feicimid ón gcaoi a labhraíonn Catherine léi, go bhfuil an iníon mífhoighneach lena máthair agus go bhfuil sí bréan de[2] bheith ag tabhairt aire di. 'Och, mar is gnách' an freagra a thugann sí ar an altra nuair a cheistíonn Nóra í faoi conas atá cúrsaí.

[1] *physical handicap*

[2] *sick and tired of*

- Ar an traein ansin feicimid Catherine ag léamh. Nuair a fhéachann sí amach an fhuinneog, feiceann sí fear dall (Paul) ag fanacht taobh amuigh. Tagann sé isteach sa charráiste ina bhfuil sí féin le mála taistil, mála donn páipéir agus bata siúil[3]. Socraíonn sé suí díreach os a comhair agus réitíonn sé é féin go hamscaí[4], beagnach ag bualadh Catherine lena bhata siúil agus ag bualadh a cos faoin mbord i ngan fhios dó féin. Ní léiríonn Catherine aon fhoighne ina leith ach breathnaíonn sí go géar agus go searbhasach air.
- Agus Paul ina shuí, tugaimid faoi deara go bhfuil dea-aoibh agus fonn láidir cainte air. Tá sé ag cneadach[5], áfach, agus insíonn sé don bhean go bhfuil droch-asma air. Níl suim da laghad ag Catherine ina chuid scéalta agus éiríonn sí cantalach leis, ag rá leis go bhfuil sí ag déanamh iarrachta a leabhar a léamh. Idir é ag tógáil puthanna óna análóir[6] agus ag bualadh chosa Catherine arís faoin mbord, deir Paul léi go bhfuil caife uaidh. Is cinnte, áfach, nach bhfuil sí chun cabhrú leis é a fháil.
- Tógann sé amach císte ón mála páipéir ansin agus fiafraíonn sé de Catherine cén dath atá air. Tá sé sásta nuair a chloiseann sé gur dath bándearg atá air. Fanann sé leis an gcaife ansin agus é fós ag caint. Labhraíonn sé faoin áit a bhfuil sé ag dul ar saoire cois trá agus na radhairc áille atá le feiceáil ansin.
- Dá hainneoin féin[7] ansin ceistíonn Catherine é faoi na radhairc atá le feiceáil ón traein, toisc go ndeir Paul léi go bhfuil an turas ar eolas de ghlanmheabhair aige. Cuireann sí amhras ina cheann, áfach, nuair a deir sí leis go bhfuil loch agus báid le feiceáil freisin nuair a thugann sí faoi deara pictiúr atá taobh thiar den fhear bocht sa charráiste. Ina dhiaidh sin éiríonn Paul trína chéile agus neirbhíseach agus feicimid an aoibh mhailíseach[8] ar aghaidh na mná. Tá sí ag baint taitnimh as a bheith ag cur as dó.
- Nuair a fhaigheann sé a chupán caife faoi dheireadh, is léir go bhfuil sé fós trína chéile. Níos measa fós, diúltaíonn Catherine cabhrú leis siúcra a chur isteach ina chupán agus dá bhrí sin doirteann sé cuid den siúcra ar an mbord. Cuireann sé déistin ar an mbean leis an gcaoi a n-alpann sé an cáca milis agus a n-ólann sé an caife go glórach[9]. Tá sí ag éirí tinn tuirseach de faoin am seo agus éiríonn sí mailíseach arís nuair a insíonn sí dó go bhfuil péist[10] bhándearg ina cháca. Cuireann sé seo as go mór do Paul agus caitheann sé seilí[11] isteach sa chupán caife. Cé go gcuireann sé seo déistin ar Catherine, tá sé le feiceáil ar a haghaidh go bhfuil sí ag baint pléisiúr éigin as an dallamullóg a chur ar an bhfear bocht.
- Éiríonn Paul gearranálach[12] arís ansin, toisc go bhfuil eagla air. Lorgaíonn sé a análóir ar an mbord ach ní féidir leis teacht air. Bogann Catherine ón mbord é nuair a thugann sí faoi deara go bhfuil deacracht aige teacht uirthi. Seasann sí suas ansin agus cuireann sí an t-análóir ar ais ar an mbord sula n-imíonn sí, ionas nach mbeidh aon fhianaise ann go raibh sí riamh cruálach nó mailíseach leis. Tá Paul éirithe rólag chun aon rud a dhéanamh ag an bpointe seo agus nuair a fhágann Catherine carráiste na traenach, is cosúil go bhfuil sé marbh.
- Imíonn Catherine as radharc ansin agus cúpla soicind ina dhiaidh sin, imíonn an traein as radharc freisin.

[3] *a cane*
[4] *awkwardly*
[5] *gasping*
[6] *inhaler*
[7] *in spite of herself*
[8] *malicious smile*
[9] *loudly*
[10] *worm*
[11] *spits*
[12] *short of breath*

Obair Ealaíne

Cruthaigh achoimre ar an scéal i bhfoirm pictiúr agus siombailí. Is féidir leat úsáid a bhaint as figiúirí agus roinnt eochairfhocal anseo is ansiúd más mian leat.

Scríobh na freagraí ar na ceisteanna seo a leanas nó iarrfar ar dhalta áirithe suí sa chathaoir the agus beidh air/uirthi an chéad cheist a fhreagairt ó bhéal. Nuair a bheidh an cheist freagartha aige/aici, is féidir leis/léi an chéad cheist eile a chur ar aon dalta eile is mian leis/léi.

1. Cá bhfuil an scannán seo suite?
2. Cé a thugann aire do mháthair Catherine?
3. Céard atá le feiceáil taobh thiar den suíochán tosaigh sa charr?
4. Déan cur síos gearr ar an altra.
5. Cá bhfuil an traein ag dul?
6. Céard iad na dúshláin fhisiciúla atá ag Paul?
7. Céard atá á n-iompar ag Paul nuair a thagann sé ar an traein?
8. Cén deoch atá ag teastáil ó Paul ar an traein?
9. Cé eile a fheicimid sa charráiste traenach ar an aistear gearr seo?
10. Ainmnigh trí rud atá le feiceáil taobh amuigh den fhuinneog.
11. Cén saghas leabhair atá á léamh ag Catherine?
12. Conas atá Catherine gléasta?
13. Luaigh an dá bhréag a insíonn Catherine do Paul.
14. Cén fáth a raibh Paul ar an raidió, dar leis féin?
15. Cén fáth a ndoirteann Paul an siúcra ar an mbord?
16. Cé mhéad siúcra a thógann sé ina chupán caife?
17. Cén fáth a n-insíonn Catherine bréaga do Paul?
18. Ag úsáid trí aidiacht, dean cur síos ar Catherine.
19. Céard a dhéanann Catherine sula n-imíonn sí ón traein?
20. Cén fáth a ndéanann sí é sin?

Cleachtaí Cainte

Ba cheart do dhalta amháin ligean air/uirthi féin gurb é/í Catherine. Is féidir leis an gcuid eile den rang ceisteanna a chumadh ar mhaith leo a chur ar Catherine, mar shampla:

1. Cén fáth a raibh tú ag dul ar an traein an lá sin?
2. Conas a bhuail tú le Paul?
3. Cén fáth a raibh tú olc le Paul?

Ba cheart do dhalta amháin ligean air/uirthi gurb é/í Paul. Smaoineoidh an chuid eile den rang ar cheisteanna ar mhaith leo a chur ar Paul, mar shampla:

Cén fáth a raibh tú féin ar an traein an lá áirithe sin?

Is féidir leis an dalta a s(h)amhlaíocht a úsáid chun na ceisteanna a fhreagairt.

An tÚdar/Ábhar an Ghearrscannáin

Is gearrscannán é seo leis an bhfile agus drámadóir Brian Lynch. Is scéal tragóideach, scanrúil é a théann i bhfeidhm go mór orainne, an lucht féachana. Pléann an scannán le hábhar an mhíchumais agus leis an gcaoi a gcaitear leis an bhfear dall Paul ar a aistear gearr traenach. Is finnéithe sinn ar dhúnmharú Paul agus ar gach rud a tharlaíonn roimh an dúnmharú. Baintear siar go mór asainn gan aon amhras nuair a fheicimid an bás fealltach a fhulaingíonn Paul. Is scannán thar a bheith cumhachtach agus corraitheach é mar sin a théann i bhfeidhm go mór orainn go léir.

Freagra Samplach a 1

Téama an scannáin a phlé agus conas a chuirtear an téama sin os ár gcomhair sa scannán.

Is iad na téamaí is tábhachtaí sa ghearrscannán seo ná an míchumas[1] agus an chaoi a gcaitear le daoine faoi mhíchumas uaireanta. Ní bhíonn gach duine inár sochaí trócaireach[2] agus foighneach le seandaoine ná le daoine le héagumais[3] eile. Tá an t-olcas agus an mhailís[4] go mór chun tosaigh sa scannán freisin. Ní mhaireann an scannán ach timpeall sé nóiméad déag ach taobh istigh den tréimhse ghearr seo feicimid na téamaí dorcha seo go han-soiléir.

Tarlaíonn an mhórchuid den eachtra taobh istigh de charráiste traenach agus is ansin a chuirimid aithne cheart ar an mbeirt phríomhcharachtar, Catherine agus Paul. Tosaíonn an scannán taobh amuigh den stáisiún traenach sa charr agus taobh leis an gcarr agus is ansin a fheicimid téama an mhíchumais i dtosach. Feicimid go bhfuil máchail[5] éigin ar mháthair Catherine agus go mbraitheann sí go hiomlán ar dhaoine eile ina saol. Cé go dtaispeánann Catherine roinnt foighne agus cineáltais di ar dtús, ní fada go bhfeicimid go bhfuil sí tinn tuirseach de bheith ag tabhairt aire dá máthair. 'Och, mar is gnách,' a deir sí nuair a cheistíonn Nóra (an t-altra) í faoi conas mar atá a máthair. Imíonn sí gan mhoill ansin chun an traein a fháil agus faoiseamh uirthi.

Is sa charráiste traenach a bhuaileann Catherine lena íobartach[6] Paul. Fear dall is ea é agus gan amhras tá sé saonta agus iontaobhach[7] ann féin chomh maith. Cuireann sé isteach go mór ar Catherine lena chuid cainte gan stad agus is í seo an tslí chliste ina léiríonn an t-údar téama an mhíchumais agus an bealach a gcaitear le daoine atá 'éagsúil' inár sochaí go minic. Cosúil le Catherine bíonn go leor daoine eile mífhoighneach le daoine a chuireann isteach orthu. Cé go dtagann críoch thubaisteach, mhillteanach leis an teagmháil ghearr seo, is léir dúinn go bhfuil an scríbhneoir Brian Lynch ag rá linn go mbíonn daoine áirithe olc agus mailíseach le daoine atá faoi mhíchumas uaireanta. Tá críoch thobann, drámatúil leis an scannán a léiríonn cruálacht agus olcas Catherine agus an mí-ádh a bhí ar an bhfear dall Paul suí os a comhair ar an traein.

[1]disability
[2]merciful/charitable
[3]disability
[4]malice
[5]physical handicap
[6]victim
[7]innocent/naive and trusting

Is cinnte nach mbeadh formhór mór na ndaoine i sochaí na hÉireann chomh mailíseach olc is a bhíonn Catherine ach níl aon amhras ach nach mbíonn gach duine againn foighneach agus trócaireach le daoine le héagumais. Gan dabht cuireann an caidreamh gearr seo an lucht féachana á gceistiú féin faoin gcaoi a gcaithfidís le duine cosúil le Paul!

Faighimid léargas sa scannán chomh maith ar an easpa príobháideachais a bhaineann leis an gcóras iompair poiblí in Éirinn. Is dócha go bhfuil sé de mhí-ádh ar Paul sa chás seo suí san áit mhícheart ag an am mícheart agus gur mar gheall ar an mí-ádh sin a bhuaileann sé lena chinniúint fhealltach[8]. Is dócha go bhfuil fonn díoltais éigin ar Catherine agus is é Paul bocht an t-íobartach soineanta a fhulaingíonn as a cuid feirge agus olcais. Is scannán cumhachtach é *Cáca Milis* gan amhras a théann i bhfeidhm go mór orainn, an lucht féachana.

[8] *treacherous fate*

Achoimre ar Théamaí an Scannáin

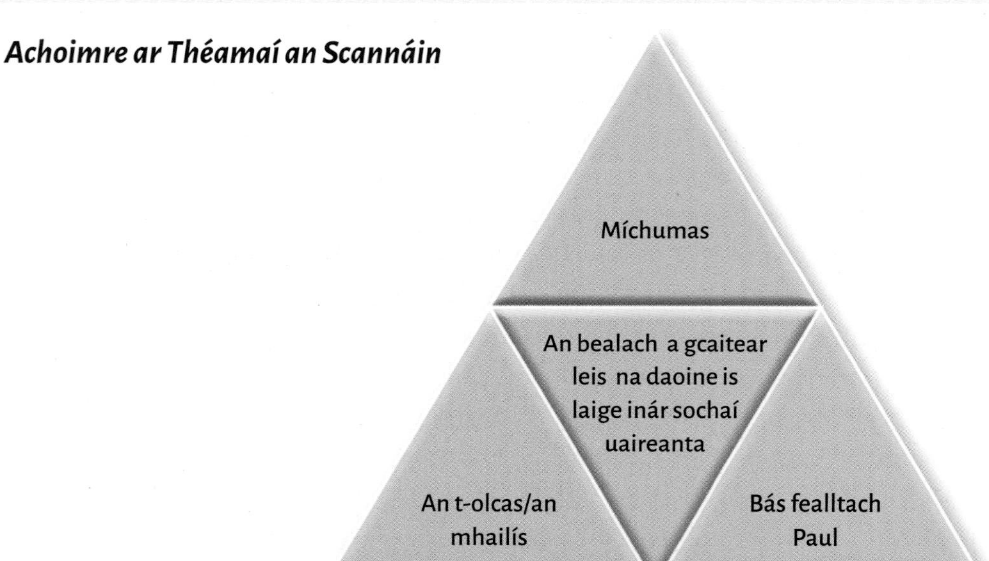

Freagra Samplach a 2

'Is minic a bhíonn saol uaigneach ag an té atá difriúil ar bhealach éigin leis na daoine eile sa tsochaí ina maireann sé.' An ráiteas sin a phlé i gcomhthéacs an scannáin *Cáca Milis*.

Tá fírinne sa ráiteas sin, gan aon amhras. Cinnte, don té a sheasann amach óna shochaí ar bhealach éigin, is minic a mhothaíonn sé uaigneach, aonarach agus imeallaithe ag an tsochaí chéanna. Mar sin féin, déarfainn go mbíonn tromlach na ndaoine sa saol nua-aimseartha seo lách, foighneach agus trócaireach le duine ar bith a bhfuil éagumas nó laige ar bith orthu. Caithfimid a bheith san airdeall i gcónaí, áfach, ar an olcas a mhaireann sa saol seo, rud nach bhfuil fíor maidir le Paul bocht.

Seasann Paul don éagsúlacht atá i gceist anseo. Tá sé dall, mar a thugaimid faoi deara ó thús an scannáin agus anuas air sin tá drochasma air. Ní hamháin sin ach tá laige éigin ina phearsantacht atá saonta agus ró-neamhurchóideach. Is cosúil go gcreideann sé go bhfuil gach duine ar an saol seo cineálta agus trócaireach. Creideann sé na bréaga a insíonn Catherine chomh maith, gan í a cheistiú. Braitheann an lucht féachana trua agus bá leis, rud a tharlaíonn uaireanta sa tsochaí i gcás daoine atá faoi mhíchumas.

Tuigtear dúinn go bhfuil saol uaigneach aige taobh amuigh den aistear gearr seo. Ar an gcéad dul síos, tá sé ag taisteal ina aonar, cé gur léir dúinn go bhfuil deacrachtaí fisiciúla aige. Ansin tá sé sásta scéal a bheatha a nochtadh don bhean strainséartha seo Catherine gan smaoineamh an dara huair air. Is cosúil nach mbíonn mórán cuideachta aige. Tarraingítear ár n-aird freisin ar na scéalta a insíonn sé. Scéalta simplí atá iontu, nach bhfuil suim dá laghad ag Catherine iontu. Ní luann sé clann ná cairde, cé is moite den tagairt do laethanta saoire a chaith sé ina óige.

Is furasta dúinn samplaí dá leithéid a shamhlú sa tsochaí ina mairimid féin. Feictear daoine a bhfuil míchumas orthu go minic ag taisteal ar an gcóras poiblí in Éirinn toisc nach mbíonn ar a gcumas ag cuid mhaith acu tiomáint. Níl aon amhras ach go mbíonn meas mór ag an gcuid is mó de dhaonra na hÉireann ar na daoine seo agus go gcaitheann siad go maith leo. Caithfear a admháil, faraor, go bhfuil mionlach beag sa saol seo a dhéanann scigmhagadh faoin éagsulacht inár sochaí agus a bhaineann pléisiúr as a bheith ag cur as do dhaoine atá níos laige ná iad féin. Tá bealach an-chliste ag scríbhneoir an scannáin seo *Cáca Milis* na téamaí sin a chur os ár gcomhair gan aon dabht.

Tréithe na gCarachtar

- Tá beirt phríomhcharachtar sa ghearrscannán seo, Catherine agus Paul, agus ceathrar mioncharachtar, máthair Catherine (Theresa), an t-altra (Nóra), an freastalaí ar an traein agus an fear atá ina chodladh sa charráiste.

Catherine

- I dtosach tá Catherine bog go leor lena máthair taobh amuigh den stáisiún. Léiríonn sí roinnt foighne agus cneastachta i leith a máthar ar dtús. Labhraíonn Catherine go bog lena máthair agus í ag deimhniú di go mbeidh an t-altra léi sar i bhfad.

- Éiríonn sí beagaínín mífhoighneach léi ansin, áfach, agus níl sí sásta cabhrú lena máthair dul go dtí an leithreas. Is cosúil go dtugann sí aire dá máthair agus go dtagann altra gach lá nuair a imíonn sí (chuig an obair b'fhéidir). Is léir go bhfuil sí ag éirí bréan dá cuid cúramaí leis an tseanbhean, ámh. 'Och, mar is gnách' a deir sí le Nóra (an t-altra) nuair a cheistíonn Nóra í faoi conas mar atá a máthair.
- Tá leabhar rómánsúil á léamh aici agus tá sí cineálta ar dtús leis an bhfear dall nuair a phiocann sí suas an mála donn dó, ach féachann sí air go crosta nuair a bhuaileann sé í lena bhata siúil beagnach. Tá Paul bocht beag beann air seo, áfach, agus ní thuigeann sé ar chor ar bith go bhfuil a chuid iompair ag cur isteach ar Catherine.
- Tá déistin le feiceáil ar aghaidh Catherine ansin nuair a thógann Paul amach a análóir, an slisín cáca agus nuair a bhuaileann sé a cosa faoin mbord. Tá sí mífhoighneach sna freagraí go léir a thugann sí ar Paul agus is léir nach bhfuil fonn dá laghad uirthi a bheith ag labhairt leis. 'Tá mé ag déanamh iarrachta,' a deir sí nuair a iarrann sé uirthi an bhfuil sí ag léamh. Tá sí searbhasach ina cuid freagraí gan dabht freisin.
- Níl sí sásta cabhrú leis caife a fháil agus níos déanaí siúcra a chur isteach ina chupán caife dó. Tá sí míthrócaireach agus mícharthanach gan amhras. Ligeann sí do Paul praiseach a dhéanamh ar an mbord os a comhair ach diaidh ar ndiaidh, tá sí ag éirí níos nimhní.
- Níos measa ná sin, tá sí mailíseach nuair a insíonn sí bréag dó faoin radharc atá le feiceáil taobh amuigh agus is cinnte go bhfuil sí ag baint sásaimh agus pléisiúir as a bheith ag cur as don fhear dall. Ní ligeann sí do Paul a chuid bróid a léiriú as an turas a bheith ar eolas de ghlanmheabhair aige ó bhí sé ina pháiste. Tá uirthi cur isteach air agus é a chiapadh.
- Mar an gcéanna leis an mbréag faoin bpéist sa cháca milis. Leanann sí uirthi ag insint bréag dó nuair a fheictear di go bhfuil an fear bocht trína chéile agus scanraithe. Tá an t-olcas le feiceáil go láidir inti anseo. De réir a chéile feictear dúinn an t-olcas agus an mhailís sin ag fás inti agus tuigtear dúinn go bhfuil tréithe an-dorcha ag baint lena carachtar.
- Is dúnmharfóir í sa deireadh nuair a bhogann sí an t-análóir ón mbord sa chaoi nach mbeidh Paul in ann na puthanna a shábhalfaidh é a fháil. Tá sí glic agus cliste go leor an t-análóir a chur ar ais ar an mbord sula n-imíonn sí, áfach. Feicimid gur sórt síceapataigh[1] í ar deireadh thiar. Imíonn sí ón traein ar nós cuma léi agus í beag beann ar an eachtra lofa atá tar éis tarlú. Baineann a cuid iompair stad as an lucht féachana, gan dabht.

[1] *psychopath*

Achoimre ar Charachtar Catherine

- Tá sí bog go leor agus foighneach i dtús báire lena máthair agus le Paul.
- Éiríonn sí mífhoighneach ansin lena máthair agus le Paul.
- Is cosúil go bhfuil sí bréan de bheith ag tabhairt aire dá máthair.
- Bíonn déistin uirthi agus bíonn sí searbhasach.
- Tagann fearg uirthi.
- Éiríonn sí tinn tuirseach de chabaireacht Paul.
- Tá sí mailíseach agus olc.
- Tá sí ag baint sásaimh as a bheith ag cur as do Paul.
- Tá sí glic agus cliste.
- Is dúnmharfóir agus síceapatach í.

Paul

- Ar an gcéad dul síos is duine dall é Paul. Anuas air sin, tá sé ag fulaingt go dona le hasma. Mar sin tá sé deacair go leor air dul timpeall agus tá sé beagáinín amscaí[2] dá bharr. Feictear é seo nuair a thagann sé isteach sa charráiste traenach lena bhata siúil, a mhála taistil agus an mála páipéir donn.
- Is fear neamhurchóideach[3], muiníneach[4] agus saonta[5] é gan amhras. Is cosúil go gcreideann sé go mbeidh daoine eile, fiú strainséirí, cabhrach, trócaireach agus cneasta leis. Toisc a mhíchumais, braitheann sé go mór ar chneastacht daoine eile sa saol. Tá riachtanais speisialta aige gan amhras agus d'fhéadfaí a rá go bhfuil sé saghas páistiúil sa chaoi a lorgannn sé cabhair.
- Tá sé féin mífhoighneach freisin, sa mhéid is go leanann sé air ag caint faoin gcaife agus nach mian leis fanacht leis an tralaí. Tá an chosúlacht air go bhfuil sé millte ag daoine eile ina shaol. Déanann sé iarracht nod a thabhairt do Catherine dul síos an traein chun an caife a fháil dó ag míniú di go bhfuil sé ag teastáil uaidh lena chíste.
- Ní thuigeann sé go gcuireann sé as do dhaoine eile lena chuid scéalta agus geáitsíochta. Tagann áthas air nuair a thugann sé faoi deara óna guth go bhfuil bean aige mar chomhluadar ar an traein. Is dócha go gceapann sé go mbíonn mná níos foighní agus níos séimhe ná na fir óna chuid taithí féin ar an saol.
- Is fear cainteach é agus ceapann sé go mbeidh suim ag Catherine ina chuid cainte faoina shaol pearsanta. Brúnn sé é féin uirthi i ngan fhios dó féin. Trasnaíonn sé an líne ina spás príobháideach ar an traein agus lena chuid cainte agus ceisteanna agus ní ghlacann Catherine leis seo. Tá fonn cainte ar Paul, beag beann ar a chomhluadar.
- Baineann sé taitneamh as na rudaí simplí sa saol, ar ndóigh, saoire cois trá, an turas traenach, a cháca milis, a bheith ag caint faoina thinneas agus a chuairt ar an stáisiún raidió. Tá an chuma ar an scéal go gcaithfeadh sé an lá ar fad ag caint faoi mhionsonraí a shaoil. 'Dúradar gur an-chainteoir mé,' a deir sé.
- Tá sé saonta sa chaoi a greideann sé na bréaga a insíonn Catherine dó. Cé go bhfuil na radhairc taobh amugh ar eolas aige de ghlanmheabhair, fós bíonn sé trína chéile nuair a chloiseann sé faoin loch agus na báid. Creideann sé an scéal faoin bpéist sa cháca freisin agus bíonn sé scanraithe dá bharr. Is éasca mar sin eagla a chur air. Briseann ar a chuid néaróg ag an bpointe seo sa scéal.
- Nuair a thagann an caife, cuireann Paul déistin ar Catherine lena nósanna itheacháin agus ólacháin. I dtús báire doirteann sé an siúcra ar an mbord agus ní chabhraíonn Catherine leis é a chur isteach sa chupán. Ansin alpann sé an cáca agus ólann sé an caife go glórach. Feicimid a chneastacht, áfach, nuair a chuireann sé an cáca os comhair na mná chun píosa a thairiscint di.
- Ar deireadh thiar, faigheann an fear bocht bás mar gheall ar a shaontacht féin agus mailís agus olcas na mná a bhfuil sé de mhí-ádh air bualadh léi ar an traein. Tá páirt lárnach aige ina bhás féin i ngan fhios dó féin mar sin.

[2]clumsy

[3]innocent
[4]trusting
[5]gullible

Na Mioncharachtair agus an Ról atá acu sa Scannán

- Tá ceathrar mioncharachtar sa ghearrscannán seo; máthair Catherine, an t-altra (Nóra), an fear atá ina chodladh sa charráiste traenach agus an freastalaí a thagann leis an tralaí.
- Le máthair Catherine, buailimid le téama an mhíchumais i dtosach. Is cosúil go dtugann Catherine aire dá máthair ach go dtagann altra chun aire a thabhairt di nuair a imíonn Catherine ag obair. Léiríonn na carachtair seo cúlra an scéil dúinn agus mothaímid saghas trua do Catherine ar dtús go dtugann sí aire dá máthair a bhfuil mearbhall uirthi. Tá an chuma ar an scéal gur nós laethúil é seo do Nóra bualadh leo ag an stáisiún traenach.
- Is dócha go seasann an bheirt mhioncharachtar eile don ghnáthshaol a leanann ar aghaidh fad is a bhíonn eachtra mhailíseach fhealltach ar siúl os a gcomhair. Ní dhúisíonn an fear ar chor ar bith sa scannán agus mar sin ní finné ar bith é. Mar an gcéanna leis an bhfreastalaí, leanann seisean ar aghaidh lena chuid oibre gan tuairim aige faoin tragóid atá le tarlú. Tuigeann Catherine go maith nach mbeidh baol ar bith ag baint le ceachtar acu mar fhinnéithe agus léiríonn sé seo an gliceas agus an t-olcas atá go dlúth inti arís.

An Stíl Scannánaíochta

- Is gearrscannán é seo a mhaireann thart ar shé nóiméad déag ar fad, ach tá go leor téamaí láidre le feiceáil sa tréimhse ghearr sin. Mothaíonn an lucht féachana go bhfuil aithne acu ar na carachtair ag an deireadh, in ainneoin na giorrachta sin.
- Stíl ghonta shimplí scannánaíochta atá ann. Tosaíonn an chuid lárnach den scéal le traein ag teacht isteach chuig stáisiún traenach agus críochnaíonn sé le traein ag imeacht agus ag dul as radhairc. Níl ach suíomh amháin eile i gceist sa scannán, is é sin taobh amuigh den stáisiún traenach sa charr, áit a mbuailimid le Catherine ar dtús.
- Tarlaíonn an mhórchuid den eachtra taobh istigh de charráiste traenach agus is ansin a bhuaileann an bheirt phríomhcharachtar le chéile. Is sáraisteoirí iad Brendan Gleeson agus Charlotte Bradley a n-éirionn leo ár n-aird a choimeád go hiomlán ar an eachtra atá le tarlú. Mothaímid atmaisféar teannasach sa charráiste go han luath sa scannán.
- Tarlaíonn cuid thábhachtach den eachtra taobh amuigh den stáisiún, sa charr agus timpeall an chairr chomh maith, mar feicimid téama an mhíchumais ansin agus an chaoi a gcaitheann Catherine lena máthair. Tá an scéal leanúnach ó thaobh téama de mar sin.
- Cé go bhfuil téamaí coitianta sa scannán, is é sin saontacht, olcas agus coimhlint, ní gnáthchríoch atá ann agus baintear geit asainn, ní hamháin ag breathnú ar an mbás cruálach, ach freisin nuair a fheicimid an bealach a bhfágann Catherine an traein ar nós cuma léi. Críoch obainn, éifeachtach é seo gan amhras.
- Úsáidtear seatanna teanna sa scannán nuair a theastaíonn ón scríbhneoir ár n-aird a dhíriú ar chuid thábhachtach den scannán, mar shampla, an seat teann a fhaighimid ar aghaidh Paul agus é ag alpadh a chácа agus ag ól a chupáin caife go glórach. Is dócha go bhfuil sé i gceist ag an scríbhneoir déistin a chur ar an lucht féachana, chomh maith le

Catherine. Úsáidtear an tseift chéanna i gcás Catherine nuair a fheictear seatanna teanna dá súile agus í ag insint bréige do Paul. Leagann sé seo béim ar an mailís agus olcas atá inti gan amhras. Feictear na tréithe sin go soiléir ina súile.

- Tá sé suntasach freisin nach n-úsáidtear ceol ar chor ar bith ann. Níl le cloisteáil againn ach fuaimeanna simplí na traenach, rud a chuireann go mór le réaltacht an téama agus le teannas an scéil. Fiú ag deireadh an scannáin agus na teidil ag dul suas, ní chloisimid ach fuaim na traenach agus ceol na n-éan. Fuaim dhodhearmadta í seo a chuireann le fuacht, teannas agus brón an atmaisféir.
- Cloistear bonnán na traenach nuair a insíonn Catherine bréag do Paul agus nuair a bhíonn sí gránna leis. Tá éifeacht mhór ag an bhfuaim seo go háirithe agus an traein ag dul trí thollán dorcha. Scanraítear sinn ag an bpointe sin agus Paul bocht ag druidim níos cóngaraí dá bhás.
- Tá feidhm eile ag simplíocht na fuaime chomh maith. Meabhraítear dúinn an gnáthshaol a leanann ar aghaidh fad is a bhíonn uafás ag tarlú máguaird.
- Maidir leis an soilsiú sa scannán, tá sé geal den chuid is mó toisc go bhfuil Paul agus Catherine ina suí in aice na fuinneoige sa charráiste traenach. Éiríonn sé dorcha go tobann, áfach, agus téann an traein trí thollán agus Catherine ag insint bréige do Paul faoi phéist a bheith ina cháca milis. Cuireann sé seo go mór leis an atmaisféar ag an bpointe sin gan amhras agus éiríonn an lucht féachana teannasach ag an nóiméad sin.
- Tá críoch thar a bheith éifeachtach ag an ngearrscannán seo gan amhras. Siúlann Catherine amach as an traein ar nós cuma léi, mar aon le lá ar bith eile. Feicimid an traein ag imeacht go mall as radharc agus i ndáiríre fágtar sinn ag stánadh ar chúl na traenach agus díchreideamh orainn. Baintear siar go mór asainn cinnte.
- D'fhéadfaí a rá gur meafar é an t-aistear traenach do bheatha Paul agus dá chinniúint. Deir sé le Catherine go bhfuil sé ag dul chomh fada leis an stad deireanach. An é stad deireanach a shaoil atá i gceist ag an scríbhneoir?

Freagra Samplach a 3

Cad iad na mothúcháin a mhúsclaíonn an scannán seo ionainn?

Is iad Catherine agus Paul na príomhcharachtair sa ghearrscannán seo agus tá teannas le brath eatarthu beagnach ón tús. Músclaíonn carachtar Paul cion ionainn dó agus bíonn trua agus bá mór againn leis, go háirithe ag deireadh an scannáin. Feicimid go soiléir an tsimplíocht a bhaineann lena shaol agus an pléisiúr a bhaineann sé as scéal a bheatha a nochtadh don té a bhíonn sásta éisteacht leis. Is fíor gur duine saghas páistiúil é sa dóigh sin. Caithfidh mé a rá go ndeachaigh an scéal seo go mór i bhfeidhm orm agus gur mhothaigh mé thar a bheith brónach ag an deireadh. Bhí mé croíbhriste ag smaoineamh ar Paul bocht - a shaontacht agus a neamhurchóideacht. Chun na fírinne a insint, bhí fonn goil

orm agus chuir gníomh fealltach Catherine uafás agus an-fhearg orm.
Is gearrscannán é seo a líonann an léitheoir le mothúcháin láidre. Tá stíl éifeachtach ag an scríbhneoir Brian Lynch leis na príomhcharachtair Catherine agus Paul a chur in aithne dúinn. Is mar gheall ar an aithne mhaith sin a bhraithimid an bhá agus an trua do Paul sa deireadh.
Na mothúcháin is láidre atá le brath dar liom ná brón agus uafás. Tá sé dochreidte don lucht féachana go bhféadfadh duine saonta, gan dochar ar bith ann, ar nós Paul bás cruálach mar seo a fháil. Is deacair a thuiscint freisin go mbeadh fuath agus olcas chomh láidir sin ina croí ag an ngnáthbhean oibre Catherine, go ndéanfadh sí Paul a dhúnmharú. Baintear geit uafásach asainn gan amhras.
Tá an mhailís, an t-olcas, an fuath, an fhuacht agus an fonn díoltais atá i gcroí Catherine go mór chun tosaigh sa scannán. Cé go bhfuil an chuma uirthi i dtosach gur gnáthdhuine í a chaitheann gnáthshaol, ag deireadh na heachtra tá sé fíordheacair orainn ionannú léi. Fiú dá mbeadh trua againn dá cás, tá sé fíordheacair orainn a cuid iompair a thuiscint.

Teideal an Scannáin

D'fhéadfaí a rá gan amhras go bhfuil codarsnacht mhór le tabhairt faoi deara idir teideal an scannáin, *Cáca Milis*, agus críoch an scéil. Níl rud ar bith milis ag baint leis an mbás uafásach a fhaigheann Paul. Seasann an teideal *Cáca Milis* do shimplíocht agus do thaitneamh an tsaoil. Ní fhéadfaí a rá, áfach, gur críoch shimplí, thaitneamhach atá romhainn gan dabht. Tá ról aisteach ag an gcáca féin sa chríoch, áfach. Léiríonn sé na nósanna itheacháin atá ag Paul, a chuireann déistin agus fearg ar Catherine. Alpann sé an cáca go glórach agus is ansin a shocraíonn Catherine an bhréag a insint dó faoin bpéist bhándearg a bheith ann. Tá ceangal cliste mar sin idir an teideal agus ábhar an scannáin.

Ceisteanna Scrúdaithe

Roghnaigh ceist ón liosta.

Más obair ghrúpa atá i gceist, is féidir le gach duine sa ghrúpa tabhairt faoi roinn ar leith den aiste chun an aiste iomlán a chur le chéile i bhfoirm Mata Boird. (Féach ar leathanach 19 in Aonad a 1 do shampla den Mhata Boird.)

- **Tús**: Luaigh na pointí a bheidh á bplé agat sa fhreagra
- **Alt a 1, 2, 3, 4, 5**: Ba cheart go mbeadh pointe soiléir agus fianaise ón scéal agat chun tacú leis an bpointe i ngach alt
- **Críoch**: Déan achoimre agus athrá ar na príomhphointí a phléigh tú i do fhreagra agus déan athrá ar fhoclaíocht na ceiste.

1. An mbeadh trua ar bith agat do Catherine ón méid a fheicimid sa scannán *Cáca Milis*? Cuir fáthanna le do fhreagra. (20 marc)
2. An dtaitníonn an scannán *Cáca Milis* leat? Tabhair dhá chúis chun tacú le do fhreagra. (10 marc)
3. Conas a chuaigh an gearrscannán *Cáca Milis* i bhfeidhm ort? Luaigh dhá rud a mhothaigh tú tar éis duit breathnú air. (20 marc)
4. Déan cur síos ar an léargas a fhaighimid ar an míchumas sa ghearrscannán seo. (20 marc)
5. An dóigh leat go n-oireann an teideal *Cáca Milis* d'ábhar an scéil? Tabhair fáthanna le do fhreagra. (30 marc)
6. Céard is téama don ghearrscannán seo, i do thuairim? Conas mar a chuireann an t-údar an téama sin os ár gcomhair? (30 marc)
7. Déan plé gairid ar an léargas a fhaighimid ar charachtar Catherine sa ghearrscannán *Cáca Milis*. Conas mar a chuirtear os ár gcomhair í sa scannán? (20 marc)
8. Déan cur síos ar an gcaidreamh gearr a chruthaítear idir Catherine agus Paul sa scannán. (20 marc)
9. An scannán a mheas ina genre/sheánra féin, is é sin mar ghearrscannán. (20 marc)

Piarmheasúnú

Ceartúchán na bhfreagraí: Is féidir le grúpaí a bhfreagraí a mhalartú agus a cheartú ó thaobh an struchtúir de mar atá luaite thuas agus ó thaobh na gramadaí de.

Seicliosta

- Déan cinnte go bhfuil na heochairfhocail ón scéal agus ó na nótaí a bhaineann leis an scéal litrithe i gceart.
- Seiceáil go bhfuil tús maith, cúpla alt le pointe áirithe soiléir curtha in iúl i ngach alt agus críoch láidir ag an ngrúpa.

Déan cinnte go bhfuil na pointí gramadaí seo a leanas scríofa i gceart:

- i + urú
- sa + séimhiú
- san roimh ghuta agus roimh fh + guta
- na briathra san aimsir cheart
- an chopail san áit cheart
- an réamhfhocal simplí cuí in úsáid.

Athbhreithniú ar an Litríocht: Súil ar an Scrúdú

Ceist 2 PRÓS (30 marc)

Prós Ainmnithe nó Prós Roghnach (30 marc)

Freagair Ceist 2A (Prós Ainmnithe) *nó* Ceist 2B (Prós Roghnach) thíos.

2A Prós Ainmnithe

Freagair an cheist thíos faoin scannán *Cáca Milis* nó an dráma *An Lasair Choille*.

Cáca Milis

'Is duine soineanta é Paul a bhfuil sé de mhí-ádh air bualadh lena dhúnmharfóir Catherine ar an traein.' Déan plé ar an ráiteas sin. (30 marc)

nó

An Lasair Choille

'Tugtar léargas dúinn sa dráma *An Lasair Choille* ar chruachás Shéamais agus ar an tionchar a bhíonn ag Micíl air.' Déan plé ar an ráiteas sin. (30 marc)

2B Prós Roghnach

Níl cead aon ábhar a bhaineann leis an bPrós Ainmnithe a úsáid i bhfreagra ar an bPrós Roghnach.

Freagair an cheist thíos ar an scannán roghnach nó ar an dráma roghnach.

(i) Maidir leis an scannán roghnach a ndearna tú staidéar air i rith do chúrsa, cad iad tréithe an phríomhcharachtair sa scannán? Déan plé ar an léiriú a dhéantar ar na tréithe sin ó thús deireadh an scannáin. Ní mór teideal an scannáin sin, mar aon le hainm an scríbhneora a scríobh síos go cruinn. (30 marc)

(ii) Maidir leis an dráma roghnach a ndearna tú staidéar air i rith do chúrsa, cad é príomhthéama an dráma sin? Déan plé ar an bhforbairt a dhéantar ar an bpríomhthéama sin ó thús deireadh an dráma. Ní mór teideal an dráma sin, mar aon le hainm an scríbhneora a scríobh síos go cruinn. (30 marc)

Litríocht Bhreise

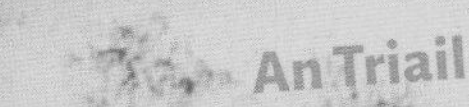

An Triail	A Thig ná Tit Orm	An Fhilíocht Bhreise
Céim a 1: Cúlra an dráma **Céim a 2:** Achoimre ar phlota an dráma **Céim a 3:** Na carachtair **Céim a 4:** Téamaí an dráma **Céim a 5:** Teicnící drámata	**Céim a 1**: Achoimre ar Chaibidil a 1 go dtí Caibidil a 8 **Céim a 2:** Na carachtair **Céim a 3:** Téamaí na gcaibidlí **Céim a 4:** An greann in insint an scéil	Nótaí sa lámhleabhar an mhúinteora

Torthaí Foghlama

San aonad seo:

- tá nótaí ar fáil ar an dráma *An Triail* le Máiréad Ní Ghráda agus ar an dírbheathaisnéis *A Thig Ná Tit Orm* le Maidhc Dainín Ó Sé.

An Triail

le Máiréad Ní Ghráda

Sa chuid seo, foghlaimeoidh tú:

- faoi chúlra an dráma *An Triail*
- conas anailís a dhéanamh ar charachtair an dráma
- conas anailís a dhéanamh ar théamaí an dráma
- conas cur síos a dhéanamh ar theicnící drámata an dráma.

Céim a 1: Cúlra an Dráma

Tá an dráma seo suite sna seascaidí in Éirinn. Tugann an t-údar Máiréad Ní Ghráda léargas dúinn ar an saghas saoil a bhí in Éirinn an uair sin. Léiríonn an dráma an méid a tharla do dhaoine a bhris rialacha sóisialta, an dearcadh a bhí ann i dtaobh máithreacha aonair, cumhacht na heaglaise caitlicí, an easpa carthanachta agus trua a thaispeáin an tsochaí d'éinne a bhris rialacha sóisialta agus conas a imeallaíodh[1] na daoine sin.

[1] *marginalised*

Tá an dráma suite i dteach cúirte. Tá Máire ar triail mar gur mharaigh sí a leanbh. Ní thuigimid go dtí deireadh an dráma go bhfuil Máire féin marbh chomh maith. Is í an phríomhcheist sa dráma/sa chás cúirte ná cé air a bhfuil an locht gur mharaigh Máire a leanbh? An bhfuil an locht uilig ar Mháire mar a mhaíonn a clann agus Aturnae a 1 a fheidhmíonn ar son an stáit? Nó an bhfuil cuid mhór den mhilleán ar dhaoine eile sa tsochaí, clann Mháire san áireamh, mar a thugann Aturnae a 2 le fios (a fheidhmíonn ar son Mháire).

Baineann an t-údar leas as teicníc an iardhearcaidh[2] chun cur le héifeacht an dráma. Is minic a théimid siar ón teach cúirte go pointe áirithe i saol Mháire chun léargas níos fearr a fháil ar na carachtair agus ar na heachtraí a tharla ó bhuail Máire le Pádraig Mac Cárthaigh.

[2]*flashback*

Céim a 2: Achoimre ar Phlota an Dráma

Gníomh a 1

Radharc a 1

Sa chéad radharc, cloisimid glór Mháire, príomhcharachtar an dráma. Deir sí linn gur mharaigh sí a leanbh toisc gur chailín í. Deir sí nach bhfásfaidh a leanbh suas le bheith 'ina hóinsín bhog ghéilliúil' ag aon fhear. Ar ndóigh, tá uafás orainn nuair a chloisimid an admháil[3] seo agus ní thuigimid an fáth a maródh máthair a leanbh. Deir Máire go bhfuil a hiníon saor anois, os rud é go bhfuil sí marbh.

[3]*admission*

Tá an chuid eile den radharc suite i dTeach na Cúirte. Tá Máire ar triail as dúnmharú a hiníne. Deir Aturnae a 1 go ndearna Máire 'gníomh gránna danartha' agus go bhfuil daorbhreith[4] tuillte aici. Oibríonn Aturnae a 1 ar son an stáit agus tá sé ag iarraidh Máire a chúiseamh as dúnmharú a hiníne. Is í an mhórcheist ná an bhfuil Máire ciontach[5] nó neamhchiontach as bás a hiníne.

[4]*severe sentence*
[5]*guilty*

Radharc a 2

- Sa dara radharc, baineann an t-údar leas as teicníc an iardhearcaidh. Téann an scéal siar ó theach na cúirte go dtí an oíche chinniúnach[6] ar bhuail Máire le Pádraig ag rince.
- Cuireann Colm (máistir scoile) Máire in aithne do Phádraig Mac Cárthaigh. Is múinteoir nua sa cheantar é Pádraig. Míníonn Máire dó nach ligeann a máthair di dul amach go rómhinic – is í an t-aon chúis ar thug sí cead do Mháire dul go dtí an rince ná go raibh sé á eagrú ag sagart an pharóiste. Freagraíonn Pádraig

[6]*fateful*

gurb amhlaidh go bhfuil eagla ar mháthair Mháire roimh na mic tíre a bheadh ag céilithe agus ócáidí dá leithéid. Míníonn Máire dó go dteastaíonn óna máthair go rachaidh Máire isteach sna mná rialta. Is léir gur cailín óg, saonta[7] í Máire gan mórán taithí aici ar an saol.

[7]naive

- Tá deartháir Mháire ag freastal ar an rince chomh maith. Liam Ó Cathasaigh is ainm dó. Tá sé gnóthach ag caint le cailín darb ainm Beití de Búrca agus dá bhrí sin, ní shiúlann sé abhaile le Máire tar éis an rince.
- Mar sin, siúlann Máire abhaile le Pádraig Mac Cárthaigh. Ansin léimeann an dráma ar ais go teach na cúirte agus ceistíonn an bheirt aturnaetha Liam Ó Cathasaigh. Dar le Liam, ní cóir aon phioc den mhilleán[8] a chur air maidir le tús an chaidrimh idir Pádraig agus Máire. Cáineann Aturnae a 2 Liam mar nár thug sé a dheirfiúr óg abhaile ag a haon déag a chlog san oíche agus d'fhág sé gan pháirtí í. Dar le hAturnae a 1, bhí Máire aosta a dóthain chun aire a thabhairt di féin – bhí sí tar éis an scoil a fhágáil.

[8]blame

Radharc a 3

- Téann an scéal siar agus tá Pádraig agus Máire ag siúl abhaile le chéile. Stopann siad ag droichead. Tosaíonn Pádraig ag caint go plámásach le Máire – ag rá go bhfuil rud éigin neamhshaolta ag baint léi agus gur breá leis an meangadh[9] beag ar a béilín srl. Admhaíonn sé go bhfuil bean chéile aige – rud a chuireann alltacht ar Mháire. Míníonn sé do Mháire go bhfuil sí tinn le fada agus gur saghas purgadóireachta é an saol di agus dó. Ní féidir léi a bheith ina bean chéile cheart aige, dar leis. Tá sé lán d'fhéintrua.
- Is léir go bhfuil Pádraig ag iarraidh Máire a mhealladh le caint bhog phlámásach sa radharc seo agus is amhlaidh go bhfuil Máire an-bháúil leis agus lena chás. Níl aon taithí ag Máire ar an saol – rud a aithníonn Pádraig nuair a deir sé go bhfuil sí 'ró-óg agus ró-neamhúrchóideach[10]' chun cúrsaí pósta a thuiscint. Tá sé soiléir dúinn gur fear pósta é Pádraig agus go bhfuil sé ag iarraidh cailín óg a mhealladh le caint phlámásach.
- Tá Pádraig glic – iarrann sé ar Mháire gan aon rud a rá lena máthair faoina gcaidreamh.

[9]smile

[10]innocent

Ceisteanna Gearra: Cúlra an dráma agus Gníomh a 1, Radharc a 1–3

1. Cén ré atá i gceist sa dráma *An Triail*?
2. Cá bhfuil an chuid is mó den dráma suite?
3. Cé dó a n-oibríonn Aturnae a 1?
4. Cé dó a n-oibríonn Aturnae a 2?
5. Tá Máire ar triail. Cén fáth?
6. Cén fáth ar mharaigh Máire a hiníon, dar léi?
7. Cad í an mhórcheist a chuirtear sa dráma seo?
8. Cén teicníc dhrámata a úsáideann an t-údar sa dara radharc?
9. Cá bhfuil Máire sa dara radharc?
10. Cé a chuireann Máire in aithne do Phádraig Mac Cárthaigh?
11. Cén post atá ag Pádraig?
12. Cad a theastaíonn ó mháthair Mháire do Mháire sa todhchaí?
13. Conas atá a fhios ag Pádraig gur cailín saonta, soineanta í Máire?
14. Cé a bhí in éineacht le Máire ag an rince?
15. Cén fáth nár shiúil sé abhaile le Máire?
16. Cén fáth a raibh eagla ar mháthair Mháire ligean di dul chuig rince, dar le Pádraig?
17. Cén sórt cainte a chualamar ó Phádraig nuair a stop sé ag an droichead le Máire tar éis an rince?
18. Cad a dúirt Pádraig faoi Mháire agus iad ag an droichead?
19. Cad a dúirt sé faoina bhean chéile?
20. Conas a thaispeánann Pádraig a ghliceas?

Radharc a 4

- Sa radharc seo, faighimid léargas ar charachtar Bhean Uí Chathasaigh – máthair Mháire agus í á ceistiú ag Aturnae a 2 sa teach cúirte. Is baintreach í. Cuireann sí in iúl go raibh sé an-deacair uirthi na páistí a thógáil ina haonar. Cuireann Aturnae a 2 ina leith go raibh sé ní ba bhuartha faoi thuairim na gcomharsan ná mar a bhí sí faoi leas[11] a hiníne féin. Fiafraíonn sé di ar thaispeáin sí grá máthar nó carthanacht Chríostaí dá hiníon nuair a bhí sí i dtrioblóid. Dar leis an máthair, tharraing Máire an trioblóid uirthi féin. Thóg sí Máire go creidiúnach[12] agus go Críostúil agus tá fearg uirthi gur tharraing Máire náire uirthi agus ar an gclann os comhair na gcomharsan.

- Nochtar go ndearna Bean Uí Chathasaigh iarracht deireadh a chur leis an ngin a bhí á hiompar ag Máire. Dar le Bean Uí Chathasaigh, 'ní peaca é deireadh a chur le rud neamhghlan'. Ag an bpointe seo, tuigimid gur fimíneach í Bean Uí Chathasaigh – duine a luann ainm Dé go minic ach atá sásta rialacha na heaglaise a bhriseadh nuair a oireann sin di. Tá sí sásta leanbh a mharú sa bhroinn agus ní thaispeánann sí aon trua ná carthanacht Chríostaí dá hiníon féin in am an ghátair[13] cé go maíonn sí[14] gur Críostaí í.

[11] *welfare*
[12] *respectably*
[13] *in the time of need*
[14] *she claims*

Radharc a 5

- Sa radharc seo, feicimid go bhfuil Pádraig tar éis Máire a mhealladh agus go bhfuil cumann adhaltrach[15] eatarthu. Buaileann siad le chéile ag an teach scoile. Tá eagla ar Phádraig roimh an sagart agus luann sé go dtabharfadh an sagart bata agus bóthar dó dá mbeadh a fhios aige go raibh caidreamh adhaltrach idir Máire agus é féin. Feicimid cumhacht na heaglaise[16] maidir le cúrsaí fostaíochta agus cúrsaí oideachais an uair sin sa ráiteas seo.
- Tuigeann Pádraig go mbraitheann Máire ciontach agus go mothaíonn sí go bhfuil siad ag déanamh éagóra ar a bhean chéile. Dá bhrí sin, deir sé léi gurb ise a bhean chéile sa searmanas bréagach. Deir sé léi gur rud álainn, beannaithe atá eatarthu cé go gceapfadh an chuid eile den saol gur rud peacach é. Maíonn sé nach bhféadfadh sé an saol a sheasamh ar chor ar bith gan grá Mháire.
- Deir sé, 'Is tú mo bhean chéile' agus cuireann sé fáinne ar a méar. Leis an searmanas bréagach sin, éiríonn leis a mhianta drúisiúla[17] a shásamh agus laghdaíonn sé an chiontacht a bhraitheann Máire. Cuireann sé ina luí uirthi gur rud álainn atá eatarthu agus go bpósfadh sé í dá bhfaigheadh a bhean chéile bás.

[15] *adulterous relationship*

[16] *power of the church*

[17] *lustful desires*

Ceisteanna Gearra: Gníomh a 1, Radharc a 4–5

1. Cá bhfuil Bean Uí Chathasaigh ag tús radharc a 4?
2. Cén sórt saoil a bhí aici mar bhaintreach, dar léi?
3. Cad a chuir Aturnae a 2 ina leith?
4. Cén tuairim a bhí ag Bean Uí Chathasaigh mar gheall ar dhroch-chás Mháire?
5. Cén iarracht a rinne Bean Uí Chathasaigh maidir le gin Mháire?
6. Cén fáth ar fimíneach í Bean Uí Chathasaigh?
7. Cén áit ar bhuail Máire agus Pádraig le chéile i radharc a 5?
8. Cad a dúirt Pádraig mar gheall ar an sagart paróiste?
9. Conas a laghdaíonn Pádraig an chiontacht a mhothaíonn Máire nuair a deir sí go bhfuil siad ag déanamh éagóra ar a bhean chéile?
10. Cad a dhéanfadh Pádraig dá mbeadh sé saor, dar leis?

Radharc a 6

- Téann Máire chun na faoistine chun aspalóid a fháil ar a cuid peacaí. Diúltaíonn an sagart aon aspalóid a thabhairt di muna bhfuil sí toilteanach scaradh leis an bhfear pósta. Níl an neart ag Máire é sin a dhéanamh agus imíonn sí. Ní féidir léi aon sólás a fháil ón eaglais.

Radharc a 7

- Feicimid Bean Uí Chathasaigh, Máire, Liam agus Seán ar a nglúine ag rá Coróin Mhuire. Ritheann Máire amach ag gol. Glaonn a máthair uirthi. Nuair a dhéanann Liam iarracht dul amach an doras chun dul go teach na mBúrcach, tosaíonn Bean Uí Chathasaigh á cheistiú agus is léir nach bhfuil sí sásta go bhfuil cailín ag Liam.
- Tugtar le fios go bhfuil sé ar intinn ag Bean Uí Chathasaigh go rachaidh Seán – an té is sine sa chlann – le sagarthóireacht. Is léir go bhfuil todhchaí gach duine sa chlann leagtha amach aici. Teastaíonn uaithi go bhfanfaidh Liam, a mac eile, sa bhaile léi ag tabhairt aire di agus don fheirm.
- Éisteann Bean Uí Chathasaigh le comhrá a beirt mhac lasmuigh den doras i ngan fhios dóibh. Cuireann Liam in iúl go mbíonn Máire ag éalú amach an fhuinneog agus nach bhfuil sí ag glacadh leis an gComaoineach Naofa le tamall roimhe sin. Luann Seán go mbíonn Máire breoite go minic ar maidin.
- Tagann an mháthair isteach agus tosaíonn sí ag ceistiú na mac. Nuair a bhíonn sé á cheistiú ag a mháthair, admhaíonn Seán go mbíonn Máire tinn go minic ar maidin agus gur bhagair sí air gan aon ní a rá lena mam.
- Nuair a thagann Máire abhaile, bíonn sí trína chéile ag rá nach raibh éinne ag an áit choinne[18] roimpi. Tuigimid go bhfuil sí tréigthe[19] ag Pádraig.
- Léimeann an t-aicsean ó theach Bhean Uí Chathasaigh ar ais go teach na cúirte. Tá Seán á cheistiú ag Aturnae a 2. Cuireann Aturnae a 2 ina leith gur sceith sé ar Mháire lena mham. Fiafraíonn sé de Sheán ar thaispeáin sé aon charthanacht Chríostaí dá dheirfiúr nuair a thuig sé go raibh sí ag iompar clainne. Dar le Seán, bhí an ceart ar fad ag a Mham a bheith crua ar Mháire mar gur tharraing Máire náire shaolta ar an gclann i láthair na gcomharsan. Chiontaigh sí[20] in aghaidh Dé dar leis. Feicimid nach bhfuil aon trua ag Seán do Mháire agus dá cás mar gur bhris Máire rialacha na heaglaise agus rialacha sóisialta. Tá sé chomh cruachroíoch lena mháthair.

[18] *meeting place*
[19] *abandoned*
[20] *she sinned*

- Baineann an t-údar leas as teicníc an iardhearcaidh arís agus táimid ar ais i dteach Bhean Uí Chathasaigh. Dealraíonn sé go bhfuil Máire tar éis a admháil dá Mam go bhfuil sí ag iompar clainne[21]. Bíonn fearg an domhain ar Bhean Uí Chathasaigh. Deir sí go gcaithfidh athair an linbh í a phósadh agus dul go Sasana chun éalú ón náire sa pharóiste. Diúltaíonn Máire ainm an athar a insint di. Tá sí fós dílis do Phádraig.

[21]*pregnant*

- Dá bhrí sin, cuireann a máthair brú uirthi babhla de dheoch leighis a ól chun fáil réidh leis an leanbh. Saghas ginmhillte[22] atá i gceist. Feicimid gur fimíneach í Bean Uí Chathasaigh. Luann sí ainm Dé go minic, guíonn sí go minic agus téann sí go dtí an tAifreann ach tá sí lánsásta a garleanbh sa bhroinn a mharú chun náire os comhair a comharsan a sheachaint. Ní thaispeánann sí aon charthanacht Chríostaí dá hiníon in am an ghátair[23]. Luann Aturnae a 2 an easpa carthanachta sin ina chuid ceisteanna.

[22]*abortion*
[23]*in the time of need*

- Is léir ón tús go bhfuil grá ag Máire dá leanbh agus go bhfuil grá aici fós do Phádraig. Cé go bhfuil sí tréigthe aige, tá sí fós dílis dó. Ní luann sí a ainm le héinne mar a gheall sí dó agus níl sí sásta fáil réidh lena leanbh. 'Ní mórán a bheidh agam choíche díot, a Phádraig, ach an méid atá ní scarfaidh mé leis go deo'. Feicimid láidreacht, ceanndánacht agus misneach Mháire anseo. Deir sí 'an ród atá romham – caithfidh mé aghaidh a thabhairt air i m'aonar.'

Radharc a 8

- Tá bean mheánaicmeach ó Rath Garbh, Baile Átha Cliath á céistiú ag Aturnae a 1 sa teach cúirte. Dealraíonn sé go bhfuair Máire post mar chailín aimsire léi. Tar éis ráithe, thug sí faoi deara go raibh Máire ag iompar clainne agus fuair sí áit sa teach tearmainn di.
- Ansin tosaíonn Aturnae a 2 ag ceistiú Bhean Uí Chinsealaigh. Tagann sé chun solais nár thug sí an tuarastal a bhí luaite san fhógra aici do Mháire cé go raibh obair Mháire sásúil mar nach raibh litreacha molta[24] ná teastais[25] ag Máire. Bhí ceithre phunt sa tseachtain luaite san fhógra agus níor íoc Bean Uí Chinsealaigh ach dhá phunt is deich scilling le Máire. Cuireann Aturnae a 2 ina luí orainn go raibh Bean Uí Chinsealaigh ag déanamh dúshaothrú ar Mháire maidir le cúrsaí airgid.

[24]*letters of recommendation*
[25]*certificates*

- Cáineann Aturnae a 2 í mar gur thug sí an bata agus bóthar do Mháire tar éis trí mhí chomh luath is a fuair sí amach go raibh Máire ag iompar clainne in ainneoin[26] na dea-oibre a rinne Máire sa teach agus leis na leanaí.

[26]*in spite of*

Radharc a 9

- Sa radharc seo, feicimid Máire ag obair mar chailín aimsire i dteach Bhean Uí Chinsealaigh. Tagann oibrí sóisialta darb ainm Áine Ní Bhreasaíl, cara le Bean Uí Chinsealaigh chuig an teach. Ar dtús labhraíonn sí le Bean Uí Chinsealaigh agus míníonn Bean Uí Chinsealaigh di nach féidir léi Máire a choimeád sa teach agus í ag iompar clainne cé go bhfuil sí go han-mhaith leis na páistí. Tharraingeodh Máire náire ar an gclann dar léi. Iarrann Bean Uí Chinsealaigh ar Mháire labhairt le hÁine Ní Bhreasaíl.
- Chuir sí brú ar Mháire teagmháil a dhéanamh lena clann ach dúirt Máire gurbh fhearr léi í féin 'a bhá san abhainn'. Tar éis dúinn iompar Bhean Uí Chathasaigh i radharc a 4 a fheiceáil, is féidir linn dearcadh Mháire a thuiscint. I ndeireadh na dála, tairgeann Áine Ní Bhreasaíl áit do Mháire i dteach tearmainn[27] – áit a bhfaighidh Máire lóistín, bia, aire dochtúra agus altrachta, dar léi.

[27]*refuge*

- Téann an t-aicsean ar ais go dtí an teach cúirte. Ceistíonn an bheirt aturnaetha Áine Ní Bhreasaíl agus míníonn sí dóibh conas a fuair sí áit do Mháire sa teach tearmainn.

Ceisteanna Gearra: Gníomh a 1, Radharc 6–9

1. Cén fáth a ndiúltaíonn an sagart aspalóid a thabhairt do Mháire i radharc a 6?
2. Cén fáth nach dteastaíonn ó Bhean Uí Chathasaigh go mbeadh Liam ag cúirtéireacht le Beití de Búrca?
3. Cén plean atá ag Bean Uí Chathasaigh do Sheán?
4. Cad a chloiseann Bean Uí Chathasaigh nuair a bhíonn sí ag éisteacht le comhrá Liam agus Sheáin i ngan fhios dóibh?
5. Cad a admhaíonn Seán faoi Mháire nuair a bhíonn sé á cheistiú ag a mham?
6. Cén fáth a raibh Máire trína chéile nuair a tháinig sí abhaile?
7. Cad a deir Seán faoi iompar a Mhaime i dtaobh Mháire nuair a bhíonn sé á cheistiu ag Aturnae a 2?
8. Cén tuairim atá ag Seán faoi dhroch-chás Mháire?
9. Cén rud a thugann Bean Uí Chathasaigh do Mháire? Cén fáth a dtugann sí an rud sin do Mháire?
10. Cad a thagann chun solais leis na ceisteanna a chuireann Aturnae a 2 ar Bhean Uí Chathasaigh ag deireadh radharc a 7?
11. Conas atá a fhios againn go bhfuil Máire fós dílis do Phádraig ag deireadh radharc a 7?
12. Cén ráiteas a thaispeánann neart agus ceanndánacht Mháire ag deireadh radharc a 7?
13. Cad as don bhean mheánaicmeach a cheistítear i radharc a 8?
14. Cén post a bhí ag Máire i dteach Bhean Uí Chinsealaigh?
15. Cad a thagann chun solais mar gheall ar an tuarastal a bhí á íoc ag Bean Uí Chinsealaigh le Máire?
16. Cad a rinne Bean Uí Chinsealaigh chomh luath is a fuair sí amach go raibh Máire 'trom'?
17. Cé a tháinig chuig an teach i Ráth Garbh chun labhairt le Máire? Cén post a bhí aici?
18. Cén rud a d'eagraigh sí do Mháire?
19. Cad a dúirt Máire nuair a chuir an duine sin iachall uirthi teagmháil a dhéanamh lena clann?
20. Cén fáth nach raibh sé inghlactha ag Bean Uí Chinsealaigh Máire a choimeád ina teach a thuilleadh, dar leis an duine seo?

Radharc a 10: An Seomra Níocháin sa Teach Tearmainn

- Feicimid Máire sa seomra níocháin leis na cailíní eile sa teach tearmainn. Is léir go bhfuil na cailíní eile an-difriúil le Máire. Tugann carachtar darb ainm Seáinín an Mhótair – fear a bhailíonn an níochán – 'nóinín i measc na neantóg' uirthi.
- Cloisimid caint gharbh na gcailíní agus iad ag spochadh as Seáinín agus ag lorg beagán cúlchainte[28] uaidh ón saol lasmuigh. Is 'óinsín tuaithe' í Máire dar leo mar is léir dóibh nach bhfuil mórán taithí ná eolas ag Máire ar an saol mór.

[28] *gossip*

[29]adoptive parents

[30]respectable

- Cloiseann Máire na cailíní ag caint faoi altramaithe[29] agus ní thuigeann sí cad atá i gceist leis an téarma. Ceistíonn Máire cailín áirithe darb ainm Mailí mar gheall ar an bpróiseas a bhaineann le haltramas. Cuireann freagraí Mhailí uafás ar Mháire. Míníonn Mailí di go dtugtar leanbh na máthar aonair do lánúin phósta – 'lánúin chreidiúnach[30] atá pósta go dlúth is go dleathach'. Bíonn uafás ar Mháire nach mbíonn a fhios ag an máthair cé hiad an lánúin a thógann an leanbh ar altramas ná conas a iompaíonn an leanbh amach. Cuireann ceisteanna Mháire fearg ar Mhailí – cé go ligeann Mailí uirthi nach gcuireann an próiseas altramachta isteach ná amach uirthi, is léir go gcuireann ceisteanna Mháire isteach uirthi.
- Ligeann Mailí uirthi agus í ag caint le Máire go bhfaighidh sí post i monarcha agus árasán di féin tar éis di an teach tearmainn a fhágáil. Tagraíonn na cailíní eile go hindíreach do phost Mhailí mar striapach – ag rá nach bhfuil taithí aici ar a bheith ina seasamh agus í ag obair.
- Ina dhiaidh sin, tagann Áine Ní Bhreasaíl chun moladh do Mháire a leanbh a thabhairt ar altramas do lánúin phósta chreidiúnach.
- Nuair a bhíonn sé soiléir nach bhfuil Máire sásta a leanbh a thabhairt ar altramas, tagann frustrachas ar Áine. Is léir nach bhfuil sí sásta cabhrú le Máire mura nglacann Máire leis na rialacha. Is cailín 'ceanndána, stuacach í', dar le hÁine Ní Bhreasaíl.
- Deir Máire go bhfuil sé ar intinn aici post a fháil i monarcha agus árasán a fháil di féin agus do Phádraigín.

Ceisteanna Gearra: Gníomh a 1, Radharc a 10

1. Conas a dhéanann Seáinín an Mhótair cur síos ar an difríocht idir Máire agus na cailíní eile sa teach tearmainn?
2. Cén t-ainm a thugann na cailíní eile ar Mháire?
3. Cad atá i gceist leis an téarma 'altramaithe', dar le Mailí?
4. Cén rud a chuireann uafás ar Mháire nuair a cheistíonn sí Mailí faoi phróiseas na haltramachta?
5. Conas atá a fhios againn go gcuireann ceisteanna Mháire isteach ar Mhailí?
6. Cén scéal a chumann Mailí do Mháire?
7. Cén post atá ag Mailí i ndáiríre?
8. Cad atá á iarraidh ag Áine Ní Bhreasaíl nuair a thagann sí chun cainte le Máire?
9. Cad a thugann sí ar Mháire nuair a dhiútaíonn Máire di?
10. Cén plean atá ag Máire di féin agus do Phádraigín nuair a fhágann sí an teach tearmainn?

Gníomh a 2

Radharc a 1

- Tá tús an radhairc suite sa teach cúirte. Ceistíonn na hAturnaetha bainisteoir na monarchan. Dealraíonn sé gur thug an bainisteoir post do Mháire mar ghlantóir.
- Tá an chuma ar an scéal gur fear ionraic, cineálta, macánta é bainisteoir na monarchan a thugann aire mhaith dá chuid oibrithe. D'íoc sé níos mó ná an gnáthráta pá le Máire. D'oibrigh Máire deich n-uaire sa tseachtain agus ba é an ról a bhí aici ná na leithris a ghlanadh. Dúirt sí gur bhaintreach í. Tar éis tamaill, stop sí ag teacht chuig an mhonarcha agus ní raibh a fhios ag an mbainisteoir cén fáth. Sheol sé an mátrún chun cuairt a thabhairt uirthi ach ní raibh an teach lóistín ina raibh Máire ag fanacht fós ina sheasamh.

Radharc a 2

- Tá tús an radhairc suite sa teach cúirte agus ceistíonn Aturnae a 2 an bhean lóistín.
- Deir sí gur thug sí seomra ar cíos do Mháire, di féin agus dá leanbh. Dúirt Máire gur bhaintreach í agus thug sí Bean Uí Laoire uirthi féin.
- Bhí an bhean lóistín amhrasach[31] gur bhaintreach í. Ar an lámh eile, dúirt sí go raibh an cíos ard a bhí á bhailiú aici ó Mháire réasúnta mar bhí Máire ag fáil pinsean baintrí. Is léir gur fimíneach[32] í sa tslí seo.
- Ba é an socrú a bhí aici le Máire ná go dtabharfadh sí aire do leanbh Mháire i rith an lae fad is a bhí Máire ag obair sa mhonarcha agus d'íoc Máire airgead breise léi as ucht é sin a dhéanamh.
- Nuair a thit an teach lóistín anuas orthu i mí an Mhárta, rug sí ar a leanaí féin agus rith sí amach as an teach. D'fhág sí leanbh Mháire sa teach agus thit an teach anuas.
- Ansin baineann an t-údar leas as teicníc an iardhearcaidh. Filleann Máire óna post sa mhonarcha agus tá an teach tite anuas. Nuair a iarrann sí ar bhean an lóistín cá bhfuil Pádraigín, a leanbh, freagraíonn an bhean lóistín go ndearna sí dearmad uirthi. Ritheann Máire isteach sa teach agus suas an staighre léi. Téann sí i gcabhair ar Phádraigín thuas staighre agus tagann sí amach le Pádraigín ina baclainn aici. Níl sí sásta Pádraigín a ligean as radharc ón bpointe sin sa dráma ar aghaidh.
- Tagann Seáinín an Mhótair ar an bhfód. Ceistíonn sé na mná eile ar an tsráid mar gheall ar an méid a tharla. Dealraíonn sé nach bhfuil siad sásta teacht i gcabhair ar Mháire agus ar a leanbh toisc go bhfuil amhras orthu gur máthair shingil í agus go bhfuil leanbh tabhartha[33] aici. Tugann siad bean neamhchairdiúil uirthi – is léir go ndearna Máire iarracht a saol a choimeád príobháideach chun a rún a chosaint. Tá na mná sásta bheith istigh[34] a thabhairt do gach duine eile atá i gcruachás seachas Máire agus a leanbh beag. Cuireann Seáinín an Mhótair an cheist; Cé a deir gur tír Chríostaí í seo?
- Tairgeann Seáinín an Mhótair síob do Mháire má theastaíonn sé uaithi ach níl aon áit le dul aici. Ansin tagann Mailí ar an bhfód[35]. Tairgeann Mailí cúnamh agus bheith istigh do Mháire agus dá leanbh ar an toirt. Tugann Seáinín an Mhótair síob dóibh. Tá sé íorónta gurb í Mailí an t-aon duine atá sásta cabhair agus carthanacht Chríostaí a thaispeáint do Mháire. Is striapach[36] í Mailí agus is bean í atá ar imeall na sochaí í féin. Níl na mná 'creidiúnacha' eile ar an tsráid sásta cabhrú le Máire agus a leanbh mar gur bhris Máire na rialacha sóisialta agus ní raibh sí creidiúnach dar leo.

[31] *doubtful*
[32] *hypocrite*
[33] *illegitimate child*
[34] *shelter*
[35] *on the scene*
[36] *prostitute*

Radharc a 3

- I radharc a 3, ceistíonn an bheirt aturnaetha Mailí. Cáineann Aturnae a 1 teach Mhailí os rud é gur teach mhíchlú[37] é. Luann Mailí gur teach fáiltiúil é ar a laghad nach dtiteann anuas ar leanaí agus ar mhná.
- Míníonn Mailí an scéal d'Aturnae a 2. Chaill Máire gach rud a bhí sa saol aici nuair a thit an teach lóistín anuas. Níor fhill sí ar a post sa mhonarcha mar nach raibh sí sásta an leanbh a ligean as radharc – rud a thaispeánann méid a grá don leanbh.

[37] *a brothel*

Ceisteanna Gearra: Gníomh a 2, Radharc a 1–3

1. Cé atá á cheistiú ag tús radharc a 1?
2. Cén jab a bhí á dhéanamh ag Máire sa mhonarcha?
3. Conas atá a fhios againn go dtugann bainisteoir na monarchan aire mhaith dá chuid oibrithe?
4. Cá raibh Máire ag fanacht le Pádraigín?
5. Cé a thug aire do Pháidraigín nuair a bhí Máire ag obair sa mhonarcha?
6. Cad a dúirt Máire le bean an lóistín agus na mná eile ar an tsráid mar gheall uirthi féin?
7. Cad a tharla don teach lóistín?
8. Cén dearmad a rinne an bhean lóistín?
9. Ar thairg na mná ar an tsráid bheith istigh do Mháire agus a leanbh?
10. Cén fáth nár thairg siad cúnamh dóibh?
11. Cé a tháinig ar an bhfód?
12. Cad a dúirt sé nuair a chonaic sé na mná ag déanamh neamhairde ar chruachás Mháire agus a linbh?
13. Cé eile a tháinig ar an bhfód ina dhiaidh sin?
14. Cad a rinne sí?
15. Cén post a bhí aici? Cén sórt tí inar chónaigh sí?
16. Cén duine atá ag tabhairt fianaise i radharc a 3?
17. Cén fáth ar cháin Aturnae a 1 Mailí ag tús radharc a 3?
18. Cad a dúirt Mailí faoina teach?
19. Cén fáth nár fhill Máire ar a post sa mhonarcha dar le Mailí i radharc a 3?
20. Cad a thaispeánann radharc a 3 faoi mhothúcháin Mháire i leith a linbh?

Radharc a 4

- Feicimid Máire agus a leanbh i dteach Mhailí. Tuigeann Mailí nach bhfuil Máire ag iarraidh a leanbh a fhágáil go dtí go mbeidh sí 'beagáinín níos crua'. Mar sin, eagraíonn sí slí maireachtála[38] do Mháire.
- Socraíonn sí go dtabharfaidh úinéir an tí seomra saor ó chíos do Mháire má ghlanann Máire an teach di agus go dtabharfaidh na lóisteoirí[39] cúpla scilling di chun an ghlantóireacht a dhéanamh dóibh. Tugann Máire aingeal ar Mhailí. Tugann Mailí 'aingeal dubh' uirthi féin. Is léir gur duine flaithiúil, cneasta í. Deir sí nach bhfuil fadhb aici an méidín suarach atá aici a roinnt le Máire.

[38] *a livelihood*

[39] *lodgers*

Radharc a 5

- Ag tús an radhairc, tá Colm á cheistiú sa teach cúirte. Ansin téann an dráma siar go dtí an lá a chasann Colm ar Mháire ar an tsráid i mBaile Átha Cliath. Téann siad go dtí caife le haghaidh cupán caife.

Radharc a 6

- Tá Máire agus Colm sa chaife. Níl a fhios ag Colm go bhfuil leanbh ag Máire. Tugann sé cuireadh di dul chuig rince agus is léir go bhfuil sé an-tógtha le Máire ach níl suim aici ann. Nuair a bhíonn sé ag caint léi, luann sé Pádraig.
- Insíonn sé do Mháire go bhfuair bean Phádraig bás bliain roimhe sin. Baintear geit as Máire. Luann sé go bhfuil an-tóir ag

an máistreás óg air agus go mbíonn Pádraig lán de cheol i gcónaí. Imíonn Máire go tapaidh agus gabhann sí a leithscéal leis.

- Imíonn Máire abhaile. Tá sí cinnte go dtiocfaidh Pádraig chuici lá éigin.
- Tagann Pádraig ar ais go teach an mhíchlú le Mailí agus Colm. Iarrann Mailí ar Mháire teacht chun cainte le duine den bheirt. Tá an bheirt ólta. Aithníonn Pádraig Máire. Ceapann Máire gur tháinig sé chun í a aimsiú.
- Chomh luath is a luann sí a hiníon Pádraigín, baintear geit as. Deir sé nach dteastaíonn uaidh Pádraigín a fheiceáil.
- Is ansin a thuigeann Máire an fhírinne shearbh. Insíonn Pádraig di go bhfuil sé pósta in athuair le sé mhí. Tuigeann Máire gur phós sé an mháistreás scoile agus gur fear mídhílis é mar tháinig sé chuig teach an mhíchlú le Mailí. Tugann Pádraig 'striapach' ar Mháire. Imíonn sé féin agus Colm.

Radharc a 7

- Tugann Mailí fianaise mar gheall ar bhás Phádraigín agus bás Mháire don chúirt. Is léir go raibh Máire an-trína chéile tar éis di bualadh le Pádraig nuair a thuig sí gur bhligeard drúisiúil[40] agus gur chladhaire[41] mídhílis é.
- Míníonn Mailí don chúirt go bhfuair sí boladh an gháis ag teacht ó sheomra Mháire, go raibh cloigeann an linbh san oigheann agus gur chuir Máire lámh ina bás féin. Mharaigh Máire an leanbh a raibh an oiread sin ceana aici uirthi. Dar le Mailí, ní ligfeadh Máire don 'leanbh a dhul uaithi i ndorchacht na síoraíochta[42] gan í féin a dhul in éineacht léi'.

[40]*lustful*
[41]*villain*
[42]*eternity*

Ceisteanna Gearra: Gníomh a 2, Radharc a 4–7

1. An bhfuil Máire toilteanach filleadh ar a post sa mhonarcha? Cén fáth?
2. Cén socrú a dhéanann Mailí di?
3. Cad a thaispeánann an radharc seo faoi phearsantacht Mhailí?
4. Cén t-ainm a thugann Máire uirthi?
5. Cén t-ainm a thugann Mailí uirthi féin?
6. Cé leis a mbuaileann Máire ar an tsráid i radharc a 5?
7. Cén bhaint a bhí ag an duine sin le scéal Mháire agus Phádraig i radharc a 2 ag an rince?
8. Cá bhfuil Colm agus Máire i radharc a 6?
9. Cad a insíonn Colm do Mháire faoi Phádraig i radharc a 6?
10. Cén fáth ar tháinig Pádraig chuig an teach ina raibh Máire ag fanacht i radharc a 6?
11. Cé a bhí in éineacht leis?
12. Cad a cheap Máire nuair a leag sí súil ar Phádraig?
13. Ar theastaigh ó Phádraig a iníon a fheiceáil?
14. Cad a dúirt sé faoina stádas pósta? Cén duine a phós sé?
15. Cad a thuig Máire faoi phearsa Phádraig ansin?
16. Cén t-ainm a thug Pádraig ar Mháire ansin mar bharr ar an donas?
17. Cad a rinne Máire tar éis an bhuille dheireanaigh seo?
18. Conas a chuir sí an dúnmharú agus a féinmharú i gcrích?
19. Cad a dúirt Mailí faoin rud a rinne Máire i radharc a 7?
20. Cén fáth ar mharaigh Máire a hiníon?

Nóta!

Féach ar ghníomh a 1, radharc a 1 le haghaidh freagra Cheist a 20.

Radharc a 8

- Cuireann Aturnae a 2 an cheist ar an lucht féachana – cé is ceart a chiontú sa scéal.
- Tagann na haisteoirí go léir i láthair. Deir Bean Uí Chathasaigh nach bhfuil sé ceart aon mhilleán a chur uirthi. Tá sí fós cruachroíoch cé go bhfuil a hiníon agus a gariníon marbh – ag rá gur thóg sí 'go creidiúnach' í.
- Tá Seán agus Liam – deartháireacha Mháire – níos buartha faoina gcás féin ná mar atá siad faoi bhás a ndeirféar ná a neachta. Deir Seán gur náirigh Máire an chlann agus go raibh air éirí as an tsagarthóireacht. Deir Liam gur bhris Beití an cleamhnas a bhí eatarthu mar nár fhéad sí an phoiblíocht[43] a sheasamh. Deir Bean Uí Chinsealaigh nárbh fhéidir léi Máire a choimeád sa teach agus í ag iompar clainne de bharr thuairim na gcomharsan. Deir an t-oibrí sóisialta go ndearna sí a dícheall do Mháire ach go raibh Máire ceanndána mar nach raibh sí sásta scaradh lena leanbh.
- Tugann Seáinín an Mhótair faoi deara go mbíonn éinne a bhriseann 'rialacha an chluiche' caillte. Is dócha go bhfuil sé ag tagairt do rialacha na heaglaise agus rialacha na sochaí ag an am a thug daorbhreith ar mháithreacha aonair agus a leanaí neamhúrchóideacha[44]. Bhí stiogma uafásach ag baint leo.
- Is í Mailí an t-aon duine a mholann Máire – luann sí dílseacht Mháire d'athair an linbh.
- Tagann Pádraig chuig bruach na huaighe gan fhocal a rá agus ansin imíonn sé. Is é ceann de chladhairí móra an dráma é gan aon agó a mheall agus a thréig cailín óg soineanta chun a mhianta drúisiúla a shásamh.

[43] *publicity*

[44] *innocent*

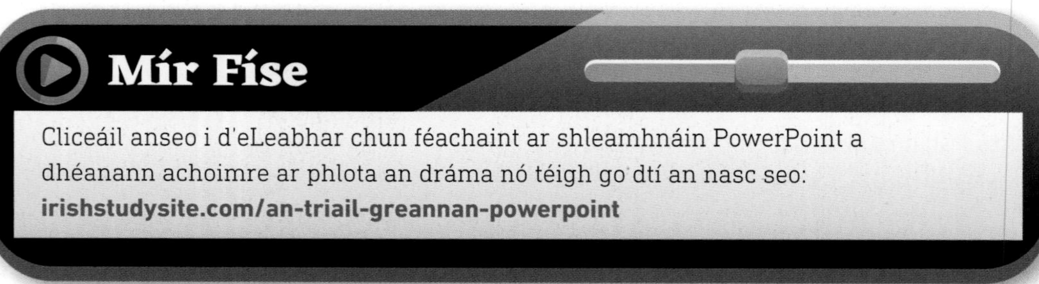

Ceisteanna Gearra: Gníomh a 2, Radharc a 8

1. Cá bhfuil na haisteoirí go léir sa radharc deireanach?
2. Cén fáth nár cheart aon phioc den mhilleán a chur uirthse, dar le Bean Uí Chathasaigh?
3. Cad a thaispeánann dearcadh Bhean Uí Chathasaigh faoina pearsantacht?
4. Cad a deir Seán faoi chás Mháire?
5. Cad a deir Liam faoin tubaiste?
6. Cad a thaispeánann ráiteas Sheáin agus Liam faoina bpearsantacht?
7. An dtaispeánann aon duine de theaghlach Mháire aiféala nó brón faoina bás agus faoi bhás iníon Mháire?
8. Cad a deir Bean Uí Chinsealaigh ag an uaigh?
9. Cad a deir Seáinín an Mhótair faoin scéal?
10. Cad a deir Mailí faoi Mháire agus í ina seasamh ag an uaigh?

Céim a 3: Na Carachtair

Bean Uí Chathasaigh

- Is **duine fuarchúiseach**, **uaillmhianach**[45], **cráifeach**[46], **gearánach**, **cruachroíoch** í Bean Uí Chathasaigh. Is máthair Mháire Ní Chathasaigh í, príomhphearsa an dráma. Is léir gur duine cráifeach í Bean Uí Chathasaigh mar luann sí ainm Dé go minic, téann sí go dtí an tAifreann go rialta agus feicimid an teaghlach uilig ar a nglúine ag rá an pháidrín[47] i radharc áirithe. Is duine gearánach í. Is minic a luann sí an t-ualach trom a leag Dia uirthi mar bhaintreach agus bhí uirthi an chlann a thógáil ina haonar chomh maith leis an obair a rinne sí ar an bhfeirm.
- Is bean **uaillmhianach**, **údarásach** í, gan aon agó. Tá stádas sa tsochaí an-tábhachtach di. Tá todhchaí a leanaí uilig leagtha amach aici. Teastaíonn uaithi go rachaidh Máire isteach sna mná rialta, go rachaidh Seán le sagarthóireacht agus go bhfanfaidh Liam léi ina seanaois i mbun na feirme. Ní mó ná sásta atá sí nuair a deir Liam go bhfuil sé ag iarraidh dul go teach Bheití de Búrca mar tá plean eile aici féin dó. Ní ligeann sí do Mháire dul in aon áit. Is léir gur bean údarásach, thiarniúil[48] í.
- Is **fimíneach fuarchúiseach**[49] í Bean Uí Chathasaigh. Ní thaispeánann sí aon ghrá, trua ná carthanacht Chríostaí dá hiníon féin in am an ghátair. Nuair a insíonn Máire di go bhfuil sí ag iompar clainne agus diúltaíonn sí ainm an athar a insint di, cuireann sí brú millteanach ar Mháire an ghin sa bhroinn a mharú le deoch leighis. Ní fhéachann sí aon pharadacsa idir sin agus a luachanna mar Chaitliceach. Tá sí lánsásta an ghin sa bhroinn a mharú mar 'ní haon pheaca deireadh a chur le rud neamhghlan', dar léi.
- Is **duine éadomhain**[50] í mar tá sí níos buartha faoi thuairim na gcomharsan ná mar atá sí faoi leas a hiníne. Samhlaíonn sí na comharsana ag síneadh méire ina treo nuair a rachadh sí chuig aonach nó margadh nó go dtí an tAifreann.
- Is **beag rian den Chríostaíocht ná den trua** a fheicimid inti agus sa tslí a labhraíonn sí lena hiníon agus í in umar na haimléise[51] – rud eile a thagann salach ar an íomhá Chríostúil, chráifeach a luann Bean Uí Chathasaigh léi féin do chách. Mar bharr ar an donas, cuireann sí mallacht Dé ar Mháire agus tugann sí 'striapach' uirthi. Is scanrúil an rud é go mbeadh iníon chomh mór sin faoi tharcaisne ag a máthair féin. Taispeánann sé cé chomh fuarchúiseach is atá sí, fiú lena clann féin má chuireann a n-iompar isteach ar a híomhá nó ar a stádas sa tsochaí. Is duine cruálach í i ndáiríre a chaitheann go dona lena[52] hiníon mar gur bhris Máire na rialacha sóisialta agus reiligiúnda a bhí i réim ag an am agus í ina máthair shingil.
- Tá méid a fuarchúise le feiceáil go soiléir nuair nach mbíonn puinn áiféala uirthi agus í ina seasamh ar thaobh uaigh Mháire. Deir sí gur thóg sí Máire 'go creidiúnach agus go críostúil' agus dar léi níorbh fhéidir léi níos mó a dhéanamh. Ní chaoineann sí a hiníon ná a gariníon.

[45] *ambitious*
[46] *pious*
[47] *saying the rosary*
[48] *domineering*
[49] *indifferent*
[50] *shallow*
[51] *in the depths of despair*
[52] *caitheann lena = treats*

Cleachtadh Scríofa

Cruthaigh meabhairmhapa de na príomhthréithe a bhaineann leis an gcarachtar Bean Uí Chathasaigh.

Ceisteanna Scrúdaithe

1 Déan cur síos ar charachtar Bhean Uí Chathasaigh agus ar an tionchar a bhíonn aici ar shaol Mháire. (40 marc)

2. Déan plé ar théama na fimíneachta maidir le pearsa Bhean Uí Chathasaigh. (40 marc)

Pádraig Mac Cárthaigh

- Is **bithiúnach**[53] agus **sliomadóir sleamhain**[54] é Pádraig Mac Cárthaigh sa dráma seo, gan aon agó.
- Is **fear pósta mídhílis** é – níl sé dílis dá bhean chéile ar chor ar bith. Tagann sé mar mhúinteoir nua chuig an bparóiste agus buaileann sé le Máire agus meallann sé í – cailín óg, saonta, neamhúrchóideach, ag rince sa teach scoile. Níl sé dílis dá dara bean chéile ach an oiread – téann sé chuig teach an mhíchlú le Mailí tar éis dó an mháistreás scoile a phósadh.
- Is **duine plámásach** é. Siúlann Pádraig abhaile le Máire agus stopann siad ag droichead – áit a dtosaíonn sé ag caint go plámásach, fileata léi. Feicimid gur rógaire é Pádraig anseo agus go dtuigeann sé conas cailín óg a mhealladh. Molann sé soineantacht agus áilleacht Mháire – ag rá léi go bhfuil rud éigin 'neamhshaolta' ag baint léi agus go bhfuil aghaidh álainn, gheanmnaí[55] agus béilín binn aici. Admhaíonn sé go bhfuil bean chéile aige ach cuireann sé in iúl gur ceart do Mháire trua a bheith aici dó mar á fhéad lena bhean a bheith ina bean chéile ceart riamh aige.
- Is **duine leithleach** é, gan aon agó. Tá galar gan leigheas ar a bhean agus is dócha go bhfuil sí ag fulaingt – faigheann sí bás roimh dheireadh an dráma. Dar leis, tá blianta purgadóireachta roimhe léi – tá sé lán d'fhéintrua agus tá sé mídhílis dá bhean.
- Is **fear drúisiúil**[56], **gan scrupaill** é. Meallann sé cailín óg soineanta atá díreach tar éis an scoil a fhágáil agus tosaíonn sé ar chaidreamh adhaltrach[57] léi. Buaileann sé léi ag an teach scoile cúpla uair agus cuireann sé ina luí uirthi go bhfuil sé i ngrá léi agus go bpósfadh sé í da mbeadh sé saor. Faighimid amach níos déanaí sa dráma nár fíoraíodh na focail sin mar nuair a fuair a bhean chéile bás, ní dheachaigh sé sa tóir ar Mháire ar chor ar bith. Phós sé an mháistreás scoile go luath tar éis dá bhean chéile bás a fháil. Is bréagadóir[58] mídhílis é.
- Is **duine glic** é Pádraig. Bíonn searmanas bréagach aige le Máire sa teach scoile agus cuireann sé fáinne ar a méar. Deir sé léi gurb ise a bhean chéile chun a mhianta drúisiúla a shásamh an oíche sin. Tá a fhios aige go mothaíonn Máire ciontach agus go bhfuil siad ag déanamh éagóra[59] ar a bhean. Tuigeann sé an tslí is éifeachtaí chun í a mhealladh lena chuid cainte. Go gairid ina dhiaidh sin, tréigeann sé Máire. Taispeánann sé a ghliceas gach uair a iarrann sé ar Mháire gan a ainm a lua le héinne agus gan scríobh chuige. Tuigeann sé go gcaillfeadh sé a phost mar mhúinteoir agus go gcaillfeadh sé a stádas agus measúlacht sa tsochaí dá mbeadh a fhios ag an saol faoina gcaidreamh adhaltrach.
- Is **fimíneach**[60] drúisiúil gan onóir é. Tá deighilt mhór idir a shaol poiblí agus a shaol príobháideach.

[53] *a scoundrel*
[54] *slimy waster*
[55] *pure*
[56] *lustful*
[57] *adulterous*
[58] *a liar*
[59] *doing an injustice*
[60] *a hypocrite*

- Feicimid **méid na mímhacántachta** atá i gcarachtar Phádraig nuair a thagann sé ar ais le Mailí go teach an mhíchlú. Ceapann Máire bhocht gur tháinig sé chun í a aimsiú tar éis bhás a mhná céile. Insíonn sé di go bhfuil sé pósta in athuair – leis an mháistreás scoile. Is ansin a thuigeann Máire an fhírinne shearbh – gur sliomadóir mídhílis, mímhacánta é Pádraig. Bhí sí sásta a bheith mídhílis dá bhean chéile nua le striapach.
- Níor theastaigh uaidh a iníon a fheiceáil fiú. Bhí sé **cruachroíoch agus leithleach**[61]. Mar bharr ar an donas, tugann sé 'striapach' ar Mháire tar éis an méid a d'fhulaing sí ar a shon agus ar son a linbh. I mo thuairim, tá an chuid is mó den locht ar Phádraig gur chuir Máire lámh ina bás féin agus gur mharaigh sí a hiníon. Chaill sí a ciall tar éis an chomhrá dheireanaigh sin le Pádraig. Is í an chúis a dtugann Máire dúinn gur mharaigh sí a leanbh ná go mbeadh a hiníon saor sa tsíoraíocht agus nach mbeadh sí ina hóinsín bhog ghéilliúil ag aon fhear.
- Is **bligeard cruthanta** é Pádraig. Ta deighilt ollmhór idir a íomhá phoiblí mar mhúinteoir agus fear céile agus a shaol príobháideach.

[61] *selfish*

Cleactadh Scríofa

Cruthaigh meabhairmhapa de na príomhthréithe a bhaineann le carachtar Phádraig Mhic Cárthaigh.

Ceisteanna Scrúdaithe

1. Pléigh carachtar Phádraig Mhic Cárthaigh, an ról a ghlac sé sa dráma agus an tionchar a bhí aige ar shaol Mháire. (40 marc)
2. 'Tá deighilt mhór idir saol poiblí agus saol príobháideach cuid de na carachtair sa dráma *An Triail*.' Pléigh an ráiteas seo maidir le Pádraig Mac Cárthaigh. (40 marc)

Máire Ní Chathasaigh

- Is **cailín óg** í Máire atá díreach tar éis an scoil a fhágáil. Is í príomhphearsa an dráma í.
- Is **duine soineanta, saonta**[62] í Máire gan mórán taithí ar an saol ag tús an dráma. Sa chéad radharc, cloisimid glór Mháire ag rá gur mharaigh sí a leanbh toisc gur chailín í agus ag rá go bhfuil a hiníon saor anois. Tá alltacht[63] orainn agus táimid fiosrach faoin saghas duine atá inti. Cén saghas duine a dhéanfadh rud mar sin? Duine olc[64] Craiceáilte? Duine le fadhb thromchúiseach[65] shíciatrach? Baineann an t-údar úsáid as an iardhearcadh agus téann an t-aicsean ar ais go tús an scéil nuair a bhuail Máire le Pádraig ag rince. Is léir gur cailín neamhúrchóideach, saonta í Máire agus í ag caint le Pádraig ag an rince. Admhaíonn sí dó nach ligtear amach go rómhinic í. Tá sé ar intinn ag a mam Máire a chur sna mná rialta agus admhaíonn sí nach bhfuil mórán taithí aici ar a bheith ag rince. Sa tslí sin, bíonn a fhios ag Pádraig gur **cailín saonta, neamhúrchóideach** í. Mealltar Máire go héasca de bharr an easpa taithí atá aici ar an saol agus a heaspa soiniciúlachta. 
- Is **duine bog, báúil**[66] í. Bíonn trua aici do Phádraig nuair a insíonn sé di go bhfuil sé ag fulaingt na mblianta purgadóireachta le bean chéile atá tinn. Cé go mothaíonn Máire go bhfuil siad ag déanamh éagóra ar bhean chéile Phádraig, éiríonn le Pádraig cur ina luí uirthi[67] gur rud álainn, beannaithe

[62] *naive*
[63] *shock*
[64] *evil*
[65] *severe*
[66] *sympathetic*
[67] *convincing her*

atá eatarthu. Bíonn searmanas bréagach acu sa teach scoile agus titeann Máire go domhain i ngrá le Pádraig nuair a deir sé léi gurb ise a bhean chéile. Éiríonn leis a mhianta drúisiúla a shásamh mar bíonn Máire bhocht róshoineanta agus b'fhéidir amaideach chun cuspóirí Phádraig a cheistiú.

- Tar éis tamaill, tá Máire tréigthe ag Pádraig agus í ag iompar clainne. Léirítear **dílseacht agus ceanndánacht**[68] Mháire go soiléir sa radharc ina n-insíonn sí da Mam go bhfuil sí ag iompar clainne. Cuireann a mam brú millteanach uirthi ainm athair an linbh a insint di agus diúltaíonn Máire. Is bean údarásach, thiarniúil í a máthair, agus taispeánann an radharc sin an **neart**[69] agus ceanndánacht atá ag Máire. Nuair a chuireann a mam brú uirthi deoch leighis a ól, feicimid neart Mháire arís mar diúltaíonn sí di.
- Is léir gur **duine grámhar, goilliúnach** í mar deir sí: 'Níl mórán díot fágtha agam a Phádraig, ach an méid atá, ní scarfaidh mé leis choíche.' Chomh maith leis sin, léirítear a ceanndánacht agus misneach sa líne 'An ród atá romham – caithfidh mé aghaidh a thabhairt air i m'aonar'. Tá a fhios ag Máire nach mbeidh bóthar éasca mín[70] roimpi ach fós roghnaíonn sí a leanbh a choimeád.
- Feicimid **bród agus mórtas Mháire** i radhairc áirithe. Nuair a thagann an t-oibrí sóisialta Áine Ní Bhreasaíl chun cainte léi i dteach Bhean Uí Chinsealaigh, deir sí go n-imeoidh sí láithreach cé nach bhfuil aon áit aici le dul mura bhfuil fáilte roimpi. Nuair a chuireann an t-oibrí sóisialta brú uirthi a leanbh a thabhairt ar altramas sa teach tearmainn, feicimid an méid grá atá ag Máire dá leanbh. Arís feicimid go bhfuil méid áirithe bróid aici mar deir sí mura bhfuil a leanbh maith a dóthain do Bhean Uí Chinsealaigh, nach bhfuil sise sásta filleadh ar a post ina teach. Mar an gcéanna le haon fhear a chasfaí uirthi sa todhchaí mar a fheicimid ina comhrá le hÁine Ní Bhreasaíl.
- Is **duine neamhspleách** í Máire. Éiríonn léi post a fháil i monarcha tar éis di an teach tearmainn a fhágáil agus éiríonn léi teach lóistín a fháil agus cúram linbh[71] do Phádraigín. Titeann an teach anuas nuair a bhí Pádraigín sa teach, faraor, agus bíonn sí ag brath ar chineáltas Mhailí as sin amach go dtí go n-eagraíonn Mailí socrú eile di i dteach an mhíchlú mar ghlantóir. Ní ghéilleann Máire dá cruachás[72] go dtí go mbriseann Pádraig a croí ag deireadh an dráma agus braitheann sí gur óinsín bhog ghéilliúil í. Dá bhrí sin, téann sí le báiní agus maraíonn sí í féin agus Pádraigín. Is léir go raibh grá cumhachtach ag Máire do Phádraigín ón nóiméad a gineadh í ach ina hintinn féin, tá Máire ag cosaint Phádraigín ó shaol lán d'anró agus cruatan mar chailín sa tsochaí. Ní bheidh sí ina 'hóinsín bhog ghéilliúil' ag aon fhear dar le Máire agus beidh sí féin agus Pádraigín le chéile sa tsíoraíocht.

Is léir gur duine soineanta, saonta, neamhspleách, ceanndána, misniúil[73], grámhar, láidir, bródúil í Máire sa dráma seo. Is tubaisteach[74] agus tragóideach an scéal é gur chas sí ar Phádraig Mac Cárthaigh mar mhill sé an saol uirthi.

[68] stubbornness
[69] strength
[70] smooth
[71] childcare
[72] demise
[73] brave
[74] tragic

Cleachtadh Scríofa

Cruthaigh meabhairmhapa de na príomhthréithe a bhaineann le carachtar Mháire.

Ceisteanna Scrúdaithe

1. 'An ród atá romham caithfidh mé aghaidh a thabhairt air i m'aonar.' Déan cur síos ar an sórt saoil a bhí ag Máire as sin amach agus na constaicí a bhí ina coinne sa tsochaí inar mhair sí. (40 marc)
2. 'Is duine lag, amaideach í Máire Ní Chathasaigh sa dráma *An Triail*.' Do thuairim uait faoin ráiteas sin. (40 marc)
3. 'Is cailín óg saonta í Máire Ní Chathasaigh a ghéilleann do mhianta fir dhrúisiúil agus a fhulaingíonn dá bharr.' An ráiteas sin a phlé. (40 marc)

Seán Ó Cathasaigh

- Is deartháir le Máire é Seán Ó Cathasaigh – mac le Bean Uí Chathasaigh agus dealraíonn sé go bhfuil a lán cosúlachtaí idir é féin agus a mháthair.
- Theastaigh óna mham go rachadh Seán le sagarthóireacht. Is léir gur thóg a mham é 'go creidiúnach[75] agus go críostúil' sa tslí chéanna is ar thóg sí Máire. Feictear an chlann uilig ar a nglúine ag rá an Choróin Mhuire sa chéad ghníomh i radharc a 7.
- Is **duine géilliúil**[76] é. Géilleann sé dá mham agus ligeann sé di a thodhchaí a leagan amach dó. Ní chuireann sé ina coinne riamh.
- **Sceitheann**[77] Seán ar Mháire lena mham nuair a bhíonn sé á cheistiú aici. Deir sé léi go mbíodh Máire tinn go minic ar maidin agus ansin tuigeann Bean Uí Chathasaigh go bhfuil Máire torrach[78]. Cuireann Aturnae a 2 ina leith gur sceith sé ar a dheirfiúr agus nach ndearna sé aon iarracht a dheirfiúr a chosaint óna mam agus a cuid feirge i radharc a 7.
- Tuigimid ón radharc seo go bhfuil Seán chomh **fimíneach**, **éadomhain agus cruachroíoch** céanna lena mham. Deir sé go raibh an ceart ar fad ag a mham a bheith dian ar Mháire mar tharraing Máire 'náire shaolta' ar an teaghlach 'i láthair na gcomharsan'. Tá sé soiléir óna chomhrá le hAturnae a 2 gur fimíneach é chomh maith mar ní thaispeánann sé puinn trua ná carthanacht Chríostaí dá dheirfiúr in am an ghátair cé gurbh ábhar sagairt é. Dar leis, chiontaigh Máire in aghaidh Dé agus dá bhrí sin, tharraing sí aon anró agus fulaingt a bhí uirthi mar mháthair shingil uirthi féin.
- Fiú agus é ina sheasamh ag uaigh Mháire, tá sé **leithleach** agus **lán d'fhéintrua** nuair a deir sé 'náirigh sí sinn' agus go raibh air an coláiste sagarthóireachta a fhágáil mar nach raibh sé in ann aghaidh a thabhairt ar a chomrádaithe. Níl puinn áiféala air cé go bhfuil a dheirfiúr agus a neacht marbh. Tá sé i bhfad níos buartha faoi chlú a theaghlaigh agus faoina gceapann na comharsana agus a chairde sa choláiste.

[75]*respectably*

[76]*submissive*

[77]*tells on*

[78]*pregnant*

Ceisteanna Scrúdaithe

1. 'Léirigh Seán, deartháir Mháire, go raibh aigne níos oscailte agus níos liobrálaí aige ná mar a bhí ag na daoine eile mórthimpeall ar Mháire.' An ráiteas sin a phlé. (40 marc)
2. 'Tá Seán chomh cúngaigeanta agus cruachroíoch céanna lena mháthair Bean Uí Chathasaigh sa dráma *An Triail*.' An tuairim sin a phlé. (40 marc)
3. 'Is cladhaire maíteach é Seán Ó Cathasaigh sa dráma seo a bhfuil eagla air seasamh i gcoinne a mháthar.' An tuairim sin a phlé. (40 marc)

Liam

- Is mac é Liam le Bean Uí Chathasaigh agus is í Máire a dheirfiúr.
- Tá Liam **féinspéiseach**[79]. Buailimid le Liam den chéad uair ag an rince sa teach scoile. Tá sé ag an rince le Máire ach ní thugann sé aon aird ar Mháire mar tá sé i gcomhluadar Bheití de Búrca. Is léir go bhfuil sé gnóthach ag cúirtéireacht le Beití de Búrca agus is cuma leis faoi leas a deirféar. Dá bhrí sin, buaileann Máire le Pádraig Mac Cárthaigh agus os rud é nach bhfuil Liam ann chun siúl abhaile léi, siúlann Pádraig abhaile le Máire. Sa teach cúirte, deir Liam nach cóir aon phioc den mhilleán a chur air as an gcaidreamh a thosaigh idir Máire agus Pádraig an oíche chinniúnach sin.
- Tá sé **géilliúil**[80] go leor. Tá a mháthair Bean Uí Chathasaigh an-tiarniúil leis agus tá sí ag déanamh iarrachta a shaol uilig a leagadh amach dó. Níl sí sásta go mbíonn sé ag dul ar cuairt ar theach na mBúrcach agus tosaíonn sí ag piocadh air nuair a deir sé go bhfuil sé ag dul go teach na mBúrcach i radharc a 7. Tá sé géilliúil i slí amháin mar ní thugann sé a dúshlán nuair a dhéanann sí iarracht stop a chur lena chuid turas go teach Bheití de Búrca. Bíonn sé de nós aige éalú tríd an bhfuinneog chun Beití a fheiceáil níos déanaí san oíche nuair a bhíonn a Mham ina codladh.
- Cosúil le Seán, tá Liam gafa lena chás féin. Is duine **féinspéiseach** é agus **lán d'fhéintrua**. Agus é ina sheasamh in aice le huaigh Mháire, is í an príomhbhuairt atá air ná gur bhris Beití de Búrca an cleamhnas leis mar nár fhéad sí an phoiblíocht a sheasamh. Ní deir sé aon rud faoi bhás a dheirféar ná a neacht. Is duine **leithleach**[81], féinspéiseach é mar níl aon rian den áiféala air ag sochraid Mháire agus a neachta.

[79] self-absorbed
[80] submissive
[81] selfish

Mailí

- Is duine **cineálta, flaithiúil** í Mailí cé gur féidir léi a bheith **garbh agus teasaí** chomh maith. Nuair a bhuailimid le Mailí den chéad uair, tá Máire ag cur ceisteanna uirthi sa teach tearmainn mar gheall ar chúrsaí altramachta[82]. Ní thuigeann Máire an coincheap mar tá sí aineolach ar na cúrsaí sin.
- Tá i bhfad níos mó taithí ag Mailí agus na cailíní eile sa teach tearmainn[83] ar an saol ná mar atá ag Máire agus tugann siad, óinsín tuaithe' uirthi cé go ndeir Mailí go bhfuil sí ceanúil uirthi mar sin féin.
- Éiríonn Mailí **teasaí** nuair a leanann Máire uirthi ag cur ceisteanna deacra uirthi mar gheall ar phróiseas na haltramachta. Bíonn uafás ar Mháire nuair a chloiseann sí nach mbíonn aon teagmháil ag na máithreacha sa teach tearmainn leis na haltramaithe ná nó a leanaí as sin amach. Deir Mailí gur ceart di gan na ceisteanna sin a chur uirthi agus nach bhfuil sé cuirtéiseach. Is léir gur **duine goilliúnach**[84] í. Ní éireodh sí chomh suaite[85] mar gheall ar na ceisteanna a chuir Máire mura raibh sé deacair uirthu a leanbh a thabhairt ar altramas.
- Tá **gné gharbh** ag baint le Mailí chomh maith, ar ndóigh, mar gur **striapach** í. Bíonn a cuid cainte leis na cailíní eile sa teach tearmainn beagáinín garbh nuair a bhíonn siad ag pleidhcíocht agus ag spochadh as Seáinín an Mhótair – an fear a bhailíonn an níochán. Bíonn na cailíní eile ag magadh nach bhfuil taithí ag Mailí ar a bheith ag obair nuair a bhíonn sí ina seasamh agus go bhfuil slite níos boige ar eolas aici chun airgead a thuilleadh ná a bheith ina cailín aimsire.
- Is duine **flaithiúil**, **cineálta** í Mailí. Cé gur bean ar imeall na sochaí í, **tá sí sásta an méid bheag atá aici a roinnt le Máire**. Tagann sí ar an bhfód nuair a fhágtar Máire agus Pádraigín ar thaobh an

[82] adoption
[83] refuge
[84] sensitive
[85] upset

bhóthair tar éis don teach lóistín titim as a chéile. Níl na mná eile ar an tsráid sásta cabhrú le Máire mar tá amhras orthu gur máthair aonair í. Ní chreideann siad gur baintreach í agus tá Máire neamhchairdiúil, dar leo. Tá sé íorónta gur striapach – bean atá ar imeall na sochaí – í an t-aon duine atá sásta cabhrú le Máire agus carthanacht Chríostaí a thaispeáint di. Mar a dúirt sí le Máire, ní raibh leisce uirthi 'an méidín suarach' a bhí aici a roinnt léi.

- Is í Mailí an té a eagraíonn slí maireachtála i dteach an mhíchlú do Mháire sa tslí go bhféadfadh Máire fanacht sa bhaile agus a bheith lena leanbh. D'eagraigh sí le bean an tí sa teach lóistín go bhféadfadh Máire an teach a ghlanadh agus go bhfaigheadh sí seomra saor in aisce dá bhrí sin. Anuas air sin, iarrann Mailí ar na lóisteoirí cúpla scilling a thabhairt do Mháire as an nglantóireacht a dhéanfadh sí dóibh. Tá sí **an-chineálta** le Máire agus lena leanbh agus gan chabhair Mhailí, bheadh Máire agus a leanbh fágtha ar an tsráid.
- Is **duine tuisceanach agus géarchúiseach**[86] í Mailí. Is í an t-aon duine a thuigeann meon Mháire í. Is ise a thagann ar Mháire tar éis di í féin agus an leanbh a mharú le gás sa seomra. Thuig Mailí gur theastaigh ó Mháire gan an leanbh a sheoladh go dorchadas na síoraíochta gan ise a bheith léi. Thuig Mailí go raibh an-chuid grá ag Máire dá leanbh. Bhí sí ina cónaí le Máire nuair nach raibh sí sásta Pádraigín a ligean as a radharc tar éis don teach lóistín titim anuas orthu. Nuair a bhí Mailí ag tabhairt fianaise sa teach cúirte, dúirt sí: 'Mharaigh sí an leanbh – an leanbh a raibh oiread sin ceana aici uirthi... Ní cheadódh sí an leanbh a dhul uaithi i ndorchacht na síoraíochta gan í féin a dhul in éineacht léi.'

[86] *perceptive*

Ceisteanna Scrúdaithe

1. Tugann Mailí 'aingeal dubh' uirthi féin le linn an dráma *An Triail*. Cérbh iad na suáilcí agus duáilcí a bhain le carachtar Mhailí, i do thuairim? (40 marc)
2. 'Tá sé íorónta gurb í cailín eile atá ar imeall na sochaí an t-aon duine atá sásta cuidiú leis an máthair aonair Máire Ní Chathasaigh sa drama *An Triail*.' Do thuairim uait faoin ráiteas sin. (40 marc)
3. 'Tá codarsnacht mhór idir an tslí ar chaith Mailí le Máire Ní Chathasaigh sa dráma *An Triail* agus an tslí ar chaith an chuid eile de na carachtair le Máire.' Do thuairim uait faoi sin. (40 marc)

Seáinín an Mhótair

- Is **mioncharachtar** sa dráma é Seáinín an Mhótair. Is é an té a bhailíonn an níochán sa teach tearmainn é.
- Is **duine coimeádach** é. Nuair a bhíonn na mná sa teach tearmainn ag cúirtéireacht leis agus ag iarraidh an chraic a bheith acu leis, ní theastaíonn uaidh fanacht rófhada ina gcomhluadar. Is duine dílis é Seán chomh maith.
- Bíonn **eagla** air roimh an Mátrún agus cuireann sé i gcuimhne do na mná sa teach tearmainn go bhfuil bean agus leanaí aige sa bhaile: 'Bog díom. Nach minic a dúirt mé leat go bhfuil bean agus clann agam sa bhaile.' Is léir go bhfuil sé dílis dá bhean chéile.
- Is **duine géarchúiseach** é. Tugann sé 'nóinín i measc na neantóg' ar Mháire mar go dtuigeann sé go bhfuil difríocht mhór idir cailín óg, soineanta, saonta amhail Máire agus na cailíní garbha eile atá sa teach tearmainn. Cuireann sé comhairle uirthi[87] iad a sheachaint. Ag deireadh an dráma, cloisimid ráiteas an-stuama uaidh a dhéanann achoimre chliste ar theachtaireacht an dráma seo: 'An té a bhriseann rialacha an chluiche cailltear ann é.'
- Is léir **gur duine cliste, flaithiúil** é chomh maith. Tagann sé ar an bhfód[88] nuair a bhíonn Máire agus a leanbh fágtha ar thaobh an bhóthair tar éis don teach lóistín titim anuas. Bíonn uafás air nuair a fheiceann sé nach mbíonn na mná eile ar an tsráid sásta cabhair agus bheith istigh[89] a thabhairt do Mháire agus deir sé: 'Cé a deir gur tír chríostaí í seo?' Tairgeann sé síob do Mháire chun dul aon áit ar mian léi agus í ar thaobh an bhóthair lena leanbh.

[87] *he advises her*

[88] *on the scene*

[89] *shelter*

Ceisteanna Scrúdaithe

1. Déan cur síos ar thréithe Phádraig Mhic Cárthaigh agus a ról sa dráma *An Triail.* (40 marc)
2. 'Is duine fimíneach, bréagchráifeach, cúngaigeanta, cruachroíoch í Bean Uí Chathasaigh, máthair Mháire.' Pléigh fírinne an ráitis seo le fianaise ón dráma *An Triail.* (40 marc)
3. 'Mharaigh mé mo leanbh de bhrí gur cailín í. Tá sí saor. Ní bheidh sí ina hóinsín bhog ghéilliúil ag aon fhear.' Déan plé ar an bpáirt a ghlacann na fir sa dráma *An Triail* agus an léiriú a thugtar orthu. (40 marc)
4. 'Ba chailín óg, saonta í Máire ag tús an dráma *An Triail*, ach d'fhoghlaim sí ceachtanna deacra de réir mar a chuaigh an dráma ar aghaidh'. Do thuairim uait faoin ráiteas seo. (40 marc)
5. Déan cur síos ar phearsa Mháire sa dráma *An Triail.* An raibh an milleán uilig uirthi as dúnmharú Phádraigín, a hiníon, i do thuairim? (40 marc)
6. Déan cur síos ar ról bheirt charachtar ón liosta thíos sa dráma *An Triail*:
   (a) Mailí (b) Pádraig (c) Bean Uí Chathasaigh (d) Liam (40 marc)

Céim a 4: Téamaí an Dráma

Is iad na téamaí a fheicimid sa dráma *An Triail* ná:

- fimíneacht
- dearcadh na sochaí maidir le máithreacha aonair
- claontacht agus cúngaigeantacht
- briseadh rialacha sóisialta
- an pictiúr a fhaighimid d'Éirinn sna seascaidí
- an deighilt idir an saol poiblí agus saol príobháideach.

Freagra Samplach a 1

Téama na Fimíneachta

Nóta!

Chlúdódh corp na ceiste seo téamaí eile chomh maith ar nós dhearcadh na sochaí maidir le máithreacha aonair, claontacht, cúngaigeantacht agus briseadh rialacha sóisialta. Ba chóir don dalta tús agus críoch an fhreagra a chur in oiriúint do fhoclaíocht na ceiste agus ba chóir don dalta na heochairfhocail sa cheist a lua arís agus arís eile sa fhreagra.

Sa dráma *An Triail* le Máiréad Ní Ghráda, feicimid téama na fimíneachta, gan aon agó. Tá an dráma suite in Éirinn sna seascaidí nuair a bhí cumhacht na heaglaise Caitlicí i mbarr a réime. Bhí a lán smachta ag an eaglais ar an tsochaí agus bhí sé an-tábhachtach cloí le rialacha na heaglaise agus rialacha sóisialta. Imeallaíodh aon duine a bhris na rialacha sin agus is minic a d'imeallaigh clanna, cairde, fostaitheoirí agus an eaglais éinne a bhris na rialacha. Mar a deir Seáinín an Mhótair ag deireadh an dráma seo 'An té a bhriseann rialacha an chluiche, cailltear ann é'. Léiríonn Máiréad Ní Ghráda an fhimíneacht agus an chúngaigeantacht a bhain leis an tslí ar caitheadh le máithreacha aonair sa dráma seo. Is minic a luann na carachtair atá i gceist ainm Dé agus maíonn siad gur Críostaithe iad ina saol poiblí ach is beag rian den Chríostaíocht a bhíonn le feiceáil sa tslí a gcaitheann siad le Máire Ní Chathasaigh – máthair óg aonair – sa dráma seo.

Máire Ní Chathasaigh is ainm do phríomhcharachtar an dráma. Is cailín óg, saonta, soineanta í gan mórán taithí ar an saol. Meallann fear pósta gan scrupaill darb ainm Pádraig Mac Cárthaigh í agus faigheann sí amach go bhfuil sí ag iompar clainne tar éis dó í a thréigeadh. Is léir gur fimíneach í Bean Uí Chathasaigh (máthair Mháire), Bean Uí Chinsealaigh (fostóir Mháire) agus

na mná a chónaigh ar an tsráid chéanna le Máire nuair a bhí sí ag fanacht sa teach lóistín lena leanbh sa dráma seo. Tá sé soiléir gur fimíneach é Pádraig Mac Cárthaigh freisin mar bhí deighilt ollmhór idir a shaol poiblí agus a shaol príobháideach.

Nuair a fhaigheann Bean Uí Chathasaigh amach go bhfuil a hiníon ag iompar clainne, is beag rian den Chríostaíocht a fheicimid inti nó sa tslí a gcaitheann sí le Máire. Luann Bean Uí Chathasaigh ainm Dé go minic i rith an dráma, feicimid an teaghlach uilig ar a nglúine ag rá Choróin Mhuire. Cé gur duine cráifeach[1] í, dar léi féin, tá sí lánsásta dul glan in aghaidh rialacha na heaglaise nuair a fhaigheann sí amach go bhfuil Máire torrach[2]. Déanann sí iarracht an leanbh sa bhroinn a mharú mar go gcuireann sí iachall ar Mháire deoch leighis a ól chun fáil réidh leis an leanbh. Dar léi, 'ní haon peaca é deireadh a chur le rud neamhghlan'. Luann an t-údar an fhimíneacht a bhaineann le hiompar agus dearcadh Bhean Uí Chathasaigh go ríshoiléir. Ní thaispeánann sí aon rian de ghrá, bhá ná trua dá hiníon nó dá garleanbh. Nuair a dhiúltaíonn Máire ainm an athar a insint di agus nuair is léir do Bhean Uí Chathasaigh nach bhfuil Máire toilteanach fáil réidh leis an ngin, tugann sí bata agus bóthar do Mháire.

Dar lena máthair, tharraing Máire an trioblóid uirthi féin agus tharraing sí náire ar an teaghlach uilig os comhair na gcomharsan. Is léir go bhfuil Bean Uí Chathasaigh i bhfad níos buartha faoi thuairim na gcomharsan ná mar atá sí faoi leas a hiníne nó a garlinbh. Tugann sí 'striapach' ar Mháire fiú. Taispeánann an idirghníomhaíocht[3] idir Máire agus a mháthair an chúngaigeantacht, claontacht agus fimíneacht a bhain leis an tsochaí in Éirinn sna seascaidí. Muna féidir lena máthair féin carthanacht Chríostaí nó trua a thaispeáint di, níl mórán dóchais againn mar lucht féachana go mbeidh an chuid eile den tsochaí níos cineálta le Máire. Fiú nuair a chuireann Máire lámh ina bás féin, níl aon áiféala uirthi. Dar léi, thóg sí Máire 'go creidiúnach agus go críostúil'. Cad eile a d'fhéadfadh sí a dhéanamh?

Is fimíneach é Seán, deartháir Mháire, a bhí ina ábhar sagairt. Nuair a iarrann Aturnae a 2 air ar thaispeáin sé aon charthanacht Chríostaí dá dheirfiúr in am an ghátair, tá sé chomh cruachroíoch lena Mham. Cé go raibh sé ag déanamh staidéir don tsagartóireacht, ní thaispeánann sé Críostaíocht ná trua dá dheirfiúr. Deir sé go raibh an ceart ar fad ag a mham sa tslí ar chaith sí le Máire mar gur 'chiontaigh' Máire in aghaidh Dé. Fiú nuair atá sé ina sheasamh in aice na huaighe, deir sé gur tharraing sí 'náire shaolta' ar an teaghlach.

Ní féidir a shéanadh ach go bhfeicimid téama na fimíneachta i gcarachtar Phádraig Mhic Cárthaigh mar tá deighilt ollmhór idir a phearsa phoiblí agus a shaol príobháideach. Is múinteoir pósta creidiúnach é ina shaol poiblí agus tá stádas agus measúlacht[4] aige sa tsochaí. Tá sé drúisiúil[5], glic, mídhílis agus gan

[1] pious

[2] pregnant

[3] interaction

[4] respectability

[5] lustful

scrupaill ina shaol príobháideach, áfach. Mheall sé cailín óg, soineanta, saonta chun a mhianta drúisiúla a chomhlíonadh. Bhí sí mídhílis dá bhean chéile bhocht a bhí tinn sa bhaile agus bhí sé lán d'fhéintrua fad is a bhí sé mídhílis di – ag rá nárbh fhéidir léi a bheith ina bean chéile cheart riamh aige de bharr an ghalair a mharaigh í go luath ina dhiaidh sin. Níl aon trua aige dá bhean chéile. Is duine glic é mar cuireann sé brú ar Mháire gan a ainm a lua le héinne agus gan scríobh chuige riamh.

Anuas air sin, tar éis dó Máire a thréigean, pósann sé den dara huair agus feicimid go bhfuil sé mídhílis dá dara bean. Téann sé go teach an mhíchlú le Mailí chun a mhianta drúisiúla a shásamh arís. Tugann sé 'striapach' ar Mháire. Ní theastaíonn uaidh a iníon féin Pádraigín a fheiceáil fiú. Is léir gur fear fímineach, maíteach[6], cladhartha[7], mímhacánta, mídhílis, glic é agus is sliomadóir cam[8] é, gan aon agó. Ligeann sé air gur duine measúil, creidiúnach é ina shaol poiblí ach is fimíneach é amach is amach. Caitheann sé go dona le Máire agus is cuma sa tsioc leis fúithi nó faoina iníon féin cé go ndúirt sé le Máire go bpósfadh sé í dá mbeadh sé saor. Ní raibh ann ach cur i gcéill[9] chun a dhrúis a shásamh.

[6]cowardly
[7]villainous
[8]crooked waster
[9]a pretence

Is léir go bhfeicimid tréith na fimíneachta go smior sa dráma seo chomh maith le cúngaigeantacht, easpa Críostaíochta, easpa trua, agus claontacht i gcoinne éinne a bhris na rialacha sóisialta agus reiligiúnda a bhí i réim in Éirinn sna seascaidí.

Ceisteanna Scrúdaithe

1. 'Faighimid pictiúr soiléir de shaol agus de shochaí na hÉireann sna seascaidí sa dráma *An Triail*.' Do thuairim uait faoin ráiteas seo. (40 marc)
2. 'Feicimid cúngaigeantacht agus claontacht na sochaí coimeádaí a bhí i réim in Éirinn sna seascaidí sa dráma *An Triail*.' Pléigh an ráiteas seo. (40 marc)
3. 'A muintir féin – a máthair agus a deartháireacha, Liam agus Seán – is cúis leis an bhfulaingt i saol Mháire sa dráma *An Triail*.' Déan plé ar an ráiteas sin. (40 marc)
4. 'Faighimid pictiúr soiléir den dearcadh a bhí ann maidir le máithreacha aonair sna seascaidí in Éirinn sa dráma *An Triail*.' Do thuairim uait faoin ráiteas sin. (40 marc)
5. 'Is spéisiúil an léiriú a thugtar sa dráma *An Triail* ar an gcineál duine í Bean Uí Chathasaigh, máthair Mháire, **agus** ar an gcaoi a gcuireann sí leis an tragóid i saol Mháire.' Déan plé ar an ráiteas sin. (40 marc)

6. 'An té a bhriseann na rialacha – caillltear sa chluiche é.' Seo ráiteas le Seáinín an Mhótair sa dráma *An Triail*. An fíor an ráiteas sin i gcomhthéacs scéal Mháire sa dráma? Do thuairim uait faoi sin. (40 marc)
7. 'Is léiriú an-diúltach ar an saol in Éirinn sna seascaidí a chuirtear os ár gcomhair sa dráma seo.' Déan plé ar an ráiteas sin. (40 marc)
8. 'Tugtar léiriú maith sa dráma seo *An Triail* ar chás na máthar aonair in Éirinn sna seascaidí.' An ráiteas sin a phlé. (40 marc)

Céim a 5: Teicnící Drámata

Freagra Samplach

'Cuireann na teicnící drámata a mbaineann Máiréad Ní Ghráda úsáid astu go mór leis an dráma *An Triail*.' É sin a phlé i gcás do rogha teicnící a úsáidtear sa dráma.

Baineann an t-údar leas as teicníc an chroscheistithe agus teicníc an iardhearcaidh[1] sa dráma *An Triail* chun cur le héifeacht an dráma. Tá an dráma suite sna seascaidí in Éirinn. Titeann an príomhcharachtar Máire Ní Chathasaigh i ngrá le fear pósta agus bíonn caidreamh adhaltrach[2] acu. Is cailín óg, saonta, soineanta í Máire. Tréigtear[3] í agus fágtar í ag iompar clainne mar mháthair shingil. Cabhraíonn na teicnící drámata éagsúla leis an údar téamaí an dráma a fhorbairt sa scéal, aird an lucht féachana a choimeád agus léargas níos doimhne a thabhairt dúinn ar charachtair áirithe agus eachtraí áirithe i saol Mháire.

Tá an dráma suite i dteach cúirte – áit a bhfuil Máire Ní Chathasaigh ar triail as dúnmharú a hiníne Pádraigín. Tá ról tábhachtach ag na hAturnaetha sa dráma. Tá Aturnae a 1 ag obair ar son an stáit ag iarraidh Máire a chiontú[4] as dúnmharú a hiníne. Seasann croscheistiú Aturnae a 1 do ghlór coimeádach[5] na sochaí a thacaíonn le cumhacht na heaglaise agus leis an meon cúngaigeanta, claonta, coimeádach a bhí i réim ag an am i gcoinne éinne a bhris na rialacha.
Tá Aturnae a 2 ag feidhmiú sa chúirt ar son Mháire, ag iarraidh a thaispeáint don ghiúire/lucht féachana go raibh cuid den mhilleán faoi bhás Phádraigín agus féinmharú Mháire ar chlann Mháire, fostóirí Mháire, ar an eaglais, ar Phádraig Mac Cárthaigh agus ar an tsochaí de bharr an easpa Críostaíochta agus carthanachta a thaispeáin siad di nuair a bhí sí i gcruachás[6] mar mháthair shingil. Ní thuigimid go dtí deireadh an dráma go bhfuil Máire marbh chomh maith.

[1] *flashback*
[2] *adulterous relationship*
[3] *abandoned*
[4] *to prosecute*
[5] *conservative*
[6] *in demise*

Is í an phríomhcheist sa dráma/sa chás cúirte ná cé air a bhfuil an locht gur mharaigh Máire a leanbh? Trí mheán an chroscheistithe, taispeánann Aturnae a 2 cé chomh cruálach, cruachroíoch, bréagchráifeach[7] agus fimíneach is a bhí máthair Mháire, deartháireacha Mháire, fostóir Mháire (mar atá, Bean Uí Chinsealaigh) agus an t-oibrí sóisialta fiú. Baineann an t-údar úsáid éifeachtach as teicníc dhrámata an chroscheistithe i gcuid mhaith den dráma chun ceisteanna tábhachtacha a ardú leis na carachtair/finnéithe[8] agus iad faoi cheangal na mionn[9] agus chun ceisteanna tábhachtacha a chur in aigne an lucht féachana/ghiúire. Chomh maith leis sin, cuireann straitéis dhrámata an chroscheistithe le simplíocht an phlota mar bheadh an baol ann go n-éireodh an plota róchasta gan an teicníc dhrámata seo.

[7] falsely pious
[8] witnesses
[9] under oath

Le croscheistiú Aturnae a 2, tagann sé chun solais nár thug Liam aon aire dá dheirfiúr nuair a bhí sí ag an rince leis. Bhí sé róghnóthach ag cúirtéireacht le Beití de Búrca. Fiú nuair atá Máire marbh, is é an t-aon rud a deir Liam linn ná gur bhris Beití an cleamhnas[10] leis mar nár fhéad sí an phoiblíocht a sheasamh. Feicimid freisin an easpa tacaíochta a fhaigheann Máire óna deartháir eile, Seán. Cé go raibh Seán ina ábhar sagairt, le croscheistiú Aturnae a 2 tagann sé chun solais gur cheap Seán go raibh an ceart ar fad ag a mham a bheith dian ar Mháire tar éis di fáil amach go raibh Máire ag iompar clainne. Tharraing Máire 'náire shaolta' orthu os comhair na gcomharsan agus 'chiontaigh' Máire in aghaidh Dé, dar leis. Níl aon trua ná trócaire Críostaí aige dá dheirfiúr.

[10] the match

Baineann an t-údar leas as teicníc an iardhearcaidh chun cur le héifeacht an dráma. Is minic a théimid siar ó theach na cúirte go pointe áirithe i saol Mháire chun léargas níos fearr a fháil ar na carachtair agus ar na heachtraí i saol Mháire. Cabhraíonn sé leis an údar eolas domhain a thabhairt don lucht féachana/ghiúire chun a mbreithiúnas[11] a thabhairt ar thriail Mháire agus saol Mháire. Baintear úsáid as teicníc an iardhearcaidh den chéad uair sa dráma i ngníomh a 1, radharc a 2. Téann an scéal siar ó theach na cúirte go dtí an oíche chinniúnach ar bhuail Máire le Pádraig ag rince. Mínítear dúinn conas a thosaigh Pádraig ag mealladh Mháire ag an rince. Mhínigh Máire dó nár lig a máthair di dul amach go rómhinic. Mhínigh Máire dó gur theastaigh óna máthair go rachadh sí isteach sna mná rialta. Thuig Pádraig gur chailín óg saonta í Máire gan mórán taithí aici ar an saol.

[11] judgement

I radharc a 3, baintear feidhm as an iardhearcadh arís agus feicimid Pádraig agus Máire ag siúl abhaile le chéile. Tugann an radharc seo léargas dúinn ar conas a mheall Pádraig Máire le caint phlámasach. D'admhaigh sé go raibh bean chéile aige – rud a chuir alltacht ar Mháire. Bhí a bhean chéile tinn agus bhí sé lán d'fhéintrua. Is léir go raibh Pádraig ag iarraidh Máire a mhealladh le caint bhog phlámásach sa radharc seo agus go raibh Máire an-bháúil leis agus lena chás. I radharc a 5, tugann an t-údar níos mó eolais dúinn le teicníc an iardhearcaidh ar conas a thosaigh Pádraig cumann adhaltranais le Máire. Bhí searmanas bréagach pósta aige léi, chuir sé fáinne ar a méar agus dúirt sé gurbh ise a bhean chéile. Sa tslí sin, laghdaigh sé ciontacht Mháire agus d'éirigh leis a mhianta drúisiúla a chomhlíonadh an oíche sin. Go gairid ina dhiaidh sin, bhí Máire ag iompar clainne agus tréigthe ag Pádraig. Mar a deir sí, 'Rinne tú do chuid féin díom an oíche sin a Phádraig. Is leatsa ó shin mé idir anam agus corp...'

Le cabhair an iardhearcaidh, tuigimid méid an ghrá a bhí ag Máire ón tús dá leanbh agus na híobairtí a rinne sí ar a son. Tá sé sin fíorthábhachtach sa dráma – murach an t-iardhearcadh sa dráma, b'fhéidir go gceapfaimis nach raibh an méid sin grá ag Máire dá hiníon toisc gur mharaigh sí í. Bhí uirthi a clann a fhágáil gan slí maireachtála aici féin ach bhí sí láidir agus cróga a dóthain chun é sin a dhéanamh cé go raibh sí tréigthe ag Pádraig. Ní raibh sí sásta fáil réidh lena leanbh: 'Ní mórán a bheidh agam choíche díot, a Phádraig, ach an méid atá ní scarfaidh mé leis go deo.'

Feicimid láidreacht, ceanndánacht agus misneach Mháire anseo. Deir sí 'an ród atá romham – caithfidh mé aghaidh a thabhairt air i m'aonar.' Tá mórán samplaí eile den iardhearcadh a chabhraíonn linn méid an ghrá a bhí ag Máire dá leanbh a thuiscint. Nuair a théann an scéal siar go dtí an teach tearmainn, feicimid nach raibh Máire sásta a leanbh a thabhairt ar altramas in ainneoin an bhrú a chuir an t-oibrí sóisialta uirthi. Tar éis don teach lóistín titim anuas orthu, feicimid nach raibh Máire sásta a leanbh a ligean as a radharc ón bpointe sin amach. Cé go maraíonn Máire í féin agus a leanbh ag deireadh an dráma, tuigimid ón iardhearcadh i ngníomh a 2, radharc a 6, gur Pádraig ba chúis léi dul as a meabhair le brón tar éis di fáil amach gur shliomadóir sleamhain é agus nár theastaigh uaidh a leanbh a fheiceáil fiú. Roimhe sin, bhí sí in ann déileáil le hanró agus cruatan mar chreid sí go raibh fíorghrá eatarthu. Tuigimid gur chreid Máire go raibh sí ag sábháil a hiníne ó dhomhan lán d'fhir cosúil le Pádraig agus ó shochaí neamhthrócaireach[12], chruálach, chruachroíoch mar ba í sin an tslí ar chaith beagnach gach duine sa tsochaí léi seachas Mailí agus Seáinín an Mhótair.

[12] *unmerciful*

Baineann Máiréad Ní Ghráda leas as teicníc an iardhearcaidh chun fimíneacht agus cruálacht Bhean Uí Chathasaigh (máthair Mháire) a léiriú freisin agus chun an méid a d'fhulaing Máire a léiriú. I radharc a 7, téann an t-aicsean siar go radharc nuair a bhí an teaghlach go léir ag rá Choróin Mhuire. Bhí Máire tar éis a admháil dá mam go raibh sí ag iompar clainne. Dá bhrí sin, chuir Bean Uí Chathasaigh brú ar Mháire babhla de dheoch leighis a ól chun fáil réidh lena gin. Saghas ginmhillte a bhí i gceist. Le teicníc an iardhearcaidh, feicimid gur

fimíneach í Bean Uí Chathasaigh sa radharc seo. Luann sí ainm Dé go minic, bíonn sí ag guí go minic agus freastalaíonn sí ar an Aifreann ach tá sí lánsásta a garleanbh sa bhroinn[13] a mharú chun náire os comhair na gcomharsan a sheachaint. Ní thaispeánann sí aon charthanacht Chríostaí dá hiníon in am an ghátair. Tugann Aturnae a 2 an easpa carthanachta sin chun solais lena chuid ceisteanna. Cuireann Bean Uí Chathasaigh mallacht Dé ar a hiníon féin agus tugann sí 'striapach' uirthi.

[13] *in the womb*

Dá bhrí sin, is léir gur chuir na teicnící drámaíochta a d'úsáid Máiréad Ní Ghráda go mór le héifeacht an dráma. Chabhraigh teicnící ar nós theicníc an chroscheistithe agus theicníc an iardhearcaidh go mór leis an údar téamaí an dráma a fhorbairt agus simplíocht an phlota a chaomhnú chun aird an lucht féachana a choimeád.

A Thig Ná Tit Orm

le Maidhc Dainín Ó Sé

Sa chuid seo, foghlaimeoidh tú:

- conas achoimre a scríobh ar Chaibidil 1 go dtí Caibidil 8 den dírbheathaisnéis
- conas anailís a dhéanamh ar na téamaí sa sliocht agus conas ceist scrúdaithe a dhéanamh
- conas anailís a dhéanamh ar na carachtair.

Céim a 1: Achoimre ar Chaibidil 1 go dtí Caibidil 8

Maidhc Dainín sa Bhunscoil

- An chéad Luan de Mheán Fómhair 1947 a bhí ann agus chuaigh Maidhc Dainín ar scoil den chéad uair. Níor thuig sé céard a bhí ar siúl leis an 'scriosadh' a bhí ar siúl ag a mham. Cheap sé i dtosach go raibh sé ag dul go dtí an siopa, b'fhéidir. Is léir go raibh an t-údar neirbhíseach faoi dhul ar scoil agus é ag ceapadh go raibh sé ró-óg. Cheap sé freisin go bhfanfadh a mháthair in éineacht leis!
- Sara i bhfad d'éirigh Maidhc cleachtaithe ar[1] a shaol scoile. Thosaigh sé ag cur aithne ar chairde nua agus deir sé linn gur fhoghlaim sé rud éigin nua gach lá. Cé nach raibh 'luí rómhór' aige leis na ceachtanna, deir sé linn go raibh air rud éigin a dhéanamh le faitíos roimh an máistreás.
- Nós a bhí ag na buachaillí an t-am sin ná leasainmneacha a thabhairt ar a chéile agus tugadh an leasainm 'Siúit' ar Mhaidhc Dainín, an t-ainm céanna a tugadh ar a dhaid nuair a bhí sé ar scoil. Bhí spórt agus spraoi ag na páistí ar scoil agus mar a deir an t-údar, bhí 'gaiscíoch nó dhó ins gach rang'. Tugann Maidhc Dainín cur síos soiléir, beo dúinn ar an gcéad bhabhta 'bruíne'[2] a tharla idir é féin agus a chara Tomás agus é fágtha sínte ar a dhroim sa díog[3] sa deireadh ag a chéile comhraic. Tá greann na heachtra le tabhairt faoi deara anseo nuair a thuigimid cé chomh beag agus óg is a bhí na buachaillí. Trí stiall den fhuinseoig a fuair sé féin agus Tomás ón múinteoir mar gheall ar an troid agus í ar dheargbhuile leo. Insíonn sé dúinn ansin go raibh gach rud dearmadta faoin mbruíon tar éis cúpla lá agus go raibh sé féin agus Tomás ina gcairde arís!
- Aon uair a bhíodh an ghrian ag taitneamh, théadh na buachaillí ó rang a trí síos go dtí na naíonáin amach ar Bhóthar Bhaile an Mhúraigh chun cluiche caide (peil) a imirt. Deir Maidhc linn nach raibh ar an mbóthar na laethanta sin ach fo-chairt[4] (corrchairt) is capall. Ní raibh gluaisteáin ná trucanna le feiceáil in aon chor. Clocha a bhíodh acu mar chúil, mar aon le balla na scoile. Liathróid bheag rubair ar nós liathróide láimhe a bhí acu agus deirtear linn nach raibh rialacha ar bith ag baint leis an gcluiche. Bhíodh argóint go minic faoin scór toisc nach mbíodh moltóir ar bith acu. Bhí simplíocht ag baint leis an saol ag an am sin gan amhras.

[1] *Maidhc got used to*
[2] *round of fighting*
[3] *ditch*
[4] *the odd cart*

Ceisteanna Gearra

1. Céard a cheap Maidhc Dainín nuair a chuir a mháthair a chuid éadaigh Domhnaigh air?
2. An raibh sé sásta dul ar scoil i dtosach? Cén fáth?
3. Cén leasainm a tugadh ar Mhaidhc Dainín?
4. Cé leis a raibh Maidhc Dainín ag troid?
5. Conas a chríochnaigh an troid sin?
6. Céard a rinne an múinteoir leis na buachaillí nuair a thug sí faoi deara go raibh siad ag troid?
7. Cén fáth a raibh na buachaillí in ann peil a imirt ar an mbóthar?
8. Céard a d'úsáididís mar chúil?
9. Cén saghas liathróide a bhíodh acu don pheil?
10. Cén fáth a mbídís ag argóint uaireanta?

Cuairt an Chigire

- Thagadh cigire chun na scoile uair amháin sa bhliain, i mí na Samhna de ghnáth. Bhíodh ullmhúcháin mhóra ar siúl sa scoil roimh an gcuairt sin – ceachtanna á bhfoghlaim de ghlanmheabhair[5] agus glanadh na scoile. Dúradh leis na páistí a bheith béasach agus 'a dhuine uasail' a thabhairt ar an gcigire agus é a fhreagairt go breá soiléir. Thug Maidhc faoi deara nach raibh slat fuinseoige ná spúnóg *cocoa* an mhúinteora le feiceáil ar an mbord agus í ag súil le teacht an chigire. Mar sin féin, insíonn Maidhc dúinn ag an bpointe sin gur shármhúinteoir í ach nach raibh mórán suime sa léann[6] ag na buachaillí a bhí sa rang aici.
- 'Ceann mór feola' a bhí ar an gcigire, dar le Maidhc Dainín, a chuid spéaclaí go híseal ar a shrón aige. Labhair sé go deas cneasta leis na daltaí agus mhínigh sé dóibh go raibh sé ansin chun iad a cheistiú don deontas[7]. Ansin glaodh duine ar dhuine iad suas go dtí an bord. Tagann an greann isteach sa scéal arís nuair a insíonn Maidhc an scéal dúinn faoin bhfreagra drochbhéasach a thug Uinseann Ó Grifín i dtaobh an tseanfhocail, 'Is fearr paiste ná poll'. Bhí drogall ar Uinseann an cheist a fhreagairt i dtosach ach faoi dheireadh thug sé an míniú a bhí ag a dhaid ar an seanfhocal, is é sin 'dá mbeadh paiste ar do pholl bheadh deabhadh ort dá scaoileadh'! Bhí an chuma ar an máistreás gur mhaith léi dá slogfadh an talamh í ag an bpointe sin, dar le Maidhc Dainín. Ní raibh áiféala[8] ar aon duine nuair a chríochnaigh an cigire sa scoil. Bhí am breise ag na daltaí a bheith ag súgradh sa chlós agus bhí faoiseamh le brath san aer gan amhras.
- Gach bliain ag deireadh an fhómhair thagadh treabh tincéirí ag campáil i bpáirc taobh leis an scoil agus ba mhinic a chaitheadh Maidhc Dainín agus a chairde am lóin ina suí ar an gclaí[9] ag féachaint ar an seanfhear a bhí ina measc agus é ag déanamh sáspain as an stán. Ceird[10] chasta a bhí inti seo dar le Maidhc agus bhíodh uirlisí[11] éagsúla in úsáid aige agus é ag obair. Thagadh bean an tincéara amach ansin ag am dinnéir chun bia a ullmhú dá teaghlach. Bhíodh tine mhór sa pháirc acu agus thart ar dhosaen páistí bailithe timpeall uirthi. Dar le Dainín, athair Mhaidhc, go raibh a *lingo* féin ag na tincéirí nuair nár mhaith leo go dtuigfí iad.
- Bhí an *lingo* sin á labhairt acu an lá úd ar tharla an eachtra leis an scraithín[12]. Nuair a bhí grúpa mór buachaillí ag breathnú ar bhean an tincéara agus rud éigin blasta á róstadh aici ar an tine, chaith buachaill amháin scraithín isteach i lár an phota róstaithe agus leagadh gach rud a bhí sa phota. Ní insíonn Maidh Dainín dúinn cérbh é ar ndóigh, 'ar son na síochána', a deir sé! Deir sé linn go raibh cód i measc na mbuachaillí, gan sceitheadh ar a chéile riamh. Pé scéal é, fuair gach buachaill a bhí ar an gclaí léasadh[13] maith ón máistir scoile ina dhiaidh sin, ag léiriú dúinn an meas a bhí ag an máistir ar an lucht siúil. 'An bhfuil a fhios agaibh ná bíonn rí ná rath ar éinne go deo a chuireann isteach ar an lucht siúil?' a dúirt sé leo. Dhíoladh an lucht siúil na hearraí stáin sa cheantar freisin agus d'fhaigheadh siad tae nó siúcra nó bainne ar ais mar íocaíocht[14].
- Eachtra eile a luann Maidhc Dainín sa seomra ranga ná an lá a raibh ceacht ar an nádúr á mhúineadh ag an máistreás do na naíonáin. Deir an t-údar linn go raibh níos mó suime aige san ábhar sin ná ina chuid scríbhneoireachta féin. Luaigh sí ainmhithe ón luch go dtí an capall. Thug sí míniú dóibh ar an mbó agus ar an ngamhain, ar an gcapall agus ar an searrach agus faoi dheireadh cheistigh sí na páistí. Chuir sí an cheist ar Phádraig 'conas go bhfuil an cat níos mó ná an piscín?' D'fhreagair Pádraig an cheist go gáirsiúil[15] ag rá gurb é an cat a chacann an piscín agus ar ndóigh phléasc gach duine ag gáire. Ní mó ná sásta a bhí an múinteoir, áfach, agus nuair a thóg sí an buachaill beag amach ón seomra, deir Maidhc linn go raibh scréachach agus béicíl le cloisteáil acu sa seomra. Is cinnte go bhfuair an buachaill drochíde ón máistreás an lá sin agus deir Maidhc linn go gcloisfeá biorán ag titim sa seomra ina dhiaidh sin.

[5] *off by heart*
[6] *oideachas*
[7] *grant*
[8] *regret*
[9] *fence*
[10] *a trade*
[11] *instruments/implements*
[12] *divot*
[13] *a hiding*
[14] *payment*
[15] *rudely/in an obscene manner*

Ceisteanna Gearra

1. Cathain a thagadh an cigire chun na scoile?
2. Cén saghas ullmhucháin a bhíodh ar siúl sa scoil roimh chuairt an chigire?
3. Céard a cheap Maidhc Dainín faoina mhúinteoir bunscoile i ndáiríre?
4. Déan cur síos gearr ar an gcigire.
5. Conas a mhothaigh an múinteoir nuair a thug Uinseann an freagra gáirsiúil don chigire, dar le Maidhc Dainín?
6. Cén fáth a raibh na páistí sásta nuair a d'imigh an cigire?
7. Cá mbíodh an lucht siúil/na tincéiri ag campáil ag deireadh an fhómhair?
8. Cén fáth ar labhair an lucht siúil ina *lingo* féin, dar le Dainín?
9. Cad a dúirt an máistir scoile faoin lucht siúil tar éis na heachtra leis an scraithín?
10. Cén t-atmaisféar a bhí le brath sa seomra ranga tar éis do Phádraig beag léasadh a fháil ón múinteoir?

An Bhothántaíocht

- Luath sna caogaidí insíonn Maidhc Dainín dúinn gur beag áis nua-aimseartha a bhí sna tithe faoin tuath. Ina pharóiste féin bhí timpeall trí chéad duine agus céad teach. Ní raibh aon solas leictreach sa cheantar an tráth sin agus lampaí ola a bhíodh á n-úsáid sna tithe. Ní raibh teilifís ar bith sa pharóiste ach bhí dhá raidió ann – ceann amháin i dteach Mhaidhc agus an ceann eile i dteach an mhúinteora. Ní bhíodh mórán suime ag muintir Mhaidhc sna cláir raidió toisc gur as Béarla a bhíodh a bhformhór. D'éisteadh siad le cláir spóirt nó ceoil, áfach, agus d'éisteadh a thuismitheoirí leis an nuacht. Lá Chraobh na hÉireann, deir Maidhc linn go mbíodh an teach lán agus go mbíodh scata eile taobh amuigh ag éisteacht leis an tráchtaireacht[16] ar an gcluiche tríd an bhfuinneog. Ba ghléas[17] an-luachmhar é an raidió sa teach de réir cosúlachta agus chlúdaíodh Dainín é le braillín bhán[18] ar eagla go rachadh smúit[19] isteach ann.
- Dá mbeadh argóint ar bith faoi chúrsaí spóirt nó cúrsaí ceoil sa teach thosaíodh Dainín ag gearán agus é ag rá, 'Ceol, cú nó cúrsaí caide, sin trí ní nár cheart a scaoileadh faoi dhíon aon tí...' Mar sin fein, faighimid amach níos déanaí go raibh sé in ann cúpla port a sheinm ar an mbosca agus go raibh an-spéis aige sa pheil. Deir Maidhc Dainín go mbíodh a mháthair chomh neirbhíseach sin nuair a bhíodh Ciarraí ag imirt go mbíodh uirthi dul amach sa ghairdín ar eagla go scóráilfaí i gcoinne Ciarraí!

[16] *commentary*
[17] rud
[18] *white cloth*
[19] *dust*

- Insíonn sé scéal seoigh[20] eile dúinn faoin oíche ar tháinig bean chomharsan ar cuairt agus gur mheall máthair Mhaidhc í le fanacht i gcomhair dráma Béarla a bhí le teacht ar an raidió. Ní raibh aon chur amach[21] ag an mbean ar raidiónna agus faoi dheireadh shocraigh sí fanacht ionas go bhfeicfeadh sí an *machine* aisteach ag obair. D'éirigh an seomra ciúin nuair a thosaigh an dráma agus nuair a tháinig sos beag sa chaint sa dráma, dhruid an bhean níos cóngaraí don raidió. An chéad líne eile a tháinig ón aisteoir ansin ná '*You are near enough now*' agus léim an bhean bhocht de gheit agus í ag ceapadh go raibh an t-aisteoir in ann í a fheiceáil 'amach as an raidió!' D'fhág sí an teach gan mhoill ansin ag rá go raibh 'an gléas san', 'sé sin an raidió 'ins na púcaí![22]'
- An bhothántaíocht an caitheamh aimsire ba choitianta a bhí ag na daoine i rith oícheanta fada an gheimhridh; is é sin thugadh na daoine cuairt ar a chéile agus iad ag insint scéalta, scéalta seoighe ina measc. Chanadh daoine eile amhráin agus deir Maidhc linn go mbaineadh sé féin taitneamh as an gcuideachta agus é ina pháiste.
- Bhí fear amháin as Baile an Mhúraigh a thugadh cuairt ar theach an údair ar a laghad trí huaire sa tseachtain chun nuacht a sé a chloisteáil. Theastaíodh uaidh scéalta a fháil faoi chogadh na Cóiré toisc go raibh roinnt mhaith de mhuintir an pharóiste ina gcónaí i Meiriceá agus b'fhéidir cuid acu páirteach san arm ansin freisin. Ó Conchúir ab ainm dó ach Grae an leasainm a bhí air! Ardscéalaí ab ea é, dar le Maidhc, agus scéalta seoighe a d'insíodh sé cois na tine, a phíopa á chaitheamh aige. Tugann Maidhc pictiúr soiléir dá theaghlach féin bailithe cois tine ag éisteacht le scéalta Ghrae dúinn. Shuíodh Páidí, an duine ba shine sa teaghlach in aice lena athair. Faighimid amach ansin go raibh deartháir eile acu darbh ainm Seán ach bhí seisean imithe ar imirce go Meiriceá. In aice le Páidí shuíodh Dónall, deartháir eile leis agus taobh leis sin bhíodh a dheirfiúr Máirín. Bhíodh an duine ab óige Tomás imithe a chodladh toisc nach raibh sé ach thart ar ceithre bliana d'aois ag an am sin. Scéalta iascaigh ba mhó a bhíodh ag Grae agus chuireadh gach duine sa chomhluadar suim mhór sna scéalta sin mar bhíodh a fhios acu go mbeadh siad greannmhar. Insítear dúinn ansin go bhfágadh sé na scéalta ab fhearr go dtí go mbíodh na páistí imithe a chodladh. Nochtann an t-údar dúinn ansin go n-éisteadh sé uaireanta ag poll na heochrach[23] leis na scéalta sin.
- Bhain Maidhc an-taitneamh as scéal a d'inis Grae oíche amháin faoi lá a raibh sé amuigh ag iascach le Páidí Carty agus Hugh. Tar éis cúpla uair an chloig agus neart iasc faighte ag na fir, tháinig ocras ar Ghrae agus ar a chairde. Las Grae tine mar sin agus ghlan Carty an t-iasc. Luigh Hugh ar a sháimhín só faoin ngrian agus é ag maoímh[24] nach mbeadh iasc ar bith acu gan é féin a bheith ina gcomhluadaar. Ansin nuair a bhí an t-iasc beirithe, ní raibh pláta ag aon duine ach ag Grae. Leis sin chuimhnigh Hugh ar sheanchupán a bhí sa naomhóg agus rith sé síos chun é a fháil. D'fhág sé sin go raibh ar Carty ithe as tóin an sciléid. Ansin nuair a bhí an béile ite acu chuimil Hugh a bholg agus ar sé 'An blúire éisc is blasta a d'itheas riamh'. Chuir Grae ceist air faoi dheireadh ar nigh sé an cupán sular ith sé as. Nuair a d'fhreagair Hugh é nár nigh, dúirt Grae leis go ndearna a chara Jéimsín 'gnó an rí' isteach sa chupán céanna lá amháin nuair nár mhothaigh sé go maith amuigh ar an bhfarraige. Tháinig dath liathbhán ar Hugh bocht agus díreach ansin chaith sé amach gach a raibh ite aige. Bréag a bhí á hinsint ag Grae dó ar ndóigh agus bhí tuismitheoirí Mhaidhc sna trithí gáire ar chloisint an scéil sin dóibh.
- Deir Maidhc Dainín go leanadh scéal amháin scéal eile ó dhuine eile agus gur mar sin a chaith na daoine fásta na hoícheanta. Saol an-bhocht a bhíodh ag na daoine an uair sin ach dar le Maidhc bhíodh neart tae agus aráin acu, fo-leathcheann muice, neart iasc agus fo-ghalún pórtair ag na daoine fásta ar ócáidí speisialta. Ní raibh aon ghá[25] le teilifís dar leis mar bhí na daoine in ann a gcuideachta féin agus a spraoi féin a dhéanamh.

[20]greanmhar

[21]*taithí*

[22]*a ghostly thing*

[23]*the keyhole*

[24]*boasting*

[25]*need/ necessity*

Ceisteanna Gearra

1. Cad iad na gléasanna a bhí ag daoine sna tithe sna caogaidí?
2. Cén saghas clár raidió a thaitin le muintir Mhaidhc?
3. Déan cur síos ar theach Uí Shé lá Chraobh na hÉireann.
4. Cén fáth a gclúdaíodh Dainín an raidió nuair nach mbíodh sé in úsáid?
5. Cad í an bhothántaíocht?
6. Cén fáth a dtagadh Ó Conchúir nó Grae chuig teach Uí Shé go rialta sa tráthnóna?
7. Conas a d'éirigh leis an údar na scéalta grinn a chloisteáil ní ba dhéanaí san oíche agus é imithe a chodladh, mar dhea?
8. Cén bhréag a d'inis Grae do Hugh, dar leis an scéal a d'inis sé sa teach?
9. An dóigh leat go raibh na daoine sásta cé go raibh siad bocht, mar a deir an t-údar linn?
10. Cén fáth nach raibh aon ghá le teilifís an t-am sin, dar le Maidhc Dainín?

An Iascaireacht

- Bhíodh ainmneacha éagsula ag daoine ar an abhainn, ag brath ar ainm an cheantair trínar rith sí. Bhíodh ainmneacha áirithe acu fiú ar phoill na habhann, mar shampla Poll na Leacht. Abhainn na Feothaidí a bhí ar an abhainn go hoifigiúil, dar le Maidhc agus bhíodh a lán iasc inti sna caogaidí. Ní nach ionadh, toisc airgead a bheith gann sa cheantar, iascach neamhdhleathach[26] a dhéanadh cuid mhaith daoine an tráth sin. Bhí píce speisialta déanta ag Dainín don chúram seo agus deir

[26] illegal

Maidhc linn gurbh fhearr scil an phíce a fhoghlaim go hóg mar go mbíodh sé deacair go leor breith ar na bradáin. D'úsáididís líonta[27] agua traimil[28] san oíche chun breith ar an mbreac geal nó ar an mbradán. Bhí beirt fhear sa cheantar a raibh cáil orthu go háitiúil mar gheall ar scil an phíce a bheith chomh maith sin acu. Nuair a fuair duine acu sin bás, dúirt póitseálaí[29] eile gur mhór an trua é a chur faoin gcré gan scil sin an phíce a bheith tugtha aige d'aon duine.

[27]nets
[28]trammel (a type of net)
[29]poacher

- Tharla lá amháin do Mhaidhc go raibh sé ag siúl cois na habhann go bhfaca sé bradán álainn ag dul síos an abhainn, 'a eireaball á luascadh aige sall agus anall.' Bhrostaigh sé i dtreo an tí agus tháinig sé ar a athair, 'asal ar adhastar aige'. D'inis Maidhc dá athair faoin mbradán agus níorbh fhada go raibh an bheirt acu ag deifriú i dtreo na habhann. Dúirt Dainín lena mhac gan a bheith ag rith, áfach, ar eagla go mbeadh na comharsana ag iarraidh cuidiú leo! Bhí an bradán imithe leis nuair a shroich siad an abhainn ach sara i bhfad bhí sé aimsithe[30] acu agus bhí an píce á shá ag Dainín san iasc. Ach rinne an t-iasc cor éigin ag iarraidh an píce a chur de agus bhris an píce. Leis an ngeit a baineadh as Dainín, thit sé isteach san uisce, 'a fhiacla agus a phíp fós ina dhraid aige.' Phléasc Maidhc Dainín ag gáire leis seo ach bhí air éirí as an ngáire le fearg an fhir a bhí san uisce. Deir Maidhc linn go gcuirfeadh sé francach fliuch i gcuimhne duit agus a chaipín imithe le sruth. Insíonn an t-údar dúinn ansin nár chuala sé riamh drochfhocal ó bhéal a athar go dtí an lá áirithe sin ach gur tháinig raidhse focal[31] amach as nár cheap sé riamh a bheith sa Ghaeilge! Um thráthnóna, bhí an bheirt acu ar tí dul abhaile nuair a chonaic siad sruth fola san uisce. Ansin thug siad bradán breá faoi deara agus sháigh Dainín a lámh isteach chun breith air. Bhí cuma shásta ar Dhainín agus é ag dul abhaile mar sin.

[30]found
[31]a string of words

- Chaith Maidhc agus a chomharsana a lán oícheanta ag tarraingt lín suas síos an abhainn. Bhíodh *scout* acu thuas ar an droichead mar bhíodh na Gardaí Síochána agus báillí stróinséartha ag faire na habhann an t-am sin. Ligeadh an *scout* dhá fhead as dá bhfeicfeadh sé strainséir ar bith ag teacht. Dar leis na daoine áitiúla 'bhí buannacht na habhann[32] ag gach duine sa pharóiste.'
- Bhí na héisc go flúirseach[33] san abhainn sa bhliain 1956, dar le Maidhc, agus ní raibh deacracht ar bith acu iad a dhíol leis na cuairteoirí nó leis na tithe ósta sa cheantar. Is cuimhin le Maidhc bradán breá cheithre phunt déag a dhíol ar dhá scilling déag – airgead póca dó, ar ndóigh!

[32]squatters' rights
[33]plentiful

Ceisteanna Gearra

1. Cén t-ainm oifigiúil a bhí ar an abhainn ina dtéadh na daoine ag iascach?
2. Cén fáth a raibh daoine ag iascach go neamhdhleathach, dar leis an údar?
3. Céard a d'úsáididís san oíche chun breith ar na héisc?
4. Cad chuige a ndúirt Dainín lena mhac gan a bheith ag rith i dtreo na habhann?
5. Céard a tharla do Dhainín nuair a sháigh sé an píce isteach sa bhradán?
6. Déan cur síos gearr ar an bhfear a bhí san uisce.
7. Céard a chuala Maidhc Dainín óna athair an lá sin nár chuala sé riamh roimhe sin?
8. Conas a mhothaigh Dainín agus é ag dul abhaile sa deireadh?
9. Cén jab a bhíodh le déanamh ag an *scout* ar an droichead?
10. Cé leo a ndíoladh siad na héisc?

Na Toitíní

- Bhí Maidhc Dainín dhá bhliain déag d'aois nuair a bhlais sé a chéad toitín. Ag bun an phoirt ar an bhFeothanach bhíodh idir óg agus aosta bailithe gach tráthnóna. Bhíodh buit toitín ina mbéal ag go leor de na daoine óga agus nuair a bhí siad sé bliana déag, dúradh go raibh na déagóirí aosta go leor chun toitín a chaitheamh go poiblí. Thaitin boladh na dtoitíní le Maidhc agus sheasadh sé in aice le duine a mbíodh *Woodbine* á chaitheamh aige. Anois is arís d'fhaigheadh sé gal[34] ó dhuine fásta ach ní go rómhinic. Nuair a bhíodh smut den toitín caite ag cuid de na daoine, bhainidís an barr dearg de agus chuiridís ar ais sa phóca é chun é a spaáil. Bhíodh na daoine óga ag faire ar aon duine a mbíodh bosca toitíní aige, ag súil le buit a fháil uaidh. Dar leo féin an t-am sin, ní raibh aon duine ina fhear 'go mbeadh feaig sáite amach as a phus aige.' Bhí saghas laochais ag baint le caitheamh na dtoitíní an uair sin, dar leo. Bhí buachaill amháin darbh ainm Eddie Hutch agus thagadh sé ar scoil gach lá le buit ina bhéal. Nuair a d'inis sé do Mhaidhc go bhfaigheadh sé na toitíní óna uncail Maidhc, ní raibh moill ná leisce ar Mhaidhc Dainín aithne a chur ar Uncail Maidhc!
- Satharn amháin thug Maidhc Dainín cuairt ar an uncail céanna agus níorbh fhada go raibh sé ag caitheamh in éineacht le Eddie agus a uncail. Dhearg Eddie an toitín dó le sméaróid[35] a thóg sé as an tine leis an tlú. Mhol Eddie dó ansin an deatach a ligean siar ina scamhóga[36] le go mbainfeadh sé taitneamh as agus rinne Maidhc Dainín amhlaidh. Cheap sé go raibh sé ina fhear mór ag an bpointe sin, a deir sé linn. Ansin nuair a bhí leath an toitín caite aige, bhain sé an barr dearg de, ar nós aon fhir fásta, dar leis féin. Go tobann, faraor, bhraith sé a cheann ag éirí éadrom agus a 'scamhóga ag casadh ar a chéile'. D'fhág sé an teach go scioptha agus é ag rá go raibh jab le déanamh aige sa bhaile agus nuair a shroich sé bóithrín ciúin, chuir sé amach gach a raibh ina bholg aige. Deir sé linn gur thóg sé uair an chloig air teacht chuige féin arís.
- 'Deirtear ná tagann ciall roimh aois' agus ba ghearr go raibh dúil mhór ag Maidhc Dainín sa tobac. Ní bhíodh airgead aige toitíní a cheannach mar dá dtuillfeadh sé aon airgead ag obair d'fheirmeoir, bhíodh air é a thabhairt dá mháthair. Maidin Dé Luain théadh sé féin agus Eddie go dtí doras halla an pharóiste agus bhailídís na buiteanna a bhíodh caite ar an talamh. Bhainidís an páipéar díobh agus chuiridís an tobac i mbosca stáin. Ansin chuiridís an bosca i bhfolach agus thagaidís ar ais aon uair a bhíodh gal uathu. D'úsáididís páipéar an *Kerryman* mar chlúdach ar an tobac.
- Bhí an t-airgead gann an t-am sin agus bhí na toitíní costasach. Mar sin d'úsáideadh na daoine óga seifteanna[37] éagsúla chun fiacha[38] na dtoitíní a fháil. Mar shampla, bhearraidís an ruaimneach[39] d'eireaball[40] an chapaill agus dhíolaidís é leis na tincéirí ach chuirtí an milleán[41] ar na tincéirí i gcónaí. Seift eile a bhíodh acu ná uibheacha a ghoid ó bhotháin na gcearc. Bhí seanfhear darbh ainm 'Meex' ina chónaí i gCarrachán agus deir Maidhc Dainín linn go mbíodh sé an-deacair briseadh isteach sa chlós aige. Chaith an t-údar maidin amháin ag faire ar Meex agus na huibheacha á bhfáil aige ó na cearca, a mhéar ag dul isteach 'faoi eireaball na circe agus isteach go háras an uibh.' Lá amháin ar a bhfeirm féin ansin, chonaic Maidhc Dainín nead dá gcearc féin. Trí cinn déag d'ubh a bhí sa nead agus cheap an t-údar go raibh an lá leis. Ghlan sé na huibheacha le sóid[42] agus chlúdaigh sé iad go glic le páipéar an *Kerryman*. As go brách leis ansin go dtí an uachtarlann, áit ar dhíol sé na huibheacha.
- Cúpla tráthnóna ina dhiaidh sin, áfach, bhí a chroí ina bhéal nuair a thug bainisteoir na huachtarlainne cuairt ar a theach. Rinne Maidhc Dainín a dhícheall sleamhnú amach ón teach

[34] *a pull/drag of a cigarette*
[35] *embers (of the fire)*
[36] *lungs*
[37] cleasanna
[38] praghas
[39] *horse hair*
[40] *tail*
[41] *blame*
[42] *soda*

ach stop an bainisteoir é, faraor. D'inis sé dóibh go raibh sicíní in ocht gcinn de na huibheacha a dhíol an t-údar leis agus gur ghlugair[43] iad na cinn eile. Ní nach ionadh, ar chloisint an scéil seo do Dhainín, gur tháinig taom feirge air. Thug sé léasadh maith dá mhac nuair a fuair sé amach gur ghoid sé na huibheacha agus bhí ar Mhaidhc Dainín bréag a insint dó faoin airgead. Dúirt sé lena athair gur cheannaigh sé *sweets* agus *chocolate* leis. Bhí greim ag a athair ar a chasóg ach shleamhnaigh Maidhc Dainín amach ón gcasóg agus d'éalaigh sé síos chun na habhann, áit a ndeachaigh sé i bhfolach 'go gciúnódh an stoirm'. Tamall ina dhiaidh sin tháinig Páidí síos chuige chun a rá leis go raibh Dainín imithe amach ag iascaireacht.

- Nuair a chuaigh sé abhaile dúirt a mháthair leis go raibh súil aici go raibh ceacht foghlamtha aige agus mhínigh sí dó go mbeadh air paca sciolltán a scoltadh mar chúiteamh[44] ar airgead na n-uibheacha a bhí caillte. Ní raibh Maidhc Dainín róshásta leis an bpionós sin mar bhí a fhios aige go raibh sé deacair a athair a shásamh maidir leis an obair sin.

[43]*rotten eggs*

[44]*compensation*

Ceisteanna Gearra

1. Cén aois a bhíodh na buachaillí de ghnáth nuair a bhíodh cead acu toitín a chaitheamh go poiblí?
2. Cad chuige a bhfanadh na daoine óga leis na daoine fásta a raibh bosca toitíní acu?
3. Cén bhaint a bhí ag Eddie Hutch leis an gcuid seo den scéal?
4. Conas a dhearg Eddie an toitín do Mhaidhc Dainín nuair a bhí siad ag caitheamh tobac le hUncail Maidhc?
5. Cad a tharla do Mhaidhc Dainín tar éis dó a chéad toitín iomlán a chaitheamh?
6. Céard a dhéanadh sé féin agus Eddie gach maidin Dé Luain?
7. Luaigh seift amháin a d'úsáideadh na buachaillí chun fiacha na dtoitíní a fháil.
8. Cár dhíol an t-údar na huibheacha a thóg sé óna fheirm féin?
9. Cén fáth ar thug bainisteoir na huachtarlainne cuairt ar theach Maidhc?
10. Cén pionós a ghearr a mháthair ar Mhaidhc Dainín tar éis dó teacht abhaile um thráthnóna?

An Ceol

- Bhí dúil níos mó ag Maidhc Dainín sa bhosca ceoil ná in aon uirlis eile. Bhíodh clár raidió le bailéid agus ceol traidisiúnta ar siúl uair sa tseachtain agus bhí an clár sin urraithe ag comhlacht darbh ainm *Cox of Kilcock*. Dhíoladh an comhlacht céanna gléasanna ceoil de dhéantús *Hohner*. Ní bhíodh mórán seans eile aige, a deir sé linn, éisteacht le ceol ar bith eile mar nach raibh *taperecorders* ann an uair sin. Maidin Dé Domhnaigh tar éis an Aifrinn, bhailíodh scata buachaillí taobh amuigh de theach Sheáin Uí Dhomhnaill chun éisteacht le Seán agus é ag seinm. An-cheoltóir ab ea é, dar le Maidhc Dainín. Cheap sé go raibh draíocht ag baint leis an stíl a bhí aige. Sheinneadh Seán le ceoltóir cumasach[45] eile uaireanta freisin darbh ainm Muiris Ó Cuinn.
- Bhí a dheartháir Páidí ag obair leis an gComhairle Contae[46] i gcairéal[47] Cheann Trá an tráth sin agus bhí deis níos mó aige éisteacht le ceol toisc go dtéadh sé chuig na rincí. Taobh

[45]an mhaith = *powerful*

[46]*County Council*

[47]*quarry*

amuigh de Halla na Muirí d'inis Páidí do Mhaidhc faoi cheoltóir a bhí tagtha abhaile as Meiriceá agus a bhí in ann an dá *row* a sheinm le chéile. Chuir sé sin smaointe in intinn Mhaidhc Dainín gur bhreá leis dá mbeadh a mhileoideain féin acu. Dúirt Páidí ansin gur chuala sé ar *Cox of Kilcock* go raibh *Hohner double row* ar fáil ar dhá phunt déag, deich agus réal. Ní raibh ach dhá phunt ag teastáil le cur síos ar an mbosca agus bheidís in ann an chuid eile a íoc diaidh ar ndiaidh. D'fhiosraigh siad an scéal níos mó agus fuair siad leabhar ina raibh pictiúr den bhosca ann. Ansin nuair a bhí Dainín amuigh ag bothántaíocht an tráthnóna sin agus a mháthair in ardghiúmar, labhair na buachaillí léi faoin mbosca. Níor theastaigh uaithi bac a chur leo[48] ach bhí sí an-amhrasach faoina fear céile. Sa deireadh, áfach, thug sí an dá phunt dóibh agus léim Maidhc Dainín suas le háthas. Chuir sé a dhá lámh timpeall uirthi agus ar sé, 'Era a Mham, ní bheidh aon dua agatsa teacht timpeall ar Dhaid.'

[48]iad a stopadh

- Tháinig an bosca go dtí Post-Oifig Bhaile na nGall agus Maidhc Dainín a bhailigh é. Bhí gach duine ag fanacht leis sa teach, iad go léir ag súil leis an meaisín aisteach[49] seo a fheiceáil. Bhí gliondar croí ar Mhaidhc Dainín nuair a d'oscail sé an bosca agus nuair a chonaic sé an gléas álainn. Rinne sé iarracht ceol a bhaint as ar dtús ach ar ndóigh níor éirigh go rómhaith leis. Síneadh an bosca ansin chuig Dainín agus sheinn sé port nó dhó, ag cur iontais ar an teaghlach go léir. Níor cheap Maidhc Dainín go dtí an lá sin go raibh nóta ina cheann ag a dhaid. 'Táim pósta leis an bhfear san le breis agus fiche bliain,' arsa a mháthair, 'agus ní raibh a fhios agam go raibh port ina chorp.' D'inis Dainín dó ansin gur fhoghlaim sé na poirt ó Sheán Coughlan nuair a bhí sé ag bordáil leis[50] i Chicago. Ba é a athair laoch na hoíche sin, dar le Maidhc Dainín.

[49]ait = *strange*

[50]*boarding with him*

- Gach oíche ansin tar éis sracfhéachaint a thabhairt ar na ceachtanna, théadh sé féin agus Páidí isteach sa seomra agus iad ag iarraidh ceoil a bhaint as an mbosca. Bhí dul chun cinn á dhéanamh acu leis. Thart ar choicís ina dhiaidh sin nuair a bhí a máthair ag teacht abhaile ar an mbus, chas sí le Seán Coughlan, an ceoltóir céanna a bhíodh ag seinm i Chicago. Ní raibh leisce ar bith ar Sheán teacht chun an tí in éineacht lena máthair nuair a d'inis sí dó go raibh bosca nua sa teach. Níor chreid Maidhc Dainín a chluasa nuair a chuala sé an ceoltóir cumasach sin ag seinm agus cheap sé nach n-éireodh leis féin riamh a bheith chomh maith sin ag seinm. Nuair a thug Seán faoi deara gur aithin Maidhc Dainín an difríocht sa cheol, bhí ionadh an domhain air, 'Ó a thig ná tit orm,' ar seisean, 'tá cluas mhaith ceoil ort.' Chaith Seán uair an chloig ina dhiaidh sin ag tabhairt moltaí agus nodanna[51] do Mhaidhc conas an dá *row* a sheinm agus insíonn Maidhc dúinn gurbh é Seán a chuir ar bhóthar ceart an cheoil é i ndáiríre.

[51]*advice and tips*

Ceisteanna Gearra

1. Cén saghas comhlachta ab ea *Cox of Kilcock*?
2. Cén fáth nach mbíodh mórán de sheans ag Maidhc Dainín éisteacht le ceol na laethanta sin?
3. Cá raibh Páidí ag obair an tráth sin?
4. Cé mhéad a bhí ar an mbosca ceoil a raibh suim ag na buachaillí ann?
5. Conas a fuair siad an dá phunt le cur síos ar an mbosca?
6. Conas a mhothaigh Maidhc Dainín nuair a bhain sé an páipéar den bhosca ceoil?
7. Cén chaoi ar chuir Dainín ionadh ar gach duine sa teaghlach?
8. Cár fhoghlaim Dainín a chuid ceoil, dar leis féin?
9. Cén fáth ar thoiligh Seán Coughlan teacht go dtí an teach in éineacht le máthair Mhaidhc?
10. Céard a cheap Maidhc Dainín nuair a chuala sé Seán ag seinm ar an mbosca?

An Cheardscoil

- Rinne tuismitheoirí Maidhc gach iarracht é a ghríosú[52] chun staidéar a dhéanamh sa dá bhliain dheireanacha a chaith sé i scoil Bhaile an Mhúraigh. Theastaigh ó gach tuismitheoir múinteoir a dhéanamh dá gclann na laethanta sin, dar leis. B'obair in aisce dóibh é, áfach, mar chaitheadh sé níos mó ama ag foghlaim port ar an mileoidean ná mar a chaitheadh sé leis na leabhair. Níor theastaigh uaidh dul chuig an gColáiste Ullmhúcháin, in ainneoin mhianta a thuismitheoirí. Dúirt sé go mbrisfeadh na sé bliana sa choláiste a chroí agus a shláinte. Ligeadh sé air go raibh sé ag obair ina sheomra agus nuair a cheistigh a mháthair é faoin scrúdú ag deireadh na bliana, dúirt Maidhc Dainín léi 'gurbh i an bhliain is deacra a bhí an scrúdú riamh é'.

[52]a spreagadh

- Dúirt a mháthair leis ansin é féin a ullmhú do Cheardscoil an Daingin, rud nár theastaigh ó Mhaidhc ach an oiread. Dúirt sé lena mháthair nach raibh aon suim aige leanúint ar aghaidh leis an staidéar agus go raibh sé i gceist aige dul ag obair d'fheirmeoir éigin. Ní raibh a mháthair pioc sásta leis an tuairim sin gan amhras agus dúirt sí leis go mbeadh sé ina spailpín fánach dá ndéanfadh sé amhlaidh. Deir sé linn go raibh sé deacair rud a chur amach ó cheann a mháthar agus dá bhrí sin thosaigh sé ag ceistiú buachalla a bhí ag freastal ar an gceardscoil. Bhí áthas air a chloisteáil go raibh an cheardscoil an-difriúil leis an mbunscoil agus nach raibh an bhéim chéanna ar na leabhair inti. Chuala sé go raibh siúinéireacht[53] agus a leithéid á múineadh inti agus faoi dheireadh bhí sé sásta go leor géilleadh[54] dá mháthair agus triail a bhaint as an gceardscoil ar feadh bliana.

[53]*carpentry*
[54]*to give in*

- Bhí Maidhc Dainín ceithre bliana déag nuair a thosaigh sé sa cheardscoil. An chóir taistil a bhí acu ná seanghluaisteán de dhéantús Meiriceánach le trí líne suíochán ann. Bhain Maidhc taitneamh as an turas isteach sa Daingean toisc an chuideachta a bheith go maith. An chéad rud ar thug sé faoi deara faoin gceardscoil ná na binsí breátha adhmaid, bosca ceangailte le gach binse agus a lán uirlisí siúinéara. Chuaigh na cailíní isteach i seomra leo féin agus tháinig beirt fhear isteach sa seomra chucu. Tomás Ó Cofaigh an t-ainm a bhí ar an bpríomhoide agus dúirt sé leo go mbeadh sé féin ag múineadh Gaeilge, Béarla agus Mata. In éineacht leis bhí Micheál Ó hIarnáin agus dúradh leo go mbeadh seisean ag múineadh adhmadóireachta agus líníocht theicniúil. Míníodh dóibh go mbeadh an chéad scrúdú acu ag deireadh na dara bliana, an Grúptheastas. Shuigh Maidhc in aice le Seosamh Mac Gearailt an chéad mhaidin agus deir sé linn go raibh triúr dá chairde ón mbunscoil in éineacht leis sa cheardscoil.

- Ag am lóin chuaigh siad isteach i mBaile an Daingin. Chuir leaid amháin ceist an raibh a fhios ag éinne cá raibh tig 'Mhaidhcín Fuacht'. Ní raibh a fhios ag Maidhc Dainín cé faoi a raibh an buachaill ag caint ach d'athraigh an scéal sin gan mhoill. Gréasaí[55] ab ea Maidhc agus bhí siopa aige inar dheisigh sé bróga. Théadh na buachaillí isteach ansin go rialta ag am lóin agus chaitheadh siad toitín ina chuideachta. Ba léir go mbaineadh Maidhcín taitneamh as cuideachta na ndaoine óga.

[55]*a cobbler*

- D'imríodh na buachaillí caid[56] i bPáirc an Ághasaigh. Mícheál Ó hIanáin an múinteoir adhmadóireachta a bhíodh mar mholtóir acu. Fear as Gaillimh ab ea é agus bhain na buachaillí sult as a bheith ag éisteacht lena chuid Gaeilge. Gaeilge bhreá Chonamara a bhí aige agus go dtí sin, ní raibh mórán cur amach ag na buachaillí ar chanúintí[57] eile.

[56]peil
[57]*dialects*

- Tar éis cúpla mí a bheith caite aige sa cheardscoil, insíonn Maidhc Dainín dúinn go raibh sé ag baint sásaimh as a chuid oideachais den chéad uair riamh. Bhí sé ag obair lena lámha trí lá sa tseachtain agus thaitin an líníocht agus na mata leis freisin. Deir sé linn gurbh é an rud is mó a thug an cheardscoil do na buachaillí ná misneach chun aghaidh a thabhairt ar an saol mór lasmuigh.

- Bhíodh rásaí naomhóg[58] ar siúl sa Daingean an uair sin agus ní raibh mórán dua[59] ag na daltaí a chur ina luí ar an múinteoir adhmadóireachta gur cheart dó criú naomhóige a chur go rás na Fianaite. Fuair siad naomhóg ar iasacht don ghnó seo ach ceann trom a bhí ann agus bhí sé deacair

[58]currach
[59]deacracht

é a choimeád díreach san uisce. Dúirt Michéal leo dá n-éireodh go maith leo i rásaí na Fianaite go mbeidís in ann a naomhóg féin a dhéanamh sa rang mar chuid den churaclam. Go luath ina dhiaidh sin fuair an múinteoir naomhóg rásaíochta ar iasacht ó Mhurt Ó Leary don rás agus ansin thosaigh an diantraenáil sa tsean-naomhóg. Tar éis cúpla mí ansin bhí criú curtha le chéile acu do Rásaí na Fianaite, Maidhc Dainín ina measc. An seachtú lá de Bhealtaine 1957 a bhí an rás ar siúl. Bhí deacracht acu i dtosach an bád beag a láimhseáil nuair a bhí siad amuigh ar an uisce ach d'éirigh go breá leo sa rás agus cé nach raibh an bua acu, bhí Micheál Ó hIarnáin bródúil astu.

- Seachtain ina dhiaidh sin a thosaigh an obair ar mhúnlú[60] na naomhóige ar scoil. Ba mhinic a théidís isteach ar na rothair Dé Sathairn agus iad faoi dheifir an obair a chríochnú. Ní nach ionadh mar sin go raibh an craiceann ar an mbád acu roimh Nollaig 1957. Ní raibh an bád ró-oiriúnach don rásaíocht, faraor, agus nuair a chuaigh siad chuig rásaí na Fianaite an samhradh ina dhiaidh sin, tháinig siad sa deireadh ar fad. Dúradh leo ina dhiaidh sin gur díoladh an naomhóg le hiascaire agus go ndúirt seisean go raibh sé an-socair[61] don iascaireacht.

[60] *moulding/ making*

[61] *very steady*

- Samhain na bliana 1957 a thosaigh an comórtas idirchontae peile do na ceardscoileanna. Ní raibh ach seacht nduine déag de bhuachaillí sa scoil ach, mar sin féin, bhí foireann réasúnta maith acu, dar le Maidhc Dainín féin agus bhí siad traenáilte go maith ag Maidhc an Adhmaid. An chéad chluiche a d'imir siad ná cluiche i gcoinne Oileán Chiarraí agus in Oileán Chiarraí a bhí sé ar siúl. Ní raibh an traenálaí róshásta leis sin agus dúirt duine de na buachaillí gur gheall le Páirc an Chrócaigh é Páirc an Ághasaigh i gcomparáid leis an bpáirc sin. Bhí ar na himreoirí gléasadh i gcúinne na páirce. Bhí áthas orthu, áfach, nuair a chonaic siad an fhoireann eile ag teacht amach ar an bpáirc mar bhí cuma lag orthu. Bhí Maidhc féin ina chúlbáire agus deir sé linn go raibh imreoirí láidre chun tosaigh agus i lár na páirce acu. Bhuaigh siad an cluiche sin gan aon dua, 5-15 in aghaidh 0-2. Ba chosúil go raibh eagla ar Oileán Chiarraí roimh fhoireann an Daingin agus níos déanaí mhínigh an traenálaí Maidhc an Adhmaid dóibh ar an mbus gurbh iad Oileán Chiarraí an fhoireann ba mheasa sa chontae. 'Ná tógadh aon cheann ataithe[62] dhaoibh go fóill,' ar sé.

[62] *big head/ swelled head*

- Trí seachtaine ina dhiaidh sin thaistil siad go dtí an Coireán don chluiche leathcheannais. Ní raibh an cluiche sin chomh héasca sin ach fós féin bhí foireann an Daingin i bhfad ní ba láidre sa dara leath agus bhuaigh siad an cluiche gan mórán deacrachta. Bhí siad chun imirt sa chraobhchluiche ansin agus bheidís ag imirt in aghaidh an Tóchair. Bhí diantraenáil ar siúl acu trí lá sa tseachtain. Bhí siad buartha faoi fhoireann an Tóchair mar chuala siad go raibh traenálaí acu a bhí ag imirt le foireann an chontae.

- Coicís ina dhiaidh sin tháinig lá an chluiche ceannais. I bPáirc an Ághasaigh a bhí an cluiche ar siúl. Insíonn Maidhc dúinn go raibh 'snaidhmeanna' ina bholg[63] aige roimh an gcluiche. Thuig sé go mbeadh an cluiche seo crua. Bhuaigh siad craobh an chontae sa deireadh, áfach, agus iad dhá phointe chun tosaigh. Bhí faoiseamh mór orthu nuair a séideadh an fheadóg ag deireadh an chluiche mar cluiche teannasach a bhí ann gan amhras. Bhí ceiliúradh mór acu ina dhiaidh sin, ar ndóigh. Mí ina dhiaidh sin rinne siad an Grúptheastas agus d'éirigh le gach duine ann. Deir Maidhc Dainín linn gur chuir an dá bhliain a chaith sé sa cheardscoil ar bhóthar a leasa[64] é.

[63] *butterflies in his stomach*

[64] *on the right path*

Ceisteanna Gearra

1. Céard a theastaigh ó thuismitheoirí Mhaidhc nuair a chríochnódh sé sa bhunscoil?
2. Céard ba mhaith le Maidhc féin a dhéanamh?
3. Céard a dúirt an buachaill le Maidhc Dainín nuair a cheistigh sé é faoin gceardscoil?
4. Céard a cheap Maidhc Dainín faoin gceardscoil ar dhul isteach an doras dó?
5. Cérbh iad na múinteoirí a bhí aige sa cheardscoil?
6. Cad é an rud is mó a thug an cheardscoil do na daltaí, dar le Maidhc Dainín?
7. Conas a d'éirigh leis na buachaillí sa chéad bhabhta de rásaí na naomhóg?
8. Cén áit ar an bpáirc a raibh Maidhc Dainín ag imirt sa chéad chluiche idirchontae a d'imir na buachaillí?
9. Conas a d'éirigh le foireann an Daingin in aghaidh an Tóchair?
10. Cén chaoi ar bhraith Maidhc Dainín roimh an gcluiche ceannais?

Samhradh na Bliana 1958

- Nuair a tháinig samhradh na bliana 1958 bhí Maidhc Dainín cúig bliana déag go leith agus bhí a rásúr féin aige. Bhí sé ag fáil seachtain oibre anseo is ansiúd ó fheirmeoirí an cheantair agus bhí sé ag súil leis na cúrsaí Gaeilge a bhí le tosú ar an Muiríoch chomh maith. Bhí idir trí agus ceithre chéad scoláire ar na cúrsaí agus bhí níos mó cailíní ná buachaillí ar na cúrsaí an bhliain sin. Bhíodh céilithe beaga go dtí a deich a chlog ar siúl san oíche agus bhí cead isteach sna cinn sin saor in aisce. Gach Luan, Céadaoin agus Aoine bhíodh céilithe móra ar siúl go dtí meánoíche ach bhíodh ar mhuintir na háite dhá scilling a íoc ag an doras do na céilithe sin. Bhí an t-ádh dearg ar Mhaidhc Dainín, áfach, mar bhí a fhios aige nach raibh aon cheoltóir acu do na céiilithe beaga. Rinne sé margadh[65] mar sin le ceannaire an chúrsa, is é sin go seinnfeadh sé don samhradh uilig ar thríocha punt pá agus go mbeadh cead aige dul isteach saor in aisce chuig na céilithe móra. Bhí na buachailli eile in éad leis faoi sin gan dabht.
- Bhí Maidhc Dainín le bheith ar triail an chéad oíche agus bhí deifir abhaile air an lá sin ón obair feirme a bhí ar siúl aige lena athair. Nuair a chuala Dainín go raibh sé ag dul ag seinm i Halla na Muirí, ní raibh sé róshásta. '*Ceol* agus rince agus mná! Agus is dócha go bhfuilir ag tarraingt tobac leis,' a dúirt sé leis. Thug a mhac freagra tapaidh, searbhasach[66] ar a athair nuair a chonaic sé go

[65] *a deal*

[66] *sarcastic*

raibh a phíopa féin ina bhéal aige agus dheifrigh sé abhaile. Nigh sé é féin ag an mbord le huisce te agus gallúnach[67]. Chuir sé léine ghlan agus bríste nua air agus neart *brillantine* ina chuid gruaige chomh maith. Fuair sé iasacht rothair óna mháthair agus chuir sé an bosca sa chiseán a bhí chun tosaigh ar an rothar. Chlúdaigh sé an bosca, áfach, ar eagla go bhfeicfeadh na comharsana é agus go mbeidís ag caint faoi.

[67] *soap*

- Chuala sé an-fhothram[68] nuair a shroich sé an halla agus tugadh bualadh bos mór dó nuair a chonaic na scoláirí an bosca ceoil. Bhí radharc breá aige ar gach rud ón stáitse agus thaitin sé leis a bheith ag féachaint ar na cailíní thíos faoi. D'éirigh sé buartha, áfach, nuair a thug sé faoi deara go raibh cuid de na buachaillí 'ag fiach'[69] cheana féin. Cé go raibh ag éirí go maith leis maidir leis an gceol, thuig sé go mbeadh sé deacair cailín a fháil dó féin ón stáitse. Sara i bhfad, áfach, chonaic sé beirt chailíní sa chúinne agus duine acu ag féachaint air. Fuair sé rabhadh ó mhúinteoir ansin a dhá shúil a chur ar ais ina cheann toisc go raibh a chuid ceoil imithe ar strae. D'éirigh leis *date* a fháil le hEibhlín, an cailín deas a bhí ag faire air roimh dheireadh na hoíche agus bhí sé an-sásta leis féin. Rinne leaid eile iarracht ar í a fháil ach d'fhan Eibhlín le Maidhc Dainín nuair a bhí an céilí thart. Chuir siad iad féin in aithne dá chéile. B'as cathair Luimnigh d'Eibhlín. Thóg Maidhc í go dtí bóithrín ciúin agus bhain siad amach áit dheas chompordach dóibh féin ar deireadh. Thug sí cuireadh dó ansin dul go dtí an céilí mór in éineacht léi an oíche dar gcionn agus bhí gliondar croí ar Mhaidhc.

[68] a lán torainn

[69] *hunting*

- An tráthnóna dar gcionn agus é ag fáil réidh don chéilí ag barr an bhoird, thosaigh Dainín ag gearán leis arís. Dúirt sé leis go mbeadh air éirí go luath an mhaidin dar gcionn chun dul ag tanú tornapaí[70] in éineacht leis. Ní raibh meas ag Dainín ar an obair a bhí ar siúl ag Maidhc Dainín ag na céilithe, cé go raibh sé ag fáil airgid as. Ní raibh ar Mhaidhc Dainín seinm an oíche sin, áfach, cé nár inis sé é sin dá athair. Ag an gcéilí nuair a bhí cúpla damhsa aige le hEibhlín mhothaigh sé é féin ag cur allais agus b'éigean dó a chasóg a bhaint de. Tháinig ionadh air nuair nach raibh a chara Seán Mór ag déanamh amhlaidh agus leis sin thaispeáin Seán a léine dó sa leithreas. Bhí poll mór i gcúl a léine mar nuair a chuir sé amach ar thor[71] í roimh an gcéilí le triomú, d'ith gamhain[72] píosa de agus bhí sé náirithe. 'Anois a dhiabhail, an dtuigeann tú mo chás?' ar sé.

[70] *thinning turnips*

[71] *a bush*

[72] *a calf*

- Chaith Maidhc Dainín mí iontach i gcuideachta Eibhlín, mar a deir sé linn agus shiúil sé abhaile in éineacht léi gach oíche tar éis an chéilí. Ar oíche dheireanach an chúrsa bhí uaigneas mór ar Mhaidhc Dainín, ar Eibhlín agus ar bhuachaillí uile na háite. Bhí Eibhlín ag caoineadh agus gheall an bheirt acu go scríobhfaidís beirt chuig a chéile. Bhí plean ag Maidhc Dainín don oíche sin, áfach. Bhí sé i gceist aige dréimire a chur suas chuig seomra Eibhlín nuair a bheadh an rolla glaoite ag na múinteoirí. Sa chaoi sin bheadh Eibhlín in ann teacht amach an fhuinneog agus an oíche a chaitheamh in éineacht leis. Bhí Eibhlín sásta leis an socrú sin agus mar sin d'fhág siad slán lena chéile mar ba ghnách.
- Nuair a d'imigh na múinteoirí leo ansin, chabhra igh Éamonn Ó Dálaigh le Maidhc Dainín an dréimire a chur suas i gcoinne an tí. Ba mhaith leis féin bean a fháil freisin, a dúirt sé. 'Déanfaidh aon cheann acu mé, is mar a chéile iad.' Ansin nuair a shroich Maidhc Dainín barr an dréimire bhí gach rud i gceart. Bhí Eibhlín agus a cara réidh le teacht anuas in éineacht leis.
- Go tobann tháinig cuid de bhuachaillí na háite an treo ar a gcuid rothar. Thosaigh siad ag liú agus ag béicíl. 'Ó,' arsa duine acu, 'nach ait an t-am d'oíche é do bheirt siúinéirí[73] bheith ag cur fuinneoige isteach.' Leis sin, bhí an plean scriosta. D'oscail bean an tí an doras, bhrostaigh Eibhlín ar ais ina seomra agus as go brách le hÉamonn[74]. Nuair a bhí Maidhc Danín leathbhealach anuas an dréimire, bhuail bean an tí é go crua leis an scuab agus chuir sí an ruaig air, ag rá 'Ní haon *hip shop* é seo'. Mhothaigh sé tinn tar éis an bhuille sin a fuair sé ón scuab agus thóg sé leathuair an chloig air teacht ar ais chuige féin. Nuair a chuir Éamonn ceist air agus é sna trithí gáire an rachadh sé ar ais go dtí an teach arís d'fhreagair Maidhc 'Dá mbeadh Elizabeth Taylor ag feitheamh liom sa tig sin ní raghainn in aon ghiorracht dó.'

[73] *carpenters*

[74] d'imigh Éamonn go tapaidh

Ceisteanna Gearra

1. Cé mhéad scoláire a d'fhreastail ar na cúrsaí Gaeilge i samhradh na bliana 1958?
2. Cé mhéad a chosain sé ar mhuintir na háite dul isteach chuig na céilithe?
3. Conas a ghléas Maidhc Dainín é féin agus é ag dul go dtí an céilí?
4. Cén fáth ar éirigh Maidhc Dainín buartha ar an stáitse?
5. Cárbh as d'Eibhlín?
6. Céard a tharla do léine a charad Seán Mór?
7. Cén chaoi ar mhothaigh gach duine ar oíche dheireanach an chúrsa?
8. Cén plean a bhí ag Maidhc Dainín dó féin agus d'Eibhlín don oíche dheireanach?
9. Cé a chuidigh le Maidhc Dainín an dréimire a chur in airde?
10. Conas a cuireadh críoch thapaidh leis an bplean?

Céim a 2: Na Carachtair

Maidhc Dainín Ó Sé

- Ón gcéad nóiméad a chuireann an léitheoir aithne ar an údar tuigtear dúinn go bhfuil cuimhne ghéar[1] aige agus go bhfuil féith an ghrinn[2] go láidir ann. Is ar na scéalta grinn a chuimhníonn sé den chuid is mó. Is duine dearfach, tuisceanach é, gan amhras. Cé go ndeir sé linn go raibh daoine an-bhocht nuair a bhí sé óg agus gur beag de shaibhreas an tsaoil a bhí acu, fós féin éiríonn leis pictiúr geal, sona, tarraingteach a chur os ár gcomhair de na caogaidí in Éirinn. Tá a fhios againn go raibh an bochtanas go forleathan sa tír ag an am sin agus go raibh daoine óga ag fágáil na tíre ina sluaite agus iad ag dul ar imirce. Tá tagairt amháin do dheartháir Mhaidhc Dainín féin, Seán, a bhí ar imirce i Meiriceá. Ní chuirtear béim mhór sa chuid seo den dírbheathaisnéis, áfach, ar bhrón agus ar chruatan na ndaoine. Is cur síos beo, suimiúil, macánta[3] a chuirtear os ár gcomhair ar óige an údair ach ag an am céanna ní mór a rá go bhfágtar aoibh ar an léitheoir go minic, a bhuí le stíl dheas scéalaíochta an údair. Scéalaí den scoth é Maidhc Dainín mar sin.
- Mar bhuachaill óg ba dhuine neamhurchóideach[4], sona é a raibh cuid mhaith den diabhalaíocht[5] ann. Mhothaigh sé faiteach agus neirbhíseach faoi dhul ar scoil an chéad lá ach níor ghlac sé i bhfad air aithne a chur ar chairde nua agus luí isteach ar shaol na scoile. Tugann sé cur síos beo, greannmhar dúinn ar an gcéad bhabhta troda a bhí aige le cara beag eile sa chlós. Ní raibh laochas ar bith ag baint le Maidhc sa chur síos seo mar i ndáiríre insíonn sé dúinn go bhfuair Tomás an lámh in uachtar[6] air an uair sin. Bhain sé taitneamh as na cluichí caide a d'imríodh sé lena chairde. Liathróid bheag rubair a bhí acu agus clocha mar chúil. Ní raibh réiteoir ná rialacha acu ach gach duine acu ar thóir na caide, dar leis.

[1]sharp
[2]sense of humour
[3]honest
[4]innocent
[5]devilment/mischief
[6]the upper hand

- An lá ar tháinig an cigire chun na scoile feicimid an chlisteacht agus an tuiscint ghéar a bhí ag Maidhc ar chúrsaí. Luann sé an dianullmhúchán a bhí ar siúl sa scoil agus thug sé faoi deara nach raibh an tslat fuinseoige ná spúnóg an *cocoa* le feiceáil in aon chor ar bhord an mhúinteora an lá sin. Cé go raibh an mháistreás crosta agus dian ar na daltaí, thuig Maidhc gur mhúinteoir den scoth í. Díríonn sé ár n-aird sa chaibidil sin freisin ar eachtraí greannmhara a thit anach ó am go ham sa rang, mar shampla, an eachtra le hUinseann agus an cigire nuair a thug Uinseann bocht freagra gáirsiúil ar cheist an chigire faoin seanfhocal. Léiríonn sé seo dúinn an tuiscint atá ag an údar ar an ngreann agus an taitneamh a bhain sé as scéalta den chineál sin.

[7]*inquisitive*

- Ba dhuine óg fiosrach[7] é freisin a bhí i gcónaí ar thóir an scéil is fearr agus is greannmhaire. Feictear é seo nuair a insíonn sé an scéal dúinn faoi Ghrae, a thagadh go rialta ag bothántaíocht chuig teach Uí Shé. Shuíodh an teaghlach go léir cois tine agus iad ag éisteacht go géar le scéalta Ghrae. Níor leor sin do Mhaidhc Dainín, faraor. Deir sé linn go bhfanadh sé ag éisteacht le scéalta na ndaoine fásta ag poll na heochrach agus é ceaptha a bheith ina leaba. Bhí gliceas ag baint leis freisin mar sin.

[8]feicimid
[9]*benefit*

- Ní ba dhéanaí sa cheardscoil, cé nach raibh fonn dá laghad air leanúint leis an scolaíocht i dtosach, címid[8] nár ghlac sé i bhfad air sult agus tairbhe[9] a bhaint as. Fiú agus é ar a bhealach chun na scoile, dúirt sé go raibh sé sona toisc an chuideachta a bheith go maith sa ghluaisteán. Thosaigh sé ag baint taitnimh as an líníocht agus as an mata, agus thaitin sé go mór leis a bheith ag obair lena lámha. Ba dhuine óg praiticiúil é mar sin. Ba dhuine sóisialta, cairdiúil é freisin agus bhain sé taitneamh as an obair foirne ar ghlac sé páirt inti – an pheil, múnlú na naomhóige, srl. B'aoibhinn leis am lóin freisin nuair a bhíodh cead acu dul isteach sa Daingean agus chaitheadh sé féin agus a chairde a gcuid ama i siopa Mhaidhcín Fuacht ag catheamh toitíní agus ag caint. Léiríonn sé seo dúinn go ndearna Maidhc Dainín iarracht i gcónaí taitneamh a bhaint as an saol.

[10]*horse hair*
[11]*tail*

- Taispeánann sé dúinn an diabhalaíocht a bhí ann nuair a deir sé linn go mbearraidís an ruaimneach[10] d'eireaball[11] an chapaill chun fiacha na dtoitíní a fháil agus go ndíoladh siad é leis an lucht siúil. Léirítear an diabhalaíocht dúinn arís nuair a insíonn sé an scéal dúinn faoin uair a ghoid sé na huibheacha ón bhfeirm agus gur dhíol sé iad le bainisteoir na huachtarlainne chun airgead na dtoitíní a fháil. Feictear dúinn freisin go raibh eagla air roimh a athair, Dainín, nuair a tháinig bainisteoir na huachtarlainne chun an tí chun an scéal ina iomlán a insint dá thuismitheoirí. Shleamhnaigh Maidhc Dainín amach óna chasóg nuair a rug a dhaid greim casóige air agus chuaigh sé i bhfolach go dtí go mbeadh 'an stoirm thart'!

[12]*nagging*
[13]*determined*

- Leaid óg ceolmhar ab ea é. Sheasadh sé féin agus a chairde taobh amuigh de theach Sheáin Uí Dhomhnaill tar éis an Aifrinn gach Domhnach chun éisteacht leis agus é ag seinm. D'éisteadh sé leis na cláir cheoil ar an raidió chomh maith ach deir sé linn nach mbíodh móran seans eile aige éisteacht le ceol toisc nach raibh aon *taperecorders* ann an uair sin. Nuair a chuala sé ansin óna dheartháir Páidí go raibh bosca ceoil ar díol ag an gcomhlacht *Cox of Kilcock* ar phraghas réasúnta, rinne sé an scéal a fhiosrú. Fuair sé leabhar sa phost le pictiúr den bhosca agus lean sé air ag tathaint[12] ar a mham go dtí sa deireadh gur thug sí an dá phunt dóibh le cur síos ar an mbosca. Bhí sé díongbháilte[13] gan amhras. Ansin nuair a fuair sé féin agus Páidí an bosca ceoil níor ghlac sé ach coicís orthu ceol a bhaint as. Tar éis uair an chloig de cheacht ceoil a dhéanamh le Seán Coughlan, d'fhoghlaim sé roinnt port as a stuaim féin. Bhí an ceol go smior ann, gan aon agó. Tháinig sé chuige go nádúrtha.
- I samhradh na bliana 1958 bhí Maidhc Dainín cúig bliana déag d'aois agus bhí sé ag fáil oibre anseo agus ansiúd ó fheirmeoirí na dúiche. Ní raibh eagla ar bith air roimh obair chrua na feirme. Nár inis sé dúinn gur theastaigh uaidh dul ag obair d'fheirmeoir tar éis dó críochnú sa bhunscoil? Anuas

air sin rinne sé margadh le ceannaire an choláiste Ghaeilge; go seinnfeadh sé ceol ag na céilithe beaga ar thríocha punt don samhradh agus go mbeadh cead aige dul isteach ag na céilithe móra saor in aisce. Duine seiftiúil[14] a bhí ann, cinnte. Cé is moite den cheol, bhí ábhar suime mór eile ag Maidhc Dainín ag na céilithe. Insíonn sé dúinn go mbaineadh sé taitneamh as a bheith ag faire ar na cailíní a bhí ag freastal ar na cúrsaí ón stáitse. D'éirigh sé buartha fiú nuair a thug sé faoi deara go raibh na buachaillí eile ag tóraíocht[15] cheana féin agus go raibh sé féin sáite ag seinm ceoil ar an ardán. D'athraigh an scéal sin go tapaidh, áfach, nuair a leag sé súil ar Eibhlín Ní Shúilleabháin. Deir sé linn gur chaith an bheirt acu tréimhse bhreá i dteannta a chéile. Bhí rómánsaíocht ag baint leis nuair a bhí sé i gcuideachta Eibhlín. Theastaigh uaidh áit chiúin chompordach a fháil don bheirt acu. Ní insíonn sé dúinn, faraor, céard a rinne siad nuair a bhain sé amach an bóithrín ciúin faoi dheireadh! Fágann sé sin fiosracht sa léitheoir agus feicimid féith ghrinn an údair. Mhothaigh sé uaigneach ansin ag deireadh an chúrsa toisc go mbeadh Eibhlín imithe uaidh, léiriú dúinn go raibh sé rómánsúil. Ach bhí sé seiftiúil arís! Bhí plean aige an oíche dheireanach den chúrsa a chaitheamh le hEibhlín, beag beann[16] ar rialacha an choláiste. Bhí sé ar intinn aige dréimire a chur suas ar thaobh an tí ina raibh Eibhlín ag fanacht. Sa chaoi sin bheadh sí in ann teacht anuas an dréimire in éineacht leis i ngan fhios do na múinteoirí ná do bhean an tí. Cé gur thit an tóin as an bplean sin, taispeántar dúinn an grá a bhí ag Maidhc d'Eibhlín agus an rógaireacht a bhain leis ina óige. Cur síos suimiúil, greannmhar a fhaighimid ar an eachtra sin.

[14]*resourceful*

[15]*hunting*

[16]*regardless of*

- Is í an tréith is meallta[17] ar fad i gcarachtar Mhaidhc Dainín a léirítear sa chuid seo dá dhírbheathaisnéis, dar liom féin, ná an chaoi a bhfuil sé in ann gáire a dhéanamh faoi féin agus an stíl dheas éadrom ina n-insíonn sé a chuid scéalta dúinn. Cur síos beo, suimiúil, greannmhar atá againn sa chuid seo den leabhar ar óige an údair Maidhc Dainín Ó Sé.

[17]*most attractive/ enticing*

Dainín (Athair an Údair)

- Is deacair a dhéanamh amach ón gcuid seo den dírbheathaisnéis cén saghas caidrimh go díreach a bhí ag Maidhc Dainín lena athair. Is léir dúinn go mbíodh eagla air roimh a dhaid ach ag an am céanna go raibh meas aige air agus go ndearna Dainín a dhícheall dá theaghlach i gcónaí. Aon uair a thagann sé isteach sa scéal, amuigh ag obair nó ag teacht abhaile ón obair a bhí sé. Tá an chuma ar an scéal in áiteanna gur dhuine an-dáiríre é nach raibh mórán tuisceana aige ar an ngreann. Chuir Maidhc Dainín cosc lena gháire mar shampla an lá ar thit Dainín isteach san abhainn. Ar ndóigh bhí eagla air nuair a chuala sé na drochfhocail ag a athair. Bhí a fhios ag Maidhc go raibh a athair ar dheargbhuile agus níor theastaigh uaidh an fhearg sin a tharraingt air féin. Is léir dúinn freisin nach n-úsáideadh Dainín caint gháirsiúil mar sin i gcuideachta a pháistí. Insíonn an t-údar dúinn nár chuala sé riamh drochfhocal ó bhéal a athar go dtí an lá áirithe sin ach gur tháinig slabhra focal amach as an lá sin nár cheap sé riamh a bheith sa Ghaeilge!
- Mar sin féin, tuigimid go raibh féith an ghrinn i nDainín mar aon lena mhac, cé nár lig sé sin air i gcomhluadar a pháistí go rómhinic. Bhain sé taitneamh as an mbothántaíocht agus as scéalta grinn Ghrae. Bhí sé féin agus a bhean chéile sna trithí gáire faoin scéal a d'inis Grae faoi Hugh ag ithe as an gcupán agus faoin mbréag a d'inis Grae do Hugh i dtaobh 'gnó an rí' a bheith déanta ag Jéimsín sa chupán céanna. Cheap Dainín go raibh na páistí imithe a luí faoin am sin agus bhí sé sásta dá bhrí sin taitneamh a bhaint as na scéalta ab fhearr.

[18]*valuable*

- Thaitin an raidió go mór leis agus thuig sé gur ghléas an-luachmhar[18] é. Caithfidh go raibh níos mó airgid ag muintir Uí Shé ná mórán daoine eile sa cheantar mar deir Maidhc linn nach raibh ach an dá raidió sa pharóiste – ceann amháin ina theach féin agus an ceann eile i dteach an mhúinteora. Pé scéal é, d'éisteadh Dainín leis an nuacht agus ansin mhúchtaí é. Chlúdaíodh sé ansin é ar eagla go rachadh smúit isteach ann. Chomh maith leis sin deirtear linn go raibh eagla ar aon duine eile sa teach méar a leagan ar an raidió ar eagla go gcuirfí as an stáisiún é. Bhí meas aige ar an ngléas sin gan amhras.
- Chuirtí an raidió ar siúl sa teach freisin nuair a bhíodh clár ceoil nó spóirt nó dráma maith air. Léiríonn sé sin dúinn an tsuim a bhí aige sna hábhair sin, ar ndóigh. Aon uair a bhíodh argóint faoi chúrsaí spóirt nó ceoil ar siúl sa teach deireadh Dainín 'Ceol, cú nó cúrsaí caide, sin trí ní nár cheart a scaoileadh faoi dhíon aon tí mar ní leanann iad ach toirmeasc agus díomhaointeas'. Cé go ndeireadh sé sin, áfach, ba léir go raibh an-spéis aige i gcúrsaí caide. Bhíodh sé faiteach[19] i gcónaí go mbuafaí ar Chiarraí. Bhí sé in ann cúpla port a sheinm ar an mbosca freisin, ar ndóigh.

[19]neirbhíseach

[20]*generous*

- Ina theannta sin feictear dúinn gur dhuine fáilteach, flaithiúil[20] é maidir leis an raidió. Lá Chraobh na hÉireann bhíodh an teach lán go doras agus slua eile taobh amuigh den fhuinneog. Thagadh na comharsana ar fad chun an tí chun éisteacht leis an tráchtaireacht ar an gcluiche agus chuireadh Dainín fáilte rompu. Thagadh Grae ar cuairt go rialta chun éisteacht le nuacht an tráthnóna. Bhí comharsa eile sa teach ag éisteacht le dráma Béarla a bhí ar an raidió tráthnóna eile. Ba léir mar sin go raibh an doras ar oscailt do na comharsana i dteach Dhainín.
- Ba dhuine ceolmhar é Dainín mar a luaigh mé thuas. Chuir sé ionadh an domhain ar gach duine dá theaghlach nuair a tugadh an bosca ceoil dó. Sheinn sé cúpla port dóibh agus insíonn Maidhc Dainín dúinn nár cheap sé féin go dtí an lá sin go raibh nóta ina cheann ag a athair. 'Táim pósta leis an bhfear san le breis agus fiche bliain', arsa a mháthair 'agus ní raibh a fhios agam go raibh port ina chorp.' D'inis Dainín dá mhac ansin gur fhoghlaim sé na poirt ó Sheán Coughlan nuair a bhí sé ag bordáil leis i Chicago. Ba é a athair laoch na hoíche sin, dar le Maidhc Dainín. Is dócha go raibh Dainín cúthail[21] mar dhuine mar nár luaigh sé le haon duine roimhe sin go raibh bua sin an cheoil aige. B'fhéidir nár chreid sé go raibh sé go maith. Ní raibh meas dá laghad ag Dainín, áfach, ar an obair a bhí á déanamh ag Maidhc Dainín ag na céilithe. Nuair a chuala Dainín go raibh sé ag dul ag seinm i Halla na Muirí ní raibh sé róshásta. '*Ceol* agus rince agus mná! Agus is dócha go bhfuilir ag tarraingt tobac leis,' a dúirt sé leis. Oíche eile a raibh Maidhc Dainín á ghléasadh féin don chéilí níor chuala sé ach caint dhiúltach óna athair. Cé nár chuir sé cosc air dul, níor lig sé dó imeacht gan é a cháineadh. Dar le Dainín, ní raibh rud ar bith fiúntach ag baint leis an gceol.
- Níl aon amhras mar sin ach go raibh Dainín dian ar a mhac. Ní léir dúinn uaireanta, áfach, an mó d'eagla ná de mheas a mhothaigh an t-údar i leith a athar.
Sílim féin go bhfuil an freagra sin áit éigin sa lár!

[21]*shy*

An Mháthair

- Buailimid le máthair Mhaidhc Dainín ar an gcéad leathanach den leabhar agus í ag gléasadh a mic chun dul ar scoil. Ba í sin a bhí i gceannas ar chúraimí an tí fad is a théadh a fear céile amach ag obair. Níor inis sí i dtosach dá mac óg cá raibh sé ag dul an mhaidin Luain sin. Is dócha go raibh a fhios aici go mbeadh Maidhc neirbhíseach faoi agus gur theastaigh ón máthair an t-imní sin a sheachaint dó. Labhair sí go deas

cineálta leis taobh amuigh den scoil, ag míniú dó go mbeadh an múinteoir mar Mhamaí aige 'ar feadh tamaill den lá'. Duine lách, séimh[22] a bhí inti, is dóigh liom.

[22] kind, gentle

- Cosúil lena fear céile, bhí spéis ag an máthair i gcúrsaí nuachta. D'éisteadh sí féin agus Dainín le nuacht an tráthnóna go rialta. Chuir sí suim sa spórt freisin, go háirithe i gcluichí ina mbíodh Ciarraí ag imirt. Deirtear linn go mbíodh uirthi dul amach sa ghairdín dá mbeadh na foirne ar comhscór 'ar eagla na heagla go scóráilfaí báide ar Chiarraí'. Bhíodh an méid sin anbhá[23] uirthi faoi.

[23] panic

- Duine fáilteach ab ea í. Níor chuir sé isteach ná amach uirthi an teach a bheith plódaithe lá Chraobh na hÉireann. Chuireadh sí fáilte roimh na cuairteoirí go léir a thagadh go dtí an teach. Shuíodh sí síos chun éisteachta nuair a d'insíodh Grae a chuid scéalta agus bhaineadh sí taitneamh astu freisin, ar ndóigh. Chuala Maidhc í sna trithí gáire ó pholl na heochrach nuair a d'inis Grae an scéal grinn dá thuismitheoirí faoi Hugh ag ithe ón gcupán. Bhí féith an ghrinn inti freisin mar sin. An tráthnóna áirithe a luaitear linn, a raibh an bhean chomharsan ar cuairt sa teach, mheall máthair Mhaidhc i chun fanacht níos faide. Bhí dráma Béarla le teacht ar an raidió agus d'iarr sí uirthi fanacht chun éisteacht leis. Chomh maith leis sin, nuair a bhí an mháthair ar an mbealach abhaile, thug sí cuireadh do Sheán Coughlan teacht chun an tí chun an bosca ceoil nua a fheiceáil. Thug sí 'muga breá tae dó agus pláta feola dó' chun a cuid buíochais a chur in iúl dó ansin.
- Ba dhuine bog go leor í, déarfainn, nó ar chirte a rá go raibh sí ní ba bhoige ná a fear céile. An uair a ghoid Maidhc Dainín na huibheacha agus a dhíol sé le bainisteoir na huachtarlainne iad, bhí sé i dtrioblóid mhór lena athair agus d'éalaigh sé[24] ón teach le heagla roimh Dhainín. Deirtear linn go ndeachaigh sé abhaile arís, áfach, nuair a fuair sé amach go raibh a athair imithe. Bhí a mháthair sa teach ach is léir nach raibh an eagla chéanna air roimpi. Mar sin féin, níor lig an mháthair saor é ach an oiread. Dúirt sí leis go raibh súil aici go raibh ceacht foghlamtha aige agus mhínigh sí dó go mbeadh air paca sciolltán a scoltadh mar chúiteamh ar airgead na n-uibheacha a bhí caillte. Bhí sí dian nuair ba ghá di a bheith mar sin.

[24] he escaped

- Nuair a theastaigh ó Mhaidhc agus óna dheartháir Páidí an bosca ceoil a cheannach d'fhan siad go dtí go raibh a n-athair imithe agus ansin thosaigh siad ag impí[25] ar a máthair cuidiú leo. Thug sí an dá phunt dóibh ar dheireadh thiar. Bhí sí flaithiúil gan amhras. Léiríonn sé seo dúinn arís go raibh sé ní b'fhusa ar na buachaillí teacht timpeall ar a máthair ná ar a n-athair. Bhí sí féin in ann teacht timpeall ar a fear céile freisin, dar le Maidhc Dainín. Sa samhradh nuair a bhí na cúrsaí Gaeilge ar siúl agus Maidhc Dainín ag seinm ceoil sa halla fuair sé iasacht rothair óna mháthair chun dul ann. Tá codarsnacht le tabhairt faoi deara arís anseo idir an t-athair nach ndearna ach clamhsán[26] i dtaobh an cheoil agus an mháthair a thug tacaíocht dá mac.

[25] begging

[26] complaining

- Thuig an mháthair tábhacht an oideachais gan dabht agus rinne sí gach iarracht Maidhc Dainín a ghríosú chun leanúint lena chuid scolaíochta tar éis dó scoil Bhaile an Mhúraigh a fhágáil. Ba mhaith léi múinteoir a dhéanamh de. 'Nuair a bhíodh rud éigin isteach i gceann mo mháthar ní chuireadh Dia ná Muire Mháthair amach as é,' a deir Maidhc Dainín linn. Mar sin nuair nár éirigh go maith le Maidhc Dainín sa scrúdú ag deireadh na bunscoile dúirt a mháthair leis é féin a ullmhú don cheardscoil. Ní raibh sí sásta ligean dó a shaol a chaitheamh mar sclábhaí ag obair ar fheirmeacha. Faighimid amach níos déanaí gur chuir an treoir sin óna mháthair Maidhc ar bhóthar a leasa.
- Ar an iomlán mar sin, feictear dúinn gur dhuine grámhar, ciallmhar[27], flaithiúil, fáilteach, tuisceanach í máthair Mhaidhc agus go ndearna sí leas a clainne i gcónaí. Tá sé le tabhairt faoi deara sa chuid seo den leabhar go raibh meas mór ag an údar ar a mháthair.

[27] sensible/logical

Céim a 3: Teamaí na gCaibidil

Freagra Samplach a 1

Bochtanas

'Cé go raibh an bochtanas thart timpeall ar Mhaidhc agus é ag fás aníos sa Ghaeltacht bhí spórt agus spraoi ann leis.' Déan plé ar an ráiteas sin.

Aontaím go hiomlán leis an ráiteas thuas. Cé go raibh an bochtanas go forleathan sa cheantar inar fhás Maidhc Dainín aníos, is léir dúinn gur bhain na daoine gach leas as an méid a bhí acu sa saol agus cinnte go raibh spórt agus spraoi acu i gcuideachta a chéile. Seans maith fiú gur bhain siad níos mó suilt as simplíocht an tsaoil sin ná mar a bhaineann daoine as an domhan nua-aimseartha ina gcónaímid sa lá atá inniu ann.

Tá fianaise[1] an bhochtanais le sonrú i ngach caibidil den leabhar. Ní raibh mórán áiseanna i scoil Bhaile an Mhúraigh ar fiú trácht orthu. Ní raibh páirc imeartha acu fiú. D'imríodh na buachaillí beaga i rang Mhaidhc peil amuigh ar an mbóthar. Bhí siad in ann é sin a dhéanamh toisc nach raibh gluaisteáin ná trucanna ar an mbóthar na laethanta sin. Fo-chairt agus capall a thagadh an treo; léiriú eile den bhochtanas, ar ndóigh. D'imrídís an cluiche le liathróid bheag rubair agus bhíodh clocha acu chun na báidí a mharcáil. Rudaí bunúsacha iad seo gan dabht i gcomparáid le háiseanna nua-aimseartha na linne seo, ach tá gach cuma ar an scéal go raibh na páistí an-sona sa scoil. Bhíodh a gcuid spóirt agus spraoi féin acu. Déanann Maidhc cur síos greannmhar dúinn ar a chuid laethanta scoile; a chéad bhabhta troda, freagra Uinsinn ar cheist an chigire, freagra gáirsiúil Phádraig faoin gcat agus an piscín, srl. Bhain sé taitneamh as na scéalta simplí greannmhara sin gan amhras.

[1] evidence

Saol simplí tuaithe a bhí ag muintir na Gaeltachta sna caogaidí. Saol an-bhocht a bhíodh acu ach dar le Maidhc bhíodh neart tae agus aráin acu, fo-leathcheann muice, neart éisc agus fo-ghalún pórtair ag na daoine fásta ar ócáidí speisialta. Ní raibh aon ghá le teilifís dar leis mar bhí na daoine in ann a gcuideachta féin a dhéanamh. Thugadh na comharsana cuairt ar a chéile agus d'insídís scéalta nó chanaidís amhrán. Scéalta seoighe a bhíodh acu den chuid is mó agus bhailíodh na daoine timpeall na tine ag éisteacht leis na scéalaithe ab fhearr. B'shin í an bhothántaíocht! Luath sna caogaidí insíonn

Maidhc Dainín dúinn gur beag áis nua-aimseartha a bhí sna tithe faoin tuath. Ina pharóiste féin bhí timpeall trí chéad duine agus céad teach. Ní raibh aon solas leictreach sa cheantar an tráth sin[2] agus lampaí ola a bhíodh á n-úsáid sna tithe. Ní raibh teilifís ar bith sa pharóiste ach bhí dhá raidió ann – ceann amháin i dteach Mhaidhc agus an ceann eile i dteach an mhúinteora. Dá bhrí sin, nuair a bhíodh Craobh na hÉireann ar siúl bhíodh teach Uí Shé lán agus slua eile amuigh sa ghairdín agus iad go léir ag éisteacht le tráchtaireacht an chluiche ar an raidió. Feicimid ó na hócáidí sin go raibh an-chaidreamh ag muintir Uí Shé leis na comharsana agus gur thaitin sé sin go mór le Maidhc. Luann sé scéalta an-ghreannmhar a thit amach ina theach nuair a bhíodh na comharsana istigh; scéal Ghrae faoin iascaireacht, an bhean chomharsan ag éisteacht leis an dráma Béarla, srl.

[2]an uair sin

Bhí an t-airgead gann[3] an t-am sin agus bhí na toitíní costasach. Mar sin d'úsáideadh na daoine óga seifteanna éagsúla chun fiacha na dtoitíní a fháil. Mar shampla, bhearraidís an ruaimneach d'eireaball an chapaill agus dhíolaidís é leis na tincéirí ach chuirtí an milleán ar na tincéirí i gcónaí. Seift eile a bhíodh acu ná uibheacha a ghoid ó bhotháin na gcearc. Ghoid Maidhc féin uibheacha agus insíonn sé scéal grinn dúinn faoin gcaoi ar rugadh air sa deireadh. Bhí diabhalaíocht agus rógaireacht ag baint le Maidhc agus a chairde, gan dabht. Maidin Dé Luain théadh Maidhc agus a chara Eddie Hutch go dtí doras halla an pharóiste agus bhailídís na buiteanna a bhíodh caite ar an talamh. Bhainidís an páipéar díobh agus chuiridís an tobac i mbosca stáin. Ansin chuiridís an bosca i bhfolach agus thagaidís ar ais aon uair a bhíodh gal uathu. D'úsáididís páipéar an *Kerryman* mar chlúdach ar an tobac. Daoine seiftiúla ab ea iad, cinnte! Ní fhéadfaimis[4] an suíomh sin a shamhlú[5] sa lá atá inniu ann!

[3]scarce

[4]we couldn't

[5]imagine

Ní nach ionadh, toisc airgead a bheith gann sa cheantar, iascach neamhdhleathach a dhéanadh cuid mhaith daoine an tráth sin. Bhí píce speisialta déanta ag Dainín don chúram seo. D'úsáididís líonta agua traimil san oíche chun breith ar an mbreac geal nó ar an mbradán. Chaith Maidhc agus a chomharsa a lán oícheanta ag tarraingt lín suas síos an abhainn. Bhíodh *scout* acu thuas ar an droichead mar bhíodh na Gardaí Síochána agus báillí[6] stróinséartha ag faire na habhann an t-am sin. Ligeadh an *scout* dhá fhead[7] as dá bhfeicfeadh sé strainséir ar bith ag teacht. Dar leis na daoine áitiúla 'bhí buannacht na habhann ag gach duine sa pharóiste'. Ní raibh de mhaoin[8] an tsaoil acu aon rud eile a dhéanamh, ar ndóigh, ach bhain comrádaíocht agus spórt leis sin freisin. Insíonn Maidhc scéal thar a bheith greannmhar dúinn faoin lá ar thit a athair isteach san abhainn agus é ag póitseáil[9].

[6]bailiffs

[7]whistle

[8]wealth/property

[9]poaching

Nuair a bhí Maidhc Dainín sa cheardscoil, deir sé linn go bhfaigheadh sé síob isteach go dtí an Daingean i seanghluaisteán le trí líne suíochán ann. Bhí líne bhreise curtha isteach ann do na daltaí scoile a deir sé. Ní déarfainn mar sin go raibh sé róchompordach ach deir Maidhc linn go raibh an chuideachta go maith agus go mbaineadh sé spraoi as an turas isteach. Ní raibh ach seanbhád trom ag na buachaillí agus iad ag traenáil do rásaí na naomhóige ach ba chuma sin.

Bhain siad taitneamh as. Mar an gcéanna leis an bpeil. Bhí drochbhail ar an bpáirc imeartha in Oileán Chiarraí agus bhí ar na buachaillí gléasadh i gcúinne na páirce. Mar sin féin, bhí craic acu i rith an chluiche agus bhuaigh siad an cluiche. Fianaise eile ar bhochtanas na ndaoine a fheicimid ná an cur síos a dhéanann an t-údar ar an ngamhain ag ithe píosa de léine bhán Sheáin Uí Dhomhnaill. Ní raibh Seán bocht in ann a chasóg a bhaint de mar gheall ar an bpoll mór a bhí aige i gcúl a léine. D'inis sé do Mhaidhc nach raibh aon léine bhán eile aige. Níor chuir sé sin cosc le spórt agus spraoi na hoíche, áfach. Cé go raibh na daoine thart timpeall ar Mhaidhc bocht, is léir go raibh siad sona sa saol agus go ndearna siad a gcuid siamsaíochta[10] féin.

[10]entertainment

Muintir na Gaeltachta sna Caogaidí/An Saol Sóisialta

- Saol simplí a bhí ag Maidhc agus muintir a cheantair sna caogaidí. Nuair a bhí Maidhc sa bhunscoil ba bheag áis a bhí acu taobh amuigh den seomra ranga. D'imrídís peil amuigh ar an mbóthar le liathróid bheag rubair agus dhá chloch acu mar chúil. Bhí ar na páistí a gcuid spraoi féin a dhéanamh agus níl aon dabht ach gur bhain siad taitneamh as a bheith ag súgradh i dteannta a chéile.
- Ní raibh solas leictreach in aon cheann de na tithe ach lampa ola crochta ar an mballa. Deirtear linn nach raibh teilifís ar bith ann an uair sin ach an oiread ach go raibh dhá raidió sa pharóiste a d'oibríodh ar dhá challaire[11]. Deir Maidhc linn nach raibh aon ghá le teilifís an uair sin toisc go mbíodh na daoine in ann a gcuideachta féin a dhéanamh. Taobh amuigh de na cláir cheoil ar an raidió ní raibh mórán seans ag Maidhc éisteacht le ceol toisc nach raibh *taperecorders* tagtha ar an saol an tráth sin ach oiread. Chloistí níos mó den cheol beo mar sin i dtithe na ndaoine.
- Insíonn Maidhc Dainín faoin traidisiún láidir bothántaíochta a mhair ina óige. Théadh daoine ó theach go teach ag insint scéalta nó ag canadh. Bhaineadh na daoine taitneamh as an seanchas sin agus as an gceol agus b'shin é an bealach a chaithidís oícheanta fada an gheimhridh. Bhailíodh an teaghlach go léir le chéile i dteach Uí Shé chun éisteacht le scéalta Ghrae. Leanadh scéal amháin scéal eile, dar leis an údar.
- Is léir nach raibh mórán cur amach ag na daoine ar cheantair eile taobh amuigh den Daingean ná ar an mBéarla. Nuair a d'imir na buachaillí a gcéad chluiche idirchontae i gcoinne Oileán Chiarraí, bhí deacracht acu an fhoireann eile a thuiscint toisc iad a bheith ag labhairt as Béarla. Chomh maith leis sin, chuir sé iontas ar na daltaí sa cheardscoil nuair a chuala siad Gaeilge Chonamara ag a múinteoir Micheál Ó hIarnáin. Bhain siad sult as a bheith ag éisteacht leis an gcanúint aisteach a bhí aige. Ní raibh trácht[12] ar Raidió na Gaeltachta an uair sin, mar a deir an t-údar linn.

[11]*batteries*

[12]caint

- An fhadhb shóisialta ba mhó a bhí ann ag an am sin ná caitheamh na dtoitíní. Toisc airgead a bheith gann sa cheantar ní raibh na daoine óga in ann toitíní a cheannach agus thosaigh siad le buiteanna a bhailiu ón talamh. Bhíodh seifteanna acu freisin chun fiacha na dtoitíní a fháil. Bhainidís an ruaimneach d'eireaball capaill, mar shampla, agus dhíolaidís an ruaimneach leis na tincéirí. Chomh maith leis sin, ba nós é uibheacha a ghoid ó chlós na gcearc chun airgead a fháil. B'shin i an saghas diabhalaíochta a bhíodh ar siúl ag an aos óg sa cheantar.
- Bhaineadh Maidhc taitneamh as an gcuideachta agus as an gcairdeas i rith a laethanta scoile cé nach raibh sé róthógtha leis an léann. Is dócha mar sin go mbíodh comrádaíocht dheas i measc na ndaltaí agus go mbainidís sult as a bheith ag súgradh le chéile. Sa cheardscoil, deir sé linn gur thaitin an chuideachta leis fiú agus iad ag taisteal isteach sa Daingean sa ghluaisteán. Ní raibh ach seacht nduine dhéag de bhuachaillí ar fad sa cheardscoil agus bhí gach duine acu ar fhoireann pheile na scoile, beirt acu mar ionadaithe[13]. Mar sin is cosúil go raibh an tsuim chéanna sa pheil ag muintir na dúiche. Deirtear linn go mbíodh teach Uí Shé lán lá an chluiche ceannais agus go mbíodh scata eile taobh amuigh den fhuinneog ag éisteacht le tráchtaireacht an chluiche ar an raidió.

[13]*subs*

- Bhí meas ag daoine freisin an uair sin ar an lucht siúil agus ar a gceird. Chaitheadh Maidhc agus a chairde cuid mhaith ama ag am lóin i scoil Bhaile an Mhúraigh ina suí ar an mballa ag féachaint ar an seanfhear ag déanamh rudaí as stán. Thagadh na tincéirí ag campáil i bpáirc in aice na scoile ag deireadh an fhómhair. Théadh bean an tincéara ó theach go teach ag díol na rudaí stáin a dhéanadh a fear céile. An lá ar chaith an buachaill scraithín ón gclaí isteach i bpota an tincéara bhí raic[14] sa scoil. Fuair gach buachaill a bhí ar an gclaí léasadh maith ón máistir scoile ina dhiaidh sin, ag léiriú dúinn an meas a bhí ag an máistir ar an lucht siúil. 'An bhfuil a fhios agaibh ná bíonn rí ná rath[15] ar éinne go deo a chuireann isteach ar an lucht siúil?' a dúirt sé leo.

[14]trioblóid

[15]*good fortune*

- Chuireadh na cúrsaí Gaeilge go mór le hatmaisféar an cheantair, gan amhras. Bhíodh idir trí chéad agus ceithre chéad scoláire ag freastal ar na cúrsaí agus iad go léir ina ndéagóirí. Bhí cead ag aos óg na dúiche dul isteach sna céilithe beaga saor in aisce agus bhíodh orthu dhá scilling a íoc i gcás na gcéilithe móra. Insíonn Maidhc Dainín dúinn faoin tóraíocht cailíní a bhíodh ar siúl sa halla ag buachaillí na háite. Caithfidh go mbíodh gliondar croí orthu mar ba chailíní iad formhór na scoláirí a thagadh ar na cúrsaí. Mar is eol dúinn chaith Maidhc féin tréimhse de shamhradh na bliana 1958 i gcuideachta Eibhlín. Tugann sé cur síos greannmhar dúinn ar oíche dheireanach an chúrsa nuair a rinne sé iarracht Eibhlín a mhealladh anuas an dréimire, ag léiriú dúinn an rógaireacht a bhí ann, ar ndóigh.
- Saol sona a bhí ag na daoine sa Ghaeltacht i gCiarraí le linn óige an údair. Cé nach raibh mórán de mhaoin an tsaoil acu bhain siad taitneamh agus leas as gach a raibh acu.

Céim a 4: An Greann in Insint an Scéil

[1]light

- Níl aon amhras ach go gcuireann an greann agus stíl éadrom[1] scríbhneoireachta an údair Maidhc Dainín Ó Sé go mór leis an taitneamh a bhaineann an léitheoir as an sliocht seo óna dhírbheathaisnéis. Is beag scéal a insítear dúinn sa chuid seo den leabhar gan casadh éigin greannmhar a bheith orthu. Tá cuimhne níos fearr ag Maidhc Dainín ar scéalta grinn a óige ná ar aon rud eile agus tá an méid sin le feiceáil go soiléir sa chuid seo dá dhírbheathaisnéis.
- Bhain go leor scéalta grinn le laethanta Mhaidhc Dainín sa bhunscoil gan amhras. Déanann sé cur síos dúinn, mar shampla, ar an gcéad bhabhta troda a bhí aige le leaid beag eile darbh ainm Tomás. Tá an cur síos sin lán le greann. Nuair a bhí na buachaillí eile bailithe timpeall chun féachaint ar an troid, bhuail leaid ón taobh an bheirt acu san aghaidh. Cheap Maidhc Dainín gurbh é Tomás a rinne é agus bhí fearg an domhain air. Tháinig deireadh leis an troid go tapaidh ansin nuair a tháinig an múinteoir ar an láthair. Deir an t-údar linn ina dhiaidh sin go raibh dearmad déanta acu air cúpla lá ina dhiaidh sin agus go raibh beirt eile ag troid. Bruíon gan dochar a bhíodh ann i ndáiríre. Iompar garbh[2] na mbuachaillí beaga a bhíodh i gceist agus ní raibh rud ar bith nimhneach[3] ag baint leis.

[2]rough behaviour

[3]nasty/harmful

- Insíonn Maidhc scéal an-ghreannmhar eile dúinn faoin lá ar tháinig an cigire chun na scoile. Nuair a glaodh ar Uinseann Ó Grifín dul suas chuig an mbord, thug sé freagra drochbhéasach ar cheist an chigire i ngan fhios dó féin; freagra a chuala sé óna athair. Bhí drogall ar an mbuachaill bocht é a rá os ard ach nuair a cuireadh brú air d'fhreagair sé é go stadach. Thuig an t-údar ó aghaidh an mhúinteora go mbeadh sí sásta dá slogfadh an talamh í!
- Cuimhníonn sé ar eachtra eile a tharla sa rang lá a raibh ceacht ar an nádúr á mhúineadh do na naíonáin. Bhí an múinteoir ag míniú do na daltaí cén fáth a bhfuil an bhó níos mó ná an ghamhain agus an luch níos mó ná an luichín, srl. Ansin nuair a chuir an mháistreás an cheist cén fáth nach bhfuil an cat agus an piscín ar chomhthoirt, d'fhreagair leaid beag, Pádraig. Dúirt sé gurb é an cat a chac an piscín agus phléasc gach duine sa rang amach ag gáire. Ní léir dúinn sa chás sin ar thuig an buachaill go raibh sé á freagairt go drochbhéasach ach tá greann san eachtra sin gan dabht.
- Insíonn Maidhc scéal seoigh eile dúinn faoi oíche amháin a raibh bean chomharsan ar cuairt ina theach. Bhí dráma Béarla ar an raidió agus bhí an bhean ag éisteacht go géar leis. Ba léir nach raibh aon chur amach aici ar raidiónna mar dúirt sí gur mhian léi an *machine* aisteach seo a fheiceáil ag obair. Ansin nuair a bhí ciúnas beag sa chomhrá shíl an bhean bhocht go raibh an t-aisteoir ag labhairt léi ón raidió nuair a tháinig an chéad líne eile amach, '*You are near enough now*'. Léim sí de gheit agus d'imigh sí amach an doras agus í ag ceapadh go raibh an raidió 'ins na púcaí!'
- Bhíodh scéalta grinn i gcónaí ag Grae nuair a thugadh sé cuairt ar theach Uí Shé. Bhailíodh an teaghlach go léir timpeall na tine chun éisteacht lena chuid scéalta. Deir Maidhc linn, áfach, go bhfágadh sé na scéalta ab fhearr go dtí go mbeadh na páistí imithe a chodladh. Chuala

Maidhc scéal an-ghreannmhar oíche amháin agus é ag éisteacht trí pholl na heochrach. Scéal iascaireachta a bhí ann faoi Hugh ag ithe ó chupán a fuair sé ar an mbád. Nuair a chríochnaigh sé ag ithe d'inis Grae bréag dó faoi fhear eile Jéimsín ag déanamh 'gnó an rí' isteach sa chupán roimhe. Bhí déistin ar Hugh bocht agus chaith sé amach gach a raibh ite aige. Ar chloisint an scéil sin dóibh, chuala Maidhc a thuismitheoirí sna trithí gáire!

- Tá cur síos thar a bheith greannmhar ag an údar chomh maith ar an lá a raibh sé féin agus a athair ag iascach bradáin thíos ag an abhainn. Tharla sé gur briseadh píce an athair tar éis dó é a shá isteach sa bhradán. D'éalaigh an bradán ach thit Dainín isteach san abhainn, a fhiacla agus a phíopa fós ina bhéal aige, dar le Maidhc. D'imigh a chaipín le sruth agus deirtear linn go gcuirfeadh an fear báite francach fliuch i gcuimhne duit! Deir sé linn gur tháinig slabhra focal amach as a bhéal an t-am áirithe sin nár cheap sé riamh a bheith sa Ghaeilge! Fágtar sinn, na léitheoirí sna trithí gáire faoi seo!
- D'úsáideadh ógánaigh an cheantair seifteanna beaga dá gcuid féin chun fiacha na dtoitíní a fháil. Baineann greann leis an gcaint a dhéanann an t-údar agus é ag cur síos ar na toitíní. Deir sé 'Ní bheadh duine ina fhear dar linn go mbeadh feaig sáite amach as a phus aige'! Cé go bhfuair sé léasadh óna athair, bhain greann mór leis an scéal faoin uair a ghoid Maidhc féin na huibheacha agus a dhíol sé iad. Mar gheall ar a easpa taithí ar rudaí den chineál sin, rugadh air toisc nach raibh na huibheacha réidh le díol. Ansin, an chéad uair a chaith Maidhc toitín iomlán, d'airigh sé[4] an-tinn ach bhí sé róbhródúil é sin a admháil[5] d'Eddie ná dá uncail. Lig sé air gurbh fhear mór é agus go raibh obair le déanamh aige ach rith sé amach agus thosaigh sé ag cur amach – cuid de spraoi na hóige, ar ndóigh! Léiríonn na heachtraí sin féith láidir an ghrinn san údar ach go háirithe an chaoi a bhfuil sé sásta gáire a dhéanamh faoi féin.

[4]mhothaigh sé
[5]*admit*

- Tugann Maidhc cuntas greannmhar eile ar an gcluiche peile idir Ceardscoil an Daingin agus Oileán Chiarraí. 'Spriosáin bheaga laga', ab iad imreoirí Oileáin Chiarraí, dar le Maidhc! Deir sé go raibh eagla ar an bhfoireann eile dul i ngiorracht don liathróid toisc a fhoireann féin a bheith chomh láidir sin. Nuair a leagadh imreoir ó Oileán Chiarraí go talamh bhí giota beag comhrá idir a thraenálaí agus an t-imreoir. Dar leis an imreoir, bhí múinteoir ag imirt le foireann an Daingin, toisc go raibh sé chomh mór láidir sin. '*I swear he's shaving for the last seven years*', ar sé. Tharla cúpla achrann[6] eile ar an bpáirc ar bhain an t-údar gáire maith astu agus is cinnte go gcoinníonn sé seo aird[7] an léitheora i gcónaí ar na scéalta a insíonn sé.

[6]*battle*
[7]*attention*

- Bhain Maidhc Dainín an-spórt agus spraoi as samhradh na bliana 1958. Bhí an samhradh sin líon lán le heachtraí greannmhara; Maidhc ag cur clúdaigh ar an mbosca ceoil ar eagla go mbeadh na comharsana ag gáire, Seán Mór sa tóir ar Eibhlín agus Maidhc sáite ar an stáitse ag éirí feargach, an ghamhain ag ithe giota as léine Sheáin, srl. Tá stíl iontach éadrom ag an údar na scéalta seo a chur os ár gcomhair. Tá an teanga fiú amháin greannmhar; 'mo bhó curtha thar abhainn' agus na buachaillí 'ag fiach'! Focail tuaithe agus gáirsiúil go leor iad seo, chaithfeá a rá. Ag an am céanna níl an teanga drochbhéasach agus cuireann sí le[8] greann an chur síos, gan amhras.

[8] it adds to

- Fágtar an scéal is greannmhaire ar fad go dtí an deireadh, dar liom féin. Bhí plean ag Maidhc Eibhlín a thógáil anuas an dréimire ón teach lóistín chun an oíche a chaitheamh in éineacht leis. Chabhraigh Éamonn, leaid áitiúil leis an dréimire a chur suas ach an margadh a rinne sé leis an údar ná go raibh cailín ag teastáil uaidh féin freisin! 'Déanfaidh aon cheann acu mé, is mar a chéile iad' a dúirt sé! Agus Maidhc ag iarraidh an cailín a mhealladh d'Éamonn ansin, dúirt sé léi go gcuirfeadh Éamonn an réalta Rock Hudson i gcuimhne dó! Scriosadh rómánsaíocht na hócáide ar fad go tobann, áfach, nuair a tháinig slua buachaillí ón áit an bealach ar a rothair. Thosaigh siad ag béicíl, ag rá go raibh sé aisteach siúinéir ar bith a fheiceáil ag cur fuinneoige isteach sa dorchadas. B'shin deireadh leis! In áit na hoíche deise a bhí beartaithe aige fuair sé buille na scuaibe ó bhean an tí a d'fhág pian uafásach air idir a dhá ghualainn! Cinnte go raibh a cheacht foghlamtha aige! 'Dá mbeadh Elizabeth Taylor ag feitheamh liom sa tig sin[9] ní raghainn in aon ghiorracht dó,' ar seisean tar éis na heachtra sin!
- Níl dabht ar bith mar sin ach go bhfuil an greann mar dhlúthchuid[10] den dírbheathaisnéis seo. Músclaíonn an greann seo suim an léitheora ar ndóigh agus bainimid an-taitneamh as gach scéal a insíonn an t-údar dúinn dá bharr.

[9] sa teach sin

[10] integral part

Saol an Teaghlaigh/Tábhacht a Theaghlaigh do Mhaidhc

- Tá an chosúlacht ar an scéal seo gur réitigh Maidhc Dainín go maith leis na daoine eile ina theaghlach agus níl aon dabht ach go raibh tionchar[11] mór acu air ina óige. Bhí a thuismitheoirí dian go deimhin ach thuig Maidhc féin go ndearna siad a ndícheall dá gcuid páistí i gcónaí. Théadh Dainín amach ag obair chun airgead a shaothru dá theaghlach fad is a d'fhanadh a mháthair sa bhaile i mbun cúraimí an tí agus a clainne. Ba í an mháthair a ghléas Maidhc ar ndóigh dá chéad lá scoile agus ba í freisin a thug ar scoil é. Is cinnte go raibh gaol láidir idir an t-údar agus a mháthair mar níor inis sí dó go dtí an nóiméad deireanach go mbeadh sé ag dul ar scoil. Is dócha go raibh sí ag iarraidh é a chosaint[12] ón mbuairt. Chomh maith leis sin theastaigh ó Mhaidhc go bhfanfadh a mham in éineacht leis ar scoil, rud a léiríonn an grá a bhí aige di. D'éist sé léi freisin nuair a mhínigh sí cúrsaí scoile dó agus go mbeadh an múinteoir mar mhamaí aige ar feadh tamaill den lá agus ansin ghlac sé le gach rud go scioptha. Is léir mar sin go raibh an mháthair in ann é a chur ar a shuaimhneas gan dua.
- Bhí ardmheas ag an udár ar a mháthair ach ní raibh eagla air roimpi. Ghlac sé leis an bpionós a ghearr sí air tar éis dó na huibheacha a ghoid ón bhfeirm. Thug sé aird ar an moladh a thug sí dó maidir le leanúint ar aghaidh ar scoil, cé gur theastaigh uaidh obair feirme a fháil tar éis na bunscoile. Ghlac sé leis an gcomhairle sin toisc gur thuig sé go mbeadh sé ródheacair dul ina coinne[13]. Feictear dúinn ansin gur admhaigh an t-údar féin gur chuir an dá bhliain a chaith sé sa cheardscoil ar bhóthar a leasa é. Thug sé misneach do na daltaí go léir aghaidh a thabhairt ar an saol mór lasmuigh, dar leis. D'aithin sé go raibh an ceart ag a mháthair mar sin.
- Maidir leis na páistí eile sa teaghlach, is beag a fhaighimid amach fúthu sa chuid seo den dírbheathaisnéis. Insítear dúinn go raibh ceathrar deartháireacha ag Maidhc agus deirfiúr amháin. Bhí Seán imithe ar imirce go Meiriceá. Ba é Páidí an duine ba shine agus bhí sé ag obair

[11] influence

[12] to protect him

[13] to go against her

leis an gComhairle Contae[14] nuair a bhí an bosca ceoil á cheannach acu. An oíche áirithe a luann Maidhc a raibh Grae ag bothántaíocht ina dteach deir an t-údar linn go raibh Dónall agus Máirín ina suí thart ar an tine freisin agus go raibh Tomás ina chodladh toisc gurbh é an duine ab óige é.

- Chaitheadh Maidhc agus Páidí cuid mhaith ama i dteannta a chéile. Bhí suim acu beirt sa cheol agus sa deireadh thug a máthair an t-airgead don bheirt acu le cur síos ar an mbosca. Chaitheadh na deartháireacha a lán ama ag cleachtadh ar an mbosca agus ag foghlaim óna chéile is dócha. Cinnte bhí gaol maith eatarthu mar sin. Feicimid freisin go raibh Páidí dílis do Mhaidhc. An lá a raibh Maidhc i dtrioblóid lena athair mar gheall ar na huibheacha a ghoid sé, d'éalaigh sé amach as an teach le heagla roimh a athair. Chuaigh sé i bhfolach[15] áit éigin cois na habhann ach bhí a fhios ag Páidí cá mbeadh sé agus tháinig sé chuige chun a rá leis go raibh sé sábháilte teacht abhaile.
- Bhí dea-thionchar ag a athair ar shaol an údair gan amhras. D'oibrigh Dainín go dian ar fheirmeacha eile sa cheantar agus ar ndóigh ar a fheirm féin. Theastaigh ó Mhaidhc féin an rud céanna a dhéanamh tar éis na bunscoile, rud a léiríonn go raibh meas aige air. Ar nós a dhaid bhí spéis mhór ag Maidhc sa cheol agus i gcúrsaí caide. Chuaigh an bheirt acu ag iascaireacht le chéile agus feicimid freisin go dtéadh Maidhc ag obair lena athair ar fheirmeacha i rith an tsamhraidh. An lá a bhfaca Maidhc Dainín an bradán mór san abhainn bhí deifir mhór air an scéal a insint dá athair. Cé go bhfios dúinn[16] go mbíodh faitíos ar Mhaidhc roimh a dhaid, feictear dúinn freisin go raibh caidreamh maith eatarthu.
- Is cinnte go mbíodh Dainín searbhasach agus diúltach[17] i leith a mhic uaireanta, go mórmhór nuair a thosaigh Maidhc ag freastal ar na céilithe. Ba léir nach raibh meas ar bith ag a athair ar an gceol a bhí á sheinm ag Maidhc do na céilithe agus ní dhearna sé ach clamhsán nuair a luadh na céilithe. Mar sin féin níor chuir sé cosc riamh ar a mhac freastal orthu agus níl an chuma ar an scéal go raibh tionchar mór ag an gcáineadh sin ar Mhaidhc. Ní raibh lagmhisneach ar bith air. Is dócha go raibh an t-údar cleachtaithe ar an sórt sin cainte óna athair agus nár bhac sé leis.
- Caitheann Maidhc Dainín cuid mhaith den sliocht seo dá leabhar ag cur síos ar a theaghlach agus ar a shaol sa bhaile. Is cinnte mar sin go raibh áit an-tábhachtach ag a theaghlach ina shaol. Níl ach dea-chuimhní aige i ndáiríre ar bhlianta a óige agus ar an saol a bhí aige sa bhaile lena theaghlach. Bhí sé an-cheanúil orthu[18] gan dabht.

[14] *County Council*

[15] *hiding*

[16] *although we know*

[17] *negative*

[18] *very fond of them*

Ceisteanna Scrúdaithe

1. 'Ba iad an ceol agus an chaid (an pheil) an dá chaitheamh aimsire ab fhearr le Maidhc Dainín agus é ag fás aníos sa Ghaeltacht.' Déan plé ar an ráiteas sin. (40 marc)
2. 'Faighimid léiriú suimiúil ar chúrsaí scoile agus ar chaithimh aimsire sa Ghaeltacht nuair a bhí an t-údar ag fás aníos ann.' Déan plé ar an ráiteas sin. (40 marc)
3. Déan plé ar an dá ghné den chur síos ar shaol an údair agus é ag fás aníos sa Ghaeltacht is mó a chuaigh i bhfeidhm ort. (40 marc)
4. 'Tá an greann fite fuaite sa chur síos a dhéanann an t-údar ar a óige sa Ghaeltacht.' An ráiteas sin a phlé. (40 marc)
5. 'Cé nach raibh mórán suime ag Maidhc sa léann bhain sé an-taitneamh as a chuid laethanta scoile.' An tuairim sin a phlé. (40 marc)
6. Déan cur síos ar an spraoi a bhain an t-údar as samhradh na bliana 1958. (40 marc)
7. Déan plé ar an gcaidreamh a bhí ag Maidhc Dainín lena thuismitheoirí ina óige. (40 marc)
8. Déan cur síos ar charachtar an údair mar a fheiceann tú féin é sa chuid seo dá dhírbheathaisnéis. (40 marc)
9. 'Tá rógaireacht na hóige mar théama láidir sa chuid seo den dírbheathaisnéis *A Thig Ná Tit Orm*.' An tuairim sin a phlé. (40 marc)
10. Ar bhain tú taitneamh as an gcur síos ar óige an údair? Cuir dhá fháth le do fhreagra. (40 marc)

Gramadach

Nóta!

Tá an mhír seo tábhachach maidir le Ceist 6a sa léamhthuiscint.

Céim a 1: Téarmaí na Gramadaí

ainmfhocal	*a noun*
uimhir uatha	*singular form*
uimhir iolra	*plural form*
siolla	*a syllable*
an fhréamh	*the root*
na gutaí	*the vowels*
na consain	*the consonants*
consan leathan	*broad consonant*
consan caol	*slender consonant*

inscne	*gender*
firinscneach	*masculine*
baininscneach	*feminine*
tuiseal	*case*
aidiacht	*adjective*
briathar	*verb*
réamhfhocal	*preposition*
forainm	*pronoun*

An tAinmfhocal

Focal is ea **ainmfhocal** a chuireann cineál duine, áite nó ruda in iúl dúinn.

Mar shampla
fear, bean, buachaill, cailín, cathair, feirm, teach, sráidbhaile, fuinneog, brón, grá

Tá uimhir uatha agus uimhir iolra ag formhór na n-ainmfhocal.

Mar shampla

Uimhir Uatha		Uimhir Iolra	
fear	teach	fir	tithe
bean	cailín	mná	cailíní

Ainmfhocal dílis (*proper noun*) is ea ainm duine nó áite ar leith.

Mar shampla
Colm, Caitlín, Baile Átha Cliath, Meiriceá

An tAlt

Focal is ea an t-alt (*the definite article, i.e. 'the'*) a dhéanann ainmfhocal cinnte d'ainmfhocal.

Mar shampla
an fear, an bhean, na mná

An Tuiseal Ainmneach

Bíonn an t-ainmfhocal sa tuiseal ainmneach nuair is é ainmní na habairte é. (*A noun is in the nominative case when it is the subject of the sentence, i.e. the person/animal/thing doing the action.*)

De ghnáth, tagann an t-ainmfhocal díreach i ndiaidh an bhriathair. (*Usually the noun comes directly after the verb.*)

Mar shampla

Bhí Síle ag caint leis na foirgneoirí ní ba luaithe.

Tá carr sa charrchlós.

Bhí an cailín sin an-drochbhéasach liom ar maidin.

Tá an madra ag tafann.

Nóta!
Síle = ainmfhocal dílis (ainm duine/áite)

An Tuiseal Ainmneach Uatha	An Tuiseal Ainmneach Iolra
Tá an fear ag obair.	Tá na fir ag obair.
Tá an bhean ag caint.	Tá na mná ag caint.
Tá an teach suite faoin tuath.	Tá na tithe suite faoin tuath.

An Aidiacht

Tugann aidiacht tuilleadh eolais dúinn faoi ainmfhocal. Cuirimid an aidiacht in oiriúint don ainmfhocal sa Ghaeilge.

Mar shampla

fear deas, bean chainteach, teach beag, feirm mhór

Féach ar leathanach 438 le haghaidh tuilleadh eolais.

An Aidiacht Shealbhach

Cuireann an aidiacht shealbhach (*possessive adjective*) in iúl cé leis rud.

Mar shampla

mo theach, do theach, a theach, a teach, ár dteach, bhur dteach, a dteach

m'uncail, d'uncail, a uncail, a huncail, ár n- uncail, bhur n-uncail, a n-uncail

An Aidiacht Shealbhach Fhirinscneach		An Aidiacht Shealbhach Bhaininscneach	
a theach	*his house*	a teach	*her house*

An Briathar

Cuireann briathar gníomh in iúl.

Mar shampla

téigh, tabhair, déan, ith, tar

Tá briathra rialta (*regular verbs*) agus briathra neamhrialta (*irregular verbs*) ann.

An Saorbhriathar

Úsáidimid an saorbhriathar (*the autonomous verb*) nuair nach n-insítear dúinn cé a dhéanann an gníomh.

Mar shampla

Dúnadh an siopa.	*The shop was closed.*
Dúntar an siopa.	*The shop is closed.*
Dúnfar an siopa.	*The shop will be closed.*
Dhúnfaí an siopa.	*The shop would be closed.*

Téarmaí a Bhaineann le Briathra			
aimsir	*tense*	an fhoirm dhearfach	*the positive form*
réimniú	*conjugation (grouping of verbs)*	an fhoirm dhiúltach	*the negative form*
an chéad réimniú	*the first conjugation*	an fhoirm cheisteach	*the question/interrogative form*
an dara réimniú	*the second conjugation*	na briathra neamhrialta	*the irregular verbs*

Na Réamhfhocail Shimplí agus an Tuiseal Tabharthach

Focal is ea réamhfhocal a a chuireann gaol in iúl idir ainmfhocal amháin san abairt agus ainmfhocal eile.

Mar shampla
Fuair mé litir ó Mháire.

Aonair is ea réamhfhocal simplí (*simple preposition*), agus leanann ainmfhocal sa tuiseal tabharthach (*the dative case*) é de ghnáth.

- Uaireanta ní athraíonn litriú an ainmfhocail sa tuiseal tabharthach.
- Uaireanta cuirtear séimhiú ar an ainmfhocal.
- Amanna eile, cuirtear urú ar an ainmfhocal.

Mar shampla
ar chathaoir, le háthas, ag an doras, as an mbosca, ar an mbóthar, ag Colm

Nóta!
'An' = an t-alt (*the definite article*); ní réamhfhocal é!

Na Réamhfhocail Chomhshuite

Dhá fhocal a fheidhmíonn le chéile mar réamhfhocal is ea réamhfhocal comhshuite (*compound preposition*), agus leanann an tuiseal ginideach (*the genitive case*) iad; m.sh. ar fud, os comhair, ar feadh.

Mar shampla

domhan	ar fud an domhain	teach	os comhair an tí
farraige	in aice na farraige	scoil	tar éis na scoile
leanbh	ar son an linbh	seachtain	ar feadh seachtaine
mí	le haghaidh míosa		

An Forainm

Focal is ea forainm a úsáidimid in ionad ainmfhocail.

Mar shampla
é, í, iad

Forainmneacha pearsanta (*personal pronouns*) is ea na forainmneacha a bhaineann le daoine.

Mar shampla
mé, tú, sé, sí, muid (sinn), sibh, siad, thú, é, í, iad

An Forainm Réamhfhoclach

Nuair a dhéanaimid aon fhocal amháin de réamhfhocal simplí agus forainm, bíonn forainm réamhfhoclach (*prepositional pronoun*) againn.

Mar shampla

	Roimh	De	Ag
mé	romham	díom	agam
tú	romhat	díot	agat
sé	roimhe	de	aige
sí	roimpi	di	aici

Cleachtadh Scríofa

Cuir gach focal sa cholún ceart.

clois	scoil	álainn	os comhair	Béal Feirste	Ionam	ciúin
leis	imir	Úna	mór	ar fud	buachaill	sí
leat	tar éis	téigh	i	fear	siad	le haghaidh
tar	Cill Airne	ag	gorm	bí	in aice	ó
sibh	ar son	teach	ar feadh	imigh	ar	díograiseach

Ainmfhocal	Aidiacht	Briathar	Réamhfhocal Simplí	Réamhfhocal Comhshuite	Forainm	Forainm Réamhfhoclach

Céim a 2: An Aimsir Chaite

Úsáidtear an aimsir chaite le téarmaí ama amhail 'an tseachtain seo caite', 'inné', 'an mhí seo caite', 'Dé Luain', 'ó shin', 'aréir', 'ar maidin', 'arú inné ', 'ní ba luaithe'.

Na Briathra Rialta

An Chéad Réimniú

Briathra rialta a bhfuil siolla amháin iontu agus briathra a bhfuil dhá shiolla iontu agus síneadh fada ar an dara siolla atá sa chéad réimniú.

Briathra a bhfuil Consan mar Thús orthu	Briathra a bhfuil Guta mar Thús orthu	Briathra a bhfuil f mar Thús orthu
séimhiú ar an gconsan	d' roimhe	séimhiú ar an f agus d' roimhe

Mar shampla
ghlan mé
d'ól mé
d'fhág mé

I gComhair 'Muid' nó 'Sinn'

- Más briathar é a bhfuil consan leathan (consan a bhfuil **a**, **o** nó **u** díreach roimhe) mar chríoch air, cuirimid **-amar** leis.
- Más briathar é a bhfuil consan caol (consan a bhfuil **i** nó **e** díreach roimhe) mar chríoch air, cuirimid **-eamar** leis.

Mar shampla

ghlanamar	chuireamar
d'ólamar	d'éisteamar
d'fhágamar	d'fhilleamar
choimeádamar	thiomáineamar

An Saorbhriathar

- Más briathar é a bhfuil consan leathan mar chríoch air, cuirimid **-adh** leis.
- Más briathar é a bhfuil consan caol mar chríoch air, cuirimid **-eadh** leis.

Mar shampla

glanadh	cuireadh
óladh	éisteadh
fágadh	filleadh
coimeádadh	tiomáineadh

Ní chuirimid séimhiú ar an saorbhriathar san aimsir chaite, agus ní chuirimid **d'** roimhe.

An Fhoirm Dhiúltach

- Briathra a bhfuil consan mar thús orthu: **níor** + séimhiú
- Briathra a bhfuil guta mar thús orthu: **níor**.

Mar shampla

níor ghlan mé	níor ól mé
níor fhan mé	níor éist mé
níor choimeád mé	níor úsáid mé

An Fhoirm Cheisteach

- Briathra a bhfuil consan mar thús orthu: **ar** + séimhiú
- Briathra a bhfuil guta mar thús orthu: **ar**.

Mar shampla

ar ghlan sé?	ar ól sé?
ar fhan tú?	ar éist tú?

Le Foghlaim!

Bí cúramach leis na briathra seo a leanas. Le **taispeáin** agus **siúil**, déantar leathan an briathar sa chéad phearsa iolra agus sa saorbhriathar san aimsir chaite.

Taispeáin	Siúil
thaispeáin mé/tú/sé/sí	shiúil mé/tú/sé/sí
thaispeánamar	shiúlamar
thaispeáin sibh/siad	shiúil sibh/siad
taispeánadh	siúladh
níor thaispeáin mé	níor shiúil mé
ar thaispeáin tú?	ar shiúil tú?

Briathra le Dhá Shiolla a Chríochnaíonn ar -áil

Sábháil	Cniotáil
shábháil mé/tú/sé/sí	chniotáil mé/tú/sé/sí
shábhálamar	chniotálamar
shábháil sibh/siad	chniotáil sibh/siad
sábháladh	cniotáladh
níor shábháil mé	níor chniotáil mé
ar shábháil tú?	ar chniotáil tú?

Nóta!
Déantar leathan deireadh an bhriathair sa chéad phearsa iolra agus sa saorbhriathar san aimsir chaite.

Briathra a bhfuil -igh mar Chríoch Orthu le Siolla Amháin

Nigh	Suigh	Buaigh
nigh mé/tú/sé/sí	shuigh mé/tú/sé/sí	bhuaigh mé/tú/sé/sí
níomar	shuíomar	bhuamar
nigh sibh/siad	shuigh sibh/siad	bhuaigh sibh/siad
níodh	suíodh	buadh
níor nigh mé	níor shuigh mé	níor bhuaigh mé
ar nigh tú?	ar shuigh sé?	ar bhuaigh tú?

Léigh	Pléigh	Glaoigh
léigh mé/tú/sé/sí	phléigh mé/tú/sé/sí	ghlaoigh mé/tú/sé/sí
léamar	phléamar	ghlaomar
léigh sibh/siad	phléigh sibh/said	ghlaoigh sibh/siad
léadh	pléadh	glaodh
níor léigh mé	níor phléigh mé	níor ghlaoigh mé
ar léigh tú?	ar phléigh tú?	ar ghlaoigh tú?

Cleachtaí Scríofa

1. Athscríobh na habairtí seo a leanas san aimsir chaite gan na lúibíní.

(a) (Féach; sí) ____________ ar an teilifís aréir.

(b) (Úsáid; sinn) ____________ an carr inné.

(c) (Fan; siad) ____________ sa bhaile Dé Luain seo caite.

(d) (Coimeád; sí) ____________ an t-airgead go léir sa bhanc anuraidh.

(e) (Siúil; sé) ____________ abhaile ina aonar ar maidin.

(f) (Díol; sinn) ____________ an teach an tseachtain seo caite.

(g) (Bris) ____________ an cupán ar maidin.

(h) (Tóg; sinn) ____________ an bruscar ní ba luaithe.

(i) (Bain) ____________ geit asainn anuraidh nuair a bhí timpiste againn.

(j) (Bain; sinn) ____________ ár gceann scríbe amach cúpla uair ó shin.

2. Athscríobh na habairtí seo a leanas san aimsir chaite gan na lúibíní.

(a) (Taispeáin; sinn) ______________ an teach nua don lánúin phósta.

(b) (Léigh; mé) ______________ na páipéir nuachtáin ar maidin.

(c) (Nigh; sinn) ______________ ár lámha roimh an dinnéar.

(d) (Brúigh; siad) ______________ an cnaipe inné.

(e) (Glaoigh; mé) ______________ ar na seirbhísí éigeandála an deireadh seachtaine seo caite.

(f) (Sábháil) ______________ an fear nuair a bhí sé i mbaol a bháite.

(g) (Pléigh; sinn) ______________ fadhbanna na tíre ag am lóin inné.

(h) (Luigh; sinn) ______________ ar chathaoireacha gréine an samhradh seo caite nuair a bhí an aimsir go deas.

(i) (Siúil; sinn) ______________ abhaile le chéile aréir.

(j) (Suigh; sí) ______________ ar an tolg aréir nuair a bhí sí ag féachaint ar scannán.

An Dara Réimniú

Briathra a bhfuil dhá shiolla iontu agus a bhfuil **-igh**, **-il**, **-in**, **-ir** nó **-is** mar chríoch orthu (chomh maith le grúpa beag eile) atá sa dara réimniú.

- Briathra a bhfuil consan mar thús orthu: séimhiú ar an gconsan
- Briathra a bhfuil guta mar thús orthu: **d'** roimhe
- Briathra a bhfuil **f** mar thús orthu: séimhiú ar an **f** agus **d'** roimhe.

Mar shampla

cheannaigh mé
d'imigh mé
d'fhoghlaim mé

I gComhair 'Muid' nó 'Sinn'

Maidir leis na briathra a bhfuil **-igh** nó **-aigh** mar chríoch orthu, bainimid an chríoch sin agus cuirimid na foircinn chuí leo.

Mar shampla

ceann~~aigh~~	ceann-
dúis~~igh~~	dúis-

Coimriú: Nuair a Chailltear Guta ó Shiolla i bhFocal

Maidir leis na briathra a bhfuil **-il** nó **-ail**, **-in** nó **-ain**, **-ir** nó **-air** nó **-is** mar chríoch orthu, bainimid an 'i' nó an 'ai' ón dara siolla de na briathra agus cuirimid na foircinn chuí leo.

Mar shampla

imir	imr-
oscail	oscl-
freagair	freagr-

Na Foircinn i gComhair 'Muid' nó 'Sinn'

- -aíomar
- -íomar

Mar shampla

cheannaíomar	dhúisíomar
d'osclaíomar	d'imríomar
d'fhreagr**aíomar**	d'imíomar

An Fhoirm Dhiúltach

- Briathra a bhfuil consan mar thús orthu: **níor** + séimhiú
- Briathra a bhfuil guta mar thús orthu: **níor**.

Mar shampla

níor cheannaigh mé	níor imigh mé

An Fhoirm Cheisteach

- Briathra a bhfuil consan mar thús orthu: **ar** + séimhiú
- Briathra a bhfuil guta mar thús orthu: **ar**.

Mar shampla

ar cheannaigh tú?	ar imigh tú?

Le Foghlaim!

Maidir le **lorg**, **foghlaim**, **fulaing**, **tarraing** agus **tuirling**, ní dhéanaimid aon athrú ar leith sa chéad phearsa, uimhir iolra, ná sa saorbhriathar.

Foghlaim	Fulaing	Tarraing	Tuirling
d'fhoghlaim mé/tú/sé/sí	d'fhulaing mé/tú/sé/sí	tharraing mé/tú/sé/sí	thuirling mé/tú/sé/sí
d'fhoghlaimíomar	d'fhulaingíomar	tharraingíomar	thuirlingíomar
d'fhoghlaim sibh/siad	d'fhulaing sibh/siad	tharraing sibh/siad	thuirling sibh/siad
foghlaimíodh	fulaingíodh	tarraingíodh	tuirlingíodh
níor fhoghlaim mé	níor fhulaing mé	níor tharraing mé	níor thuirling mé
ar fhoghlaim tú?	ar fhulaing tú?	ar tharraing tú?	ar thuirling tú?

Le Foghlaim!

Maidir leis an mbriathar **freastail**, bainimid an i **sa** chéad phearsa, uimhir iolra, agus sa saorbhriathar, ach ní dhéanaimid aon athrú eile.

d'fhreastail mé/tú/sé/sí	d'fhreastail sibh/siad	níor fhreastail mé
d'fhreastalaíomar	freastalaíodh	ar fhreastail tú?

Cleachtaí Scríofa

1. Athscríobh na habairtí seo a leanas san aimsir chaite gan na lúibíní.

(a) (Oscail; sí) ______________ an bhialann ag a 9 inné.

(b) (Ní; codail; mé) ______________ néal aréir.

(c) (Críochnaigh; sinn) ______________ ár gcuid obair bhaile in am.

(d) (Freastail; sinn) ______________ ar an gcoláiste le chéile anuraidh.

(e) (An; imir; tú) ______________ sa chluiche Dé Sathairn seo caite?

(f) (Ceannaigh; sinn) ______________ éadaí nua an deireadh seachtaine seo caite.

(g) (Foghlaim) ______________ mórán ag an léacht ar maidin.

(h) (Tarraing; sí) ______________ pictiúr álainn dom arú inné.

(i) (Bailigh) ______________ an-chuid airgid do Thrócaire anuraidh.

(j) (Freagair) ______________ na ceisteanna go léir ag an gcruinniú Dé hAoine seo caite.

2. Athscríobh na habairtí seo a leanas san aimsir chaite.

(a) (Ceannaigh; sinn) ______________ a lán earraí leictreacha dár dteach nua inné.

(b) (Imigh; sí) ____________________ go hAlbain ar maidin.

(c) (Imir; sé) ____________________ i gcluiche peile Dé Domhnaigh seo caite.

(d) (Críochnaigh; siad) ______________ a gcuid obair bhaile aréir.

(e) (Foghlaim; siad) ______________ a gcuid ceachtanna aréir.

(f) (Fiosraigh) ______________ na Gardaí an cás an tseachtain seo caite.

(g) (Oscail; siad) ____________________ an siopa ar a 9 ar maidin.

(h) (Imir; sinn) ______________ go léir sa chluiche sacair Dé Sathairn seo caite.

(i) (Tarraing; sí) ____________________ pictiúr álainn dhá lá ó shin.

(j) (Eitil; siad) ____________________ go dtí an Iodáil an samhradh seo caite.

Na Briathra Neamhrialta

Is iad **abair**, **beir**, **bí**, **clois**, **déan**, **faigh**, **feic**, **ith**, **tabhair**, **tar** agus **téigh** na briathra neamhrialta. Is iad seo a leanas foirmeacha na mbriathra neamhrialta san aimsir chaite:

Abair	Beir	Bí	Clois
dúirt mé/tú/sé/sí	rug mé/tú/sé/sí	bhí mé/tú/sé/sí	chuala mé/tú/sé/sí
dúramar	rugamar	bhíomar	chualamar
dúirt sibh/siad	rug sibh/siad	bhí sibh/siad	chuala sibh/siad
dúradh	rugadh	bhíothas	chualathas
ní dúirt sé	níor rug mé	ní raibh mé	níor chuala mé
an ndúirt tú?	ar rug tú?	an raibh tú?	ar chuala tú?

Déan	Faigh	Feic	Ith
rinne mé/tú/sé/sí	fuair mé/tú/sé/sí	chonaic mé/tú/sé/sí	d'ith mé/tú/sé/sí
rinneamar	fuaireamar	chonaiceamar	d'itheamar
rinne sibh/siad	fuair sibh/siad	chonaic sibh/siad	d'ith sibh/siad
rinneadh	fuarthas	chonacthas	itheadh
ní dhearna mé	ní bhfuair mé	ní fhaca mé	níor ith mé
an ndearna tú?	an bhfuair tú?	an bhfaca tú?	ar ith tú?

Tabhair	Tar	Téigh
thug mé/tú/sé/sí	tháinig mé/tú/sé/sí	chuaigh mé/tú/sé/sí
thugamar	thángamar	chuamar
thug sibh/siad	tháinig sibh/siad	chuaigh sibh/siad
tugadh	thángthas	chuathas
níor thug mé	níor tháinig mé	ní dheachaigh mé
ar thug tú?	ar tháinig tú?	an ndeachaigh tú?

Cleachtaí Scríofa

1. Athscríobh na habairtí seo a leanas san aimsir chaite.
   (a) (Beir; sé) ______________ ar an liathróid sa chluiche inné.
   (b) (Tabhair; sinn) ______________ a lán airgid do na daoine bochta san Afraic.
   (c) (Clois; sé) ______________ an nuacht ar an raidió ar maidin.
   (d) (Tar; sinn) ______________ abhaile aréir.
   (e) (Téigh; sí) ______________ go Port Láirge Dé Sathairn seo caite.
   (f) (Faigh; sinn) ______________ glao teileafóin ónár n-uncail aréir.
   (g) (Ní; ith; sí) ______________ aon bhricfeasta ar maidin mar bhí tinneas cinn uirthi.
   (h) (An; feic; sí) ______________ a cairde an deireadh seachaine seo caite?
   (i) (Ní; téigh; sé) ______________ ar saoire an samhradh seo caite.
   (j) (Déan; sí) ______________ a lán oibre inné.
2. Réimnigh na briathra seo a leanas san aimsir chaite.
   (a) téigh (b) tar (c) ith (d) clois (e) bí (f) feic (g) dean (h) faigh (i) tabhair (j) bí

Céim a 3: An Aimsir Láithreach

Úsáidtear an aimsir láithreach le téarmaí ama amhail 'anois', 'gach lá', gach maidin', gach samhradh', 'chuile bliain', 'achan deireadh seachtaine', 'i gcónaí', 'de shíor', 'go minic', 'ó am go chéile', srl.

Briathra Rialta

An Chéad Réimniú

Briathra a bhfuil siolla amháin iontu agus briathra a bhfuil dhá shiolla iontu agus síneadh fada ar an dara siolla atá sa chéad réimniú.

Is iad na foircinn seo a leanas a chuirimid le briathra an chéad réimniú san aimsir láithreach:

Más Consan Leathan é Consan Deiridh an Bhriathair	
-aim	-ann sibh/siad
-ann tú/sé/sí	-tar (saorbhriathar)
-aimid	

Más Consan Caol é Consan Deiridh an Bhriathair	
-im	-eann sibh/siad
-eann tú/sé/sí	-tear (saorbhriathar)
-imid	

An Fhoirm Dhiúltach

- Briathra a bhfuil consan mar thús orthu: **ní** + séimhiú
- Briathra a bhfuil guta mar thús orthu: **ní**.

Mar shampla

ní ghlanaim	ní ólaim

An Fhoirm Cheisteach

- Briathra a bhfuil consan mar thús orthu: **an** + séimhiú
- Briathra a bhfuil guta mar thús orthu: **an**.

Mar shampla

an nglanann tú?	an ólann tú?

Mar shampla

Glan	Coimeád	Cuir	Úsáid
glanaim	coimeádaim	cuirim	úsáidim
glanann tú/sé/sí	coimeádann tú/sé/sí	cuireann tú/sé/sí	úsáideann tú/sé/sí
glanaimid	coimeádaimid	cuirimid	úsáidimid
glanann sibh/siad	coimeádann sibh/siad	cuireann sibh/siad	úsáideann sibh/siad
glantar	coimeádtar	cuirtear	úsáidtear
ní ghlanaim	ní choimeádaim	ní chuirim	ní úsáidim
an nglannann tú?	an gcoimeádann tú?	an gcuireann tú?	an úsáideann tú?

Le Foghlaim!

Taispeáin	Siúil	Sábháil	Nigh	Suigh	Buaigh	Glaoigh	Léigh	Pléigh
taispeánaim	siúlaim	sábhálaim	ním	suím	buaim	glaoim	léim	pléim

Cleachtaí Scríofa

1. Athscríobh na habairtí seo a leanas san aimsir láithreach gan na lúibíní.
   (a) (Glan; sí) ________________ a teach ó bhun go barr gach lá.
   (b) (Caith; sé) ________________ míle euro sa tseachtain.
   (c) (Coimeád) ______________ airgead an triomlaigh sa bhanc.
   (d) (Fás; sí) ________________ níos airde in aghaidh na bliana.
   (e) (Taispeáin; sí) ________________ mórán do na daltaí sa rang eolaíochta.
   (f) (Siúil; mé) ____________ ar scoil gach maidin.
   (g) (Úsáid; sí) ________________ mórán leictreachais in aghaidh na míosa.
   (h) (Nigh; sí) ________________ a haghaidh gach oíche.
   (i) (Bris) ____________ gloine sa teach tábhairne gach deireadh seachtaine.
   (j) (Pléigh) ____________ mórán ceisteanna tromchúiseacha ag an gcruinniú gach mí.
2. Athscríobh na habairtí seo a leanas san aimsir láithreach gan na lúibíní.
   (a) (Cuir, mé) ____________ fios ar mo chara i Sasana gach mí.
   (b) (Ní; glan; mé) ________________ mo sheomra go rómhinic.
   (c) (An; féach; tú) ________________ ar an teilifís go minic?
   (d) (Fan; sinn) ______________ ar scoil ag am lóin gach lá.
   (e) (Taispeáin) ______________ an múinteoir staire scannán dúinn go minic.
   (f) (Tit; mé) ______________ i gcónaí nuair a bhím ag imirt spóirt.
   (g) (Caith) ______________ Sinéad deich euro ar a guthán póca gach seachtain.
   (h) (Ceap) ______________ máthair Oisín nach gcaitheann sé go leor ama ag staidéar.
   (i) (Dún) ______________ an siopa ar a seacht gach tráthnóna.
   (j) (Bris) ______________ na rialacha uaireanta.
3. Réimnigh na briathra seo a leanas san aimsir láithreach.
   (a) díol (b) caith (c) íoc (d) geall (e) sroich (f) glan (g) taispeáin (h) buail (i) mair (j) siúil

An Dara Réimniú

Briathra a bhfuil dhá shiolla iontu agus a bhfuil **-igh, -il, -in, -ir** nó **-is** mar chríoch orthu (chomh maith le grúpa beag eile) atá sa dara réimniú.

- Maidir leis na briathra a bhfuil **-igh** nó **-aigh** mar chríoch orthu, bainimid an chríoch sin agus cuirimid an foirceann cuí leo.
- Maidir leis na briathra a bhfuil **-il** nó **-ail**, **-in** nó **-ain**, **-ir** nó **-air** nó **-is** mar chríoch orthu, bainimid an **i** nó an **ai** sa dara siolla agus cuirimid an foirceann cuí leo.

Ansin, úsáidimid na foircinn seo a leanas san aimsir láithreach:

Más consan leathan é deiridh an bhriathair	Más consan caol é deiridh an bhriathair
-aím	-ím
-aíonn tú/sé/sí	-íonn tú/sé/sí
-aímid	-ímid
-aíonn sibh/siad	-íonn sibh/siad
-aítear (saorbhriathar)	-ítear (saorbhriathar)

Mar shampla

Ceannaigh	Bailigh	Oscail	Imir
ceannaím	bailím	osclaím	imrím
ceannaíonn tú/sé/sí	bailíonn tú/sé/sí	osclaíonn tú/sé/sí	imríonn tú/sé/sí
ceannaímid	bailímid	osclaímid	imrímid
ceannaíonn sibh/siad	bailíonn sibh/siad	osclaíonn sibh/siad	imríonn sibh/siad
ceannaítear	bailítear	osclaítear	imrítear
ní cheannaím	ní bhailím	ní osclaím	ní imrím
an gceannaíonn tú?	an mbailíonn tú?	an osclaíonn tú?	an imríonn sé?

Le Foghlaim!

Maidir leis na briathra **lorg**, **foghlaim**, **fulaing**, **tarraing** agus **tuirling**, cuirimid na foircinn a bhaineann leis an dara réimniú leo gan aon athrú eile a dhéanamh.

Mar shampla

Lorg	Foghlaim	Fulaing	Tarraing
lorgaím	foghlaimím	fulaingím	tarraingím

Le Foghlaim!

Maidir leis an mbriathar **freastail**, bainimid an **i** ón dara siolla agus ansin cuirimid na foircinn a bhaineann leis an dara réimniú leis an bhfréamh.

freastail
freastalaím

Cleachtaí Scríofa

1. Athscríobh na habairtí seo a leanas san aimsir láithreach gan na lúibíní.
   (a) (Dúisigh) ______________ na páistí go luath gach Satharn.
   (b) (Tosaigh; mé) ______________ ______ mo chuid obair bhaile ar a cúig gach tráthnóna.
   (c) (Léirigh) ______________ mothúcháin an fhile go soiléir dúinn i véarsa a trí.
   (d) (Ní; críochnaigh; sinn) ______ ______________ an obair go dtí a seacht a chlog.
   (e) (Freagair; sé) ______________ ______ an fón sa teach i gcónaí.
   (f) (Oscail) ______________ an príomhoide an scoil gach maidin ar a hocht a chlog.
   (g) (Fiafraigh) ______________ mo dhaid an rud céanna díom i gcónaí.
   (h) (Gortaigh) ______________ cúpla imreoir i ngach cluiche.
   (i) (Inis) ______________ na páistí a scéalta dá dtuismitheoirí nuair a théann siad abhaile ón scoil gach lá.
   (j) (Réitigh; mé) ______________ ______ go sármhaith le mo thuismtheoirí ach (ní; réitigh) ______ ______________ mo dheirfiúr le mo dhaid go minic.
2. Réimnigh na briathra seo a leanas san aimsir láithreach.
   (a) críochnaigh (b) inis (c) léirigh (d) freagair (e) ceangail (f) fiafraigh (g) ordaigh (h) taistil (i) cóirigh (j) triomaigh

Na Briathra Neamhrialta

Abair	Beir	Clois	Déan	Faigh
deirim	beirim	cloisim	déanaim	faighim
deir tú/sé/sí	beireann tú/sé/sí	cloiseann tú/sé/sí	déanann tú/sé/sí	faigheann tú/sé/sí
deirimid	beirimid	cloisimid	déanaimid	faighimid
deir sibh/siad	beireann sibh/siad	cloiseann sibh/siad	déanann sibh/siad	faigheann sibh/siad
deirtear	beirtear	cloistear	déantar	faightear
ní deirim	ní bheirim	ní chloisim	ní dhéanaim	ní fhaighim
an ndeir tú?	an mbeireann tú?	an gcloiseann tú?	an ndéanann tú?	an bhfaigheann tú?

Feic	Ith	Tabhair	Tar	Téigh
feicim	ithim	tugaim	tagaim	téim
feiceann tú/sé/sí	itheann tú/sé/sí	tugann tú/sé/sí	tagann tú/sé/sí	téann tú/sé/sí
feicimid	ithimid	tugaimid	tagaimid	téimid
feiceann sibh/siad	itheann sibh/siad	tugann sibh/siad	tagann sibh/siad	téann sibh/siad
feictear	itear	tugtar	tagtar	téitear
ní fheicim	ní ithim	ní thugaim	ní thagaim	ní théim
an bhfeiceann tú?	an itheann tú?	an dtugann tú?	an dtagann tú?	an dtéann tú?

'Bíonn' agus 'Tá': Na Rialacha

Tá aimsir láithreach agus aimsir ghnáthláithreach den bhriathar **bí** ann.

1. Úsáidimid **tá** (an aimsir láithreach) nuair a dhéanaimid tagairt do ghníomh atá ar siúl **anois díreach**.

Mar shampla

Cá bhfuil tú? Táim ar scoil.

Cad atá cearr leat? Tá tinneas cinn orm.

Tá seisear i mo chlann.

Tá a lán áiseanna i mo cheantar.

Tá mo theach mór agus compórdach.

2. Úsáidimid **bíonn** (an aimsir ghnáthláithreach) nuair a dhéanaimid tagairt do ghníomh a bhíonn ar siúl **go leanúnach nó go rialta**.

Mar shampla

Bím ar scoil ag a naoi a chlog gach maidin.

Bíonn pian i mo bholg agam i gcónaí nuair a ithim an iomarca.

Bím sa ghiomnáisiam gach Luan.

Táim	Bím
tá tú/sé/sí	bíonn tú/sé/sí
táimid	bímid
tá sibh/siad	bíonn sibh/siad

Táim	Bím
táthar	bítear
nílim	ní bhím
an bhfuil tú?	an mbíonn tú?

Cleachtaí Scríofa

1. Scríobh na habairtí seo a leanas san aimsir láithreach:
   (a) (Téigh; sé) ________________ go dtí an giomnáisiam gach seachtain.
   (b) (Tar; mé) ________________ abhaile gach tráthnóna.
   (c) (Ith; sinn) ____________ ár ndinnéar ag a sé a chlog gach oíche.
   (d) (Tabhair; sí) ________________ airgead do Thrócaire gach Nollaig.
   (e) (Ní; beir; sí) ________________ ar an liathróid le linn an chluiche.
   (f) (An; clois; sí) ________________ na cloig ag bualadh?
   (g) (Feic; sí) ________________ a cairde gach lá.
   (h) (Abair; sé) ________________ go mbíonn sé ag fanacht liom i gcónaí.
   (i) (An; déan; sé) ________________ a chuid obair bhaile gach tráthnóna?
   (j) (Ní; bí; sé) ________________ sa chlub óige gach Satharn.
2. Réimnigh na briathra seo a leanas san aimsir láithreach.
   (a) déan (b) abair (c) faigh (d) tabhair (e) ith (f) clois (g) téigh (h) tar (i) bí (j) beir

Céim a 4: An Aimsir Fháistineach

Úsáidtear an aimsir fháistineach le nathanna ama ar nós 'amárach', 'an tseachtain seo chugainn', 'an bhliain seo chugainn', 'anocht', 'níos déanaí ', 'go luath', 'ar ball', 'arú amárach', srl.

Briathra Rialta

An Chéad Réimniú

Briathra a bhfuil siolla amháin iontu agus briathra a bhfuil dhá shiolla iontu agus síneadh fada ar an dara siolla atá sa chéad réimniú.

Is iad na foircinn seo a leanas a chuirimid le briathra an chéad réimniú san aimsir fháistineach:

Más Consan Leathan é Consan Deiridh an Bhriathair	Más Consan Caol é Consan Deiridh an Bhriathair
-faidh mé/tú /sé/sí	-fidh mé/tú /sé/sí
-faimid	-fimid
-faidh sibh/siad	-fidh sibh/siad
-far	-fear

Mar shampla

Glan	Coimeád	Cuir	Tiomáin
glanfaidh mé	coimeádfaidh mé	cuirfidh mé	tiomáinfidh mé
glanfaidh tú/sé/sí	coimeádfaidh tú/sé/sí	cuirfidh tú/sé/sí	tiomáinfidh tú/sé/sí
glanfaimid	coimeádfaimid	cuirfimid	tiomáinfimid
glanfaidh sibh/siad	coimeádfaidh sibh/siad	cuirfidh sibh/siad	tiomáinfidh sibh/siad
glanfar	coimeádfar	cuirfear	tiomáinfear

An Fhoirm Dhiúltach

- Más briathar é a bhfuil consan mar thús air: **ní** + séimhiú
- Más briathar é a bhfuil guta mar thús air: **ní**.

Mar shampla

ní ghlanfaidh mé	ní ólfaidh mé

An Fhoirm Cheisteach

- Más briathar é a bhfuil consan mar thús air: **an** + urú
- Más briathar é a bhfuil guta mar thús air: **an**.

Mar shampla

an nglanfaidh tú?	an ólfaidh tú?

Le Foghlaim!

Taispeáin	Siúil	Sábháil	Nigh	Suigh	Buaigh	Glaoigh	Léigh	Pléigh
taispeánfaidh mé	siúlfaidh mé	sábhálfaidh mé	nífidh mé	suífidh mé	buafaidh mé	glaofaidh mé	léifidh mé	pléifidh mé

Cleachtaí Scríofa

1. Cuir na habairtí seo a leanas san aimsir fháistineach.
   (a) (Glan; mé) ____________ mo sheomra amárach.
   (b) (An; tuig; tú) ____________ an cheist sa rang níos déanaí?
   (c) (Bris; sí) ____________ an cupán sin má fhágann tú ina haonar í.
   (d) (Coimeád; sé) ____________ an t-airgead go léir dó féin má ligtear dó.
   (e) (Mill) ____________ an timpeallacht mura gcuirimid stop leis.
   (f) (Troid) ____________ na buachaillí san eastát anocht.
   (g) (Caill; tú) ____________ do sparán mura gcuireann tú i do mhála é.
   (h) (Caith; sí) ____________ a saol uilig i bpriosún má leanann sí ar aghaidh ag goid.
   (i) (Úsáid; sinn) ____________ ár gcumas intinne chun comhlacht iontach a bhunú amach anseo.
   (j) (Ní; buail; mé) ____________ le mo chara níos déanaí anocht mura mbíonn m'obair bhaile déanta agam.
2. Réimnigh na briathra seo a leanas san aimsir fháistineach.
   (a) sábháil (b) suigh (c) caith (d) siúil (e) pléigh (f) fill (h) rith (i) buail (j) glan (k) cuir

An Dara Réimniú

Briathra a bhfuil dhá shiolla iontu agus a bhfuil **-igh**, **-il**, **-in**, **-ir** nó **-is** mar chríoch orthu (chomh maith le grúpa beag eile) atá sa dara réimniú.

- Maidir leis na briathra a bhfuil **-igh** nó **-aigh** mar chríoch orthu, bainimid an chríoch sin chun an fhréamh a aimsiú.
- Maidir leis na briathra a bhfuil **-il** nó **-ail**, **-in** nó **-ain**, **-ir** nó **-air** nó **-is** mar chríoch orthu, bainimid an **i** nó an **ai** ón dara siolla den bhriathar agus cuirimid na foircinn chuí leis na briathra.

Ansin, cuirimid na foircinn seo a leanas leis na braithra sa dara reimniú san aimsir fháistineach:

Foircinn Leathana	Foircinn Chaola
-óidh mé/tú/sé/sí	-eoidh mé/tú/sé/sí
-óimid	-eoimid
-óidh sibh/siad	-eoidh sibh/siad
-ófar (saorbhriathar)	-eofar (saorbhriathar)

Mar shampla

Ceannaigh	Oscail	Bailigh	Imir
ceannóidh mé	osclóidh mé	baileoidh mé	imreoidh mé
ceannóidh tú/sé/sí	osclóidh tú/sé/sí	baileoidh tú/sé/sí	imreoidh tú/sé/sí
ceannóimid	osclóimid	baileoimid	imreoimid
ceannóidh sibh/siad	osclóidh sibh/siad	baileoidh sibh/siad	imreoidh sibh/siad
ceannófar	osclófar	baileofar	imreofar

An Fhoirm Dhiúltach

- Más briathar é a bhfuil consan mar thús air: **ní** + séimhiú
- Más briathar é a bhfuil guta mar thús air: **ní**.

Mar shampla

ní thosóidh mé	ní imreoidh mé

An Fhoirm Cheisteach

- Más briathar é a bhfuil consan mar thús air: **an** + urú
- Más briathar é a bhfuil guta mar thús air: **an**.

Mar shampla

an dtosóidh tú?	an imreoidh tú?

Le Foghlaim!

Maidir le **foghlaim**, **fulaing**, **tarraing**, agus **tuirling**, cuirimid na foircinn chuí leo agus ní dhéanaimid aon athrú eile.

Foghlaim	Fulaing	Tarraing	Tuirling
foghlaimeoidh mé	fulaingeoidh mé	tarraingeoidh mé	tuirlingeoidh mé

Le Foghlaim!

Maidir leis an mbriathar freastail, bainimid an **i** den dara siolla:

freastail	freastal

An aimsir fháistineach: freastalóidh mé/tú/sé/sí, freastalóimid, freastalóidh sibh/siad, freastalófar

Cleachtaí Scríofa

1. Athscríobh na habairtí seo a leanas san aimsir fháistineach.

(a) (Ceannaigh; sí) ____________________ gúna nua níos déanaí inniu don chóisir.

(b) (Ní; codail; mé) ____________________ néal anocht.

(c) (An; fiosraigh) ____________________ na Gardaí an scéal?

(d) (Mothaigh; sí) ____________________ uaigneach nuair a bheidh sí ag fágáil slán linn.

(e) (Ullmhaigh) ____________________ mo dhaid an teach roimh an gcóisir an tseachtain seo chugainn.

(f) (Oscail; sí) ____________________ an siopa amárach.

(g) (Foghlaim; mé) ____________________ mo chuid focal anocht.

(h) (Diúltaigh) ____________________ a daid di nuair a iarrann sí airgead póca air.

(i) (An; cabhraigh; tú) ____________________ liom nuair a bheidh mé ag glanadh an tí Dé Sathairn seo chugainn?

(j) (Imir; mé) ____________________ sa chluiche Dé hAoine seo chugainn.

2. Réimnigh na briathra seo a leanas san aimsir fháistineach.

(a) tarraing (b) imigh (c) codail (d) críochnaigh (e) tosaigh (f) imir (g) freastail (h) ullmhaigh (i) foghlaim (j) diúltaigh

Na Briathra Neamhrialta

Is iad **abair**, **beir**, **bí**, **clois**, **déan**, **faigh**, **feic**, **ith**, **tabhair**, **tar** agus **téigh** na briathra neamhrialta. Is iad seo a leanas foirmeacha na mbriathra neamhrialta san aimsir fháistineach:

Abair	Beir	Bí	Clois
déarfaidh mé/tú/sé/sí	béarfaidh mé/tú/sé/sí	beidh mé/tú/sé/sí	cloisfidh mé/tú/sé/sí
déarfaimid	béarfaimid	beimid	cloisfimid
déarfaidh sibh/siad	béarfaidh sibh/siad	beidh sibh/siad	cloisfidh sibh/siad
déarfar	béarfar	beifear	cloisfear
ní déarfaidh mé	ní bhéarfaidh mé	ní bheidh mé	ní chloisfidh mé
an ndéarfaidh tú?	an mbéarfaidh tú?	an mbeidh tú?	an gcloisfidh tú?

Déan	Faigh	Feic	Ith
déanfaidh mé/tú/sé/sí	gheobhaidh mé/tú/sé/sí	feicfidh mé/tú/sé/sí	íosfaidh mé/tú/sé/sí
déanfaimid	gheobhaimid	feicfimid	íosfaimid
déanfaidh sibh/siad	gheobhaidh sibh/siad	feicfidh sibh/siad	íosfaidh sibh/siad
déanfar	gheofar	feicfear	íosfar
ní dhéanfaidh mé	ní bhfaighidh mé	ní fheicfidh mé	ní íosfaidh mé
an ndéanfaidh tú?	an bhfaighidh tú?	an bhfeicfidh tú?	an íosfaidh tú?

Tabhair	Tar	Téigh
tabharfaidh mé/tú/sé/sí	tiocfaidh mé/tú/sé/sí	rachaidh mé/tú/sé/sí
tabharfaimid	tiocfaimid	rachaimid
tabharfaidh sibh/siad	tiocfaidh sibh/siad	rachaidh sibh/siad
tabharfar	tiocfar	rachfar
ní thabharfaidh mé	ní thiocfaidh mé	ní rachaidh mé
an dtabharfaidh tú?	an dtiocfaidh tú?	an rachaidh tú?

Cleachtaí Scríofa

1. Cuir na habairtí thíos san aimsir fháistineach.
   (a) (Bí; sí) ____________ ag an gcóisir anocht.
   (b) (Téigh; sé) ____________ go Béal Feirste amárach.
   (c) (Faigh; sí) ____________ sí iomarcaíocht nuair a éireoidh sí as a post.
   (d) (Tabhair; sinn) ____________ ár gcuid airgid dó chun íoc as an tsaoire.
   (e) (Déan; siad) ____________ a ndícheall an jab a chríochnú anocht.
   (f) (Ní; clois; sí) ____________ an nuacht níos déanaí mar (ní; bí; sí) ____________ anseo.
   (g) (Feic; sinn) ____________ ár gcairde ón bhFrainc an samhradh seo chugainn.
   (h) (Tiocfaidh; siad) ____________ abhaile ón Spáinn anocht.
   (i) (Ní; faigh; sí) ____________ aon bhronntanas uaidh amárach.
   (j) (Beir) ____________ míle páiste an mhí seo chugainn i gCorcaigh.
2. Réimnigh na briathra seo a leanas san aimsir fháistineach.
   (a) beir (b) faigh (c) ith (d) clois (e) déan (f) feic (g) téigh (h) tar (i) faigh (j) bí

Céim 5a: An Modh Coinníollach

Úsáidimid an modh coinníollach nuair a bhímid ag caint faoi rud a mbaineann coinníoll leis, is é sin go dtarlódh rud éigin dá dtarlódh rud eile nó dá mbeadh cúinsí áirithe ann.

Nóta!
Má bhíonn an focal '*would*', '*could*' nó '*should*' san abairt Bhéarla, úsáidtear an modh coinníollach don abairt iomlán sa Ghaeilge go hiondúil.

Briathra Rialta

An Chéad Réimniú

Briathra a bhfuil siolla amháin iontu agus briathra a bhfuil dhá shiolla iontu agus síneadh fada ar an dara siolla atá sa chéad réimniú.

- Más briathar é a bhfuil consan mar thús air: séimhiú
- Más briathar é a bhfuil guta mar thús air: **d'**
- Más briathar é a bhfuil **f** mar thús air: **d'** + séimhiú.

Mar shampla

ghlanfainn
d'ólfainn
d'fhágfainn

Is iad na foircinn seo a leanas a chuirimid le briathra an chéad réimniú sa mhodh coinníollach:

Foircinn Leathana	Foircinn Chaola
-fainn	-finn
-fá	-feá
-fadh sé/sí	-feadh sé/sí
-faimis	-fimis
-fadh sibh	-feadh sibh
-faidís	-fidís
-faí (saorbhriathar)	-fí (saorbhriathar)

Mar shampla

Glan	Cuir	Úsáid
ghlanfainn	chuirfinn	d'úsáidfinn
ghlanfá	chuirfeá	d'úsáidfeá
ghlanfadh sé/sí	chuirfeadh sé/sí	d'úsáidfeadh sé/sí
ghlanfaimis	chuirfimis	d'úsáidfimis
ghlanfadh sibh	chuirfeadh sibh	d'úsáidfeadh sibh
ghlanfaidís	chuirfidís	d'úsáidfidís
ghlanfaí	chuirfí	d'úsáidfí

An Fhoirm Dhiúltach

- Más briathar é a bhfuil **consan** mar thús air: **ní** + séimhiú
- Más briathar é a bhfuil **guta** mar thús air: **ní**.

Mar shampla

ní ghlanfainn
ní ólfainn

An Fhoirm Cheisteach

- Más briathar é a bhfuil **consan** mar thús air: **an** + urú
- Más briathar é a bhfuil **guta** mar thús air: **an**.

Mar shampla

an nglanfá?
an ólfá?

Le Foghlaim!

Taispeáin	Siúil	Nigh	Suigh	Pléigh	Léigh	Glaoigh	Sábháil
thaispeánfainn	shiúlfainn	nífinn	shuífinn	phléifinn	léifinn	ghlaofainn	shábhálfainn

Cleachtaí Scríofa

1. Athscríobh na habairtí thíos sa mhodh coinníollach.
   (a) (Glan; mé) ______________ mo sheomra dá mbeadh an t-am agam.
   (b) (Ní; pléigh; sinn) ______________ an fhadhb mura mbeadh sé tromchúiseach.
   (c) (Tiomáin; sinn) ______________ go Corcaigh dá mbeadh lá saor againn.
   (d) (Ní; taispeáin; sé) ______________ sé an teach dúinn mura mbeadh sé ar díol.
   (e) (Bris; sí) ______________ an cupán dá mbeadh sí ar meisce.
   (f) (An; nigh; tú) ______________ an carr dá mbeadh tú sa gharáiste?
   (g) (Goid) ______________ an t-airgead dá (fág) ______________ ar an mbord é.
   (h) (Ní; úsáid; sé) ______________ an heileacaptar mura (bí) ______________ sé faoi bhrú ó thaobh ama de.
   (i) (Mol; sí) ______________ an dalta go hard na spéire dá (bí) ______________ obair an dalta go hiontach.
   (j) (Glaoigh; sé) ______________ ar a mham dá (bí) ______________ creidmheas aige ina fhón.
2. Réimnigh a briathra seo a leanas sa mhodh coinníollach.
   (a) rith (b) sábháil (c) coimeád (d) tóg (e) fás
   (f) fág (g) úsáid (h) tiomáin (i) siúil (j) buail

An Dara Réimniú

Briathra a bhfuil dhá shiolla iontu agus a bhfuil **-igh**, **-il**, **-in**, **-ir** nó **-is** mar chríoch orthu (chomh maith le grúpa beag eile) atá sa dara réimniú.

- Maidir leis na briathra a bhfuil **-igh** nó **-aigh** mar chríoch orthu, bainimid an chríoch sin agus cuirimid na foircinn chuí leis na briathra.
- Maidir leis na briathra a bhfuil **-il** nó **-ail**, **-in** nó **-ain**, **-ir** nó **-air** nó **-is** mar chríoch orthu, bainimid an **i** nó an **ai** ón dara siolla agus cuirimid na foircinn chuí leis na briathra.

Ansin, cuirimid na foircinn seo a leanas leis na briathra sa dara reimniú sa mhodh coinníollach.

Foircinn Leathana	Foircinn Chaola
-óinn	-eoinn
-ófá	-eofá
-ódh sé/sí	-eodh sé/sí
-óimis	-eoimis
-ódh sibh	-eodh sibh
-óidís	-eoidís
-ófaí (saorbhriathar)	-eofaí (saorbhriathar)

Mar shampla

Ceannaigh	Oscail	Bailigh	Imir
cheannóinn	d'osclóinn	bhaileoinn	d'imreoinn
cheannófá	d'osclófá	bhaileofá	d'imreofá
cheannódh sé/sí	d'osclódh sé/sí	bhaileodh sé/sí	d'imreodh sé/sí
cheannóimis	d'osclóimis	bhaileoimís	d'imreoimís
cheannódh sibh	d'osclódh sibh	bhaileodh sibh	d'imreodh sibh
cheannóidís	d'osclóidís	bhaileoidís	d'imreoidís
cheannófaí	d'osclófaí	bhaileofaí	d'imreofaí
ní cheannóinn	ní osclóinn	ní bhaileoinn	ní imreoinn
an gceannófá?	an osclófá?	an mbaileofá?	an imreofá?

Le Foghlaim!

Maidir leis na briathra **foghlaim**, **fulaing**, **tarraing**, agus **tuirling**, cuirimid na foircinn a bhaineann leis an dara réimniú leo gan aon athrú eile a dhéanamh.

Foghlaim	Fulaing	Tarraing	Tuirling
d'fhoghlaimeoinn	d'fhulaingeoinn	tharraingeoinn	thuirlingeoinn

Le Foghlaim!

Maidir leis an mbriathar **freastail**, bainimid an **i** den dara siolla agus cuirimid na foircinn a bhaineann leis an dara réimniú leis.

freastail	freastal	d'fhreastalóinn

An Fhoirm Dhiúltach

- Más briathar é a bhfuil consan mar thús air: **ní** + séimhiú
- Más briathar é a bhfuil guta mar thús air: **ní**.

Mar shampla

ní thosóinn	ní imreoinn

An Fhoirm Cheisteach

- Más briathar é a bhfuil consan mar thús air: **an** + urú
- Más briathar é a bhfuil guta mar thús air: **an**.

Mar shampla

an dtosófá?	an imreofá?

Cleachtaí Scríofa

1. Athscríobh na habairtí seo a leanas sa mhodh coinníollach.
   (a) (Tosaigh; sinn) ______________ ag ithe dá mbeadh gach duine réidh.
   (b) (Ní; bailigh; sé) _____ ______________ _____ an t-airgead mura mbeadh sé ag dul chuig eagraíocht charthanach.
   (c) (An; oscail; siad) _____ ______________ bialann nua mura mbeidís ina gcócairí?
   (d) (Imir) ______________ an cluiche dá mbeadh an dá fhoireann ar fáil.
   (e) (Codail; siad) ______________ go déanach dá bhféadfaidís.
   (f) (Imigh; sí) ______________ _____ ar saoire dá mbeadh an seans aici.
   (g) (An; ceannaigh; siad) _____ ______________ tigh nua dá mbeadh an t-airgead acu?
   (h) (Ní; freagair; tú) _____ ______________ an ríomhphost mura (cuir, mé) ______________ brú ort.
   (i) (Labhair) ______________ an múinteoir leis an dalta dá mbeadh fadhb ann.
   (j) (Foghlaim; siad) ______________ an ceacht dá (ceap; siad) ______________ go raibh sé tábhachtach don scrúdú.
2. Réimnigh na briathra seo a leanas sa mhodh coinníollach.
   (a) tuirling (b) tarraing (c) freastail (d) ceannaigh (e) imigh (f) oscail (g) codail (h) labhair (i) fulaing (j) críochnaigh

Na Briathra Neamhrialta

Abair	Beir	Bí	Clois
déarfainn	bhéarfainn	bheinn	chloisfinn
déarfá	bhéarfá	bheifeá	chloisfeá
déarfadh sé/sí	bhéarfadh sé/sí	bheadh sé/sí	chloisfeadh sé/sí
déarfaimis	bhéarfaimis	bheimis	chloisfimis
déarfadh sibh	bhéarfadh sibh	bheadh sibh	chloisfeadh sibh
déarfaidís	bhéarfaidís	bheidís	chloisfidís
déarfaí	bhéarfaí	bheifí	chloisfí
ní déarfainn	ní bhéarfainn	ní bheinn	ní chloisfinn
an ndéarfá?	an mbéarfá?	an mbeifeá?	an gcloisfeá?

Déan	Faigh	Feic	Ith
dhéanfainn	gheobhainn	d'fheicfinn	d'íosfainn
dhéanfá	gheofá	d'fheicfeá	d'íosfá
dhéanfadh sé/sí	gheobhadh sé/sí	d'fheicfeadh sé/sí	d'íosfadh sé/sí
dhéanfaimis	gheobhaimis	d'fheicfimis	d'íosfaimis
dhéanfadh sibh	gheobhadh sibh	d'fheicfeadh sibh	d'íosfadh sibh
dhéanfaidís	gheobhaidís	d'fheicfidís	d'íosfaidís
dhéanfaí	gheofaí	d'fheicfí	d'íosfaí
ní dhéanfainn	ní bhfaighinn	ní fheicfinn	ní íosfainn
an ndéanfá?	an bhfaighfeá?	an bhfeicfeá?	an íosfá?

Tabhair	Tar	Téigh
thabharfainn	thiocfainn	rachainn
thabharfá	thiocfá	rachfá
thabharfadh sé/sí	thiocfadh sé/sí	rachadh sé/sí
thabharfaimis	thiocfaimis	rachaimis
thabharfadh sibh	thiocfadh sibh	rachadh sibh
thabharfaidís	thiocfaidís	rachaidís
thabharfaí	thiocfaí	rachfaí
ní thabharfainn	ní thiocfainn	ní rachainn
an dtabharfá?	an dtiocfá?	an rachfá?

Cleachtaí Scríofa

1. Athscríobh na habairtí seo a leanas sa mhodh coinníollach.
   (a) (Bí; sinn) ______________ ar mhuin na muice dá (faigh, sinn) ______________ dea-aimsir le linn an tsamhraidh.
   (b) (Téigh; sí) ______________ ______ ar thuras domhanda dá (bí) ______________ bliain saor aici.
   (c) (Ní; tabhair; mé) ______ ______________ ______ duine olc ar éinne mura (bí) ______________ cúis mhaith leis.
   (d) (Tar; siad) ______________ go dtí an chóisir dá (bí) ______________ feighlí linbh acu.
   (e) (An; faigh; tú) ______ ______________ carr nua mura (bí) ______________ an ceann atá agat ag titim as a chéile?
   (f) (Abair; sinn) ______________ ár bpaidreacha dá (bí; sinn) ______________ inár gCríostaithe.
   (g) (An; déan; tú) ______ ______________ d'obair bhaile dá (bí; tú) ______________ sa bhaile?
   (h) (Clois; sí) ______________ ______ an nuacht dá n-éistfeadh sí leis an raidió.
   (i) (An; téigh; sé) ______ ______________ ______ go dtí an Rúis dá mbeadh an seans aige?
   (j) (Ní; feic; siad) ______ ______________ a gcol ceathracha ar chor ar bith mura (tabhair; mé) ______________ cuireadh dóibh teacht go mo theach.
2. Réimnigh na briathra seo a leanas sa mhodh coinníollach.
   (a) déan (b) feic (c) beir (d) tabhair (e) clois
   (f) bí (g) téigh (h) tar (i) faigh (j) ith

Céim a 5b: Dá agus an Modh Coinníollach

- Ciallaíonn **dá** *'if'*. Leanann an modh coinníollach **dá** i gcónaí.

An Riail: Dá + Urú

Mar shampla

Dá mbeadh deis agam, **rachainn** ar saoire.	*If I had the opportunity,* ***I would*** *go on holidays.*
Dá mbeinn i mo phríomhoide, **thabharfainn** leathlá do na daltaí gach Aoine.	*If I were principal,* ***I would give*** *a halfday to the students every Friday.*
Dá mbeimis ábalta, **rithfimis**.	*If we were able to,* ***we would run***.

- Is é 'mura' foirm dhiúltach 'dá'.

Nóta!
mura = *if not*

Mura + Urú

Mar shampla

Mura mbeadh an aimsir go maith, ní fhéadfainn dul ag rothaíocht.	*If the weather was not good, I could not go cycling.*
Mura mbeinn i mo cheoltóir, ní bheinn sásta le mo shaol.	*If I weren't a musician, I would not be happy in my life.*

Céim a 5c: Má agus Mura

Má

- Ciallaíonn **má** *'if'* as Gaeilge.
- Úsáidtear **má** in abairtí san aimsir chaite agus san aimsir láithreach.
- Ní féidir an aimsir fháistineach a úsáid díreach i ndiaidh **má** ach is minic a bhíonn sé sa dara leath den abairt.

An Riail: Má + séimhiú

Mar shampla

Má + an Aimsir Láithreach, an Aimsir Láithreach sa Dara Leath den Abairt	
Má bhíonn an aimsir go maith, téim go dtí an trá.	*If the weather is good, I go to the beach.*
Má bhíonn mo nia go maith, tugaim milseán dó.	*If my nephew is good, I give him a sweet.*

'Má' san Aimsir Láithreach, an Aimsir Fháistineach sa Dara Leath den Abairt	
Má fhaighim mo thuarastal, ceannóidh mé feisteas nua amárach.	*If I get my salary, I will buy a new outfit tomorrow.*
Má chloisim an scéal sin arís uaidh, rachaidh mé le báiní.	*If I hear that story again from him, I will go crazy!*

'Má' san Aimsir Chaite	
Má bhí Pádraig ag an gcóisir, ní fhaca mé é.	*If Pádraig was at the party, I didn't see him.*
Má theastaigh ardú pá uaidh, níor chuala mise faic faoi.	*If he wanted a pay rise, I didn't hear anything about it.*

Cleachtaí Scríofa

Athscríobh na habairtí seo a leanas gan na lúibíní.

1. Má (bí) ______________ an t-am agam, is aoibhinn liom dul ag marcaíocht.
2. Má (feic; sé) ____________________ a chara ó am go ham, bíonn sé go breá sásta.
3. Má (tar; sí) ____________________ abhaile aréir, níor chuala mé í.
4. Má (abair; siad) ____________________ faic le héinne, níor chuala mé faoi.
5. Má (téigh; sibh) ____________________ go Baile Átha Cliath, beidh tuirse oraibh.

Mura

- Is é **mura** foirm dhiúltach **má** agus **dá**.
- Is féidir briathar san aimsir chaite, aimsir láithreach, aimsir fháistineach nó sa mhodh coinníollach **mura** a leanúint.

Nóta!
Eisceachtaí: nuair a thosaíonn briathra le **st**, **l**, **n**, **r**, **sm**, **sp**, **sc**, (St Eleanor is smiling in Spanish school) nó **m** agus **s** (Marks & Spencer) ní chuirtear séimhiú nó urú ar thús an bhriathair. Mar shampla: má léimim, má smaoiním, dá rithfinn, dá nífinn.

Mura + Urú

Na Rialacha 'Mura' nó 'Murar' san Aimsir Chaite

1. Úsáidimid **mura** le roinnt briathra neamhrialta san aimsir chaite.

Mar shampla
mura raibh, mura bhfaca, mura ndearna, mura ndúirt, mura ndeachaigh, mura bhfuair

2. Úsáidimid **murar** le briathra rialta san aimsir chaite agus le roinnt briathra neamhrialta.
   - Briathra a thosaíonn le **consan**: **murar** + séimhiú
   - Briathra a thosaíonn le **guta**: **murar** + faic

Mar shampla
murar thóg sé, murar thug sé, murar chabhraigh sé, murar ól sé, murar éist sé, murar chuala, murar tháinig, murar ith, murar rug, murar thug

3. Úsáidimid **murar** + faic le saorbhriathra.

Mar shampla
Murar cailleadh an bád le linn na stoirme, beidh faoiseamh orm.

Cleachtadh Scríofa

Athscríobh na habairtí seo a leanas gan na lúibíní.

1. Mura (bhí) ______________ sé in ann é a dhéanamh, cén fáth nach ndúirt sé é sin ?
2. Mura (bí; sé) ____________________ cúramach, caillfidh sé a phost.
3. Mura (téigh; sí) ____________________ go Londain do na trialacha, ní bhfaighidh sí an ról.
4. Murar (ceannaigh; sí) ____________________ an cóta nua, cad a chaithfidh sí ag an mbairbaiciú?
5. Mura (tabhair; sinn) ______________ airgead do na bochtáin, cad a tharlóidh dóibh?

Céim a 6: Athbhreithniú ar na hAimsirí

Cluiche

An dalta a gheobhaidh an líon freagraí cearta is airde san am is lú an buaiteoir!

	An Aimsir Chaite	An Aimsir Láithreach	An Aimsir Fháistineach	An Modh Coinníollach
(tar; mé)				
(glan; sé)				
(dúisigh; sinn)				
(leigh; sí)				
(ní; téigh; mé)				
(ní; faigh; sé)				
(an; ith; sí)				
(bris; sinn)				
(nigh; siad)				
(ceannaigh; siad)				
(ní; imir; sibh)				
(an; foghlaim; sí)				
(taispeáin; sinn)				
(ní; úsáid; mé)				
(an; fulaing; sí)				
(freagair; sé)				
(an; codail; sé)				
(oscail; tú)				
(bí; sinn)				
(siúil; sinn)				
(ní; rith; sí)				
(déan; mé)				
(an; feic; tú)				
(imigh; siad)				

Céim a 7: An Chlaoninsint

Úsáidimid an chlaoninsint tar éis frásaí ar nós 'dúirt', 'is dóigh liom', 'is é mo thuairim', 'ceapaim', 'creidim', 'sílim' agus mar sin de.

An Chlaoninsint san Aimsir Chaite

- Má thosaíonn an briathar le consan, úsáidtear **gur** + séimhiú, **nár** + séimhiú.
- Ma thosaíonn an briathar le guta, úsáidtear **gur** + faic, **nár** + faic.

Mar shampla

Insint Dhíreach	Claoninsint
'Thóg mé an t-airgead,' arsa Seán.	Dúirt Seán gur thóg sé an t-airgead.
'Níor thóg mé an t-airgead,' arsa Seán.	Dúirt Seán nár thóg sé an t-airgead.
'D'ól mé cupán tae,' arsa Seán.	Dúirt Seán gur ól sé cupán tae.
'Níor ól mé cupán tae,' arsa Seán.	Dúirt Seán nár ól sé cupán tae.

Le Foghlaim!

Bíonn foirm ar leith ag roinnt de na briathra neamhrialta i ndiaidh **ní**, **go** agus **nach**.

abair	dúirt mé	ní dúirt mé	go ndúirt mé	nach ndúirt mé
bí	bhí mé	ní raibh mé	go raibh mé	nach raibh mé
faigh	fuair mé	ní bhfuair mé	go bhfuair mé	nach bhfuair mé
feic	chonaic mé	ní fhaca mé	go bhfaca mé	nach bhfaca mé
déan	rinne mé	ní dhearna mé	go ndearna mé	nach ndearna mé
téigh	chuaigh mé	ní dheachaigh mé	go ndeachaigh mé	nach ndeachaigh mé

An Saorbhriathar

Insint Dhíreach	Claoninsint
'Tógadh an t-airgead,' arsa Caitlín.	Dúirt Caitlín gur tógadh an t-airgead.

Le Foghlaim!

Tabhair faoi deara nach gcuirimid séimhiú ar an saorbhriathar san aimsir chaite i ndiaidh **gur** ná **nár**.

An Chlaoninsint sna hAimsirí Eile

San aimsir láithreach, aimsir fháistineach agus sa mhodh coinníollach, seo a leanas mar a bhíonn an chlaoninsint:

- Briathra a thosaíonn le **consan**: **go** + urú + briathar, **nach** + urú + briathar
- Briathra a thosaíonn le **guta**: **go** + **n** + briathar, **nach** + **n-** + briathar.

Mar shampla

Abairtí samplacha san aimsir láithreach:

Insint Dhíreach	Claoninsint
'Téim go dtí an siopa gach lá,' arsa Éamonn.	Deir Éamonn go dtéann sé go dtí an siopa gach lá.
'Ní théim go dtí an siopa gach lá,' arsa Áine.	Deir Áine nach dtéann sé go dtí an siopa gach lá.

Le Foghlaim!

- Táim go maith ag spórt. Creidim go bhfuilim go maith ag spórt.
- Nílim go maith ag spórt. Ceapaim nach bhfuilim go maith ag spórt.

Mar shampla

Abairtí samplacha san aimsir fháistineach:

Insint Dhíreach	Claoninsint
'Ceannóidh mé rothar nua.'	Deir Máirtín go gceannóidh sé rothar nua.
'Ní cheannóidh mé rothar nua.'	Deir Donncha nach gceannóidh sé rothar nua.
'Buailfidh mé le Tomás amárach.'	Deir Sorcha go mbuailfidh sí le Tomás amárach.
'Ní bhuailfidh mé le Tomás amárach.'	Deir Anna nach mbuailfidh sí le Tomás amárach.

Le Foghlaim!

- Gheobhaidh sí carr um Nollaig. Deir Áine go bhfaighidh sí carr um Nollaig.
- Ní bhfaighidh sí carr um Nollaig. Deir Áine nach bhfaighidh sí carr um Nollaig.

Mar shampla

Abairtí samplacha sa mhodh coinníollach:

Insint Dhíreach	Claoninsint
'Bheadh díomá uirthi dá gcaillfeadh sí.'	Is dóigh léi go mbeadh díomá uirthi dá gcaillfeadh sí.
'Ní bheadh díomá uirthi dá gcaillfeadh sí.'	Is dóigh léi nach mbeadh díomá uirthi dá gcaillfeadh sí.

an aimsir láithreach	→	an aimsir chaite
an aimsir ghnáthláithreach	→	an aimsir ghnáthchaite
an aimsir fháistineach	→	an modh coinníollach
an aimsir chaite	→	an aimsir chaite
an modh coinníollach	→	an modh coinníollach

Nóta!

I ndiaidh nath a san aimsir chaite ag tús na habairte (m.sh. dúirt sé, cheap sé, chreid sé, srl.), athraíonn cuid de na haimsirí.

Mar shampla

Insint Dhíreach	Claoninsint
'Tá Seán ag an gcóisir.'	Dúirt Seán go raibh sé ag an gcóisir.
'Níl Aobha ag freastal ar an ollscoil.'	Dúirt Aobha nách raibh sé ag freastal ar an ollscoil.
'Ceannóidh Máirtín rothar nua.'	Dúirt Máirtín go gceannódh sé rothar nua.
'Ní cheannóidh Úna rothar nua.'	Dúirt Úna nach gceannódh sí rothar nua.

Cleachtaí Scríofa

1. Cuir 'Deir Dónall' roimh na habairtí seo a leanas agus athscríobh na habairtí mar is gá.
   (a) Ní fheicim mo chuid chairde go minic.
   (b) Chaith mé mo chuid airgid ar mhilseáin.
   (c) D'imir sé go maith sa chluiche inné.
   (d) Tógadh na leanaí i gContae an Chláir.
   (e) Níor thug sí airgead do dhaoine gan dídean.
   (f) Ní dheachaigh mé go Baile Átha Cliath.
   (g) Beidh mé ar an gcóisir anocht.
   (h) Ní ithim seacláid.
   (i) Ní thugaim milseáin do mo chuid leanaí.
2. Cuir 'Ceapaim' roimh na habairtí seo a leanas agus athscríobh na habairtí mar is gá.
   (a) Beidh sneachta ann amárach.
   (b) Buafaidh Ciarraí an cluiche ceannais sa pheil an bhliain seo chugainn.
   (c) Bhí an chóisir go hiontach aréir.
   (d) D'ól Maire an bainne go léir ar maidin.
   (e) Ní dheachaigh mo dheirfiúr go Gaillimh inné.
   (f) Bhuaigh Fiachra sa Chrannchur Náisiúnta anuraidh.
   (g) Ní bheidh Clíona ábalta dul abhaile um Nollaig.
   (h) Cheannóinn rothar dá mbeadh an t-airgead agam.
   (i) Rachainn go Béal Feirste dá mbeadh lá saor agam.
   (j) Ní íosfaidh mé aon arán amárach.
3. Cuir 'Dúirt Méabh' roimh na habairtí seo a leanas agus athscríobh na habairtí mar is gá.
   (Bí cúramach! Cé na hathruithe a thagann ar aimsirí na mbriathra nuair a bhíonn briathar san aimsir chaite ag tús na habairte?)
   (a) Chloisfinn an nuacht dá mbeinn sa tír.
   (b) Chuireamar ár gcuid airgid póca i dtaisce.
   (c) Níor fhéach sé ar an scannán inné.
   (d) Déanfaidh sí cácaí amárach.
   (e) Rith sí sa rás ar nós na gaoithe.
   (f) Ní fhaca sí a máthair inné.
   (g) Dúnfaidh sí an doras anocht.
   (h) Bheinn saor mura mbeadh aon obair agam.
   (i) Gheobhainn bronntanais dá mbeadh níos mó gaolta agam.
   (j) Íosfaidh mé mo bhricfeasta amárach.

Céim a 8: An Chopail agus Claoninsint na Copaile

An Aimsir Láithreach

- Briathar ar leith is ea an chopail **is** a úsáidimid nuair is ionann dhá rud. Úsáidimid an chopail go minic nuair atáimid ag caint faoi **phost** nó faoi **stádas duine**.

Mar shampla

Is fiaclóir é Fionnán.	Is dochtúir í Sorcha.	Is bean tí í./Is fear tí é.
Is Éireannach í.	Is bean phósta í.	Is fear pósta é.

- Úsáidimid an chopail nuair atáimid ag déanamh cur síos ar chineál nó ar cháilíocht an duine.

Mar shampla

Is duine bocht é. Is cailín deas í. Is buachaill dícheallach é.

- Úsáidimid **is** sna frásaí seo a leanas freisin.

Mar shampla

is fearr liom	is maith liom/is breá liom/ is aoibhinn liom	is fuath liom
is féidir liom	is ionann x agus y	Is liomsa é an mála sin.
Is é an t-ábhar is fearr liom ná Béarla.	Is é an phearsa cheoil is fearr liom ná Beyoncé.	

Achoimre ar an gCopail san Aimsir Láithreach

Foirm Dhearfach	Foirm Dhiúltach	Foirm Cheisteach
Is múinteoir é.	Ní múinteoir é.	An múinteoir é?
Is duine deas é.	Ní duine deas é.	An duine deas é?
Is maith liom	Ní maith liom	Ní maith liom

Cleachtaí Scríofa

Freagair na ceisteanna seo a leanas.

1. An amhránaí í Beyoncé? Is ea/Is amhranaí í.
2. Cad é an t-ábhar is fearr leat?
3. Cén phearsa cheoil is fearr leat?
4. An feirmeoir é d'athair?
5. An duine deas é do dheartháir?
6. An bean phósta í?
7. An fearr leat tae nó caife?
8. An amhránaí í Angelina Jolie?
9. An féidir leat snámh?
10. An duine bocht é Donald Trump?

An Chopail san Aimsir Chaite agus sa Mhodh Coinníollach

- Tá an chopail mar an gcéanna san aimsir chaite agus sa mhodh coinníollach. Níl aon leagan di san aimsir fháistineach.
- Bíonn a fhios agat cén aimsir ina bhfuil an chopail nuair a fhéachann tú ar an abairt iomlán agus ar an gcomhthéacs.

An Chopail Roimh Chonsan

An Fhoirm Dhearfach	An Fhoirm Dhiúltach	An Fhoirm Cheisteach
ba + séimhiú	níor + séimhiú	ar + séimhiú

Mar shampla

Ba mhúinteoir é tráth.	Níor mhúinteoir é trath.	Ar mhúinteoir é tráth?
Ba dhuine deas é fadó.	Níor dhuine deas é fadó.	Ar dhuine deas é fadó?
Ba mhaith liom cupán tae.	Níor mhaith liom cupán tae.	Ar mhaith leat cupán tae?
Ba bhreá leis dul go dtí an ollscoil dá bhfaigheadh sé na pointí san Ardteist.	Níor bhreá leis dul go dtí an ollscoil fiú dá bhfaigheadh sé na pointí.	Ar bhreá leis dul go dtí an ollscoil dá bhfaigheadh sé na pointí?

	An Chopail Roimh Ghuta	An Chopail Roimh f
An Fhoirm Dhearfach	b'	b' + séimhiú
An Fhoirm Dhiúltach	níorbh	b' + séimhiú
An Fhoirm Cheisteach	arbh	b' + séimhiú

Nóta!
Eisceacht: úsáidtear **ba** roimh **é**, **í**, **iad** agus **ea**.

Mar shampla

B'ailtire é tráth.	Níorbh ailtire é tráth.	Arbh ailtire é tráth?
B'aoibhinn liom cupán tae.	Níorbh aoibhinn liom cupán tae.	Arbh aoibhinn leat cupán tae?
B'fhéidir liom snámh dá bhfreastalóinn ar ranganna.	Níorbh fhéidir liom snámh riamh.	Arbh fhéidir liom snámh dá bhfreastalóinn ar ranganna?

Cleachtaí Scríofa

Freagair na ceisteanna seo a leanas leis an bhfoirm dhearfach nó dhiúltach.

1. Arbh fheirmeoir é d'athair cúig bliana ó shin?
2. Arbh aoibhinn an lá é anseo inné?
3. Arbh fhearr leat seacláid nó criospaí?
4. Ar mhaith leat dul go dtí an Ghréig ar saoire?
5. Ar dhuine deas í nuair a bhí aithne agat uirthi?
6. Ar mhaith leat dul go Páras ar saoire?
7. Arbh fhéidir leis ceol a sheinm anocht?
8. Ar mhiste leat an t-airgead a bhailiú anois?
9. Arbh aoibhinn leis seacláid i gcónaí?
10. Arbh fhear cineálta é do dhaid?

An Chlaoninsint leis an gCopail

An Aimsir Láithreach

Abairt Díreach	Claoninsint
is	gur (roimh chonsan agus guta)
ní	nach
is	gurb (roimh aidiacht a thosaíonn le guta agus roimh na forainmneacha **é**, **í**, **iad** agus **ea**)

Insint Dhíreach	Claoninsint
'Is múinteoir é,' arsa Seán.	Deir Seán gur múinteoir é.
'Is ailtire é,' arsa Moya.	Deir Moya gur ailtire é.
'Ní bean tí í,' arsa Dónall.	Deir Dónall nach bean tí í.
'Ní aintín í,' arsa Deirdre.	Deir Deirdre nach aintín í.
Is álainn an lá é.	Deir Áine gurb álainn an lá é.
Is ait an saol é.	Deir Áine gurb ait an saol é.

An Aimsir Chaite agus an Modh Coinníollach

	Abairt Díreach	Claoninsint
Roimh chonsan	ba + séimhiú níor + seimhiú	gur + séimhiú nár + séimhiú
Roimh ghuta	b' níorbh + seimhiú	gurbh nárbh + faic
Roimh f	b' níorbh + séimhiú	gurbh + séimhiú nárbh + séimhiú

Insint Dhíreach	Claoninsint
'Ba mhaith leis dul go Corcaigh lá éigin.'	Ceapaim gur mhaith leis dul go Corcaigh lá éigin.
'Níor mhaith liom dul go Corcaigh.'	Ceapaim nár mhaith liom dul go Corcaigh.
'Ba mhúinteoir é.'	Dúirt Siobhán gur mhúinteoir é.
'Níor mhúinteoir é.'	Dúirt Siobhán nár mhúinteoir é.
'B'álainn an lá é inné.'	Dúirt Siobhán gurbh álainn an lá é inné.
'Níorbh álainn an lá é inné.'	Dúirt Siobhán nárbh álainn an lá é inné.
'B'fhearr liom caife ná tae.'	Dúirt Siobhán gurbh fhearr léi caife ná tae.
'Níorbh fhearr liom Beyoncé ná Rihanna.'	Dúirt Siobhán nárbh fhearr léi Beyoncé ná Rihanna.

Cleachtadh Scríofa

Cuir 'Dúirt Tomás' roimh na habairtí seo a leanas:

1. Is breá leis seacláid.
2. Ba cheoltóir iontach é Elvis.
3. Níor mhúinteoir í Éilís nuair a bhí sí ní b'óige.
4. B'fhearr liom caife ná tae.
5. B'ait an lá é inné.
6. Níorbh álainn an lá é inné.
7. Níorbh fheirmeoir é Pádraig go dtí anuraidh.
8. Níorbh fhear deas é nuair a bhí sé beo.
9. Ba cheoltóir a bheadh ann dá mbeadh an seans aige.
10. Níorbh fhile riamh é ach b'úrscéalaí é.

Céim a 9: An Aidiacht Shealbhach

	Roimh Chonsan	Sampla	Roimh Ghuta	Sampla
Mo	séimhiú	mo mháthair	m'	m'aintín
Do	séimhiú	do mháthair	d'	d'aintín
A (*his*)	séimhiú	a mháthair	—	a aintín
A (*her*)	—	a máthair	h	a haintín
Ár	urú	ár máthair	urú	ár n-aintín
Bhur	urú	bhur máthair	urú	bhur n-aintín
A (their)	urú	a máthair	urú	a n-aintín

- Ní féidir séimhiú a chur ar **l**, **n** ná **r** ná **ar sc**, **sm**, **sp** ná **st**.
- Ní féidir urú a chur ar **l**, **m**, **n**, **r** ná **s**.

Cleachtadh Scríofa

1. Athscríobh na habairtí seo a leanas gan na lúibíní.
   (a) Tá (mo; aintín) ina cónaí i mBaile Átha Cliath.
   (b) An mbeidh (do; athair) ag teacht chuig an gcóisir?
   (c) Níl (mo; athair) ag dul go dtí an baile mór.
   (d) Téann (mo; deirfiúr) go dtí an giomnáisiam gach lá.
   (e) Is breá le (mo; uncail) seacláid.
   (f) Taitníonn spórt le (mo; aintín).
   (g) An bhfuil (do; cóta) sa halla?
   (h) Cá bhfuil (mo; gúna)?
   (i) Ní raibh (bhur; uncail) ar an bhféasta.
   (j) An bhfaca aon duine (mo; peann)?

2. Athscríobh na habairtí seo a leanas gan na lúibíní.
   (a) An bhfuil (do; mála) agat?
   (b) Cá bhfuil (mo; geansaí) nua?
   (c) Tá (a (*his*); máthair) as baile.
   (d) An bhfuil (a (*her*); athair) an-dian?
   (e) Ní thaitníonn damhsa le (mo; uncail).
   (f) An mbeidh (ár; athair) ag teacht anocht?
   (g) Ní maith le (mo; máthair) rac-cheol.
   (h) An mbeidh (a (*their*); uncail) ag teacht anocht?
   (i) An maith leat (do; madra) nua?
   (j) Ní thaitníonn (ár; obair bhaile) linn.

Céim a 10: Uimhreacha

Maoluimhreacha

Úsáidtear iad le haghaidh uimhreacha teileafóin, uimhreacha arasáin/tithe, srl.

Mar shampla

a náid, a haon, a dó, a trí, a ceathair, a cúig, a sé, a seacht, a hocht, a naoi, a deich

Féach ar Aonad a 1, leathanaigh 5–6.

Uimhreacha Pearsanta

Úsaidtear iad chun daoine a chomhaireamh.

Mar shampla

duine, beirt, triúr, ceathrar, cúigear, seisear, seachtar, ochtar, naonúr, deichniúr

Orduimhreacha

Úsáidtear iad chun dátaí a chur in iúl nó daoine/ranganna sa mheánscoil a chur in ord.

Mar shampla

an chéad, an dara, an tríú, an ceathrú, an cúigiú, an séú, an seachtú, an t-ochtú, an naoú, an deichiú

Bunuimhreacha Neamhphearsanta

Úsáidtear iad chun rudaí nó ainmhithe a chomhaireamh.

Mar shampla

cat amháin, dhá chat, trí chat, ceithre chat, cúig chat, sé chat, seacht gcat, ocht gcat, naoi gcat, deich gcat

Féach ar Aonad a 4, leathanach 136.

Na Rialacha

1. Ainmfhocail a thosaíonn le consain: 1–6 + séimhiú; 7–10 + urú
2. Ainmfhocail a thosaíonn le gutaí: 1–6 + faic, 7–10 + n-.
3. Fanann an t-ainmfhocal san uimhir uatha.

Céim a 11: Na Réamhfhocail Shimplí, an Tuiseal Tabharthach agus na Forainmneacha Réamhfhoclacha

1 Ar = *on* (de ghnáth)

- Réamhfhocal shimplí: **ar** + séimhiú
- Réamhfhocal agus an t-alt: **ar an** + urú
- Forainm réamhfhoclach: orm, ort, air, uirthi, orainn, oraibh, orthu

Mar shampla

Bhí eagla ar Mháire.

Tá an bainne ar an mbord.

- Briathra a thógann **ar**: impigh ar, freastail ar, féach ar, teip ar, glaoigh ar, iarr ar, déan dearmad ar, braith ar
- Nathanna le **ar**: lig ar, tá fliú orm, tá tinneas cinn orm, tá ocras orm, tá tart orm, tá tuirse orm
- Mothúcháin: tá brón orm, tá áthas ort, tá díomá air, tá ionadh uirthi, tá uaigneas orainn, tá faitíos oraibh, tá éad orthu, tá bród ar Sheán, tá imní ar na Gardaí.

Eisceachtaí

- Ní bhíonn séimhiú ar an ainmfhocal más **ionad ginearálta** atá ann

Mar shampla
ar farraige, ar muir, ar talamh

- ná más staid nó coinníoll atá ann

Mar shampla
ar meisce, ar ceal, ar siúl, ar saoire, ar crith, ar crochadh, ar buile, ar díol, ar fónamh, ar mire, ar iarraidh, ar iasacht, ar oscailt, ar lorg

- nó más cúrsaí ama atá i gceist.

Mar shampla
ar ball, ar maidin

2 De = *from/of/off* (de ghnáth)

- Réamhfhocal: **de** + séimhiú

Mar shampla
Bain an hata de Mháire.

- Réamhfhocal agus an t-alt: **den** + séimhiú

Mar shampla
Thit an cupán den bhord.

- Forainm réamhfhoclach: díom, díot, de, di, dínn, díbh, díobh
- Nathanna le 'de': bain díot do chóta, táim an-bhuíoch díot, fiafraigh de.

3 Do = *to/for* (de ghnáth)

- Réamhfhocal: **do** + séimhiú

Mar shampla
Thug mé airgead do Mháire.

- Réamhfhocal agus an t-alt: don + séimhiú

Mar shampla
Thug mé mo chóipleabhar don mhúinteoir.

- Forainm réamhfhoclach: dom, duit, dó, di, dúinn, daoibh, dóibh
- Nathanna le 'do': lig do, tabhair do, géill do, inis do, geall do, taispeáin do.

4 Roimh = *before/in front of* (de ghnáth)

- Réamhfhocal: **roimh** + séimhiú

Mar shampla
Chuir mé fáilte roimh Mháire.

- Réamhfhocal agus an t-alt: roimh **an** + urú.

Mar shampla
Tá eagla orm roimh an gcat.

- Forainm réamhfhoclach: romham, romhat, roimhe, roimpi, romhainn, romhaibh, rompu
- Nathanna le 'roimh': cuir fáilte roimh, tá eagla orm roimh.

5 Faoi = *about/under* (de ghnáth)

- Réamhfhocal: **faoi** + séimhiú

Mar shampla
Chuala mé an scéal faoi Mháire.

- Réamhfhocal agus an t-alt: **faoin** + urú

Mar shampla
Chuala mé an scéal faoin gcailín.

- Forainm réamhfhoclach: fúm, fút, faoi, fúithi, fúinn, fúibh, fúthu
- Nathanna le 'faoi': ag gáire faoi, ag magadh faoi, ag caint faoi, ag labhairt faoi.

6 Ó = *from* (de ghnáth)

- Réamhfhocal: **ó** + séimhiú

Mar shampla
Fuair mé bronntanas ó Mháire.

- Réamhfhocal agus an t-alt: **ón** + urú

Mar shampla
Fuair mé an biachlár ón bhfreastalaí.

- Forainm réamhfhoclach: uaim, uait, uaidh, uaithi, uainn, uaibh, uathu
- Nathanna le 'ó': teastaigh ó, airigh ó.

Mar shampla

Teastaíonn seacláid uaim.	*I want chocolate.*
Airím uaim tú.	*I miss you.*

7 Ag = *at/possession* (de ghnáth)

- Réamhfhocal: **ag** + faic

Mar shampla
Tá a lán airgid ag Máire.

- Réamhfhocal agus an t-alt: **ag an** + urú

Mar shampla
Feicfidh mé ag an bpictiúrlann thú.

- Forainm réamhfhoclach: agam, agat, aige, aici, againn, agaibh, acu
- Nathanna le 'ag': bí + ag (*to have*); tá súile gorma agam, bíonn cith agam gach maidin.

8 As = *from/out of* (de ghnáth)

- Réamhfhocal: **as** + faic

Mar shampla
Is as Baile Átha Cliath dom.

- Réamhfhocal agus an t-alt: **as an** + urú

Mar shampla
Go tobann léim sé as an mbosca.

- Forainm réamhfhoclach: asam, asat, as, aisti, asainn, asaibh, astu
- Nathanna le 'as': bain geit as, bain preab as, lig béic as, ag spochadh as.

9 Chuig = *to* (de ghnáth)

- Réamhfhocal: **chuig** + faic

Mar shampla
Scríobh mé litir chuig Máire.

- Réamhfhocal agus an t-alt: **chuig an** + urú

Mar shampla
Ní féidir liom dul chuig an gcóisir.

- Forainm réamhfhoclach: chugam, chugat, chuige, chuici, chugainn, chugaibh, chucu
- Nathanna le 'chuig': scríobh litir/ríomhphost chuig, seol chuig.

10 I = *in* (de ghnáth)

- Réamhfhocal: **i** + urú

Mar shampla
Táim i mo chónaí i gCorcaigh.

- Athraíonn 'i' go 'in' roimh ghuta; m.sh. in Albain, in Éirinn
- Réamhfhocal agus an t-alt: **sa** + séimhiú

Mar shampla
Cónaím sa chathair.

- Athraíonn **sa** go **san** roimh ghuta nó **f** + guta; m.sh. san fharraige, san árasán
- Forainm réamhfhoclach: ionam, ionat, ann, inti, ionainn, ionaibh, iontu.

11 Idir = *between/both*

- Réamhfhocal: idir + faic (nuair a chiallaíonn idir '*between*'); m.sh. ar an mbóthar idir Dún na nGall agus Leitir Ceanainn
  idir + séimhiú (nuair a chiallaíonn idir '*both*'); m.sh. Bhí idir bhuachaillí agus chailíní i láthair.
- Forainm réamhfhoclach: idir mé, idir tú, idir é, idir í, eadrainn, eadraibh, eatarthu.

12 Le = *with*

- Réamhfhocal: le + faic; m.sh. le Colm, le Sorcha, le Máire
- Roimh ghuta: le + h; m.sh. le hÁine
- Réamhfhocal agus an t-alt: leis an gcailín, leis an bhfear
- Nathanna le 'le' : taitin le, buail le , éirigh le, labhair le, ag súil le, ag tnúth le, gabh buíochas le, gabh comhghairdeas le, gabh leithscéal le
- Forainm réamhfhoclach: liom, leat, leis, léi, linn, libh, leo.

Athbhreithniú ar na Réamhfhocail Shimplí

Réamhfhocail Shimplí		Réamhfhocail Shimplí		Réamhfhocail agus an t-Alt	
ar de do roimh um thar trí faoi mar ó	**séimhiú de ghnáth**	ag as go chuig le seachas	**faic de ghnáth**	ar an ag an as an chuig an tríd an roimh an ón faoin	**urú**
i + urú				den, don, sa + séimhiú	

Nóta!
Cuireann 'le' agus 'go' 'h' roimh ghuta; m.sh. le hOisín, go hAlbain.

Eisceachtaí

- Nuair a thosaíonn an t-ainmfhocal le **st**, **l**, **n**, **r**, **sm**, **sp**, **sc**, ní chuirimid séimhiú ná urú air.
- Nuair a thosaíonn an t-ainmfhocal le **m** nó **s**, ní chuirimid urú air.
- Nuair a chríochnaíonn focal amháin le **d**, **n**, **t**, **l** nó **s** agus nuair a thosaíonn an chéad fhocal eile le **d**, **n**, **t**, **l** nó **s**, ní chuirtear séimhiú ná urú ar an dara focal de ghnáth; m.sh. ar an traein, ag an doras.

Cleachtadh Scríofa

Athraigh na focail idir na lúibíní más gá.

1. Bhí áthas an domhain ar (Seán) nuair a chonaic sé a bhronntanas.
2. Éistim le (ceol) i mo sheomra roimh dhul a luí dom.
3. Caithim an-chuid ama le mo sheanmháthair. Bím ag caint (le; sí) agus insíonn sí scéalta (do; mé).
4. Tá eagla orm roimh (cait).
5. Táim ag tnúth go mór leis an (ceolchoirm). Tiocfaidh mo chol ceathrar Ruairí in éineacht (le; mé).
6. Cuirfidh mé fios (ar; tú) níos déanaí agus inseoidh mé an scéal ar fad (do; tú).
7. Nuair a chuaigh mé isteach sa rang déanach bhí gach duine ag gáire (faoi; mé). Bhí náire an domhain (ar; mé).
8. Bhí fearg ar na cailíní mar ní raibh cead (ag; siad) dul go dtí an dioscó.
9. Lig na buachaillí (ar, siad) go raibh siad ag obair nuair a tháinig an múinteoir isteach.
10. Nuair a thángamar abhaile ón turas scoile san Iodáil chuir ár dtuismitheoirí fáilte mhór (roimh; sinn).

Forainmneacha Réamhfhoclacha

Nuair a chuirimid réamhfhocal simplí agus forainm le chéile, bíonn forainm réamhfhoclach againn.

Mar shampla

Réamhfhocal	Forainm	Forainm Réamhfhoclach
ag	mé	agam
ar	tú	ort
do	sé	dó

Na forainmneacha réamhfhoclacha is tábhachtaí:

	Mé	Tú	Sé	Sí	Muid (sinn)	Sibh	Siad
Ag	agam	agat	aige	aici	againn	agaibh	acu
Ar	orm	ort	air	uirthi	orainn	oraibh	orthu
As	asam	asat	as	aisti	asainn	asaibh	astu
Chuig	chugam	chugat	chuige	chuici	chugainn	chugaibh	chucu
De	díom	díot	de	di	dínn	díbh	díobh
Do	dom	duit	dó	di	dúinn	daoibh	dóibh
Faoi	fúm	fút	faoi	fúithi	fúinn	fúibh	fúthu
I	ionam	ionat	ann	inti	ionainn	ionaibh	iontu
Le	liom	leat	leis	léi	linn	libh	leo
Ó	uaim	uait	uaidh	uaithi	uainn	uaibh	uathu
Roimh	romham	romhat	roimhe	roimpi	romhainn	romhaibh	rompu

Cleachtadh Scríofa

1. Ceartaigh na focail idir na lúibíní más gá.
   - (a) Bhí fearg ar na buachaillí. Bhí troid mhór (idir; siad).
   - (b) Tá cónaí ar Aoife i (Tír Chonaill).
   - (c) Chonaic mé Eoghan sa (baile mór).
   - (e) Tógadh an file i (Cóbh) ach b'as (Ciarraí) (do; sé).
   - (f) Baineadh geit (as; sé).
   - (g) Bainfidh mé mo chóta (de; mé) mar níl mé fuar.
   - (h) Chuaigh mé ó (Port Láirge) go Baile Átha Cliath ar an (bus).
   - (i) Tá gaol láidir (idir; sinn).
   - (j) Lig sí béic (as; sí) nuair a chonaic sí an gadaí.
   - (k) Bhí áthas ar mo mham nuair a tháinig a haintín ar cuairt (chuig; sí) ó (Meiriceá).

2. Líon na bearnaí leis an bhfocal cuí.
   - (a) Léim mé amach ______________ _____ gcarr nuair a shroich mé an scoil ar maidin.
   - (b) Thaisteal an grúpa ______________ Shasana go dtí an Fhrainc ar bhus.
   - (c) Níl an bóthar go maith ______________ Maigh Eo agus Gaillimh.
   - (d) Is aoibhinn dul ag snámh ______________ fharraige nuair a théim thar lear.
   - (e) Baineadh geit mhór ______________ _____ gcailín ar theacht abhaile di.
   - (f) Is scoil mhór í seo agus tá áiseanna den scoth ______________.
   - (g) Ní raibh mé sásta le cinneadh a rinne an Comhairle Contae agus scríobh mé litir ______________ ag gearán faoi.
   - (h) Fuair na daltaí íde béil ______________ bpríomhoide nuair a bhris siad an fhuinneog.
   - (i) Tá mo ríomhaire glúine briste agus beidh ceann nua ag teastáil ______________ go luath.
   - (j) Ghortaigh sí a droim nuair a thit sí ______________ chapall.

3. Athscríobh na habairtí seo a leanas gan na lúibíní.
   - (a) Fuair sí airgead ón (buachaill).
   - (b) Is as (Corcaigh) d'Áine.
   - (c) Rith an cailín tríd an (páirc).
   - (d) Thóg mé na miasa as an (cófra).
   - (e) Bhain sé geit as an (cailín).
   - (f) Thug Eithne bronntanas don (cailín).
   - (g) Tá ocras ar an (madra).
   - (h) Tá Fionnbarr ina chónaí i (Gaillimh).
   - (i) Chaith sí seachtain san (ospidéal).
   - (j) Taitníonn spórt leis an (fear).

Na Réamhfhocail Chomhshuite

Dhá fhocal a bhfuil feidhm réamhfhocail acu is ea réamhfhocal comhshuite.

Mar shampla

i ndiaidh	*after*
os comhair	*opposite, in front of*
os cionn	*above*

ar feadh	*for (a time)*
le haghaidh/i gcomhair	*for (for the purpose of)*
in aghaidh	*against*

Bíonn an t-ainmfhocal a leanann an réamhfhocal comhshuite sa tuiseal ginideach go hiondúil.

Mar shampla

An Tuiseal Ainmneach	An Tuiseal Ginideach
an scrúdú	i ndiaidh an scrúdaithe
an scoil	os comhair na scoile
an leibhéal	os cionn an leibhéil
an tseachtain	ar feadh na seachtaine
an rang	le haghaidh an ranga
an cogadh	in aghaidh an chogaidh
an obair	i gcomhair na hoibre

Céim a 12a: Ainmfhocail

Ainmfhocail Fhirinscneacha agus Bhaininscneacha

Conas Ainmfhocail Fhirinscneacha a Aithint

Bíonn ainmfhocal firinscneach de ghnáth:

- nuair a chríochnaíonn an focal ar chonsan leathan (formhór den am); m.sh an t-asal, an bord, an sagart, an sionnach, an fuath
- nuair a chríochnaíonn an focal ar **-ín**; m.sh. an sicín, an buachaillín, an t-éinín, an cailín
- nuair a chríochnaíonn an focal ar **-án**; m.sh. an t-arán, an t-amadán
- nuair a chríochnaíonn an focal ar ghuta; m.sh. an file, an t-uisce
- nuair a bhíonn post i gceist le focal a chríochnaíonn ar **-éir/-úir/-óir/-eoir**; m.sh. an feirmeoir, an dochtúir, an siúinéir, an t-innealtóir
- nuair a chríochnaíonn ainmfhocail le siolla amháin ar **-acht/-eacht** firinscneach; m.sh. an tAcht, an ceacht
- nuair a chríochnaíonn ainmfhocail ar **-aire**; m.sh. an t-iascaire
- nuair a chríochnaíonn ainmfhocal ar **-éad**; m.sh. éad, buicéad, seaicéad
- nuair a chríochnaíonn ainmfhocal ar **-(e)adh**; m.sh. an geimhreadh, an samhradh
- nuair a chríochnaíonn ainmfhocal ar **-éal**; m.sh. an scéal, an béal
- nuair a chríochnaíonn ainmfhocal ar **-úr**; m.sh. an casúr, an pictiúr (eisceachtaí: deirfiúr, siúr)
- nuair a chríochnaíonn ainmfhocal ar **-ste**; m.sh. an coiste
- nuair a chríochnaíonn ainmfhocal ar **-éar**; m.sh. an fear.

An Tuiseal Ainmneach agus Ainmfhocail Fhirinscneacha

Tá an t-ainmfhocal sa tuiseal ainmneach nuair is gníomhaí na habairte é.

Má thosaíonn ainmfhocal firinscneach le:

- **consan**, ní dhéantar aon athrú ar an ainmfhocal tar éis an ailt sa tuiseal ainmneach uatha; m.sh. an cailín, an file, an ceacht, an scéal
- **le guta,** cuirtear t- roimh an ainmfhocal tar éis an ailt sa tuiseal ainmneach uatha; m.sh. an t-asal, an t-amhrán, an tAcht
- **s**, ní dhéantar aon athrú ar an ainmfhocal tar éis an ailt sa tuiseal ainmneach uatha; m.sh. an sagart.

Conas Ainmfhocail Bhaininscneacha a Aithint

- Bíonn ainmfhocal baininscneach de ghnáth nuair a chríochnaíonn:
  - an t-ainmfhocal ar chonsan caol (an chuid is mó den am); m.sh. an fheirm, an obair, an áit, an tsráid, an abairt
  - an t-ainmfhocal ar -eog/óg nó -lann; m.sh. an phictiúrlann, an leabharlann, an fhuinneog, an spideog, an leadóg
- Bíonn teangacha agus tíortha baininscneach i nGaeilge (eisceachtaí: Béarla, Meiriceá, Sasana, Iosrael, Meicsiceo, srl.); m.sh. an Ghaeilge, an Fhraincis, an Spáinnis, an Fhrainc, an Astráil

- Bíonn focail le dhá shiolla nó níos mó a chríochnaíonn ar -eacht/-acht/-aíocht/-íocht baininscneach; m.sh. siopadóireacht, adhmadóireacht, eolaíocht, tíreolaíocht, filíocht (eisceachtaí: bunreacht, comhlacht).

An Tuiseal Ainmneach agus Ainmfhocail Bhaininscneacha

- Má thosaíonn ainmfhocal baininscneach le consan, cuirtear séimhiú i ndiaidh na chéad chonsan sa tuiseal ainmneach uatha tar éis an ailt; m.sh. an fhuinneog, an phictiúrlann, an fheirm. (Eisceacht: nuair a chríochnaíonn focal amháin le **d**, **n**, **t**, **l**, **s** agus nuair a thosaíonn an chéad fhocal eile le **d**, **n**, **t**, **l**, **s**, ní chuirtear séimhiú air; m.sh. an leabharlann, an leadóg, an spideog, an tír.)
- Má thosaíonn ainmfhocal baininscneach le guta, ní dhéantar aon athrú air sa tuiseal ainmneach uatha tar éis an ailt; m.sh. an obair, an áit, an aois, an aidhm.
- Má thosaíonn ainmfhocal baininscneach le **s**, cuirtear **t** roimh an **s** tar éis an ailt sa tuiseal ainmneach uatha; m.sh. an tsráid, an tsochraid, an tsláinte.

Cleachtadh Scríofa

Ón liosta thíos, abair cé acu na hainmfhocail atá firinscneach agus baininscneach. Cuir in dhá cholún i do chóipleabhar iad. Ansin cuir an t-alt roimh gach ainmfhocal agus déan na hathruithe cuí.

fear	**bean**	**scéal**	**páirc**	**ceacht**	**siopadóireacht**
Fraincis	**Afraic**	**sicín**	**Indinéis**	**Sín**	**Seapáinis**
feirm	**obair**	**fuinneog**	**ábhar**	**pictiúrlann**	**sagart**
asal	**amadán**	**cailín**	**seachtain**	**síocháin**	**fuath**

Ainmfhocail Fhirinscneacha		Ainmfhocail Bhaininscneacha	
fear	an fear	bean	an bhean

Céim a 12b: An Tuiseal Ginideach

Na Rialacha

Bíonn t-ainmfhocal sa tuiseal ginideach sna cásanna seo a leanas:

1. Nuair a bhíonn seilbh i gceist; m.sh. *'of the'*

Mar shampla

file	ainm an fhile
páirc	i lár na páirce
sagart	ainm an tsagairt

2. Nuair a thagann dhá ainmfhocal le chéile agus ceangal eatarthu

Mar shampla

siopadóireacht	ionad siopadóireachta
Bré	ceann Bhré

3. Nuair a leanann ainmfhocal ainmbhriathar

Mar shampla

peil	ag imirt peile
dán	ag rá dáin
scéal	ag insint scéil

4. Nuair a leanann ainmfhocal réamhfhocal comhshuite (ar fud, os comhair, tar éis, go ceann, i gcoinne, de réir, i rith, le linn, ar fud, i gcomhair, i lár, de bhrí, i measc, in aice, os cionn)

Mar shampla

an domhan	ar fud an domhain
an scoil	tar éis na scoile
an teach	os comhair an tí
an samhradh	i rith an tsamhraidh

5. Nuair a leanann ainmfhocal na focail 'timpeall', 'trasna', 'chun' (má thagann an t-ainmfhocal díreach i ndiaidh 'chun'), 'cois', 'dála' .

Mar shampla

an tsráid	trasna na sráide
an domhan	timpeall an domhain
an trá	cois na trá
an scéal	dála an scéil
an scoil	chun na scoile

Ainmfhocail Fhirinscneacha sa Tuiseal Ginideach Uatha

Chun ainmfhocal firinscneach a thosaíonn le consan a chur sa tuiseal ginideach uatha:

- De ghnáth, cuirtear séimhiú i ndiaidh an chéad chonsan agus caolaítear deireadh an fhocail.

Mar shampla

an bord	i lár an bhoird
an capall	eireaball an chapaill
an casúr	buille an chasúir
an gasúr	ainm an ghasúir

- Más post é a chríochnaíonn ar **-éir/-úir/-eoir/-óir**, cuirtear séimhiú i ndiaidh an chéad chonsan agus athraítear deireadh an fhocail mar seo a leanas sa tuiseal ginideach.

Mar shampla

an dochtúir	ainm an dochtúra
an t-innealtóir	ainm an innealtóra
an feirmeoir	obair an fheirmeora

- Má chríochnaíonn ainmfhocal firinscneach ar ghuta, cuirtear séimhiú i ndiaidh an chéad chonsan.

Mar shampla

an file	ainm an fhile

- Más focal le siolla amháin a chríochnaíonn ar **-acht/ -eacht** atá i gceist, cuir **a** le deireadh an fhocail.

Mar shampla

an ceacht	deireadh an cheachta
an tAcht	feidhmiú an Achta

- Nuair a chríochnaíonn an t-ainmfhocal ar **-éal**, caolaítear lár an fhocail.

Mar shampla

an scéal	téama an scéil
an béal	barr an bhéil

- Má thosnaíonn ainmfhocal firinscneach le guta, faigh réidh leis an t- agus caolaigh deireadh an fhocail.

Mar shampla

an t-ábhar	ainm an ábhair
an t-asal	dath an asail
an t-amadán	ainm an amadáin

- Má thosaíonn ainmfhocal firinscneach le **s**, cuir **t** roimh an **s** agus caolaigh deireadh an fhocail.

Mar shampla

an sagart	carr an tsagairt

Eisceachtaí	
an teach	doras an tí
an suíomh	teideal an tsuímh
an t-idirlíon	suíomh idirlín

Cleachtadh Scríofa

Athraigh na focail idir lúibíní ón tuiseal ainmneach uatha go dtí an tuiseal ginideach uatha.

1. ainm (an file) ______________________
2. carr (an sagart) ______________________
3. teach (an t-innealtóir) ______________________
4. ba (an feirmeoir) ______________________
5. othar (an dochtúir) ______________________
6. eireaball (an t-asal) ______________________
7. luas (an saol) ______________________
8. múinteoir (an t-ábhar) ______________________
9. teachtaireacht (an ceacht) ______________________
10. dath (an bord) ______________________

Ainmfhocail Bhaininscneacha sa Tuiseal Ginideach

Chun ainmfhocal baininscneach a chur sa tuiseal ginideach uatha, de ghnáth:

- Athraíonn **an** go dtí **na**. Má thosaíonn an t-ainmfhocal le consan, faightear réidh leis an séimhiú agus caolaítear deireadh an fhocail.

Mar shampla

an fheirm	obair na feirme
an fhuinneog	barr na fuinneoige
an phictiúrlann	doras na pictiúrlainne
an bhrídeog	gúna na brídeoige
an Spáinn	muintir na Spáinne
an Fhrainc	tírdhreach na Fraince
Spáinnis	múinteoir Spáinnise
Sínis	rang Sínise

- Má thosaíonn ainmfhocal baininscneach le guta, athraíonn **an** go dtí **na** agus cuirtear **h** roimh an ainmfhocal.

Mar shampla

an obair	leath na hoibre
an ócáid	lá na hócáide
an óráid	tús na horáide
an Iodáil	muintir na hIodáile
an Afraic	aimsir na hAfraice

- Má thosaíonn ainmfhocal baininscneach le **s**, faightear réidh leis an 't' agus caolaítear deireadh an fhocail.

Mar shampla

an tsochraid	deireadh na sochraide
an tsráid	trasna na sráide
an tsláinte	tábhacht na sláinte

- Más ainmfhocal le dhá shiolla nó níos mó a chríochnaíonn ar **-eacht/-acht/-aíocht/-íocht** atá i gceist cuir **a** leis sa tuiseal ginideach uatha.

Mar shampla

siopadóireacht	ionad siopadóireachta
eolaíocht	múinteoir eolaíochta

Cleachtadh Scríofa

Athraigh na focail thíos idir lúibíní ón tuiseal ainmneach uatha go dtí an tuiseal ginideach uatha.

1. obair (an fheirm) ____________________
2. trasna (an tsráid) ____________________
3. lá (an tsochraid) ____________________
4. múinteoir (Spáinnis) ____________________
5. tús (an obair) ____________________
6. muintir (an Afraic) ____________________
7. aeráid (an Astráil) ____________________
8. rang (tíreolaíocht) ____________________
9. barr (an fhuinneog) ____________________
10. doras (an phictiúrlann) ____________________

An Tuiseal Ginideach san Uimhir Iolra

- Úsáidtear an tuiseal ginideach iolra nuair a bhímid ag caint faoi níos mó ná rud amháin sa tuiseal ginideach.
- Úsáidtear an tuiseal ginideach iolra sna cásanna céanna is a úsáidtear an tuiseal ginideach uatha (thuas).
- An chéad rud a thugann tú faoi deara sa tuiseal ginideach iolra ná go n-úsáidtear **na** agus urú.

Mar shampla
formhór na ndaoine, cótaí na mbuachaillí, tithe na mban, carranna na bhfear, stair na bhfilí, stáisiún na nGardaí, ospidéal na bpáistí

Céim a 13a: Aidiachtaí, an Bhreischéim agus an tSárchéim

An Bhreischéim

Úsáidimid na focail **níos... ná** chun comparáid a dhéanamh idir dhá rud nó idir beirt.

Mar shampla
Tá Síle **níos caintí ná** Tomás.
Tá Máire **níos sine ná** mise.

An tSárchéim

Úsáidimid an focal **is** chun an chéim is airde a chur in iúl.

Mar shampla
Is í Gráinne an duine **is óige** sa chéad bhliain.
Is é Briain an duine **is airde** sa rang.
Is é Fionnán an duine **is sine** i mo theaghlach.

Na Rialacha

1. Aidiachtaí a bhfuil **-úil** mar chríoch orthu: athraítear go **-úla** iad.

An Aidiacht	An Bhreischéim	An tSárchéim
dathúil	níos dathúla	is dathúla
flaithiúil	níos flaithiúla	is flaithiúla
sláintiúil	níos sláintiúla	is sláintiúla
suimiúil	níos suimiúla	is suimiúla

2. Aidiachtaí a bhfuil **-ach** mar chríoch orthu: athraítear go **-aí** iad.

An Aidiacht	An Bhreischéim	An tSárchéim
brónach	níos brónaí	is brónaí
leadránach	níos leadránaí	is leadránaí
santach	níos santaí	is santaí
tábhachtach	níos tábhachtaí	is tábhachtaí

3. Aidiachtaí a bhfuil **-each** mar chríoch orthu: athraítear go **-í** iad.

An Aidiacht	An Bhreischéim	An tSárchéim
aisteach	níos aistí	is aistí
leithleach	níos leithlí	is leithlí
uaigneach	níos uaigní	is uaigní
tuirseach	níos tuirsí	is tuirsí
foighneach	níos foighní	is foighní

4. Aidiachtaí a bhfuil **-air** mar chríoch orthu: athraítear go **-ra** iad.

An Aidiacht	An Bhreischéim	An tSárchéim
deacair	níos deacra	is deacra
socair	níos socra	is socra

5. Aidiachtaí a bhfuil **-ir** mar chríoch orthu: athraítear go **-re** iad.

An Aidiacht	An Bhreischéim	An tSárchéim
láidir	níos láidre	is láidre
saibhir	níos saibhre	is saibhre

6. Aidiachtaí a bhfuil **-mhar** mar chríoch orthu: athraítear go **-mhaire** iad.

An Aidiacht	An Bhreischéim	An tSárchéim
ciallmhar	níos ciallmhaire	is ciallmhaire
grámhar	níos grámhaire	is grámhaire
slachtmhar	níos slachtmhaire	is slachtmhaire

7. Aidiachtaí a bhfuil consan caol mar chríoch orthu: cuirtear **-e** leo.

An Aidiacht	An Bhreischéim	An tSárchéim
ciúin	níos ciúine	is ciúine
minic	níos minice	is minice

8. Aidiachtaí áirithe a bhfuil consan leathan mar chríoch orthu, caolaítear an consan agus cuirtear **-e** leo.

An Aidiacht	An Bhreischéim	An tSárchéim
bán	níos báine	is báine
bocht	níos boichte	is boichte
daor	níos daoire	is daoire
deas	níos deise	is deise
dian	níos déine	is déine
fliuch	níos fliche	is fliche
géar	níos géire	is géire
leathan	níos leithne	is leithne
luath	níos luaithe	is luaithe
óg	níos óige	is óige
ramhar	níos raimhre	níos raimhre
saor	níos saoire	is saoire
sean	níos sine	is sine
uasal	níos uaisle	is uaisle

9. Aidiachtaí a bhfuil guta mar chríoch orthu, ní dhéantar aon athrú de ghnáth.

An Aidiacht	An Bhreischéim	An tSárchéim
éasca	níos éasca	is éasca
cliste	níos cliste	is cliste

Aidiachtaí Neamhrialta

An Aidiacht	An Bhreischéim	An tSárchéim
álainn	níos áille	is áille
beag	níos lú	is lú
breá	níos breátha	is breátha
dócha	níos dóichí	is dóichí
fada	níos faide	is faide
furasta	níos fusa	is fusa
gearr	níos giorra	is giorra
maith	níos fearr	is fearr
mór	níos mó	is mó
nua	níos nuaí	is nuaí
olc	níos measa	is measa
te	níos teo	is teo
tréan	níos tréine/níos treise	is tréine/is treise

Cleachtaí Scríofa

1. Athscríobh na habairtí seo a leanas gan na lúibíní.
   (a) Tá Séamas níos (leisciúil) ná Liam.
   (b) Tá mo mhaim níos (óg) ná mo dhaid.
   (c) Tá an saol inniu níos (nua-aimseartha) ná fadó.
   (d) Tá an aimsir in Éirinn níos (fuar) ná an aimsir sa Spáinn.
   (e) Tá an bóthar ó Loch Garman go Baile Átha Cliath níos (gearr) ná an bóthar ó Chiarraí go Baile Átha Cliath.
   (f) Tá sé níos (te) inniu ná mar a bhí sé inné.
   (g) Tá mata níos (dian) ná eolaíocht i mo thuairim.
   (h) Is é Béarla an t-ábhar is (maith) liom ar scoil.
   (i) Tá Londain níos (mór) ná Corcaigh.
   (j) Tá an tsláinte níos (tábhachtach) ná na táinte.

2. Athscríobh na habairtí seo a leanas gan na lúibíní.
   (a) Tá Marcus níos (eolach) ná Seán ar chúrsaí reatha.
   (b) Tá muintir na hAfraice níos (bocht) ná muintir an domhain thiar.
   (c) Tá an Fhrainc níos (saibhir) ná an tSúdáin.
   (d) Tá gramadach na Spáinnise níos (simplí) ná gramadach na Rúisise.
   (e) Tá Eoin níos (cainteach) ná Dónall.
   (f) Tá na radhairc níos (álainn) san Iodáil ná mar atá siad sa Tuirc.
   (g) Tá saol na tuaithe níos (suaimhneach) ná saol na cathrach.
   (h) Tá seacláid níos (milis) ná milseáin.
   (i) Tá an madra rua níos (glic) ná an coinín.
   (j) Tá madraí níos (grámhar) ná cait.

Céim a 13b: Conas Aidiachtaí a Chur in Oiriúint d'Ainmfhocail

Rialacha Eile a Bhaineann le hAidiachtaí

1. Nuair a bhíonn tú ag scríobh nó ag caint as Gaeilge, ní mór duit an aidiacht a chur in oiriúint don ainmfhocal.
2. Nuair a bhíonn ainmfhocal firinscneach agat, ní dhéantar aon athrú ar an aidiacht sa tuiseal ainmneach; m.sh. an fear dathúil, an t-am ceart, an teach mór.
3. Nuair a bhíonn ainmfhocal baininscneach agat, cuirtear séimhiú ar an aidiacht sa tuiseal ainmneach; m.sh. an bhean chairdiúil, an fheirm bheag, obair dheacair.
4. Nuair a bhíonn ainmfhocal san uimhir iolra agat, cuirtear an aidiacht san uimhir iolra; m.sh. na filí tallannacha, súile gorma, stocaí bána, na daltaí maithe, na laethanta breátha.
5. Nuair a chríochnaíonn ainmfhocal san uimhir iolra ar chonsan caol, séimhítear an aidiacht a leanann an t-ainmfhocal agus cuirtear an aidiacht san uimhir iolra; m.sh. na fir mhóra, na leabhair ghlasa, na boird fhada.

Fócas ar an Scrúdú

Céim a 1	Céim a 2	Céim a 3	Céim a 4	Céim a 5	Céim a 6	Céim a 7
An scrúdú cainte	An cheapadóireacht	An léamhthuiscint	An chluastuiscint	Litríocht bhreise	An fhilíocht ainmnithe	An prós ainmnithe

Dáiltear na marcanna mar seo a leanas:

Filíocht Ainmnithe/Roghnach 30 marc

Prós Ainmnithe/Roghnach 30 marc

Litríocht Bhreise 40 marc

An Chluastuiscint 60 marc

An Léamhthuiscint 50 + 50 marc

An Cheapadóireacht 100 marc

An Scrúdú Cainte 240 marc

Torthaí Foghlama

San aonad seo:

- gheobhaidh tú cabhair, treoir agus moltaí maidir le ceisteanna scrúdaithe
- feicfidh tú dáileadh na marcanna agus moltaí faoi fhad na bhfreagraí freisin.

Céim a 1: An Scrúdú Cainte

Is fiú 240 marc/40% den scrúdú Gaeilge ar fad é an Scrúdú Cainte. Bronntar na marcanna mar seo a leanas.

An Fáiltiú	5 mharc
Léamh na Filíochta	35 marc
An tSraith Pictiúr	80 marc (cur síos ar na pictiúir 70 marc + 10 marc do na ceisteanna)
An Comhrá	120 marc

An Fáiltiú

Coinnigh na freagraí seo gearr agus beidh sé éasca iad a fhoghlaim. Thíos tá na ceisteanna a chuirfear agus tá freagraí samplacha anseo chun treoir a thabhairt duit.

1. **An scrúdaitheoir:** **Céard/cad is ainm duit?/Cén t-ainm atá ort?**
   An dalta: Fiachra Ó Cearnaigh is ainm dom./Áine Máire Ní Riain an t-ainm atá orm.
2. **An scrúdaitheoir:** **Cén aois thú?**
   An dalta: Táim seacht/ocht/naoi mbliana déag d'aois.
3. **An scrúdaitheoir:** **Cad é do dháta breithe?**
   An dalta: Rugadh ar an gcúigiú lá déag de mhí Eanáir, míle naoi gcéad nócha naoi mé./ An ceathrú lá de Lúnasa, dhá mhíle is a haon.
4. **An scrúdaitheoir:** **Céard é do sheoladh baile?**
   An dalta: Páirc na Coille, An Uaimh, Co na Mí./Cónaím ar Bhóthar na Mara, Sligeach./ Tá cónaí orm in uimhir a seacht, Radharc na hAbhann, Baile Átha Luain, Co. na hIarmhí.
5. **An scrúdaitheoir:** **Cad í d'uimhir scrúdaithe?**
   An dalta: A dó, a hocht, a trí, a cúig, a náid, a ceathair.

Léamh na Filíochta

- Tugann tú do leabhar féin isteach sa scrúdú in éineacht leat don chuid seo den scrúdú.
- Ceadaítear nótaí foghraíochta a bheith scríofa air.
- Moltar duit an dán a léamh go soiléir agus le brí. Ná léigh an dán go róthapa nó tá an baol ann go gcaillfear focal nó dhó.

Seo iad na dánta. Éist leis na dánta ar an dlúthdhiosca (CD 2).

Nóta!
Is féidir do chuid foghraíochta féin a scríobh ar na línte ar dheis.

GÉIBHEANN

le Caitlín Maude

Nóta!
An dán ar fad

1

Ainmhí mé

2

ainmhí allta
as na teochreasa
a bhfuil clú agus cáil
ar mo scéimh

3

chroithfinn crainnte na coille
tráth
le mo gháir
ach anois
luím síos
agus breathnaím trí leathshúil
ar an gcrann aonraic sin thall

4

tagann na céadta daoine
chuile lá

5

a dhéanfadh rud ar bith
dom
ach mé a ligean amach

1

____

2

____
____
____
____

3

____
____
____
____
____
____
____

4

____
____

5

____
____
____

Colscaradh

le Pádraig Mac Suibhne

Nóta!
An dán ar fad

1

Shantaigh sé bean
i nead a chine,
faoiseamh is gean
ar leac a thine,
aiteas is greann
i dtógáil chlainne.

2

Shantaigh sí fear
is taobh den bhríste,
dídean is searc
is leath den chíste,
saoire thar lear
is meas na mílte.

3

Thángthas ar réiteach.
Scaradar.

1

____
____
____
____
____
____

2

____
____
____
____
____
____

3

____
____

An tEarrach Thiar

le Máirtín Ó Direáin

Nóta!
Dhá véarsa i ndiaidh a chéile le léamh

1

Fear ag glanadh cré
De ghimseán spáide
Sa gciúnas shéimh
I mbrothall lae:
Binn an fhuaim
San Earrach thiar.

1

____
____
____
____
____
____

2

Fear ag caitheadh
Cliabh dhá dhroim
Is an fheamainn dhearg
Ag lonrú
I dtaitneamh gréine
Ar dhuirling bháin:
Niamhrach an radharc
San Earrach thiar.

2

____
____
____
____
____
____
____
____

3

Mná i locháin
In íochtar diaidh-thrá,
A gcótaí craptha,
Scáilí thíos fúthu:
Támh-radharc síothach
San Earrach thiar.

3

____
____
____
____
____
____

4

Toll-bhuillí fanna
Ag maidí rámha,
Currach lán éisc
Ag teacht chun cladaigh
Ar ór-mhuir mhall
I ndeireadh lae;
San Earrach thiar.

4

____
____
____
____
____
____

Nóta!
Trí véarsa i ndiaidh a chéile le léamh

MO GHRÁ-SA (IDIR LÚIBÍNÍ)

le Nuala Ní Dhomhnaill

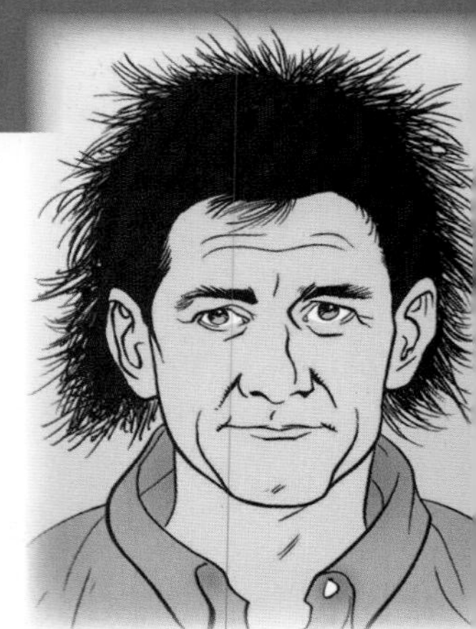

1

Níl mo ghrá-sa
mar bhláth na n-airní
a bhíonn i ngairdín
(nó ar chrann ar bith)

2

is má tá aon ghaol aige
le nóiníní
is as a chluasa a fhásfaidh siad
(nuair a bheidh sé ocht dtroigh síos)

3

ní haon ghlaise cheolmhar
iad a shúile
(táid róchóngarach dá chéile
ar an gcéad dul síos)

4

is más slim é síoda
tá ribí a ghruaige
(mar bhean dhubh Shakespeare)
ina wire deilgní.

5

Ach is cuma san.
Tugann sé dom
úlla
(is nuair a bhíonn sé i ndea-ghiúmar
caora finiúna).

1

____
____
____
____

2

____
____
____
____

3

____
____
____
____

4

____
____
____
____

5

____
____
____
____
____

An Spailpín Fánach

Ní fios cé a chum an dán seo

Nóta!
Dhá véarsa i ndiaidh a chéile le léamh

1

Im spailpín fánach atáim le fada
ag seasamh ar mo shláinte,
ag siúl an drúchta go moch ar maidin
's ag bailiú galair ráithe;
ach glacfad fees ó rí na gcroppies,
cleith is píc chun sáite
's go brách arís ní ghlaofar m'ainm
sa tír seo, an spailpín fánach.

2

Ba mhinic mo thriall go Cluain gheal Meala
's as san go Tiobraid Árann;
i gCarraig na Siúire thíos do ghearrainn
cúrsa leathan láidir;
i gCallainn go dlúth 's mo shúiste im ghlaic
ag dul chun tosaigh ceard leo
's nuair théim go Durlas 's é siúd bhíonn agam –
'Sin chu'ibh an spailpín fánach!'

3

Go deo deo arís ní raghad go Caiseal
ag díol ná ag reic mo shlainte
ná ar mhargadh na saoire im shuí cois balla,
im scaoinse ar leataoibh sráide,
bodairí na tíre ag tíocht ar a gcapaill
á fhiafraí an bhfuilim hireálta;
'téanam chun siúil, tá an cúrsa fada' –
siúd siúl ar an spailpín fánach.

1

2

3

An tSraith Pictiúr

- Sa chuid seo den scrúdú, piocann an dalta sraith pictiúr amháin go randamach agus iarrtar air/uirthi cur síos a dhéanamh ar na pictiúir.
- Tugtar seans don dalta i dtosach breathnú ar na pictiúir (thart ar leathnóiméad).
- Níor cheart go mairfeadh an cur síos níos mó ná 3 nóiméad.
- Ansin cuireann an dalta trí cheist ar an scrúdaitheoir agus cuirfidh an scrúdaitheoir trí cheist ghearra ar an dalta.
- Moltar duit ceisteanna simplí a chur ar an scrúdaitheoir.

Mar shampla

Cad a tharla i bpictiúr a dó?

Cá raibh na daoine óga i bpictiúr a sé?

Cén sórt duine é an múinteoir, dar leat?

Cad iad na mothúcháin i bpictiúr a cúig?

Tá na nótaí do shraith pictiúr na bliana seo ar fáil i leabhrán speisialta don tSraith Pictiúr.

An Comhrá

- Tá nótaí i ngach caibidil den leabhar a chuideoidh leat ullmhú don chomhrá. An t-aon mholadh atá le tabhairt anseo ná gach rud a bhaineann leat féin agus le do shaol a ullmhú go maith.
- Den chuid is mó, is tusa a bheidh ag stiúradh an chomhrá leis na rudaí a deir tú.
- Má deirtear leat, 'Inis dom fút féin' nó 'Déan cur síos ort féin', abair an méid agus is féidir leat le treoir a thabhairt don scrúdaitheoir maidir le roinnt de na ceisteanna a chuirfidh sé/sí ort ina dhiaidh sin.

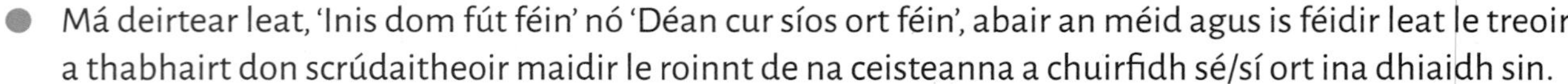

Mar shampla

An scrúdaitheoir: **Inis dom fút féin anois, a Áine.**

An dalta: Mar is eol duit, táim ocht mbliana déag d'aois. Tá seisear ar fad i mo theaghlach – mo mham, mo dhaid, mo bheirt deartháireacha Niall agus Liam agus mo dheirfiúr Sadhbh. Réitím go maith le mo theaghlach de ghnáth ach cosúil le teaghlach ar bith eile bíonn argóintí eadrainn ó am go chéile, uaireanta faoi rudaí seafóideacha!

Is duine spórtúil mé. Imrím sacar agus leadóg. Táim i mo bhall den chlub leadóige áitiúil agus táim ar fhoireann sacair an Chabháin freisin.

Deir mo chairde liom gur duine cairdiúil agus cneasta mé! Is aoibhinn liom bualadh le mo chairde ag an deireadh seachtaine. Téimid go dtí an phictiúrlann uaireanta.

Taitníonn ceol liom freisin ach ní sheinnim uirlis ar bith. Is breá liom éisteacht le ceol ar m'fhón póca. Is é Ed Sheeran an t-amhránaí is fearr liom. Chuaigh mé go dtí ceolchoirm Ed Sheeran an samhradh seo caite...

Tá seans maith ón méid sin go gcuirfí níos mó ceisteanna ar an dalta faoi na hábhair a luaigh sé/sí thuas. Seo roinnt de na ceisteanna a mbeifí ag súil leo, b'fhéidir.

- Inis dom faoin gclub leadóige/faoin sacar.
- An mbíonn traenáil agat go minic?
- An imríonn tú i gcluichí go minic?
- Ar bhuaigh tú/sibh cluiche mór riamh? Inis dom faoin gcluiche sin.
- Céard eile a dhéanann tú ag an deireadh seachtaine?
- Cén saghas scannáin a thaitníonn leat?
- Conas a bhí an cheolchoirm? Inis dom fúithi.

Anois féach ar na nótaí sa leabhar, leathanaigh 2–4.

Céim a 2: An Cheapadóireacht

Bíonn rogha leathan ag daltaí maidir leis an gceist seo. Ní mór sliocht **amháin** a scríobh faoi aon cheann de na teidil atá ar an bpáipéar, is é sin:

- **Aiste/Alt nuachtáin/Irise:** bíonn cúig cinn díobh sin ar an bpáipéar.
- **Scéal:** bíonn dhá rogha ag an dalta faoin teideal seo.
- **Díospóireacht/Óráid:** bíonn rogha idir díospóireacht agus óráid anseo.

Moltar duit an teideal a léamh go cúramach agus tagairt a dhéanamh do gach cuid den teideal/den ábhar a iarrtar ort a phlé. Caithfidh tú cloí leis an ábhar sin ó thús go deireadh chun grád maith a fháil.

Dáiltear na marcanna mar seo a leanas:

Stíl	5 marc
Ábhar	15 marc
Gaeilge	80 marc

- Ní fhaightear marcanna arda ar an nGaeilge muna mbíonn an sliocht scríofa ar an ábhar atá i gceist sa scrúdú. Mar sin, bíonn ceangal láidir idir na marcanna ar fad.
- Iarrtar ort thart ar 600 focal ar fad a scríobh.
- Bíodh nathanna cainte deasa le feiceáil tríd síos agus gramadach chruinn in úsáid. Moltar duit foclóir a bhaineann leis na topaicí móra ar nós spóirt, oideachais, daoine óga, srl a fhoghlaim.
- Déan iarracht na nathanna a fhoghlaim don tús, don lár agus don chríoch. Féach ar na nathanna ar leathanach 449.

Aiste/Alt nuachtáin/Irise

Saor gach Céadaoin leis an **Irish Independent**

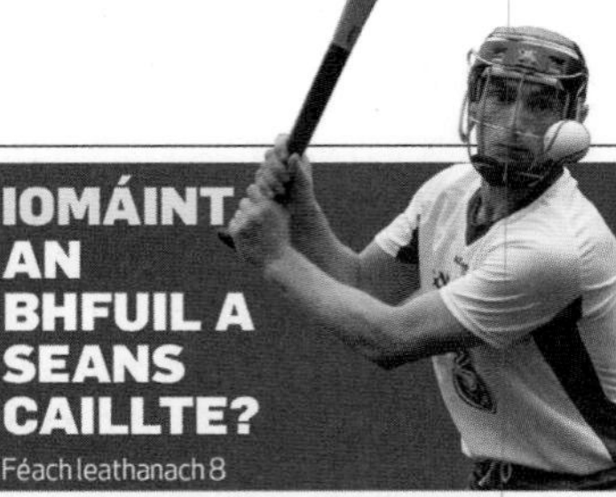

Suim ag 210 duine i bpoist san AE

Katie McGreal

TÁ breis agus 200 duine tar éis cur isteach ar 62 post mar aistritheoirí Gaeilge leis an Aontas Eorpach, tuigtear do Seachtain.

Is léiriú follasach é an líon ard seo ar bheocht reatha na teanga, go háirithe agus imní éigin ann nach meallfadh na poist seo go leor iarratasóirí.

Bua don Ghaeilge é nach raibh aon bhunús leis an imní sin.

Tá tuarastal tosaigh de €52,000 ag na poist, atá lonnaithe sa Bhruiséil agus i Lucsamburg.

Ní mór d'iarrastóirí bheith líofa sa Ghaeilge agus dhá theanga Eorpacha eile, ar féidir an Béarla a áireamh ina measc.

Beidh próiseas roghnúcháin a mhairfidh suas le naoi mí anois roimh na hiarrastóirí.

Dúirt Córa De Paor, Oifigeach Allamuigh ag Ard-Stiúrthóireacht an Aistriúcháin de chuid an Choimisiúin Eorpaigh, le Seachtain gur chuir 210 duine isteach ar na chéad phoist seo agus go líonfaí tuilleadh folúntas sna cúig bliana amach romhainn.

"Léiríodh suim mhór sna folúntais agus is féidir leo sin a n-éireoidh leo bheith ag súil le gairm iontach sa Bhruiséil nó i Lucsamburg, dhá áit ina bhfuil pobail bhríomhara Ghaeilge," ar sise.

Ag caint dó ar na deiseanna aistriúcháin san Aontas Eorpach, dúirt Rytis Martikonis, ceannasaí Ard-Stiúrthóireacht an Aistriúcháin, gur "tréimhse spleodrach í seo do phobal na Gaeilge. Tá institiúidí an Aontais Eorpaigh tiomanta go hiomlán agus beidh siad ag obair i ndlúthchomhar le hÉirinn chun tabhairt faoi na dúshláin atá roimpi."

Cé go bhfuair an Ghaeilge aitheantas mar theanga oifigiúil oibre san AE in 2007, bhí maolú i bhfeidhm maidir leis na seirbhísí a chaithfear a chur ar fáil i nGaeilge. I Nollaig 2015, áfach, chinn Comhairle an Aontais Eorpaigh go gcuirfí deireadh leis an maolú ag deireadh 2021 agus táthar anois ag ullmhú le seirbhísí Gaeilge a sholáthar ar comhchéim leo siúd a sholáthraítear do theangacha oifigiúla eile an Aontais.

Sa deireadh fostófar 180 aistritheoir Gaeilge le bheith ag obair san AE.

Joe ag dul ar ais ar scoil!

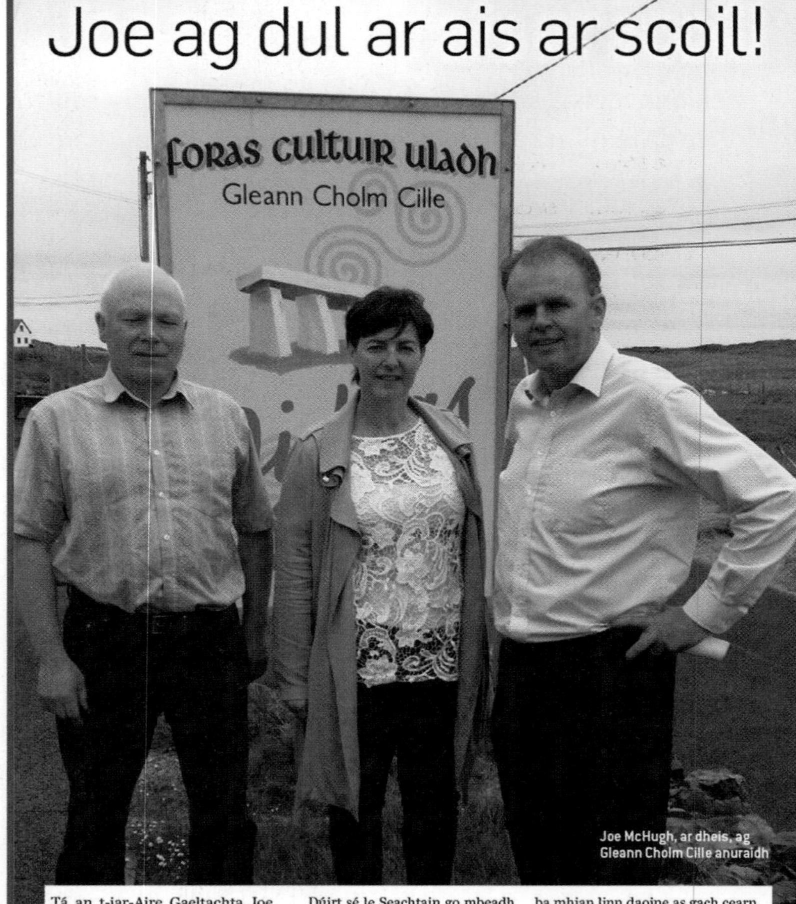

Joe McHugh, ar dheis, ag Gleann Cholm Cille anuraidh

Tá an t-iar-Aire Gaeltachta Joe McHugh le filleadh ar an seomra ranga agus an babhta seo, beidh sé san ardrang den chéad uair.

Rachaidh McHugh ar ais go cúrsa Gaeilge i nGleann Cholm Cille Dé Luain tar éis dó a dhearbhú go leanfaidh sé le foghlaim na teanga agus é ina ról nua mar Aire Diaspóra.

Dúirt sé le Seachtain go mbeadh sé ag úsáid a róil chun an Ghaeilge a chur chun cinn sa bhaile agus thar sáile. Cheana féin, tá maoiniú ceadaithe aige do ghrúpaí Gaeilge i Londain agus in Sydney.

"Tá tús curtha againn le tionscnamh chun turasóireacht chultúrtha agus oidhreachta a spreagadh agus ba mhian linn daoine as gach cearn den domhan a bhfuil suim acu sa Ghaeilge a mhealladh chun na Gaeltachta," ar seisean.

"Tá sé i gceist agam go mbeidh an Ghaeilge i gcónaí mar pháirt de mo chuid oibre. Agus tá mé ag súil le tabhairt faoin ghramadach ar an tseachtain seo chugainn fosta!"

Ó MUIRCHEARTAIGH AGUS Ó SÉ: SCOTH NA SCRÍBHNEOIRÍ ISTIGH

Nathanna don Aiste

Tús

Nuair a chonaic mé teideal na haiste seo i dtosach, chuir sé ag smaoineamh mé.	*When I saw the title of this essay at first, it made me think.*
Céard atá i gceist leis an ráiteas/teideal seo?	*What is meant by this statement/title?*
Is éard is brí leis i mo thuairim ná...	*What it means in my opinion is...*
Ceapaim/Sílim/Measaim féin go/nach...	*I think that...*
Níl aon amhras ach go/nach...	*There is no doubt that...*
Is ábhar conspóideach é seo gan amhras.	*This is undoubtedly a controversial subject.*
Creidtear go forleathan go...	*It is widely believed that...*
Níl lá dá dtéann thart nach gcloistear nó nach bhfeictear tagairt éigin don ábhar seo sna meáin.	*A day does not pass that we don't hear or see a reference to this subject in the media.*
níos minice ná a mhalairt	*more often than not*
Tá dhá insint ar gach scéal agus ní haon eisceacht é an scéal seo.	*There are two sides to every story and this is no exception.*
Tá an chosúlacht ar an scéal...	*It appears...*
Nach méanar dúinn.	*Isn't it well for us.*
Ní hionann sin is a rá nach bhfuil fadhbanna againn.	*That is not to say that we don't have problems.*
Tá cúrsaí ag dul in olcas.	*Things are getting worse.*
Tá Éire ag dul sa treo ceart maidir le...	*Ireland is going in the right direction with regard to...*

Pointí sa Lár

ar an gcéad dul síos	*first of all*
chomh maith leis sin/anuas air sin	*as well as that/on top of that*
ar an lámh eile, áfach	*on the other hand, however*
Faraor, ní mar sin atá sé.	*Alas, it's not like that.*
De réir na staitisticí is déanaí ón Roinn...	*According to the latest statistics from the Department of...*
De réir dealraimh...	*From all appearances...*
Ní mar a shíltear a bítear, áfach.	*Things are not always as they seem, however.*
A mhalairt ar fad atá fíor.	*The complete opposite is true.*
Is minic a fheicimid...	*We often see...*
Is annamh a chloisimid aon rud eile na laethanta seo ach...	*We rarely hear anything these days but...*
Nach bhfuilimid go léir tinn tuirseach de...	*Aren't we all sick and tired of...*
Dar leis na saineolaithe...	*According to the experts...*
i mbliana	*this year*

i láthair na huaire/faoi láthair	*at present*
de réir a chéile	*gradually*
Teipeann ar an gcóras freastal ar...	*The system fails to serve...*
Éiríonn go geal leis an gcóras dul i ngleic leis na fadhbanna.	*The system succeeds well in dealing with the problems.*
Is ag magadh fúinn atá an rialtas dar liom féin.	*The government is mocking us, I think.*
Ní féidir a shéanadh go...	*You can't deny that...*
Caithfidh mé a admháil go/nach...	*I must admit that...*
go leor/dóthain	*enough*
an iomarca	*too much*
an domhan uilig	*the entire world*
Leagann sé seo béim ar cé chomh tábhachtach is atá sé...	*This emphasises how important it is to...*
Nochtann na fíricí seo go...	*These facts reveal that...*
in umar na haimléise	*in the depths of despair*
in ísle brí	*sad/depressed/in despair*
ina ainneoin sin	*despite that*
Ní hamháin sin, ach...	*Not only that, but...*
Is léir don dall.	*It is clear to the blind.*
mar is eol do chách	*as everyone knows*
Tá a fhios ag madraí na sráide go...	*The dogs in the street know that...*
Feictear é seo go laethúil.	*This is seen on a daily basis.*
lá i ndiaidh lae	*day after day*
bliain i ndiaidh bliana	*year after year*
Feictear na daoine seo ar fud an domhain/ar fud na cruinne.	*These people are seen all over the world.*
Tá laghdú mór ar líon na ndaoine a...	*There's a big decrease in the number of people who...*
Níl aon amhras ach go bhfuil feabhas mór tagtha ar...	*There is no doubt but there has been a great improvement in...*
Caithfear a bheith macánta faoi.	*We must be honest about it.*
Is ag snámh in aghaidh easa atá siad.	*They are trying to do the impossible.*
Tá an iomarca béime ar... in Éirinn.	*There is too much emphasis on... in Ireland.*
Deirtear go minic go...	*It is often said that...*
Áitítear go minic go...	*It is often claimed that...*
Is radharc scanrúil é...	*It's a frightening scene...*
Is iomaí duine a...	*There are many people who...*
ó ghlúin go glúin	*from generation to generation*

Is oth liom a rá go...	*I regret to say...*
ar ámharaí an tsaoil	*luckily*
Ag deireadh an lae, is iad na daoine óga todhchaí na tíre seo.	*At the end of the day, young people are the future of the country.*
Níos minice ná a mhalairt...	*More often than not...*

Críoch

Mar a luaigh mé thuas...	*As I mentioned above...*
Caithfear teacht ar réiteach ar an bhfadhb seo gan mhoill, nó beidh sé ródhéanach.	*A solution to this problem must be found without delay or it will be too late.*
Is fearr déanach ná choíche.	*It's better late than never.*
I ndiaidh a chéile a thógtar na caisleáin.	*Rome wasn't built in a day.*
Cruthaíonn sé seo go léir...	*All of this proves that...*
Léiríonn an méid seo...	*All of this shows that...*
Tá dul chun cinn mór fós le déanamh.	*There is a lot of progress still to be made*
Tá gá le cur chuige nua chun dul i ngleic leis an bhfadhb seo, dar liom féin.	*A new approach is needed to deal with this problem, in my opinion.*
Tá mé céad faoin gcéad cinnte go/nach...	*I am 100% sure that...*
Caithfimid ár ndícheall a dhéanamh...	*We must do our best...*
Ní mór do pholaiteoirí iarracht a dhéanamh...	*Politicians must try...*
Tá sé in am dúinn go léir an fód a sheasamh.	*It is time for all of us to stand our ground.*
Is mithid dúinn go léir...	*We must all...*
An cheist mhór ar ndóigh...	*The big question of course...*
An dtarlóidh sé choíche? Is ag Dia atá a fhios sin.	*Will it ever happen? God only knows.*
Is maith an scéalaí an aimsir.	*Time will tell.*

Seanfhocail

Beidh tú in ann na seanfhocail seo a úsáid leis na ceisteanna ceapadóireachta.

Is minic ciúin ciontach.	*Quiet often means guilty.*
Is fearr an tsláinte ná na táinte.	*Health is better than wealth.*
Is fearr cara sa chúirt ná punt sa sparán.	*A friend in court/when in difficulty is better than a pound in your purse.*
Cuir síoda ar ghabhar, ach is gabhar i gcónaí é.	*Put silk on a goat, but he will always be a goat.*
Briseann an dúchas trí shúile an chait.	*Nature comes through in the end.*

Is minic a bhris béal duine a shrón.	*A person's mouth often broke his nose.*
Is fearr déanach ná choíche.	*It's better late than never.*
Bíonn blas ar an mbeagán.	*A little of anything tastes good.*

Is maith an t-anlann an t-ocras.	*Hunger is a good sauce.*
Filleann an feall ar an bhfeallaire.	*What goes around comes around.*
I ndiaidh a chéile a thógtar na caisleáin.	*Rome wasn't built in a day.*
Dá fhad an oíche, tagann an lá.	*However long the night may be, day will always come.*
Ní neart go cur le chéile.	*There is strength in numbers/Many hands make light work.*
Tús maith leath na hoibre.	*A good start is half the work.*
Giorraíonn beirt bóthar.	*Two people shorten the road.*
Ní mar a shíltear a bítear.	*Things are not always as they seem.*
Caora mhór, an t-uan i bhfad.	*Some people take a long time to grow up.*
Tuigeann Tadhg Taidhgín.	*Big Tadhg understands little Tadhg.*
Aithníonn ciaróg ciaróg eile.	*It takes one to know one.*
Ní hiad na fir mhóra a bhaineann an fómhar i gcónaí.	*It's not always the big shots/big men who are successful.*
Is binn béal ina thost.	*Silence is golden.*
Mol an óige agus tiocfaidh sí.	*Praise a young person and he/she will improve.*
Ní bhíonn saoi gan locht.	*Nothing/nobody is without fault.*
An rud is annamh is iontach.	*The thing that is rare is appreciated.*
Ní féidir ceann críonna a chur ar cholainn óg.	*You can't put an old head on young shoulders.*
Ní bhíonn in aon rud ach seal.	*Nothing lasts forever.*
I dtús na haicíde is fusa í a leigheas.	*It is easier to cure a disease in the early stages.*
Is ait an mac an saol.	*Life is strange.*
Ní mhealltar an sionnach faoi dhó.	*A fox won't be drawn/fooled twice.*
Is olc an ghaoth nach séideann do dhuine éigin.	*It's an ill wind that doesn't blow somebody's way/Every cloud has a silver lining.*
Bíonn an fhírinne searbh.	*The truth hurts.*
Is maith an t-iománaí an té atá ar an gclaí.	*The hurler on the fence/at the sideline is a good one!*
Ní bhíonn toit gan tine.	*There's no smoke without fire.*
Is iomaí sórt duine ag Dia ann.	*It takes all kinds to make a world.*
Nuair a bhíonn an braon istigh, bíonn an chiall amuigh.	*When the drop/drink is in, sense goes out.*
Is maith an scéalaí an aimsir.	*Time will tell.*
Oíche shúgach, maidin bhrónach.	*A fun night, a sad morning.*
Múineann gá seift.	*Necessity teaches us to be resourceful.*
Ar scáth a chéile a mhaireann na daoine.	*We need other people to survive.*
Marbh ag tae agus marbh gan é.	*Damned if you do and damned if you don't.*
Is glas iad na cnoic i bhfad uainn.	*Far away hills are green.*
Níl aon tinteán mar do thinteán féin.	*There's no place like home.*

Is maith an scáthán súil charad.	*A friend's eye is a good mirror.*
Maireann croí éadrom i bhfad.	*A light heart lives longest.*
Taithí a dhéanann máistreacht.	*Experience brings perfection.*
Beatha teanga í a labhairt.	*Speaking a language keeps it alive.*
Is breá an ní í an óige, ach ní thagann sí faoi dhó.	*Youth is a wonderful thing but it doesn't come twice.*
An té a bhíonn siúlach, bíonn sé eolach.	*People who travel learn and are knowledgeable.*
Ná tabhair breith ar an gcéad scéal.	*Never judge on first opinion.*

An Díospóireacht

Cuimhnigh!

- Pioc taobh amháin den argóint/rún agus cloígh leis.
- Is féidir an tús agus an chríoch thíos a chur le díospóireacht ar bith. **Ná déan dearmad go mbeidh tú in ann na frásaí le haghaidh na haiste a úsáid le haghaidh na díospóireachta freisin.**

Nathanna Cainte don Tús

- A Chathaoirligh, a mholtóirí, a lucht an fhreasúra agus a dhaoine uaisle,
- Is mise ________ agus táim go huile is go hiomláin i bhfabhar/i gcoinne an rúin seo ar chúiseanna suntasacha, a mhíneoidh mé anois[1]. Cruthóidh mé[2] agus m'fhoireann daoibh nach bhfuil aon fhírinne sa mhéid atá le rá ag lucht an fhreasúra[3]. I dtús báire, ba mhaith liom sainmhíniú[4] an rúin a phlé libh. Is éard ard is brí leis, i mo thuairim féin ná,...
- Labhróidh mé anois faoi ______, ______ agus ______ agus táim lánchinnte ag deireadh na hóráide seo, nach mbeidh aon amhras oraibh ach go/nach...

[1]*totally in favour/ against this motion for valid reasons that I will now explain.*
[2]*I will prove*
[3]*in what the opposing team has to say.*
[4]*definition*

Nathanna Cainte don Lár

Tá dul amú ar fad ort, a Chiaráin, nuair a deir tú...	*You are totally wrong, Ciarán, when you say that...*
Cén sórt seafóide é sin, a Róisín? Nach bhfuil a fhios agat go/nach...?	*What kind of nonsense is that, Róisín? Don't you know that...?*
An ag magadh fúinn atá tú, a Laoise? Nach bhfuil cloiste agat faoi...?	*Are you joking us, Laoise? Haven't you heard about...?*
Ní aontaím leat ar chor ar bith, a Phádraig. Dúirt tú go/nach..., ach níl sé sin fíor in aon chor.	*I don't agree with you at all, Pádraig. You said that..., but that's not true at all.*
Cén mhaitheas a bheith ag caint, a Shíle? Caithfear rud éigin a dhéanamh faoin bhfadhb.	*Where's the good in talking, Síle? Something must be done about the problem.*

Nathanna Cainte don Chríoch

- A Chathaoirligh, a mholtóirí, a lucht an fhreasúra agus a dhaoine uaisle,
- Táim tagtha go dtí deireadh mo chuid cainte agus tá súil agam go bhfuil sibh uilig ar aon intinn liom[5] ag an bpointe seo nuair a deirim go/nach...
- Sula gcríochnóidh mé, áfach, ba mhaith liom mo bhuíochas a ghabháil libh as an éisteacht chineálta a thug sibh dom.
- Go raibh míle maith agaibh.

[5] I hope you are all in agreement with me

Téigh siar ar na nótaí don aiste ar leathanaigh 449–453. Is féidir úsáid a bhaint as na nathanna sin san óráid nó sa díospóireacht, chomh maith leis an aiste.

An Óráid

- Cosúil leis an aiste, **is féidir leat labhairt ar an dá thaobh den topaic** san óráid. **Ní mór duit a thaispeáint don scrúdaitheoir go bhfuil tú ag scríobh óráide.**
- Tá tús agus críoch anseo a bheadh oiriúnach d'óráid ar bith. Téigh ar ais go dtí na nótaí ar an aiste chun cabhrú leat lár na hóráide a ullmhú.

Nathanna Cainte don Tús

- A phríomhoide, a mhúinteoirí agus a chomhdhaltaí go léir...
- Is mise ________ agus tá áthas orm seasamh os bhur gcomhair inniu/anocht. Caithfidh mé a rá, áfach, go bhfuilim beagáinín neirbhíseach agus mar sin iarraim oraibh a bheith tuisceanach agus foighneach liom[1]. Tá suim mhór/phearsanta agam san ábhar seo le fada an lá...

[1] I ask you to be

Nathanna Cainte don Chríoch

- A phríomhoide, a mhúinteoirí agus a chomhdhaltaí,
- Táim tagtha go dtí deireadh mo chuid cainte. Tá súil agam gur bhain sibh taitneamh agus tairbhe[2] as a raibh le rá agam. Ba mhaith liom mo bhuíochas a ghabháil libh as an éisteacht chineálta a thug sibh dom. Go raibh míle maith agaibh.

An Scéal

Cuimhnigh!

- Caithfidh tú samhlaíocht mhaith agus foclóir fairsing a bheith agat chun toradh maith a fháil anseo.
- Is san aimsir chaite den chuid is mó a scríobhtar an scéal agus ábhar ficsin a bhíonn i gceist.
- Bíodh tús maith, b'fhéidir tús obann, casadh éigin agus críoch mhaith agat.

Cabhróidh na nathanna thíos leat!

Nathanna Cainte don Scéal

Níor chreid mé mo shúile.	*I didn't believe my eyes.*
Bhí sé díreach os mo chomhair.	*He/it was just in front of me.*
Sheas mé an fód.	*I stood my ground.*
Lig sí uirthi nach raibh eagla uirthi ach taobh istigh, bhí scanradh an domhain uirthi.	*She pretended she wasn't afraid, but inside she was very frightened.*

Rinne siad iarracht dallamullóg a chur orainn ach theip orthu.	*They tried to fool us but they failed.*
Rinne mé iarracht an doras a oscailt ach bhí sé fánach agam.	*I tried to open the door but I couldn't.*
Rinne mé mo sheacht ndícheall cabhrú leis agus ar dheireadh thiar d'éirigh liom greim láimhe a fháil air.	*I did my very best to help him and in the end I succeeded in getting a grip of his hand.*
Bhí mé i ndeireadh na feide ar fad faoin am seo.	*I had given up at this stage.*
Shantaigh sé an t-airgead.	*He wanted/desired the money.*
Lean mé orm ag stánadh air, ag súil go n-imeodh sé	*I continued staring at him/it hoping he/it would go.*
D'imigh sí léi, na cosa in airde.	*She left quickly.*
Theip ar na coscáin, faraor, agus fuarthas an carr sa loch níos déanaí.	*The brakes failed, alas, and the car was found in a lake later.*
Ní raibh tásc ná tuairisc ar an mbeirt.	*There was no sign of the two people.*
Bhí sé ina luí ar an talamh gan aithne, gan urlabhra.	*He was lying on the ground unconscious.*
Cuireadh fios ar na Gardaí agus ar an otharcharr.	*The Gardaí and the ambulance were called.*
Ba léir go raibh sí ag caoineadh sular tháinig mé isteach.	*It was clear she was crying before I came in.*
Mhothaigh mé mearbhall i mo cheann agus an chéad rud eile is cuimhin liom, ná dochtúirí agus altraí ag breathnú anuas orm ag glaoch m'ainm.	*I felt dizzy and the next thing I remember was doctors and nurses looking down at me calling my name.*
Níor fhéad mé gan gáire.	*I couldn't stop myself laughing.*
Labhair sé go borb liom.	*He spoke abruptly to me.*
Ní raibh a fhios agam ar chuala mé i gceart í.	*I wasn't sure if I had heard her correctly.*
Bhí sé dochreidte!	*It was unbelievable!*
Ní haon áibhéil a rá...	*It is no exaggeration to say...*
lá arna mhárach	*the next day*
an tráthnóna dar gcionn	*the next evening*
I bpreabadh na súl, bhí sé bailithe leis.	*In the blink of an eye he/it was gone.*
Bhí tocht i mo scornach nuair a chonaic mé é.	*I felt a lump in my throat when I saw him/it.*
Agus mé ar mo bhealach amach, chuala mé an screadaíl istigh.	*As I was on my way out, I heard the screaming inside.*
Cheap mé go raibh deireadh an domhain buailte linn!	*I thought the end of the world had come!*
Amach liom ar nós na gaoithe.	*I went out as fast as the wind.*
Cé a bhí romham amach ach...	*Who was in front of me but...*
Ní raibh sé in ann na deora a throid.	*He couldn't fight the tears.*
Bhreathnaigh sí amach ar an bhfarraige mhór agus í ag caoineadh go fras.	*She looked out on the big sea and cried bitterly.*

Bhí sé croíbhriste ach thuig sé go mbeadh air leanúint ar aghaidh dá bheirt pháiste.	*He was heartbroken, but he knew he would have to continue for his two children.*
Dá mbeadh dea-ghiúmar ar mo mham, bhí a fhios agam go bhféadfainn ceist a chur uirthi.	*If my mother was in good humour, I knew I would be able to ask her.*
Gheall sé dom go bhfanfadh sé.	*He promised me he would stay.*
Ba mhian liom dul chomh fada leis agus rinne mé amhlaidh.	*I wanted to go up to him and I did.*
Níorbh fhada go bhfaca mé é ag druidim liom.	*It wasn't long until I saw him/it approaching me.*
Ciontaíodh é agus gearradh trí bliana príosúin air.	*He was found guilty and sentenced to three years in prison.*
Bhí an fhianaise curtha i bhfolach acu, ach tháinig na Gardaí air faoi dheireadh.	*They had hidden the evidence, but the Gardaí found it in the end.*
Toisc go raibh mé i bhfad ón mbaile agus i dtír iasachta, mhothaigh mé beagáinín neirbhíseach.	*Because I was far away from home and in a foreign country, I felt a little nervous.*
I gciúnas marbh na hoíche...	*In the dead of night...*
Bhí an chuma ar an scéal gur gnáthlá a bhí ann, ach ní mar sin a bhí.	*It seemed to be a normal day, but that's not how it was.*
Bhí gliondar croí orainn go léir.	*We were all delighted.*
Bhí a dhóthain feicthe aige.	*He had seen enough.*
Ba leor sin.	*That was enough.*
Theastaigh uaim í a chosaint, ach bhí sé dodhéanta.	*I wanted to protect her but it was impossible.*
D'fhiosraigh mé an scéal.	*I investigated the story.*
Fiosraíodh í/Ceistíodh í.	*She was questioned.*
B'éigean dó tús a chur leis an turas, cé nach raibh fonn dá laghad air imeacht.	*He had to start the journey, even though he had no desire to leave.*
Fuair sé glaoch práinneach agus d'imigh sé leis.	*He got an urgent call and he left.*
Lean mé ar aghaidh go tromchroíoch.	*I continued with a heavy heart.*
Thug mé faoi deara go raibh meáchan caillte aici ón uair dheireanach a chonaic mé í.	*I noticed that she had lost weight since the previous time I had seen her.*
Thosaigh mé ag éirí buartha nuair nach raibh aon fhocal cloiste agam uaidh.	*I started to worry when I hadn't heard anything from him.*
Ba ansin a thuig mé fírinne an scéil.	*It was then that I understood the truth of the story.*
Phléasc mé amach ag gol/ag gáire.	*I exploded crying/laughing.*

Chuala mé torann aisteach/ait.	*I heard a strange noise.*
Choinnigh mé orm ag rith, ach bhí mé ag cailleadh fuinnimh.	*I continued running, but I was losing energy.*
Bhí faoiseamh ag teastáil go géar uaim.	*I really needed relief.*
Ghuigh mé go bhfeicfinn arís í.	*I prayed I would see her again.*
Ní raibh leisce uirthi glacadh leis an tairiscint.	*She wasn't slow to accept the offer.*
Cuireadh i mo leith gur ghoid mé an t-airgead.	*I was blamed for stealing the money.*
i gcoinne a tola	*against her will*
Ní fhaca mé aon rud as an ngnách.	*I didn't see anything out of the ordinary.*
Bhí sé dodhéanta caint léi. Bhí sí chomh ceanndána sin!	*It was impossible to talk to her. She was so stubborn!*
Cé a chreidfeadh...	*Who would believe...*
Ní fhéadfainn é a shamhlú.	*I couldn't imagine it.*
Dlúthchairde ab ea muid chomh maith le bheith inár ndeartháireacha.	*We were best friends as well as being brothers.*
iontas na n-iontas	*wonder of wonders*
Bhí mo choinsias ag cur isteach orm.	*My conscience was bothering me.*

Scéal Samplach

Brú

Léigh sí an líne chéanna arís is arís eile. Ní raibh ag éirí le Muireann aon rud a fhoghlaim an lá sin agus í sáite sna leabhair sa seomra staidéir ó mhaidin. D'fhéach sí ar a guthán arís. Leathuair tar éis a dó! Bhí a fhios aici go mbeadh rírá ann nuair a thiocfadh Mam abhaile, ach ba chuma léi. Bhí sí ocht mbliana déag anois agus shocraigh sí imeacht, beag beann ar rialacha Mhaime.

Agus í ar an mbealach amach an doras, chuala sí an fón sa teach ag bualadh. Mam arís gan amhras, ag fiosrú an raibh sí fós ag staidéar. Bíodh aici[1] inniu, áfach. Ní raibh fonn dá laghad ar Mhuireann labhairt lena máthair. Bheadh an scéal céanna ann, ar aon chaoi. Déarfadh Mam léi arís nach bhfaigheadh sí na pointí don chúrsa leighis a theastaigh uaithi féin dá hinion agus déarfadh Muireann gur chuma léi. Ní bhfaigheadh Muireann an seans níos mó a rá, mar leanfadh Mam ar aghaidh le léacht[2] eile. Ansin chloisfeadh Muireann arís faoi Áine Ní Bhrádaigh, ón teach béaldorais a bhuaigh gradam speisialta ó Choláiste na Tríonóide de dheasca na sé chéad pointe a ghnóthaigh sí san Ardteist trí bliana roimhe sin. Cén mhaitheas í a fhreagairt mar sin, a smaoinigh sí agus níor bhac sí leis an nglao.

[1] *Let her be*

[2] *a lecture*

Tháinig fearg uirthi nuair a chuala sí a fón póca ag bualadh ina mála. D'fhéach sí ar an scáileán[3]; uimhir phríobháideach mar ba ghnách nuair a chuirfeadh Mam glao uirthi ón obair. Chuala sí teachtaireacht á fágáil agus chas sí as an guthán. Bhí a dóthain cloiste aici óna máthair an oíche roimhe sin. Níorbh aon ionadh gur éirigh Daid bréan di[4], dar léi. Bhí sí ag tnúth go mór le deireadh an tsamhraidh nuair a gheobhadh sí saoirse óna máthair ar dheireadh thiar thall. Ní raibh aon rud le cloisteáil óna máthair na laethanta seo ach leigheas agus pointí agus ba chuma léi cé chomh gránna[5] is a bhí sí lena hiníon. Ní raibh meas madraí aici ar an gcúrsa aisteoireachta a theastaigh ó Mhuireann féin a dhéanamh sa choláiste agus dhún sí a cluasa 'ar an gcineál sin cainte'. Níorbh é sin an saol a bhí uaithi do Mhuireann. Tuarastal maith agus ardstádas sa saol ab iad na rudaí ba thábhachtaí do Bhean Uí Néill.

Ar aghaidh le Muireann go Páirc an Bhaile, áit ar bhuail sí lena cairde Aoife agus Éanna. Nuair a labhair sí beagáinín leo, mhothaigh sí níos fearr agus ar feadh scaithimh rinne sí dearmad ar chúrsaí sa bhaile. Ag caint faoi chóisir Éanna, a bheadh ar siúl tar éis na scrúduithe, a bhí siad agus chuir sé sin áthas uirthi. Thuig Muireann nár thaitin Éanna lena máthair in aon chor, ach b'shin cúis níos fearr di le bheith páirteach go mór i bpleanáil na cóisire. Cé nach n-admhódh a máthair é, ní raibh muintir Éanna saibhir ná éirimiúil go leor do Bhean Uí Néill, bhí Muireann cinnte de sin! Níor thaitin tréith na galántachta[6] a bhain lena máthair le Muireann ar chor ar bith agus í de shíor ag cuimhneamh ar a híomhá i measc na gcomharsan.

Tar éis dóibh na liostaí go léir de na haíonna a bheadh ag teacht chun na cóisire a chríochnú agus jab tugtha do gach duine dá gcuid cairde, shocraigh an triúr imeacht chun na trá. Bhí an carr ag Éanna agus mar sin bhailigh siad leo. Ba mhór an faoiseamh do Mhuireann am a chaitheamh lena cairde, gan strus, gan argóint, gan aon duine ag cur isteach uirthi. Dá bhféadfadh cúrsaí a bheith mar seo i gcónaí![7] Ba thrua é, a cheap sí go raibh sí ag argóint lena máthair, mar ní raibh duine ar domhan a bhí níos cneasta ná Mam nuair nach gcuirfeadh sí brú agus strus mar seo uirthi féin. D'fhéadfadh sí a bheith iontach grámhar. Ba mhór an gliondar[8] di anois breathnú ar na tonnta móra agus siúl agus rith in aghaidh na gaoithe; faic ag cur as di[9].

Ba ansin a chaill sí a cuimhne, áfach. Chuala sí guthán Aoife ag bualadh agus tugadh di an fón. Chuala sí guth a hathar ar an taobh eile den líne agus cúpla soicind níos déanaí, bhí sí tite i laige ar an trá. Nuair a dhúisigh sí, cheap sí go raibh sí i dtromluí[10], ach d'fhéach sí ar aghaidh a carad agus thuig sí fírinne an scéil ón gcuma imníoch a bhí ar a haghaidh. Bhraith sí go raibh gach ball dá corp reoite[11], cé go raibh gach duine eile ag deifriú timpeall uirthi. Ní fhéadfadh sé seo a bheith ag tarlú. Céard a dhéanfadh sí anois?

[3] screen

[4] sick of

[5] how ugly/nasty

[6] the trait of snobbery

[7] If only things could always be like this!

[8] delight

[9] nothing bothering her

[10] in a nightmare

[11] frozen

Céim a 3: An Léamhthuiscint

- '**Cleachtadh a dhéanann máistreacht**,' mar a deir an seanfhocal agus is í sin an tslí is éifeachtaí le hullmhú don cheist seo.
- Is fiú 100 marc ar fad iad na léamhthuiscintí, is é sin 50 marc + 50 marc.
- Tá sé fíorthábhachtach eocharfhocail na gceisteanna a thuiscint agus cuideoidh an foclóir a bhaineann leis na ceisteanna sna cluastuiscintí go mór leat feabhas a chur ar do thuiscint ar na ceisteanna.
- Ó cheist a haon go dtí ceist a cúig, baintear na freagraí díreach as an sliocht. Más sa chéad phearsa a bhíonn sé scríofa, áfach, ní mór na freagraí a aistriú go dtí an tríú pearsa.
- Maidir le ceist 6a, bíodh eolas maith agat ar na téarmaí gramadaí a fheicfidh tú thíos.
- Dhá mharc déag a bhronntar ar cheist 6b agus bí an-chúramach an freagra seo a ... scríobh **i d'fhocail féin**. Bí cinnte freisin go luann tú dhá thréith nó dhá rud más é sin a bhíonn i gceist.

Féach ar na freagraí samplacha seo thíos.

Téarmaí Gramadaí Ceist 6a	
briathar san aimsir chaite	thug, cheannaigh, d'fhág
briathar san aimsir chaite sa chéad phearsa, uimhir uatha	rinne mé
briathar san aimsir chaite sa tríú pearsa uimhir uatha, firinscneach	rith sé
briathar san aimsir chaite sa chéad phearsa, uimhir iolra	chonaiceamar
briathar san aimsir chaite sa tríú pearsa uimhir iolra	chaith siad
briathar san aimsir ghnáthchaite	chaitheadh, bhíodh, srl.
briathar san aimsir láithreach	cuireann, leanaim, déanann siad
briathar san aimsir fháistineach	ceannóidh, beidh, glanfaidh
briathar sa mhodh coinníollach	chaithfimis, dhéanfainn, d'osclóidís
an fhoirm dhiúltach den bhriathar	ní théim, níor chuala, ní itheann
an fhoirm cheisteach den bhriathar	an gcuireann?, ar léigh?, an bhfeiceann?
sampla den chlaoninsint	go mbíonn, gur theip, go ndúnann
claoninsint dhiúltach	nach léann, nár thaispeáin, nach léiríonn

Briathar Saor			
an aimsir chaite	fágadh, ceannaíodh, briseadh	an aimsir fháistineach	caithfear, ólfar, dúiseofar
an aimsir láithreach	déantar, insítear, maraítear	an modh coinníollach	réiteofaí, dhúnfaí, thosófaí

An Chopail	
an aimsir láithreach	is éan é, ní capall é
an aimsir chaite	ba mhúinteoir í, níorbh ionadh é
claoninsint leis an gcopail	gur dán é, nach ainmhí é, gurbh eisceacht í, nárbh ionadh é
an aidiacht shealbhach le séimhiú	mo dheartháir, a charr, do mhála
an aidiacht shealbhach le hurú	ár bpaidreacha, bhur gcairde, a dtuismitheoirí
uimhreacha pearsanta	seisear, ochtar, deichniúr

An Réamhfhocal Simplí	
le séimhiú	ar dhaoine, ó chathair, roimh mhaidin
le hurú	leis an gcailín, ar an bhfuinneog, ag an gceolchoirm
an forainm réamhfhoclach	dom, orainn, libh

Aidiachtaí	
aidiacht san uimhir uatha	mór, álainn, saor
aidiacht san uimhir iolra	beaga, áille, dearga
breischéim na haidiachta	níos lú, níos fearr, níos mó
sárchéim na haidiachta	is measa, is éifeachtaí, is simplí

Ainmfhocail	
ainmfhocal sa tuiseal ainmneach	cóta, fear, spéir
ainmfhocal baininscneach sa tuiseal ainmneach	an fhuinneog, an tsráid, an teilifís
ainmfhocal firinscneach sa tuiseal ainmneach	an t-uisce, an doras, an sliotar
ainmfhocal sa tuiseal ginideach, uatha	fuinneoige, spóirt, ceoil
ainmfhocal sa tuiseal ginideach iolra	ndaoine, gcathracha, mbord

Ceist Scrúdaithe 2012

An Sonas agus an Donas in Salvador

1. Sa bhliain 2006 chaith mé trí mhí sa Bhrasaíl le linn sosa ó mo phost mar thuairisceoir le Nuacht TG4/RTÉ. Is ann a bhuail mé le Nilton Reis as cathair Shalvador a thug cuireadh dom teacht ar cuairt ar a mhuintir in Tancredo Neves, bruachbhaile bocht *(favela)* in Salvador. Bhí íomhá thar a bheith diúltach agam den saol sna *favelas* a bhí bunaithe ar na scannáin a bhí ar taispeáint in Éirinn ag an am. Chuir na scannáin seo síos ar mhangaireacht drugaí in Salvador agus ar an gcoiriúlacht uafásach a bhí ag baint léi. Chomh maith leis sin, bhí cur amach agam ar staitisticí na bpóilíní in Salvador a léiríonn gurb é Tancredo Neves an bruachbhaile is

contúirtí sa chathair ar fad. Ach fad a bhí mé le muintir Reis d'fhás grá mór ionam do mhuintir Thancredo Neves. San áit dhearóil sin, níor tháinig lá riamh nach raibh an meon dóchasach sona is nádúr dóibh ar taispeáint don saol mór. Bheartaigh mé fanacht leo ag súil go scaoilfidís rún a gcuid sonais liom.

2. Sa bhliain 1501 leag na Portaingéalaigh a gcosa den chéad uair ar thalamh na Brasaíle. Bhaist siad *Salvador da Bahia de Todos os Santos* (Slánaitheoir Chuan na Naomh) ar an áit ar a dtugtar Salvador inniu. Chuir siad bundúchasaigh na háite ag obair ar na láithreacha tógála agus ar na plandálacha siúcra ach de réir a chéile scrios galair éagsúla na hEorpa iad. Ba é réiteach na bPortaingéalach air sin sclábhaithe a thabhairt isteach ó chósta thiar na hAfraice. Idir 1534 agus 1850 tógadh 4 mhilliún duine gorm go dtí an Bhrasaíl ina sclábhaithe. Anois is daoine gorma – Afra-Bhrasaíligh – iad 80% de dhaonra Shalvador. Cuireadh deireadh leis an sclábhaíocht sa bhliain 1888 agus caitheadh formhór na ndaoine gorma amach as na plandálacha. Lonnaigh siad ar na cnoic ar imeall na gcathracha. Ba é sin tús na *favelas*. Tá fás ollmhór faoi na *favelas* inniu. Tá a lán de na feirmeoirí beaga ag tréigean na tuaithe agus ag plódú isteach sna cathracha. Chomh maith leis sin tá cuid mhór de phobal na cathrach gan obair anois toisc comhlachtaí a bheith ag imeacht as an mBrasaíl agus ag lonnú san Indinéis. Níl de rogha ag an dá ghrúpa daoine sin ach cur fúthu sna *favelas*.

3. Chaill tuismitheoirí Nilton a bpoist nuair a d'imigh monarchana Bosch agus Souza Cruz go dtí Panama. Bhí an t-ádh leo go raibh siad in ann píosa talún a cheannach in Tancredo Neves agus teach a thógáil air. D'áiteoidís féin go láidir nach *favela* é Loteamento, an áit a bhfuil cónaí orthu anois, mar gur úinéirí dleathacha san áit iad. Dar leo siúd is *favela* í áit ar bith a bhfuil prochóga de thithe inti a tógadh gan cead pleanála. Áitíonn siad gur daoine meánaicmeacha iad féin a d'fhulaing céim síos sa saol. Ba trí chlann álainn Reis, a gcol ceathracha agus a gcairde, a chuir mé eolas ar mhuintir Tancredo Neves. Níorbh fhada ann dom nuair a thuig mé gur oidhrí iad muintir Shalvador ar chultúr atá as cuimse saibhir agus cothaitheach. Is rudaí luachmhara acu sonas agus buaine na clainne, sláinte agus áilleacht an choirp agus cosaint an dúlra. Tá an spioradáltacht go smior iontu, a bhuíochas sin don chreideamh *Condomblé* a rug siad leo ón Afraic.

4. Is íobartaigh de chuid an Impiriúlachais iad muintir Shalvador díreach ar aon dul le muintir na hÉireann. Baineadh a saoirse agus a dteanga agus a gcreideamh díobh, agus brúdh faoi chois iad. Bhrúigh na Portaingéalaigh an creideamh Caitliceach orthu ach taobh thiar d'aghaidh na Críostaíochta maireann a gcreideamh féin, an *Condomblé*, beo bríomhar i gcónaí. Is creideamh é an *Condomblé* ina n-adhraítear déithe iomadúla – *los/las orixis*. Aithnítear na déithe seo mar a bheadh aingil choimhdeachta ann. Tá deartháir Nilton, Bruno, ina shagart den chreideamh seo. Chuir seisean in aithne mé do m'aingil choimhdeachta féin – *Jemanja*, bandia na mara, agus *Oxaquia*, dia an chirt agus na córa. Cé go bhfuil meon ciniciúil agam faoi na nithe seo go léir, baineadh siar asam. Oireann na haingil sin go mór dom. Le fad mo chuimhne ní fhéadfainn maireachtáil gan radharc agam ar an bhfarraige, agus ó thaobh an chirt agus na córa de is sóisialach go smior mé.

5. Le linn mo chuairte ar Thancredo Neves mharaigh na póilíní 137 duine sa troid shíoraí in aghaidh na mangairí drugaí. Ach ní chuireann an fhírinne ghránna sin isteach ar na daoine. Bíonn a n-aird siúd ar rudaí níos bunúsaí: an tóir ar shlite beatha, ar oideachas, agus ar áilleacht coirp. Níl oideachas meánscoile ach ar 20% de mhuintir Shalvador ach tuigtear dóibh gurb é an t-oideachas an tslí is éifeachtaí le dul ar aghaidh sa saol. Chonaic mé an cíocras chun oideachais ar Nueza, col ceathrar Nilton, agus ar a mhac Tony. Téann an bheirt acu ag obair i rith an lae agus san oíche bíonn siad

le chéile ar rang meánscoile! Ba phléisiúr mór dom siúl timpeall in Tancredo Neves tráthnóna ag breathnú ar an saol ag dul ar aghaidh: mná i mbun a ngnóthaí laethúla; fir óga ag imirt peile go spraíúil lena chéile; seanfhir ag imirt cártaí ag cúinní na sráideanna – i bhfocail shimplí, pobal sona sláintiúil a bhféadfadh pobail rachmasacha loite na hEorpa foghlaim uathu.

Leagan athchóirithe as an leabhar *Favela* le hAlex Hijmans

Ceisteanna

1. (a) Cad ba chúis leis an íomhá dhiúltach a bhí ag an údar den saol sna *favelas*?
   (b) Cén tréith de chuid mhuintir Tancredo Neves a mheall an t-údar? Cén fáth ar bheartaigh sé fanacht leo? (Alt a 1) (7 marc)
2. (a) Cén chaoi ar fhulaing na bundúchasaigh in Salvador ag lámha na bPortaingéalach?
   (b) Cén chaoi ar tháinig na *favelas* ar an saol? Cén fáth a bhfuil fás mór fúthu sa lá atá inniu ann? (Alt a 2) (7 marc)
3. (a) Cén fáth a ndeir tuismitheoirí Nilton nach *favela* é Loteamento?
   (b) Céard iad na rudaí is luachmhaire ag muintir Shalvador, dar leis an údar? Cén bunús atá le spioradáltacht mhuintir Shalvador, dar leis? (Alt a 3) (7 marc)
4. (a) Cén chaoi ar íobartaigh de chuid an impiriúlachais iad na hAfra-Bhrasaíligh in Salvador?
   (b) Céard iad na haingil choimhdeachta a luaigh Bruno leis an údar? Cén fáth a n-oireann na haingil choimhdeachta sin don údar, dar leis féin? (Alt a 4) (7 marc)
5. (a) Cén 'fhírinne ghránna' atá ag baint leis an áit?
   (b) Cén dearcadh atá ag muintir Thancredo Neves ar an oideachas? Cén chaoi a Léiríonn Nueza agus a mhac Tony an dearcadh seo? (Alt a 5) (7 marc)
6. (a) Aimsigh briathar saor san aimsir láithreach in alt 5 agus ainmfhocal s a ghinideach uatha in Alt a 1.
   (b) Cén cineál *(genre)* litríochta lena mbaineann an sliocht seo? Luaigh dhá thréith a bhaineann leis an gcineál seo litríochta. Aimsigh sampla amháin de na tréithe sin sa sliocht. (Bíodh an freagra i d'fhocail féin. Ní gá níos mó ná 60 focal a scríobh.) (15 marc)

Freagra Shamplach

1. (a) Bhí an íomhá dhiúltach sin bunaithe ar na scannáin a bhí ar taispeáint in Éirinn ag an am.
   (b) Mheall an meon dóchasach sona is nádúr dóibh an t-údar. Bheartaigh sé fanacht leo ag súil go scaoilfidís rún a gcuid sonais leis.
2. (a) Chuir siad bundúchasaigh na háite ag obair ar na láithreacha tógála agus ar na plandálacha siúcra.
   (b) In 1888 caitheadh formhór na ndaoine gorma amach as na plandálacha agus lonnaigh siad ar na cnoic ar imeall na gcathracha. Ba é sin tús na

favelas. Tá fás mór fúthu sa lá atá inniu ann agus tá a lán de na feirmeoirí beaga ag tréigean na tuaithe agus ag plódú isteach sna cathracha.

3. (a) Deir siad é sin mar gur úinéirí dleathacha san áit iad.
   (b) Is rudaí luachmhara acu sonas agus buaine na clainne, sláinte agus áilleacht an choirp agus cosaint an dúlra. Tá an spioradáltacht go smíor iontu, a bhuíochas sin don chreideamh Condomblé a rug siad leo ón Afraic.
4. (a) Baineadh a saoirse agus a dteanga agus a gcreideamh díobh agus brúdh faoi chois iad.
   (b) Luaigh Bruno na haingil Jemanja, bandia na mara, agus Oxaquia, dia an chirt agus na córa leis an údar. Oireann siad sin don údar mar le fad a chuimhne ní fhéadfadh sé maireachtáil gan radharc aige ar an bhfarraige, agus ó thaobh an chirt agus na córa de is sóisialach go smior é.
5. (a) Le linn a chuairte ar Thancredo Neves mharaigh na póilíní 137 duine sa troid shíoraí in aghaidh na mangairí drugaí.
   (b) Tuigtear dóibh gurb é an t-oideachas an tslí is éifeachtaí le dul ar aghaidh sa saol. Téann Nueza agus a mhac Tony ag obair i rith an lae agus san oíche bíonn siad le chéile ar rang meánscoile.
6. (a) Briathar saor, aimsir láithreach = tuigtear
   Ainmfhocal sa ghinideach uatha = sosa/sonais
   (b) Genre/Seánra
   Ceapaim gur insint í seo.
   Tréith 1 - Taithí phearsanta an údair: Is sliocht faoin taisteal é atá scríofa sa chéad phearsa. Tugann an t-údar eolas dúinn faoi na háiteanna ar thug sé cuairt orthu agus ar na daoine ar bhuail sé leo le linn a thurais. Nuair a chaith an t-údar tréimhse in Tancredo Neves le teaghlach Nilton Reis, thug sé faoi deara meon dearfach na ndaoine agus d'athraigh sé sin an íomhá dhiúltach a bhí aige den áit roimhe sin. Déanann sé cur síos ar an mbochtanas agus ar an gcoiriúlacht in Salvador ach insíonn sé dúinn freisin go raibh meon dearfach sona ag gnáthmhuintir an cheantair. Dar leis, go raibh an sonas, an chlann, áilleacht fhisiciúil agus an nádúr an-tábhachtach i saol na ndaoine agus thaitin na tréithe sin go mór leis an údar. Mar sin feicimid dearcadh agus tuairimí pearsanta an údair ar Shalvador sa sliocht seo.
   Tréith 2 – Eolas: Tugtar eolas dúinn faoi stair Shalvador. Mar shampla, ba sa bhliain 1501 a chuaigh na Portaingéalaigh isteach sa Bhrasail den chéad uair. Míníonn sé dúinn an chaoi ar thosaigh daoine gorma ó chósta thiar na hAfraice ag obair mar sclábhaithe sa Bhrasaíl. Mar gheall ar na 4 mhilliún sclábhaí a tháinig chun na cathrach an uair sin, mínítear dúinn gur Afra-Bhrasailigh iad 80% de mhuintir Shalvador sa lá atá inniu ann.

Seánraí Eile

Píosa Tuairisciúil	Píosa Faisnéiseach	Píosa Eolasach	Insint
Tréithe	*Tréithe*	*Tréithe*	*Tréithe*
staisticí	taighde	eolas	eolas
fíricí	fíricí	staisticí	taithí phearsanta an údair
tuairisciú	staitisticí	fíricí	scríofa san aimsir chaite
	eolas		

Ceisteanna Samplacha Eile do 6b

6. (b) **Tréithe an údair Dhá thréith**

Is duine **éirimiúil** é an t-údar dar liom agus thaitin an taisteal go mór leis. Is duine **fiosrach** é agus bhí an-suim aige i gcultúr na ndaoine sa Bhrasaíl nuair a thug sé cuairt ar an tír sin. Ghlac sé trí mhí sosa óna phost mar iriseoir agus tuairisceoir le TG4 chun cuairt a thabhairt ar an tír sin. Bhí an-suim aige i gcúlra agus i stair na tíre sin agus léiríonn sé é sin dúinn in Alt a dó nuair a insonn sé dúinn go raibh an tír faoi smacht ag na Poirtingéalaigh ón mbliain 1500. D'fhulaing saoránaigh na tíre go mór faoi na Poirtingéalaigh dar leis agus cailleadh a bhformhór mar gheall ar ghalair éagsúla a fuair siad ó chruatan an tsaoil a bhrúigh na Poirtingéalaigh orthu. Tugadh sclábhaithe isteach ó chósta thiar na hAfraice ansin agus is mar sin a deir sé a bhfuil daonra mór Afra-Bhrasailigh i Salvador sa lá atá inniu ann. Bhí ardmheas ag an údar ar na daoine ar bhuail sé leo agus léirítear é seo go soiléir dúinn sa sliocht.

Tréithe Eile a Bhaineann le Daoine
Is duine spórtúil é (aimsir láithreach).
Ba laoch é (aimsir chaite).

Is duine díograiseach í.	*She is an enthusiastic person.*
Ba bhean fhoighneach í.	*She was a patient woman.*
Is fear tuisceanach é.	*He is an understanding man.*
leithleach	*selfish*
leisciúil	*lazy*
ceanndána	*stubborn*
dílís	*loyal*
misniúil	*courageous*
cróga	*brave*
polaitiúil	*political*
ceannasach	*dominant*
cumhachtach	*powerful*
conspóideach	*controversial*
santach	*greedy*

greanmhar	*funny*
glic	*sly*
cliste	*clever*
láidir	*strong*
flaithiúil	*generous*
díongbháilte	*determined*
ceolmhar	*musical*
faiseanta	*fashionable*
dearmadach	*forgetful*
rómánsach	*romantic*
féinmhuiníneach	*self-confident*
dícheallach	*hardworking*
éirimiúil	*intelligent*
fiosrach	*inquisitive*

An t-eolas a thugann an t-údar dúinn faoi na daoine ar bhuail sé leo.

Bhuail an t-údar le Nilton Reis ar dtús sa Bhrasaíl agus chuaigh sé in éineacht le Reis go dtí ceantar bocht i gcathair Shalvador, áit a raibh cónaí ar Reis. **Thaitin muintir Reis go mór leis** an údar agus an meon dearfach a bhí acu faoin saol. Shocraigh sé am a chaitheamh in éineacht leo mar gheall ar an meas a bhí aige orthu. Deir an t-údar linn gur chuir sé aithne mhaith ar Tancredo Neves tríd an gcairdeas a rinne sé **le Nilton, a chlann, a chol ceathracha agus a chairde.** Thug sé faoi deara an dúil san oideachas a bhí ag na daoine nuair a **bhuail sé le Nueza,** col ceathrar Nilton. Chaith **Nueza agus a mhac Tony** an lá ag obair agus an tráthnóna ag cur oideachais orthu féin. B'aoibhinn leis an údar am a chaitheamh ag siúl timpeall an cheantair ag féachaint ar mhuintir na háite i mbun a ngnóthaí féin. **Thaispeáin sé suim mhór sna daoine ar bhuail sé leo.**

Ar thaitin an sliocht seo leat? Cuir dhá fháth le do fhreagra.

Thaitin an sliocht seo go mór liom. Tugann an t-údar eolas cuimsitheach dúinn ar chathair Shalvador agus go háirithe ar bhruachbhaile Tancredo Neves. Cé go raibh an choiriúlacht agus an bochtanas mórthimpeall ar na daoine, thaispeáin siad na tréithe láidre, dearfacha a bhí iontu agus an tóir a bhí acu ar an sonas i gcónaí. **Is maith liom meon na ndaoine** mar sin. Tá **eolas sa sliocht freisin ar stair na cathrach** agus mínítear dúinn mar sin na cultúir agus na creidimh éagsúla a mhaireann fós san áit sin. Cé gur bhrúigh na Portaingéalaigh an Chríostaíocht ar na daoine, fós tá creideamh an Condomblé go láidir san áit. **Tá an creideamh sin suimiúil,** dar liom féin. Cuirtear an-bhéim ar na haingil choimhdeachta sa chreideamh sin agus **bhí sé an-suimiúil** gur cheap an t-údar gur oir a aingeal coimhdeachta féin dó, cé go mbíonn sé amhrasach faoi rudaí mar sin de ghnáth.

Céim a 4: An Chluastuiscint

Cuimhnigh!
- Léigh gach ceist go cúramach.
- Cuir líne faoi na heochairfhocail.
- Freagair gach ceist **i nGaeilge**.

Foclóir Coitianta sna Ceisteanna			
céard/cad/cén?	*what?*	cén fáth?	*why?*
cá/cén áit?	*where?*	cad chuige?	*what for/why?*
cé/cén duine?	*who?*	cad as/cárb as?	*where from?*
cathain/cén uair?	*when?*	luaigh	*mention*
conas/cén chaoi?	*how?*	ainmnigh	*name*
cé mhéad/an mó?	*how much/how many?*	breac síos	*write down*
cá fhad?	*how long?*		

Foclóir ó Scrúdú na hArdteiste 2016

cén cúrsa céime?	*which degree course?*
áiféala	*regret*
cá fhad?	*how long?*
Cad a cheadaigh an tAire Stáit?	*What did the Minister of State allow?*

Foclóir ó Scrúdú na hArdteiste 2015

á phlé	*being discussed*	cráite	*exhausted/tormented*
Cad a bheidh le déanamh ag éisteoir?	*What will a listener have to do?*	Cé hiad na gaolta?	*Who are the relatives?*
imeacht	*event*	dhá chúis	*two reasons*
toradh	*result*	Cad as do chailín Sheáin?	*Where is Seán's girlfriend from?*
feachtas	*campaign*	á chómóradh	*being celebrated/ commemorated*
cé chomh minic?	*how often?*	Cad atá i gceist ag an rialtas a thógáil?	*What does the government intend to build?*
rudaí áirithe	*certain things*	Cá bhfuil fáil ar an tseirbhís?	*Where can the service be got?*

Foclóir ó Scrúdú na hArdteiste 2014

Cad atá á lorg?	*What is being looked for?*	eagraigh	*organise*
dhá cháilíocht atá riachtanach	*two qualifications that are necessary*	dream daoine	*group of people*
na huaireanta oibre	*the working hours*	dírithe	*focused*
slí amháin	*one way*	na hoibrithe	*the workers*
an t-ábhar cainte ba spéisiúla	*the most interesting subject of conversation*	mac léinn	*a third level student*
na líonraí sóisialta	*the social networks*	tíofún	*a typhoon*
gradam	*award*	chun airgead a bhailiú	*to gather money*

Foclóir ó Scrúdú na hArdteiste 2013

rannóg	*a division*	droch-chaoi	*bad condition*
Conas is féidir eolas a fháil?	*How can information be got?*	luach	*value/worth*
Conas a úsáidfear an t-airgead?	*How will the money be used?*	Cad a seoladh?	*What was launched?*
Cén rud is mó a chruthaíonn fadhbanna?	*What is the thing that most creates problems?*	gné amháin	*one aspect*
Cad a mholann Órla do Sheán?	*What does Órla recommend to Seán?*	Cad a bhí ar siúl?	*What was happening?*
na heitiltí	*the flights*	dhá earra	*two products/goods*
hairicín	*a hurricane*	ag ceiliúradh	*celebrating*

Foclóir ó Scrúdú na hArdteiste 2012

iarrthóirí	*applicants*	cén fáth arbh éigean dó?	*why did he have to?*
leagan Iodáilise	*an Italian version*	cár seoladh an leabhar?	*where was the book launched?*
taighde	*research*	tréith	*a trait*
locht	*fault*	tairiscintí	*offers*
cén fáth nach gá do Rónán?	*why doesn't Ronan need to?*	tionscnamh	*project*
gaisce	*achievement*	leathanbhanda	*broadband*
ardú meanman	*a lifting of spirits*		

Foclóir ó Scrúdú na hArdteiste 2011

cén eagraíocht?	*what organisation?*	moltóirí	*judges/adjudicators*
ag fógairt	*advertising*	galar	*disease*
cúram	*care/duty*	neamh	*heaven*
comhlacht	*company*	cár léiríodh an dráma?	*where was the play presented?*
deis	*opportunity*	dhá chineál	*two types*
iomaitheoirí	*competitors*	aithne	*recognition*

Foclóir ó Scrúdú na hArdteiste 2010

cén cumann?	*what association/ organisation?*	cén duine gaolmhar le...	*what person related to...*
cén rud nach mór do dhuine a dhéanamh?	*what must a person do?*	cén chéim (ollscoile)?	*what (university) degree?*
cad a dhéanfar?	*what will be done?*	cén saghas irise a mholann Máire?	*What kind of magazine does Máire recommend?*
cé a eiseoidh?	*who will issue?*	foilsiú	*publication*
ócáid chuimhneacháin	*occasion of remembrance*	cén aidhm?	*what aim?*
ag bagairt	*threatening*	cén rud a raibh tóir air?	*what was in demand?*
le trí bliana anuas	*for the past three years*	cén rud atá beartaithe a chur ar bun?	*what is being planned to be set up?*
céard a mheastar is cúis leis...	*what is thought to be the reason for...*	cé dóibh?	*who for?*
dhá rud is gá	*two things that are necessary*	scoláireacht	*a scholarship*
áis amháin	*one facility*		

Foclóir ó Scrúdú na hArdteiste 2009

cén fhéile?	*what festival/feast?*	eolas breise	*additional information*
cén pháirt?	*what part?*	ag tnúth le	*looking forward to*
cén chreidiúint?	*what credit?*	cén chomhairle?	*what advice?*
cén teideal	*what title/name?*	cén buntáiste?	*what advantage?*
urraíocht	*sponsorship*	céard dó?	*what for?*
meascán	*mixture*	deacracht	*difficulty*
cad atá á lorg?	*what is being looked for?*	comharchumann	*co-operation*
cén íocaíocht?	*what payment?*	suíomh	*site*
daoine a roghnófar	*people who will be chosen*	fostaithe	*employed*
riachtanach	*necessary*		

Foclóir ó Scrúdú na hArdteiste 2008

cé dóibh	*who for?*
cén bhaint	*what association?*
foirm iontrála	*entry form*
cé atá i bpáirt le?	*who is in partnership with?*
dualgas	*duty/responsibility*
gairm an mhainicín	*the profession of a model*
cad atá ar intinn ag Máire?	*what does Máire intend?*
cé ar a son	*who for?*
cén t-éacht?	*what achievement?*
ag teastáil	*needed/wanted*
cén léas?	*what lease?*
an chomhairle contae	*the county council*
foirgneamh	*building*
aistrigh	*translate*
rian	*mark/trace*

Bí cúramach leis na huimhreacha seo!

fiche	20 *(not 5, 15 or 50 as often mistaken!)*
cúig	5
cúig déag	15
caoga	50
scór	20
trí scór is ceithre	64
leathchéad	50
trí bliana go leith	*3 and a half years*
míle	*a thousand (not a million!)*
milliún	*a million*
billiún	*a billion*

Foclóir Eile atá Coitianta sa Chluastuiscint

- An Roinn Oideachais agus Scileanna
- An Roinn Ealaíon, Oidhreachta, Gnóthaí Réigiúnacha, Tuaithe agus Gaeltachta
- An Roinn Talmhaíochta
- An tAire Airgeadais
- An Taoiseach
- An Tánaiste
- An tUachtarán
- Údarás na Gaeltachta
- Gael-Linn
- Conradh na Gaeilge
- An tOireachtas
- Glór na nGael
- Raidió na Gaeltachta
- Foras na Gaeilge

Logainmneacha a Chloistear go Minic sa Chluastuiscint

Dún na nGall/Tír Chonaill
- Anagaire
- Cionn Caslach
- Gaoth Dobhair
- Rann na Feirste
- Árainn Mhór
- An Clochán Liath
- Gleann Cholm Cille
- Gort an Choirce
- Toraigh

Maigh Eo
- Ceathrú Thaidhg
- Tuar Mhic Éadaigh
- Eachléim
- An Fód Dubh

Gaillimh
- Árainn
- An Cheathrú Rua
- Indreabhán
- Inis Oírr/Inis Mór/Inis Meáin
- Ros a'Mhíl
- An Spidéal
- Casla
- Ros Muc
- Oileáin Árann
- Corr na Móna
- Tír an Fhia

Ciarraí
- Baile an Fheirtéaraigh
- Ceann Trá
- An Daingean
- Baile an Sceilg
- Dún Chaoin

Corcaigh
- Baile Bhúirne
- Cúil Aodha
- Oileán Chléire

Port Láirge
- An Rinn

An Mhí
- Ráth Chairn
- Baile Ghib

Céim a 5: Litríocht Bhreise

- Cibé saothar a roghnaíonn an múinteoir, bí cinnte go mbíonn eolas agat ar gach cuid den saothar sin.
- Is fiú 40 marc an cheist seo agus mar sin moltar ar a laghad trí leathanach A4 a scríobh i do fhreagra sa scrúdú.
- Féach ar Aonad 8 agus gheobhaidh tú cabhair agus treoir maidir leis na saothair *An Triail* agus *A Thig Ná Tit Orm*.

Céim a 6: An Fhilíocht Ainmnithe

- Tá cúig dhán ainmnithe ar an gcúrsa ardteiste; 'Géibheann', 'Colscaradh', 'An tEarrach Thiar', 'Mo Ghrá-sa (Idir Lúibíní)' agus 'An Spailpín Fánach'.
- Bíodh tuiscint agat ar gach líne de na dánta i dtosach agus bí in ann na línte sin a mhíniú i d'fhocail féin.
- Is iad na gnéithe is mó de na dánta nach mór a bheith ar eolas agat ná an file agus cúlra an dáin, téama an dáin, na mothúcháin sa dán, an teicníocht fhileata, na híomhánna/ fuaimeanna, atmaisféar an dáin agus siombailí sa dán.

- Agus tú ag freagairt ceist ar bith ar an bhfilíocht, bí cinnte an cheist a léamh go han-chúramach agus cloí le hábhair na ceiste sin ó thús go deireadh.
- Braitheann fad an fhreagra ar na marcanna a ghabhann leis i ndáiríre. Moltar dhá leathanach A4 ar a laghad a bheith scríofa sa fhreagra ina iomlán.
- Féach ar an gceist shamplach thíos agus breathnaigh ar an gcaoi a ndírítear na freagraí ar ábhar na gceisteanna.

Ceist Scrúdaithe 2015

(i) Tá codarsnacht idir dhá thuiscint dhifriúla ar an bpósadh sa dán 'Colscaradh' (thíos). É sin a phlé. (15 mharc)

(ii) Cad é an mothúchán is mó a mhúsclaíonn an dán seo ionat féin? (Is leor pointe amháin eolais as an dán mar thacaíocht le do fhreagra.) (6 mharc)

(iii) Cé a chum an dán seo? Scríobh nóta gairid ar shaol agus ar shaothar an fhile. (9 marc)

Colscaradh

1 Shantaigh sé bean
i nead a chine,
faoiseamh is gean
ar leac a thine,
aiteas is greann
i dtógáil chlainne.

2 Shantaigh sí fear
is taobh den bhríste,
dídean is searc
is leath den chíste,
saoire thar lear
is meas na mílte.

3 Thángthas ar réiteach.
Scaradar.

Freagra Samplach

(i) Tá codarsnacht mhór idir tuiscint an fhir agus tuiscint na mná ar an bpósadh sa dán seo, gan amhras. Is é sin croílár na faidhbe eatarthu i ndáiríre. Tá mianta an fhir sa chaidreamh iomlán difriúil le mianta na mná. Ba mhaith leis bean a phósadh a bheadh sásta teacht chun cónaithe leis ina cheantar dúchais féin, i measc a mhuintire féin, 'i nead a chine'. Ba mhian leis saol sona, lán le grá a chaitheaamh lena bhean agus leis na páistí a bheadh acu sa teach a thógfadh sé féin dóibh, 'ar leac a thine', 'i dtógáil chlainne'.
Ar an lámh eile, faraor, a mhalairt de shaol a theastaíonn óna bhean chéile. Ba mhaith léi fear a phósadh a bheadh sásta saibhreas agus saol breá compordach a chur ar fáil di. Theastaigh leath an údaráis sa chaidreamh uaithi, 'taobh den bhríste'. Ba thábhachtaí di an t-airgead sa chaidreamh, 'leath den chíste'. Ba mhaith léi íomhá mhaith a chur amach i measc a gcomharsan agus a gcairde, 'meas na mílte'. Smaoinigh sise ar an teach galánta a bheadh acu agus ar na laethanta saoire costasacha a chaithfidís thar sáile.
Is léir don léitheoir mar sin go raibh mianta an fhir i bhfad ní ba thíriúla agus ní ba thraidisiúnta. Tugtar léargas dúinn sa dán ar bhean a leag níos mó béime ar thábhacht an ábharachais agus ar a híomhá féin. Deir an file linn gur tháinig críoch thobann, bhorb leis an bpósadh agus gur shocraigh an bheirt seo scaradh lena chéile, 'scaradar'. Is dócha nár éist ceachtar acu le tuairimí ná le mianta an duine eile agus nach raibh cumarsáid cheart eatarthu. Tá sé suntasach gurbh é an t-aon réiteach a raibh siad in ann teacht air ná an cinneadh sin a rinne siad; scarúint lena chéile. Níor éirigh leo teacht ar aon chomhréiteach eile ar an drochuair.
Léargas diúltach, mar sin, a fhaighimid ar an bpósadh sa dán seo 'Colscaradh' agus is léir gurbh iad an dá thuiscint dhifriúla a bhí ag an mbeirt ar an bpósadh ba chúis le deireadh an phósta.

(ii) Músclaíonn an dán seo brón ionam féin. Ceapaim gur mór an trua é nach raibh an lánúin seo in ann teacht ar chomhréiteach ar bith eile ach an colscaradh. Is léir nach raibh caidreamh iontach maith eatarthu agus go raibh an bheirt acu santach agus leithleach sa phósadh. Bhí mianta iomlán difriúil ag an mbeirt acu agus níor éist siad le tuairimí a chéile. Is brónach an scéal é mar sin gur tháinig críoch thapaidh leis an gcaidreamh:
'Thángthas ar réiteach.
Scaradar.'
Dealraítear gurb é easpa cumarsáide idir lánúineacha is cúis leis an gcolscaradh go minic agus is é sin atá á léiriú ag an bhfile Pádraig Mac Suibhne sa dán seo i mo bharúil féin. Ní mór dom a rá go gcuireann sé seo brón orm.

(iii) Chum Pádraig Mac Suibhne an dán seo 'Colscaradh'.

A shaol

- Rugadh Pádraig sa bhliain 1942 i dTír Chonaill.
- Chaith sé an chuid ba mhó dá shaol ag múineadh agus d'oibrigh sé mar phríomhoide ansin freisin.
- Tá suim mhór aige sa drámaíocht chomh maith leis an bhfilíocht.

A shaothar

- I measc a chuid saothar tá na gearrscéalta 'An Coinín Cliste' agus 'An Mhallacht' a foilsíodh sa leabhar *Fear na Féile Vailintín agus scéalta eile.*
- Dar le léirmheastóirí, pléann sé cúrsaí an tsaoil i slí an-simplí agus greanmhar ina chuid filíochta.
- Tagann an dán 'Colscaradh' ón gcnuasach filíochta *Solas Uaigneach.*
- Foilsíodh an cnuasach filíochta Solas Uaigneach sa bhliain 1992.

Céim a 7: An Prós Ainmnithe

- Mar is eol duit tá cúig phíosa próis le déanamh don Ardteist.
- Ní mór staidéar a dhéanamh ar 'Oisín i dTír na nÓg', 'Dís' agus sliocht as *Hurlamaboc* ach tá rogha ann idir an scannán *Cáca Milis* agus an dráma *An Lasair Choille* agus idir na sleachta as *An Gnáthrud* agus *Seal i Neipeal*.
- Is iad na príomhrudaí a bhíonn le staidéar do na ceisteanna seo ná téama agus cúlra an scéil, mothúcháin, carachtair agus an gaol idir carachtair, seánra *(genre)*, an stíl scríbhneoireachta, teideal an scéil, tús, críoch agus buaicphointe an scéil.
- 30 marc a thugtar don cheist seo agus mar sin má bhíonn an cheist ina dhá chuid, beidh fad an fhreagra ag brath ar na marcanna a ghabhann leis.
- Moltar ar a laghad dhá leathanach A4 a scríobh mar fhreagra ar cheist nuair a bhronntar 30 marc ar fad.
- Arís sa cheist seo, bí thar a bheith cúramach an cheist féin a fhreagairt agus gan a bheith ag scríobh ar ábhar difriúil nach bhfuil baint ar bith aige leis an gceist.
- Féach ar an gceist shamplach thíos.

Ceist Scrúdaithe 2015

'Ní duine deas í Catherine sa scannán *Cáca Milis*, rud atá soiléir ón gcaoi a gcaitheann sí le Paul agus iad ar an traein.'

Déan plé ar an ráiteas sin. (30 marc)

Freagra Samplach

Ní duine deas í Catherine sa scannán seo *Cáca Milis* gan amhras. Is duine gránna, mailíseach, cruálach, mícharthanach í agus is uafásach an chaoi a gcaitheann sí le Paul sa charráiste traenach. Mar a fheicimid go luath sa scéal tá míchumas ar Paul, is é sin tá sé dall agus tá drochasma air. Mar sin braitheann sé go mór ar chneastacht daoine eile sa saol. Tagann aoibh air nuair a thugann sé faoi deara ó ghuth Catherine gur bean atá aige mar chomhluadar ar a aistear traenach. Is dócha go gcreideann sé go mbaineann cneastacht agus foighne le daoine eile, go háirithe le mná. Saontacht Paul atá i gceist, áfach. Maidir le carachtar Catherine, a mhalairt ar fad atá fíor, cé go ligeann sí uirthi gur gnáthbhean shéimh oibre í. Is minic ciúin ciontach is dócha! Mar sin féin, ní bhíonn an lucht féachana ag súil leis an dúnmharú uafásach, gan choinne, a tharlaíonn ag deireadh an scannáin in aon chor. Baintear siar asainn ar fad agus fágtar balbh sinn. Is críoch thar a bheith éifeachtach í seo mar sin, cé go gcuirtear alltacht orainn, an lucht féachana.

Nuair a shuíonn Catherine ar an traein, tugann sí amach leabhar rómánsúil le léamh agus dealraítear dúinn gur gnáthduine í atá ar a bealach chun na hoibre. Athraíonn an scéal ansin, faraor, nuair a thagann Paul isteach sa charráiste. Ón gcaoi a bhfuil Catherine ag breathnú air agus é á réiteach féin go hamscaí, tuigtear dúinn gur duine mífhoighneach í. Tá sé de mhí-ádh ar Paul bocht suí in aice léi agus an chuid eile den charráiste nach mór folamh. An t-aon rud lách a dhéanann Catherine dó ná an mála donn a phiocadh suas ón urlár dó, ach éiríonn sí crosta leis nuair a bhuaileann sé í beagnach lena bhata siúil. Tá déistin le feiceáil ar a haghaidh ansin nuair a thógann Paul amach a análóir agus a shlisín cáca agus nuair a dhéanann sé teagmháil lena cosa faoin mbord. Ansin déanann sí iarracht leanúint ar aghaidh lena cuid léitheoireachta.

Cuireann Paul isteach ar Catherine lena chuid cainte, faraor. Leanann sé air ag cabaireacht faoina shaol féin agus faoin turas traenach agus tá Catherine mífhoighneach agus borb sna freagraí a thugann sí air. Leanann Paul air ag caint gan stad, beag beann ar Catherine agus a cuid léitheoireachta agus cuireann sé sin isteach go mór uirthi. 'Ta mé ag déanamh iarrachta', a fhreagraíonn sí nuair a chuireann Paul ceist uirthi faoin léitheoireacht. Ní stadann Paul lena chuid cainte agus cuireann sé seo go mór le fearg agus le mífhoighne na mná, go dtí go dtosaíonn sí ag insint bréige faoin radharc taobh amuigh den fhuinneog – 'sé sin an loch agus na báid. Is cosúil go bhfuil sí ag baint sásaimh agus pléisiúir as a bheith ag cur as do Paul bocht agus a chuid asma ag dul in olcas.

Ní chuidíonn Catherine le Paul siúcra a chur ina chupán caife dó agus cuireann nósanna itheacháin Paul déistin uirthi. Insíonn sí bréag lofa eile dó ansin faoi phéist a bheith ina cháca milis agus éiríonn Paul trína chéile ar fad faoi sin. Caitheann sé amach a bhfuil ina bhéal agus éirionn sé an-ghearr análach. Arís, is cosúil go bhfuil Catherine ag baint taitnimh as an dallamullóg a chur air agus coinníonn sí uirthi mar sin. Tá mionghháire mailíseach le tabhairt faoi deara ar a haghaidh agus nuair a lorgann Paul a análóir, bogann Catherine ón mbord é. Sa chaoi sin, ní bheidh Paul in ann na puthanna a shabhálfaidh é a fháil. Is dúnmharfóir agus síceapatach í sa deireadh mar sin. Ní nach ionadh tá sí glic agus cliste go leor an t-análóir a chur ar ais ar an mbord sula bhfágann sí an traein, ionas nach mbeidh fianaise ar bith ann go raibh baint aici féin lena bhás.

Níl áibhéil ar bith sa ráiteas thuas, dar liom féin, nach duine deas í Catherine agus tá sé seo thar a bheith soiléir ón gcaoi uafásach a gcaitheann sí lena híobartach bocht Paul.